U0132558

宗澤亞 著

明治維新的國度

商務印書館

明治維新的國度

作　　　者：宗澤亞

責任編輯：徐昕宇

封面設計：張　毅

出　　　版：商務印書館 (香港) 有限公司

　　　　　香港筲箕灣耀興道 3 號東滙廣場 8 樓

　　　　　http://www.commercialpress.com.hk

發　　行：香港聯合書刊物流有限公司

　　　　　香港新界大埔汀麗路 36 號中華商務印刷大廈 3 字樓

印　　刷：中華商務彩色印刷有限公司

　　　　　香港新界大埔汀麗路 36 號中華商務印刷大廈 14 字樓

版　　次：2014 年 3 月第 1 版第 1 次印刷

　　　　　© 2014 商務印書館 (香港) 有限公司

　　　　　ISBN 978 962 07 5625 2

　　　　　Printed in Hong Kong

百年前的古寫真，將我們帶進一個陌生的國度。

目　錄

序 言

　　甚麼是明治維新？在中國人的歷史觀裏，知道那是日本國在百年前發生的事情。在那個遙遠的年代，日本發生了很多變革。特別是明治維新對中國產生的深刻影響，讓人們記憶猶新。明治維新的日本是一個怎樣的國家，她是進步的還是落後的，是文明的還是野蠻的，她對東亞國家產生了哪些影響，了解這些真相對研究世界近代史至關重要。

　　“明治”是日本一個時代的年號，指明治元年一月一日（1868 年 1 月 25 日）至明治四十五年（1912 年 7 月 30 日），即明治天皇（睦仁祐宮）在位的時間。嚴謹的說，明治元年的開始，應是指改元詔書發佈日，即慶應四年九月八日（1868 年 10 月 23 日）。由於法規上改元年，需從慶應四年一月一日（1868 年 1 月 25 日）算起，因此慶應四年一月一日就是明治元年一月一日。明治五年十一月九日，太政官發佈改曆詔書，廢舊曆改西曆。宣佈舊曆明治五年十二月三日（公元 1873 年 1 月 1 日），改為明治六年一月一日。自此，日本以年號紀年，以公元曆法紀日月。

　　日本的“維新”之語，解釋為“變革”之意。日本最早的“維新”用語可以追溯到天保元年（1830），水戶藩的藤田東湖決意藩政改革時，引用《詩經》中《大雅·文王篇》“周雖舊邦，其命維新”的古語。《詩經》成書於中國歷史上的西周時期，其維新之意蘊涵豐富的哲理。日本人在接受大量中國文明時，也同樣吸收傳承了“維新”的理念。

　　“明治維新”是日本歷史上的一次政治革命。明治維新推翻了德川幕府，明治新政府在轉換政體為天皇親政體制的過程中，伴隨實施了一系列的改革。改革範圍涉及中央官制、法制、宮廷、身份制、地方行政、金融、流通、產業、經濟、文化、教育、外交、宗教、思想政策等諸多方面。使日本變貌為東亞最初的，具有西洋文明特徵的，國家體制下的國民主義的近代國家。

　　研究世界近代史，不能不研究日本近代史；研究日本近代史，不能不究明明治維新；究明明治維新，不能不窺視明治維新的國度。當讀者通過視覺器官，親自感觸百年前發生在彼岸的那些逸聞軼事，就會引導我們冷靜的面對歷史，重新認識近代歷史的變遷和演化過程。

　　回溯百年前未開化的野蠻落後的時代，一個維新的文明出現在東方。當作者撬開歷史的縫隙，發現神秘島國許許多多的故事，竟然和現代文明的許多事物頗多相似時，內心深處受到了強烈的衝擊和震撼。在那個時代，明治維新的理念獨樹一幟，給東亞社會帶來了近代文明的曙光。明治時代的維新精神源遠流長，在現代日本社會仍然展示出極大的影響力。社會的改革與進步，需要維新的思想衝破腐朽、頑固、自大的桎梏。明治維新的日本接受了西方“國民”的理念，人民從愚昧狹隘的個人意識，一舉躍進到國家觀的高度。“國民”的思想，超越了“人民”、“臣民”的概念。“民”的脫胎，成為國家為我，我為國家的近代國家主義。這樣的理念即使在今日，也是所有具備先進政治的國家，確立的國家思想原型。

明治的時代並非完美的時代，日本有過三次對外的戰爭行為。日清戰爭（甲午戰爭）、北清戰爭（義和團事變）、日俄戰爭，三場戰爭都發生在清國的土地上。一個主張政治維新的國家，對外戰爭意味着甚麼，戰爭給維新之國帶來甚麼，戰爭對世界格局產生了甚麼影響。在弱肉強食沒有國際準則的時代，戰爭似乎是天經地義的事情。在那個時代，戰爭邏輯沒有給戰爭賦予那麼多正義和非正義的政治解釋，但是戰爭的受害者永遠是民眾，無論任何勝利和失敗的國家，都有着民眾血淚的歷史。透過《明治維新的國度》中那些圖片，或許可以引導我們找到了解戰爭根源有價值的線索。

解讀明治維新，需要研究日本人國家意識的形成過程。明治的前期和後期，日本人在國家意識上有着極大不同。日清戰爭以前，日本人對改造國家缺少信心，國民普遍沒有大國意識，只是埋頭苦幹，盲目模仿西洋文明。日清戰爭勝利，剛剛燃起的一點自信，又讓三國干涉打了個措手不及。日本人不得不冷靜下來臥薪嘗膽反省自己，腳踏實地刻苦奮鬥了十年。隨着日俄戰爭的勝利，日本人的自信心得到了昇華，終於燃起了大和民族的大國意識，自我民族的優越感和他國民族的劣等意識在同一時間形成。

《明治維新的國度》之編著，旨在通過人們的視覺神經，親臨百年前發生在島國彼岸，被中國人謂之“倭人”的那些事情。看看那個彈丸小國，看看那裏的人們在想些甚麼，又在做些甚麼，看看他們所作所為背後的野心。

《明治維新的國度》之回溯，會讓人們的思緒延伸到審視自身文明的進化史。看到在相同的歷史時期，彈丸小國出現的人物、事物、思想、文明和大陸之國的差別。看到只有勇敢接受進步的文明，才能將國家帶入先進的國度。這種審視和思考的延伸，能幫助認識一個真實背景下的歷史。

《明治維新的國度》之閱讀，是反省自身歷史的痛苦過程，因為那樣會發現許多已經定格了的歷史缺陷和說教，找到自身的劣根性。中華革命的先驅孫中山先生正是從反省開始，吸收西方文明和明治維新的精神，堅定了改造自我的決心，開創出一個嶄新國家的新紀元。這樣的反省即使在今日的國度，仍然具有重要的切身價值。

　　《明治維新的國度》之研究，是“知己知彼”的究詰過程。從百年前現場的視角，考察對方國家的政治、經濟、文化、歷史，可以解明彼此之間的差距和產生的原因。研究對方並非卑躬屈節，而是任何企望找到自身優劣的謙遜之人，應有的智慧和胸襟。

　　明治維新不僅僅是日本文明的遺產，也是亞洲及世界文明進步的象徵。明治維新的國度奠定了一個國家價值的存在，新興國家的價值又推進了那個國度和近鄰國度的崛起，從而進化成文明的近代國家。

作者　宗澤亞

1 幕末之國

一、江戶幕末

　　"幕末"指日本歷史上作為國家權力中心的江戶幕府，執掌政權的末期階段。嘉永六年六月三日（1853 年 7 月 8 日）美國東印度艦隊司令長官培理將軍，率領艦隊抵達江戶灣口，以武力威嚇幕府開國通商，引發"黑船來航"的歷史事件，被認為是幕末期的始點。慶應四年（1868），日本發佈王政復古大號令，宣佈變革國家體制，被認為是幕末期的終點。

　　"幕末"沒有嚴格的定義，學術研究上對幕末的終點存在各種不同解說。例如，慶應三年十月十四日（1867 年 11 月 9 日）德川慶喜實施大政奉還日；慶應四年四月十一日（1868 年 5 月 3 日）江戶開城日；明治二年五月十八日（1869 年 6 月 27 日），幕府軍在戊辰戰爭中敗北降伏的戰爭終結日；明治四年七月十四日（1871 年 8 月 29 日），明治政府宣佈"廢藩置縣"，實施一元化行政改革，幕藩體制完全終結日，均理解為江戶幕府的終結和明治時代的始點。

　　史學界在政治層面上的視野，對幕末存在三大見解。1）幕末只是一個單純過渡的政治體。2）幕末是異樣的獨自的政治體。3）從國際關係史的視角考察，幕末被定義為"近代"的範疇。幕末與近代西洋列國簽署了一系列不平等條約，踏入了西洋近代體系的邊緣。從幕末將軍的封建體制到明治天皇為主權者的帝國主義國家體制，幕末這個帶有近代色彩的封建政治體和明治維新國家的政治體，事實上維繫着千絲萬縷的續存關係。因此在日本史上，論及明治時代，通常用"幕末·明治"來總括這段近代史。

二、黑船來航事件

　　十八世紀末，北方的俄國人為了達到向遠東擴張和進出美國大陸的目的，意圖將日本島作為補給基地。1791 年幕府下達"寬政令"，對前來的俄國船隻實施了嚴格的臨檢。1806 年幕府發佈"文化令"，大幅緩和了相關政策，對遭難漂流的俄國船給予了幫助。1808 年英國軍艦"菲同"號無視日本地方官的制止，強行登陸長崎，發生了搶奪事件，震驚了幕府。1825 年幕府發佈了強硬的"文政打払令"，指示海防炮台，只要沿岸看到外國船隻就可以開炮攻擊。1837 年在"打払令"的強硬背景下，外國船隻數次接近日本列島，都遭到海防炮台的攻擊，被迫退去。1840 年後，清國林則徐禁煙和鴉片戰爭失利的消息傳至幕府，幕府研判認為，清國敗戰是因為沒有可以海戰的海軍。清國的事件動搖了幕府有史以來的海防政策。1842 年幕府撤銷打払令，發佈了穩健的"天保薪水令"，轉換了以往的強硬政策，冷靜應對處置來航的外國船隻。

　　1845 年 4 月 17 日美國捕鯨船駛進浦賀灣，送還他們救出的 22 名遇難日本漁民。捕鯨船進入灣內即被 130 艘日本的警護舟團團圍住進行調查。事情速報至幕府，老中首座（"老中"係江戶幕府官職，統領政務）阿部正弘同意了美國船隻入港的要求。1846 年 7 月 20 日美國東印度艦隊司令官貝特爾，奉命參加美國和墨西哥的戰爭，率領三艘軍艦從清國回國，取道日本請求補給，成為最初來日的政府使節。貝特爾要求日本開國通商，遭到江戶幕府的拒絕。1849 年 3 月美國軍艦"普雷布魯"號為解救在北海道遇難漂流的美國船員專程來日，事情在短期內得到了和平友好的解決。庫林艦長返回美國後在報刊上嚴厲駁斥了一直以來媒體宣傳日本人虐待美國船員的不實報道。以上三次與美國交涉經驗，使幕府對美國人產生了好感。美國 1776 年才從英國的統治下獨立出來，雖然是一個歷史短暫的新興國，但是美國人的思維方法給日本人留下良好的印象。與此同時，致力崛起的美國人已經認識到，要想確保東亞貿易的太平洋航路，保障汽船燃料、水、食料等生活品的補給，日本島可以說是具有戰略意義的寄港地。

1852 年 11 月 24 日，美國東印度艦隊司令官培理將軍，率領當時世界最大的軍艦"米細細比"號（排水 3200 噸，艦長 76 米，乘員 200 名），單艦出航前往清國。其任務是受總統委託前往日本，表面上是學術調查，實際上是擔負軍事和外交的目的。十九世紀中葉，產業革命擴大的歐洲列強，產品面臨大量輸出的需求。各國紛紛搶佔東南亞市場，搶先獲得與他國競爭的優勢。海外競爭處於劣勢的美國，為了擴大市場的競爭力，確保航道安全，把注意力投向了東亞。培理出發前發佈了公報，歐美各國的文人、學者、旅行家踴躍報名，爭相要求參加考察，均被培理謝絕。

1853 年 4 月 7 日"米細細比"號抵達香港，停泊修整。培理取道香港，一是為了與三艘待命的軍艦匯合，二是帶上可以和日本人語言交流的翻譯。當時美國人知道日本人使用漢字，認為清日兩國的語言沒有很大區別。結果培理原定的翻譯，傳教士威廉姆斯只懂漢語不會日語，無法承擔嚴謹的日語翻譯工作。培理考慮可能會漢文簽約，還是決定威廉姆斯隨行。艦隊經過上海時，培理又僱傭了一名會荷蘭語的美國人，因為幕府官方有較多人通曉荷蘭語。四艘軍艦組成的艦隊，乘員總計 988 人，下士官 191 人，炮手和水兵約 800 人，艦體塗佈黑色防護漆。

5 月 25 日艦隊抵達琉球那霸，培理將軍一行受到琉球攝政在首里王宮的招待。7 月 2 日培理艦隊離開那霸駛向日本。7 月 8 日艦隊的左舷看到了秀麗的富士山，全艦進入臨戰態勢，大炮、小炮、槍支全部裝彈。下午艦隊停泊在浦賀灣離岸約兩公里處，位於海岸炮的射程之外。數百艘小舟從四面八方湧來，將四艘戰艦團團圍住，一艘官方小舟靠前，要求長官下船說話。雙方最初的接觸避免了交戰，灣岸的町人紛紛出來，觀望遠處的黑船。7 月 9 日雙方代表會談，約定三日後登岸遞交美國總統的國書。7 月 12 日浦賀奉行所收到幕府指示，"轉告異人，幕府同意受理國書。"要求美方將國書翻譯成日語，遞交國書的時間約定在 14 日。奉行所在久里浜建造了面積約 150 平方米的臨時會見所，周圍用帷幕圍起。7 月 14 日美國軍艦的日誌記錄，大炮瞄準了會見所的位置，汽船蒸汽動力點燃，各船收起了錨鏈，培理通過抽籤的方法選拔了 300 名陸戰隊隨員。日本方面出動四藩警備隊 1500 人，遠處大約有 3000 當地居民在觀望。

登陸開始，美國旗艦鳴放禮炮 13 響，海軍陸戰隊擺開閱兵陣勢，軍樂隊奏樂，培理將軍率全副武裝的陸戰隊登陸。會見所內，美方抬進一個漂亮的小箱，裏面放着一卷美國總統的親筆書信。浦賀奉行香山宣佈："受理美國總統的書信，並呈送皇帝（德川將軍），日後外國事務的商議須在長崎實施。"會談中日方表示，征夷大將軍德川家慶重病在牀，無力處理國家大事，不能處理美國總統的國書，希望給予 1 年的猶豫期。培理將軍表示尊重日本的請求，但幕府必須回覆美國總統的書信，明年春季再來聽日方的答覆。儀式僅進行了 30 分鐘就結束了，培理一行返回艦隊。其實幕府只想收下培理帶來的國書後就打發美國人離開，不想培理提出明春還要再來，令幕府十分不安。

培理將軍根據幕府的要求，將美國總統的書信翻譯成了漢語和荷蘭語。幕府林大學頭立即將漢語和荷蘭語書信翻譯成了日語，呈交幕府老中阿部正弘閱覽。當時將軍德川家慶病重，阿部正弘遂將美國國書交由各界傳閱，如此重視的作法在當時絕無僅有。美國總統書信的主要內容，歸納為七點：1）友好結交，制定通商條約；2）美國不侵犯他國的政禮；3）蒸汽船從美國橫渡太平洋僅用 18 日就可以到達日本；4）兩國友好往來必能給兩國帶來大利益；5）貿易可以開始也可以終止，也可以限定時期；6）為遇難船員提供救助，具體事宜相互協議；7）為蒸汽船提供煤炭供給，具體事宜相互協議。幕府研究認為 1、6、7 是美方的迫切要求；2 是條約簽訂的基本；4 是強調條約的成果；3 是新技術的誇示；5 是兩國貿易開國通商。

1853 年 7 月 27 日，第十二代將軍德川家慶逝去。培理將軍明春再來的約定，給幕府心理上造成很大壓力。因為開國通商將動搖祖上制定的國本，而次代將軍需要到年底才能議定繼任。各大名藩主的主張各異，無法取得一致意見。各方意見可歸納三種：1）拒絕要求維持現狀；2）以消極的方式部分開國；3）積極開國通商。

1854 年 2 月 8 日培理將軍率艦隊第二次來日。此前，美國人得到情報稱，其他國家的艦船也在接近日本，從戰略意義上說美國必須加快速度與日本確定國家間關係，因此培理比約定的時間提前到來了。日本沿海的漁民頻頻來報，黑船從 3 艘增加到 9 艘、10 艘，甚至更多，混亂不確定的信息讓幕府手足無措。為了應對，幕府臨時任命林復齋（53 歲）擔任大學頭（相當外務大臣）。13 日林大學頭前往培理第一次登陸地點久里浜，安排迎接的準備工作。可是美國艦隊沒有出現在久里浜，報告說艦隊向江戶灣駛去，這種明顯的入侵行為讓幕府恐慌。幕府將迎接計劃臨時安排到神奈川，在橫濱村建設了臨時應接所，林大學頭用書簡向培理遞交了登陸方案。

應接所共計建造木造平屋 5 棟，因建房進度延遲，正式接待定在 3 月 8 日。培理在艦上接見了幕府代表黑川，透露本次如果不能簽訂條約，就不能避免戰爭。現在灣內停泊 8 艘戰艦，近海有 50 餘艘戰艦待命，國內還有 50 艘戰艦聽命，只用 20 日就可到達，培理的表態震驚了日方代表。

1854 年 3 月 8 日，日本迎來了鎖國史上最重要的一日。美國東印度艦隊司令官培理將軍率領約 500 名海軍陸戰隊員，在各艦鳴禮炮 50 響的威懾下，列隊踏上了江戶的土地。上陸的部隊排成三組鐵炮陣形，在應接所門前圍成 "匚" 字形。"匚" 字形的中央是由 31 人組成的軍樂隊，演奏進行曲和國歌（國歌誕生前的代用曲）。日本方面記錄稱，美軍登陸官兵共計 446 人。應接室內，長桌一側是培理將軍坐於上座，以下依次是數名軍官，身後站有約 30 名武裝衛兵。另一側是日本代表林大學頭坐於上座，以下依次落座四名官員，每人腰佩日本刀。雙方正裝的戰鬥姿態，符合當時正確的禮儀。

雙方坐定相互禮儀寒暄，培理提出為日本國皇帝（德川將軍）鳴禮炮 21 響（最高禮儀），為林大學頭鳴禮炮 17 響。會談中，林大學頭向培理將軍遞交了幕府答覆美國總統的書簡，上面記載：1）同意柴火、淡水、食料、煤炭的供與；2）遇難船員的救助適用於日本法律。3）通商貿易的要求不能接受。接著，培理遞交給林大學頭一份起草好的條約草案，草案是用漢文和荷蘭文書寫，題名《誠實永遠友睦之條約及太平和好貿易之章程》。培理指出："兩國相互通商貿易，雙方都能獲得大大的利益，最近只要開展貿易的國家，國家都開始變得富強，對外貿易能給貴國帶來國益。"林大學頭則認為："日本本國的物產已經十分充足，即使沒有外國貨，一點也不礙事，所以我國不需要對外貿易。"雙方都沒有說服對方。培理離開時從懷衣口袋拿出一個冊子，說道："這是美國和清國簽訂的貿易通商條約書，其中記載了公平交易的條款。今天我也帶來了，請你們過目閱覽。"林強調說："如前所述，貿易通商的要求不能應允，但是帶來的條約書可以拜讀。"培理說："數日後，我們想請貴方登艦參觀，招待諸位。"中午，幕府為培理一行數百人準備了酒飯，菜品超過 100 種以上。下午 3 時，培理一行離開了應接所返回軍艦。幕府隨即着手研究培理帶來的條約草案，比較對照 1844 年美國和清國間簽訂的《望廈條約》，美國的條約草案顯然是《望廈條約》的縮小版本。草案中沒有 "開港"、"通商"、"關稅"、"港使用" 等條項，可是草案的題名卻有貿易的字眼，存在嚴重的缺陷。雙方的聯絡官數次往來於艦船和陸地之間，繼續協商條約細節，美國仍然強調開港通商的必要性。

3 月 10 日培理將軍提出獻上美國贈送的禮物，約定 13 日登岸。13 日幕府收到培理的書簡，上書 "奉美國總統之命贈送貴國之禮物。此乃最近發明的代表歐美國先端技術，由美國學者和工匠精心製作的物件，我等希望傳授使用它們的方法。" 同封附有漢文獻上品目錄。君主獻上品，小火車（蒸汽機車）模型一套，規格是實物的四分之一縮小版，軌道長 2 公里。其他獻上品有電信機等 38 品；皇后 3 品；阿部正弘老中首座 12 品；林大學頭 12 品；全部獻上 140 品。美國像是農業先進國一樣，還帶來了六齒鋤、犁杖等農具 55 種；蔬菜種子 48 種。14 日，20 名水兵登陸橫濱村，在官長指揮下組裝獻上品。17 日，100 名水兵組裝蒸汽機車，21 日試運行。幕府方面也準備了回禮，大米 200 俵（袋）及酒類等土產。調來 75 名相撲大力士，肩扛一草袋，手提一草袋各 60 公斤的大米，輕鬆往來運送，令美國人驚歎不已。美國方面接受了回禮物品，還提出了希望品的目錄，包括美國總統辦公室用的辦公桌、書櫃、植物、種子、8 米長的和船模型等。培理將軍是植物學愛好者，對長期鎖國沒有雜交的原產植物視為珍寶，強烈執着於它們的種子。培理帶回美國的種子，如今仍然在哈弗大學植物園反覆栽培保存。

第二輪會談（3 月 17 日）和第三輪會談（3 月 24 日）都進行得十分艱難，幕府堅持不開港通商。培理無奈，改變了突破策略，同意兩國不貿易通商，但要求幕府在全國各地開三、四港，為美國船提供補給以及為拯救遇難船員提供方便。美國的請求，林大學頭無力做主，特報請江戶城幕府老中權衡決定。3 月 27 日，培理將軍邀請林大學頭等官員 5 人及其他相關者總計 70 人，登上美國戰艦訪問。軍艦 "米細細比" 號和 "瑪克特尼亞" 號各鳴禮炮 17 響，水兵為客人表演了大炮、小炮、槍支的操練；登陸戰的模擬演練；滅火訓練；軍艦啟動快進等節目。客人們面對世界最先端的軍事裝備，發出一陣陣騷動和興奮。隨後，日本客人參觀了艦內飼養倉，裏面飼育有去勢了的牛羊家禽。參觀了肉類、魚類、蔬菜類、果物類、酒類的儲藏室。之後培理為來客舉行了宴會，客人們對酸酸的番茄醬非常感興趣。主賓雙方乾杯暢飲，水兵表演了歌舞，沉浸在一片真誠友好的氣氛之中。但是擔任重大談判責任的林大學頭，始終保持了以往的莊重和威嚴，慎重地品嚐主人盛情款待的葡萄酒和料理。

3 月 28 日，培理將軍一行 20 人登陸橫濱村，進行第四輪會談。就幕府答應箱館（函館）、下田兩港開港的細節進行討論。幕府堅持開港是作為避難港，而不是貿易港。雙方約定沒有取得一致的條款，延至 18 個月後再行談判。3 月 30 日幕府聯絡官就條約簽署形式與美方協商，美方主張按照國際慣例，林大學頭和培理將軍在條約上簽字。但是幕府方面主張按照日本的習慣簽字，在另外的紙上寫上承認狀再行交換。簽字形式經過數度交涉，林大學頭堅持若不按照日本的習慣，條約將無法簽字調印。

3 月 31 日迎來了條約簽訂之日，培理將軍一行 30 人和軍樂隊登陸來到橫濱村。培理在英文版條約上簽字後，林大學頭表示不會在外國語文本上簽字。接着將已經簽字畫押的日語版條約與培理的英語版條約交換。培理將軍得到的日本語版條約上，簽有林、井戶、伊澤、鵜殿四人的名字和花押，而林大學頭得到的英語版條約只有培理的署名。還有漢文版條約，簽有松崎的名和花押；荷蘭語版條約，簽有森山榮之助的署名。如此一來，雙方全部署名的版本一份也沒有。更為遺憾的是，日本方面保存的條約，後來在大火中燒為灰燼。現保存在美國公文書館中的條約，有日文版、漢文版、荷蘭文版、英文版。英文版名稱《Treaty of Peace and Amity》，歷史上稱為《日米和親條約》或稱《神奈川條約》。全文内容十二條款（以下要項簡記）：1）兩國建交，永久親睦友好。2）下田、箱館作為避難港開港。3）遇難民相互救助，各自負擔費用。4）美國難民的活動，須服從公正的法律制約。9）賦予美國最惠國待遇。11）本條約成立 18 個月後，美國在下田設立領事。

《日米和親條約》的重要意義，在於美國人用和平的手段打開了日本鎖國的大門，兩國實現了和平交往的約定。在世界近代史中，列強大多數採用戰爭的手段，勝者確立支配權，敗者支付賠償金或領土割讓。然而，在《日米和親條約》簽署過程中，第一次採用了"交涉條約"的做法，其不平等性的傾向非常小。日美間交涉的實踐，衍生出了新的"近代國際政治"的概念。

三、攘夷和開國

萬延元年（1860），幕府派遣了 77 人組成的遣美使節團訪問美國。使節團作為國賓，受到美國的熱烈歡迎。使節團一行向美國總統遞交了日美修好通商條約批准書，參加了遊行歡迎會、晚餐會、舞會。日本人第一次覺悟到西洋文化優越於日本文化。

文久三年（1863），幕末的政治情勢急變，國内尊王攘夷和開國兩論盛行，政府傾向"大攘夷"論（排外主義）的政治立場。同年五月幕府向諸藩下達《異國船打扷令》，五月十日攘夷派的長州藩在下關海峽的海防炮台，向通過海峽的美國商船開炮。二十三日炮台向通過的法國軍艦開炮，二十六日向荷蘭軍艦開炮，攘夷行動表現出堅決驅逐無視國家主權的外國勢力的決心。六月美、法兩國的軍艦進入下關灣，向長州藩炮台和軍艦發起攻擊，海軍陸戰隊登上了下關炮台，破壞了炮台的全部大炮。長州藩沒有屈服，恢復炮台武裝繼續封鎖下關海峽。元治元年（1864）八月五日，美、英、法、荷蘭組成四國聯合艦隊殺入下關灣，288 門艦載大炮，一齊向炮台發起猛烈攻擊。雙方炮擊戰持續了 1 個小時，下關炮台遭到毀滅性打擊。聯軍陸戰隊 2000 餘人登陸佔領了炮台，徹底破壞了炮台所有炮械，彈藥全部投棄到海内。兩日的戰鬥結束，長州藩完敗，日本嚐到了與列強戰爭的苦頭。

江戶幕末受到西洋武力和文化的衝擊，在國家主義、國粹主義、民族主義、國民主義思想和運動勃興的背景下，德川將軍君臨的幕藩體制，事實上已經解體，國内的政治權利進入了重組的歷史階段。薩摩藩、長州藩、土佐藩、肥前藩，亦稱"西南雄藩"，成為這場政治變革的主力。這個時期日本注入了資本主義市場經濟，向外國開放港口，放棄了數百年來對外鎖國的立場，開始了面向世界的自由貿易。

面對西洋武力和文化的滲透，日本人堅持尊皇抗擊外敵保衛國家的民族主義思想出現了反彈，"攘夷"和"開國"成為日本民族必須直面的課題和選擇。"大攘夷"思想主張為了排斥歐美列強的壓力，日本應該優先採取一時對外開放、先行統一日本、富國強兵的策略。"開國"和"攘夷"兩種矛盾的思想,在特定的歷史環境下產生了結合。統一日本的"討幕"論佔了上風,推翻幕府政權成為實現新型國家的方針大計。在土佐藩和坂本龍馬的斡旋下,薩摩藩和長州藩兩大地方勢力聯合,發動了討伐幕府的軍事行動。

幕末的時代經歷了許多重大政治事件。

1) 條約締結和將軍繼嗣(1853～1858);

2) 安政大獄和櫻田門外事變(1858～1860);

3) 公武合體策和尊王攘夷派的抬頭(1860～1863);

4) 攘夷派的挫折(1863～1864);

5) 薩長聯盟和幕長戰爭(1864～1866);

6) 大政奉還和王政復古(1866～1867);

7) 戊辰戰爭(1868～1869)。

在這個歷史時期,幕府在和美、英、法、荷、俄、德等列強的關係中,從抗爭到屈服,最終與西方列強簽訂了諸多不平等條約。國內外矛盾日益突出,江戶幕府政權風雨飄搖,再也無力延續其在日本的統治。慶應四年(1868),德川幕府和平歸順了明治新政府,激烈動盪的江戶歷史落下帷幕,在執政260餘年後,德川政權退出了歷史舞台。

明治四年(1871),明治政府正式宣佈德川封建體制結束,開始了國家的維新之路。日本幕末的時代與中國歷史上晚清的後期並行。同一時代兩國經歷了相同的國際風雲,經受了外來勢力撞擊國門的遭遇。在西方文明和東方文明大碰撞的激盪中,夜郎自大的東方獅子睡眼惺忪沒有醒來,而日本人在挫折中找到了"近代國家"雄起的方向。

四、幕末的維新啟蒙

幕末的日本人為甚麼要尋求國家維新之路,是甚麼意識驅使那裏的民眾選擇了改造國家的道路,學者們從幕末的國民意識和民眾思想的形成考察中進行了解讀。

近世幕藩體制下的日本社會,頑固推行鎖國政策,緊閉國家對世界文明追求的大門。國家的政治體制停留在酋長統治草民的組織形式之上,沒有國民的統合和國家獨立的母體。日本在世界變革的激流中,與西洋早期文明發展一樣遇到了"國民國家"的大課題。在從近世向近代的轉化過程中,近代國家的國民意識形成是不可或缺的要素。而在幕藩體制中,民眾依附於各藩體制之下,不存在可以醞釀產生國民一體意識的政治契機。若要實現國家概念和形成國民意識,就必須推翻幕府體制,建立真正的統一國家。

日本國民主義起步於明治維新,其實在江戶幕末的"黑船來航"時期,動盪的日本社會已經湧現出維新的啟蒙。當時國家的維新方針,着眼於舉國關心的海防建設,主張通過富國強兵政策,實現中央集權的國家體制。幕末的近代國家意識和責任感,不僅在優秀的知識人和思想家中形成,在民眾中也已經進入近代國家所需的,國民意識形成的啟蒙階段。

　　幕末維新志士提出了國民國家和國民特性的歸屬概念。主張國家的民眾在歸類“國民”時，其民族特性定義為重要的要素，國民的特性就是將自己歸屬於國家一員的意識。幕藩體制下，沒有中央集權，民眾直接向所在藩國的統治者歸屬自己的意識。藩國限制民眾的移動、語言、文化、政治，民眾沒有日本統一的國民意識。要改變這種狀況，對抗西歐諸強，就必須樹立一君萬民的中央集權化的明治政府，讓局限於各藩國的民眾意識，歸屬到日本統一的“日本國民”意識上來。然而，當時西歐傳來的“國民”，對日本人而言是極為抽象的概念，讓民眾浸透到這種外來的國民意識中去非常困難。面對意識形態危機的明治政府，就推出了民眾容易理解、容易接受的，萬民是天皇陛下臣民的理念，由天皇精神作為中流砥柱統一諸藩，實現日本的國民國家和完成國民意識的統合。

　　明治政府成功地將諸方藩閥統一到天皇的國家體制內，民眾作為天皇的臣民躍進到天皇國家的國民。國民國家的形成，使國民自願升起自己國家的國旗，向她敬禮、齊唱國歌，標準化國家語言和文字，完成國民性格的形成。國民意識的形成和提高，凝聚了國家力量，推動和加速了明治維新改造國家的目標。歷史的記錄證明了一個事實，推翻一個政權難，完美建設一個政權更難，因為維繫這個政權，需要民眾意識的凝聚力。一個近現代的國家，人民的意識需要躍進到國民的意識，國家才能有所作為。明治維新的最重要成功之一就是將臣民、草民、人民、民眾，改造成了國民，那裏的國民選擇了國家維新之路，用國民的意識奉獻國家。

1.01 美國東印度艦隊司令官培理將軍（59歲），攜美國總統親筆信，兩次率艦隊來日要求通商。兵臨江戶灣，與幕府簽署《日米和親條約》，打開了日本鎖國的大門。

1.02 嘉永六年（1853），美國東印度艦隊培理將軍，率領四艘軍艦開到江戶浦賀灣，要求幕府開國通商。由於這些艦船被漆成黑色，日本人謂之"黑船"，其事件亦稱"黑船來航事件"。培理將軍帶來了美國總統給日本的國書。1854年2月，培理率七艘軍艦再度來到日本，艦隊直入江戶灣內到達橫濱海面，以大兵壓境之勢要求美日通商。經過雙方友好協商，江戶幕府妥協，日美在橫濱締結了史上第一個條約《日米和親條約》，亦稱《神奈川條約》。事件促使日本放棄鎖國的一貫立場，江戶幕藩體制徹底動搖，日本從此走向開國接受世界文明之路。

1.03 嘉永七年（1854）二月，培理率艦隊駛入江戶灣，這些"黑船"的再次出現，給日本帶來極大騷動，江戶城內人心惶惶一片混亂。美國艦隊在灣內滯留達50日之久，前來圍觀西洋怪物的百姓絡繹不絕。

1.04　1853年9月，美國東印度艦隊司令培理將軍，在徵得幕府同意後，率部在神奈川縣橫須賀久里浜上陸。當日幕府在海灣配備180餘艘軍艦，佈防士兵1500名嚴陣以待。培理司令官僅帶武裝士兵350名乘舢板登陸，場面盛大莊嚴，雙方劍拔弩張。這是日本近代史上，面對外來文明開啟國門的重要歷史時刻。

1.05　幕府奉行所在久里浜建造了臨時會見所，周圍用帷幕圍起，會見所總面積約150平方米。培理將軍向幕府代表林大學頭鄭重遞交了一卷美國總統的親筆書信，要求日本開港通商。幕府接受了美國總統的國書，希望美國方面給予一年的猶豫期。培理將軍表示尊重日本的請求，但要求幕府必須答覆美國總統的書信，明年春季再來聽取答覆。繪畫是培理將軍及主要隨從軍官，在久里浜臨時會見所與幕府代表會見的情形。

1.06　圖繪是美軍登陸江戶後，招待幕府林大學頭等 70 人　　陣騷動和興奮。美軍水兵表演了炮術、登陸戰、滅火，引
登艦參觀作客。面對世界最先端的軍事裝備，來客發出一陣　　導賓客參觀了艦內飼養倉、儲藏室，並舉行了盛情宴會。

1.07　嘉永七年（1854）《日米和親條約》簽訂後，培理率　　藩以未接到《日米和親條約》為理由，謝絕了培理將軍的
艦隊北上進入北海道函館，要求與松前藩締結條約。松前　　請求。圖為雙方會見的場面。

1.08 "馬關戰爭"或"下關戰爭"是長州藩攘夷派不滿幕府向外來勢力妥協,引發的與英國、荷蘭、法國、美國間的衝突。戰爭經過是 1863 年 5 月,長州藩封鎖下關海峽,炮擊航行中的美法商船,歐美聯合艦隊實施報復沒有獲得勝利。1864 年 7 月英、法、荷、美組成聯合艦隊,對日本封鎖下關海峽實施報復行動。軍事行動摧毀了下關海峽內的長州藩軍艦及炮台,並佔領了諸軍事設施,長州藩在遭受慘重打擊後被迫講和屈服。

The United States of America, and the Empire of Japan, desiring to establish firm, lasting and sincere friendship between the two Nations, have resolved to fix in a manner clear and positive, by means of a Treaty or general convention of peace and Amity, the rules which shall in future be mutually observed in the intercourse of their respective Countries; for which most desirable object, the President of the United States has conferred full powers on his Commissioner, Matthew Calbraith Perry Special Ambassador of the United States to Japan; And the August Sovereign of Japan has given similar full powers to his Commissioners, Hayashi, Dai-gaku no Kami; Ido, Prince of Tsus-Sima; Izawa, Prince of Mima-Saki; and Udono, Member of the Board of Revenue. And the said Commissioners after having exchanged their said full powers, and duly considered the premises, have agreed to the following Articles.

1.09 嘉永六年(1853),美國與日本締結了《日米和親條約》。合約全文 12 條。依此條約,日本開啟了下田及箱館兩港口,日本鎖國體制從此崩潰。美國人用和平的手段打開了日本鎖國的大門,兩國實現了和平交往的約定。然而,平等的《日米和親條約》事實上為不平等的《日美修好通商條約》打下了基礎。《日米和親條約》成為列強的敲門磚,此後列強紛紛與日本簽訂了不平等條約。上圖是保存在美國公文書館中的日文版條約,左圖是英文版條約。

1.10　1862 年 9 月在薩摩藩神奈川的生麥村，發生了四名西
洋商人因不知日本禮儀，未給武士退避讓路，慘遭武士砍殺
的 "生麥事件"。事件引發了薩摩藩和英國艦隊間的戰爭，戰
爭的結局是英薩在橫濱議和，薩摩藩賠償英國兩萬五千英鎊。

1.11　1863 年 5 月英法荷美組成的四國聯軍，摧毀了長州
藩軍艦及炮台。當時英國海軍採用了新銳的阿姆斯特朗後
膛炮，在激烈炮火對抗戰中，英軍火炮威力取得決定性勝
利。寫真是聯軍海軍陸戰隊佔領長州藩炮台的場面。

1.12　慶應三年（1867），江戶幕府第 15 代將軍德川慶喜，洞察天下大勢，痛感政治改革的必要，決定辭去將軍之職　將政權奉還天皇。圖繪是德川慶喜召集在京諸役人，傳達政權奉還天皇的的意願和決定。中間正位者是德川慶喜。

1.13　幕府和列強簽署了不平等條約後，各地租借地迅速發展。列強又提出，為了公使館的安全，希望派駐軍隊警衛。1862 年生麥事件引發了薩摩藩和英國艦隊間的戰爭。此後，軍事上被動的幕府，同意了英法兩國租借地的防衛權，兩國派駐軍隊進入租借地。寫真是英國海軍陸戰隊的臨時帳篷營地，遠方的建築是正在興建的英國駐軍兵營。

1.14 明治元年（1868），圍繞國家制度的改革，大腕政治家在一起議論政治結構、行政制度等重大事宜。圖繪是御前會議上山內豐信和岩倉具視在相互爭論的情景。幕簾後的白衣者是明治天皇。

1.15 行大政奉還之儀後，1867 年 5 月，末代將軍德川慶喜攜家丁離開江戶返回京都。沿路的江戶臣民跪在地上為大將軍送行。自德川家康以來，有着近三百年歷史的江戶幕府落下帷幕。

1.16　明治元年爆發了明治新政府的薩摩藩軍和德川慶喜的舊幕府軍的內戰，史稱“戊辰戰爭”。寫真是戰爭中，薩摩藩軍部的侍衛武士。後列士兵身着薩摩藩軍洋服，腰佩戰刀，神情嚴峻地接受作戰命令。

1.17　德川慶喜（1837.10.28～1913.11.22），江戶幕府第15代將軍，江戶史上的末代將軍。明治元年，明治政府發佈《王政復古大號令》，廢除幕府。德川慶喜拒絕服從新政府大號令，在大阪宣佈“王政復古大號令”非法。由此，以薩摩藩、長州藩為主力的新政府軍和舊幕府勢力間爆發內戰，史稱“戊辰戰爭”。德川慶喜帶領幕府軍一萬五千人由大阪進攻京都，與只有五千人的政府軍決戰，結果幕府軍大敗於鳥羽伏見。德川慶喜在海軍奉行（江戶幕府官職，可統領幕府海軍）勝海舟遊說下，同意投降。1868年5月德川慶喜無血開城交出江戶。作為條件，德川慶喜改封於靜岡，領70萬石地，德川幕府在江戶265年的統治落下帷幕。從此日本確立了王政復古的，以明治天皇絕對至上作為國家政治基礎的發展道路。寫真是江戶德川幕府第15代將軍德川慶喜的坐像。

2 明治政治

　　日本歷史上的江戶末期至明治時代，政府在政治、經濟、軍事、文化上，進行了一系列革命性的改革。這場改變日本人命運的劃時代變革，被稱作"明治維新"，日本史上亦稱"御一新"，西方國家稱"Meiji Restoration"。維新的日本成為東亞第一個，變貌成具有西洋特色的國民國家體制的近代國家。

一、維新的背景

　　明治維新的政治改革起源於"黑船來航"事件，以及同時期圍繞歐美列強在經濟和軍事上強行侵入日本，引發的抵抗運動（攘夷運動）。鴉片戰爭以後，東亞處在歐美列強的包圍之中。大清帝國為了維護舊有體制，頑固堅持一貫的鎖國政策。而日本江戶幕府，選擇了有限開國通商和尊王攘夷相結合的策略，以此保護朝廷的政權和權威。江戶諸藩雖然認同幕府開國通商的策略，但反對幕府獨佔對外貿易權利並要求改革舊有的幕藩體制。諸藩要求幕府強硬對抗歐美列強，堅持尊王攘夷政策，結果在薩英戰爭和下關戰爭中敗給了西方列強。複雜的政治爭鬥在京都朝廷的大舞台上展開，日本人開始認識到島國人閉關自守，必然導致國家滅亡的道理，終於放棄了鎖國論和攘夷論。日本的政治家主張，為了排斥來自列強的壓力，日本應該優先對外開放，先行統一日本，實行殖產興業、富國強兵的國家政策。

　　自黑船來航以來，幕府在諸藩中已經威嚴掃地，國內的政治統合力低下，各地農民暴動頻發。在這樣的背景下，幕府的國內政策仍然是繼續堅持舊有體制。導致南方的薩摩藩、長州藩、土佐藩、肥前藩組成聯盟，倡導以天皇為基礎的王政復古的國家體制，要求廢棄幕府，實施權力一元化的國家體制改革。經過戊辰戰爭的洗禮，以薩摩藩和長州藩出身的志士為主力，一代決意維新國家的精英，推翻了舊幕府勢力，建立了明治新政府，走上了國家近代化之路。

二、維新的理念

　　慶應四年（1868）日本改元"明治"，江戶幕府大政奉還交出國家政權。明治新政府採取"王政復古"樹立天皇親政的政治模式，摸索國家的改革路線。同年三月十四日政府公佈《五條御誓文》，確立了國家維新的方針大計。誓文曰：1）廣興會議，萬機決於公論；2）上下一心，盛行經綸；3）官武一途以至庶民，各遂其志，人心不倦；4）破舊有之陋習，基於天地之公道；5）求知識於世界，大振皇基。誓文主張，建立合議體制、官民一體的國家；破除舊習造就敢於與世界強國比肩之國；培養平等博愛上下一心，有實力和有涵養的國家。

《五條御誓文》昭示天下，明治天皇率領百官向皇祖神立誓宣言，告示全體國民"億兆安撫國威宣揚的御宸翰"，天皇發誓自身今後勤勉善政，定讓國威輝煌。盼望國民丟掉古來舊習，共建繁榮昌盛的近代化國家。誓文中貫穿了自由民權運動的理念，以及殖產興業富國強兵的維新目標。

三、維新體制確立

1. 設立中央政府

2. 首都

從候補都市的京都、大阪、江戶中選定江戶，並改稱"東京"，定為日本首都。

3. 行政

依照王政復古大號令，廢除幕府，確定天皇親政。天皇下設"總裁"、"議定"、"參與"三職官制。明治天皇時年15歲，因年尚少，宮內配置輔佐體制。明治元年（1868）四月，政體書公佈，確立以太政官制（七官制、政體書體制）為中心的三權分立制。1869年7月模仿"版籍奉還"律令制的二官八省，確定了二官六省制。同年"廢藩置縣"，後設正院、左院、右院的"三院制"。1885年改革中央官制，確立"內閣制度"，此後國家行政官制趨於穩定。

4. 立法

明治初年政府計劃開設"議會"，由於官制改革、民度、國民教育尚未成熟，暫由"有司專制"的改革體制維持。明治十四年（1881），頒佈"國會開設詔書"，設置審議憲法的樞密院，伊藤博文等政治巨頭起草憲法。1889年《大日本帝國憲法》頒佈，翌年帝國議會成立，東亞第一個君主立憲制的議會國家誕生。

5. 司法

明治元年太政官下設置刑法官。隨着太政官制的改革，增設刑部省、司法省，司法省內設置大審院。

6. 宮中

在廢藩置縣和太政官制改革的同時，對幕府時代的天皇宮中舊有制度也實行了改革。廢止舊日的宮中官職和女官，為明治天皇配置以士族為中心的侍從，輔弼天皇成為立志於改革的君主。幕末期的明治天皇體弱多病，士族侍從擔負天皇恢復健康的重責大任，培養明治天皇學習西洋式的立憲君主，成為國家的真正元首。在憲法制定過程中的樞密院審議期間，天皇均親臨與會。在國會開設前後，立憲政治尚未成熟期間，天皇擔負了首相的頻繁更迭、交替，政局調停等重要角色。

7. 地方行政

明治新政府接受和沒收了幕府的天領（江戶時代幕府直轄的領地）和朝敵（與天皇

和政府敵對藩閥）的土地，派遣行政官直轄這些領地。明治初期為了政局的穩定過渡，原則上暫時維持藩閥體制。隨着富國強兵近代國家建設和中央集權化統籌改革的需要，藩制的存在事實上成為改革的絆腳石，中央政府開始逐漸強化對地方的控制。明治四年（1871）八月二十九日，政府主導實施了"廢藩置縣"行政體制的改造，全國最初設 3 府 302 縣，稍後縮成 3 府 72 縣，並向各縣派遣知事。為了安撫心懷不滿的舊藩，政府給與舊藩主"華族"的名份，保證其身份和財產的安全。國家集權體制的快速實現，和平改變了舊有的幕藩體制，在日本近代史上被譽為明治維新的奇跡。

幕府時代，處於薩摩藩控制下的"琉球王國"，作為獨立國家事實上已經名不副實。在明治政府實施廢藩置縣時，被改稱為"琉球藩"，併入日本國版圖。明治十二年（1879），正式改稱為"沖繩縣"。末代琉球國王尚泰王和日本國內其他舊藩主一樣得到了"華族"的名份。

四、維新的領域

1. 中央集權

明治二年（1869）明治政府為了實現中央集權化，提議要求諸藩大名將所擁有的領地（版圖）和領民（戶籍）返還給天皇。這項施策史稱"版籍奉還"。版籍奉還是廢藩置縣的過渡措施，因為當時明治政府的權力還相當脆弱，向諸藩下達命令只能通過"太政官"傳達，政府的地位缺少權威性。版籍奉還的同時，舊藩主的諸侯 285 家、公卿 142 家，被賜予新創設的"華族"名份，舊藩主的諸侯謂之"武家華族"。版籍奉還的實現，確立了中央政府依法制約諸藩的地位。版籍奉還後兩年的 1871 年 7 月，明治政府實施了"廢藩置縣"的改革。將各地的藩領全部廢除，實現了地方統治歸屬中央管轄的一元化行政。

2. 身份制度

明治政府廢除了江戶幕府制度下的"士農工商"差別，倡導"四民平等"。"四民平等"是明治維新的一項重要改革，主旨：1）廢除江戶時代封建身份制度，確立新的階級成份。定義天皇一族為皇族；公家、大名為華族；武士為士族；農工商為平民。2）允許階級間通婚；住居、名字、職業的選擇自由化；允許平民有名字，名字稱呼義務化。3）建立全國戶籍制度；實施賤民解放令，廢除穢多、非人稱呼；施行救貧法（恤救規則）。明治四年（1871）政府制定的戶籍法規定，舊武士階級為"士族"，其餘為"平民"。公家、大名、僧侶被定為"新華族"，由政府發給士族和華族俸祿，賦予階級優惠特權。1876 年政府發佈"廢刀令"，士族的特權被取消，因此招來各地不平士族的暴動，叛亂的士族很快被政府軍鎮壓。明治十年（1877）維新的元勳之一西鄉隆盛，率領最大的士族武裝發動叛亂，引發西南戰爭。結果叛亂被政府軍鎮壓，從此士族的叛亂被根絕，士族被徹底降為平民。

3. 土地改革

歷史上，日本是一個以農耕為主的國家，國家財政收入主要來自於農業的稅收。稅收的基本形式是"地租"和"物納"。日本的地租制度起源於飛鳥時代孝德天皇二年（大化二年），發生的古代日本政治變革運動——大化改新。大化改新的日本，模仿唐制採用了土地"租稅制度"。土地作為課稅對象成為國家重要的稅收來源。戰國時代的豐臣秀吉，施行"太閣檢地"制度，根據每年莊稼的收穫量課稅。在土地上耕作的百姓，將其生產的果實作為"稅金"上交國庫。這種以"物納"繳稅的方式延續到江戶時代，稱作"田租"、"貢租"，但是各藩領的稅率各自為政，沒有統一標準。

明治維新改朝換代，為實施新政，國家需要大量資金支持改革，政府遇到的第一個大難題就是如何確保國家稅收。明治三年（1870）政府提出了新的田租改革議案，土地課稅直接影響到各藩大名所擁有的土地權限，引發政府內贊否兩論。1871年政府發佈"田畑永代買賣禁止令"，廢止土地的自由買賣。同年政府發佈"廢藩置縣"令，把日本各藩領主的土地一掃而光，清除了政府內外的所有障礙。政府構想了以土地為基準的新稅制，推進地租的改革。1874年"地租改正條例"發佈，實行土地私有制，向土地所有者發行"地券"，對土地所有者課"地租稅"。土地所有權實現法律上的認定，使土地買賣和擔保在法律的框架下施行。私有財產權的確立，從根本上奠定了資本主義發展的基礎。

明治八年（1875）內務省、大藏省強調改革後的稅收不能低於改革前的稅收值，無論年景好壞一律徵收 3% 的稅額。結果民眾的稅賦超過了江戶幕府的標準，心懷不滿的農民直接引發了 1876 年的"伊勢暴動"。暴動風潮在全國各地不斷擴大，反對政府的土地政策。政府出動軍隊警察鎮壓，50773 名參與者獲刑。事件的結果是，政府在 1877 年作出讓步，將 3% 的稅額減輕到 2.5%。地租改革持續到 1880 年，政府堅持了七年的強硬姿態，終於使地稅徵收狀況趨於平穩。明治維新的土地課稅改革，事實上加重了農民的負擔，農民為國家維新大業的成功作出了犧牲和貢獻。

4. 學習西洋

早期的明治維新，曾經探討過學習中國的文明，然而鎖國高傲的大清王朝沒有將日本小國放在眼裏。鴉片戰爭後大清國迅速衰落，歐美列強加劇侵蝕這個文明古國的主權，清國再也不能成為領導亞洲的旗手。同一時期的江戶幕府，國家事態也和清國類似，與西方列強簽訂了諸多的不平等條約。日本開始認真反省自己，摸索改造國家的道路。從 1871 年 12 月 23 日至 1873 年 9 月 13 日，政府組建了一支大型使節團，向歐美派遣了學習西洋文明的使節。使節團像千年前日本派出大批僧人前往東方大陸學習大唐經典一樣，如今轉向西方開始認真研究和吸收西洋諸國的制度和文明。使節團內包括伊藤博文等重量級政治人物，成功學回了西方國家的政治經驗，為日後國家制度的維新打下了堅實基礎。

使節團出使期間，留守國內的政治家們，大刀闊斧地推進改革。改革中積極引入西洋文明的先進制度，大量僱傭各種領域有經驗的外國人，在技術、教育、官制、軍制等方面，幫助日本建設近代國家。留守政府主要的改革措施包括，學制改革、地租改正、徵兵令、西曆的採用、司法制度、斷髮令等內容。由於改革過於激進，以至於矛盾迭出，招致士族和農民的不滿，甚至引發了征韓論等政治事件。儘管改革中各種問題頻發，但留守政府的改革成果，仍然成為早期明治維新的主體根幹。

5. 新法創設

明治初期，日本的政治和外交，為改正撤廢不平等條約進行着不懈的努力。不平等條約作為一種條法，承認僑居日本的外國人享有領事裁判權。外國人在日本享受領土租借和貿易上最惠國待遇等權利，公然侵害日本國家和國民的權益。由於日本當時尚不具備憲法及法典（民法、商法、刑法），明顯處於極端不利的地位。因此為廢除不平等條約，制定日本本國的憲法及法典成為明治政府的當務之急。國家為獲取相關人材，積極輸送專攻法學研究的優秀人材赴海外留學，同時僱傭法國、德國等西方法學者參與日本法律的研究。政府以法國法律和德國法律為基礎模式，結合日本國的國情，全面推進日本法典的制定。明治十三年（1880）制定刑法，兩年後實施。1889 年 2 月 11 日，以近代立憲主義思想為基礎的日本憲法誕生，1890 年正式實施。日本作為亞洲國家的楷模，近代法學運用獲得成功，受到近鄰各國的關注。日本制定近代法，實現法制國家也得到西方文明國家的高度認同。1896 年制定民法，兩年後實施；1899 年制定商法，翌年實施。日本模式的國家法學立國的成功，成為當時亞洲各國政治家熱衷鑽研效仿的楷模。日本為完全撤廢不平等條約，在法律上做好了堅實的準備。1911 年日本廢除了與列強間簽訂的全部不平等條約，實現了 40 年的夢想。

6. 意識形態

明治新政府倡議國民生活和思想實現近代化，政治家、思想家為改變日本人迂腐陳舊的觀念，在宣揚西方文明的活動中發揮了積極作用。代表思想家有，福澤諭吉、森有禮、西周、西村茂樹、加藤弘之等人，他們組成的"明六社"積極宣傳維新思想。福澤諭吉的《勸學篇》，中村正直的《西國立志編》、《自由之理》等為數眾多的思想啟蒙文章刊行發表，在有志青年的思想啟蒙中產生了極大影響。

明治二十三年（1890)10 月 30 日，政府發佈了天皇署名的"教育敕語"，敕語強調個人之家和祖先的家族主義要素和天皇的國家主義要素的關係。國民作為皇民必須統一到天皇要素之中，成為天皇的家族國家。教育敕語是從教科書着手對全民洗腦的教育大綱，洗腦教育在明治時代的對外戰爭中，表現出獨特的武士道精神的思想傾向。教育敕語除了灌輸皇民思想，同樣也強調修身和道德作為教育的根本規範。教育敕語對屬於日本殖民地的朝鮮和台灣，也全面規範了修身及道德教育的基本思想。

7. 宗教改革

慶應三年（1867）三月，幕府發佈"神佛分離令"，將江戶時代佛教和神道混在的體制分離。法令發出後，外來宗教乘勢排斥佛教，進而發展至"廢佛毀釋"的暴舉，破壞了大量佛教文物。新政府繼承了幕末禁止基督教的政策，強行遷移數百名基督教指導者離開原住地。明治二年（1869）基督教信徒約 3000 人被分散遷移至 10 個藩地。1871 年日本赴歐使節團歷訪歐美各國時，日本排斥基督教政策遭到各國的強烈非難，強調排斥行為將會成為條約改正的障礙。政府擔心基督教問題影響日本期待的條約改正，不顧政府內保守派和宗教界、民眾的反對，屈服了歐美各國的要求。1872 年政府提出基督教徒赦免案，1873 年通告各國基督教禁令解除，被移住他藩的教徒返回原住地解放。

8. 文化教育

明治維新的時代，西洋文化湧入，遍佈了明治的國度。國家民生方面，人力車、馬車普及；各地鐵道開通；黑禮帽、燕尾服、皮鞋、洋傘、洋裝、短平頭；麵包、牛奶、涮牛肉、啤酒、洋食；汽燈、煉瓦（磚瓦）西洋建築等等到處可見。政治上各種自由民權運動活躍，倡導平民主義、歐化主義、國粹主義、國民主義的言論在新聞媒體上熱議。各種新聞雜誌創刊登場，影響着近代日本人的思想。早期代表性的報刊有《國民之友》、《日本人》、《日刊新聞》、《日本》、《海外新聞》、《東京日日新聞》、《郵便報知新聞》、《朝野新聞》。著名的《時事新報》是明治時代著名啟蒙思想家福澤諭吉創辦的刊物，他的《勸學篇》、《文明論之概略》、《脫亞論》影響了近代日本人脫亞入歐的整體理念和對固有文化的改變。

江戶時代各藩存在各自的教育制度，但有很大的地域差別，身份不同所接受的教育也不同。只有武士和部分被認定有才能者才可以進入藩立學校讀書，一般民眾基本都在寺院開設的"寺子屋"或武士開設的"私塾"獲得教育機會。

明治維新，政府為了實現富國強兵、殖產興業，建立一個強大日本的目標，認識到培養近代國家的人材是國家戰略的當務之急，教育成為明治政府亟待解決的課題。明治五年（1872），政府頒佈了《學制》，確立了在全國設置小學校的制度，像西方國家那樣，對一般國民敞開學校大門。1886 年政府發佈小學校令、帝國大學令，在全國範圍內逐漸普及普通小學和高等小學教育。大學校教育經過環境整備和設立，也使一般民眾有了接受高等教育的機會。

明治時代的女子教育，是政府尤其關注的教育群體。從海外歸來的留洋學者呼籲女子教育的必要性，他們設立女子教育獎勵會，讓全社會理解女子教育的重要性。政府向海外派遣女子留學生，她們的回歸為日本女子教育事業作出了巨大貢獻。明治七年（1874），女子師範學校成立，男女教育比例差的局面得到迅速改善。女性應該有學問的價值觀在全社會得到廣泛認同，女子義務教育、高等教育在日本全國展開。

9. 外交政策

明治維新的最重要成果之一，是日本外交政策取得的成功。明治政府的急務是要全力改正撤廢幕府時代與列強締結的不平等條約，企望在政治上與歐美列強平起平坐，不受欺壓。然而，西方列強並不認為日本是一個近代文明的國家，強調與日本的條約改正為期尚早。在這一背景下，日本只能採取歐化接近西方的政策，用各種各樣的策略取得與西洋對等的地位。從明治五年（1872）條約改正交涉失敗起，至明治四十四年（1911）完成列國條約改正簽字為止，日本經歷了 40 年廢除不平等條約的艱難歷程。

明治政府在和西方交涉廢除不平等條約屢遭失敗的情形下，卻與歐亞諸國陸續簽定了諸多平等和不平等條約。明治四年（1871）日本與大清帝國簽定對等條約《日清修好條規》。1872 年日本強制設置"琉球藩"。1874 年圍繞琉球歸屬問題，日本提出琉球歸屬日本。1895 年日清戰爭清國敗戰，日本佔據琉球。1876 年江華島事件與朝鮮締結《日朝修好條規》（江華島條約）。1875 年與俄國締結《千島樺太交換條約》，確定日俄雜居地國境。1879 年廢藩置縣佈告，廢除琉球藩府改為沖繩縣。1882 年與朝鮮國簽署《濟物浦條約》。1895 年日清戰爭簽署《馬關條約》。1896 年簽署《日清通商航海條約》。1901 年簽署《辛丑條約》。

10. 軍隊改革

明治三年（1870）引進徵兵令，制定徵兵規則。1871 年廢藩置縣，地方政權統一到中央一元化管制下，各藩大部分士族武裝被解除。軍內長老山縣有朋倡導在"四民平等"原則下"全民皆兵"的建軍方針。四民平等的原則，為近代國家創建一支中央集權體制下的國民軍，奠定了法律基礎。政府設立兵部省，掌握全國的軍事力量。1872 年徵兵令正式實施，軍部設立陸軍省和海軍省，創設完成了近代常備軍的軍事體系。1873 年政府頒佈"徵兵令"，四民平等原則貫徹到兵役制度中，規定日本男性不論貧富貴賤、地位高低，都有為國服兵役的義務。

國民皆兵的徵兵理念，給這個以農漁業為主業的國家民眾帶來恐慌。兵役制度分為現役、預備役、後備役、國民兵役，凡年滿 17 歲至 40 歲的男性國民，都有義務承擔國家的兵役，滿期合計 23 年。新政府採用國家徵兵法令迫使國民服從義務，嚴重衝擊了民眾的和平生活。明治六年（1873）5 月發生了數萬民眾參加的，包括反對徵兵政策的農民暴動，7 月農民暴動被政府軍鎮壓。1876 年政府發佈"廢刀令"，取消了靠俸祿為生的士族的特權地位，引發了舊武士階級反政府的暴動。同年，熊本縣士族叛亂；福岡縣士族叛亂；山口縣士族叛亂。1877 年維新三傑之一的西鄉隆盛在薩摩藩舉兵叛亂，發動了日本史上著名的西南戰爭。但是這些叛亂都被明治政府強力鎮壓了下去。

明治維新的兵役制度，徹底改造了舊藩閥的軍隊體制，成為"國家軍隊"最重要的法律支柱。政府設置兵部省（國防省），採用法國式軍制改編軍隊，大力扶植軍校教育體制，嚴格接受西方軍事思想訓練。興建陸軍屯兵營地、海陸軍士官和將校培養軍校、兵器彈藥製作所、軍隊專屬醫院。在"國家軍隊"意識統合下，把江戶時代續存的尚武精神與近代國軍意識融合起來，建設成有極高戰鬥素養的近代國家軍事集團。明治維新導入"國家"和"國民"的概念，把國民和國家捆綁在共同生存的精神支柱上，形成軍、民、國一體化的"天皇的國家軍隊"。

11. 經濟產業

在明治維新殖產興業、富國強兵的大方針下，以政府的工部省（內務省）為中心，開始實施產業育成計劃。官營的富岡製絲廠作為模範工廠，首先引進了西洋式工業技術。明治十三年（1880）政府制定"官營工廠扒下概則"，除與造幣局、通信、軍事相關的官營工廠外，其餘的官營工廠、礦山均出售給民間，這一舉措極大刺激了民間工業的發展。1890 年工業化產業革命出現大躍進的高潮。

明治維新，政府改革了幕府時代的貨幣制度。統一貨幣，是明治維新經濟改革中與世界經濟接軌的重要舉措。明治維新初期，政府繼續沿用江戶時代的貨幣制度，貨幣包括金、銀、錢三種。當時各藩發行的貨幣稱作"藩札"。財政基礎貧弱的明治政府，於明治元年（1868）發行可以全國流通的"太政官札"。翌年又發行"民部省札"、"金融會社紙幣"、"大藏省兌換證券"等貨幣，使明治初年的貨幣呈多種類型。貨幣的多樣化造成國際通用的障礙，官民間對貨幣的品質、耐久性、防偽性提出急切要求。1871 年 5 月政府發佈新貨幣條例，正式導入"円"（日圓）作為日本新貨幣的單位，並於翌年 4 月開始發行新紙幣作為統一貨幣。根據國立銀行條例，國立中央銀行獨佔紙幣發行權。1882 年政府設立日本銀行，完成了資本主義金融制度的整合。

在流通領域，明治四年（1871）政府創設了"郵便"（郵政）制度。1872 年開通首條東京新橋站至橫濱站間的鐵道。在電信網、船舶運輸等領域，國家和民間展開競爭，經過重組整合，出現了快速發展的浪潮。在一系列龐大的資本運作中，被維新政治邊緣化的華族不甘沉默，他們的資產和投資，在產業振興的國家方針中發揮了重要作用。

五、維新的成果

明治維新的諸項改革措施，開創了新時代的制度。雖然新制度與社會現實存在諸多矛盾，但是新制度的效果證明，日本在短時間內實現的立憲制度，推進了殖產興業富國強兵的國家方針，改革維新取得了成功。

明治維新最值得日本歷史評價的是，發生在明治時期的日清戰爭、日俄戰爭。兩場戰爭的全面勝利，令諸國感歎、驚異、恐慌，驚呼"黃禍"襲來。日本人從此改變了自身的國際地位，日本作為"國際優等生"擠入了文明國家的行列。明治維新是在歐美列強壓迫亞洲諸國的大環境下，成功實現近代化的典範。可是日本在擺脫列強對本國壓迫的過程中，自身也加入了侵略他國的列強行列，成為侵食他國領土、權益的新興帝國主義國家。

　　明治維新的成功，是近代日本在亞洲諸國中，力圖改革自己的國家和推動國家獨立運動的典範。孫中山先生在日本政治避難時說過：「明治維新是中國革命的第一步，中國革命是明治維新的第二步。」高度讚揚明治維新對中國革命的影響。百年以來，亞洲諸國革命的先驅，無一例外的關心明治維新歷史意義之所在，關注它的歷史價值和對現實的影響。然而亞洲諸國的近代維新革命，沒有像明治維新那樣取得成功。是甚麼原因導致這樣的結果？這一疑問成為學術研究的課題。

　　明治維新的成功，特別需要關注明治以前的江戶時代，那時日本人的生產力水平、教育水準、遵法意識，已經到達了一個較高文明社會的標準。這個與大清國基本處於同一時代的江戶時期，日本人為改朝換代進入近代社會，準備好了作為普通人應該具備的素質、教養的精神。明治維新的究明，將歷史研究的觸角，再度投向對日本江戶時代的考察。

六、維新的反思

　　在國家制度和法律的保護下，國民的政治地位得到了極大提高，精神和人身獲得了自由。可是經濟地位在短期內沒有得到明顯改善，大多數民眾仍然生活在貧困的水平線上。明治時代，國家為了謀求維新發展，全盤引進西洋制度模式，推行前所未有的改革政策，給已經習慣了舊制度的人們帶來利益陣痛。日本近代史的另類評論說：「明治維新的成功在某種意義上，是以庶民利益的犧牲為代價實現的。」所推行的徵兵令、地租改正令、教育令等政策，深刻觸及各階層民眾的固有文化，甚至伴隨了叛亂和社會不穩定事件。政府為了轉嫁國內矛盾，不惜巨大的犧牲，發動了數次對外戰爭，其行為的政治性解釋留下了諸多的疑問。儘管如此，明治維新的國度證明了國家政策的正確性，陣痛後的民眾事實上獲得了更多的利益，明治維新帶給全社會的是真正的實惠。

2.01　明治元年（1868）
四月六日天皇公佈《五箇條御誓文》。當日天皇出御紫宸殿，祭拜天神地祇。副總裁三條實美宣讀御祭文及御誓文，參列親王、公卿、諸侯，在誓紙上署名，宣誓遵守五箇條御誓文。誓文曰：①廣興會議，萬機決於公論；②上下一心，盛行經綸；③官武一途以至庶民，各遂其志，人心不倦；④破舊有之陋習，基於天地之公道；⑤求知識於世界，大振皇基。誓文主張，建立合議體制、官民一體的國家；破除舊習造就敢於與世界列強比肩之國；培養成平等博愛上下一心有實力和有涵養的國家。圖中屏風內白衣者是明治天皇。

2.02　明治二年（1869）
政府為實現中央集權化，要求諸藩將所擁有的領地和領民返還給天皇，史稱“版籍奉還”。版籍奉還的同時，舊藩主諸侯285家、公卿142家，被惠與“華族”待遇。版籍奉還確立了中央依法制約諸藩的地位。1871年8月29日，政府召集全國各地藩知事於皇居（皇宮），宣佈廢藩置縣詔書。實施“廢藩置縣”的改革。將各地的藩領全部廢除，實行將地方歸屬中央管轄的一元化行政。圖繪是右大臣三條實美宣讀廢藩置縣詔書的情形。明治天皇坐於帳內。

2.03　1871年12月23日至1873年9月13日，日本新政府向歐美諸國派遣了大型使節團，考察和學習西方國家的近代文明。政府官員和留學生共計107名。寫真是出發前夜拍攝的照片，人物右起依次為，代表團副使大久保利通、副使伊藤博文、特命全權大使（正使）岩倉具視、副使山口尚芳、副使木戶孝允。政府使節的主要目的，1）向訪問國元首提交國書；2）預備交涉江戶時代與諸國簽署的不平等條約；3）考察西方文明。

2.04　明治二年（1869）受藩命前往歐洲考察的要人。人物右起，第2人山縣友朋，第3人西鄉從道。他們考察英、法、德、俄的地理形勢，專門研究德國和法國的兵制。歸國後對改造日本軍隊體制發揮了重要作用。

2.05　1860年，日本派遣了77人組成的遣美使節團訪問美國。使節團作為國賓，受到美國的狂熱歡迎，美國國會支出5萬美金用於歡迎活動。日本人第一次覺悟到西洋文化優越於日本文化。使節團一行向美國總統遞交了日美修好通商條約批准書。參加了遊行歡迎會、晚餐會、舞會，新聞報道友善地向美國人介紹日本。圖為美國盛大的歡迎隊伍。

2.06　明治維新的重要一環是農村的"地租改正"，改正包括租稅制度改革、土地制度改革。土地課稅的基準，依據收穫量來確定地價。納付額度為地價的3%，並採取現金支付的方法。地租制度改革後的數年，日本各地爆發反對地租改革運動。政府被迫於1877年將現定3%地租下調到2.5%。地租制度確立了農民對土地所有權，使土地買賣更加自由，在各地出現了擁有千頃土地的大地主。寫真是新潟縣大地主伊藤家的佃戶繳納租米的情景。

2.07　明治六年（1873），新政府實行了土地改革，對農村的土地進行了測量和收穫量調查，重新確定土地的價格，並且付與土地所有者"地券"（地契）。

2.08　明治三年（1870）"大教宣佈"（明治時代著名的廢佛毀釋文化大革命），在政府再三勒令之下，破壞了鎌倉鶴崗八幡宮內的佛教建築多寶大塔。此後境內的佛像、佛具、經典等等，幾乎全被破壞燒毀。這座創建於1208年，有600餘年歷史的神宮寺毀於一旦。寫真是外國人在多寶大塔被破壞前留下的照片。

2.09　明治二十二年(1889)2月11日,《大日本帝國憲法》正式公佈。憲法通過天皇向黑田清隆首相親手遞交的形式發佈,故稱"欽定憲法"。由此日本成為東亞第一個擁有近代憲法的立憲君主制國家。同時制定的法典還有皇室家族法的皇室典範、議院法、貴族院令、眾議院議員選舉法、會計法等重要法令。大日本帝國憲法在第一屆帝國議會召開當天的1890年11月29日施行。圖為《憲法發佈大典》,記錄了當時隆重莊嚴的歷史場面。

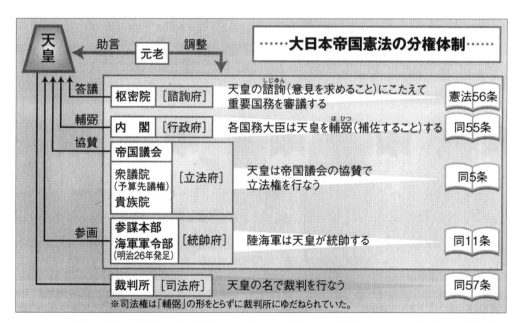

2.10　明治政府根據大日本帝國憲法,確立的國家分權體制定圖。天皇作為國家的象徵立於金字塔的頂尖。天皇下的中央政府行使立法權、行政權、司法權。國家權力集中於中央政府,國家的統治權在形式上統歸於明治天皇。

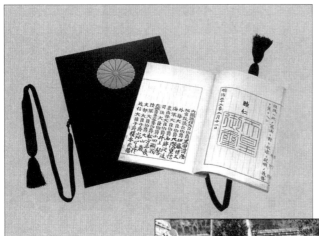

2.11　圖為《大日本帝國憲法》署名的原本。大日本帝國憲法中，明治天皇玉璽以下各大臣署名。內閣總理大臣黑田清隆、樞密院議長伊藤博文、外務大臣大隈重信、海軍大臣西鄉從道、農商務大臣井上馨、司法大臣山田顯義、大藏大臣兼內務大臣松方正義、陸軍大臣大山巖、文部大臣森有禮、遞信大臣榎本武揚。

2.12　明治二十二年（1889）2月11日，以近代立憲主義思想為基礎的日本憲法誕生，1890年憲法正式實施。日本完成近代法，實現法制國家，得到西方文明國家的認同。日本作為亞洲國家的楷模，用近代憲法指導國家的維新，受到近鄰各國的關注。寫真是大日本帝國憲法發佈後，受到市井間民眾的擁護，民眾穿着古式鎧甲上街遊行歡呼雀躍的情形。

華族の出自	明治17年叙爵内規	
賜姓降下	公爵	
公卿華族	摂家	公爵
	清華家	侯爵
	大納言まで直任の例が多い堂上	伯爵
	維新前に家を興した堂上	子爵
武家華族	徳川宗家（将軍家）	公爵
	徳川三家（尾張・紀伊・水戸）	侯爵
	徳川三卿（田安・一橋・清水）	伯爵
	大藩知事（現米15万石以上）	侯爵
	中藩知事（現米5万石以上）	伯爵
	小藩知事（現米5万石以下）	子爵
	武家大家一門	
	交代寄合（諸侯格）	
	大家老	
奈良華族（僧侶）・大神社の神主、大寺院の血臠の住持・分家華族		
琉球関係の華族	琉球藩王	侯爵
	琉球藩王一族	
新（列）華族（国家に勲功ある者）	南朝の忠臣の嫡流	公・侯・
	維新の勲功による者	伯・子・
	維新後国家に勲功ある者	男爵

2.13　華族是日本明治維新時期為安定國家新政權，制定的過渡性貴族階層，為穩定明治政權起到了重要作用。作為臣服條件，政府給與華族諸多的政治、經濟特權。包括，爵位世襲、家範制定、敍位、爵服着用許可、華族世襲財產、參與貴族院構成、特權審議、許可與皇族和王公族通婚、皇族喪服對象、允許學習院入學、宮中保有席位、舊堂上華族資金保護等等。由於華族制度違背一君萬民的理念，乃無為徒食階級。隨着自由民權運動的擴大，對華族制度展開激烈批判。華族階層逐漸向世論妥協，也實施了一些改變特權的做法。1947年戰後日本國新憲法實施，華族制度被徹底廢止，史上總數1011家華族的歷史終結。

2.15 1872年政府發行紙幣，最初在德國印刷，繪有"明治通寶"印，紙幣規格15.9×10.7CM。因紙張脆弱，1877年後，採用國產紙張。

2.14 1881年改造紙幣發行的錢幣"神功皇后札"。1日圓紙幣規格7.7×13CM，原版由意大利人雕刻，採用了防偽技術和日本特產的紙料。

2.16 1888年發行的5日圓紙幣，規格9.5×15.9CM。

2.17 1885年日本銀行兌換銀券"大黑札"，規格9.3×15.6CM。幣紙內摻入魔芋粉以提高紙張韌性，但蟲鼠害多發。

2.18 1890年發行的10日圓紙幣，規格10×16.9CM。紙幣上印有防偽的豬形標記，上六下二。

2.19 1891年發行最大面值100日圓紙幣，規格13×21.1CM。傳說藤原鐮足的肖像雕刻時，是大藏卿松方正義做的模特。

2.20 日清戰爭的戰爭賠償金確立與歐美相同的金本位制，1899年政府發行第一批金貨兌換券，幣背面金貨兌換文明記。日本人首次自製圖案和原版，規格8.5×14.6CM。

2.21 明治七年（1874）政府在東京王子村設立的"紙幣寮抄紙局"工廠大院。

2.22 靖國神社的前身是建於明治二年（1869）六月二十九日的東京招魂社，1879年，改名為靖國神社。靖國神社的設立，是為了紀念在戊辰戰爭中為恢復明治天皇權力而犧牲的軍人。"靖國"由明治天皇命名，出自《左傳・僖公二十三年》的"吾以靖國也"，意為伸國家安定。圖為早期的靖國神社的大通路，兩側排列對稱的石燈籠。

2.23 漫畫《選舉之日》，描繪明治二十三年（1890）7月1日，大日本帝國憲法發佈後，第一次總選舉投票所的場景。當時的選舉權規定只限25歲以上的男子，而且交納15日圓的國稅後方可有資格投票。具有此等選舉權資格和能力的日本國民僅佔全國人口的1%。

2.24 日本改革諷刺畫《政府的烹調》，政府制定的憲法和陸軍軍制以德國體制為樣板，甚至連德國香腸、啤酒等食品也大力引進。畫中諷刺曰："這豈不是將我等國民浸入在德國的鍋裏煮一樣嗎？"畫中掌勺者大有忍痛割臂之堅定立場，旁側有哭泣者、觀望者、不滿者。西洋人則在遠處懷揣驚異神情，窺視日本的維新之變。

2.25　明治二十三年（1890）在德國建築師設計幫助下建成了第一座帝國議會臨時議事堂。會期中因漏電，議事堂被燒毀。為確保議會進行，議事堂晝夜兼程再建。寫真是1891年建成的第二座帝國議會臨時議事堂全景。

2.26　明治時代議事堂內秩序有嚴格規定，議員禁止攜帶外套、傘、手杖、帽子入場，禁止吸煙，禁止閱讀參考資料以外的報紙、書籍，禁止妨礙他人演説朗讀等。寫真是議事堂內議員開會的情形。二層有記者採訪席位。

2.27　明治五年（1872）大藏省。

2.28　明治十四年（1881）文部省。

2.29　明治二十三年（1885）元老院議事堂。

2.30　明治二十四年（1891）竣工的農商務省。

2.31　明治二十六年（1893）內務省。

2.32　明治二十六年（1893）造幣局。

2.33　明治二十六年（1893）印刷局。

2.34　明治二十七年（1894）東京府廳（市政府）。

2.35　明治二十九年（1896）東京裁判所。

2.36　明治三十二年（1899）東京商業會議所。

2.37　明治四十年（1907）東京勸業博覽會（上野不忍池）。

2.38　明治四十二年（1909）大阪控訴院。

2.39　明治四十四年（1911）司法省。

2.40　明治四十四年（1911）外務省。

2.41　明治四十四年（1911）竣工的警視廳。

2.42　明治四十四年（1911）通信省。

2.43 寫真是伊藤博文當選第一屆貴族院議長後,一家人在議事堂內的合影。右圖小票是第一屆貴族院議員選舉時,進入投票所的入場券。用此入場券換取番號簽即可入場。在投票用紙上記入住所、氏名,然後按印,投票即可生效。伊藤博文的妻子梅子是藝妓出身,是伊藤的賢內助。兩人生有七名子女,存活只有四人,兩男兩女。梅子忍耐伊藤在外浮氣好色,從未有過隻言片語的抱怨,全心全意打理家務和支持伊藤工作,成為政界著名的賢妻良母式人物。1909 年伊藤在哈爾濱被暗殺,梅子未落一滴眼淚,詠道:"為了國家放出了最後一線光亮,君終於實現了想去的地方。"梅子作為明治初代上品的第一夫人,一生勤奮,於 77 歲永眠。

Combien avez vous de dollars sur vous? — Dites vite. — Times is money.

2.44 明治十九年 (1886) 10 月,橫濱開往神戶的英國汽船"諾魯曼頓"號,在紀州灣沉沒。船上 34 名西洋人乘舢板得到救助,而 23 名日本乘客全員殉難。然而神戶的英國領事裁判,只判處船長三個月刑期,對遇難者卻沒有任何賠償。此事件引起世論極大不滿,民眾強烈要求政府改正不平等條約。諷刺畫《諾魯曼頓號事件》,面對奄奄一息的受難者,英國船長手拿秒錶說:"爾等要想獲救能出多少英鎊?趕快說來,時間就是金錢。"

2.45　諷刺畫《變臉的日本人》。改正條約生效後，日本人如狼似虎，反對外國人的感情大暴露。簽訂不平等條約以來，租界周邊的住民，反對驕橫跋扈外國人的情緒深刻蔓延，外國人遊興酒後開槍、折斷堤上櫻花、放狗咬人、毆打路人等事件，激化了日本人和外國人間的緊張關係。圖中角鬥場外的日本人，為決鬥勝利的日本人叫好稱快。

2.46　諷刺畫《倭人的新時代》。1899 年 5 月日本和諸列強改正條約即將生效，租界內外國人恐慌的模樣被媒體廣泛報道。日本大法官的臉上露出了笑容，吾等倭人的時代終於到來。左上方日本人為外國人準備的絞首台，正在迎來東方的黎明。明治維新的日本經過不懈努力，正在加速廢除與諸列強的全部不平等條約，成為擁有真正獨立主權的國家。

2.47　諷刺畫《被葬送的領事們》，改正條約生效後，外國人租界被廢止，從此以保護外國僑民為藉口增設的外國公館和外交官也將消失。繪畫諷刺曾經擁有大量特權的外國人，在失去特權後的複雜沮喪心境，過去耀武揚威行使特權的領事們，開始被改正條約永遠葬送。

41

3　明治天皇

　　明治天皇，日本第 122 代天皇。1852 年 11 月 3 日誕生，1912 年 7 月 30 日駕崩，諱稱"睦仁"，御稱"祐宮"，御印"永"。明治天皇睦仁祐宮被譽為"明治大帝"、"明治聖帝"、"睦仁大帝"、"Mutsuhito the Great"，是近代日本精神的象徵。

　　明治天皇是孝明天皇的第二皇子，生母中山慶子。誕生時孝明天皇賜幼名"祐宮"。萬延元年（1860）七月十日立為儲君，賜名"睦仁"。慶應二年十二月二十五日（1867 年 1 月 30 日）孝明天皇駕崩，慶應三年一月九日（1868 年 2 月 13 日）滿 16 歲的"睦仁"行繼位大禮。明治四年十一月十七日（1871 年 12 月 28 日）冊立一條美子為皇后。明治天皇逝去後的明治四十五年（1912），一條美子皇后被冊封為昭憲皇太后。

一、幕末的動亂

　　明治天皇即位不久，以薩摩藩為首的諸藩，形成"討幕"、"倒幕"聯盟勢力。代表政府的"幕府派"和"討幕派"都全力拉攏並無實權的朝廷，以期天皇做他們的靠山。在這場角逐中，討幕派取得了優勢，幕府征夷大將軍德川慶喜被迫於慶應三年十月十五日（1867 年 11 月 10 日）上奏天皇，行"大政奉還"之禮，將政權歸還天皇。政權在形式上回歸了朝廷，但是德川幕府的統治機能尚存。為了徹底推翻幕府，推進國家的維新改革，討幕派於明治元年十二月九日（1868 年 1 月 3 日）發佈"王政復古"大號令，宣佈成立新政府。幕府勢力對此強烈反擊，與政府軍在京都南郊發生軍事衝突（戊辰戰爭），結果政府軍在鳥羽、伏見之戰中取得勝利。明治二年（1869）政府軍平定了德川幕府、奧羽越列藩、會莊同盟、蝦夷共和國等勢力，結束了江戶時代的歷史，新興的明治國家誕生。

二、明治的新時代

　　明治元年（1868）四月六日，新政府發佈《五箇條御誓文》，告示明治國家維新改革的基本方針。同年六月十一日政府參照美國憲法起草《政體書》，宣佈明治初期的政治大綱，制定了國家的統治機構，確定明治的改元和日本的一世一元制。

　　明治元年（1868）十月十三日，明治天皇初巡江戶。同日江戶改稱"東京"，江戶城改稱"東京城"，日本國奠都東京。從明治二年（1869）移居東京，至明治四十五年（1912）崩御（駕崩），明治天皇的宮廷一直安居於東京。

　　明治二年（1869）七月二十五日，政府《版籍奉還》大綱上表敕許，諸大名的領地（版圖）和領民（戶籍）返還天皇，實現了明治政府的中央集權化。明治三年（1870）二月三日，政府發佈《大教宣佈詔》，賦予天皇以"神格"，定立日本的國教為"神道"，確定日本為祭政一致（政教合一）的國家，全面推進天皇的絕對權威。天皇被確立為近代國家的君主，因此培育天皇的仁德成為國家最重要大計。政府對宮廷實行了廢舊立新的全面改革，為樹立天皇親政體制和培養君德品格作出了巨大努力。明治四年（1871）八月二十九日，政府宣佈《廢藩置縣詔》，最終實現了中央集權體制。明治的新時代，新政府內的一代改革家，在西方文明的影響下，清晰國家的發展政略，從法律和實踐上制定出一整套精神的、制度的、集權化等一系列的改革方案，奠定了明治國家的政治基礎。

三、近代國家的確立

明治十五年（1882），政府發佈《軍人敕諭》，規定日本的軍隊為"天皇的軍隊"（簡稱皇軍），天皇作為大元帥統帥軍隊。明治十七年（1884）創設了立憲體制下的，內閣制度、市町村制、府縣制、郡制、官僚制支配體系的整合、皇室財產的設定等諸制度。明治二十二年（1889 年 2 月 11 日）《大日本帝國憲法》公佈。憲法在日本史上首次明記天皇的權限（天皇大權），確立了立憲君主國家的基礎。明治二十三年（1890 年）發佈《教育敕語》，明確定義了近代天皇國家的臣民，作為國家的"國民"應該具備的道德涵養。明治維新的國家政體改革中，藩閥功臣（確立明治國家的諸藩功臣在政府內的當權者）和眾議院政黨勢力之間，發生過尖銳的衝突。為了穩定明治維新的國家，天皇不斷發出詔敕，緩和調停各黨派間的爭鬥，發揮了天皇大權的機能。同時，在政府內的諸諸元勳間，政策和感情上存在許多對立，天皇從中調和起到了天皇大權的權威作用。日本近代國家立憲君主制的確立，統合了江戶時代遺留下的各自為政的藩閥勢力，成功將日本引向國家的維新之路。

四、列強之路

明治維新面對的最大政治課題是，廢除和修改江戶幕府政權與西方列強簽訂的各種不平等條約。日本的國家政略是企望在政治上與歐美列強平起平坐，不再在不平等條約框架下受列強的欺壓。日本採取了政治談判協商和強化國家軍事力量的國家戰略，來解決這一政治課題。從明治五年（1872）至明治四十四年（1911），日本經歷了四十年才徹底廢除了不平等條約，擠入以西方為主流勢力的列強行列。在這四十年的時間裏，天皇親臨指導了兩次改變日本命運的戰爭。"日清戰爭"、"日俄戰爭"，在西方列強關注下的兩次重大戰爭，日本取得了震驚世界的勝利。戰爭後日本軍事經濟騰飛，吞併韓國，經營滿洲[註1]，日本與英法德等列強一樣，野心膨脹利慾熏心，走上了侵略周邊國家的軍事殖民的帝國之路。

五、天皇的品格

明治天皇睦仁祐宮是近代日本國家的象徵，作為君主受到國民的敬畏和愛戴。睦仁的日常生活樸素，嚴以律己，始終努力保持天皇的威嚴。侍從回憶，明治天皇記憶力拔群，批改文書必定朱筆圈閱，記入註釋和感想。對屢教不改者會表現斥責態度。睦仁天皇作為軍隊的大元帥反對與清國開戰，但在日清戰爭中又親臨廣島大本營督導整個戰爭。睦仁天皇愛兵如子，戰爭中在簡陋的辦公室內辦公。冬日暖爐只求一鉢，想到的是身在滿洲大陸忍寒受凍的將士。睦仁天皇熱愛音樂、吟詩、歌唱，日清戰爭中主持監修了多首軍歌，激勵出征的軍人，在精神上鼓舞了全國軍民的士氣。

睦仁天皇的教育，主要以儒學為基本，他不讚賞過於模仿西洋教育論者的說教，曾拒絕出席持西洋教育論的大臣的任命儀式。天皇的個人趣向和國家維新主義存在矛盾，甚至與內閣的皇臣之間出現不信感。明治十九年（1886），內閣和天皇之間達成了《機務六條》的承諾，規定了天皇和內閣間的關係。例如，如果天皇沒有事先要求參加御前會議，就不能直接參與內閣政策的決策。《機務六條》的承諾，明確了天皇只作為立憲君主的立場，事實上相當於明治天皇自己同意放棄親政的意向。

睦仁天皇一生不喜歡攝影照相，以致留下的寫真十分稀少。壯年時期的"御真影"，用於公共場合的肖像畫和寫真，也是不得已而為之，是經過臣下苦心請求才做成的。明治四十四年（1911），睦仁天皇在福岡縣軍事演習閱兵中親臨觀摩的寫真，據說是被偷偷拍攝到的珍稀照片，也是明治天皇最後的寫真。世界各國的貨幣和郵票，很多都使用國家元首的肖像。意大利凹版雕刻家基奧索內·愛德華曾多次建議過日本錢幣用明治天皇的肖像圖案，都遭到天皇的拒絕。基於天皇謙遜的意願，日本歷史上明治天皇肖像圖案的郵票甚至一次也沒有發行過。

睦仁天皇平日喜歡"騎馬"、"和歌"，文化素養較高，一生自作的"和歌"超過93000首。睦仁性格幽默、無邪灑脫、平易近人，據說宮中皇后和女官給天皇起"外號"相稱。睦仁不是那種高高在上被人崇拜的真神，而是有血有肉，有普通思想和慾望的"普通人"。睦仁天皇的私生活中喜歡喝日本酒，贊同宮中包括皇后在內的婦人穿洋式服裝，夜晚經常由女官陪同舉辦宴會。晚年患糖尿病酒量減退，為了健康只喝葡萄酒。由於當時已經出現最新的留聲機技術，聽唱片、唱歌、吟詩、琵琶歌，成為睦仁天皇日常生活中的一部分。睦仁是刀劍愛好者，一生收藏數量眾多的名刀名劍，經常鑒賞讚歎於癡迷之中。著名的寶劍"水龍劍"、"小竜景光"更是經常佩帶於身。

睦仁天皇的宮中財產有過許多下賜的記載，早期日本海軍力量貧弱，明治天皇率先從宮內經費中下賜御內帑金，支援國家海防建設。日清戰爭、日俄戰爭，天皇在國民中做出表率，不斷捐獻財物支援戰爭，喚起國民對戰爭的全面支持。明治四十四年（1911），政府發佈天皇簽署的《濟生敕語》，提出了面對貧困階層的醫療政策，為此皇室捐出150萬円創設了"濟生會"，顯示出睦仁天皇的親民愛民之本色。

六、明治天皇逝去

　　明治四十五年（1912 年 7 月 30 日），睦仁天皇糖尿病惡化，併發尿毒症不癒崩御，享年 60 歲（滿 59 歲）。同年（大正元年）9 月 13 日，全國大喪之禮在東京青山帝國陸軍練兵場（現神宮外苑）舉行。明治天皇暮年之時，健康狀況惡化步行艱難，經常伴隨精神狀態的不安和濃厚的睡意。在樞密院會議中三度坐睡，呈現愚癡症狀，周圍為之不安恐慌。最終時刻昏迷之中喃喃自語，“朕要死去了，這個世中會怎樣，朕想死去……”“朕死了御內儀（昭憲皇太后），實乃讓朕放心不下……”。明治天皇大葬結束後，盛裝屍身的靈柩載於靈柩專門列車內，經由東海道本線運往京都南郊“伏見桃山陵”皇家墓地埋葬。大喪之日以陸軍大將乃木希典夫婦為首，以及一些追隨明治君主的虔誠執着者，公開自刃殉死以示效忠和榮耀。

註 1：滿洲一詞最早見於明末清初，是滿族的族稱。1635 年，清太宗皇太極下令，將滿洲定為滿族的族稱。有清一代，滿洲一直被作為民族名稱，與漢、蒙、回、藏並用。辛亥革命後，簡稱為滿族。（《辭海》、《中國大百科全書》）日本文獻所指“滿洲”，是一個地理概念，大體包括中國東北地區的黑龍江、吉林、遼寧三省，以及內蒙東部地區。本書因以日本史料編寫，因之不改。

3.01　明治天皇，日本第 122 代天皇。嘉永五年（1852 年 11 月 3 日）誕生，明治四十五年（1912 年 7 月 30 日）駕崩，諱稱"睦仁"，御稱"祐宮"，御印"永"。

明治天皇睦仁祐宮被譽為"明治大帝"、"明治聖帝"、"睦仁大帝"、"Mutsuhito the Great"，是近代日本精神的象徵。

明治天皇是孝明天皇的第二皇子，生母中山慶子。誕生時孝明天皇賜幼名"祐宮"，賜諱名"睦仁"。慶應二年，孝明天皇崩御。翌年，滿 14 歲的睦仁行繼位大禮就任皇位。

然而日本歷史上存在"明治天皇是換子天皇"的逸說。《徹底的に日本歷史の誤謬を糾す》一書中記述："其實明治天皇不是孝明天皇的皇子，明治天皇是後醍醐天皇的十一世孫，滿良親王御王孫的後代，一直匿於長州受到守護。當時真的睦仁天皇體質虛弱，整日與宮中女官沉溺，天皇的政治資質無法期待。薩長藩倒幕派暗殺了睦仁，替換御王孫的後代為明治天皇，發動王政復古運動奪取了政權。薩長聯合成功討幕，迫大政奉還，成為明治維新的原始動力。"圖為少年時代的明治天皇。

3.02　明治元年（1868）江戶改稱東京，佈告天下天皇親理國政。十一月隨行 3000 人護衛天皇車駕從京都遷往東京。途中路過民田，正值新穀收穫時節，天皇駐轎親切御覽農家收穫場景。並賜予農家特製糕點，勉勵農業勞作。《農民收穫御覽》圖中，轎內簾帳後是明治天皇，隨行人跪拜致安。

3.03　明治天皇的皇后一條美子，追封昭憲皇太后。

3.04　明治天皇中年時代身着大元帥軍服的畫像。

3.05　圖中編號第 30 者是移民美國的荷蘭人 Verbeck（威爾貝克），他於 1859 年以法學者、神學者、傳教士的身份被派遣到日本從事傳教活動。1864 年受聘於幕府長崎英語傳習所任講師，在他的薰染下，培養出了諸多的維新名人。他的進言後來推進了政府派遣岩倉使節團出訪歐美。1865 年，寫真家上野彥馬拍攝下了這張史上最珍貴、爭議最大、記錄明治維新志士群像的照片。照片的真偽成為現代學術界議論的課題，出版書籍論文甚多。圖中編號第 40 者（大室寅之祐）被解說是後來的明治天皇，牽出了明治維新是歐美勢力所為之陰謀論。

3.06 延元元年（1336）五月二十五日的湊川之戰，醍醐天皇的忠臣楠木正成在湊川殉節並葬於此處，元祿五年（1692）在殉地追建"嗚呼忠臣楠子之墓"的石碑。水戶學者（水戶學，是指在日本水戶藩形成的學問，主張尊敬天皇）崇敬楠木正成盡忠天皇之理想，此處遂在幕末時期成為祭祀維新志士的場所。在維新志士崇敬心的驅使下，要求國家創建楠社。明治五年（1872）五月二十四日湊川神社建成。神社內有寶物殿、能樂堂、神能殿、楠公會館。照片中本殿的左奧處（西南角）是盡忠剖腹自刃的場所。

3.07 天皇是日本國君主的稱號，日本國家的象徵。天皇制是世界上延續時間最長的君主制度。在神道教中，天皇是天照大神後裔，具有神性，不同於普通的日本人。天皇與其家族沒有姓，歷史學上稱天皇氏。二戰後日本裕仁天皇宣佈完全放棄歷史上賦予的"神性"，儘管如此，日本人堅持認為天皇代表着"國家"。自古以來，天皇是隱居深宮的神秘聖人，其形象不為人知。明治天皇開始公開自身的形象，讓庶民百姓逐漸了解人性化的天皇，百姓因此有機會膜拜天皇的肖像表示敬意。圖中百姓專程來到懸掛天皇肖像的會館，帷幕拉開就可以瞻仰到仰慕中的天皇。膜拜天皇肖像的會館有專門值守的警官維持秩序。

3.08 天皇旗是天皇家族的標誌。天皇巡幸出遊時，隊伍會懸掛天皇旗。日本陸軍中天皇舉行鹵簿式時，儀仗兵會捧持天皇旗，以特定的禮儀，莊嚴而緩慢地行進。

3.09 畫像《明治天皇的一家》是記錄明治天皇家況的珍貴文獻，此繪畫是大畫家葛西虎次郎在明治三十四年（1901）8月發表的作品。畫中人物前列左起，皇太子妃、迪宮、富美宮允子內親王、周宮房子內親王、泰宮聰子內親王、常宮昌子內親王。後列左起皇太子（大正天皇）、皇后、天皇。

3.10 明治三十七年（1904）2月4日，日本對俄宣戰最後的決斷，召開了緊急御前會議，天皇聽取了報告。會上內閣大臣和元老們神情嚴峻，當樞密院議長伊藤博文知道戰事已開，迴避戰爭的外交努力已經失敗時，兩眼充滿淚水，不敢相信日本可以取得這場戰爭的勝利。繪畫《對俄宣戰御前會議》描繪了這一重要的歷史時刻。會議桌的盡頭是明治天皇，右側是伊藤博文、山縣友朋、大山巖、松方正義、井上馨五元老；左側桂太郎首相、小村壽太郎外相、曾禰荒助藏相、山本權兵衛海相、寺內正毅陸相。明治天皇裁可對俄宣戰，內閣決定與俄斷交開始軍事行動。

3.11　睦仁天皇一生不喜歡攝影照相，留下的寫真十分稀少。壯年時期的"御真影"，是為了用於公共場合的肖像畫和寫真，是不得已而為之，經過臣下再三苦心請求做成的。明治四十四年（1911），睦仁天皇在福岡縣觀看了軍事演習，幾幅閱兵中親臨觀摩的寫真，據說是被偷偷拍攝到的珍稀照片，也是明治天皇最後的寫真。寫真右二者是明治天皇，正在聽取下官報告演習作戰計劃。

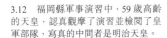

3.12　福岡縣軍事演習中，59歲高齡的天皇，認真觀摩了演習並檢閱了皇軍部隊，寫真的中間者是明治天皇。

3.13　寫真表現的是在福岡縣軍事演習中，明治天皇詳細詢問了演習環節，聽取了下官的說明，讚揚部隊的戰鬥力。1912年天皇因糖尿病合併尿毒症逝去，因此推斷天皇觀摩部隊演習的前一年，身體狀況已經不盡人意。

3.14　明治天皇生活簡樸國事勤勉，早期居所甚至不安裝電燈，在炎熱的夏日連最新發明的電風扇也不要。睦仁喜歡音樂，聽留聲機唱片、唱歌、吟詩、琵琶歌等，成為日常生活中的一部分。明治天皇晚年的體格，身高 168 厘米、體重 90 公斤。寫真是明治天皇晚年身着軍裝的照片。

3.15　明治天皇病重，寫真是祈禱天皇康復的女學生們，集聚在二重橋廣場上靜默祈願。

3.16　明治天皇病重，連日來來自全國各地的男女老少，集聚在皇宮前的二重橋，仰天祈禱神明，伏地悲淚保佑天皇安康，對明治天皇的慈愛表示深切的致意。圖為百姓在二重橋外靜默祈願。

3.17　明治天皇的葬儀是日本近代首次天皇葬儀，大葬採取神式葬典。寫真是設在青山練兵場廣場的明治天皇葬場殿。

3.18　明治天皇的葬禮祭儀，在宮中、葬場殿、陵所，三個場所實施。宮中是在宮內舉行皇家的各種祭儀。葬場殿是在青山廣場舉行的公開葬禮。陵所是在京都伏見桃山的皇陵舉行埋葬祭祀之禮。寫真是9月13日明治天皇的靈柩從殯宮移至輀車，由牛牽引輀車緩慢前往葬場殿，兩地距離5公里。輀車19時從宮城出發，20時正點之時，乃木夫婦自殺為天皇殉葬。

3.19　明治天皇的大葬式典結束後，大幄舍的幔門關閉，靈柩沿着專門鋪設的軌道，移至臨時大葬火車站的靈柩列車內，發往京都。明信片圖片是大正天皇及皇家成員、政府大員在車站送行的場面。

3.20　午後2時，搭乘了大喪職員、文武高官的靈柩列車從青山臨時車站出發，經由東海道本線前往京都南郊的伏見桃山陵。到達桃山車站是次日（9月14日）17時10分。

3.21　明治天皇的靈柩到達桃山站時，已經有政府高官和 104 名"八瀨童子"迎候。八瀨童子是醍醐天皇以後傳承下來的，專為天皇抬駕輦的轎夫，享有許多特權。靈柩從車廂移至車站事先準備好的室內，接着移入"蔥華輦"中。18 時 40 分 52 名八瀨童子，奉持蔥華輦向祭場殿出發。寫真是八瀨童子抬着明治天皇的蔥華輦，從火車站出發的情形。

3.22　明治天皇的蔥華輦於 19 時 20 分進入御陵正門，19 時 30 分通過大鳥居。到達祭場殿之後，卸於傾斜軌道上，慢慢送入御須屋移卸。八瀨童子抬着明治天皇的蔥華輦前往伏見桃山陵的沿途，有陸海軍儀仗隊致禮，百萬國民百姓在沿路兩側默默地目送崇拜的天皇。寫真可見，此時已經是黑夜，在燈光的照明下，可以看到引路的官人和兩旁的海陸軍儀仗隊，在吹響着致禮的軍號。

3.23　明治天皇崩御後，政府曾討論在東京建造陵墓。但是明治天皇生前遺願希望埋葬在京都。依照天皇的遺願，陵墓修在了京都桃山，而在東京修建了明治神宮。在靈柩的四周放進了大量的石灰，其上安放了靈鏡和寶劍。中蓋用松脂封固，外蓋用四方木炭填塞。七塊御蓋石覆蓋於上，最後澆灌水泥封頂。15 日午前 7 時斂葬結束。8 時半實施陵所之儀，皇后、皇太后、皇族、政府高官1000 人參列，由地位很高的日本皇室世襲親王閒院宮，代表皇室主持葬儀，各員施拜禮。寫真是明治天皇之墓。

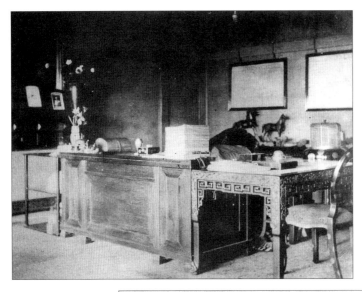

3.24 明治天皇的宮城內表御座所（天皇的辦公室）。室內陳列簡樸，桌上堆滿了圈閱的文書，天皇辦公桌左側是侍從長的座椅。睦仁病重期間仍然操勞，最後的日子裏，糖尿病合併尿毒症，健康狀況惡化步行艱難，伴隨精神狀態萎靡和濃厚的睡意。呈現愚癡症狀，令周圍侍從深感不安。

3.25 明治天皇的大喪之禮，當日日本海軍艦隊在東京灣集結，各艦降半旗鳴炮致禮。圖為日本艦隊旗艦"金剛"號降半旗鳴炮致禮的情形。

3.26 1912年7月30日明治天皇逝去，乃木希典為天皇盡忠守靈。同年9月13日明治天皇殯葬之日，乃木悲傷之極，寫下"明治的精神起自明治終於明治，存活人間之意義去矣。"於是他和妻子靜子雙雙決意自殺以追隨明治天皇而去。乃木希典切腹，其妻用短刀割頸。乃木殉葬後，日本人奉乃木為"軍神"，乃木希典成了"武士道"精神的象徵。事實上，日俄戰爭在乃木的魯莽指揮下，給日軍造成重大傷亡，自己兩個兒子也陣亡在旅順戰場，心灰意冷的痛苦折磨也是乃木追隨明治天皇而去的要因之一。寫真是乃木夫婦殉葬之後，靈柩前往青山齋場途中的情景。

4　琉球台灣

一、琉球的滅亡

　　歷史上的琉球王國（1429 ～ 1879 年），是以沖繩本島為中心和琉球王統治的周邊原住民諸島組成，其範圍總稱“琉球列島”。本島和離島組成的小王國總人口不足 17 萬，地理位置處在台灣和日本九州之間，鄰接大明國、大清國和日本國。由於其特殊的地理位置，成為東北亞和東南亞貿易的中轉站，有“萬國津梁”的美稱。

　　明治四年（1871）十月，琉球列島的宮古島原住民，在向首里王府（琉球首都）輸送年貢的歸途中，御用船遭遇颱風襲擊。遭難船員落海隨波漂流至台灣南部，被台灣原住民高砂族救獲。御用船乘員的 69 人中，有 66 人獲救被帶入當地土族部落。宮古島民和台灣土族島民之間各操不同語言，由於語言障礙相互間無法正常溝通，全部船員被監禁。落難的宮古島船民唯恐不測，採取了集體越獄逃生的行動。結果越獄逃走行動失敗，宮古島民被當作入侵敵探，54 人被原住民高砂族處以斬首刑。這一血腥事件史稱“宮古島民遭難事件”、“八瑤灣事件”。其餘 12 名幸運者，被從大陸移住台灣的漢民救助下保護起來，將他們送往福建，再經福州送還宮古島。

　　事件發生後的明治六年（1873），日本外務卿（外務大臣）副島種臣赴清國，就琉球船民事件向清國政府進行交涉，要求清國政府對事件負責並作出賠償。清國政府以原住民係管轄外之理由，拒絕了日本的要求。日本便以清國自稱台灣原住民不屬清國管轄之藉口，派遣陸軍中將西鄉從道於明治七年（1874）率征討軍 3000 人入侵台灣，討伐台灣土族島民。當時日本正處在廢藩置縣的改革中，40 萬武士失業，不滿政府的改革令。因此征討軍兵員半數以上是士族，新政府企圖將大批無所事事落魄的武士永久留在台灣，實現國家性的移民殖民計劃。

　　清國嚴正質問日本，並緊急調遣清兵 6500 人赴台，任命船政大臣沈葆楨為欽差大臣，處理日本侵台事件。為穩定地區安定，英國人不支持日本對台用兵。而且日軍武力侵台並非一帆風順，遇到很多阻力，只能尋求外交解決的途徑。明治七年（1874）8 月，日本任命內務卿大久保利通為全權辦理大臣來清國交涉。日清經過長達 48 日的交涉，在英國駐華公使威妥瑪“調停”下迫使清廷妥協。同年 10 月 31 日清國總理衙門大臣與大久保簽訂了《北京專約》。條約主旨，承認日本出兵台灣是“保民義舉”；給付難民撫慰金；日軍島上建築物購買金 50 萬兩，清國保證取締原住民。作為交換條件，日本同意在 1874 年 12 月 20 日前全部撤退征討軍。條約簽訂後，日本藉機歪曲“保民義舉”，辯稱此乃清國承認琉球為日本屬地的證明。

　　“宮古島民遭難事件”的處理，在日本和清國間雖然沒有最終確定琉球的歸屬，但是日清兩國《北京專約》的雙邊合意，明顯有利於日本方面。明治八年（1875），明治政府單方面廢止清國對琉球的冊封，廢止琉球向清國的稱臣朝貢關係，在琉球使用明治年號。明治十三年（1880），日清兩國在北京再次交涉，仍未取得一致性結論。明治二十七年（1894）日清兩國間爆發甲午戰爭，戰爭以日本勝利清國失敗告終。兩國在琉球問題的糾葛，最終以琉球歸屬日本落下帷幕。

二、台灣的歷史回顧

近代東亞歷史中的台灣問題，糾結着以中國大陸、台灣、日本為中心的，各政治區域各自的政治訴求。中世紀和近世紀，台灣經歷了荷蘭殖民統治時期、鄭氏統治時期、清朝統治時期、日本統治時期。近代的光緒十一年（1885），清政府新設台灣省，所屬地域包括台灣本島及附屬島嶼、澎湖諸島、釣魚諸島；福建省沿岸的媽祖列島、烏坵島、金門島；東沙諸島和南沙諸島。

日本和台灣的淵源追溯到明治四年（1871）。當時明治政府"廢藩置縣"，薩摩藩領地改為鹿兒島縣，故薩摩藩屬的琉球王國也被強制歸屬了鹿兒島縣。明治五年（1872），日本政府單方面廢止琉球王國，改設"琉球藩"。明治六年（1873），琉球人在台灣發生了"八瑤灣事件"，日本外務卿副島種臣問罪清國總理衙門，要求清國政府對事件負責並作出賠償。清國政府以原住民係管轄之外的理由，拒絕了日本的要求。日本便以清國自稱台灣原住民不屬於清國管轄為藉口，於明治七年（1874）由陸軍中將西鄉從道率征討軍 3000人入侵台灣，討伐台灣土族島民。清國也調遣淮軍 13 營 6500 人赴台，軍事天平向清國一側傾斜，在台日軍深感壓力。日本政府派內務卿大久保利通為全權大臣赴清國交涉，清日兩國於 1874 年 9 月 22 日簽訂《北京專約》。明治二十七年（1894）日清戰爭爆發，翌年清國戰敗。日清簽訂《馬關條約》，清國把台灣割讓給日本，從此台灣淪為日本殖民地。

日本在台灣統治的 50 年中，設立了台灣總督府，先後任命了 19 位總督。"台灣總督"被稱作集行政、司法、立法、軍事大權於一身的"土皇帝"。明治時期共任命 5 位總督，初代總督樺山資紀，之後桂太郎、乃木希典、兒玉源太郎、佐久間左馬太，全部是中將軍銜以上的軍人總督。甲午戰爭後 50 年間的世界，相繼發生了北清戰爭、日俄戰爭、第一次世界大戰、第二次世界大戰。1945 年 8 月 15 日，日本天皇發表終戰詔書，日本戰敗降伏，第二次世界大戰終結。10 月 15 日聯合國軍最高司令官總司令部（GHQ），發佈第一號命令，中華民國軍隊進駐台灣。10 月 25 日午前 10 時，在中國戰區台灣省台北公會堂，日本國台灣總督安藤利吉在降伏文書上簽字。台灣省行政長官公署正式接管台灣行政，中華民國政府開始實際統治台灣，日本國對台灣 50 餘年的殖民統治終焉。1949 年 10 月 1 日中華人民共和國成立，在大陸的國民黨政府敗退至台灣。1951 年 9 月 8 日國際社會在舊金山簽署了《對日和平條約》（《舊金山和約》），日本宣佈放棄台灣主權。

1952 年 4 月 28 日在台北簽訂了《日華和平條約》，宣佈日中結束戰爭狀態，日本放棄對台灣的領土權；而在條約內中華民國政府放棄了日本對戰爭的賠償義務。

三、釣魚島的葛藤

釣魚島位於台灣島的東面，琉球王國的西面，是由幾個散亂的無人列島（5 島 3 岩礁）組成。現代中國大陸稱"釣魚島列島"、台灣稱"釣魚台列嶼"、日本稱"尖閣諸島"、美國稱"Uotsuri Shima"。海洋地理上釣魚島距中國溫州約 356 公里、基隆約 190 公里；距琉球（沖繩）約 417 公里。歷史上最早的文獻，明朝永樂元年（1403）《順風相送》記載中，稱該島為"釣魚嶼"。其後文獻及官方輿圖，如明朝嘉靖十三年（1534）第十一次冊封使陳侃所著《使琉球錄》、嘉靖四十一年（1562）浙江提督胡宗憲編纂之《籌海圖編》、清乾隆三十二年（1767）乾隆皇帝欽命繪製《坤輿全圖》，亦用"釣魚嶼"之名稱。日本最早的記載，於明治三十三年（1900），根據《英國海軍水路誌》中"The Pinnacle Islands"的意譯，命名為"尖閣諸島"。無論從大陸架地理構造、領土歸屬，還是歷史政治歸屬的角度，自古以來釣魚島都屬於明清兩朝傳承下來的國土遺產，行政上歸台灣宜蘭管轄，而並非屬於琉球王國的領土範疇。

十九世紀中葉，清日兩國均是以"海禁"和"鎖國"為對外國策的國家，在琉球國的歸屬問題上兩國都存在各自獨立的解釋。弱小的琉球國被擠壓在日本和清國的糾葛狹縫之間，起初是年年向中國的明、清兩代王朝進貢。1609 年琉球國遭受鄰國日本薩摩藩的入侵，臣服後也開始向江戶幕府朝貢。1868 年日本江戶時代終結，明治新政府圍繞琉球國的歸屬問題，不斷與大清國發生政治糾紛。明治二十七年（1894）日清戰爭爆發，戰爭的結果簽下《馬關條約》，作為戰爭賠償清國將台灣割讓給日本，釣魚島也歸屬了日本。1945 年日本戰敗，《開羅宣言》、《波茨坦宣言》作出了日本掠奪的中國領土返還給中華民國的決議。1945 年 9 月 2 日盟國與日本在密蘇里號戰列艦上簽署《日本降書》，確認了《開羅宣言》、《波茨坦宣言》，達成了戰後處理日本問題的共識，台灣主權回歸中華民國。1972 年美國人將佔領的琉球（沖繩）主權移交給了日本，其中包括釣魚島，日本國接手釣魚島後實際支配管理該島至今。美國人從本國政治利益的立場出發，蠻橫地將中國領土送給日本，製造了中日兩國間的領土糾紛，使歷史的葛藤延續至今。

4.01　古代琉球是位於台灣和日本九州之間的島國，歷史上有過第一尚氏王朝和第二尚氏王朝兩個朝代。琉球國首都"首里"，居有上級士族長老。正一品至從四品的士族被稱為上級士族。琉球國稱"士族"為"士"，俗稱"良人"。"士"的發音與日本語中"侍"的發音相近。但是琉球的士族與日本的武士不同，琉球的士禁止在公眾場合帶刀。因此，琉球的武士階級類同於官吏階級的士大夫。圖中長老是屬於德高望重的，有強力支配權力的長者。

4.02　《琉球國由來記》記載，沖繩縣那霸市的製鹽所採用的製鹽法，是康熙三十三年(1694)，由日本薩摩藩人傳授的，以砂為介質的鹹水製鹽技法。這種古老的製鹽方法，一直延續到現代仍然在使用。圖中琉球人在岸邊修建很多像稻田一樣的池子用來曬鹽，左側類似井口的裝置是砂鹽水過濾槽。女人們將砂鹽水裝入罐內頂在頭上，運至過濾器進行分離。

4.03 琉球人傳承了各種來自中國的文化。其中故去的人，墓地多為單人葬，由供案、碑牌、側屏、寶頂(龜甲形)、山牆等5部分組成，形制簡樸。碑文用漢文書寫，內容包括國籍、姓名、職務、住址、生卒年月及墓地尺寸等。圖中的琉球墓，右側是富貴階級的大型墓，左側是庶民的小型墓。每年清明時節，家族成員都會聚在先祖墓前施祭奠之儀。

4.04 琉球多丘陵矮山，屬亞熱帶氣候，多颱風和降雨，平均年降水量2500毫米。琉球盛產甘蔗和菠蘿，古代琉球的製糖業是本地最重要的產業。圖中，冒煙的三角屋是古老的煮糖所，小屋前面旋轉運動的人畜，正在操作原始設備榨取甘蔗的糖漿。

4.05 十二世紀琉球國的雛形形成，史稱三山時代，到了十五世紀統一為琉球王國。琉球國的文化，糅合雜交了中國及日本文化，形成獨特的文化風貌。最具代表性的是琉球式城堡，城堡呈農家聚居村落特徵，有防護禦敵的功能。美國東印度艦隊培理將軍率軍登上琉球本島的中城村時，高度稱讚琉球人的石砌造城技術。

4.06 "守禮門"是琉球的象徵,是首里城六個門中的第二個城門。創建於十六世紀的琉球王國第二尚氏王朝四代尚清王時期。守禮門以漢唐牌坊為原型,混合了唐代建築的風格和琉球的傳統工藝建造而成。最初的守禮門之匾額為"待賢門",之後改換成"首里門"。由於中國和琉球間關係的發展,中國使節(冊封使)登島之時會臨時將"首里門"匾額換成"守禮之邦"的匾額,更顯莊重大雅。隨着"守禮之邦"的匾額經常使用,"守禮門"之稱謂就被長期使用。圖為1853年美國東印度艦隊司令官培理將軍率艦隊前往日本,從清國經由琉球那霸時,受到琉球攝政的熱情接待,雙方在守禮門前行禮儀之典。

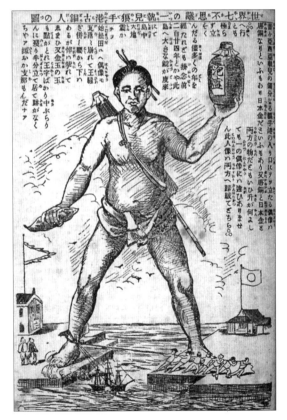

4.07 古代琉球國的地理位置處在台灣和日本九州之間,其特殊的地理地貌,成為東北亞和東南亞貿易的中轉站,有"萬國津梁"的美稱。琉球國史上曾經向明朝、清朝兩代朝貢。遭受鄰國日本薩摩藩的入侵後也開始向江戶幕府朝貢。明治十二年(1879)5月,日本《團團珍聞》雜誌刊載漫畫"執兒狼手港之古銅人",描繪了近代琉球國歷史地位變遷的背景。手舉愛飲之酒"泡盛"的琉球巨人,兩腳踏在清國和日本國之間。左側清國人昂首仰目無視琉球的準屬國地位,而日本人則用巨繩綁住巨人的腳腕,人船並舉拼命將琉球拉向本國。1878日本迫使琉球國王退位,將琉球設為琉球藩。1879年琉球藩被廢除編入鹿島縣,同年改稱沖繩縣。自此日本和琉球合併,原琉球國領土被日本吞併。

60

4.08　澎湖列島位於台灣海峽，由於其漁業資源豐富，澎湖島亦稱漁翁島。日清戰爭中，日本基於佔領台灣，先取澎湖的戰略目的，在日清談判背景下搶佔澎湖列島。1895年清日簽署《馬關條約》，日本佔據澎湖列島，此後在島上建設要塞防禦工事，設立澎湖島要塞司令部。政治上開始同化教育，經濟上大力投資全面開發島上資源。圖為日軍佔領下的澎湖列島中的漁翁島鳥瞰。

4.09　《馬關條約》簽訂後，基隆港的建設成為加強台灣與日本聯絡的重要開發項目。從1899年到1944年間實施了五期基隆港築港工程。在外港陸續擴建了大型造船廠、軍港、漁港區等設施，從碼頭貨棧到港區鐵路系統都相當完備。基隆港的築港工程由日本軍方主導，被列為日本海軍列管軍港。

4.10　高雄港在明朝後期僅是一個小漁村，原稱打狗港，荷蘭人入侵與鄭成功來台都有過開發。清朝初期高雄已成為商品集散中樞。光緒年間，清廷為抵禦外來侵略，曾修建多處火炮陣地。日清戰爭後，日本人對高雄港實施了築港計劃，1900年後展開了多次拓建。圖繪是明治八年（1875）台灣高雄港灣的原始風貌。

4.12　日清戰爭日軍武力征服台灣的進攻中，對台灣民眾展開了瘋狂的鎮壓。清將劉永福率領"黑旗軍"組織抗日民眾展開了頑強抵抗。台灣人面對兇殘的日軍，在絕境中孤軍奮戰了十年。從 1895 年到 1916 年日軍完全平定台灣為止，台灣軍民死亡總數達 17000 餘人。圖為日軍炮兵向枕頭山抗日軍民陣地開炮的情景。

4.11　明治六年（1873），日本外務卿副島種臣訪清，就琉球船民事件向清國政府進行交涉，稱台灣東部“土蕃”不屬清國領土。明治七年（1874）日本派遣陸軍中將西鄉從道率軍入侵台灣。清國同時任命船政大臣沈葆楨為欽差大臣，處理日本侵台事件。由於英國不支持日本對台用兵，而且日軍武力侵台遇到很多阻力，只能尋求外交解決途徑。同年 8 月，日本任命內務卿大久保利通為全權辦理大臣抵清交涉。日清經過長達 48 日的交涉，在英國駐華公使威妥瑪“調停”下迫清廷妥協。同年 10 月 31 日清國總理衙門大臣與大久保簽訂了《北京專條》。條約主旨，承認日本出兵台灣是“保民義舉”，並給付難民撫慰金與日軍建築物購置金 50 萬兩。條約簽訂後，日本曲解“保民義舉”的含義，辯稱清國承認了琉球為日本屬地。明治十一年（1878）日本迫使琉球國王退位，將琉球併入日本。《日清交涉圖》記錄了清國簽約妥協的場面。

4.13　明治七年（1874），因琉球難民在台灣被原住民殺害，日本出兵征討台灣南部原住民部落，日本的軍事行動引發清日兩國的外交糾紛。這是日本自明治維新以來首次對海外用兵，也是清日兩國近代史上第一次重要外交事件。中國史稱“牡丹社事件”，日本史稱“台灣出兵”、“征台之役”。圖為征台日軍，早期的日軍尚不正規，武器、裝備、軍服還較為落後。

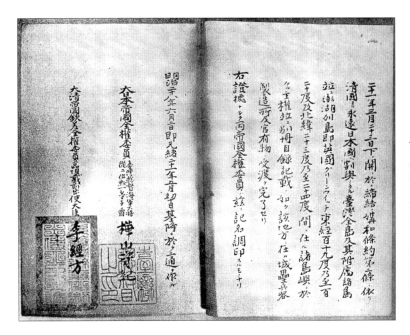

4.14 明治二十八年(1895)6 月 2 日，樺山總督和清國代表李經芳，在基隆灣停泊的"橫濱丸"船上，舉行了台灣受渡儀式。受渡儀式原本預定在本島內舉行，因為戰事頻起臨時決定在船上簽署受渡書，日本名正言順佔領了台灣。圖為樺山總督和清國代表李經芳簽署的台灣受渡文書。

4.15 初任台灣總督樺山資紀，發佈鎮服島民的諭示，文曰"日中兩國欽差全權大臣於明治二十八年四月十七日在下之關所定和約所讓台灣島及所屬各島嶼並澎湖列島，即在英國格林尼次東經百十九度起以至百二十度，及北緯二十三度起以至二十四度之間諸島嶼之管理主權，及該地方所有堡壘、軍器、工廠及一切屬公物件永遠歸併"，"大日本國特簡本大臣授與總督，駛抵任所。本大臣恭遵諭旨接收大清國所讓各地方，併駐此管理一切治民事物。凡爾眾庶在本國所管地方稟遵法度，恪守本分者，悉應享周全保護，永安其堵。特此曉諭。"

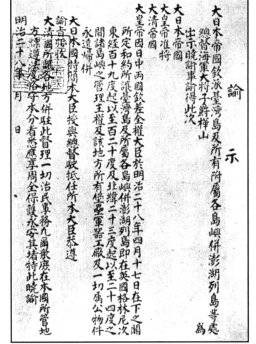

4.16 清日簽訂《馬關條約》，台灣被割讓給日本。1895 年 5 月 25 日台灣島民自主成立台灣民主國，巡撫唐景崧出任總統。在日本武力征台背景下，唐景嵩逃渡大陸。台灣民主國僅存 150 日。圖為台灣民主國"黃虎旗"國旗，國璽刻"民主國寶印"，建年號"永清"，首都台北。

4.17　日清戰爭中，日軍比志島混成旅團在澎湖島西海岸灘頭強行登陸，受到清軍拱北炮台猛烈轟擊，日艦集中炮火壓制了炮台火力。清軍投降澎湖列島陷落。圖為被日軍攻克的漁翁島東炮台，門匾上書"西嶼東台"。

4.18　《馬關條約》簽訂，台灣被清廷割讓。日本人用武力阻止台灣人意圖通過成立民主國，獲得外國承認的手法，排斥日本佔領台灣的企圖。武力征台大軍蜂擁而至，對台灣抵抗力量展開了瘋狂的鎮壓。《皇室獻畫圖》表現的是1895年6月11日，北白川宮率近衛師團進入台北城北門的情形。

4.19　日軍台北總督府，是台灣日治時期的最高統治機關，設於1895年《馬關條約》之後，其首長是台灣總督。成立之初設民政、陸軍、海軍三局。民政局下置內務、殖產、財務、學務四部。日治時期，有19名將軍擔任過台灣總督。圖為總督府的衙門前，建築風格保留着濃厚的中式建築文化風采。

4.20　高砂族是台灣日治時期日本人對台灣少數民族的稱呼。清朝時，朝廷依據在台灣居住的居民漢化程度及居住地點，將原住民分類“生番”及“熟番”，高砂族屬於“生番”。寫真是全副武裝的高砂族青年。

4.21　十八世紀初，清國大幅修改了對台灣原住民族的定義，依據各族群對清朝政府的服從程度，制定了生番和熟番的差別。生番屬於不服從清政府的原住民族族群；熟番則是服從清政府的原住民族族群，並且履行繳付人頭稅的約定。台灣日治時期，日本延用了生番和熟番的定義。圖為高砂族被奴役勞作的情形。

4.22　1898年日本發佈《台灣公學校令》，設立日本語教育機構，普及日本語教育，謂以“啓發台灣人民的智能順應世界文明、涵養德性，使之具備帝國臣民應有的資質和品性。”寫真是女子裁縫、刺繡的授課情景。

4.23 1885年清廷改台灣為行省,在台北設立巡撫衙門,劉銘傳為巡撫。1891年邵有濂任台灣巡撫。1894年,唐景崧繼任台灣巡撫,改台北為省會。1895年5月25日出任台灣民主國總統。日本佔領台灣後,將巡撫衙門改為台北總督府。圖為總督府內景。

4.24 日本人據台之初,大批軍人和公務員來台,官舍來不及興建,大多借用台灣各地的傳統寺廟作為營舍或臨時辦公地點。首任總督樺山資紀於1896年1月18日對日軍發佈對台灣固有宮廟寺院保存的諭告,期望減少民怨。公告言明對宮廟寺院的保護是對東方傳統文化之尊崇,是維繫人倫確保治民維安之大計。官方借用之宮廟寺院,絕不允許破壞廟內之物,從命令發佈開始必須將所有宮廟寺院恢復舊貌。寫真是佔領下的雞籠港(基隆港)寺廟內的日軍。

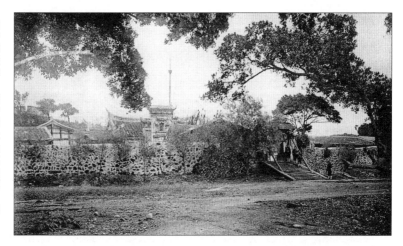

4.25 日本佔領台灣殖民統治時期,公佈更名政策,推動廢漢姓改用日本姓名的運動。"國語家庭"享受特惠,政府機構得以優先錄用,對子女升學等方面都給予優遇。改成日本姓氏的台灣人,比一般台灣人可以得到更多的配給。圖為明治時期,日本人對台灣青年進行"皇化教育"之一的"日本語教育"場面。

4.26　1897年日本國會通過台灣銀行法；1899年日本政府修改《台灣銀行法》；同年6月正式成立"株式會社台灣銀行"，資金總額500萬円，由日本政府、皇室、貴族認購股份，寫真是1904年竣工的"台灣銀行"。

4.27　日本統治台灣期間，在台灣各地興建大量神社，日本官方認定的神社68座，非官方認定的神社或神社遙拜所總數超過200座。寫真是明治三十四年（1901）在台北竣工的"台灣神社"，主祀"北白川宮能久親王"。

4.28　台灣總督府是台灣日治時期的最高統治機關，設於　　　總督統管總督府，總攬行政、立法、司法等大權。寫真是
1895 年，首長是台灣總督。組織形式是"總督專制"。台灣　　　1919 年 3 月在台北竣工的"台灣總督府"。

4.29　台灣銀行東京支店是日本在台灣統治時期，設在東京丸之內街的最大金融機構。竣工於 1916 年 1 月。

5 日清戰爭

明治二十七年（1894）日本國和清國間發生了一場戰爭，清國用干支紀年的甲午年命名"甲午戰爭"；日本國命名"明治二十七八年戰役"；歐美命名"First Sino-Japanese War"。日清戰爭（甲午戰爭）是二十世紀東亞的開幕大戲。戰爭重組了東亞國際關係，歐美列強在東亞的強權秩序被削弱，東亞國際關係體系不情願地接受了新生強國日本，一種複合型的東西方國際秩序形成。日清戰爭的爆發，加深了歐美列強之間的矛盾，直接影響到國際關係的質變。大清國陳舊的體制被撼動，戰爭加速了大清國的沒落。

日清戰爭，清國失去了對朝鮮的獨佔權和國土台灣。國內內亂蜂起，戊戌變法、義和團運動、辛亥革命，漢民族作為國家的政治主流登上了歷史舞台。東方大陸的民眾，終於明白了明治維新的日本贏得戰爭的理由。明治維新的日本接受了西方"國民"的理念，國家的人民從愚昧狹隘的個人意識，一舉躍進到國家觀的高度。"國民"的思想，超越了"人民"、"臣民"的概念。"民"脫胎成為國家為我，我為國家的近代國家主義。日本"國民"思想的誕生，凝聚了國力，贏得了勝利。

一、戰爭背景

日清戰爭是明治時代，日本第一次大規模對外國發動的戰爭。從日本國的視角考察，日本推動戰爭的背景存在以下諸方面的要素。

（1）清王朝及其與朝鮮的宗屬國關係，構成對日本的安全威脅。

（2）十九世紀末，與英國對立的俄國為實現遠東的南下政策，大興西伯利亞鐵道。未來的俄國勢力、清國勢力、朝鮮勢力，對日本形成威脅。

（3）朝鮮甲申事變後，清國在朝鮮的影響力增強，日本的影響力處於劣勢。國內官民主張消除清國在朝鮮勢力，討清呼聲高漲。日本有解除清國和朝鮮的宗屬國關係，實現日本獨立支配朝鮮的野心。

（4）國內國際矛盾重重，眾議院各政黨勢力對立。眾議院兩次解散，政府內閣面臨被倒閣的危機。政府智囊評估需要一場戰爭穩定國家政局和搖搖欲墜的內閣。

（5）戰前國內軍力整備已經達到與清國軍力對抗的水準。明治軍隊的改革和擴張，改變了日本人缺乏底氣的恐清症，有必勝的信心。

（6）《日英通商航海條約》締結，排除了英國介入戰爭可能性，日本可以放心與清國單獨作戰。

二、戰爭經過

（1）朝鮮國內的甲午農民運動（東學黨之亂），為日本帶來戰爭契機。政府以平息亂黨保護僑民、幫助朝鮮政治改革之理由，出兵朝鮮與清國軍隊作戰。

（2）日本拒絕列強的調停案，於明治二十七年（1894)7月23日佔領朝鮮王宮；7月25日引發豐島海戰和高昇號事件；7月29日在朝鮮成歡與清國軍隊戰鬥。日清雙方戰事節節升級，迫使清日雙方於8月1日相互宣戰。

（3）1894年9月15日，日清戰史上規模最大的陸地戰在平壤展開。雙方死傷慘重，清軍敗北潰逃，退守至鴨綠江一線。10月25日山縣第一軍發起進攻，攻克鴨綠江清軍防線。

（4）1894年9月17日日清戰史上規模最大的海戰在黃海展開。海戰慘烈，雙方死傷慘重。清國主力戰艦5艘沉沒或擱淺自爆，清國海軍敗北。日本奪取了制海權，清國北洋水師為溫存戰力躲入威海衛港內。

（5）1894年9月21日旅順半島戰事展開，日本陸海軍聯合作戰。大山第二軍11月6日攻陷金州城；11月21日攻陷旅順要塞。

（6）明治二十八年（1895年1月25日）山東作戰展開，日軍在榮成灣登陸壓制清軍陸軍防線。海軍突襲威海衛清國艦隊成功，擊沉旗艦定遠號，迫使艦隊提督丁汝昌投降，北洋艦隊全軍覆沒。

（7）日軍第一軍、第二軍在遼河平原展開多次大規模戰鬥，缸瓦寨之戰、蓋平之戰、海城攻防戰、牛莊之戰、田莊台之戰、營口之戰，清軍不敵日軍攻勢均敗北。

（8）日本為取得談判籌碼，陸海聯軍入侵澎湖列島和台灣。遭到台灣軍民最頑強的抵抗，日軍同時遭受地方病的襲擊傷亡慘重，最終以巨大的代價佔領了台灣。

（9）清國在戰爭連連失利的背景下，開始與日本媾和談判。第一次媾和談判，日本拒絕了清國談判代表。第二次媾和談判由李鴻章全權特使親自前往。在清國皇帝認定下，1895年4月17日日清雙方簽署了《馬關條約》（下關條約），5月8日兩國皇帝最終交換批准文書，至此《馬關條約》生效，兩國戰爭終結。

（10）在《馬關條約》簽署後，至大清皇帝光緒批准條約生效期間，發生了舉世矚目的三國干涉事件。俄國人不滿日本在清國取得的利益，聯合德國、法國要求日本放棄佔領清國遼東半島的權利。在軍事壓力和清國承諾支付領土贖金的條件下，日本歸還了清國割讓的遼東半島。

三、戰爭影響

明治二十二年（1889）日本頒佈憲法；明治二十七年（1894）日英通商航海條約修正，領事裁判權撤廢；明治二十七至二十八年（1894～1895）日清戰爭，這三個重大的步驟，是日本脫亞入歐的重要標誌。近代戰爭的勝利，意味着日本進入了帝國主義時代。

近世紀崇拜中國歷史文化的日本人，曾經畏懼大清國這個強大的帝國。當日清間戰爭爆發時，多數的國民，包括明治天皇都帶着複雜恐懼的情感面對兩國的戰爭，認為日本不敵大清國的人大有人在。然而戰爭伊始，全體國民人心所向，就連眾議院和伊藤內閣間的政治混戰，也即刻轉化成全面支持內閣主導的戰爭。

戰爭過程中，國家要求"人民"作為"國民"貢獻自己的義務，國民將自身、國家、軍隊、戰爭捆綁在一起，戰爭起到了統合國民形成的作用。戰爭統合作用的重要表現之一，是反對戰爭的明治天皇，作為國民的一員毅然拋棄個人嫌怨，響應戰爭的號召，以大元帥的角色全心全意投入戰爭。給予日本國民以天皇親征的強烈印象，從而鼓舞了全體國民贏得戰爭。伴隨勝利捷報頻頻傳來，日本自身也驚異發現本國的強大，非蕞爾小國之輕視貶論。

日清戰爭把日本人帶到夢寐的"天堂"，當遠征兵進入這一貧困和無秩髒亂的國度時，強烈的反差改變了日本人心中對東方大陸的憧憬。對大中華文化固有的"讚賞"、"崇敬"心理開始崩潰，隱藏在內心的劣等感，迅速向"差別"、"輕蔑"的意識逆轉。一種新型的近代清國觀開始形成，大和民族自身的優越感迅速轉變成時代思潮的主流。日清戰爭勝負的結果，讓日本重新審視對手，一種新型差別的"清國觀"和"大和觀"開始形成定格。"國家觀"的差別左右了兩個國家對彼此的認知，進而引導了後來半個世紀的戰爭。然而日清戰爭那個時代日本人形成的差別意識，最終導致了大和民族經歷了史上最恥辱的失敗。

日清戰爭是近代日本最初經歷的大規模對外戰爭，在這場戰爭中，日本人完成了近代國家國民所具有的國家觀意識形態的轉變，真正開始從臣民國家走向國民國家。明治維新日本接受了西方"國民"的理念，國家的人民從愚昧狹隘的個人意識，一舉躍進到國家觀的高度。"國民"的思想，超越了"人民"、"臣民"的概念。"民"的脫胎，成為國家為我，我為國家的近代國家主義。日本"國民"思想的誕生，凝聚了國力，贏得了勝利。

日清戰爭，清國失去了對朝鮮的獨佔權和國土台灣。大清國內亂蜂起，戊戌變法、義和團運動、辛亥革命，漢民族作為國家的政治主流登上了歷史舞台。東方大陸的民眾，終於明白了明治維新贏得戰爭的理由。日本開始作為亞洲文明的楷模，吸引來自清國、朝鮮眾多求學的革命家，為本國的變革作出了驚天動地的大事業。

明治時代以後，日本老師沒有謙虛謹慎，繼續發揚光大明治維新的精神，被一群驕橫跋扈的軍人用殘酷的戰爭，玷污了明治維新的初衷。從那個時代開始，外來侵略一直成為纏繞這塊東方大陸的夢魘。在近代中國歷史的進化中，當西方文明和明治維新與古舊的清朝體制發生猛烈碰撞時，戰爭的失敗也催生了中華革命的歷史紀元。

5.01　日清戰爭爆發的歷史經緯圖，圖中介紹了戰爭的源起。從中可以看出日本對朝鮮的野心由來已久，朝鮮宮廷內的亂鬥引發一次又一次事變，清國對朝鮮的控制和失算，三國間錯綜複雜的歷史葛藤，最終醸成了一場影響三國歷史的戰爭。

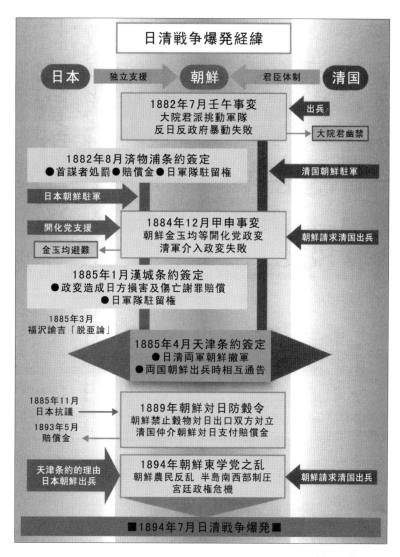

日清戦争爆発経緯

| 日本 | 独立支援 → | 朝鮮 | ← 君臣体制 | 清国 |

1882年7月壬午事変
大院君派挑動軍隊
反日反政府暴動失敗
　　　　出兵
　　　　大院君幽禁

1882年8月済物浦条約簽定
●首謀者処罰●賠償金●日軍隊駐留権
　　　　清国朝鮮駐軍

日本朝鮮駐軍

開化党支援
金玉均避難

1884年12月甲申事変
朝鮮金玉均等開化党政変
清軍介入政変失敗
　　　　朝鮮請求清国出兵

1885年1月漢城条約簽定
●政変造成日方損害及傷亡謝罪賠償
●日軍隊駐留権

1885年3月
福沢諭吉「脱亜論」

1885年4月天津条約簽定
●日清両軍朝鮮撤軍
●両国朝鮮出兵時相互通告

1885年11月
日本抗議
1893年5月
賠償金

1889年朝鮮対日防穀令
朝鮮禁止穀物対日出口双方対立
清国仲介朝鮮対日支付賠償金

天津条約的理由
日本朝鮮出兵

1894年朝鮮東学党之乱
朝鮮農民反乱　半島南西部制圧
宮廷政権危機
　　　　朝鮮請求清国出兵

■1894年7月日清戦争爆発■

5.02　清國光緒二十年、日本明治二十七年，公元1894年8月1日，清日兩國在同一日宣佈戰爭。日本政府的對清宣戰書，先後做了六次重大修改。圖為由內閣書記官長伊東巳代治起草的，日本對清宣戰的詔敕草案。

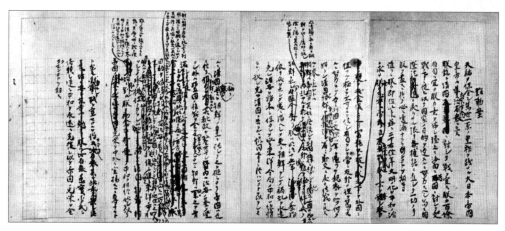

5.03　1894年2月朝鮮全羅道農民暴動，東學農民軍聲勢浩大，從局部地域迅速擴大到整個朝鮮南部。5月9日朝廷決定發兵鎮壓，任命洪啟薰為"招討使"，在袁世凱的支援下，率800名精兵前往鎮壓。然而討敵軍尚未與農民軍接戰，便丟盔卸甲臨陣而散。《招討使鎮撫圖》描繪了朝廷軍挺進前線的場面。

5.04　山縣第一軍團在朝鮮登陸，圖中描繪的是先頭部隊夜間上陸的情形。登陸部隊在篝火的引導下井然上陸，克服了從輸送船向陸地移動馬匹的難題，甚至沒有繁亂吵雜的聲音。

5.05 朝鮮戰場，日軍在朝鮮大同江北西部第四支流上架設舟橋。舟橋以舟船為橋基，船船之間鋪設橋板，組成寬敞平穩的橋面，可以承受輜重部隊通過。

5.06 平壤之戰，清軍統帥葉志超膽小怯陣，棄城趁夜逃跑退出戰場。按照葉志超的撤退命令，城內清軍丟棄全部輜重，湧出城門向多個方向潰逃。無序撤退人呼馬鳴雜亂無章，各路退兵遭到日軍埋伏。一千五百餘名清兵沒有戰死疆場，卻魂喪逃跑的不歸途。圖繪是平壤戰鬥後被俘的清國兵，雙手被手銬緊縛，正在接受日軍將校審問的場面。

5.07　日清戰爭平壤之戰的戰場畫面，戰鬥非常慘烈，雙方都付出了慘痛代價。戰死者中包括清國兵、日本兵，在日軍監視下，清國俘虜正在移動和掩埋屍體。清兵軍服上的胸標和背標，記載係淮軍部隊。戰場遠處上空盤旋着食肉的烏鴉，發出淒慘的嘶鳴，等待着人類相互殘殺後的豐盛美餐。

5.08　日清戰爭中，日本十五萬民間準軍事力量組成的軍夫大軍支援了戰爭。軍夫隨軍轉戰各地戰場，發揮了支援軍隊的作用。圖為平壤戰役，軍夫用竹製擔架搬運傷病員的場面。周圍有作戰間休的日軍將校和士兵，還有過路現場的朝鮮村民。

5.09　平壤會戰中，在陸軍中將野津道貫司令長官指揮　繪是 9 月 15 日陸軍少將大島義昌率領的混成第九旅團騎兵
下，第五師團、第三師團包圍平壤，向清軍發起攻擊。圖　與清軍激戰的情景。

5.10　《戰地的日本兵墓地》圖，從軍記者描繪了日　隊路過埋葬戰死隊友的墓地，頓足列隊肅然起敬，
清兩軍在平壤會戰後的陣亡場面。日軍第六工兵大　軍號齊鳴後致舉槍禮，數杆鯉魚旗哀然飄拂。

5.11　日清戰爭的朝鮮戰場，由於不衛生的飲用水，使疾病在軍內蔓延，增加了非戰鬥傷亡減員。圖為朝鮮百姓觀看日軍在當地村莊內挖掘水井的情形。

5.12　日軍的野營炊事場面。炊事場設有臨時爐灶、炊台、大鍋、飯桶、軍用飯盒等用具。軍夫協助部隊在河邊淘米造飯。附近好奇的朝鮮百姓大膽靠近炊事場，窺視這支外來軍隊的野營炊事情形。

5.13　在朝鮮戰場，因飲用不潔水，很多士兵感染痢疾，甚至病亡。行軍中有士兵掉隊習以為常。面對兇猛的地方病，野戰衛生兵也無可奈何。疾病成為日清戰爭日軍傷亡的重要原因。繪畫記載了日軍因傷病減員的一幕。

5.14 平壤會戰被日軍俘虜的清國士兵被關押的照片。清兵俘虜因殺死看守圖謀越獄被日軍武力鎮壓。事件震怒了日軍，60 名參加越獄的俘虜被集體砍頭處死。日軍為此加強看管清兵俘虜的措施，日夜監視處於高度警戒的狀態。照片中顯示，日軍僱備朝鮮百姓參與看守清軍俘虜。被囚禁的清軍士兵們，為以後命運惶恐不安。

5.15 日軍戰場炊飯現場一景。從軍記者圖片介紹，此為日軍基層炮兵連隊的前線飯事準備情形。一個大飯鍋一次可以煮十幾個人份的米飯，當時日軍士兵食糧主要是白米飯。日清戰爭期間日軍中流行腳氣病，據說主食白米飯是造成腳氣病的根源。日清戰爭中，日軍因腳氣病死亡者多達 1860 人。

5.16　平壤會戰的清軍俘虜。這些已經脫去軍服的俘虜，顏面黝黑，神情恐懼、不安憔悴，不知道等待他們的將是甚麼。俘虜每日從監禁室放出，給予運動和日光浴的活動時間，後面大門兩側有日軍看守。

5.17　大院君以朝鮮政府的名義，通告清國領事館唐紹儀代辦，即刻廢棄朝鮮和清國的諸項條約，朝鮮委託日軍驅逐牙山的清國駐軍。大院君親日政權，全面協助日軍對清軍作戰。圖為朝鮮兵協助日軍看押清軍俘虜。

5.18　平壤會戰清日雙方兵力旗鼓相當，清軍憑藉堡壘防禦佔據優勢，打退日軍多次進攻。在雙方膠着狀態下，清軍主帥葉志超喪失續戰信心，率先主張退兵。用假降之計，趁夜棄城逃跑。結果那些白日作戰勇猛的兵勇，被自己的怯懦將軍葬送於逃跑的命令中。清兵在敵軍的亂槍之下，混亂、踐踏、中彈、哀嚎，悲淒之聲通宵不絕。圖為一個日軍步哨線前留下的被擊斃清兵散亂的屍體，各逃跑路口上被擊斃清兵總數達 1500 餘人。

5.19　平壤會戰，清軍丟棄的糧食彈藥輜重車輛。

5.20　平壤會戰，日軍繳獲的三角架式加特林機關炮。

5.21　平壤會戰，日軍繳獲的 7 厘米德國車載式野炮。

5.22　平壤會戰，日軍繳獲的車載式加特林機關炮。

5.23　平壤會戰，日軍繳獲的 7 厘米德國車載式野炮。

5.24　平壤會戰，日軍繳獲的 7 厘米德國車載式野炮。

5.25　平壤會戰，日軍繳獲的刀、叉、號、鼓、嗩吶。

5.26　平壤會戰，日軍繳獲的各種式樣軍刀。

5.27　鴨綠江虎山戰鬥，清軍憑藉掩體優勢向日軍猛烈射擊，兩門速射炮火力成功壓制住日軍的攻勢。日軍發起數次衝鋒未果，便向清軍側翼陣地包抄，清兵判知日軍包圍企圖，便分兩路向九連城和西北方向逃去，日軍乘勢奪取了虎山清軍陣地。圖中遠方清軍地旌旗招展，槍彈不斷擊中企圖衝鋒的日軍士卒。

5.28　軍夫協助各兵站的馬匹徵集、物資調集、被服供給、武器補充、傷兵搬運業務。每日配給包米 1 袋、乾鹹魚 1 條的食糧標準。照片是軍夫架馬車為前線運輸物資的場面。軍夫頭戴笠帽，跟隨車輛前進。穿着軍裝的士兵，是統率軍夫執行任務的監兵。

82

5.29　土城子戰鬥中，日軍派出的偵查小隊窺探清軍情報，十餘名偵查兵被清軍發現，遭到圍剿。圖為隱藏在草叢裏的偵查小隊正在窺探清軍大隊的動向。圖右上方出現一支清軍馬隊正在接近日軍小隊。

5.30　日軍第二軍登陸花園口，清軍聞風而逃，日軍佔領金州城。圖為大山巖司令長官和他的副官，在民家曬穀場的照片。中央穿深色軍大衣者是大山巖司令官，周圍是作戰副官和外國的從軍觀戰武官、從軍記者。

5.31　1894年11月8日大山巖第二軍佔領金州城，守衛大連灣海防要塞陣地的清軍聞風而逃。沿岸丟下的炮台完好率達80%以上。圖為日軍佔領世界第一流的近代化炮台。

5.32　鴨綠江臨時軍橋。黑夜中，工兵在刺骨的江水裏摸索作業，僅一夜之間就在鴨綠江上完成一座 248 米的臨時軍橋。
日軍浩浩蕩蕩越過鴨綠江，踏入清國的滿洲大陸，實現了豐臣秀吉西征東方大陸的夢想。

5.33　11 月 21 日，大山巖第二軍攻克了亞洲最堅固的旅順要塞，全日本舉國為之歡呼雀躍。寫真是第二軍軍樂隊，正在旅順船塢邊緊張排練，準備參加大山巖司令長官主辦的勝利祝捷宴大會。

5.34　日軍佔領旅順，將清軍魚雷局移交海軍接管，在魚雷倉庫內發現清軍丟棄的成品魚雷。按照當時國際武器水平評估，清軍的魚雷製造設備和技術已經進入近代化行列。遺憾的是日清戰爭中，清國北洋水師沒有留下任何魚雷成功作戰的記錄。

5.35　日軍佔領的旅順要塞城頭山、饅頭山、蠻子營炮台及清兵左營。寫真是城頭山炮台清軍兵營，被高大的胸牆嚴密包圍。從兵營可以直通山頂炮台。當時的旅順要塞部隊不但擁有先進火炮，還有舒適的營房和朝廷豐厚的軍餉。

5.36　突入旅順市街的日本兵，對清國人實施了慘無人道的報復性屠殺。照片顯示的是被殺死的平民模樣的數名男人。一士兵腳踏在死者佝僂的軀體上。1895 年 2 月 2 日歐美各國報紙，轉載《畫報》雜誌報道的照片。西方文明世界譴責日本是"披着文明外衣有着野蠻筋骨的怪獸。"

5.37 日軍炮兵部隊攜帶可分解山炮到達旅順西北部的方家屯附近，向清軍陣地開炮。清軍依傍有利防禦地形向進攻日軍開炮還擊，雙方展開陣地炮擊戰，但是由於日軍炮兵彈着準確，清軍炮兵火力很快被壓制下去。寫真是日軍炮兵陣地正在向清軍陣地炮擊的情形。早期大炮在發射時都會產生大量硝煙，極易暴露陣地位置，因此日軍多採用先行開炮壓制敵方的炮射戰術。

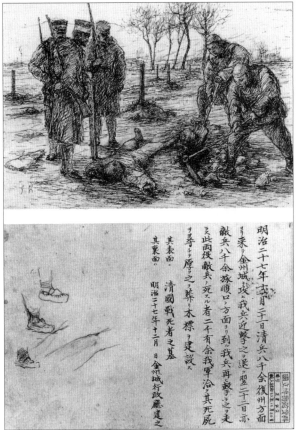

5.38 日清戰爭戰場素描畫《清國兵埋葬圖》，作畫家黑田清輝。圖繪在日兵的監督下，清國民夫在墓地挖掘深坑埋葬清兵的場面。附文記載了日清戰爭中，清軍兩次反攻金州，皆遭日軍阻擊，敗退而走，傷亡兩千餘人。戰役結束後，日軍安葬陣亡清軍士卒，並為其建設墓碑的事情經過。

5.39　1894 年 11 月 21 日旅順陷落。日本兵侵入旅順市內，製造了震驚世界的屠城事件。事態從兩軍作戰中的相互復仇，發展成對無辜民眾的肆意濫殺。繪畫是日軍侵入旅順市街，展開無差別殺戮的場面。

5.40　日清戰爭中，外國從軍記者在遼陽目睹到清國人的斬首場面後，所作的油畫。畫面可見，處刑由當地清人衙門的斬首官督刑。按照清國人刑典，罪犯雙手反綁按在斬首台上施斬。畫中之劊子手非職業行刑大漢，行刑工具亦非鬼頭大刀，卻也刀舉頭落身首兩異。

5.41　日清戰爭黃海海戰的歷史鏡頭，照片左側是清國艦隊煤煙航跡，中間是日本聯合艦隊第一遊擊隊戰艦。右側是本隊橋立、嚴島、千代田、松島。清日兩國艦隊正處於迎戰狀態的歷史瞬間。北洋艦隊採用的是史上奧地利艦隊在利薩海戰中使用的著名陣法，戰鬥前英國海軍大佐（上校）朗古指導的鱗次橫陣隊形。日本聯合艦隊使用的是單縱陣隊形迎戰清艦，是英國海軍大佐尹古魯斯提案的能發揮日艦側面速射炮火優勢的陣法。

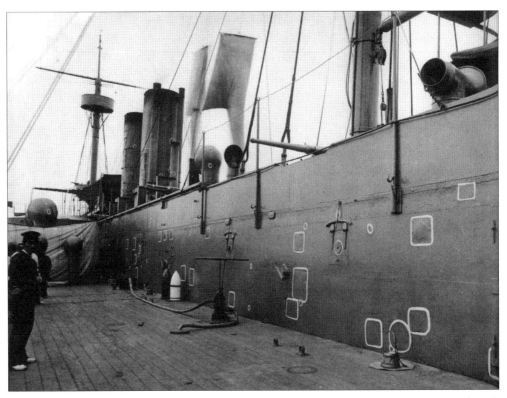

5.42　降伏後的鎮遠艦回航至旅順口大船塢修理。艦體上畫有白線方框的部位，是被日艦炮火破壞的痕跡，指示需要修繕的部分。1895 年 2 月 17 日，鎮遠艦保留原名編入日本艦隊，1904 年日俄戰爭參戰。

5.43　1895年2月4日夜，北洋水師旗艦定遠號在劉公島南灘，遭到日本魚雷艇襲擊，魚雷擊中定遠左舷，定遠重傷，最終自爆沉沒。定遠艦由德國製造，1885年10月交付清國北洋水師，擔任清國艦隊的旗艦，北洋水師提督丁汝昌坐鎮定遠艦。威海衛保衛戰中，定遠艦中部重傷嚴重進水，丁汝昌命定遠駛入劉公島南端擱淺，旗艦帥旗移至鎮遠艦。

5.44　日軍攻克威海衛，靖遠艦被彈沉沒，艦隊和劉公島面臨縱深打擊。陸軍鼓噪嘩變要求降敵求生，丁汝昌被逼無奈，引咎自盡，北洋水師全面降伏。寫真是日軍聯合艦隊浩浩蕩蕩開進威海衛港灣的情形。海面中間沉沒的是靖遠艦，右側沉沒的是威遠艦，市街下方建築是丁汝昌提督的官衙。

5.45　1895年4月，臨時第七師團屯田步兵第三大隊在遠征清國參加直隸決戰前夕，於東京青山練兵場接受檢閱的寫真。照片中人數顯示，日軍一個大隊兵力相當清軍一個營的編制，約500人。日本政府刻意渲染直隸決戰，目的是脅迫李鴻章屈服，盡快簽署《馬關條約》。

5.46　1895年3月7日大本營任命參謀總長小松宮擔任征清大總督，率領征清大總督府實施渡清大決戰計劃。按照直隸作戰的構想，日軍集中全國7個師團及國內三分之一後備部隊傾巢出動投入決戰。4月13日小松宮率征清大總督府從宇品港出發渡海前往旅順。圖為媾和會談期間，集聚宇品港灣內待命出征的日本軍艦。

5.47　日本下關 "春帆樓" 是日清兩國和平談判的場所，明治二十八年 (1895) 3月20日至4月17日之間，日清兩國代表在春帆樓舉行過七次會談，因簽下著名的《馬關條約》而聞名於世。至今春帆樓會議場所仍然保留當年會談佈置的場景，是日本國指定的文化財保護遺跡（文化遺產）。圖為當年 "春帆樓" 外景的實況寫真。

5.48　簽署《馬關條約》的春帆樓現場的寫真。正面座位是伊藤博文、陸奧宗光，對面座位是李鴻章、李經芳，旁側分別為雙方的書記官。李鴻章身旁放有從清國帶來的清式痰盂。會談初日，李鴻章在此發表了感慨的演講，認為本次戰爭讓永眠的中華開始覺醒。

5.49　日軍佔領台灣，總督府設在台北原清朝巡撫衙門。總督府成立之初設民政、陸軍、海軍三局。民政局下置內務、殖產、財務、學務四部。圖為總督府正面風貌，飛簷屋頂的建築群，保留着濃厚的中式建築風采。

5.50　清日媾和談判，李鴻章承受日本苛酷的壓力和清廷內的無端誹謗，為大清國傾盡畢生智慧。當遭遇暴漢襲擊身負重傷時，仍在病榻上表示願意以死換回大清國的利益。當時的寫真留下了李鴻章負傷後艾髮衰容，心中充滿苦澀的神情。

大清國的戰爭對手日本人如是說：“李鴻章如同日本幕末維新的英傑人物，在近代國家變革的陣痛中，一身痛感苦惱之人。他波折萬丈的人生，猶如近代中國的動盪起伏。李鴻章保持了25年最高實權的地位，是他支撐了大清帝國苟延殘喘。諸外國對李鴻章的信賴遠遠超過紫禁城的皇帝，如果沒有這樣的有能之士，大清國早已被列強蠶食殆盡。”

西方列強如是說：“清國和日本的戰爭實際上是李鴻章和日本的戰爭。李鴻章失敗的大手筆非但沒有傷及他的仕途，反而展示了他個人的才能和魅力，李鴻章是近代清國代表文明智慧的偉人。”

大文豪梁啓超著《李鴻章傳》曰：“自李鴻章之名出現於世界以來，五洲萬國人士，幾於見有李鴻章，不見有中國。一言蔽之，則以李鴻章為中國獨一無二之代表人也。夫以甲國人而論乙國事，其必不能得其真相，固無待言，然要之李鴻章為中國近四十年第一流緊要人物。讀中國近世史者，勢不得不曰李鴻章，而讀李鴻章傳者，亦勢不得不手中國近世史，此有識者所同認也。”

講和條約

大日本帝國

大皇帝陛下及

大清帝國

大皇帝陛下為訂定和約俾兩國及其臣民重修平和

共享幸福且杜絕將來紛紜之端

大日本帝國

大皇帝陛下特簡

大日本帝國全權辦理大臣內閣總理大臣從二位勳一等伯爵伊藤博文

大日本帝國全權辦理大臣外務大臣從二位勳一等子爵陸奧宗光

光緒二十一年四月初十日

* 本著作者按：此裝裱之冊係《馬關條約》大清國光緒皇帝批准生效之交換文本，日本國館藏本封面。

大清帝國

大皇帝陛下特簡

大清帝國欽差頭等全權大臣李大傅文華殿大學士北洋通商大臣直隸總督一等肅毅伯爵李鴻章

大清帝國欽差全權大臣二品頂戴前出使大臣李經方

為全權大臣彼此較閱所奉

諭旨認明均屬妥善無闕會同議定各條款開列於左

第一款

中國認明朝鮮國確為完全無缺之獨立自主故

凡有虧損獨立自主體制即如該國向中國所修

貢獻典禮等嗣後全行廢絕

第二款

中國將管理下開地方之權併將該地方所有堡

壘軍器工廠及一切屬公物件永遠讓與日本

一下開劃界以內之奉天省南邊地方從鴨綠

江口溯該江以抵安平河口又從該河口劃

至鳳凰城海城及營口而止畫成折線以南

地方所有前開各城市邑皆包括在劃界線

內該線抵營口之遼河後即順流至海口止

彼此以河中心為分界

遼東灣東岸及黃海北岸在奉天省所屬諸

島嶼亦一併在所讓境內

二　臺灣全島及所有附屬各島嶼

三　澎湖列島即英國格林尼次東經百十九度

起至百二十度止及北緯二十三度起至二

十四度之間諸島嶼

第三款

前款所載及粘附本約之地圖所劃疆界俟本約

批准互換之後兩國應各選派官員二名以上為

公同劃定疆界委員就地踏勘確定劃界若遇本

約所訂疆界於地形或治理所關有礙難不便等

情各該委員等當妥為參酌更定

各該委員等當從速辦理界務以期奉委之後限

一年竣事但遇各該委員等有所更定劃界兩國

政府未經認准以前應據本約所定劃界為正

第四款

中國約將庫平銀貳萬萬兩交與日本作為賠償

軍費該款分作八次交完第一次伍千萬兩應在

本約批准互換後六箇月內交清第二次伍千萬

兩應在本約批准互換後十二箇月內交清餘款

平分六次遞年交納其法列下第一次平分遞年

之款於兩年內交清第二次於三年內交清第三

次於四年內交清第四次於五年內交清第五次

於六年內交清第六次於七年內交清其年分均
以本約批准互換之後起算又第一次賠款交清
後未經交完之款應按年加每百抽五之息但無
論何時將應賠之款或全數或幾分先期交清均
聽中國之便如從條約批准互換之日起三年之
內能全數清還除將已付利息或兩年半或不及
兩年半於應付本銀扣還外餘仍全數免息

第五款

本約批准互換之後限二年之內日本准中國讓
與地方人民願遷居讓與地方之外者任便變賣
所有產業退去界外但限滿之後尚未遷徙者酌
宜視為日本臣民
又臺灣一省應於本約批准互換後兩國立即各
派大員至臺灣限於本約批准互換後兩箇月內
交接清楚

第六款

日中兩國所有約章因此次失和自屬廢絕中國
約俟本約批准互換之後遄派全權大臣與日本
所派全權大臣會同訂立通商行船條約及陸路
通商章程其兩國新訂約章應以中國與泰西各
國現行約章為本文本約批准互換之日起新訂
約章未經實行之前所有日本政府官吏臣民及
商業工藝行船隻陸路通商等與中國最為優
待之國禮遇護視一律無異
中國約將下開各款從兩國全權大臣畫押
蓋印日起六箇月後方可照辦
第一現今中國已開通商口岸之外應准添設
下開各處立為通商口岸以便日本臣民往
來僑寓從事商業工藝製作所有添設口岸
均照向開通商海口或向開內地鎮市章程

一體辦理應得優例及利益等亦當一律享受

一湖北省荊州府沙市

二四川省重慶府

三江蘇省蘇州府

四浙江省杭州府

日本政府得派遣領事官於前開各口駐紮

第二　日本輪船得駛入下開各口附搭行客裝運貨物

一從湖北省宜昌溯長江以至四川省重慶府

二從上海駛進吳淞江及運河以至蘇州府

杭州府

日中兩國未經商定行船章程以前上開各口行船務依外國船隻駛入中國內地水路現行章程照行

第三日本臣民在中國內地購買經工貨件若

自生之物或將進口商貨運往內地之時欲暫行存棧除勿庸輸納稅鈔派徵一切諸費外得暫租棧房存貨

第四日本臣民得在中國通商口岸城邑任便從事各項工藝製造又得將各項機器任便裝運進口只交所訂進口稅

日本臣民在中國製造一切貨物其於內地運送稅內地稅鈔課雜派以及在中國內地沾及寄存棧房之益即照日本臣民運入中國之貨物一體辦理至應享優例豁除亦莫不相同

第七款

嗣後如有因以上加讓之事應增章程規條即載入本款所稱之行船通商條約內

日本軍隊現駐中國境內者應於本約批准互換

之後三箇月內撤回但須照次款所定辦理

第八款

中國為保明認真實行約內所訂條款聽允日本
軍隊暫行佔守山東省威海衛又於中國將本約
所訂第一第二兩次賠款交清通商行船約章亦
經批准互換之後中國政府與日本政府確定周
全妥善辦法將通商口岸關稅作為剩款並息之
抵押日本可允撤回軍隊倘中國政府不即確定
抵押辦法則未經交清末次賠款之前日本應不
允撤回軍隊但通商行船約章未經批准互換以
前雖交清賠款日本仍不撤回軍隊

第九款

本約批准互換之後兩國應將是時所有俘虜盡
數交還中國約將由日本所還俘虜並不加以虐

待若或置於罪戾

中國約將認為軍事間諜或被嫌逮繫之日本臣
民即行釋放併約此次交仗之間所有關涉日本
軍隊之中國臣民概予寬貸併飭有司不得擅為
逮繫

第十款

本約批准互換日起應按兵息戰

第十一款

本約奉

大日本帝國

大皇帝陛下及

大清帝國

大皇帝陛下批准之後定於明治二十八年五月初八

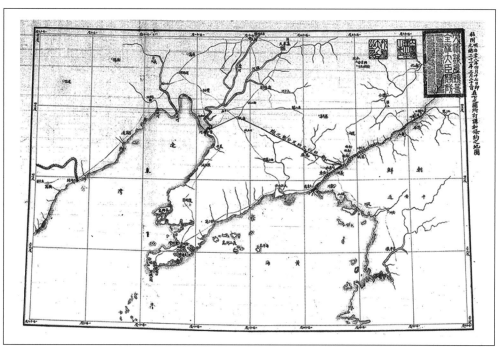

*《馬關條約》批准文本中附加清國割讓遼東半島範圍境界之地圖

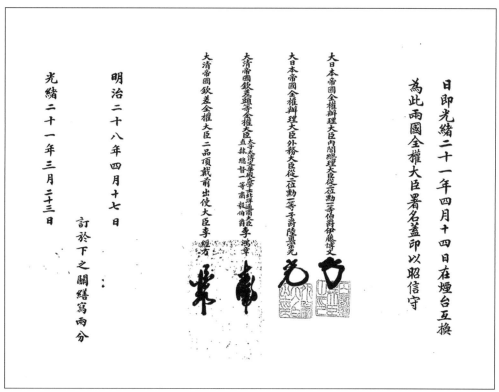

* 此《馬關條約》批准文本中之文字位置間距與原文略有差異，條約文字確保原文無任何刪減。

6 北清戰爭

一、義和團運動的源起

"義和團"起源於"義和拳",初起時稱"拳民",後貶稱為"拳匪"。義和拳早期流行在山東、直隸一帶,以白蓮教秘密團體形式在民間結社,興"反清復明"的義舉,屢遭清國朝廷鎮壓。鴉片戰爭後,隨着大清朝國勢頹落,外國勢力滲入清國,國內矛盾開始發生微妙轉化,由滿漢之爭轉向華夷之辨。受朝廷壓制的"義和拳"幫會演變成支持朝廷的民團組織"義和團",公開舉旗反對西洋勢力。義和團是有迷信背景的組織,起義宗旨云:神助拳、義和團,只因鬼子鬧中原;勸奉教、自信天,不信神忘祖仙;男無倫、女行姦,鬼孩俱是子母產;如不信、仔細觀,鬼子眼珠俱發藍;天無雨、地焦旱,全是教堂止住天;神發怒、仙發怨,一同下山把道傳;非是邪、非白蓮,唸咒語法真言;升黃表、敬香煙,請下各洞諸神仙;仙出洞、神下山,附着人體把拳傳;兵法藝、都學全,要平鬼子不費難;拆鐵道、拔線杆,緊急毀壞大輪船;大法國、心膽寒,英美德俄盡消然;洋鬼子、盡除完,大清一統靖江山。詩曰:弟子同心苦用功,遍地草木化成兵,愚蒙之體仙人藝,定滅洋人一掃平。

中國歷史上的義和團運動,與近代日本的對外政策有着直接因緣。1894 年日清戰爭爆發,偌大的清國被蕞爾小國日本大敗,翌年清國朝廷被迫屈尊日本馬關,簽下《馬關條約》。清國被迫割讓領土台灣,賠付巨額銀兩。三國干涉日本將到手的遼東半島返還清國,俄國乘虛而入佔領了滿洲。德國人取得山東半島膠州灣和青島權益;法國取得廣州灣;英國取得威海衛和香港對岸的九龍,歐洲列強趁機加速瓜分中國版圖。在大清國戰後國勢衰落的背景下,1898 年民間組織的"義和拳"振臂呼出"扶清滅洋"的口號,各地拳會幫派奮起響應組成"義和團"。一場針對西方傳教士及華人基督徒在內的"仇教仇洋"無差別排斥運動轟轟烈烈展開。

二、義和團運動之亂

義和團運動是庚子年(1900)發生在清國的,官民結合反對外國勢力的暴力運動,故中國人亦稱"庚子事變"、"庚子國變"、"庚子拳亂"。日本國稱"義和團之亂"、"義和團事變"、"北清事變"、"清國事變"、"庚子事變"。狹隘的民族主義和附着迷信色彩的義和團運動,演化成了無差別的,暴徒式的濫殺無辜。

在中國的歷史上,基督教的傳入由來已久,但它與中國人傳統的宗教、教習、習慣有很大差異。十九世紀后半葉,兩次鴉片戰爭的失敗,導致清國與西洋諸國相繼簽訂了諸多不平等條約。此後歐洲戰勝國大量的傳教士進入戰敗國從事宣教活動,加深了地方官府和鄉紳對他們的反感。在天災人禍、戰亂饑饉、貪官污吏橫行的壓迫下,水深火熱中食不飽腹的草民卻親眼看見和感受到，西洋傳教士的慈善活動和善意的救助。大量的貧困百姓，為獲得精神上寄託和在教會乞食，紛紛加入了基督教會成為信徒。基督教會信徒的日益壯大，進一步加劇了與官府和鄉紳間矛盾，官府襲擊基督教信徒的暴力事件頻繁發生。

1896 年歐洲列強要求在清國土地上修建鐵路和採礦；1897 年山東冠縣梨園屯發生"曹州教案"，兩名德國聖言會傳教士被衝入教堂的村民殺害。1899 年山東省義和團蜂起，遭到中央政府官兵的鎮壓。可是局勢沒有得到控制，大量山東拳民湧入直隸。天津至涿州、保定的拳民起壇請神、燒教堂、殺洋人、殺清軍、破壞鐵道和電線杆。1900 年 6 月，20 萬義和團大軍殺進北京，對外國公使館、教會以及不相干的民眾展開了殺戮。250 多名外國傳教士及 2 萬多名清國百姓基督教徒被處死。很多與教會無關的清國百姓也被義和團殺害，遠遠超過基督教教民的數量。《庚子國變記》記載，僅北京死於義和團之手的民眾就有十數萬人。

三、北清戰爭爆發

1900 年 5 月 28 日，義和團襲擊北京郊區的長辛店，放火和破壞電信線路。駐京的列強外交團要求清國政府鎮壓暴徒，同時緊急召集停泊在天津外港各國軍艦上的海軍陸戰隊員組成多國籍軍。6 月義和團破壞天津至北京的鐵路線，大批團民湧向北京包圍外國公使館。義和團殺害了日本和德國公使館職員，挖心剖腹切斷肢體。慈禧太后自認是恢復國權的時機，支持義和團，發佈維護義和團的詔令，並同時向歐美列強宣戰。曾經鎮壓義和團的清軍，轉而扶助義和團與列強開戰。朝廷向義和團民發放餉銀，邀請首領到天津開壇聚眾。清國政府的表態使形勢急轉直下，義和團運動已經變質為大清國與列強之間的國家戰爭。

陷入圍城絕望中的 4000 餘名各國外交官、居民、衛兵、清國基督教徒，無法等待遠在歐洲的軍隊前來救援，將生存的希望寄託在距離清國最近的日本國身上。可是日本作為日清戰爭的戰勝國，深知對外軍事行動業已受到列強的高度警戒，因此政府對出兵清國持慎重態度。情急中的列強，為了盡快拯救危機中的本國國民，不顧前嫌強烈要求日本出兵，僅英國就發出 4 次請求。日本內閣作出決定，派遣陸軍大臣桂太郎麾下第五師團 8000 名士兵參加八國聯軍作戰。八國聯軍由英、美、俄、法、德、奧、意、日組成，總兵力約 2 萬人，日本軍投入的兵力事實上成為多國籍混成軍的作戰主力。

清國對聯軍的戰端伊始，北京的外國公使館遭到義和團和清軍的猛烈進攻。此時在大沽港登陸的八國援軍則在天津與清軍、義和團交戰，無法立即趕到北京。直到 8 月 14 日彈盡糧絕的公使館才被攻入北京城的八國聯軍解救，慈禧太后一行倉皇向西安方向脫逃。公使館被圍期間，在日本公館陸軍武官的指揮下，勇敢擊退了進攻者，得到列強和守城軍民的高度讚揚。

1900 年 6 月俄國人以義和團襲擊海蘭泡為名，在當地對清國人展開了屠殺。俄國哈薩克兵 2000 餘人，將 5000 多清國居民連環捆綁趕進黑龍江，屍體像竹筏那樣向下游漂去。江東六十四屯的清國居民約 25000 人被俄國兵虐殺，被趕盡殺絕的村落荒廢，使清國從根本上失去了地域的支配權。慘劇發生後，不僅清國人憤慨就連日本人都義憤填膺，掀起對俄國人非人道行為的批判。接着俄國人又以防衛東清鐵路之名，派大軍佔領了滿洲全境。

四、日本出兵的背景

北清事變，日本在複雜的國際背景下派兵清國。1895 年日本在日清戰爭中取得空前勝利讓人記憶猶新。德國皇帝警告歐洲列強，新興日本的軍事動向預示着黃色人種企圖將白色人種從亞洲驅逐出去，如同當年成吉思汗侵略歐洲一樣。德國人從種族關係的角度提出"黃禍論"，警示歐洲各國對公然擴張的日本施加壓力。日本的崛起讓歐美列強深感不安，三國干涉終於給日本敲響了警鐘，也令其在突發的北清事變問題上舉棋不定。

北清事變，中國突然出現的無組織無綱領的義和團，集團性暴力運動讓大清國和歐美列強都措手不及，不知如何應對。在微妙的政治糾結中，義和團與大清朝廷聯手，發展成向列強宣戰的態勢。駐北京的各國公使館遭到清軍、義和團圍城，作為國家象徵的公使館面臨空前危機。西方列強顧不得對崛起國日本的警示，相反要利用他們的軍事力量，救助本國的國民脫出危難。6 月 26 日《實事新報》報道，在過去的 20 日至 24 日間，歐美各國要求日本派遣軍隊前往清國救援，請求日本派遣的 2000 人軍隊動向尚不明朗。27 日《實事新報》再報，26 日英國首相索爾茲伯里侯爵表示，面對清國的動亂，日本在地理位置及政治關係上，應該迅速派出 6000 名以上的陸軍前往清國救援。美國政府勸說日本出兵，強調對貿易的保護是最適當的，切望日本早日出兵。在這樣的國際背景下，日本的政治家認為：1）日清戰爭後，日本作為擠入國際社會的新成員，必須積極參加列強邀請的聯合軍；2）保護日本駐清國公使館的利益和僑民的安全；3）擴張在清國的利益，警告清國日本已經確立在朝鮮半島的利益；4）並立於列強之列，展示"遠東憲兵"的角色，牽制俄國勢力;5）為廢除與列強諸多不平等條約，日本必須表現自身的真誠度。

五、明治軍隊在北京

日本出兵清國，在異邦表現出了與列強軍隊的不同風範。日本兵作戰勇猛，令各國為之驚歎和讚揚。7 月的天津作戰，聯軍死傷總數 600 餘人，日本兵佔 250 餘人；死者51 人中日本兵佔 50 人。天津陷落後，歐美列國士兵在城內掠奪、放火、強姦無惡不作，但在明治軍隊中幾乎看不到此等暴虐行徑。天津的清國人掛出日本旗和貼出"大日本順民"的標語以示敬意。在北京的作戰中，日軍主力全力救出北京公使館區內的受難者，為世界輿論廣為知曉。8 月 28 日倫敦《泰晤士報》社論，"日軍救出公使館區的受難者，讓全世界為之感謝。列國的外交團員沒有遭到虐殺，國旗沒有受到侮辱是日本的功勞所在，日本是歐美列強最友好的伴侶之國。"《標準》社評，"眾所周知，平亂義和團的榮譽應該歸功於日軍，日本兵的忍耐強度、嚴正的軍紀、充沛的勇氣，有着真正的讚賞價值，是其他各國望塵莫及的。"

佔領北京後，聯軍分兵掃蕩義和團殘餘勢力，同時在北京城展開了掠奪，王侯貴族及皇家林園的文物，成為掠奪、焚毀、破壞的對象。聯軍將北京城劃分成多個管理區，由各國進駐管理維持治安。日本管區的秩序井然，居民可以安居正常生活。俄國人管區，軍紀混亂，各處頻發虐殺、放火、強姦等暴徒化事件。受到侮辱的婦女，跳樓、投水者有之，縊死者亦有之，大批清國人逃到日本管轄區內避難。大混亂的北京城內，聯軍、清軍、義和團混雜在一起，大肆搶掠、燒殺、強姦。北京陷落的翌日，為了防止歹徒趁亂掠奪紫禁城，日軍先行佔領了東華門、神武門、西華門，美軍佔領了午門，確保了皇城苑邸萬無一失。北京城包圍作戰中，皇城內尚有約 2000 名精銳清兵保衛紫禁城。肅親王與日本友人川島浪速（滿蒙獨立運動的始作俑者）間經過交涉，聯軍作出了善待降伏軍的保證，守城清軍在皇城的四門升起白旗投降，實現了紫禁城的無血開城。肅親王善耆和川島浪速關係詭秘，大清國崩潰後，肅親王前往日本，後將自己第十四女託於川島做養女。並改名川島芳子，生活完全日本化，成為著名的日本間諜，留下諸多的神秘逸說。

明治軍隊軍紀嚴明，秩序井然，西洋人親眼看到謂之東洋小國日本人的模範行為，相信今日的日本作為國際優等生有資格與世界列強挺胸比肩，他們擁有了值得信賴的表現。然而歷史記錄上卻留下了日本人的斑斑污點，日軍表面上雖然沒有參與單兵違紀行為，卻謀劃了有組織的略奪，其精明有序的搶劫令各國聯軍眼紅。7 月 14 日天津陷落，日軍繳獲馬蹄銀 120 萬兩，集中送回本國東京。8 月 15 日北京陷落，在各國單兵混亂中瘋狂搶劫財寶之時，日本駐清國陸軍武官柴五郎率領救援部隊秘密突擊，首先控制了清朝廷的戶部、糧庫、兵器庫等要所。柴五郎於 1887 年就接受密令赴清國活動，繪製了北京城地圖，對北京城內外了如指掌。日軍組織運輸隊將從戶部繳獲的 250 萬兩馬蹄銀搬往日本公使館。日軍在北京繳獲糧米約 2 萬石，在通州繳獲糧米達 26.8 萬石之多，相當一個師團 1 年的用量。柴五郎精通多國語言，是最早被歐美諸國廣為知曉的日本人。在外國公使館被圍困的防衛戰期間，柴五郎指揮守軍與清軍和義和團勇敢作戰立下功勞。先後接受歐美各國元首的會見，相繼授與他榮譽勳章，為推進締結日英同盟作出貢獻，生涯最高軍階升至陸軍大將。在這場國際性的大浩劫中，歐洲列強的士兵搶劫了清國百姓失去了民意，日本卻保護了清國百姓贏得了聲譽，但在背地裏秘密的略奪了大清朝廷。在他們的戰爭邏輯中，戰勝國掠奪戰敗國乃天經地義之事。日本有組織性的精明略奪，使它成為列國中繳獲戰利品最多的國家。

六、北清戰爭的結局

北清事變導致八國聯軍打入北京，迫大清國簽下喪權辱國的《辛丑條約》。巨額戰爭賠償金達 4 億 5 千萬兩，是按照清國當時的人口數，每人一兩賠償額計算的，賠款分 39 年還清，年息四厘，本息合計 982238150 兩，相當於清國財政收入的 12 倍。賠款信用以海關稅、鹽稅擔保。各國賠款數額：俄國 130371120 兩、德國 90070515 兩、法國 70878240 兩、英國 50620545 兩、日本 34793100 兩、美國 32939055 兩、意大利 32939055 兩、比利時 8484345 兩、奧地利 4003920 兩、荷蘭 782100 兩，其餘的 43 萬餘兩由西班牙、葡萄牙、瑞典、挪威等國分享。巨額戰爭賠償金對清國當時國家財力而言猶如天文數字一般沉重。除貨幣賠償外，各國還分別獲得廊房、天津、塘沽、蘆台、山海關等 12 地的佔領權。日本駐兵權的兵營設在盧溝橋一側，這支駐屯部隊，從明治三十四年（1901）一直駐軍到昭和十二年（1937）中日戰爭爆發的盧溝橋事變。

國家性質的戰爭賠償，從 1901 年到 1912 年清朝滅亡，從中華民國建國到 1938 年，中國在屈辱、窮困、紛亂的國度裏，咬緊牙關向各國完成了 6 億 5 千萬兩賠償金的支付。這場無序的狹隘民族主義的義和團運動，給這塊土地上的民眾帶來了甚麼？是國家性的災難，給國家文明帶來了史無前例的大倒退。《辛丑條約》過酷的賠償金，遭到國際輿論的批判。此後，列強各國以各種方式反省，將部分賠償金返還清國。1911 年美國用賠償金創設了"清華大學"。1922 年日本用賠償金設立了對支文化事業部，日中兩國成立了"東方文化事業總委員會"，以及東亞同文會、同仁會、日華學會、在華居留民團、在日留學生援助等民間項目。

八國聯軍在義和團事變中，軍事上佔據了絕對優勢。佔領北京後歐美列強深感控制這樣一個大國是非常困難之事，各國間的糾結和牽制又讓垂涎國無法實現單獨享有清國的野心。卻是沙俄帝國以鎮壓義和團名義堂皇出兵佔領了清國滿洲。俄國人的軍事行動讓各國感到利益威脅，尤其是握有朝鮮利益的日本，感到了來自俄國人威脅。俄國和日本兩國，在圍繞遠東的清國滿洲和朝鮮的利益上對立加深。日本不能容忍俄國人佔領滿洲，進而威脅日本在朝鮮的利益。英國人為了維護本國在遠東擁有的利益，期待日本面對俄國明目張膽的擴張行為能有所作為。義和團事變後的 1902 年，英國和日本之間締結了同盟國關係，將日本推向了與俄國對立的前台。

八國聯軍佔領北京一年有餘，大清國的國寶級文物被大量掠奪、榨取、焚毀、破壞、盜竊、流向海外。而這些文物的流失，大量出於大清國人之手。最具諷刺意味的是，流向海外的中國藝術珍寶，卻讓西方世界的人們知道了東方文化的價值。現存日本的許多中國古藝術品，也是在義和團之亂中流向日本的。

6.01　日清戰爭後的 1896 年，德國要求租借膠州灣被清國拒絕。1897 年德國以曹州教案為由，趁機派軍艦佔領膠州灣。1898 年清國政府被迫與德國簽署《清德膠澳租界條約》，條約內容包括租借青島，修築膠濟鐵路，開發沿線礦藏共三端十款。從此青島成為德國的殖民地，山東變成德國的勢力範圍。圖為游弋在膠州灣內的德國軍艦和市內的德式建筑。

6.02　日清戰爭清國戰敗，世界列強的野心真相畢露，在經濟上肆意掠奪清國的國家資本，在政治上劃分“勢力範圍”，強佔大片“租借地”，掀起了瓜分清國的熱潮。在文化上通過教會，向清國城市和鄉村的民眾灌輸外來宗教思想。清國在國內外矛盾日益尖銳的背景下，爆發了反對列強的義和團運動。諷刺畫“分割中國大餅”形象描繪出列強瓜分中國領土的急切野心和大清國的焦躁。

6.03 天津租界是 1860 年至 1945 年期間，英國、法國、美國、德國、意大利、俄國、日本、奧匈帝國和比利時等國，與清國政府簽訂不平等條約後，在天津老城東南部區域建立的，擁有行政自治權和治外法權的租借地。1860 年，英國首先在天津設立了租界。圖為 1900 年天津英國租借地內維多利亞公園中的建築。

6.04 1899 年山東省義和團蜂起，大量山東拳民湧入直隸。天津至涿州、保定的拳民起壇請神、燒教堂、殺洋人、殺清軍、破壞鐵道和電線杆。1900 年 6 月，20 萬義和團大軍殺進北京，對外國公使館、教會以及不相干的民眾展開了殺戮。250 多名外國傳教士及 2 萬多名清國百姓基督徒被處死。很多與教會無關的清國百姓也被義和團殺害，遠遠超過基督教民的數量。《庚子國變記》記載，僅北京死於義和團之手的民眾就有十數萬人。

6.05 作為義和團員主體的中國農民存在嚴重的迷信愚昧思想，用迷信說教解釋外國侵略給中國帶來的災難。認為國之災難是遇上了"劫運"，而災難的源頭就是洋人，迷信說教對義和團迅猛發展起到了推動作用。倫敦新聞刊載的《義和團宣傳隊》，描繪了義和團員在街頭宣傳迷信的場景。甚至用刀槍不入的迷信吸引民眾，結果"拳匪信槍彈不傷之妄，遇有戰事，竟衝頭陣，聯軍禦以洋槍，死者如風驅草。"

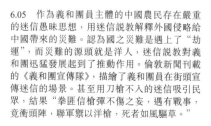

6.06　義和團運動濫殺洋人的暴力行為，導致新一輪戰爭的爆發。嵩山道人於庚子孟秋所作之木版畫《捉拿倭俄奸審問正法》，描繪了八國聯軍出兵清國的歷史原因之一幕。義和團和清兵抓捕的稱為奸細的俄國人、日本人，經過簡單審問後，隨即就地砍頭正法。圖中清兵在行營內兩側威風凜凜，捕獲的外國人，木籠中有之、戴枷者有之、四肢捆縛者有之、牽拉伏跪者亦有之，審問後即拉至行營後側的法場砍頭正法。

6.07　1900年6月，義和團勢力波及滿洲，各地出現破壞俄羅斯東清鐵路的事件。6月義和團拆毀了遼陽附近的鐵路橋樑；7月義和團燒毀了俄國鐵路公司；7月沙俄軍隊開槍打死清國建築工人和中國哨官引發民眾激憤，義和團奮起反抗，北至開原、南到海城，五百里的鐵路橋樑全被破壞。沙俄政府認為以和平侵略方式吞併滿洲的政策已經無法實現，進而以保護鐵道、鎮壓拳匪義和團為藉口，直接出兵佔領了滿洲。寫真是東清鐵路的俄國人警衛，在勘察被破壞的鐵路現場。

6.08　肅親王府位於東城區正義路東側，與日本使館相鄰，義和團和武衛軍（清政府軍）燒毀日本公使館佔領周邊地域。陷入絕境的公使館武官柴五郎中佐親自到肅王府，請求進入肅王府防禦得到許可。肅王府立即成了義和團和清軍的攻擊目標，王府東西北三方向槍聲大作子彈如雨，大火燒毀了肅王府周邊的民房。王府祠堂起火正殿被毀，東阿思門（過道門）被夷為平地。公使館守衛隊打開肅王府的庫房，搬出庫存的一切可能用於防禦工事的器物，各色貴重的綾羅綢緞不計其數。守衛隊日本兵驚歎肅王府的防禦工事為錦繡台。圖為被夷為平地的肅親王府廢墟。

6.09　西什庫教堂是北京著名的天主教堂，俗稱"北堂"，是義和團進攻的目標之一。只有"41條槍"的守備與義和團戰鬥兩月有餘，義和團挖地道，埋地雷，炸毀仁慈堂，炸死避難教民 400 多人，兒童 76 人，法兵 10 人，意兵 5 人，但北堂卻始終未被攻陷。圖為被地雷破壞的北堂部分建築和留下的地雷坑。

6.10　八國聯軍士兵，從左至右依次為：英、美、俄、印（英國軍隊中混在印度軍人編制）、法、德、意大利、日本。英軍 3000 人、美軍 2100 人、俄軍 4800 人、德軍 7000 人、法軍 800 人、奧軍 50 人、意軍 53 人、日軍 8000 人。軍艦約 20 艘，陸戰隊約 540 人，總數為 23540 人。八國聯軍以日本派遣的軍隊人數最多，奧匈帝國派遣的人數最少，只是象徵性派遣 50 人，日軍事實上成為多國籍混成軍的作戰主力。

6.11　位於北京東交民巷的英國公使館，在北京的各國公使館中處於領袖地位。自從鴉片戰爭以來，在京城的土地上就有了大英帝國至高的所在。義和團之亂和清國政府對外國宣戰，使英國公使館遭到義和團和清軍的猛烈進攻和圍城，可是蜂擁如蟻的義和團和清軍卻被擋在“牆厚八尺，高二丈有奇”圍牆之外。此時牆內聚集了各國公使及其家眷，容納了大量從各地逃到使館避難的清國百姓。為了攻下英國公使館，義和團和清軍的愚昧之徒，竟然燒毀了與公使館一牆之隔的大清國文化瑰寶“翰林院”。圖為英國公使館防禦牆陣地的寫真。

6.12　1900年6月11日，八國聯軍的先遣隊2066人，由英國海軍中將西摩爾任司令、美國海軍上校麥卡加拉為副司令、俄國上校沃嘎克任參謀長，從天津乘火車前往北京救援公使館。直隸總督北洋大臣裕祿命聶士成率配備重機槍的精銳部隊武衛軍在廊坊一帶阻擊了多國籍聯軍。此戰聯軍係雜牌軍不擅陸戰，被清軍和義和團包圍攻擊處於劣勢，被迫撤回天津待援，史上稱此役為"廊坊大捷"。圖繪為雙方激戰的場面。

6.13　八國聯軍中的俄國軍隊是心狠手辣的急先鋒，在老龍頭車站戰鬥中，俄軍調動十五門大炮轟擊義和團陣地，造成數百名義和團戰士陣亡。俄軍把車站周圍的民房全部燒光。義和團戰士雖無戰術戰法，卻用肉彈之軀前仆後繼，與敵激戰十餘小時，打死打傷俄軍數百名。寫真是俄軍的重炮部隊正在向義和團和清軍陣地炮擊的情形。

6.14 大沽炮台是清政府修築的海防工事，包括：新炮台、南炮台、北炮台和西北炮台。6月17日八國聯軍攻打大沽炮台，清軍守將羅榮光陣亡，炮台失守。圖為清軍海防炮台內部的壯觀氣勢。

6.15 圖為大沽炮台失守陷落，被日軍佔領，炮台側壁可見纍纍彈痕。6月21日清國向各國宣戰，但因失去海防能力，聯軍可以從海上輸送大軍登陸。7月日軍派遣一個師團8000人在大沽登陸直撲天津。

6.16　義和團和清軍為了阻止八國聯軍進軍北京，破壞了沿線的鐵路和橋樑。寫真是日軍在修復黃村鐵路的情形。

6.17　北清戰爭中，義和團和聯軍交戰，造成北京正陽門城樓被嚴重破壞。寫真是戰後的正陽門留下炮彈破壞的痕跡。

6.18　1887年英籍德人德璀琳要求創辦大學，得到李鴻章贊同，撥校址在天津德租界內建造了一座德國日耳曼式風格的教學樓。1895年天津海關道盛宣懷稟奏光緒帝設立新式學堂欽准，成立天津北洋西學學堂。1896年更名為"北洋大學堂"。1900年八國聯軍入侵天津，北洋大學堂校舍充作德軍的戰地醫院。寫真遠處的建築是北洋大學堂，巍峨矗立頗具規模，外側是德軍部隊的營地，帳篷林立，營地側有條小河，河上架設有臨時浮橋。

6.19　八國聯軍的美軍擔任守衛午門的任務，確保紫禁城的安全。寫真是美軍列隊前往警戒位置的情形。

6.20　八國聯軍攻陷北京後，為滿足聯軍官兵對紫禁城的好奇心，1900 年 8 月 28 日聯軍總部組織各國官兵列隊入內參觀。寫真是在天安門前，等待進入紫禁城的聯軍隊列。大清國巨大富麗的宮殿，令列強為之驚歎。

6.21　寫真是從景山向東南遠望的皇城，聯軍部隊駐守在的紫禁城高牆之外，架設了許多的帳篷和野外炊事點。

6.22　俄軍為主力的聯軍，進攻天津海河東岸賈家沽的北洋機器局。義和團與清軍合力抵抗，不敵聯軍攻勢放棄機器局而逃，這座華北最大的軍工廠淪入敵手。寫真是佔領北洋機器局的俄軍士兵。右側是本地清國人黃包車夫。

6.23　1898年8月29日根據《通商行船條約》，清國與日本國簽訂《天津日本租界協議書及附屬議定書》，劃定了日本租界，位於法租界以北與老天津城相望。寫真是北清戰爭時期天津日本租界內的日本領事館。

114

6.24　高空氣球拍攝到的紫禁城寫真，鳥瞰雄壯
的紫禁城，列強士兵為宏大的皇家建築讚不絕
口。氣球還拍攝到一個直徑 40 米，深 7 米的巨大
彈坑。彈坑是義和團圍攻公使館時埋設的地雷炸
開的。這個大爆炸造成 400 餘名無辜教民和兒童
死傷。

6.25　北清戰爭期間，八國聯軍的法國部隊編制中
的氣球部隊，曾經讓各國大開眼界。氣球在人力牽
引下對天津、北京進行了空中拍攝。《新聞記事》
記載，法軍曾於西苑（北海公園）瓊華島東側，升
空氣球分別向東拍攝了景山，向西南拍攝了紫禁
城，向西拍攝了瓊華島白塔。氣球還向西拍攝了西
什庫教堂和教堂東北角地雷爆炸後留下的巨大彈
坑；向東拍攝了景山，金鰲玉蝀橋和紫禁城，向東
南方向拍攝了已經騰退但還未拆除的蠶池口教堂。
氣球再次升空是在東交民巷法國使館附近，氣球向
東南方向拍攝了被戰火蹂躪過的使館區。駐在天津
的氣球部隊還拍攝了海河上的浮橋和天津火車站、
海河南段的民居、天津內城以及被毀的使館區。寫
真是法軍氣球部隊在北海釋放攝影氣球的情形。早
期的氣球升空後，需要藉助連接的繩索由人力在地
面牽引和控制拍攝。

6.26 1895 年清國人報道了德國人發明的 X 光機，謂之"日照新法"，稱這種怪物能透照實物，洞若觀火。如照射人體，就會"筋骨畢露，五臟具見"。寫真是北清戰爭中德軍裝備的移動式 X 光機車，為士兵提供戰場醫療。

6.27 八國聯軍中美軍編制內的紅十字戰場救護醫院，其中供職的護士多數是女性。寫真是在北京醫院前的合影。

6.28 八國聯軍攻入北京，慈禧太后攜光緒皇帝慌忙逃離紫禁城。光緒的愛馬八駿亦被聯軍俘獲。寫真是八駿赤驥、盜驪、白義、逾輪、山子、渠黃、華騮、綠耳中的赤驥，來自新疆伊犁地區的寶馬。

6.29 光緒皇帝逃離北京後寢室原封未動。八國聯軍的日本司令官進入光緒皇帝的臥室，在臥室外室立一面巨大的圓形鏡子，此鏡明如白晝，可以反射天體圖，令人驚異。寫真是光緒帝離宮後的現狀拍攝。

6.30　1877年直隸總督李鴻章委派唐廷樞創建官督商辦開平礦務局,資本銀120萬兩。1900年被八國聯軍佔領,礦務局改隸英國商會,最高年產量曾達136萬噸。寫真是佔領下的唐山開平煤礦的北面廠房,鐵道應用趨於成熟。

6.31　1900年北清戰爭時期的灤河鐵橋寫真,記錄了著名鐵路工程師詹天佑的傑作。面對河牀的複雜地質,英、日、德工程師建造的鐵橋相繼失敗。詹天佑毅然挺身承擔造橋,最後出色地完成了這座象徵中國人智慧的傑作。

6.32　八國聯軍登陸清國，朝廷命令袁世凱率軍拱衛京師，袁以剿滅山東義和團為由，周旋於朝廷、諸列強之間溫存實力。寫真是袁世凱訓練的新軍，北清戰爭中擴充至20營，兵力達2萬餘人，成為北方最大的武裝力量。

6.33　聯軍中的日軍設立了"安民公所"，所長、事務官、憲兵均由日本警官擔任，巡捕則僱傭清國人，組成了北京新秩序下的新警察，成功恢復了戰後轄區內的秩序。寫真是清國和印度巡捕在車站歡送山口中將的情形。

6.34　代表清國簽署《辛丑條約》的是慶親王奕劻和北洋大臣李鴻章，代表外國簽署《辛丑條約》的是各國駐華使節。條約於 1901 年 9 月 7 日簽署，共 12 款，外加 19 條附件。條約規定清國支付戰爭賠款 4 億 5 千萬兩，本息合計約 9.8 億兩。賠款在清朝滅亡中華民國建立之後，繼續由中華民國承受。之後各國考慮到中華民國支付賠償的壓力，又恐國際輿論批判和傷及本國在中國的權益，部分賠款得以免除或廢除。中國合計支付賠款 6 億 5 千萬兩，賠償於 1938 年結束。圖為簽署《辛丑條約》的慶親王奕劻和北洋大臣李鴻章以及各國代表。

6.35　義和團事變，日軍在八國聯軍中表現卓越，得到了列強的首肯。西方列強承認了日本在遠東軍事力量的強大，代表了一個在東亞崛起的強國。圖為大清國協商對列強的戰爭賠款的李鴻章代表，和日本軍代表山口素臣師團長，在北京會議上的合影。左為山口師團長，中為李鴻章。

6.36　日清戰爭後李鴻章賦閒，奉命出使歐美各國。1896 年 6 月 11 日，李鴻章離俄赴德訪問，受到德國人盛大歡迎。李鴻章拜見德皇威廉二世，向德皇酬謝其干涉還遼之事。此間李鴻章會見了已退休的前首相俾斯麥，請教了德國富強的秘訣。李鴻章被西方人稱為"東方的俾斯麥"，受到極大的尊敬。李鴻章出訪歐美，歷時 190 天。經過四大洲，橫渡三大洋，水陸行程 9 萬多里，遍訪歐美 8 個國家。他親自考察了西方主要資本主義國家的政治、經濟、軍事、科技和文化，親眼看到了西方的社會現實，開闊了眼界，深刻體察到中國和西方的差距，客觀地向光緒皇帝和慈禧太后陳述了在歐美的所見所聞，希望大清國奮發圖強趕上西方列強。繪畫是李鴻章與俾斯麥。

6.37　1901 年 9 月 7 日李鴻章代表大清國與 11 國簽訂了中國近代史上著名的不平等條約《辛丑條約》，為北清戰爭落下帷幕。此後李鴻章悲慟欲絕大口吐血命在旦夕，在病榻上上奏朝廷："臣等伏查近數十年內，每有一次構釁，必多一次吃虧。上年事變之來尤為倉促，創深痛劇，薄海驚心。"李鴻章在生命衰沒之際仍為國家盡匹夫之責，又一次用盡畢生智慧救下大清。1901 年 11 月 7 日，李鴻章在北京賢良寺仙逝而去，在中國歷史上留下百年罵名和讚譽。

6.38 《辛丑條約》簽訂後，清國巡撫協助列強在北京大規模緝拿義和團戰士。各國抓捕的義和團成員，各自實施刑法。寫真是在清國巡捕的監斬下，由日軍砍殺義和團戰士的場面。

6.39 《辛丑條約》簽訂後，清國履行條約中關於對清國高級官員處刑的條款。寫真是德國人執行對清國高級官員的死刑。該官員的家奴和管家在悲痛之中，為主人送行。

6.40 《辛丑條約》簽訂後，清國政府為了向各國表現與義和團劃清界限，全力協助列強捉拿義和團戰士。寫真是捕捉到的義和團戰士，引來百姓前來圍觀的情形。

6.41 北京朝陽門外的荒郊，被捕義和團戰士處以砍頭刑。寫真是在清國巡捕、英軍（印度士兵）、清國密探的監斬下，由日軍執行砍頭刑。

6.42 1899～1913 年，歐美國家正處在強調尊重人權，廢止公開處刑的歷史時期。然而對非白人卻實施雙重標準和輕蔑，人權意識被視為範疇之外。寫真是八國聯軍中的美國軍人，在被斬首屍體前攝影留念的情形。

6.43 節烈祠前等待行刑的義和團戰士，雙眼被蒙上黑布即將走上黃泉之路。這些普普通通的平民百姓，追求的只是不受欺辱的生活。結果被朝廷出賣，被列強鎮壓。

6.44 八國聯軍的法國士兵和日本士兵在觀看清國人處刑義和團戰士的場面。寫真中的法國士兵驚異東方人斬首刑的殘酷，流露出費解的神情。在當時的歐洲人眼裏，東方人是地地道道的野蠻民族。場地周圍引來眾多看斬刑的百姓。

7 日俄戰爭

明治三十七年(1904)2月8日至明治三十八年(1905)9月5日，日本國和俄國之間，圍繞爭奪朝鮮半島的權益，以清國滿洲南部為主戰場，展開了一場曠日持久，犧牲巨大的慘烈戰爭。這場戰爭在歷史上，日本國命名"日露戰爭"；俄國命名"Русско-японская война"；西方國家命名"Russo-Japanese War"；中國命名"日俄戰爭"。

一、戰爭的性質

日俄戰爭是二十世紀初，代表近代國家"總戰力"要素的戰爭，即一個國家的軍事力、經濟力、科學力、政治力、思想力、總動員力，在戰時體制下表現的綜合戰爭形態。日俄戰爭不僅僅是日俄兩帝國間的戰爭，也是在帝國主義列強之間，有各同盟國外交關係參與的，13個國家70名以上武官觀戰的國際化戰爭。戰爭具有世界多國參與的特徵，被歷史學者稱為"第零次世界大戰"（World War Zero），是衍生第一次世界大戰模式的全球性戰爭。

二、戰爭背景

日清戰爭後，日本取得了在朝鮮的支配權。北清戰爭時，俄國趁機佔有了在清國滿洲的權益。俄國謀求不凍港的南下政策，不僅要控制清國，還將觸角伸向朝鮮，觸動了朝鮮支配國日本的神經。朝鮮國王表現出顯著的脫日親俄傾向，俄國在清國滿洲和朝鮮邊境一帶構築蠶食性軍事設施，使日本感到了前所未有的壓力。兩國圍繞在朝鮮的政治、經濟、外交摩擦不斷，進而發展到軍事對立的態勢。

明治維新後的日本，雖然在國家近代化中取得巨大成就，贏得了日清戰爭的勝利，出兵參加八國聯軍，得到列強的肯定。但是與近代強國沙俄帝國比較，日本卻還是不被國際社會看好的貧窮國。面對俄國強大的軍事力量，日本只能採取外交努力迴避戰爭的策略。然而來自俄國的軍事壓力日益增強，朝鮮高宗兩班大臣亦在試圖排除日本勢力，日本面臨丟失朝鮮的嚴重危機。日俄之間只有通過戰爭才能決一雄雌，成為當時國際社會公認的必然結果。

三、同盟國模式

正在急速近代化的日本，強調朝鮮半島必須掌控在本國勢力之下，清俄兩國勢力應該被擋在朝鮮國門之外。因此俄國勢力滲透朝鮮，就會構成對日本安全保障的威脅。日清戰爭的前嫌，俄國人主導了三國干涉，迫使日本將到手的遼東半島返還給清國，給日本帶來巨大恥辱。俄國咄咄逼人的勢頭，激發起日本國內主張與俄國必戰的世論。

然而日本沒有與俄國開戰的國力，政府內出現了向俄國妥協和聯合英國組成同盟的兩種分歧意見。日本兩組人馬分別行動協調，結果俄國拒不接受日本提案，日俄協商交涉失敗。而英國從抑制俄國在遠東勢力的角度考量，與日本結成同盟。同盟條約戰略目的要點是，當日本出現與兩個以上國家交戰的情況時，英國有義務協同日本參戰。意圖旨在制約俄國和清國間締結的"中俄密約"，達到阻止清國參戰的目的。

期待維護自己在東南亞權益的英國，欲藉助日本馬前卒的力量對抗俄國，在日英同盟的基本框架下，戰爭中英國給予日本軍事和經濟上的支援。俄國和法國組成同盟，戰爭中俄國接受法國資金上的支援。德國皇帝威廉二世和俄國沙皇尼古拉二世之間有親緣關係，德國在戰爭中和俄國僅表現出準同盟的支援關係。日俄戰爭就是在這樣多同盟國牽制模式形態下展開的。

四、日俄開戰

1. 陸戰

日俄戰爭著名的陸戰有鴨綠江會戰、旅順攻圍戰、遼陽會戰、沙河會戰、黑溝台會戰、奉天會戰。

（1）鴨綠江會戰　鴨綠江會戰是指日本陸軍第一軍渡過鴨綠江向清國滿洲進軍途中，與俄軍間展開的一系列戰鬥。在日軍近代火炮攻勢下俄軍匆忙退卻，日本陸軍順利渡過鴨綠江。

（2）遼東半島登陸戰　日本陸軍第二軍在遼東半島登陸，作戰目的是切斷南北俄軍，使其各自孤立無援，達到各個擊破的戰略目的。1904 年 5 月在南山和金州城日軍與俄軍發生大規模戰鬥。日軍兵力超過俄軍一倍，在頑強防衛的俄軍陣地前，日軍以喪失總兵員 10% 的代價佔領南山，將俄軍主力與旅順要塞防軍和太平洋艦隊之間的聯係切斷。6 月為了阻擊增援旅順口的俄軍，雙方在瓦房店得利寺展開激戰，俄軍從熊岳城敗退。

（3）旅順攻圍戰　1898 年俄國租借清國遼東半島，取得了旅順天然不凍良港。在旅順港配備了強大的第一太平洋艦隊，修築了堅固的永久性要塞，可以控制朝鮮周邊海域的制海權。要塞內常備守軍 13000 人，開戰時達到 44000 人。永久堡壘 27 座，配備火炮 220 門。日俄戰爭開戰後，日軍決定拿下旅順要塞。戰鬥從 1904 年 8 月 19 日至 1905 年 1 月 1 日止，日軍以巨大的傷亡代價取得了勝利，俄軍守軍最終投降，第一太平洋艦隊喪失作戰能力。旅順攻圍戰中日軍戰死 16000 人，戰傷 44000 人；俄軍戰死 10000 人，戰傷 30000 人。僅攻佔 203 高地作戰，日軍就戰死 5052 人，戰傷 11884 人；俄軍戰死 5308 人，戰傷 12000 人。

（4）遼陽會戰　遼陽會戰是日俄戰爭開戰後，兩國近代陸軍主力首次正面對決的大會戰。俄軍以 158000 兵力鋪開防禦陣地，日軍以 125000 兵力發起進攻，雙方共計投入 28 萬兵力。雙方間發生了摩天嶺戰鬥、榆樹林子戰鬥、蓋平戰鬥、大石橋戰鬥、營口戰鬥、析木城戰鬥、佔領海城，最終日軍完成了在遼陽與俄軍會戰的態勢。1904 年 8 月 24 日至 9 月 4 日間，日俄兩軍在遼陽附近展開激戰，經過 10 日的戰鬥，俄軍全線向奉天退卻。參加遼陽會戰的日軍兵力 134500 人，死傷 23533 人；俄軍兵力 224600 人，死傷約 20000 人。

（5）沙河會戰　沙河會戰是俄軍對日軍組織的一次大規模反擊戰。俄軍投入兵力 220000 人；日軍投入兵力 120000 人。1904 年 10 月 9 日至 10 月 20 日期間，戰鬥在奉天南方的沙河展開，兩軍戰鬥處於難解難分的膠着狀態。日軍死傷 20497 人；俄軍死傷 41346 人。

（6）黑溝台會戰　沙河會戰後，呈膠着對陣狀態的日俄兩軍，都在天寒地凍中焦慮地等待軍需補養。1905 年 1 月 3 日俄軍組織的一支龐大騎兵部隊（騎兵 72 個中隊、龍騎兵 4 個中隊，總勢 1 萬兵力），奇襲了日軍設在營口的後方兵站基地，破壞剛剛上岸的武器彈藥、燒毀食料補給，俄軍對營口的襲擊令日軍陷入困境。開戰以來，戰場局勢俄軍一直是處於退卻，日軍卻一直在追擊。為改變這種被動局面，俄軍在黑溝台計劃了一場大攻勢。1905 年 1 月 25 日，10 萬俄軍進攻日軍陣地，虛弱的日軍被動應戰。但是日軍在援軍協同作戰下，取得了對等傷亡的戰績。日軍參戰兵員 53000 人，傷亡 9300 人；俄軍參戰兵員 10 萬人，傷亡 1 萬人。黑溝台會戰暴露了俄軍的缺陷，當時俄軍的軍力比較日軍仍處強勢狀態，可是俄軍卻自認敗戰，主動向公主嶺方面退卻。黑溝台會戰成為日俄陸戰勝負的分水嶺。

（7）奉天會戰　1905 年 3 月 1 日至 3 月 10 日，日俄兩軍在奉天（現瀋陽），投入總計 60 萬兵力，展開了近代世界史上少見的大規模會戰。奉天會戰日軍參戰兵員 24 萬；俄軍參戰兵員 36 萬，雙方打的難解難分，無法徹底戰勝對方。日軍傷亡 7 萬，俄軍傷亡 9 萬，被俘數萬，軍隊士氣低下。俄軍總司令被免職，新任統帥就任收拾殘局。此時，雙方都在焦慮的期待着本國的海軍艦隊，能在海上取得勝利的戰報。

2. 海戰

日俄戰爭中的日本海軍是一支驍勇善戰的海上力量。戰爭中兩軍對壘的結果，日本幾乎消滅了俄國投入戰爭的海軍力量。日俄戰爭中的海戰，主要有仁川灣海戰、夜襲旅順俄艦隊戰、旅順口閉塞作戰、黃海海戰、蔚山灣海戰、日本海海戰。

（1）仁川灣海戰　1904 年 2 月 6 日，日本正式通知俄國日俄兩國斷交。聯合艦隊駛出基地，一路駛向旅順，一路駛向仁川。前往仁川作戰的海軍第四戰隊，裝甲巡洋艦 1 艘、巡洋艦 5 艘、魚雷艇 8 艘，擔任護衛陸軍部隊 2200 人在仁川登陸的任務。仁川中立港內，有包括俄艦在內的多國軍艦停泊。8 日在完成護送陸軍運輸船仁川港登陸作業後，9 日仁川灣內日艦向俄艦發出從港內退出的書面通牒，意圖誘敵至公海交戰。9 日中午兩艘俄戰艦起錨離開仁川港，與灣內圍堵的日艦遭遇。俄艦立即受到攻擊。經過 1 小時戰鬥，俄艦戰死 31 人，戰傷 190 人。滿身瘡痍傾斜的俄艦，被迫返回仁川港。為防止被日軍俘獲，兩艦實施了自沉自爆處理。仁川灣海戰拉開了日俄戰爭的序幕。

（2）夜襲旅順俄艦隊　1904 年 2 月 8 日夜，日本第一、二、三驅逐隊成功突入旅順港灣。港灣中俄太平洋艦隊主力戰艦 7 艘，各類軍艦合計 16 艘呈四列井然停泊。0 時 28 分，日艦向停泊中的俄艦實施魚雷攻擊。驅逐隊發射 16 枚魚雷，3 發重創俄艦 3 艘。日艦 2 艘被岸炮擊中受損，均從旅順灣口逃脫，前往仁川集結。俄艦受損並未沉沒被拖入港內，故日方評估戰果，認為收穫較小。

（3）旅順口閉塞作戰　閉塞作戰是消滅停泊在旅順港內俄國太平洋艦隊的計劃。日本派遣艦船意圖沉沒在旅順港出海口的通道上，企圖堵塞俄艦於旅順港灣內，關起門來打狗。結果三次閉塞作戰都以失敗告終。1904 年 2 月 24 日未明，第一次閉塞作戰實施，接近海岸的 5 艘老朽船，立即遭到俄軍岸炮猛烈轟擊，作戰失敗。3 月 27 日未明，第二次閉塞作戰，4 艘閉塞船很快被俄軍岸炮發現遭到攻擊，作戰再次失敗。5 月 2 日夜，第三次大規模閉塞作戰，12 艘閉塞船遭遇不良天氣和俄軍岸炮的攻擊，多數官兵戰死，旅順口閉塞作戰以失敗告終。在第二次閉塞作戰時，日本海軍的優秀軍官廣瀨武夫為了搜救部下，被俄軍炮彈炸死，時年 36 歲。 為表彰廣瀨武夫的精神，他被海軍追封為軍神。1897 年廣瀨武夫曾在俄國留學，後在俄羅斯作武官，其開朗的性格和樂觀精神極受社交界歡迎。他前後在俄羅斯呆了近 10 年，喜歡俄國文化，甚至和一個俄國女人有一段異國戀情，儘管如此他堅信日本可以打敗俄國。廣瀨武夫死後，俄國遠東艦隊為廣瀨這位戰死的敵國軍官，舉行了俄羅斯海軍戰死者規格最高的葬禮“海軍葬”。

（4）黃海海戰　被圍困在旅順港內的俄國太平洋艦隊，受命從旅順港突圍，與符拉迪沃斯托克（海參崴）俄艦隊會合，由此引發了日軍的圍堵作戰。1904 年 6 月 23 日港灣內俄艦出航，立即遭遇日本聯合艦隊的攻擊。處於不利境地的俄艦，無奈立即返回旅順港。8 月，日軍第三軍聯合海軍陸戰重炮隊炮擊旅順港內俄艦船，造成數艘艦船負傷。太平洋艦隊司令判斷，滯留港內會招致更大的危險，決定艦隊大部分艦船盡快離開旅順港，前往海參崴匯合，等待波羅的海艦隊的到來。從旅順港突圍的俄艦毫無戰意，一路向海參崴方向遁逃，遭到聯合艦隊的攔截。結果俄艦隊突圍失敗，雙方交戰中各有傷亡，俄艦隊傷亡 343 人，其中旗艦、2 艘巡洋艦、4 艘驅逐艦逃亡中立國，其他戰艦均避戰退回旅順港內。

（5）蔚山灣海戰　海戰的起因是以海參崴為基地的俄國艦隊，在開戰後協同旅順主力艦隊，用遊擊形式活躍在敵後的補給線，聯合艦隊積極搜尋決戰而不見其蹤影。6 月

5 日日軍陸軍運兵船遭遇俄艦隊偷襲，造成日艦 2 艘沉沒、1 艘重傷，近千名後備兵員陣亡。日艦指揮官以濃霧理由解釋跟丟敵艦，引起國會議員"無能"的批判。憤怒的民眾向指揮官家裏投擲石塊，狂呼是俄軍間諜。7 月海參崴俄艦竟然大膽在東京灣出沒。8 月 4 日凌晨 4 時 25 分聯合艦隊裝甲巡洋艦 4 艘、防護巡洋艦 4 艘，在蔚山海域捕捉到 3 艘俄軍裝甲巡洋艦。在逃跑和追擊交戰中，俄艦 1 艘被擊沉，2 艘重傷逃回海參崴基地。俄艦隊戰死 185 人、負傷 374 人、另有 626 人被日軍救助。

　　（6）日本海海戰（對馬海戰）　日俄戰爭中後期，俄軍在清國滿洲戰場頻頻失利。沙皇尼古拉二世決定派遣第二、第三太平洋艦隊，組成"波羅的海艦隊"前往遠東與海參崴艦隊匯合，奪回制海權。俄軍作戰艦隻，戰列艦 8 艘、裝甲炮艦 3 艘、裝甲巡洋艦 3 艘、巡洋艦 6 艘及其他艦，共 38 艘。迎戰的日本聯合艦隊戰列艦 4 艘、裝甲巡洋艦 8 艘、巡洋艦 15 艘及其他艦，共 108 艘。

　　1905 年 5 月 27 日～28 日，日俄兩國海軍在日本海的對馬海域遭遇，聯合艦隊司令官東鄉平八郎指揮日本艦隊，採用了有違常規的 T 字型戰法，以及秘密研製的"下瀨火藥"炮彈，給予俄國艦隊以毀滅性打擊。這場決戰性大海戰，打敗了俄國波羅的海遠征軍艦隊。最終日本以艦隊主戰艦無沉沒記錄，魚雷艇沉沒 3 艘、戰死 117 人、負傷 583 人；俄國艦隊沉沒 21 艘、被俘 6 艘、戰死 4830 人、負傷 6106 人的輝煌戰績，贏得了這場舉世震驚的大海戰。

五、講和談判

　　戰場上俄軍節節敗退，俄國國內厭戰情緒蔓延，民眾對尼古拉二世的忠誠度開始動搖。反對派在醞釀革命，繼而在 1905 年 1 月 9 日發生了"流血的星期日"事件。日俄兩國都面臨巨大的傷亡，雙方都疲憊不堪，缺少續戰的信心。1905 年 8 月 10 日在美國人的斡旋下，日俄兩國坐到了談判桌前，開始了"樸茨茅斯"講和談判。和談中，日本為增加談判籌碼，在美國人的授意下，佔領了俄國的樺太島[註2]。日俄雙方經過艱苦談判，終於在 1905 年 9 月 5 日談判即將破裂的瞬間，成功締結了《樸茨茅斯條約》，日俄戰爭落下帷幕。

　　日俄戰爭，日本人取得了勝利，是近代有色人種國家軍隊打敗白色人種國家軍隊的勝利，使白種人獨霸國際政治舞台的局面被打破。然而日俄戰爭也使得日本奪走俄國在清國的利益，繼而將清國視為自己的利益範疇，這場戰爭的結果後來影響了半個世紀中國的歷史。

六、日俄戰爭勝利的逸話

　　日俄戰爭開戰後，日本面對的第一個問題是戰費，沒有戰爭經費就無法把這場戰爭持續下去，日本毫無疑問就會戰敗。日本是一個小國，俄國是一個超級大國，俄國擁有完全壓倒日本的強大軍事力量，沒有人會相信日本人可以戰勝俄國人。可是，在那個尚未開化的世界，這個小國的國民卻擁有令世界讚譽的教育成就，日本 85% 的國民識字率，遠遠超過當時俄國人 25% 的國民識字率。日本人相信精神的力量和國民的頭腦，一定會贏得這場戰爭。

戰爭經費的籌集面臨巨大的壓力，明治政府小心謹慎地向西方世界展開了戰費借債的公關。日本銀行的副總裁高橋是清被賦予了這個艱難的使命。開戰前一年的 12 月，日本銀行只有 1 億 6796 萬円（相當 1170 萬英鎊）。日本政府將第一筆戰時國債設定了 1 千萬英鎊的目標。高橋最先訪問了美國，但是徒勞無功，美國人判斷日本人絕對不會戰勝俄國人。失意的高橋前往的下一站是英國，英國是日本的同盟國，但是在日俄戰爭中英國宣佈中立。高橋在倫敦拼命奔波了一個多月，考慮到日英同盟的友誼，英國銀行集團出資 5 百萬英鎊，年利息 6% 購買了日本國債。可是距離目標金額還相差一半，懊惱的高橋沮喪萬分。一日，英國銀行家友人招待高橋參加晚餐會。會上許多人關心日本的事情，提出了許多的問題。其中鄰席的一位美國銀行家詢問了日本兵的士氣有多高等問題，高橋恭敬的一一作了詳細回答。翌日早晨，邀請高橋參加晚餐會的銀行家友人來到高橋下榻的酒店，告訴高橋昨日坐在身邊的美國銀行家願意購買日本的國債。他是一位出生在德國的猶太裔美國銀行家和慈善家，名叫雅各布·希夫。希夫動員了散居在世界各地的猶太人，購買日本的戰時國債。希夫的力量使剩下的 5 百萬英鎊有了着落，高橋沮喪的眉頭舒展開了。高橋的回憶錄寫道，如果那時沒有猶太民族的幫助，就是日本將士有再強的超過俄國兵的精神力，日本也無法取得勝利。日俄戰爭日本的總戰費 19.8 億円，其中的 8.9 億円是外債。可是高橋怎麼也搞不懂希夫為甚麼會主動購買具有巨大風險的外債，當時沒有探明真相。以後的一段時間，高橋和希夫成了好朋友，就像家人一樣相處，高橋終於明白了希夫初衷。沙俄帝政時代，俄國人殘酷虐待猶太人，讓猶太人受盡苦難。希夫同情日本的努力和願望，稱幫助日本贏得這場戰爭，比金錢更為重要，更重要的原因是希夫代表猶太人，向採取反猶太主義行動的沙皇政權復仇。他雖然不能去解救在俄國的猶太人，但是可以通過種種的物質手段去拯救苦境中的人們。此後希夫又繼續為日本募集公債 3 回，金額達到 7200 萬英鎊。

戰費募集成功的日本，聯合艦隊戰鬥群在日本海大海戰中大勝俄國波羅的海艦隊，陸軍獲得充足的 28 厘米榴彈炮炮彈，毀滅了俄國太平洋艦隊，具有世界上最优性能的 30 型槍支的購入、量產、配備得到了實現。這次貸款引起全世界的注意，希夫賭贏了日本，贏得了這場戰爭的勝利。日本政府感恩猶太人的相助，日俄戰爭的翌年，希夫應日本政府邀請訪問了日本，明治天皇在宮中親切會見希夫，並設宴款待，希夫還被授予一等旭日大綬章，成為第一個獲此殊榮的外國人。1904 年，英國國王愛德華七世也私下接見了希夫。這筆戰爭國債的償付一直延續到昭和時代，昭和天皇稱讚希夫是日本民族的大恩人，日本政府在瑞士銀行存入黃金，繼續忠實履行對猶太人的國債償還義務。

在第一次世界大戰前後的那些年間，雅各布·希夫向世界許多國家貸款，但是他下達了禁令，不借錢給俄國人，因為俄國人一貫嚴厲地鎮壓猶太人。1917年希夫向列寧、托洛茨基政權提供2000萬美元的資金，支持了推翻沙皇帝政的俄國革命。

歷史的定論是，日本銀行副總裁高橋是清在倫敦融資時，是偶然遇見希夫，幸運得到希夫購買日本國債的。然而逸話是，希夫是為了購買日本國債而出現在高橋是清面前的。日俄戰爭開戰前的1904年2月上旬，希夫在宅邸召開了猶太人領袖會議，他告訴大家在72小時之內，日俄間將爆發戰爭，提起了購買日本國債，支持日本對俄戰爭的構想。希夫事前就得到了日俄即將開戰的情報，專門召集猶太人領袖表達接受日本國債的立場。

註2：樺太島，即庫頁島，俄羅斯名薩哈林島。本書因以日方史料文獻編成，因之不改。

7.01　日俄戰爭開戰的前夜，在漢城的德國公使館召開花園晚宴。公使夫人們心情沉重，一場流血犧牲即將到來。

7.02　日俄兩國斷交，俄國公使一行乘法國汽船，從橫濱出航。此時，日俄間在旅順港和仁川灣已經處於交戰狀態。碼頭上是前往送行的法國、比利時公使館官員。

7.03　俄國皇帝尼古拉二世檢閱即將奔赴戰場的步兵連隊。高傲的俄軍相信一定會打敗日本人。俄國的友邦，德國和法國也對俄國寄予厚望，堅信日本人絕對不是對手。

7.04　日俄兩國戰端已開，俄國皇帝尼古拉二世 (中央者)，在大主教的主持下做彌撒，為俄國人的勝戰祈禱。

7.05　寫真是日俄戰爭白熱化時，集結在奉天的日軍各路最高司令長官。從左至右，第 1 軍司令官黑木為楨大將、第 4 軍司令官野津道貫大將、參謀總長山縣友朋元帥、滿洲軍總司令官大山巖元帥、第 2 軍司令官奧保鞏大將、第 3 軍司令官乃木希典大將、滿洲軍總參謀長兒玉源太郎大將、鴨綠江軍司令官川村景明大將。

日俄戰爭日軍進攻路線和主要戰鬥

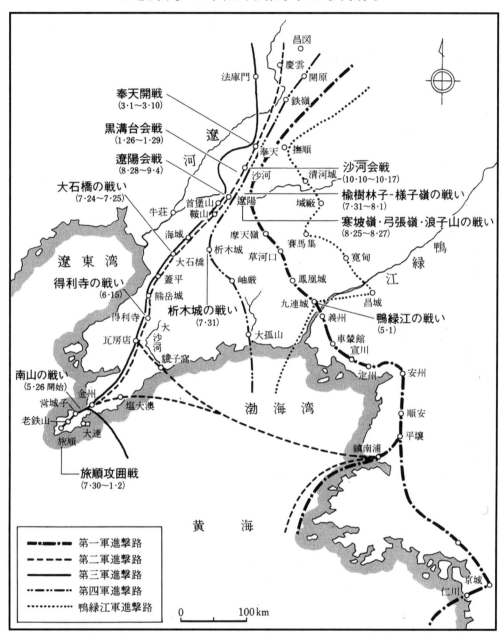

奉天開戰
(3·1~3·10)

黑溝台会戰
(1·26~1·29)

遼陽会戰
(8·28~9·4)

大石橋の戰い
(7·24~7·25)

沙河会戰
(10·10~10·17)

榆樹林子-樣子嶺の戰い
(7·31~8·1)

寒坡嶺·弓張嶺·浪子山の戰い
(8·25~8·27)

得利寺の戰い
(6·15)

析木城の戰い
(7·31)

鴨綠江の戰い
(5·1)

南山の戰い
(5·26開始)

旅順攻圍戰
(7·30~1·2)

昌図
慶雲
開原
法庫門
鉄嶺
遼
撫順
河
奉天
沙河
清河城
首堡山
遼陽
城廠
鞍山
牛荘
摩天嶺
賽馬集
寬甸
海城
草河口
析木城
鴨
大石橋
綠
岫巖
蓋平
鳳凰城
江
熊岳城
九連城
昌城
得利寺
義州
大孤山
瓦房店
車輦館
大
宣川
沙河
貔子窩
定州
安州
金州
順安
営城子
塩大澳
平壤
老鉄山
鎮南浦
大連
旅順

遼 東 灣

渤 海 灣

黃 海

京城
仁川

```
第一軍進擊路
第二軍進擊路
第三軍進擊路
第四軍進擊路
鴨綠江軍進擊路
```

0   100 km

7.06 日俄戰爭日本陸軍的主要戰鬥：旅順圍攻戰、遼陽會戰、沙河會戰、黑溝台會戰、奉天會戰；鴨綠江渡河戰役、南山戰役、得利寺戰役、大石橋戰役、析木城戰役、榆樹林子·樣子嶺戰役、寒坡嶺·弓張嶺·浪子山戰役、庫頁島登陸戰。日本陸軍出動五個軍：第1軍（司令官黑木為楨陸軍大將）；第2軍（司令官奧保鞏陸軍大將）；第3軍（司令官乃木希典陸軍大將）；第4軍（司令官野津道貫陸軍大將）；鴨綠江軍（司令官川村景明陸軍大將）。日軍總兵力30萬人、戰死55655人、病死27192人、負傷153584人、被俘1800人。俄軍總兵力50萬人、戰死25331人、戰傷死6127人、負傷146032人、被俘79000人。日俄雙方接受了13國70多名武官隨軍觀戰。

7.07 第1軍先遣部隊在仁川登陸，僅用8小時就完成了登陸作業，部隊攜帶輜重向仁川市內進發。寫真是馱馬上陸的情形。

7.08 第1軍的舟橋部隊，正在從平壤向鴨綠江方向進發。舟橋裝備可以組合成橋體，應付各種水文條件下的架橋。此種大型舟橋裝備，是為鴨綠江渡江作戰身訂做的。

7.09 第2軍在遼東半島大連的北東方向80公里處的鹽大澳（即今猴兒石）登陸。作戰目的是進攻金州俄軍部隊，切斷旅順俄軍與遼陽俄軍主力的鐵路交通，使東西俄軍不能相互呼應，達到孤立旅順之敵支援乃木第3軍奪取旅順要塞，殲滅旅順港內俄國艦隊的目的。寫真是第2軍用物資登陸作業的情形。

7.10 旅順要塞原為清國北洋水師軍港，日清戰爭時曾被日軍佔領。三國干涉還遼後，俄國強租旅順口作為俄國艦隊的基地。1901年俄軍對旅順防禦強化工程全面開始，計劃修建從203高地到大孤山的堅固防線，配置25000人的守備兵力。但戰前工程只完成203高地至大孤山港灣側以內，常駐兵力僅有13000人。原定於1909年完成的要塞建設，在日俄戰爭爆發時，還遠未完成。寫真是俄國在旅順城頭山構築的永久性堅固防禦工事。雖然總體工程遠沒有完成，但是強大的防禦機能已經形成。日軍奪取旅順要塞用了5個月時間，並留下巨大傷亡。

7.11 旅順要塞主要防禦線由8個半永久堡壘，9個中央堡壘組成。其中6個永久炮台，4個角面堡和陣地前沿戰壕相連接。後方高地用於支援炮兵陣地。如果主防線被突破，環繞密佈的戰壕可為抵抗和反擊提供依托。海防防禦有220門大炮，可以防止敵艦從海上接近要塞。

新市街　旧市街　停車場　模珠礁砲台　老虎尾砲台　威遠付屬砲台　報国丸　黄金山砲台　西　港　老虎尾　米山丸　弥彦丸　福井丸　千代丸　仁川丸　相模丸　佐倉丸　三河丸　朝顔丸　魚雷营屯　郭〇蛮子营砲台　小樽丸　遠江丸　半島　鎮頭山砲台　鶏冠山砲台　江戸丸　愛国丸　黄海

7.12　旅順港封閉作戰是日軍企圖將港灣的出海口航道用艦船堵塞，關起門來消滅俄國太平洋艦隊的作戰計劃。日本海軍實施了三次特別閉塞作戰，遭到俄海岸炮的猛烈打擊，三次閉塞均未成功，日本閉塞隊卻損失慘重。整個過程日軍沉船21艘，只對俄軍艦出海造成影響，並未達到閉塞目的。圖為日本海軍沉船示意圖，沒有有效堵塞出海航道。

7.13　黃海海戰是日俄海軍第一次海上正面衝突。旅順港內的俄艦隊企圖突破港外日本艦隊的封鎖，撤往海參崴。結果俄艦隊突圍行動失敗，除旗艦太子號及2艘巡洋艦和4艘驅逐艦逃往中立國外，大部分退回旅順港。寫真是黃海海戰中，日本艦隊向俄艦隊開炮的情形。

7.14　黃海海戰，從旅順港突圍的俄國戰艦中有被擊沉的、有逃回旅順港的、也有逃到中立國家的。寫真是俄1艘戰列艦、3艘驅逐艦逃到德國控制的膠州灣，提爾皮茨中將按照中立國原則，下令解除了戰艦的武裝。日俄戰爭結束兩年後，德皇在接到訪的沙皇時，把這些戰艦作為禮物，送給了尼古拉二世。照片上有清國水兵在港口觀看俄國的戰艦。

7.15　旅順之役，日軍無謀的"肉彈敢死隊"在史上留下壯烈之讚。1904年11月26日乃木司令官組織敢死隊發動第三回旅順總攻擊。3100餘名敢死隊隊員胸前纏上交叉白布標誌，取名"白襷隊"，執行松樹山第四炮台的奇襲作戰任務。結果"皇國榮華"的肉彈衝鋒給"白襷決死隊"帶來慘重傷亡，白襷隊的決死作戰以失敗告終。

7.16　203高地是旅順口要塞的丘陵小山，因海拔203米而得名，日俄戰爭在此地有過慘絕之戰。這座高地所以重要，是因為站在丘頂即可將旅順灣內俄國艦隊盡收眼底。根據聯合艦隊參謀秋山真之少佐的建議，該高地是炮擊躲在旅順港中的俄國艦隊最佳的戰略觀測點，根據觀測點的指揮可以誘導炮擊，一舉消滅俄國艦隊。圍繞爭奪203高地，日俄兩軍都付出了極為慘痛的代價。1904年11月日軍主攻該高地的第七師團，僅僅5天的時間就由15000人減員至1000人，戰事之慘烈震驚日本國內。輿論歸咎乃木司令官作戰無能，要求將他撤換，剖腹自殺，向國民謝罪。滿洲軍總參謀長兒玉源太郎介入旅順戰場指揮，重新佈置28厘米口徑榴彈重炮掩護攻擊203高地。12月5日日軍終於以慘重代價攻佔203高地，並立即以高地作為觀測點指揮重炮，對旅順灣內的俄國戰艦實施炮擊，摧毀了俄國太平洋艦隊。戰後，第三軍司令官乃木希典大將因陣亡巨大心情沉重，為203高地賦詩，並取諧音命名203高地為"爾靈山"。寫真是日軍士兵在向203高地肉彈式衝鋒的壯烈場面。

7.17　旅順 203 高地攻堅戰，創造了日本戰爭史上最殘酷　　式強攻俄軍陣地，招致悲慘的失敗。寫真是雙方一時休戰
的記錄。無謀的乃木希典司令官強令士兵用肉彈的自殺方　　收屍的場面，日軍敢死隊的屍體成堆成片。

7.18　203 高地陷落，戰壕內佈滿了俄軍戰士的屍體。大部分士兵是被日軍重炮的炮彈炸死的，死屍遍野，場面悲慘。

7.19　肯德拉切夫中將是日俄戰爭中，日俄雙方都給予極高評價的俄軍戰將，12 月 15 日戰死於雞冠山堡壘。戰後日軍為紀念肯德拉切夫中將在戰中的勇猛，為他在戰死之所修建了紀念碑。肯德拉切夫中將是一位寡言溫厚，善於聽取他人意見，親臨陣地指揮不怕犧牲，與將士同甘苦之人。被部下稱呼為"我們的將軍"，在同僚中也有很高的評價。肯德拉切夫中將是身材高大，膚白的美男子受到女性們的青睞。施特塞爾中將（肯德拉切夫中將的繼任）的夫人對肯德拉切夫中將極有好感，多次誘惑未果，施特塞爾中將曾經請求過幕僚，希望不要讓夫人和肯德拉切夫中將單獨在一起，留下了一段逸聞趣事。肯德拉切夫中將的紀念碑至今仍然留在旅順的山上。1905 年 9 月 25 日肯德拉切夫中將的遺體運往聖彼得堡，被安葬在亞歷山大涅夫斯基修道院。

7.20　旅順之戰日俄雙方都傷亡巨大，尤其是爭奪 203 高地時戰鬥之慘烈，成為史上不可磨滅的話題。俄國人這樣形容這場血戰："這不是人與人之間的戰鬥，而是人與鋼鐵、燃燒的石油、炸藥與屍臭之間的戰爭。"戰後大量的屍體處置成了日俄雙方普遍的問題。寫真是堆積在旅順郊外的大量俄軍屍體等待埋葬。

7.21 日俄戰爭中，日軍在戰場上有過偵查氣球的應用。但是氣球目標大易受到敵攻擊，在奪取 203 高地前使用受到限制。奪取 203 高地後，日軍立即在高地上設立了氣球觀測站，校正 28 厘米榴彈炮，攻擊旅順灣內的俄艦隊。在遼陽作戰中，日軍也有過氣球應用的記錄。右寫真是日本的偵查氣球、左寫真是旅順戰中的氣球觀測。

7.22 1884 年大阪炮兵工廠仿造的意大利 28 厘米榴彈炮，1887 年正式量產化。該炮被用作海防，部署在日本本土，日清戰爭沒有參戰。日俄戰爭期間，日軍攻擊旅順要塞受阻，專門從國內調來 18 門此種海防型榴彈炮，作為攻擊 203 高地的決戰武器，共發射炮彈 16940 發，為奪取俄軍陣地，摧毀旅順港內俄國太平洋艦隊建立功勳。

7.23 日軍攻下 203 高地，立即在高地設立觀測點，指揮重炮對旅順灣內的俄國戰艦實施炮擊，摧毀了俄國太平洋艦隊，為日本海大海戰取得全面勝利打下基礎。寫真是被擊毀的俄國戰艦，斜倒在港灣內。

7.24 日軍攻克旅順,俄軍投降。寫真是乃木大將和俄軍斯捷塞爾中將在水師營的一間農舍會見的情形。當時外國新聞記者請求攝影,乃木回答:"給後世留下感到恥辱的寫真,對日本武士道來説是不可容忍的。"拒絕了記者的請求。但是同意在會見結束後,雙方作為友人,可以拍攝合影照。日俄雙方在最初的會見時,都向對方戰士的英勇表示敬意。會見結束後,斯捷塞爾中將把自己的白色愛馬贈送給了乃木。中排右起,伊地知參謀長、斯捷塞爾中將、乃木大將、蕾伊斯參謀長。

7.25 旅順入城的翌日,1915年1月14日在水師營東面,第3軍為陣亡及病歿的將校士兵舉行招魂祭奠式。寫真是第3軍司令官乃木大將在朗讀祈文。招魂台是用沙袋臨時堆成的,靈柱上書有"第三軍戰死病歿各位之台",旁側立牌上書"供物料金千圓大山巖"。台前立有一枚28厘米榴彈炮炮彈和松枝、祭品。左側的僧侶等待為戰死者誦經招魂。

7.26 旅順攻堅戰中發揮決定性作用的28厘米榴彈炮,在完成旅順之役後運往奉天戰場,參加奉天的大決戰。寫真是鐵路交通中斷,日軍用人力拖動巨大的火炮。運輸載體是人工臨時製作的木質拖車,車輪用圓木代替,僅僅一根炮管就需要幾十個人來拖拽前進。

141

7.27　攻陷旅順後，日軍繳獲了俄軍大量的伏特加酒。這些酒是作為軍需物資運往旅順的。伏特加屬於烈性酒，酒精濃度一般在40度至50度之間。伏特加酒對俄國軍人來說是極其重要的軍需輔助品，這在國家最高軍事委員會也是認同的基本理念。寫真是站台上堆積如山的伏特加酒。

7.28　寫真是日軍後勤支援部隊在遼陽戰場上的創舉。工匠們在車站附近建成了一座拱頂圓體形的巨型低溫儲藏庫，保存戰場所需的新鮮食品。車站內還可以見到大量的捆包麻袋、木箱、圓木。寫真精細處可見有日軍僱傭的清國民夫參與勞作。

7.29　遼河岸邊停靠着桅杆林立的清國帆船，碼頭上堆積大批從船上卸下的軍用物資。日軍工兵敷設的輕便鐵道，從岸邊直通西方約200米遠處的臨時倉庫。大量物資的到來，預示着一場大戰即將來臨。

7.30 沙河會戰是俄軍對日軍組織的一次大規模反擊戰。俄軍投入兵力22萬，日軍投入兵力12萬。戰場在奉天南方的沙河，戰鬥打得難解難分，處於膠着狀態。日軍死傷20497人；俄軍死傷41346人。寫真是俄國軍隊正在集結，前景是行軍中的步兵連隊，中景是炮兵部隊和運輸車，遠景是騎兵大部隊揚起的沙塵。

7.31 寫真是遼陽之役的戰鬥中，部署在達連溝村的俄軍步兵部隊，正在戰壕中嚴陣以待。

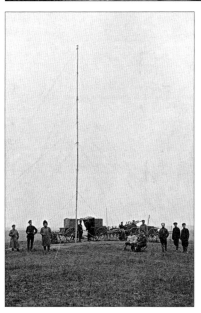

7.32 1896年出現了無線電報通信。經過幾年的發展，俄國人嘗試把無線電報利用到了日俄戰爭中。1904年4月15日當日本艦隊轟擊旅順港內停泊的戰艦時，俄國海軍首次使用了人為無線電干擾，嚴重干擾了日軍炮火校射艦的無線電通信。為紀念這一歷史事件，俄軍將這一天定為"電子戰兵日"。寫真是是奉天會戰中，俄陸軍在無線電報通信。上圖是無線電收發、左圖是無線電天線。

7.33　北上的日軍第2軍，幾乎在沒有抵抗的情況下，佔領了遼陽南部約60公里的海城。寫真是海城附近俄軍構築的陣地掩體，此種掩體對炮彈的爆炸能起到有效的防禦作用。圖片中可以看到日本士兵進入坑式掩體內。

7.34　日俄戰爭，俄軍的氣球部隊在戰場應用活躍，主要是用於高空偵查。當時的氣球下面有吊籃，觀測員把偵查到的情報，用電話傳遞給炮兵部隊。寫真是在遼陽會戰中，俄國陸軍氣球部隊在安平宿營地待命的情形。

7.35　奉天之戰末期，俄軍處於被包圍的危險情勢之中，司令官庫羅帕特金下令向鐵嶺撤退。撤退時部隊失去指揮，又遭到日軍炮擊，後衛陷入日軍包圍之中。但此時日軍也疲憊不堪，無力追擊。俄軍主力逃出包圍，隨後在四平街陣地與日軍對峙，直到戰爭結束。寫真是俄軍群龍無首混亂的敗退場面。

7.36 日俄戰爭的奉天戰場，俄軍處於劣勢，不斷向後方撤退。為了阻止日軍的前進，俄軍破壞了位於開原西面約4公里處的清河鐵橋。日軍工兵部隊很快修復了大橋，繼續實施對俄軍的包圍。從寫真可見，百年前清國的大鐵橋還是頗為壯觀的建築。

7.37 外國記者的繪畫《滿洲之冬》記述了戰場的又一個悲劇的場面。俄國偵查小分隊在巡邏中，發現數名日本兵被凍死在野外。當時日俄兩軍的禦寒裝備，日軍遠遠不如俄軍。日軍的保暖被服不能適應清國滿洲的嚴寒氣溫。嚴寒、疾病、傷亡正在使日軍的戰鬥力不斷大幅下降。事實上日本也已經無法承受這場戰爭的延續。

7.38 日軍開拓遼東半島中部戰場,大量輜重急需運往前方。但是鐵路完全中斷,馬力拖車嚴重不足。日本工兵為運輸部隊建造了臨時鐵道。寫真是在臨時鐵道上移動的輜重。雖然沒有機車和馬匹,只靠人力牽引,但是已經大大的提高了戰地後勤支援。寫真精細處可以看見有日軍僱傭的清國民夫參與勞作。

7.39 整車整車的年輕人離開了家園被送往戰場,在狂熱的戰爭宣傳背景下,日本民眾似乎一致認為,只有戰爭才能拯救國家。只有戰爭才能保衛國家利益。人們打着太陽旗,不停的呼喊着日本萬歲口號,為上戰場的青年人送行。寫真是在神戶車站,乘軍用列車前往宇品港的士兵們在與送行的人們告別。

7.40 日俄戰爭旅順戰場傳來了勝利的捷報,歡呼的人們並不清楚勝利背後的巨大傷亡。充滿激情的士兵們,離開了家鄉父老,去為國家奉獻。然而這或是一去不復返的悲壯離別。寫真是在火車站,人群狂熱地呼喊着“大日本帝國萬歲”的口號,簇擁着這些年青人奔赴斷頭台。

146

7.41　作為近代戰爭，女性已經成為戰爭中不可忽視的重要力量。寫真是隨同紅十字會從軍的俄軍女性看護婦。

7.42　活躍在日俄戰爭前線的日本從軍看護婦，她們隨同野戰部隊從事戰場醫療活動。

7.43　腥風血雨的戰場上不僅僅只有悲痛，也可以看到戰士的笑顏。寫真是國內派來前線慰問戰士的露天歌舞伎劇場。

7.44　表現尚武精神的日本大相撲文化，在戰鬥的間隙通過舉辦比賽表演，激勵將士的戰鬥意志。鎌倉時代相撲運動已經成為武士訓練的一部分。寫真是戰場相撲比賽的場面，赤身的年輕人躍躍欲試，都期待角力取勝。

7.45　洗澡習慣根植於日本人的生活中，在戰鬥的間隙，日本兵都會想盡辦法洗澡，解除一日的疲勞振奮精神。下寫真中的一幕是日本將校在洗澡，澡盆是清國人家的大缸，此時外面的氣溫在零下24度。

7.46　日本國內的女人們，手工製作大量的慰問袋送往前線，鼓勵戰地出生入死的將士。慰問袋內大多放入小型日用品，小毛巾、肥皂、食品、藥品、照片、繪畫、護身符等等。慰問袋留有姓名、住所、信件。送達方法是寄贈者通過村長交到陸軍恤兵部，填寫申請書，經過檢查認定後，轉送到陸軍倉庫，免費發送。上寫真是奈良縣的婦人和女孩正在趕製慰問袋的情形。

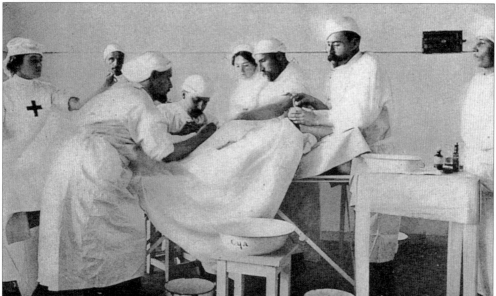

7.47 上圖日軍戰場傷亡極大，日本赤十字社（紅十字會）受命緊急向前線運送醫藥品。

7.48 中間寫真是俄軍陸軍預備醫院正在給從戰場搬運下來的傷兵作手術。

7.49 沙河戰鬥戰況膠着，難解難分，日俄雙方派出代表，在昌圖車站北面西沙河附近道路上協商休戰。日軍代表福島少將（左側白衣戴眼鏡者），俄軍代表奧納洛夫斯基少將（右側黑衣背手者）。事實上雙方都相當疲憊，期待休戰時間，調整兵力以期再戰。

7.50　弗拉基米爾大公妃瑪麗亞發起的以貴婦人為主體的集會，定期在夫人家為前線將士舉辦裁縫會，向前線捐獻慰問品。大公妃自己就向前線捐獻了 1 列醫院列車。皇后以及 1000 名貴婦人踴躍參加，皇太后也主持有自己的裁縫會。

7.51　英國皇室派遣的奧冰和瑪克爾兩位女視察使，前往戰地鳳凰城醫院訪問，經過數日的考察，視察團對日軍的戰場救援活動非常滿意。寫真是兩女使準備乘坐中式轎子離開戰地醫院的情形。

7.52 明治三十七年(1904)日俄戰爭爆發,日本全國掀起支援日軍作戰的熱潮。連小學校也配備了軍事訓練科目。繪畫《日本小學校內的戰爭》描繪了小學生在課間休息時,演繹了一場日俄雙方你死我活的戰鬥場面。學校教師和圍觀的學生們都在關注雙方戰鬥的勝負。

7.53 《倫敦新聞》刊載的"千人針"圖。神戶的街頭,日本婦女為參加日俄戰爭上前線的士兵,集體在一枚手帕上縫上幾針幾線。以表達對前線的將士祈禱的心境。千人針是一種用來保佑士兵武運長久,在戰場上能夠獲得幸運垂青的民間信仰。民間男性中還有"千人力"、"千本幟"祈禱的風俗。成為民間鼓舞前線士兵鬥志的做法。圖繪是婦女們在街頭縫繡千人針的場面。

7.54　日俄戰爭俄軍動員了大量清國人奸細刺探日軍情報。同時也抓捕和處死了很多為日軍服務的間諜。在這場間諜戰中，受到殃及最重的是清國人。寫真是被俄軍抓獲的日本人間諜，右二是俄軍僱傭的清國人間諜。戰場上的間諜罪，無論俄軍還是日軍都是非常嚴重的罪行，通常處以死刑。

7.55　日俄戰爭中，交戰雙方也派出了各自的偵察兵，收集對方的軍事情報。寫真是被日軍抓獲的俄國人偵察兵。照片顯示，俄國人雖然裝扮成百姓，可是外表長相很難逃過日軍的盤查。這幅大個子俘虜和小個子抓捕者的照片，影射了這場戰爭詼諧的一面，強大的國家未必可以戰勝弱小的國家。

7.56　日俄戰爭期間，戰場上活躍着大量日俄間諜，這些間諜為日軍和俄軍作出了極大貢獻。可是間諜們也面臨極大的風險，一旦被對方抓獲，結局極端嚴厲。寫真是 1905 年 3 月 20 日拍攝的一個處刑場面。被日軍抓獲的俄軍奸細，在開原城外執行斬首刑。犯人是一個清國人，頭上纏着辮子，前面已經挖好了埋葬的深坑，周邊站滿了圍觀的日本軍人和清國人。這個清國人成了這場戰爭的殉葬品。

7.57 寫真是一個處刑現場，軍事法庭正在宣判犯人的罪行。犯人是日軍派往西伯利亞刺探俄國軍事秘密的清國人。戰爭中日軍最希望得到的戰略情報是俄軍通過西伯利亞鐵路線向清國運兵的情況。大量的日軍眼線追跡着鐵路沿線的動向。然而俄軍早已注意到這個秘密，展開了卓有成效的反間諜工作，抓捕了許多為日軍服務的清國人間諜。罪行事實一旦成立，就會被以間諜罪判處極刑。

7.58 巴黎日刊報紙《Le Parisien》1906 年 2 月 4 日號刊載繪畫，日俄戰爭俄國人處死為日軍服務的清國人奸細，罪名是犯人暗殺了俄國戰艦"丘貝魯彼由"號的海軍中校。行刑者是山東芝罘清國政府屬下的行刑官。

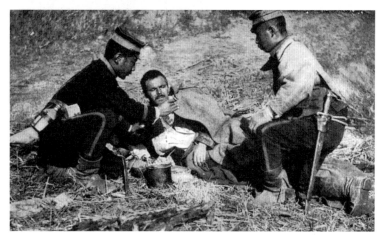

7.59 日俄戰爭被近代歷史學者評價為文明的戰爭。戰爭是在國際紅十字會以及各國從軍武官、新聞記者的監督下進行的。雙方對戰俘的態度表現得比較寬容。1904 年日本對俄國宣戰後頒佈了有關俘虜的法律十餘款，強化了戰場俘虜紀律。寫真是日軍士兵在給負傷的俄國士兵喝水的情形。

7.60 收容在長崎的被俘俄軍將校，被允許離開監舍逛街。圖繪將校俘虜乘坐人力車，在熱鬧市街自由觀光的情形。

7.61 松山市收容所內的俄軍將校級俘虜受到優惠待遇，不但可以自由離開監舍，而且妻子和孩子還允許來日同住生活。俘虜的日常生活需求還刺激了當地經濟的發展。

7.62 日俄戰爭的俄軍俘虜被大量送往日本國收監，收容率最高的松山收容所，合計收監俘虜達6000名，被安置在市公會堂和周邊八所寺院。圖為松山縣縣長和縣高管，在松山古町站迎接俄軍將校的場面。

7.63 姬路收容所的俘虜約2000人，大多來自旅順，寫真是俘虜在監舍廚房準備食物的情形。監舍內有製鞋所、麵包製作所、練兵場、預備醫院、酒保所、洗滌所、樂隊。還舉行各種各樣的體育活動、文藝活動，豐富了俘虜的生活。

7.64　日俄戰爭雖然是日本和俄國交惡，可是交惡的地點發生在清國土地上。清國政府宣佈了"局外中立"，在當時的國家情勢下，清國除了"局外中立"已別無選擇。事實上清國政府以"局外中立"的方式處理日俄戰爭，從國家利益的視角是明智之舉。但是清廷許多地方督撫主張"聯日拒俄"的呼聲很高。代表性的意見主張："俄勝勢必吞併，日勝無非索酬，兩害相形，則取其輕。與其畏俄而不許，何如親日而獲成。不助日仍無全理，助日則或有幸望。"幾乎清國所有的明智之人都看清了俄國人的戰略野心。在列強的干預下，清國政府終於實現了"局外中立"的立場。日本政府雖然明確對外宣佈希望清廷中立，但實際上很希望得到清國的支援。戰事爆發，日本人就以"長白俠士"、"遼海義民"等名義撰寫文章號召清國民眾助日抗俄。事實上清國人沒有等閒視之，暗中為日軍提供情報、炸藥、軍費支持；部分清軍甚至直接參與了日軍的某些軍事行動；地方督撫籌款秘密撫恤日軍……清廷暗地裏的助日舉動，使俄國極為不滿，指責清廷違反中立，甚至照會各國，發出警告："倘再有此項情節，俄不得已只能顧自己利益以對此種中立矣。"清廷則對此矢口否認之。日俄戰爭，清國人的立場其實是偏向了日本一方。寫真是遼陽戰事一過，清國百姓走上街頭掛出日本太陽旗歡迎日軍的景象。

7.65　俄軍潰退後，日軍進入奉天城，市街恢復平靜，市場上開始了往日的生意，沿街百姓掛出了歡迎日軍的太陽旗。大道的遠處，可以望見奉天城的城樓。

7.66　日軍進入清國人居住的市街，紀律嚴明秋毫無犯，表現出明治軍隊自我標榜的特有素質。日俄戰爭中，尤其是對待中立國的清國民眾，日軍大本營下達了嚴格的紀律規定，清國民眾對日軍表現出特有的好感，因為這支軍隊對百姓的友善遠超過俄軍。寫真是跟在進城的日軍樂隊後面的清國孩子，他們對從來沒有見到過的大喇叭感到新奇。

7.67　日俄戰爭開戰前，清國政府聲明中立，規定了遼河以西的俄軍佔領地為日俄作戰地帶。可是俄軍為調動軍需侵入遼東襲擊了營口，佔領新民屯車站和電信局，並修整道路橋樑，運輸軍需物資。還公開宣佈將交戰區域延伸至蒙古邊界，目的是從蒙古調運作戰物資。此舉遭到清國的抗議。日軍為打破俄軍企圖，派遣1000名騎兵佔領了新民屯市街，同樣遭到清國的抗議。為控制這個接近奉天的要道，日軍派遣了陸軍少佐井戶川辰三在新民屯設立軍政署，協調軍隊與地方的關係。井戶川上任後立即驅逐了在此地牟取暴利的日本商人，要求凡是希望在此經營的商人必須重新取得牛莊日本領事館的良民證明。寫真是新民屯軍政署的大門口。

7.68　寫真是俄軍俘虜和日軍傷兵在一起的一個場面。大家毫不拘束一起上街。日俄戰爭中，俄軍俘虜的數量巨大，普遍受到了良好的待遇。明治時代日本希望成為國際社會承認的一等國，自己清楚地認識到必須嚴格遵守國際法則，才能被列強納為文明國家的一員。照片中的三方，俄軍俘虜、日軍傷兵、清國小販，在完全沒有敵意的狀態下，也許在討價還價，也許在議論一個商品，清國小販開心地笑，現場充滿了和平的氣象。

7.69　日俄講和成功，戰爭結束，戰地部隊陸續凱旋歸國。寫真是在旅順戰中活躍的第3軍第1師團，正在進入歡迎儀式的會場，隊列在向日比谷公園緩緩行進，兩側站滿了熱烈歡迎的群眾。第1師團是日本的王牌部隊，創設於明治二十一年（1888），撤編於昭和二十年（1945），編制25000人，駐守東京，參加過日清戰爭、日俄戰爭、諾門罕戰役、太平洋戰爭。現為陸上自衛隊第1師團，兵員6300名。

7.70　1905年9月5日俄國全權代表謝爾蓋‧維特伯爵和日本全權代表外務大臣小村壽太郎，在美國總統西奧多‧羅斯福的調停下，雙方在美國樸茨茅斯海軍基地，經過十次會議的艱苦談判，終於在談判破裂的前一刻，成功簽署了《樸茨茅斯和約》。寫真是談判桌上的兩國代表，右中者是日本全權代表小村壽太郎。

7.71　在日俄戰爭中保持優勢的日本，在取得日本海海戰的勝利後，已經到達了國力的極限。日本注意到當時與英法列強並肩的美國，擁有國際發言權。遂由日本駐美國公使高平小五郎向美國遞交了"中立友誼的周旋"外交文書，得到了美國總統羅斯福的支持，此後日俄和平談判加速。1905年8月俄國全權代表謝爾蓋‧維特伯爵和日本全權代表外務大臣小村壽太郎在美國的樸茨茅斯海軍基地開始了講和會談。強勢的俄國人在失敗面前並不認輸，期間雙方戰事不斷。雙方圍繞戰後的利益僵持不下，此間俄國國內政治動亂。但是最終還是成功簽署了《樸茨茅斯和約》，日俄戰爭結束。
寫真是日美俄三方代表的歷史性鏡頭。中間美國總統西奧多‧羅斯福；右一日本駐美國公使高平小五郎；右二日本全權代表外務大臣小村壽太郎；左一俄國全權代表謝爾蓋‧維特伯爵；左二俄國駐日本公使及駐美國大使曼洛森。

7.72 《樸茨茅斯和約》和約簽署後，日本舉國歡騰，在世界近代史上，亞洲國家日本打敗了歐洲強國沙俄。日本人有了擠進列強行列的資本。日俄戰爭結束後不久，明治政府就陸續廢除了幕府時期與列強簽署的諸多不平等條約。在那個弱肉強食的時代，日本憑藉自身實力和豪賭一切的精神，完成了從東方小國向世界強國的轉變。日本人開始信奉實力至上的大國沙文主義，從此走上了帝國主義擴張戰略之路，給亞洲鄰邦帶來了深重的災難。寫真是日本聯合艦隊擊敗俄國波羅的海艦隊的消息傳到東京，舉國上下歡喜若狂奔走相告，慶祝日本這個小國取得的偉大勝利。

7.73 《日俄戰爭終戰條約》原本圖，條約的簽訂結束了日俄戰爭。條約日文稱：ポーツマス條約，中文稱：《樸茨茅斯和約》。《樸茨茅斯和約》的簽訂標誌着日本和俄國對清國滿洲與朝鮮的重新瓜分。清國和朝鮮成為戰爭的真正受害國。

7.74 日俄戰爭導致大量日本士兵客死他鄉，而且未在談判中獲得豐厚利益，引發國內反戰浪潮，進而轉化成暴力事件。圖為 1905 年 9 月 18 日《戰時畫報》第 66 號刊載的《東京騷亂圖》，東京市街的電車被暴亂群眾打砸焚燒達 15 輛之多。

8 日清關係

一、清國觀形成

對日本乃至東亞的近代史影響最深的事件，是在清國發生的兩次"鴉片戰爭"。戰爭改變了東亞的政治格局，西方文明用野蠻的武力方式強行打入鎖國的大清國，迫使清國與列強簽署了諸多不平等條約。鴉片戰爭同樣震撼了倭邦島國，日本開始醒悟，同樣的命運很快就會降臨自己的國家。

嘉永六年（1853），美國東印度艦隊抵達江戶灣口，威嚇江戶幕府開國通商。翌年日美雙方在橫濱簽定了《日米和親條約》。1858年日美間簽訂了《日美修好通商條約》，成為史上日本與西方列強簽署的第一個不平等條約。此後英國、俄國、荷蘭等西方列強紛紛效仿美國，先後與日本簽定了親善條約，結束了日本的鎖國時代。

敞開國門的日本，招致大量歐美商船進出橫濱、長崎等港口，其中也有從清國駛來的商船。當時傳承漢唐文化的大清國是日本喜愛的國家，中華是東方文明的紐帶，是日本文化的恩師。然而這樣一個大國，如今卻受到西方列強的踐踏蹂躪。為甚麼泱泱大國會招致這樣的命運，日本開始重新認識這個和本國有着相同鎖國政策的鄰邦，探討與鄰國聯盟抵禦列強的價值。

文久二年（1862）日本商船"千歲丸"的上海之行，開啓了近代日本人對清國了解的第一步。"千歲丸"上海之行的考察，在史上留下了許多隨行商人、浪人、武士的記事和著説。代表性的記錄有長州藩武士高杉晉作的《遊清五錄》、《航海日錄》；長崎商人松田屋伴吉《唐國渡海記》；中牟田之助《上海行日記》；納富介次郎《上海雜記》；日比野輝寬《贅錄》、《沒鼻筆語》等。這些刊行的作品介紹了幕末和日本明治維新的前夜，日本人對清國大陸最初的認識。

《上海雜記》中這樣描述上海的概況：上海古時位於禹貢揚州之地，屬吳。吳滅後劃入越，越滅後入楚。秦時始置郡縣，即會稽郡。至元時設松江府，上海隸屬該府，至今無改。其地位於海之上方，通往港口之海口處，曰揚子江。此江甚闊大，距左岸之寬度約三十町，右側則望無際涯。唯可見三兩洲渚而已。但水淺，能行船艦處寬不過一里半而已，且水色渾濁呈泥漿色。沿此江前行十里許，左側為吳淞江，沿此前行六里許即至上海滬瀆城。上海面向黃浦江。

《航海日錄》中記述了初入上海港時的感覺：朝早，川蒸汽船來，引本船，左折溯江，兩岸民家風景殆與我邦無異。午前漸到上海港，此支那第一繁津港，歐羅波諸邦商船軍艦數千艘停泊，檣花林森，欲埋津口。陸上則諸邦商館粉壁千尺，殆如城閣，其廣大嚴烈，不可以筆紙盡也。""上海市坊通路之污穢難以言説。小衢間徑尤甚，塵糞堆積，無處插足，亦無人清掃。或曰，出市街即為曠野，荒草沒路，唯棺槨縱橫，或將死屍以草席包裹，四處亂扔。炎暑之時，臭氣熏鼻。清國之亂象，由此可知。""每街門懸街名，酒店茶肆，與我邦大同小異，唯恐臭氣之甚而已。""支那人盡為外國人之使役。英法之人步行街市，清人皆避旁讓道。實上海之地雖屬支那，謂英法屬地，又可也。

洋人在上海飛揚跋扈和清國人卑躬屈膝，令同是東亞人的日本人感到驚愕和悲哀。

《遊清五錄》記：上海位於支那南部海隅僻地，為英夷所掠奪，津港雖繁盛，皆因緣於眾多之外國人商館，城外城裏亦多外國人商館，由此繁盛。觀支那人之居所，多貧象，其骯髒不潔難以言狀，或一年之中皆居船中，唯富有者在外國人商館內謀事並居住其中。

然今之清人，徒以其眾多之兵而自誇，卻弗知已顯衰弱之恥。今至上海兵營而觀其狀，見其兵卒皆弊衣垢面，徒跣露頭，羸弱無力，皆狀若乞丐，未見一勇士。若如此，則我一人可敵其五人。若率一萬騎兵征彼，則可橫掃清國。

"千歲丸"的上海之行看到了一個破舊的大清國，日本人相信本國的崛起可以像西洋人一樣主宰這個衰落的國家。

遊歷記事第一次向日本社會揭示了日本人對清國大陸的最初認識，對後來日本人清國觀的形成產生重要影響。日本決不能像老大帝國那樣任人宰割，必須衝出列強支配的包圍圈，永遠成為一個獨立的國家。

二、日清間的暗湧

明治時代給日本變革帶來契機，新政府積極推行"殖產興業"、"富國強兵"的國策，力圖將國家的影響力伸向海外加強與清國的關係。明治四年（1871），日清兩國簽訂《修好條規》，正式建立了國家間的外交關係，完成了兩國間合法往來的國家通行證。這是清日兩國近代史上，小國尊敬大國，大國通融小國，簽訂的第一個對等條約。1875 年 2 月，明治政府開通了上海至橫濱間的定期航路，以低廉票價擊敗了西洋國家的客運，幾乎壟斷日本各港口通往清國的航線。定居清國的日本人逐年增加，1870 年居住上海的日本人只有 7 人，1875 年 45 人，1880 年 168 人，1885 年增至 595 人。日本想通過移民往來及商業貿易滲入和西方列強的競爭，擴展日本在清國和東亞的影響力。

日清兩國圍繞朝鮮問題在國際政治舞台上發生過多次角鬥，日益加深了兩國間的矛盾。1882 年朝鮮國大院君與國王閔妃之間內鬥，挑起了壬午兵變。清國政府為平息日本和朝鮮間的緊張關係，將大院君押送清國軟禁，日本政府迫使朝鮮政府簽訂了《濟物浦條約》。1884 年朝鮮政治家金玉均等人，秘密組建了資產階級改良主義政黨開化黨。12 月 4 日開化黨策動了推翻皇室政權的政變，史稱"甲申政變"。政變一時取得成功，開化黨宣佈朝鮮脫離與清國的宗藩關係，建立獨立國家。結果在朝鮮的袁世凱駐軍出兵鎮壓了政變，清軍和日本公使館警衛隊之間發生衝突，日方民間人和軍人均有傷亡。事件驚動了清日兩國政府，為了解決圍繞在朝鮮問題上的糾紛，兩國分別派遣李鴻章和伊藤博文在天津會談，簽訂了《天津條約》。

《天津條約》簽訂後，日本加速對朝鮮的滲透和擴充軍事力量。1886 年清國和日本國對朝鮮的貿易額為 83：17，到了 1892 年兩國對朝鮮的貿易額達到 55：45，趨於接近的水平。日本在朝鮮貿易急速增長的結果，顯示清國在朝鮮的宗主國地位發生動搖，清日兩國在朝鮮問題上的矛盾日益深化。為了對抗清國飛速擴張的軍事力量，日本陸海軍急速擴大軍備，國家財政的軍費開支年年增加。1881 年軍費佔國家支出總額的 16%，1883 年 21%，1890 年 29%，日本的產業政策，加速從殖產興業向富國強兵方面傾斜。

1886 年 8 月清國水師提督丁汝昌率領北洋艦隊的定遠、鎮遠、濟遠、威遠等 7 艘戰艦，結束在朝鮮海域演習任務後，取道日本在長崎港維修保養戰艦後歸國。寄港期間，北洋水兵登岸休息，結果和日本長崎市民之間發生了致人死傷的衝突事件，史稱"長崎事件"。事件的最終調查統計結果，日本方面巡警死亡 2 人，重輕傷 26 人。清國方面水兵 5 人死亡，6 人重傷，38 人輕傷。事件的次日，兩千餘日本市民在清國領事館前抗議示威，引起兩國外交糾紛。經過長時間的交涉，最終雙方同意用政治協商的方式消除分歧。採納英國公使向鹽田公使提出的，不以賠償金的方式，而是以兩國慈善基金的形式，向雙方死傷者支付撫恤救濟金的方案。長崎事件平息後天皇頒佈敕令，"立國之急在我海防，一日不可遲緩。"下令從皇室庫存中，撥款 30 萬日圓作為海防捐款。伊藤博文首相、民間大學者福澤諭吉等名流在全國各地遊說，貴族、富豪、大名競相慷慨解囊為海防捐款，半年內海防捐金額超過兩百萬日圓。同時政府還發行海軍公債 1700 萬日圓，支援海軍軍備建設。1891 年 6 月清國北洋艦隊受日本邀請，主力戰艦 6 艘再度訪日。清國的海軍實力，深深刺痛了日本民族的自尊心。日本政府、軍人、知識層、庶民層，一致要求國家加速擴建日本海軍。自北洋艦隊第二次來訪後，日本加速擴張海軍，建造了裝備 32 厘米口徑巨炮的三艘戰艦松島、橋立、嚴島，還進口了英國建造的世界最新銳最快速的戰艦"吉野"號。從北洋艦隊初次訪日至日清戰爭爆發，日本每年的軍費支出，佔國家財政總支出的 11.7%。日本僅僅圖強八年，海軍的戰鬥實力就超越了清國的海軍。

1890 年圍繞朝鮮半島的緊迫情勢，清國以日本為假想敵在旅順擴建要塞，興建大型船塢和機械工廠，在周圍高地構築永久炮台。1891 年俄國開工興建橫貫西伯利亞鐵道，在海參崴開設軍港，擴大俄國在遠東的軍事力量，排除日本在朝鮮的勢力。俄國人企圖在朝鮮周邊取得不凍港，構建遠東的霸主地位。面對大清國軍事擴張和北方俄國人的威脅，日本軍中長老山縣有朋向國會提交了一份軍備意見書，指出俄國的西伯利亞鐵道計劃將在十年後完成，那時日本的假想敵將不是清國而是俄國，日本必須搶在俄國人之前在政治和軍事上確保對朝鮮的控制權。因此日本有必要在清國領地內設立據點，日本需要合適的理由在軍事上打擊清國的軍事力量。

三、國家衰落和崛起

1894 年 2 月朝鮮全羅道古阜農民不滿郡守趙秉甲的酷政，引發農民暴動，在東學教中堅領袖全琫准領導下，民亂從局部地域擴大到整個朝鮮南部。為鎮壓農民起義，朝鮮朝廷請求清國出兵救援。由於 10 年前，日清兩國簽訂的《天津條約》中有出兵約束條款，故清國出兵日本也堅持出兵。兩國出兵規模不斷升級，引發日清兩國的戰爭危機，最終導致日清戰爭的爆發。日清戰爭歷時一年零七個月，以清國戰敗日本勝利的結果告終。清國失去了國土台灣，並要支付巨額戰爭賠償。兩國在琉球問題上的糾葛，也以琉球歸屬日本告終。戰爭的失敗加劇了大清帝國的衰退，而日本從此迅速崛起。

1896 年大清國為聯俄抵禦日本勢力對本國的威脅，與俄國秘密簽署了《防禦同盟條約》(中俄密約)，給俄國更多在清國滿洲的權益，加強了沙俄在遠東爭奪霸權的實力。日本深感清俄《防禦同盟條約》對本國的威脅，加速以俄國為假想敵的軍備擴張。

1900 年北清戰爭 (義和團運動)，作為聯軍的一員，日本代表亞洲國家出兵，再次與清國交鋒，8000 日軍登陸大清國作戰。北清戰爭清國大敗，戰爭中俄國趁機出兵佔領滿洲全境且拒不退兵。俄國人成為日本的心腹大患，日俄戰爭的火種從此點燃。

1904 年日俄兩國在清國的土地上開戰，日俄戰爭爆發。為制約清俄密約，戰前，英國從抑制俄國在遠東勢力的角度考量，與日本結成同盟。同盟條約規定，當日本出現與兩個以上國家交戰的情況，英國將協同日本參戰。意圖是警告清國保持中立，達到阻止清國參戰的目的。日俄戰爭，日本取得了勝利，從此日本開始了長達 40 年的對中國滿洲的經營。

日俄戰爭終戰後，日本抵制列強提出在滿洲機會均等原則的要求，策劃了日俄在滿洲利益分配的計劃。面對外來蠻夷對大清龍興之地瓜分的危機，清國政府加速開放封禁的滿洲，鼓勵直隸、山東的漢民族移民，增加滿洲地區的人口密度。1907 年在滿洲確立了與內地相同的"省府縣"行政制度。1880 ～ 1910 年滿洲人口從 7434000 人增長到 17836000 人。同時袁世凱的北洋軍部分進駐滿洲，充實當地的警力和防衛能力，以此抑制日俄的行動。1911 年辛亥革命成功，1912 年大清王朝崩潰，中華民國誕生。1917 年沙俄帝國崩潰，日本將沙俄在中國滿洲的權益收入自己囊中。在此期間，1912 年 7 月 30 日，日本的一代明君，國家維新的旗手明治天皇駕崩，明治時代終焉。

8.01　長崎縣位於日本的西端，是維繫日本和亞洲大陸交流的門戶。江戶時代的鎖國體制，對外貿易僅限於清國和荷蘭。明治維新脫亞入歐，長崎成為日本人與世界文明交往的窗口。圖繪是長崎港灣廣景，是能容納大量艦船的良港。

8.02　1886 年 8 月清國北洋艦隊結束演習任務取道日本長崎歸國。在長崎發生了水師兵勇和日本長崎市民之間的衝突事件。"長崎事件"對清日兩國關係的發展產生重要影響。寫真是在長崎灣內停泊的"定遠"、"鎮遠"艦。

8.03　諷刺畫《長崎事件》（下圖），日清兩國相互責備對方，西洋人竭力調和。1886年8月清國水師和日本長崎市民之間發生了衝突，數百名清國水兵與警官、住民之間亂鬥，雙方死傷數人，終以兩敗俱傷的結果收場。"長崎事件"發展成兩國的外交糾紛，雙方設置調查委員會，聘請國際資深律師相互指責。在英國人的斡旋下，日清兩國於翌年2月簽署條約，相互妥協。條約聲明，兩國政府不希望因此事件成為彼此友誼的障礙，故以和平為大局，採取建立兩國慈善基金的形式，向雙方死傷者支付撫恤救濟金的方案政治解決。長崎事件雖然暫時平息了日清兩國間的糾紛，卻在日本朝野和國民間滋生強烈反清情緒，加速了日本強力擴張海軍的步伐。

8.04　諷刺畫《朝鮮王受控於清國》（上圖），1882年朝鮮大院君煽動軍隊叛亂，挑起壬午兵變，亂兵焚毀日本公使館殺死七名日本軍事顧問。應朝鮮國王請求，清軍鎮壓了兵變。兵變後，日本派遣陸海軍兩個大隊開赴朝鮮，抗議朝鮮的無禮行為。清國為平息日本和朝鮮間緊張局勢，將大院君押送清國軟禁。日本和朝鮮簽訂了《濟物浦條約》，日本獲得了賠償和駐兵權。此舉引起清國警覺，從本土增調3000兵力施壓日本。壬午兵變的結果，加強了清國的宗主國地位。

8.05　諷刺畫《槍劍上的串刺》，描繪了日軍殘暴屠殺旅順清兵和百姓的場面。日清戰爭，日本人心目中的清國軍隊觀，直接影響了日本國民清國觀的形成。這支無法保衛國土，保護國家百姓的烏合之眾，成為日本軍隊、日本國民的笑柄。

164

8.06 1895年2月2日歐美各國轉載《畫報》雜誌報道的照片。這幅"日本軍人和他們的攝影藝術家"的寫真震撼了西方世界。英國牛津大學著名國際法學教授艾倫特，發表論文《日清戰爭中的國際法》，譴責日本是"披着文明外衣有着野蠻筋骨的怪獸，旅順虐殺行徑暴露了日本人野蠻本性的真面目。如此自譽'文明國'的日本人，仍需要一個世紀以上的文明進化。"

8.07 在日本長崎的格拉巴宅邸公園，保留着北洋水師定遠艦的一具舵輪。英國人格拉巴是明治維新時代的武器商人，娶了日本妻子定居長崎。格拉巴與日本海軍關係甚密，聯合艦隊司令長官伊東佑亨將一具定遠艦的舵輪贈送給他作為紀念。格拉巴將這個巨大的舵輪（直徑196.0CM、材質非洲柚木）改造成了一個大咖啡台。在舵輪的輪心，環刻着"鵬程萬里由之安 故清國軍艦定遠號舵機"的字樣。

8.08 日清戰爭的勝利，使日本獲得了與歐美列強比肩的地位，激發起日本國民的狂熱。對大中華文化固有的"讚賞"、"崇敬"心理開始崩潰，隱藏在內心的劣等感，迅速向"差別"、"輕蔑"的意識逆轉。一種新型的近代清國觀開始形成，大和民族自身的優越感迅速轉變成時代思潮的主流。在戰爭與和平的議論中，日本民眾默認了弱肉強食的戰爭邏輯。從此日本對鄰國，開始指手畫腳盛氣凌人了。

8.09　北清戰爭中，八國聯軍攻入北京，日軍作為聯軍的主戰部隊，得到聯軍的高度讚揚。寫真是在北京的日本公使館。

8.10　寫真是八國聯軍的日軍司令長官山口素臣中將，在光緒皇帝臥室隔壁的房間內拍攝的照片。

8.11　日俄戰爭中,日本黑木第1軍在仁川登陸後迅速北上,強渡鴨綠江擊敗俄軍守軍,攻入中國境內。日軍佔領重要據點九連城、鳳凰城,取得北方戰線的勝利。寫真是鳳凰城清國地方官員,乘轎迎接日軍部隊。

8.12　日軍佔領遼陽的當日,當地百姓歡喜雀躍,在房簷下掛出了太陽旗,歡迎勝利者的到來。自北清戰爭以來,俄國人自恃武力強大,獨霸中國滿洲的野心日益彰顯出來。清國在武力上無力驅逐俄國人,又無法迫使俄軍履行外交承諾撤軍,只得訴諸列強,將滿洲問題國際化。俄軍在佔領區仍然明目張膽地燒殺搶掠製造慘案,清國居民對俄軍恨之入骨。在日俄之間,廣大清國人的民意,更傾向於日軍趕走俄軍,故在戰爭中積極支援了日本軍。

8.13 日俄戰爭期間，清軍在滿洲駐有數萬人之眾。清軍不滿俄軍對滿洲的踐蹦，反俄情緒高漲，參與了一些支援日軍的作戰行動。俄軍指責清國"興京廳以南所紮之華隊隨同日人攻打俄人"，清國政府堅決否認。事實上清軍自發參與攻擊俄軍之事，在戰爭中始終存在。俄軍抗議之聲從來沒有間斷過。寫真是為日軍開路的"單字號"清軍隊列。

8.14 日俄戰爭，俄軍無視清國對滿洲的主權宣示，將"大俄國欽命留守遠東大臣"等官銜字樣"登之示諭，遍貼華境街衢"，擅自對清國地方居民行使起了管轄權。還強迫地方官為其拉丁抓夫、準備草料，破壞和違反清國的"局外中立"原則。遼陽之戰，日軍打敗了俄軍，清國百姓又恢復了原來的生活。寫真是日本軍騎兵部隊駐屯的市街，百姓像往日一樣經營自己的生意。

8.15 從安東向鳳凰城進軍的黑木司令長官，受到了當地的清軍武裝部隊的高規格款待。寫真是清軍的馬隊，護送黑木大將前往目的地的情形。右側房簷下，可以看到許多站立的日本士兵。

8.16　日俄戰爭，日軍建制中沒有設軍夫編制，因此清國民夫成為日軍現地招募僱傭的重要支援力量。在整個滿洲戰場的軍需物資集散地及物資輸送隊，到處可以看到清國民夫的身影。寫真是清國民夫組成的擔架隊。

8.17　寫真是俄軍撤退後，遼陽車站內一片混亂，丟下了大量貨車車廂和物資。日軍招募僱傭當地民夫移動車輛，恢復車站內秩序。從這幅照片中可以一覽當時滿洲地區老百姓的一般生活水平。1904 年遼東半島的居民主要以山東移民為主，身高體壯。男子的褲子是綁褲腳大褲襠式樣；上衣腰間用一根繩子收攏胸襟；辮子露出或藏於帽中；腳上有鞋穿，有襪子穿；整體看去並不貧窮，也可以有飽飯吃。

8.18　義和團之亂中，俄軍曾經先後製造了"海蘭泡慘案"和"江東六十四屯慘案"，在滿洲提起俄國人都切齒痛恨。從義和團之亂到日俄戰爭只有4年，清國百姓沒有忘記那些慘案。加之俄軍不履行撤軍協議，反而擴充駐軍，擾民事件頻發，甚至肆無忌憚地要求參與北滿行政管理。日軍的到來，使清國百姓有着某種寄託，盼望日軍趕走俄軍，還自己一個安定的家園。寫真是日軍和清國居民同在一個市街和諧共處的民生景象。

8.19　南滿鐵路原是1897年至1903年俄國人修築的中東鐵路南下支線長春至旅順段的寬軌鐵路。日俄戰爭期間，日本接管俄國式寬軌（1520mm）鐵路後，全面進行狹軌(1067mm)改造，同時增設通往各地的新線路。1905年日俄《樸茨茅斯和約》規定，以長春寬城子站為界，以南的鐵路割歸日本，改稱南滿鐵路。為管理南滿鐵路，1906年11月26日，日本成立了南滿洲鐵道株式會社，將戰時所修改的窄軌軌距再更改為標準軌距（1435mm）。寫真是安奉線標準軌距的通車儀式。1911年南滿鐵路全部改造改築工程完成。

8.20 1907年4月日本在大連設立了有國家背景的南滿洲鐵道株式會社。在經營鐵道的名義下，推進了日本在滿洲殖民化統治。寫真是大連南滿洲鐵道株式會社的舊址風貌。

8.21 旅順是日俄戰爭激戰的舞台，大量的戰死者魂喪異邦。為了憑弔陣亡的將士，日本在旅順白玉山鞍部修建了一座"白玉山納骨神社"又名"旅順招魂社"。寫真是當年招魂社的景象，旅順招魂社的社格屬於靖國神社系。

8.22 明治三十九年（1906)9月1日，日本在滿洲的行政機關關東都督府在旅順設立，當時的都督府軍政色彩濃厚，職責為"管轄關東州，保護管理南滿鐵路等有關事務"。根據《關東都督府法》，設立了都督府下的關東州高等法院和地方法院，陸軍和民政兩部，陸軍部統率派駐在滿洲各地的日本軍隊，民政部掌管關東都督府轄區內除軍事事務以外的一切行政事務。寫真是原俄軍總督府改為日本的關東都督府後的外貌。

8.23 明治四十二年（1909）始建，大正三年（1914）竣工的大連大和酒店，是大連城市中心大廣場周邊建築群中重要建築之一，建築風格為歐洲文藝復興時期的巴洛克式基調。南滿鐵路時代，大和酒店多為軍政要人的活動場所。

8.24　明治四十四年 (1911)，日本的滿鐵株式會社，在大連郊外沙河口設立了車輛工廠。最初工廠只組裝美國製造的機車和維修機車，後來日本國內優秀的鐵道技術工作者來到這裏，開始了製造日本原產的車輛。寫真是當時工廠內作業的場面。

8.25　左圖是旅順攻堅戰最慘烈的 203 高地。日軍付出巨大傷亡。乃木將軍用日本語 203 的諧音命名"爾靈山"，建設了一座 13 米炮彈塔，塔名是乃木書寫。並題有 28 字詩文：爾靈山險豈難攀，男子功名期克艱，鐵血履山山形改，萬人齊仰爾靈山。

8.26　上圖是日俄戰爭後，日本在旅順白玉山上修建的"表忠塔"。白玉山位於旅順舊市街的附近，站在白玉山可以鳥瞰全旅順港灣。左圖是旅順港入口處老虎尾半島建設的一座錨式紀念碑，紀念日俄戰爭中，日本海軍付出巨大代價的旅順港封閉作戰，三次封鎖作戰均告失敗。

9　日俄關係

一、俄國威脅論

　　明治時代是日本傾舉國之力削弱俄國在遠東勢力的艱難時代。日俄間最初的對立，是從沙俄帝國推進其南下擴張政策，公然涉足朝鮮半島事務開始的。俄國在遠東的軍港，每到寒冬就會結冰封凍，艦隊完全失去作戰能力。長期以來俄國人發展與日本的友好關係，就是為了在封凍期租用日本的港口。為實現南下擴張的目的，獲取朝鮮半島的不凍港成為沙俄帝國的重要戰略目標。俄國涉足朝鮮對日本來說，意味着在自己家門口舞槍弄棒，讓日本寢食難安。日本政治界、知識界普遍認為，若要保證國家安全，就必須把朝鮮控制在本國勢力範圍之下。面對俄國的野心和清國在朝鮮的宗主國地位，日本應該採取各個擊破的策略，將兩個大國的勢力從朝鮮排擠出去。

　　日本和朝鮮之間，在地理上有一個稱作"對馬島"的島嶼，史上日本和朝鮮之間圍繞對馬島的歸屬權有過爭議。12 世紀惟宗氏（宗氏）作為大宰府官人來到並定居於對馬島，大宰府經過征討平定當地土著人，確立了在對馬島的統治權，成為對馬島的始祖。天正十五年（1587），豐臣秀吉平定九州時，宗氏決意歸順稱臣。豐臣秀吉兩次出征朝鮮，對馬島都是遠征軍重要的中繼基地。

　　萬延二年（1861），俄國海軍為對抗英國海軍，派遣軍艦"保薩道尼克"號在對馬島淺茅灣拋錨進行水文測量。俄艦登陸對馬島佔領芋崎，在島上建設兵營、工廠、練兵場，滯留時間達半年之久。俄國人要求對馬島藩主宗義借給土地長期駐紮，對馬藩主勢弱顧慮重重難以回覆，隨即稟告了幕府。幕府外國奉行（幕府官職）派遣特使小栗忠順與俄國交涉，同時英國公使也出面干涉，迫使俄艦退出了對馬島。

　　明治維新廢藩置縣後，對馬島改成"嚴原縣"，後歸長崎縣管轄。對馬島作為國防和貿易的最前線，得到政府的重視，將嚴原港歸屬政府管轄。1880 年代，俄國、英國等列強艦隊頻繁接近對馬島，令日本感到威脅和不安。在明治維新"殖產興業"、"富國強兵"的急行路上，政府在對馬島上興建要塞、堡壘、軍港，配置海防大炮和海軍艦隻，防止列強對"對馬島嶼"的不軌野心。

二、日俄的宿怨

　　日清戰爭，日本打敗清國取得戰爭的勝利，控制了朝鮮，割取了清國的遼東半島。俄國失去了遠東所有的不凍港，國家制定的南下政策和夢想將成為泡影，嚴峻的現實讓俄國深感危機。俄國聯合法國、德國，對日本實施了三國干涉。日清戰爭令日本在經濟上、軍事上支出巨大，無力再與三個列強進行戰爭。在列強咄咄逼人限期退兵的通牒下，被迫返還了割讓到手的遼東半島，日俄兩國從此結下了敵對的宿怨。

日清戰爭大清國敗在蕞爾小國日本之手，顏面全無，清國採取了聯合俄國的力量牽制日本的策略。1896 年 6 月俄國利用清國無依無靠的心態，和清國秘密簽訂了《露清密約》，中國史稱《中俄密約》。條約承諾當雙方遭受到外來侵略時，均有義務相互出兵參戰。共同防禦同盟締結的必要條件是，清國對俄國開放滿洲的權益，俄國在財政上借款幫助清國支付日清戰爭的對日戰爭賠款。1898 年俄國獲得東清鐵路的建設權，清國將遼東半島的旅順、大連租借給了俄國，俄國太平洋艦隊浩浩蕩蕩開進了旅順港。俄國獲得遠東最優良的海軍基地，在旅順設立了關東州總督。俄國人在外交和軍事上輕易取得了自由進出滿洲的通行證。《露清密約》清俄同盟，成為日俄戰爭的重要誘因之一。

《露清密約》對日本安全構成威脅，俄國依據條約在滿洲擴大駐軍和擴張權益，清國承認俄國駐清國的役人和警察的治外法權，允許俄國在戰時使用清國的港灣。在清國領土內建設東清鐵路，名義是雙方的共同事業，而實際上從出資到管理全部是俄國單方面實施，清國對俄軍的調動和兵站的建設不得妨礙。清國允許大幅降低對俄的關稅率，容忍俄國人對密約的擴大解釋權，大面積的都市、村鎮、礦山、鐵道附屬地被納入俄國人的掌控之下。日本政治家評估，俄國人的長遠戰略表明，一旦滿洲實現了全面整備，就會回頭拿下朝鮮，威脅日本。

1900 年清國發生義和團事變，義和團破壞了俄國人在滿洲鋪設的東清鐵道。俄國借機派遣大量軍隊，以保護鐵路為名佔領了滿洲，製造了數起大量屠殺清國民眾的事件。沙俄兇相畢露變本加厲，拒不執行俄清兩國條約的約定，並積極向滿洲移民，實施長期殖民化政策。日美英諸國向俄國提出抗議，要求俄國撤兵，俄國口頭上承諾卻繼續增強駐軍力量拒不撤兵。沙俄南下政策讓英國終於覺悟，俄國在遠東的霸權，必將危及英國在遠東的利益。1902 年英國放棄了“不結盟政策”的國家孤立主義宣言，與日本結成了“日英同盟”，以圖遏制俄國在遠東的擴張。

1903 年 8 月，基於日俄力量對比懸殊考量的日本，向俄國提出了“滿韓交換”的妥協案。即朝鮮半島歸日本控制，清國滿洲歸俄國控制。俄國則主張獨佔滿洲，要求以北緯 39 度為界，北側的朝鮮半島為俄國勢力範圍，北緯 39 度以南為日本勢力範圍，而且日本的勢力範圍不可用於軍事目的。積極主戰的俄國海軍和關東州總督，對日本妥協案毫無興趣，尼古拉二世和陸軍大臣最終也贊成了不妥協的立場。按照當時的常識來看，強大的俄國完全可以打敗日本取得勝利。俄國最終通牒日本，強硬要求將朝鮮半島的北緯 39 度以北設為中立地帶，禁止用於軍事目的。日本朝野愕然，認為俄國的提案是企圖將日本海敞開暴露在俄國視野內，朝鮮半島如果在俄國的控制之下，一旦西伯利亞鐵道全線開通，俄軍向遠東方面調兵遣將就更加容易實現，日本即刻會陷入極其被動的境地。1904 年 2 月 6 日，日本政府再也不能容忍俄國人的要求，向俄國政府通告斷絕國交。同日俄國政府也通告日本政府斷絕國交，兩國終於走向空前慘烈的日俄戰爭的對決之中。

三、日俄戰爭的結局

日本為了徹底排除俄國在遠東的威脅，英國為了維護在南亞和在清國的權益，日英兩國結成了同盟。日俄戰爭中，英國在政治上、經濟上、軍事上給日本全面支援。俄法同盟的法國為俄國投下大量的戰爭資本，法國堅信憑藉俄國人的實力一定會戰勝日本人。德國皇帝威廉二世和俄國沙皇尼古拉二世間有親戚關係，德國在情誼上維持與俄國的准同盟立場。開戰後不久的 1904 年 4 月 8 日，英國和法國間的關係發生微妙變化，兩國簽署了《英法協商》條約，此條約是兩國長久的夙願，它結束了歷史上兩國殖民地政策的宿怨，相互的對立史落下帷幕。日俄戰爭就是在這樣的，多同盟國相互牽制的模式下展開。

從 1904 年 2 月 8 日日俄戰爭開戰，至 1905 年 9 月 5 日日俄戰爭終結，經過一年半的角鬥，日俄雙方兩敗俱傷，再也沒有能力持續這場戰爭。戰爭末期，美國人出面斡旋兩個滿身瘡痍的國家坐下來講和談判，在極其艱難的談判角逐中，最終簽署了《樸茨茅斯和約》，結束了這場殘酷的戰爭。

《樸茨茅斯和約》是日本和俄國對清國與朝鮮的一次重新瓜分的密會。條約規定：(1) 俄國承認日本在朝鮮享有政治、軍事、經濟上的絕對利益，俄國不得阻礙干涉。(2) 俄國將從清國取得的旅大租借地及其附屬的一切權益轉讓給日本。(3) 俄國政府將從長春至旅順段的東清鐵路支線及其所屬的一切權利、財產，包括煤礦全部轉讓給日本。(4) 日、俄兩國可在各自管轄的鐵路沿線駐軍。(5) 俄國宣佈取消在滿洲的一切有違機會均等主義的權益。(6) 俄國將北緯五十度以南的庫頁島及其附近一切島嶼之主權，永遠讓與日本。

日俄戰爭，日本的勝利和俄國的慘敗，暫時結束了兩國圍繞朝鮮和清國利益的糾葛。朝鮮利益全部歸屬日本，俄國勢力退至清國東清鐵路以北，滿洲對日本全面開放。

敗北的俄國在遠東的勢力被大大削弱，而勝利的日本不但控制了朝鮮半島，還取得了經營清國滿洲的諸多權益。沙俄帝國的南下政策，企圖在遠東取得永久不凍港的野心，隨着日俄戰爭的失敗徹底無望。日俄戰爭導致俄國經濟凋敝，民眾生活疾苦，相繼發生了"血腥星期日"，戰艦波將金號起義叛亂等事件，最終，列寧領導的十月革命取得了成功。十月革命推翻了沙俄帝國，建立了蘇維埃聯邦的社會主義政權。

威海衛を占領した英軍，宣言をよむキングホール大佐。「挿入ロンドン新聞」1898. 7. 16所載

9.01　甲午戰爭後，列強對清國展開大規模瓜分。清英簽訂《租借威海衛專條》，規定將威海衛及附近海面租與英國，租期與俄國租借旅順大連之期相同，英國有權在沿海一帶構築炮台、駐紮軍隊。圖為 1898 年 7 月 16 日《倫敦新聞畫報》（Illustrated London News）所載繪畫，佔領威海衛的英國軍官金庫豪魯上校向清國宣佈租借威海衛，並升起英國國旗。

9.02　1898 年 3 月清國政府與德國簽訂了《膠澳租界條約》，膠州灣及灣內各島總面積五百五十餘平方公里土地租與德國。開創了以 "租借" 名義強佔清國領土的先例。德國的做法刺激了列強對清國瓜分的野心，增加了日本的焦慮。寫真是 1901 年德國在遠東的根據地 "青島"，開始大規模建設青島港的奠基動工儀式。

9.03　俄國在德國成功租借膠州灣後，也向清政府提出租借旅順、大連的要求。1898 年 5 月相繼簽訂了《清俄旅大租地條約》和《續約》。為緩和日本對俄國強佔旅大的警戒，俄國收縮了在朝鮮半島的勢力，撤走在朝鮮的軍事和財政顧問。圖為刊載在《Fight in the Far East》的寫真，俄國人正在大連興建大型軍事船塢，大量的清國苦力投入了船塢的建設。

警官津田三藏
大津事件的兇手

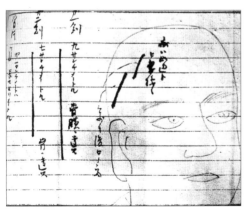

9.04　1886 年俄國提出了修建西伯利亞大鐵路的宏偉計劃。出於未來國家戰略發展的需要，皇太子尼古拉前往亞洲各國旅行考察。5 月 8 日俄皇太子到達日本長崎後的第四天，發生了一起暗殺未遂事件。尼古拉乘坐的人力車在經過一條街道時，突然遭到一個名叫津田三藏的護衛警察刺殺，尼古拉頭部被砍傷，兇手立即被警官制服。事件取當地名，史稱"大津事件"。上寫真是俄國皇太子尼古拉在長崎登陸時的照片。左圖素描是向陸軍大臣大山巖提交的皇太子傷勢報告圖。報告記載，頭部兩處傷口，9 厘米 傷口到達骨膜，7 厘米傷口到達骨部。

9.06　下圖諷刺畫《日俄的對決》，圍繞在朝鮮和中國滿洲的利益，日俄兩國的決鬥意識逐漸朗化。畫中俄國大人坐在滿洲撤兵的報紙上，怒目圓瞪、手握刀叉、兇相畢露，日本小人站在寫着朝鮮字樣的俄國人大餐盤上毫不示弱。這是一場大人和小人、大國和小國的對決，小日本面對巨大的俄國人表現出敢於挑戰的勇氣。

9.05　上圖諷刺畫《女人的醋意》，繪中朝鮮女人的手裏拿着一個已經破裂的罐子，上面寫着"朝鮮中立"的字樣，女人正在哭泣，顯出一副遭受蹂躪屈辱的面容。日本兵和朝鮮女人顯得親密接近，遠處的俄國兵臉上怒氣沖沖醋意滿面，呈現出要為朝鮮女人與日本人決鬥的架勢。畫中日本人說"親愛的，如果我不侵入幫助你，你就成了那個野蠻混蛋的人了。"繪畫絕妙地描繪出，十九世紀末葉日俄兩國在朝鮮問題上勢不兩立的立場。

9.07　漫畫《勇敢的鬥牛士》描繪了四個國家。俄國牛和日本鬥牛士踩在朝鮮的草地上，英國胖子在吆喝日本鬥牛士向上衝。

9.08 擂台上的大個子和小個子，俄國巨漢完全藐視小個子；日本小個子並不示弱，叫喊着，有種的你就來啊！圈外的觀客，法國貴婦人、山姆大叔、英國紳士、德國皇帝、意大利爵士、帳外趴牆頭的清國皇帝。大家各懷心事。顯然這場較量俄國人佔有更多的優勢。

9.09 日本天皇（睦仁祐宮）和俄國沙皇（尼古拉二世）在清國人（光緒皇帝）的身上打架。日本天皇拽住俄國沙皇的頭髮，俄國沙皇掐住明治天皇的脖子，打的難解難分。場面暗示這場搏鬥的犧牲者將是清國人。

9.10 CHINA（中國）的國土面臨外來的侵略，這個臃腫固步自封的大國被外國的大炮瞄準着，最終無法逃脫列強的瓜分。諷刺畫右炮筒是日本，左炮筒是俄國，清國用右手（朝鮮）蓋住日本炮筒，用左手（滿洲）蓋住俄國炮筒。

9.11 日俄戰爭，確保巨大的軍費是兩國維持戰爭的必要條件。日本作為遠東的一個小國，面對俄國巨大的軍事力量，世界上幾乎所有的國家都不相信日本會取得勝利。漫畫中，象徵俄國的黑熊和象徵日本的猴子已爭鬥得遍體鱗傷，雙方正在向圍觀的列強乞討。只有英國支持了日本，而德國和象徵法國的婦女正在安撫和支持俄國。

9.12 203 高地在日俄戰爭中具有重要的意義，在這個狹小的空間，日軍和俄軍都付出了慘重代價。日軍在奪取高地後，立即用重炮轟擊港口內的俄軍艦船和市區的俄軍設施，俄太平洋艦隊被徹底摧毀。寫真是旅順灣內的俄太平洋艦隊的軍艦，被日軍炮火擊中擱淺。黃金山下石油煤炭倉庫被炮火擊中燃起大火，濃煙蔽日的場面。

9.13 日俄兩軍在付出巨大傷亡代價後,日軍攻克旅順,俄軍投降。乃木大將和俄軍斯捷塞爾中將在水師營會見,相互讚揚了對方將士的勇戰精神。乃木將軍答應幫助整理俄軍將士的墓地,並在203高地上建設了"爾靈塔"。日俄戰爭終戰後,俄國在旅順郊外建造了一座陣歿將士紀念碑。明治四十一年(1908)俄國軍事代表團侍從武官長中將以下20人,代表沙皇尼古拉二世出席了揭幕式。從北京特別請來的俄東正教神父十餘人前來慰靈。當日日軍代表數十人和家屬參加了儀式,乃木將軍、大島將軍向墓碑敬獻了花圈。寫真是當日慰靈式的場面。

9.14 1905年1月22日,三萬多名俄國工人聚集在聖彼得堡冬宮廣場上,向沙皇呈遞一份有關改革社會與政治制度的請願書。他們要求選舉民意代表,要求農業改革、減輕農民沉重的負擔,以及實行宗教自由。結果官方下令展開血腥鎮壓。軍隊以武力驅散工人,造成一千多人死亡。這一天被稱為"聖彼得堡血腥的星期日"。俄國民眾的請願活動,與日本間諜在地下挑唆煽動有直接關聯。

10　日朝關係

　　自古以來，日本和朝鮮作為鄰國，彼此間的關係源遠流長。歷史上，日本曾先後兩次遭到中國元朝及其藩屬國高麗（朝鮮）聯軍的侵略，成為受害國。1274年和1281年的兩次元日戰爭（元寇），在倭人的不屈抗戰和侵略者遭遇風暴的天時地利相助下，皆以元朝和高麗的聯軍失敗告終。元日戰爭的失敗使蒙古帝國的對日擴張受挫，加深了日本人"神風"保佑其國不受外敵侵略的觀念，也給日本島國後來的有志之士，畢生為統一國家一致對外而奮鬥的信念帶來重要影響。

　　元日戰爭給日本民族帶來的影響極其深遠，因為那是一場面臨滅種、滅族、滅國的災難，堪稱日本歷史上受到的最大外來威脅。蒙古帝國和高麗國結盟發動的侵略戰爭，讓日本人刻骨銘心地意識到朝鮮地理位置的重要性。朝鮮的地理形態幾乎就是連接大陸和島國的一塊跳板，這個如此接近日本的可怕跳板，近千年以來成為日本民族的一塊心病。

　　日本戰國時代，一代豪傑豐臣秀吉統一了日本。為鞏固政權，他興建大阪，構築統帥基地，制定"太閤檢地"、"刀狩令"等具有劃時代意義的政策，使日本完成了由中世封建社會向近世封建社會的轉型。豐臣秀吉一生發動了兩次征伐朝鮮的戰爭，目的是控制朝鮮這塊在地理位置上容易威脅日本的跳板，實現佔領中國大陸的野心。

　　文祿元年（1592），為了征服朝鮮，豐臣秀吉以16萬大軍發動了史稱"文祿之役"的戰爭。在中國明朝軍隊和朝鮮軍聯合反擊下，日軍退敗，盤踞釜山與明朝講和以期再戰。文祿五年（1596，慶長元年），日本和明朝和談破裂，豐臣秀吉再遣14萬大軍二度征伐朝鮮，史稱"慶長之役"。日軍攻勢不斷受阻，被迫退守要塞城郭，被動作戰。慶長四年（1599），正在籌劃第三次更大規模軍事行動的豐臣秀吉因病死去。疲憊不堪的日軍再也無人願意堅持續戰，遂隱瞞豐臣秀吉死訊與明軍議和，然後從朝鮮撤軍。

　　1603年，經過戰國時代動盪的歷史變遷，日本改朝換代進入江戶時代。在戰國亂世中脫穎而出的德川家康，以征夷大將軍身份成為江戶幕府的最高掌權者。1607年日本與朝鮮的關係恢復正常，由往來的朝鮮通信使，維繫着江戶時期兩國間的關係。但是朝鮮是明、清的附屬國，對外也效仿大國實行鎖國政策，貿易交流只局限清國和日本的對馬藩。江戶幕府雖然努力改善和朝鮮國的關係，可日本人從來沒有忘記史上元寇來襲的恐懼，深知朝鮮是影響日本國防安全最重要的國家。

　　明治元年（1868）日本明治維新，新政府派遣了與朝鮮有300年友好交往的對馬藩宗氏，作為親善使節前往朝鮮，向朝鮮國王遞交皇政維新國書，希望與朝鮮建立國交和通商關係。鎖國的朝鮮官吏藐視國書，指責用語缺少禮儀、印章使用錯誤、文字位置不正、天皇之皇字不應該使用等，百般挑剔，拒絕接受國書。朝鮮人認為，明治維新的日本積極開國，引入西洋文化，與日本交流等同於和西洋人同流合污一樣，對日本國書的誠意採取了消極對待的態度。維新政府無奈，只能按照朝鮮的外交禮儀修改國書，再度遞送以表達誠意。然而日本遭到朝鮮政府的頑固拒絕，屢屢碰壁，兩國的交涉拖延了七年的時間。

1840 年以後的朝鮮，掌握國家實權的興宣大院君，借鑒清國被西方列強侵略的教訓，採取了更堅定排斥列強的鎖國政策。1866 年，在朝鮮傳教的法國神父卡特利庫被朝鮮宮廷迫害追殺，數千名基督教徒被殺害。憤怒的法國艦隊為此派出七艘戰艦開往朝鮮，佔領了江華島向朝鮮施加軍事壓力，引發"丙寅洋擾"事件，大院君不屈膝法國強敵，迫使艦隊撤離。1871 年美國藉口數年前朝鮮燒毀在大同江上航行的美國商船，派遣六艘軍艦侵入朝鮮，並且實施了登陸作戰，引發"辛未洋擾"事件。兩國經過多次交涉沒有取得任何結果，美國艦隊只好退出朝鮮返回清國。朝鮮國長期以來的對外政策和天然的地理屏障，成功阻擋了歐美諸國用炮艦外交敲開國門的企圖。

明治六年（1873），大院君辭去攝政，將政權移交給年滿 21 歲的兒子李熙（高宗）。高宗王妃閔氏一族趁機篡取了國王的權力。此後宮廷中大院君派和王妃閔氏派的兩大勢力內鬥加劇，在內政外交上各持己見針鋒相對。此時的朝鮮政治腐敗，官吏貪污，民眾貧困，苦不堪言，脆弱的朝廷面臨着不堪一擊的危機。朝鮮的鎖國政策和國政腐敗，引起鄰國日本的強烈不滿。

明治七年（1874），兩國國交準備再開時，日本代表獲得了一紙令人驚訝的密文《朝鮮人應對日本人的六條秘訣》。秘訣曰：(1) 遜辭　屈己接人辭氣溫恭；(2) 哀乞　勢窮情迫望人見憐；(3) 怨言　失志感慨激出怒腸；(4) 恐嚇　將加威脅先試嚇動；(5) 閃弄　乘時幸會翻用機關；(6) 變幻　情態無常眩惑難測。也就是對日交往時，要假裝恭敬溫順、低聲下氣，實則拖延推諉、故弄玄虛。日朝兩國國交交涉七年毫無進展，原來朝鮮人竟然如此沒有誠意，採用秘訣的立場對待欲友好的日本，從而燃起了日本國內的憤怒之聲。"痛憤至骨"、"屈辱"、"非常無禮"、"朝鮮傲慢無禮"、"出兵征討朝鮮"等激昂之語，在政治家、新聞社、士族、軍人、庶民間大肆宣傳，燃起了史上謂之"征韓論"的呼聲。

明治八年（1875)5 月，日本"雲揚號"等三艘軍艦，侵入釜山港開炮演習示威。9 月"雲揚號"再度獨自進入江華島測量海圖，遭到江華島守軍的開炮攻擊，"雲揚號"立即還擊摧毀了江華炮台。12 月日本全權大使率軍艦六艘前往朝鮮，就江華島開炮事件向朝鮮提出抗議，要求兩國締結通商條約。清國政府不願看到朝日間對抗，引來歐美列強的干涉，勸告閔氏一族對日開港。

明治九年（1876）日本與朝鮮簽訂了《日朝修好條規》，史稱《江華條約》，日朝兩國建立了外交關係。《日朝修好條規》不平等條約中，日本從朝鮮獲得開港通商和免稅特權，在朝鮮擁有了領事權和裁判權。日本對朝鮮的強權滲透引起了西方列強的關注，

1882 年美國效仿日本與朝鮮簽訂《朝美修好條約》，英、法、德、俄、意、奧、比、荷、丹等國也步美國後塵與朝鮮簽訂了類似條約。在江華島不平等條約的框架下，日本商品享有免稅進入朝鮮的特權，嚴重衝擊了朝鮮的國有產業。閔妃親日派一族主導的朝鮮政府軍，招募日本軍事顧問改造軍隊，編制訓練新軍。軍制的改造觸動了朝鮮舊軍人的利益，招來舊勢力的猛烈反擊。

明治十五年（1882），大院君在京城煽動軍隊叛亂，攻入王宮，挑起"壬午兵變"。亂兵焚毀日本公使館，殺死七名日本軍事顧問，公使官員被迫趁夜潛逃回國。應朝鮮國王請求，清國駐朝鮮軍隊迅速鎮壓了兵變。兵變事件發生後，日本派遣陸海軍兩個大隊開赴朝鮮，抗議朝鮮的無禮行為，朝鮮國王派遣全權特使金玉均一行前往日本謝罪。清國政府為了平息日本和朝鮮間的緊張局勢，將大院君押送清國軟禁。日本政府則迫使朝鮮政府簽了《濟物浦條約》，要求朝鮮向日本賠償 55 萬日圓損害金，允許日本派 1000 名警衛隊駐紮朝鮮，保護日本僑民和公使館安全。事件雖然就此平息，但是清國高度警覺日本在朝鮮駐軍的舉措，急速從本土增調 3000 兵力開進朝鮮，向日本施加壓力，兩國軍隊因此形成了對峙之勢。壬午兵變的結果，導致朝鮮宮廷完全倒向清國的保護，日本在朝鮮處於被冷淡的境地。

明治十七年（1884），從日本歸來的朝鮮政治家金玉均等人，在日本的支持下秘密組建了資產階級改良主義政黨開化黨。12 月 4 日開化黨策動了挾持國王，企圖推翻王室政權的政變，史稱"甲申政變"。政變一時取得成功，開化黨宣佈朝鮮脫離與清國的宗藩關係建立獨立國家。結果政變被清國駐朝特使袁世凱出兵鎮壓，金玉均等人的政權僅存在三日便告流產，主謀數人被迫逃往日本國避難。政變平息過程中，日方僑民和軍人均有傷亡。事件驚動了清日兩國政府，為了解決在朝鮮問題上的糾紛，兩國分別委派李鴻章和伊藤博文在天津會談，雙方簽訂了《天津條約》。條約之一項規定，"今後朝鮮國若有重大變亂事件，清日兩國如要派兵，須事先相互行文知照。"此一條項為十年後清日兩國軍隊合理出兵朝鮮埋下伏筆。

《天津條約》簽訂後，日本加速擴充國家的軍事力量和對朝鮮的滲透。1886 年清國和日本國對朝鮮的貿易額之比為 83:17，到了 1892 年兩國對朝鮮的貿易額之比達到 55:45，趨於接近的水平。日本在朝鮮貿易急速增長的結果，顯示清國在朝鮮的宗主國地位發生動搖，清日兩國在朝鮮問題上的矛盾日益深化。為了對抗清國飛躍擴展的軍事力量，日本國家財政年年增加軍費開支，陸海軍軍備急速擴大。1881 年軍費佔國家支出總額的16%，1883 年 21%，1890 年 29%，日本的國家政策，從殖產興業向富國強兵方面轉換。

明治二十三年（1890），圍繞朝鮮半島的緊迫情勢，清國以日本為假想敵在旅順擴建要塞，興建大型船塢和機械工廠，在周圍高地構築永久炮台。來自北方俄國人的威脅更是咄咄逼人，1891 年俄國開工興建橫貫西伯利亞鐵道，在海參崴開設軍港，同年俄國艦隊訪問日本展示強大的軍事力量。俄國人傳遞的信息非常明確，就是排除日本在朝鮮的勢力，企圖取得朝鮮周邊的不凍港，確立俄國在遠東的霸主地位。在錯綜複雜的國際背景下，日本軍中長老山縣有朋向國會提交了一份軍備意見書，指出俄國的西伯利亞鐵道計劃將在十年後完成，那時日本的假想敵將不是清國而是俄國，日本必須搶在俄國人之前在政治和軍事上確保對朝鮮的控制權。為達到這個目標，日本有必要在清國領地內設立據點，日本需要合適的理由在軍事上打擊清國的軍事力量。

十九世紀末，朝鮮李氏王朝的宮廷內各種政治力量盤根錯節，清國派、日本派、俄國派日益動搖和支解國家的權利。國政腐敗，民眾深受官僚權貴的壓迫，加上外來勢力清、日兩國，以及列強與朝鮮的不平等條約，使這個原本貧困的國家在內外多重壓榨下雪上加霜。朝鮮高宗李熙生性懦弱，國家政務的決策權被皇后閔氏獨攬。在閔氏家族的腐敗統治下，朝鮮百姓民不聊生，嚴重的內憂外患正在把李氏王朝推向崩潰的邊緣。民眾不滿貧窮生活的現狀，各地不斷發生農民反對貪官污吏的抗爭，順應民意的東學教在民間得到廣泛呼應。東學教的教義愚昧，但代表了民眾渴望生活的基本願望，在朝鮮的影響不斷擴大。1864 年政府鎮壓東學教，處死了教祖崔濟愚。二代教祖崔時亨繼承先祖，公開立幟為 "教祖申冤"、"驅逐倭洋" 抗爭官府。1892 年東學教徒要求政府停止對東學教的迫害鎮壓。1893 年教祖崔時亨親赴京城向國王直訴教祖冤罪，信徒在各國公使館附近張貼斥洋標語引發騷亂。袁世凱請求李鴻章鎮壓東學異教，派遣 "靖遠"、"來遠" 兩艦開赴仁川，外來干涉迫使東學教倉惶解散。

明治二十七年(1894)2 月，全羅道古阜農民不滿郡守趙秉甲的酷政，引發農民暴動，在東學教中堅領袖全琫准領導下，民亂從局部地域擴大到整個朝鮮南部。東學農民軍聲勢浩大，打出 "排斥洋倭、懲討貪官污吏、還我民生" 的旗幟，數月間發展到數萬人之眾。朝廷派兵鎮壓也遭到慘敗，李氏政權的安危迫在眉睫。6 月 3 日朝鮮政府正式請求清國派兵鎮壓東學亂黨。清國出兵朝鮮的決定，啟動了清日兩國十年前簽訂的《天津條約》中，兩國出兵須事先相互行文知照的約定。獲悉清國派兵赴朝的日本，向清國表示 "日本歷來不承認朝鮮是清國屬國。日本政府為應對朝鮮之亂，保護本邦在朝居民安全，也向朝鮮派出若干軍隊。" 日本藉口朝鮮的內政改革與清國糾纏，並請出失勢的大院君出山建立傀儡政權，宣佈解除朝鮮與清國的外交關係和廢除條約，請求日本軍隊驅逐清國駐朝軍隊，日清戰爭爆發。

日清戰爭以清國戰敗日本勝利告終，清國在朝鮮高宗三十二年（1895）簽訂的《馬關條約》中，承認朝鮮獨立，放棄對朝鮮的宗主權。朝鮮脫離了與清國的宗屬國關係，日本獲得朝鮮的控制權。朝鮮宮廷的閔妃一族，徹底失去了依附清國的信心。看到俄國人利用 "三國干涉" 壓制日本，取得清國遼東半島利益的實力便有意親近俄國，將俄國勢力引入朝鮮與日本對抗。閔妃利用貞洞俱樂部等組織，擴大了俄國及其他西方國家在朝鮮的勢力，對日本控制朝鮮的野心構成威脅。

由於親日派的內務大臣朴泳孝參與甲午改革，翌年被疑謀反，事情敗露後朴泳孝再度逃亡日本。閔妃趁機聯合俄國駐朝公使發動宮廷政變，解散親日內閣，成立了親俄親西方的內閣，還下令解散日本訓練隊，改由親信洪啓薰組建侍衛隊保衛宮廷。日本勢力屢遭排擠，惱羞成怒的日本人細心策劃了闖宮計劃，於高宗三十二年八月二十日（1895年 10 月 8 日）凌晨，製造了殺害閔妃的事件，史稱"乙未事變"。

乙未事變後，親日派的金弘集首相重新得勢。親俄派李範晉逃亡蟄伏於俄國、美國駐朝公使館內。在這種政治背景下，發生了"俄館播遷"高宗避難事件。"俄館播遷"事件是李氏朝鮮第 26 代國王高宗，在 1896 年 2 月 11 日至 1897 年 2 月 20 日期間，為逃避日本人企圖廢黜國王的陰謀，逃到俄國公使館避難，在外國館內處理國務長達一年的事件。高宗在俄館內理政，公佈了政府新的內閣；親日派勢力、大院君派勢力遭到清洗；美國、俄國分別獲得在朝鮮的礦山採掘權，鐵路敷設權，電燈、電話、電車設置權，森林採伐權等利益。1897 年 2 月 20 日避難一年有餘的高宗返回王宮，同年 10 月 12 日朝鮮改國號"大韓帝國"。

明治三十七年（1904）日俄戰爭爆發前，朝鮮國內的日本派系、俄國派系的政治爭鬥處在持續對峙之中。2 月 23 日應日方要求，日韓兩國簽署《日韓議定書》，韓國宣佈"日俄戰爭，韓國局外中立。"戰爭期間朝鮮人關注日本的優勝局勢，朝鮮大眾層的親日獨立運動蠢蠢欲動。戰後俄國被迫退出朝鮮，日本在朝鮮半島獲得巨大的利益，日本成為韓國的保護國。

明治四十二年（1909）10 月 26 日，擔任朝鮮統監之職的原日本首相伊藤博文，在哈爾濱火車站被朝鮮愛國志士安重根刺殺身亡，事件加速了日本吞併朝鮮的速度。明治四十三年（1910），《日韓合併條約》締結，大韓帝國滅亡。

伊藤博文遇刺事件之謎

明治四十二年（1909）10 月 26 日，伊藤博文公爵在哈爾濱火車站遇刺身亡。伊藤作為帶領明治維新的日本走上"大日本帝國"之路的旗手，是首任及四次任內閣總理大臣；是首任及四任樞密院議長；也是首任貴族院議長；首任韓國統監；一生權勢顯赫，深受明治天皇信賴，最終倒在韓國人安重根的三粒槍彈下，享年 69 歲。

1909 年 10 月 14 日媒體的公開報道，是伊藤博文"賜假"前往滿洲，用兩三個月的時間在各地旅遊。其實伊藤行程的主要目的，是與俄羅斯財政大臣戈果甫佐夫會見，非正式的與俄羅斯交涉滿洲、韓國問題。隨行者有貴族院議員室田義文、秘書古谷久綱、宮內大臣秘書官漢學詩人森泰二郎、醫師小山善等五人。

10 月 25 日晚伊藤一行抵達長春，滿鐵總裁中村是公、理事田中清次郎等十餘人也加入了隨行團組。日本駐哈爾濱總領事川上俊彥為伊藤博文一行舉行了歡迎會。晚11時，伊藤一行乘坐東清鐵道的特別列車離開長春前往哈爾濱。翌日上午9時抵達哈爾濱火車站，此時車外寒氣逼人，雪花漫天。

在車站等待伊藤的俄羅斯財政大臣戈果甫佐夫來到貴賓車前，通過總領事川上的翻譯，伊藤和戈果甫佐夫首次握手會面，雙方寒暄問候。戈果甫佐夫指示站前列隊的俄國儀仗兵開始閱兵式。伊藤未想到會安排閱兵式，以沒有攜帶閱兵服為由謝絕了戈果甫佐夫的安排。但是由於俄方誠意邀請和熱切期望，伊藤最終同意閱兵。

伊藤從整齊的儀仗隊前走過，在隊列的盡頭向俄國、清國官方代表致意。腳跟迴轉返回走過數步之時，突然遭到從兵列之間方向射來的槍彈。隨員森秘書官左上臂和背部命中貫穿性槍傷；川上總領事右上臂命中骨折性貫穿槍傷，右胸擦過性槍傷；田中滿鐵理事左腳尖命中貫穿性槍傷；貴族院議員室田的左小指中彈。伊藤遭受三發致命槍彈，被立即抬至車內。小山醫師立即做應急醫科處置，給伊藤口中含入白蘭地酒促其清醒，伊藤迅速衰弱。當告知伊藤刺客是韓國人時，伊藤只留下一句話"馬鹿な奴ぢや"（愚蠢的傢伙），便絕命歸西了。從被彈到死去，前後只有30分鐘，時間是上午10時。

狙擊暗殺者朝鮮人安重根被當場抓獲，並被確認為兇手。可是百年以來，圍繞伊藤博文的遇刺，存在各種各樣版本的解說。據當事人貴族院議員室田的證言，槍擊案發時，那個小個子安重根已經被衛兵制服，殺害伊藤的真正兇手另有其人。首先，槍彈是從車站二樓食堂，用法式騎兵步槍斜下射出的，而安重根所持的是勃朗寧式短槍。其次，命中伊藤的三發法式騎兵步槍子彈，第一彈從肩部穿至乳下停止；第二彈從右腕關節穿至臍下停止；第三彈從右手臍側貫穿腹部飛出。顯然第一彈的彈道的走向明確說明，除了從樓上射下，別的任何角度都無法射出這樣的大角度彈道，而且那裏的窗戶格子又是斜下狙擊絕好的隱蔽場所。從子彈命中的角度來看，也絕然不會是從俄國兵臀部高度的縫隙間射出的。

事件後的1909年11月20日，在下關聽取裁判所檢事調查時，室田在看過安重根照片後，仍然堅持自己原來的觀點。認為殺害伊藤的不是這個年青人，而是其他的狙擊者。據室田描述：當時伊藤已經轉身返回走過數步，此時與室田照面的人是從俄國兵隊列縫隙中鑽出的刺客，右腳向前踏出，上半身呈前弓彎曲狀，右手拿着手槍。那支手槍分明是對着我（室田）的，一發擊中右膝蓋又傷到小指，三發打穿大衣。安重根使用的是七連發勃朗寧手槍，據說未發射彈剩下一發，也許消滅伊藤的隨行官員是暗殺同夥的分工之一。不管怎麼說，安重根這樣身材矮小的人，從高處斜殺伊藤是根本無法做到的事。因此，雙重刺殺說的構圖就很清晰了，用法式騎兵步槍殺害伊藤的人應該是俄國人。

刺殺事件的重大疑點顯然非常多，但是日本人不得不將事件的可能真相永遠葬在最隱秘的黑暗之中，因為事件的追究或會引發日俄外交關係上的重大問題。面對諸多的疑惑和恐懼，日本政府決定封口，讓這件重大事件低調過去。

　　對安重根的審判在日本管轄的關東州的地方法院實施。可是安重根的審判權歸屬問題，在法律的管轄地域上存在着諸多的糾結。事件發生地是在哈爾濱火車站，而哈爾濱車站是俄國東清鐵道的管轄地，屬於俄國的行政區域。但是俄國方面認定被告是韓國國籍，故放棄了審判權。接下來的裁判權歸屬議論是，事件發生在清國的領土上，而韓國人在清國領內擁有治外法權，所以審判權歸韓國所有。然而，日俄戰爭以後，韓國和日本兩國簽署有保護條約，日本掌握韓國的外交權。因此，對安重根的審判權最終歸屬日本所有，並且適用於日本的刑法。如此牽強附會的解釋，在各當事國中間湧動着微妙的氣氛，脫離嫌疑當然是各國首要考慮的立場，因此審判權歸屬日本也成為各國樂於接受的合理選擇。

　　日本的審判官很快就下達了判決安重根死刑的決定。之後在安重根罪行的調查中，重點查找犯人的背後關係，卻詭秘地輕視對物證的調查。伊藤體內的槍彈是安重根手槍內射出的，還是法式騎兵槍射出的？鑒定的結果從來沒有公開發表。小川醫師調查書上記載，屍體沒有實行解剖手術，而且子彈射入的角度記錄也變得模棱兩可。事件中包括伊藤和隨行者在內，總共被彈幾發，脫彈幾發，作為事件的物證，都檢證得極不明確。伊藤博文到達哈爾濱後發生的遇刺事件，前後活動的經過都被俄國警察拍下了照片。俄國的警察部長將這些照片用一萬盧布的高價賣出，但是日本政府選擇沉默，拒絕評論這件事。事件過去三十年後的 1939 年 10 月，這些照片在日本國內和滿洲公開，然而伊藤中彈的瞬間場面沒有拍到。

　　事件背景的推測。1）室田推測事件是俄國人所為，安重根知道這一暗殺計劃，並合謀共同參與了行動。安重根和俄國兵同時開槍，製造了這起事件。俄國人暗殺伊藤的主要理由是擔心伊藤的對俄政策會影響俄國人在滿洲的權益。2）圍繞朝鮮和滿洲問題，日本官僚軍人與伊藤間出現重大的對立傾向，殺害伊藤是日本對立勢力所為。伊藤的對韓合併政策一直主張緩慢溫和的做法。伊藤被暗殺後，軍部的激進派急速推進了日韓合併計劃。在調查事件的做法上，日本的行為也表現的相當詭秘。3）多名朝鮮殺手所為，事件後共逮捕嫌疑犯 8 人。其中直接參與共謀者禹德淳當日不在現場，對此人的搜查由俄方進行，日方無法獲得更多的證據，只判預謀殺人罪三年。事件後，日本駐奉天總領事小池和外相小村壽太郎均報告稱伊藤遭到五、六名韓國人狙擊。以上三點只是各方推論，沒有決定性證據，而事件的結果加速了日韓合併的進程是確定的事實。

　　日本確定安重根是真兇，對日本政府的日韓合併政策是最好的口實。伊藤博文被暗殺十個月後，亦即安重根被處刑五個月後，日韓政府《韓國合併條約》簽字，大韓帝國滅亡。

10.01　寫真是 1905 年在美駐韓公使館內拍攝的各國公使合影。當時日俄兩國圍繞朝鮮和清國滿洲利益處於戰爭之中。寫真從右起第二人起，依次是德國公使、法國公使、美國公使、清國公使、英國公使、比利時公使。

10.02　1871 年美國以朝鮮燒毀在大同江上航行的美國商船為由，派遣軍艦侵入朝鮮，引發"辛未洋擾"事件。寫真是美軍在草芝鎮登陸作戰，炮兵破壞了朝鮮草芝鎮炮台。戰鬥中朝鮮軍數人戰死，美軍海軍中尉三人戰死，十餘人負傷。

10.03　寫真是"辛未洋擾"事件的廣城鎮攻防作戰中，朝鮮軍陣地上士兵陣亡的慘狀。美軍將俘虜的朝鮮軍士兵全員釋放，但是通商問題交涉沒有結果。守城朝鮮官員以自己官階太低無法協商為由，拒絕了美軍的要求。結果美軍無功而返，退出了朝鮮。

10.04 十九世紀末葉的朝鮮，政治腐敗，官吏貪污，民眾深受官僚權貴的殘酷壓榨，苦不堪言。這個原本貧困的國家，已滑落到崩潰的邊緣。寫真是外國記者在平壤用鏡頭捕捉到的，朝鮮權貴出行，招搖過市的場面。

10.05 明治九年（1876），朝鮮與日本簽了《日朝修好條規》，史稱《江華條約》。日本從朝鮮獲得開港通商和免稅特權，在朝鮮擁有了領事權和裁判權。日本對朝鮮的強權滲透引起西方列強的關注，1882年美國效仿日本與朝鮮簽訂《朝美修好條約》，英、法、德、俄、意、奧、比、荷、丹等國也步美國後塵與朝鮮簽訂了類似條約。寫真是日軍侵入江華島，朝鮮地方官妥協投降，集合迎候日本來使。兩國大臣在島內江華副師營廟堂，簽署了《江華條約》。

10.06 1881年閔妃親日派一族主導的朝鮮政府軍，開始招募日本軍事顧問改造軍隊，編制訓練新軍。軍制的改造觸動了朝鮮舊軍人的利益，招來舊勢力的猛烈反擊。寫真是日本派遣的軍事教官陸軍少尉堀本禮造，訓練西洋式軍隊的場景。

10.07 東學二代教祖崔時亨繼承先祖衣鉢,在朝鮮南部重建教團,公開立幟為"教祖申冤"、"驅逐倭洋"抗爭官府。1898年被日軍逮捕處刑。

10.08 朝鮮官吏的腐敗成為國政崩潰的禍根,民眾深受官僚權貴的殘酷壓榨。上圖,儒家學者冒死靜坐草蓆陳情上疏,祈求朝廷拯救日漸崩潰的國家。下圖,反抗酷吏的民眾被官府投進大獄,佩戴重木鎮具等待最酷的處刑。十九世紀末,朝鮮這個原本貧困的國家,已經陷入崩潰的邊緣。

10.09 明治十七年(1884)12月4日,朝鮮開化黨在日本勢力支持下發動政變,發佈了新政綱領並組織內閣。但是新政權僅存在了三天,就被清國袁世凱駐軍鎮壓,金玉均等人被迫逃亡日本。事件的結局,清日兩國派重臣李鴻章和伊藤博文,在天津簽訂了《天津條約》。日本爭取到在朝鮮的派兵權,動搖了清國在朝鮮的宗主國地位。上寫真是政變當日,朝鮮京城新設郵政局慶典的現場。開化黨利用慶賀晚宴,在政府官員和外國使節與會之機發動了政變,史稱"甲申政變"。右寫真是政變前開化黨同志的合影。

10.10　東學農民軍打出"排斥洋倭、懲討貪官污吏、還我民生"的旗幟，數月間發展到數萬人之衆。後遭清軍鎮壓，轉入低潮期。清軍在日清戰爭平壤之役中潰敗後，東學黨農民軍再度蜂起，轉戰全州、泰仁、淳昌等地抗擊日軍。日軍圍剿起義軍，公州之役失利，全琫准等首領因降者告密而被捕，朝鮮史上規模最大的農民起義失敗。圖為全琫准被逮捕後移送的場面。

10.11　1894 年 7 月 25 日前往朝鮮鎮壓農民軍的清軍乘坐英國商船高昇號，在豐島海域與日本海軍遭遇。因艦上清軍拒絕投降，遭到日艦浪速號攻擊。高昇號被彈沉沒，千餘名清軍葬身海底。圖為高昇號被彈沉沒的瞬間，海面上落水清軍人頭湧動，攻擊落水者的日軍槍彈激起浪花。

10.12　內亂使朝鮮同時受到兩個國家軍隊介入的壓力，朝鮮政府請求各國敦促日清兩國盡快撤兵。清國也迫切希望緩解緊張局勢，積極展開外交運作，請求西方列強從中周旋，化解戰爭危機。俄國強硬介入，忠告日本撤軍。結果鋌而走險的日本選擇了戰爭，清國和日本兩國終於走向武力對抗，日清戰爭爆發。寫真是 1894 年日本赴朝第一軍司令部和第 3 師團在仁川登陸的情形。照片上日軍登陸作業繁忙，左側建築是日本郵船會社的仁川支店，右側海邊排放的大型物資是日軍舟橋部隊的鐵舟橋材。岸邊大量的駄馬輸送隊將物資運出灘頭。

10.13　1895 年 10 月 8 日的"乙未事變"中，日本公使三浦梧樓率領日本浪人衝入朝鮮王宮，在玉壺樓慘殺閔妃，並焚毀其遺體，脅令高宗廢她為庶人。日本人的要求遭到高宗的抵抗，11 月，高宗為閔妃恢復尊號。1897 年高宗改國號為大韓帝國，自行稱帝，將閔妃追謚為明成太皇后，厚葬於洪陵。寫真是 1897 年 11 月 22 日為閔妃舉行國葬，宮內職人觀望行事的場面。

10.14　寫真是 1904 年日俄戰爭中，朝鮮京城南山麓的一個日軍兵站，朝鮮民夫正在給日軍部隊輸送軍需物資。冬季的山村已經白雪皚皚，朝鮮男人身穿棉大褂，頭戴黑高帽。兵站院內可見披着蒙頭蓋衣的朝鮮婦女。

10.15　日俄戰爭朝鮮政府宣佈中立。然而戰爭伊始，日本不顧朝鮮的中立立場，要求朝鮮支援日軍作戰，依附和屈從日本國。寫真是朝鮮市民尚不知日俄戰爭朝鮮宮廷的中立立場，便看到日軍進入市區的景象，表現出惶恐愕然的神情。

10.16 "俄館播遷"事件是 1896年 2 月 11 日朝鮮高宗李熙率領王族,從日本控制的王宮逃到俄國駐朝公使館的事件。事件的主導者是李範晉、李完用等朝鮮親俄派及俄國前駐朝公使韋貝爾。俄館播遷極大地改變了朝鮮國內的政治力量間的對比,親日政權垮台,親俄政府隨之建立,使日、俄兩國在朝鮮的權益競爭日益複雜化。"俄館播遷"事件持續一年,直到 1897 年 2 月 20 日,高宗才從俄國公使館搬出回宮。"俄館播遷"事件的背景由來已久,自日清戰爭以後,朝鮮政體逐漸向君主立憲制過渡,引發了高宗的不滿。乙未事變中,閔妃在宮中被日本人所殺,令高宗悲痛,視為奇恥大辱,對日本及其代理人親日內閣恨之入骨。乙未事變後,高宗幾乎被日本軟禁在宮中,處境堪憂。此時的朝鮮親日政權也內外交困,反對之聲高漲。李範晉等親俄派利用國內政治混亂的狀況和高宗父子的反日心理,成功實現了"俄館播遷"這一宮廷政變。寫真二樓中間陽台白衣端坐者為高宗。

10.17 明治三十八年(1905),日俄戰爭後,日本與韓國簽訂了《乙巳保護條約》,在漢城成立了日本官署"韓國統監府"。統監府行使駐韓日本領事的一切職務,並掌管《乙巳保護條約》的實施。伊藤博文任第一屆統監,擁有外交權、覲見國王權、內政改革建議權、指揮駐朝日本軍隊權等各種特權。寫真是早期"韓國統監府"的建築外貌。

日本皇太子（嘉仁親王—大正天皇）の韓国訪問

10.18　朝鮮歷史上最後一個封建王朝（李朝），於 1392 年建立到 1910 年日韓合併為止，傳朝二十七代，建國五百十九年。圖為日本皇太子嘉仁親王（大正天皇）訪問韓國，和末代韓國皇太子合影。中間是日本皇太子、右為韓國皇太子李垠、李垠後左東鄉平八郎、後右桂前首相、前右一是伊藤博文統監。

10.19　寫真是首任韓國統監伊藤博文和韓國末代皇太子李垠的合影。李垠（1897 ～ 1970），高宗第三子，封英親王，1907 年被冊立為兄長純宗的太子。1907 年伊藤博文將李垠帶到日本，送入學習院貴族學校讀書。日韓合併後，他降封昌德宮李王世子，享受日本皇族待遇。1920 年 4 月李垠與梨本宮守正王的女兒方子公主成婚。第二次世界大戰日本戰敗，李垠被取消日本皇族身份降為平民。1970 年 5 月 1 日李垠在韓國去世，享年 73 歲。大韓民國政府為韓國史上最後的皇太子“懿愍皇太子英親王李垠殿下”舉行了國葬儀式。李垠之妻李方子為繼承李垠“一定要對韓國人民贖罪”的遺願，晚年在韓國設立了明暉園，支持殘疾兒童的文化教育。後來又創立了慈惠學校，對智障兒童進行教育，受到韓國和日本政府的高度讚揚。1989 年 4 月 30 日去世，享年 87 歲。葬禮遵從舊令，以韓國皇太子妃的地位進行準國葬，追贈韓國國民勳章槿賞（勳一等）。

196

10.20　1905年日本與韓國簽訂了《乙巳條約》（日韓保護條約），日本在韓國設置統監府以控制韓國，韓國事實上淪為日本的殖民地。《乙巳條約》遭到韓國人的反對，引起了反日的"義兵運動"。1907年7月日本強迫韓國軍隊全部解散，抗拒解散的軍隊加入了義兵運動，義兵人數驟增，擁有了軍事指揮員和近代武器。義兵活動採取遊擊戰法，襲擊日軍和偽政權機構，破壞電訊交通，制裁朝奸親日派，給日本統治者以沉重打擊。1907～1911年的義兵運動遍及全國十三道二百四十郡，參加義兵作戰的人數達十四萬，襲擊活動數千次。義兵運動後來在日軍和親日政府的聯合鎮壓下失敗。寫真是義兵的武裝力量。

10.21　諷刺畫《劃時代的婚姻》，影射日韓合併的歷史悲劇。1910年8月22日韓國與日本國簽訂了《日韓合併條約》，標誌着朝鮮正式被日本吞併。日韓合併的結果，導致大韓帝國滅亡，朝鮮半島成為日本領土的一部分。諷刺畫中的日本男子正在給朝鮮女子修剪指甲說："剪掉你的指甲，你就不會來抓我啦。"諷刺日本採取解除韓國武裝、武力鎮壓、懷柔政策的手段，削弱朝鮮人的民族抵抗運動。

10.22　1919 年 1 月朝鮮廢帝高宗（李熙）暴卒，風傳係日本人所害，由此激起朝鮮民眾多年的積憤，成為觸發反日運動的導火線。2 月 8 日，朝鮮留日學生在東京發表《二八獨立宣言》，號召人民"為自由而濺其熱血"，得到國內學生的響應。學生和市民們紛紛湧上街頭，舉行聲勢浩大的遊行，參加人數達 30 多萬。3 月中旬反日浪潮推向全國城鄉，工農大眾成為主力，暴動民眾襲擊日本官廳，破壞交通，懲處日本官吏、韓奸、惡霸地主，全國 11 個府、206 郡，200 多萬人參加示威和暴動。日本朝鮮總督府以武力鎮壓了運動，被捕者達 12668 人，有罪判決者 3967 人。總督府《朝鮮騷擾事件道別統計表》記載，死亡者 357 人，負傷者 802 人。然而死亡真實數字在日韓雙方的歷史解說中仍存異議。寫真是 1919 年 3 月，三一運動中被處刑的韓國反日民眾。

10.23　寫真是京釜鐵路開通兩日後，日軍抓捕的 3 名朝鮮人，以陰謀破壞鐵道罪起訴，於 1905 年 1 月 3 日公開處刑殺害。1905 年是韓國義兵運動達到高潮的一年。日軍在韓國設置 122 處警務分遣所，鎮壓韓國民眾的抗日活動。寫真中的三人已經被執行槍決，屍檢官在最後確認。

10.24　朝鮮民族主義青年安重根（1879.9.2 ～ 1910.3.26），
是槍殺伊藤博文的刺客。近代朝鮮史上，被譽為朝鮮民
族主義者和愛國主義者。安重根在舉事前曾寫下訣別詩
曰：「丈夫處世兮，其志大矣。時造英雄兮，英雄造時。
雄視天下兮，何日成業。東風漸寒兮，壯士義烈。憤慨一
去兮，必成目的。鼠竊伊藤兮，豈肯比命。豈度至此兮，
事勢固然。同胞同胞兮，速成大業。萬歲萬歲兮，大韓獨
立。萬歲萬歲兮，大韓同胞。」安重根被捕後關押在旅

順監獄，期間寫下了《安應七歷史》《獄中記》《東洋和平
論》等著作。然而，遺憾的是伊藤博文生前主張暫緩合併
朝鮮，而安重根刺殺伊藤博文後，卻加速了日本吞併朝鮮
的步伐。1910 年 8 月 22 日日本迫使朝鮮簽訂《日韓合併條
約》。同年 10 月 1 日日本的朝鮮統監府改為朝鮮總督府，
開始對朝鮮長達 35 年的殖民統治。寫真是安重根處刑前 2
日，兩個弟弟（左）和神父（背向）探監的情形，安重根表
現出了坦然鎮定的神情。

10.25　日俄戰爭後，日本在朝鮮
設立統監府，伊藤博文任初代統
監。1907 年 7 月 19 日，伊藤博
文迫朝鮮高宗退位，7 月 24 日與
新王純宗訂立協定，取得了朝鮮
一切內政大權。伊藤博文對朝鮮
的政策，使他成為朝鮮人仇恨和
刺殺的對象。寫真是明治四十二
年（1909）10 月 26 日，伊藤博文
前往清國滿洲視察和與俄國交涉
滿洲問題。在到達哈爾濱火車
站，下車和俄羅斯財政大臣戈果
甫佐夫寒暄後的檢閱中，遭到隱
藏在衛兵身後的朝鮮青年安重根
槍擊數彈刺殺身亡。左二致帽檐
禮的白鬚老者即伊藤博文；伸手
者是戈果甫佐夫；扶帽簷者是日
本駐哈爾濱總領事川上俊彥。

10.26 伊藤博文的遺體移送大連，乘軍艦秋津洲號運抵橫須賀軍港。11月4日在東京日比谷公園舉行國葬。葬儀途中瀟瀟細雨，寒心徹骨，天地同感明治一代偉大的政治家離去。明治的元勳們參列於側，如同明治終焉的苦澀心境。伊藤的死最為傷心的莫過於明治天皇，留下了"惜哉，伊藤是朕最合得來的人"的傷感。伊藤博文死後，天皇聞聽伊藤家境貧乏，立即召來宮內總管，賜與伊藤夫人梅子御內帑金，指示以後不要讓伊藤的家人窮困。明治天皇對伊藤博文的關愛，成為一段歷史有名的逸聞。

10.27 明治四十三年（1910）8月22日，大韓帝國總理李完用與大日本帝國代表寺內正毅簽訂了《日韓合併條約》，標誌朝鮮正式被日本吞併。此後日本在韓國的統監府改為朝鮮總督府，開始了對朝鮮長達35年的殖民統治。圖片是日韓合併條約文和印。

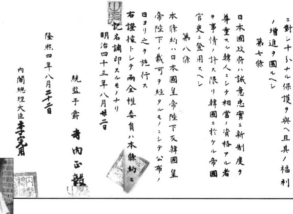

10.28 《朝鮮紀行》記錄了日本人在朝鮮京城看到的男女有別的風俗。在儒教的嚴厲約束下，都市中的女人外出，沒有理由是不可以隨便露出顏面的。女性不能隨意外出，無故不可邁出中門。必須外出時需要用"蓋衣"或"長衣"遮住頭部。這種衣服帶有白色長袖，既可充作披肩還可蓋在頭上。女人外出禁忌的風俗各國表現各有不同，中國古代和近代的纏足風俗的目的之一，便是"禁足"，從生理器官上限制婦女走出家門。寫真是日本人拍攝到的，朝鮮女性出門時，用蓋衣遮住頭部的樣子。

10.29 朝鮮李氏王朝太祖開國時期建設的景福宮,在壬辰倭亂時被焚毀,成為廢墟。1869年景福宮重建,成為象徵國家最高權力的宮殿。1895年閔妃遇害後,高宗只住在德壽宮,景福宮荒廢。1910年日韓合併後,日本拆毀了景福宮內大部分建築,並在宮內從1916年6月起至1926年,用10年時間完成了總督府大樓建築。寫真是正在建設中的總督府大樓建築的現場。右角寫真是竣工後的照片。

10.30 二十世紀之初的朝鮮,經歷了波瀾壯闊的歷史大事件。安重根義士暗殺伊藤博文;李在明義士暗殺李完用未遂;抗日義兵發展到38593人,與日兵交戰1738回。此後,日本現任陸軍大臣寺內正毅被任命統監,實施了血腥恐怖的鎮壓手段。韓國的警察權被剝奪;憲兵警察制度公開實施;政治集會和室外民眾集會被禁止;寺內統監上任僅三個月,就完成了《日韓合併條約》。大韓帝國滅亡改稱"朝鮮";朝鮮統監府改為朝鮮總督府。寫真是1910年7月23日現任陸軍大臣兼統監的寺內正毅一行,行進在朝鮮京城的街巷間的情形。

10.31　1904年朝鮮熱衷於國民教育掃除文盲。京城初設公共廁所，號召文明。寫真是 1906 年 5 月 1 日親日派閔永徽創立的徽文義塾開塾的紀念照片。閔泳徽先親清後親日，是朝鮮宮廷內典型貪官，頗為世人不齒。

10.32　朝鮮甲午改革開始近代教育制度，1906年時全國學校不滿 40所，以漢書教育為主。伊藤博文任統監時，推進和統制教育，引入算術、歷史、理科、修身、日本語教育。1940年代，朝鮮各種學校超過 1000 所以上。寫真是明治末期，仁川內里教會學校例行的軍事訓練課。

10.33　"壬午兵變"後，日本派遣陸海軍兩個大隊開赴朝鮮，抗議朝鮮的無禮行為。清國政府為了平息日本和朝鮮間的緊張局勢，將大院君押送清國軟禁。日本和朝鮮簽訂了《濟物浦條約》，朝鮮允許日本派1000人的警衛隊駐紮朝鮮。寫真是 1904 年常駐韓國的第十三師團的龍山兵營。

10.34　寫真是朝鮮京城著名的遊廓"新町遊廓",日本人把本國的遊廓文化帶到了朝鮮。這裏的遊廓妓樓鱗次櫛比,到了夜晚酒舞淫蕩通宵達旦。朝鮮"妓生"作為官妓的一種,活躍在遊廓街。1895年甲午改革後妓生的身份得到解放。

10.35　日治時期的漢城南大門中心大道,被稱作銀行一條街。主要有朝鮮殖產銀行、第一銀行、朝鮮商業銀行、京城電氣及朝鮮民族系資本的韓一銀行、漢城銀行。左側看見的是朝鮮殖產銀行,專營土地改良、農業、工業、水利組合等業務。

10.36　1908年,為了推進日本農民殖民朝鮮,日本政府在朝鮮設立了東洋拓殖京城支店。初期東拓事業投資有四大支柱:東亞勸業(農業投資)、滿蒙毛織(工業投資)、天圖輕便鐵道(鐵路投資)、北滿電氣(電力投資)。日本人的移民事業受到挫折,但買入土地僱傭朝鮮人耕作,成為朝鮮的最大地主。

10.37　1910年日本吞併朝鮮後，對漢城的市政建設實行了大規模改造。寫真是位於龍山的朝鮮總督官邸。

10.38　漢江鐵橋是韓國首都漢城的一條鐵路橋樑，橫跨漢江兩岸。1897年開工，1900年7月5日通車。

10.39　日韓合併前，以大韓帝國政府、日本皇室、韓國皇室及個人資本金設立了韓國銀行，該行於1902年後發行了大韓帝國第一銀行券，獲得了韓國公用紙幣發行流通的權利，成為事實上在日本統治下的朝鮮中央銀行。日韓合併後的1911年，根據日本的銀行法，將韓國銀行改稱朝鮮銀行，簡稱"鮮銀"。寫真是朝鮮銀行大樓，是設計東京車站的著名設計師辰野金吾設計的作品，帶有歐洲風格的建築。銀行前面是一個巨大的華麗廣場。

10.40　1910年的漢城南大門。與南大門相連的城牆已被切斷，可供電車通過。電車是美國企業家經營的線路。據說南大門是日本殖民地時代起的名字。朝鮮時代南大門稱作"崇禮門"。寫真中可見，1910年日韓合併後，日本人開始了大規模城市改造計劃，漢城市內已經有了電話和電線杆。

10.41　漢城銀行是1903年創業的朝鮮系銀行。日韓合併時，朝鮮財界巨擘為了保護朝鮮貴族階級的財產，設立了漢城銀行。寫真是日治時期的銀行外貌，帶有歐洲風格的建築特色。

10.42　韓國羅南地區，在1915年成為一個軍事都市，朝鮮軍第十九師團駐屯羅南，促進了城市的形成和發展。羅南師團擔任朝鮮和東北邊境的守備任務。寫真是高空氣球拍攝的羅南市區的照片。中間的綠地是中央公園，環繞公園道路向四面八方放射狀展開。

11　國家糾結

　　明治時代，日本國際關係中最重要的國家，是英國、俄國、美國、清國、朝鮮，以及法國、德國等國。明治維新以後，日本的精英在縷清國家的發展脈絡後，毅然決然選擇了脫亞入歐的國策。日本明治維新宏偉藍圖的實現，事實上並非一帆風順。日本不但自身有着無數的國內矛盾需要解決，而且需要理清日本與諸國糾結的恩恩怨怨。明治維新幾十年，日本通過政治崛起，脫亞入歐；經過與西方列強相互角逐的軍事行動找到了自身利益的發展點，成功疏導了葛藤糾結的國際關係。從此日本成為代表東亞黃種人的新型國家，擠入了世界列強的行列。明治維新後的日本，作為近代文明國家，贏得了國際社會的公認。

一、日英近代葛藤

　　日本和英國間的早期關係，是從 1613 年英國國王詹姆斯一世給德川家康奉呈國書，要求建立正式國交開始的。同年英國東印度公司在長崎縣北部平戶島開設商館。1623 年由於英國和荷蘭關係惡化貿易不振，英國商館被迫關閉，日英關係實質中斷。1673 年英國船來航，請求恢復貿易往來，遭到德川幕府的拒絕。

　　1808 年拿破侖戰爭中，英國船襲擊荷蘭在長崎出島的商館，製造了"荷蘭商館襲擊事件"。1825 年江戶幕府發佈《異國船打扒令》，對接近日本沿岸的外國船，實施炮擊、驅逐，上陸者予以逮捕。1840 年鴉片戰爭，英國打敗清國獲得香港權益。1842 年德川幕府撤廢《異國船打扒令》，回避與列強的直接衝突。

　　1854 年德川幕府和英國政府締結不平等條約《日英和親條約》。1858 年英國與日本簽訂《日英修好通商條約》，破壞日本關稅自主權並迫使日本承認領事裁判權，強化了與日本的不平等條款。1862 年在尊王攘夷運動中，薩摩藩主和英國僑民間發生衝突，造成英國人被殺傷的"生麥事件"。事件釀成重大政治問題，進而引發薩英戰爭。1864 年長州藩在關門海峽炮擊洋船引發下關戰爭，英法海軍炮擊海防陣地，佔領了下關炮台。

　　1868 年明治維新，英國在戊辰戰爭中宣佈中立，實質上支持明治新政府，並牽制支持幕府的法國。1870 年兵制改革，日本組建英國制式的帝國海軍。1872 年岩倉使節團訪英，修改不平等條約的交涉失敗，但是將大量有價值的英國近代文明帶回了日本。日本首條運用英國技術的鐵路線誕生；英國路透通信社在日本開設支局；英國在日本的亞洲協會成立。1886 年發生了"諾曼頓號"沉船事件，英國白人全員安全避難，日本乘客全員死亡。治外法權下的英國領事裁判船長無罪，引發日本國民對不平等條約的激憤，要求改正條約的呼聲高漲。1894 年簽署《日英通商航海條約》，治外法權從不平等條約中廢除。日清戰爭前夜，英國積極協調日清兩國紛爭，結果斡旋失敗日本取得日清戰爭的勝利。1900 年清國義和團事變，日本加入八國聯軍與英軍合同對清國作戰。

1902 年日英兩國簽署《日英同盟條約》，牽制俄、清、朝及列強間關係，完成了日俄戰爭大環境的整備。1904 年日俄戰爭爆發，英國支援日本對俄作戰取得戰爭勝利。1911年《日英通商航海條約》修正，日本收回關稅自主權，日本與列強間不平等條約完全撤廢。明治時代，日本視日英關係是最重要的戰略伙伴關係。兩國的友好關係幫助日本成功實現了明治維新，日本取得了日清戰爭、日俄戰爭的全面勝利。日本成為代表亞洲的強國，信心滿滿擠進了世界強國的行列。

二、日俄近代葛藤

日俄近代有着友好的、敵對的、複雜的緊密關係，這種多彩的關係起源於俄國人在遠東的利益擴張和日本人在北方開拓的歷史背景。1701 年，試圖向東方擴張的沙俄帝國，在和日本漂流民的接觸中，第一次知道日本在遠東的存在。1705 年，俄國人在聖彼得堡開設了日本語學習所。1739 年，俄國船試圖接近仙台灣，受到德川幕府沿岸海防的警告，俄國人接觸失敗退出了日本海域。在此期間，日本人第一次知道，俄國人在遠東的真實存在。十八世紀，日俄兩國成為鄰國關係，特別是日本近海的"蝦夷之地"（日本北方諸島），沙俄勢力經常出沒。在江戶幕府北方開拓政策的刺激下，兩國交往逐漸頻繁。十九世紀初，幕府堅持鎖國政策拒絕通商，遭到俄國人的攻擊，圍繞北方諸島，日俄兩國間發生了多次惡性摩擦事件。

十九世紀中葉，俄國國內奴隸（農奴）解放運動的呼聲高漲，加之克里米亞戰爭的失敗，使得俄國的歐洲南下政策受挫，俄國人再度將視野轉向遠東。1853 年美國軍艦"黑船來航"日本之後，俄國使節也率軍艦來航交涉通商。1855 年兩國締結了《日俄和親條約》；1858 年再簽《日俄修好通商條約》，兩國開始了正式國交。1875 年日俄兩國就樺太島（庫頁島）和千島群島等北方領土歸屬問題進行交涉，簽署了兩島交換條約。千島群島全部歸屬日本，兩國居民混住的樺太島全部歸屬俄國。

明治二十四年（1891）5 月，沙俄帝國皇太子尼古拉訪問日本，發生了日方警官暗殺未遂事件，皇太子頭負重傷。在事件後的緊張國際關係中，俄國皇帝和皇太子優先考慮兩國的友好關係，表現了寬宏不計前嫌的態度。日本人在嫌犯死刑問題上展開了激烈爭論，政府官員多數主張死刑，最終審判由獨立司法判決為無期徒刑。審理過程堅持了大日本帝國憲法的三權分立原則，從此憲法權威精神在國民意識中確立。

1858 年俄國與清國簽署《璦琿條約》，將黑龍江以北約 60 萬平方公里土地劃入沙俄帝國的版圖，繼而又將視野投向了滿洲南部和朝鮮。1895 年俄國主導了"三國干涉"，迫使日本將到手的遼東半島返還清國。之後漁翁得利的俄國人與清國私下簽署《清俄密約》，獲得了大量在清國的利益。1900 年清國義和團事變，俄國趁亂派出大批軍隊控制了滿洲全境，並在日本控制的朝鮮境內構築防禦陣地。引起日本政府和社會輿論的強烈不滿，指責俄國威脅了日本權益，預言日俄間必有一戰。

英國人忌嫌俄國人侵食清國利益，日本人忌嫌俄國人侵食朝鮮利益。1902年日本和英國結成《日英同盟》，1904年日俄戰爭爆發，日本用巨大的代價險勝。1905年日俄間簽訂《樸茨茅斯條約》（日俄講和條約），俄國退出清國滿洲，日本則全面進軍滿洲。此後，日本為了排除英美在滿洲的影響力和防止俄國人報復，與俄國簽署及數度修訂了《日俄協約》，明確兩國在滿洲的勢力範圍及權益分配原則。1917年俄國十月革命成功，蘇維埃政府廢除了《日俄協約》，日本勢力趁機控制滿洲全境。

三、日美近代葛藤

嘉永六年（1853）美國東印度艦隊培理將軍率領四艘軍艦開抵江戶灣口，向幕府遞交了要求開國通商的國書。這一歷史事件被倭人謂之＂黑船來航事件＂。1854年培理率七艘軍艦再度來日要求通商，江戶幕府妥協。日美雙方在橫濱締結了史上第一個條約《日米和親條約》。安政五年（1859）德川幕府與美國又簽署了《日美修好通商條約》。條約規定日本承認美國的領事裁判權，沒有獨立的關稅自主權。但條約規定，當日本與歐洲各國間發生糾紛時，美國承諾有斡旋調停的義務。

《日米和親條約》締結批准後，1863年和1864年發生了兩次長州藩攘夷派炮轟英、荷、法、美四國艦隊的武力衝突事件，史稱＂下關戰爭＂。各國海軍陸戰隊佔領和破壞了炮台，迫使長州藩改變攘夷政策，長州藩一代志士開始積極接近西洋文明。在此期間，美國國內發生了南北戰爭（1861～1865）；日本國內開始了明治維新（1868）。明治新政府為了撤廢幕府簽署的不平等條約，1872年派遣了岩倉使節團訪問美國，拜見了美國總統格蘭特。1878年日美簽訂修正條約，美國承認日本的關稅自主權。1899年《日美通商航海條約》締結，作為治外法權的領事裁判權撤廢。1911年《日美通商航海條約》改正，完全恢復了日本的關稅自主權並撤廢日美間不平等條約。

十九世紀末和二十世紀初，東亞發生了日清戰爭和日俄戰爭。戰爭中美國政府充當了重要角色，全力斡旋各國間的關係。日清戰爭，美國保持中立，戰前，清國政府曾經通過美國駐清國公使與日本協調以期避免戰爭未果。戰爭中，美國派遣武官和新聞記者觀戰和採訪戰地報道，向西方世界披露戰爭實況。戰爭末，代表美國政府的現任國務卿及前任國務卿、駐清國公使積極出面調解停戰和結束戰爭。日俄戰爭，美國保持中立，在日本取得遼陽會戰、奉天會戰、日本海海戰勝利的情況下，日本的國力疲憊已達臨界點。日本請求美國總統羅斯福出面斡旋，與俄國講和，羅斯福甚至私下偏袒日本，忠告日本佔領俄國的樺太島取得談判主動權。在美國人主持下，1905年9月5日在美國緬因州樸茨茅斯海軍基地，日俄兩國成功簽署了《樸茨茅斯和約》，結束了日俄戰爭。

1908 年美國大白色艦隊環繞世界一周，10 月抵達日本，日美兩國政府簽署了《路特——高平協定》（Root-Takahira Agreement）。兩國正式承認 1908 年 11 月現時點的領土現狀，清國的獨立和領土完整、自由貿易及商業機會均等。美國承認日本在滿洲的地位，日本承認美國合併夏威夷王國和對菲律賓的管理權。美國默認日本合併韓國和對滿洲南部的控制，日本默許限制日本人向美國移民。1909 年 12 月美國提出滿洲鐵道中立化案，欲進軍清國滿洲。翌年 1 月，日俄兩國正式宣佈反對美國提案，阻止美國人對滿洲的擴張企圖，迫使提案流產。第一次世界大戰中及戰後，日美關係逐漸惡化。1924 年，美國對日實施"排日移民法"，迎來了日本反美情緒的高潮。

四、日清近代葛藤

1840 年發生在大清帝國的鴉片戰爭，給江戶幕府帶來了巨大的衝擊，導致在 1842 年日本數百年的鎖國體制面臨崩潰的局面。1854 年美國的"黑船來航事件"打開了日本國門，簽訂了《日米和親條約》。此後，幕府與西方國家締結了諸多的不平等條約。幕末政權喪權辱國，國內的政府官吏至一般民眾，興起"尊王攘夷"和"打開國門富國強兵"的運動。薩摩和長州兩大地方勢力起兵討幕，1867 年發佈"大政奉還"和"王政復古"大號令，宣告幕藩體制終結，迎來了明治維新的新時代。日本和清國的關係，就是在這樣的歷史背景下開始了多元的接觸。

幕末的江戶政府為了探索與清國交好，曾經派遣"千歲丸"、"健順丸"考察清國，試圖打開與清國的貿易，遭到清國的拒絕。1870 年明治政府也向清國提出國交建議，清國也無理會。曾國藩、李鴻章不斷向朝廷進言，主張與日通商建立國交，有益於大清朝廷的國家利益。1871 年 7 月日本的伊達宗城和清國的李鴻章，代表兩國簽訂了《日清修好條規》。此條規中，日清兩國政府相互承認彼此的治外法權和領事裁判權，廢除了華夷思想為基礎的冊封、朝貢關係，確立了日清兩國間的國交。日本派遣特命全權公使森有禮前往清國北京赴任。

日清近代友好交往的一大史例是"瑪利亞盧斯號"事件。1872 年 7 月，從澳門開往秘魯的秘魯籍船"瑪利亞盧斯號"寄靠橫濱港，船內關押着 231 名清國人奴隸。一名跳海逃跑的清國人被英國軍艦救助，"奴隸運輸船"事件被曝光，英國政府立即要求日本政府救助船上的清國人。當時日本與秘魯間沒有國交關係，但從人道主義和主權獨立的立場出發，日本下達了禁止瑪利亞盧斯號出航的命令，全部清國奴隸下船獲得了保護。瑪利亞盧斯號事件引來了雙方一段艱難的官司。船長一方不服起訴，主張運輸行為是在履行"移民合同"，所謂違反人道的訴訟無效。裁判官認為所謂"移民合同"的內容是屬於違反人道的奴隸合同，駁回了船長的請求。船長則指責日本人沒有資格冠冕堂皇地高談奴隸論，日本國自己就存在嚴重的奴隸合同事情。日本公開的海內外娼妓人身買賣，事實上就是承認遊女奴隸的有效性。日本政府在事實面前處於被批判的立場，同年 10 月日本政府發佈了《藝娼妓解放令》。裁判的結果清國人解放送回清國，清國政府向日本政府表示謝意。

1874 年在台灣發生了原住民高砂族殺害琉球宮古島居民的事件，史稱"宮古島民遭難事件"、"八瑤灣事件"，引發日清兩國間政治糾紛。日本派軍入侵台灣，討伐台灣土族島民，同時藉機實現國家性的移民殖民計劃。事件後兩國經過長期交涉，簽訂了《北京專條》。1875 年明治政府單方面廢止清國對琉球的冊封，廢止琉球與清國的朝貢關係。1880 年日清兩國在北京再次交涉未果。1894 年日清甲午戰爭爆發，戰爭的結果是日本取得台灣和琉球的永久歸屬權。

1884 年朝鮮開化黨在日本暗中支持下，發動"甲申政變"奪取了政權。清國駐軍出兵成功鎮壓叛黨。翌年，伊藤博文和李鴻章在天津簽署了《天津條約》。1886 年清國北洋艦隊寄港長崎，發生長崎事件。1894 年朝鮮爆發聲勢浩大的農民暴動，進而引發日清兩國的甲午戰爭，結果清國戰敗，日本取得了勝利。

日清戰爭慘敗的大清國為牽制日本，與俄國秘密簽訂了《中俄密約》，加劇了俄國人對滿洲的全面滲透。1900 年清國爆發義和團事變，俄國人借義和團破壞東清鐵道之由，派軍佔領滿洲，引起了歐美列強尤其是日本人的警覺。圍繞在朝鮮和清國的利益，1904 年日俄兩國斷絕國交，爆發了日俄戰爭。戰爭中清國宣佈中立，但民心所向暗中支援了日本。日俄戰爭日本取得了勝利，此後日本對滿洲的經營和佔領，與清國和中華民國結下了新的恩怨。

五、日朝近代葛藤

清國鴉片戰爭後，掌握朝鮮國家實權的興宣大院君，以西方列強對清國的侵略為教訓，採取了更加堅定的排斥列強的鎖國政策。1866 年排斥外國傳教士和屠殺基督教徒，引發"丙寅洋擾"事件，法國艦隊入侵江華島。1871 年朝鮮燒毀美國商船，美國軍艦侵入朝鮮，引發"辛未洋擾"事件。

1868 年日本新政府成立，欲與朝鮮修好建立國交，但屢屢碰壁，遭到朝鮮的頑固拒絕。1873 年朝鮮大院君辭去攝政，其子李熙親政。但王妃閔氏一族篡權，加劇了大院君派和王妃閔氏派之間的內鬥。1874 年日朝兩國交涉再開未果，日本國內"征韓論"鼎沸。1875 年日本"雲揚號"軍艦侵入江華島，遭到江華島守軍開炮攻擊，結果"雲揚號"還擊，摧毀並佔領了江華炮台。宗主國清國政府不願看到朝日間對抗引來歐美列強干涉，勸告朝鮮對日開港。1876 年日本與朝鮮簽署了《日朝修好條規》不平等條約。1882 年美國也與朝鮮簽訂《朝美修好條約》。步美國後塵，英、法、德、俄、意、奧、比、荷、丹等國也與朝鮮簽訂了類似條約。

1882 年大院君在京城煽動軍隊叛亂，攻入王宮，挑起壬午兵變，亂兵焚毀日本公使館，殺死七名日本軍事顧問，清國駐朝鮮軍隊迅速鎮壓了兵變。壬午兵變引來日軍入境抗議，日本迫使朝鮮簽訂了《濟物浦條約》。1884 年受日本支持的朝鮮政治家金玉均等人，秘密組建了資產階級改良主義政黨開化黨，策動"甲申政變"，政變被清國駐朝軍隊鎮壓。事件驚動了清日兩國政府，分別委派李鴻章和伊藤博文在天津會談，雙方簽訂了《天津條約》。

1892 年東學教徒要求朝廷停止對東學教的迫害鎮壓，並由此引發大規模動亂。清國派兵赴朝鎮壓東學運動，迫東學教解散。日本政府和民間，高度關注鄰國朝鮮發生的動亂。

1894 年朝鮮全羅道古阜農民不滿地方官酷政引發農民暴動，很快民亂從局部地域擴大到整個朝鮮南部。農民起義軍在東學黨領導下聲勢浩大，數月間發展到數萬人之眾。朝廷派兵鎮壓遭到慘敗，朝鮮政府再次請求清國派兵鎮壓東學農民軍。1894 年，清國出兵朝鮮，日本以保護在朝居民安全為由，也向朝鮮派出軍隊。兩國政治軍事對峙的結果，引發日清戰爭。1895 年清國戰敗，兩國簽下《馬關條約》。

1895 年 10 月 8 日，在日本官方策動下，日本浪人闖入朝鮮王宮，殺害閔妃，製造了乙未事變。1896 年發生"俄館播遷"事件，高宗避難俄國公使館長達 1 年。支持國王的美國、俄國分別獲得在朝鮮的大量利益，日本勢力遭到排擠。1897 年高宗返回王宮，同年朝鮮改國號"大韓帝國"。

1904 年日俄戰爭爆發，日韓兩國簽署《日韓議定書》，韓國宣佈局外中立。戰爭結果日本勝利，俄國放棄在朝鮮半島的權利，韓國成為日本的傀儡國。1909 年 10 月 26 日，擔任朝鮮統監的伊藤博文被朝鮮人安重根刺殺，事件導致日本加速吞併朝鮮。1910 年《日韓合併條約》締結，大韓帝國滅亡。

六、租界

日本的租界稱作"外國人居留地"，指日本承諾的擁有治外法權的外國人居留區域。著名的居留地有，築地居留地、橫濱居留地、川口居留地、神戶居留地、長崎居留地、箱館（函館）居留地、新瀉居留地。明治三十二年（1899），日本與列強修訂了條約，廢除了外國人居留地。

（1）居留地誕生

江戶鎖國的時代和幕末時期，曾在長崎設置了"出島"和"唐人屋敷"，屬於一種最早的外國人居留地。出島居住的是荷蘭人，唐人屋敷居住的是清國人，當時規定這些外國人不能離開居住地，不能自由進入長崎市街。安政五年（1858）日美簽訂《日美修好通商條約》後，英國、法國、俄國、荷蘭隨之與幕府簽訂修好條約，總稱"安政五國條約"。條約開放了函館市、橫濱市、長崎市、神戶市、新瀉市五個港口，承認了外國人的居住和貿易往來的權利。居留地的外國人允許在方圓 40 公里內自由旅行。條約承認居留地擁有領事裁判權，居留地內的外國人須遵守日本的行政權。但在實際上，為了迴避與諸國間的麻煩，實行的是治外法權。關稅以外的租役概不徵收，外國商人的外出，須配備日本人護衛。日本商人和外國商人交易，限定在居留地內進行。

（2）居留地貿易

函館、橫濱、長崎開港後不久，出現了奇妙的淘金熱。當時世界的金銀比價 1：15，而日本的比價 1：5，也就是説，日本的金價便宜，銀價昂貴。結果清國通過條約港，用銀換金，在清國內大發橫財。幕府發現事態，改革通貨制度時，日本的黃金已經大量流失，出現了嚴重的通貨膨脹。幕末，武器和軍艦是日本的主要輸入品，武器買賣在長崎活躍。到了明治時期，近代化兵器和機械仍然是日本的主要輸入品。而日本的海外輸出品，則以日本茶、生絲為主。由於貿易結算只能用金銀，政府大力發展製絲和茶葉產業換取外匯，這些產品的出口交易，大多數是在居留地內完成的。

（3）居留地文化

開港的居留地成為西洋文明開化的據點，西洋式的街道、酒店、教會、洋館，時髦象徵的西式文化在這塊土地上誕生。居留地外國人的娛樂多種多樣，競馬、網球、壁球、板球、棒球等運動，讓日本人接觸到了新奇的西洋娛樂文化。西洋文化很快被日本人所接受和傳播。

（4）居留地和華僑

明治時代，橫濱、長崎、神戶的居留地內，出現了華人街區，並發展成三大中華街。當初來日的西洋商人多進入中華居留地，找清國人陪同和日本人做買賣。從神戶進出的華僑較多是富裕的貿易商，而從橫濱進出的華僑大部分從事飲食業買賣，中華街的面積不斷擴大。日本和清國各地開港後，開通了定期航路，進入日本的清國商人日益增多。

（5）居留地的終止

居留地集中了大量外國人，減少了與日本人的紛爭，有利於政府的管理。但是不平等條約中的治外法權、領事裁判權，是國家獨立所不能容忍的。在列強對居留地的維持經費不斷攀高的背景下，1876 年列強將長崎居留地返還日本政府。1877 年日本恢復了在橫濱居留地的行政權。明治政府為改正不平等條約，廢除居留地作出了長期不懈的努力。1899 年條約改正實施，各地居留地一齊被日本政府收回，居留地時代終結。居留地時代，神戶港凌駕於上海、香港之上，成為東亞最大的港口。居留地返還日本後，日本政府許可外國人在內地居住，解除外國人旅行限制。橫濱、神戶在政府管轄下，舊居留地仍然是對外貿易的交易中心。

11.01 1897年諷刺畫《列強俱樂部》。日英的蜜月中，日本取得了日清戰爭的勝利。日本作為新興強國，進入了列強俱樂部。在列強眼中，日本是個身穿洋裝，腳踏木屐，細細眼縫下露出一排利齒的十足鄉下佬。列強中驚異者、疑惑者、傲慢者皆有之，各個心思複雜，感歎今日的日本在國際社會的影響力已經不能低估了。

11.02 日本海上力量的進步令西方列強刮目相看。與清國軍備競賽以來，經過十年圖強，在日清開戰前日本海軍的軍艦已經達到可以與清國艦隊匹敵的數量。炮艦28艘，噸位57631噸；水雷艇24艘，噸位1475噸，合計艦艇52艘，總噸位59106噸。繪中的清國人眉頭緊鎖，若有所思。

11.03 《鷸蚌相爭》圖，日清圍繞在鄰國朝鮮的利益，展開了政治、經濟、外交上的爭鬥。清國雖然是老牌帝國，掌握朝鮮的命脈，但是氣盛的日本人絕不甘拜下風。在兩強相爭的背後，俄國人密切窺視清日兩國的動向，鷸蚌相爭必有一失，俄國人絕不能放過這個漁翁得利的大餐。圖中，日清漁翁垂竿下誘惑的是朝鮮魚，清國大佬在巧妙投放美味誘餌。

11.04 1898年清國與德國簽訂了《膠澳租借條約》，租期99年，允許德國修建膠濟鐵路；有權開採鐵路兩旁30華里內的一切礦產資源。日俄戰爭後，德國加快了對清國的經濟擴張。諷刺畫中的清國人，就像一個受氣的鄉巴佬，在委屈中任人宰割。

11.05 日清戰爭和日俄戰爭後，列強加快了對清國的瓜分，英國於1907年和1910年兩次貸款津浦鐵路，額度達1220萬英鎊。1908年動工，1911年完成鋪軌。英國控制津浦鐵路全長達1009.5公里。諷刺畫中的清國人欲說不能，無膽爭辯，只能受人欺辱。

11.06 諷刺畫《養育權的爭奪》描繪了日俄戰爭前，日俄兩國爭奪朝鮮半島的情勢。日清戰爭勝利後，日本獲得朝鮮的控制權。可是取得清國滿洲控制權的俄國，對朝鮮的野心日益增強。殘垣斷壁後的英國密切觀望複雜的遠東局勢，被套在小兒學步器內的朝鮮，在日俄兩國拉扯下，艱難進行。

G B　Le péril jaune - Cauchemar Européen

11.07　日清戰爭，日本取得在清國的
巨大利益，令西方列強極度不安。德
國皇帝威廉二世提出"黃禍論"，呼
籲歐洲各國對公然擴張的日本國施加
壓力。諷刺畫《歐洲的惡夢》，描繪
了十九世紀末，歐洲國家的巨頭在對
日本明治維新的支持中，衍生出複雜
的警覺心情。漫畫中的天空，彌漫着
黃色沙塵，暗示東方黃色人種的日本
人，正如惡夢般襲擾歐洲權貴們的美
夢。

11.08　19世紀末，德國皇帝威廉二世親自
構思了一幅《黃禍圖》，畫成油畫送給了俄
國沙皇。日清戰爭後，隨着遠東日本的崛
起，引起西方的警覺，出現了大量關於"黃
禍論"的文章和專著。認為日本的發展和
崛起，將給西方文明帶來災難和毀滅。漫
畫《黃禍》描繪了德國皇帝威廉二世，
在勾畫一幅警示歐洲列強，警惕黃禍到來
的圖畫。

11.09 日本對朝鮮的軍事介入，把清國拖入戰爭的泥潭，朝鮮成為清日角逐的舞台。垣後的俄國密切注視這場戰爭。日清戰爭實質上是多國利益的爭奪戰，清國成為戰爭最大的輸家。

11.10 諷刺畫《滿洲》描繪日清戰爭後清國、日本、俄國三國間的關係。俄國人為強化在滿洲的利益，與清國急速接近。而日本警告清國，俄國人企圖對滿洲不軌。清國在日清戰爭敗戰，心裏對日本充滿仇恨，可引來的俄國人更是狼子野心。畫中象徵清國的女子，左右曖昧心思複雜，三角關係微妙。

11.11 諷刺畫《在遠東的英國人》，為了對抗南下的俄國人，英國和日本形成聯盟關係，在政經各方面成為日本的後盾。後方的美國密切窺視事態的動向。畫內音："不要害怕，我就在你的後面。"英國人將恐惑的日本人推向傲慢的俄國人面前。

11.12 諷刺畫《黃禍襲來》。德國皇帝提出黃禍論，警告西方世界，表面上被壓抑的亞洲黃色人，正在形成巨大的力量與西方抗衡。贏得日清戰爭勝利的"日本拿破侖"，正在率領亞洲人向西方進軍。拉車的清國人、印度人、朝鮮人等各國各民族，在日本人的指揮下，正在走出亞洲遠征西方。德國皇帝認為，阻止黃禍蔓延的最好辦法，就是鼓勵俄國人南下。

11.13 諷刺畫《角力》，日本天皇與象徵俄國的北極熊角力。這場你死我活的角力受到各國的極大關注。幾乎沒有人相信，日本能夠戰勝俄國。但也有人認為，擁有85%世界最高識字率的日本人，所具備的國民頭腦和國民精神力，一定會超過25%識字率的俄國。列強從敢於和比自己強大數倍的龐然大物角力的勇氣，看到了東方人的崛起。

11.14 諷刺畫《遠東的事情》描繪了日清戰爭後，列強在遠東問題上的心態和立場。清國婦女拿出密信，分別交與俄、德、法，意欲牽制日英同盟在遠東的影響力，結果加速了列強對清國的瓜分。英國頗為失意，窗外的日本人、韓國人密切關注事態的發展。大大的問號，給這封密信留下了神秘的色彩。

11.15　諷刺畫《熊和狂吠之犬》，描繪俄國熊懷抱着滿洲和朝鮮，自以為得意，不想被日本狗狠狠咬住了腿腳。身後的英國、美國在靜靜觀望兩國間的爭鬥。惱怒的俄國熊放出狠話："給我滾開，你個討厭的傢伙"。

11.16　日俄戰爭兩敗俱傷，美國出面調停，秘密建議日本迅速佔領樺太島，使談判的天平向日本方面傾斜。漫畫諷刺日俄兩國猶如提線木偶，被美國操縱着握手言和。

11.17　日俄戰爭，日俄兩國的較量也可以說是聯合勢力的對抗。俄國的盟國法國財大氣粗，還有德國人撐腰。日本的盟國英國是日本的後盾，還有美國的好意。諸列強勢力的交錯參與，使這場戰爭有了特殊的意義。所以說日俄戰爭是第零次世界大戰，是第一次世界大戰的預熱。繪中的法國女郎和英國紳士都表現出不懼對方的底氣，而日本和俄國則劍拔弩張，仗勢欲戰精神緊張。

11.18　日俄戰爭，戰費不足是日本最致命的要害。向毫無戰爭利益的國家出售國債，在沒有任何戰爭勝利保障的狀況下，不會有哪個國家會冒險購買日本國債。這幅漫畫形象地描繪了當時的情形。日本派出的代表是日本銀行總裁高橋是清，在國債募集過程中遇到了重重困難，西方世界幾乎沒有人願意借錢給日本。在絕望的關頭，是美國銀行家和慈善家美國猶太人領袖雅各布‧希夫伸出了援手，號召全美猶太人接受了日本的國債。雅各布‧希夫融資的理由，是報復沙俄的反猶太主義。融資的成功使日本贏得了戰爭勝利。

11.19　法國女郎問俄國女郎：“你不想和比爾跳舞嗎？”俄國女郎：“如果他不會踩到我腳趾頭上的話，我覺得我應該非常想去。”法國女郎：“噢，他不會的，他已經有了很大的進步，我覺得他很可愛。”日俄戰爭的失敗讓俄國人失去了自尊心，此時的比爾先生正在和日本女郎纏綿。

11.20　在世界各國的關注下，日俄戰爭的大戲開幕。各中立國都在盤算自己的心事。唯獨清國人神情緊張、氣憤、無奈、沮喪，因為兩國的大戲是在自己國家的土地上展開的。

11.21　日清戰爭結束時，
日本在俄德法三國干涉
下，被迫將遼東半島返還
清國。事件加深了日本和
干涉國間的矛盾。為了對
抗俄德法三國同盟，日本
也加入到英國、美國的陣
營，形成了新三國同盟的
對抗勢力。諷刺畫《新三
國同盟》描繪了新生的後
起之秀和老牌帝國間，政
治、經濟、國際地位不協
調的畫面，日本小學生尚
需培養壯大才能與列強並
駕齊驅。

11.22　幕末，《日美通商條約》簽訂，神奈川開港，大量西
洋人進入日本。列強紛紛在各自的租界內興建房屋建築，
開發房地產。租界內經濟活躍，促進了當地的經濟的發
展。寫真是從山手的視角觀看橫濱租界內的景象。租界面
對的港灣內，停泊着各國的軍艦和商船，日本的主權在對
外不平等條約束縛下受到侵犯。

11.23　寫真是明治九年（1876）拍攝的神戶租界地開設八
年後，海岸大道最東端正在建設的西洋建築。建築從左
一數是德國人庫喬商會、卡比商會（現在的神戶市立博物
館）、東洋銀行（英國系）、伊利斯商會（德國系），正面空
地是 1864 年日本海軍鼻祖勝海州開設的神戶海軍操練所
（廢所）。

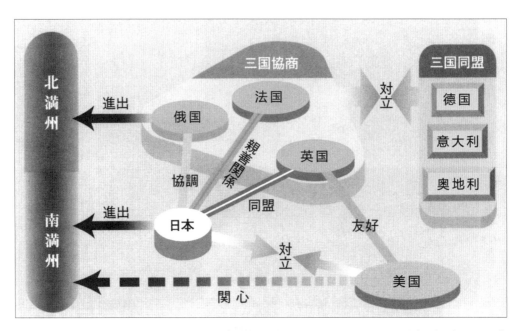

11.24 明治三十三年（1900）前後的國際關係示意圖。圍繞中近東和非洲的殖民地問題，英國和德國間的矛盾激化。日俄戰爭後，德、意、奧組成三國同盟與英、法、俄協商國形成兩大對立陣營，日本是協商國陣營的支持國。在遠東，日本和俄國間相互協調，控制清國南滿洲和北滿洲。美國日益關注南滿洲利益，開始與日本出現對立立場。圍繞朝鮮和清國爭奪的遠東，成為當時最危險的地帶，一場充滿火藥味的日俄大戰即將到來。

11.25 橫濱的本町大街，高聳旗杆飄揚美國國旗的建築院落，是美國領事館。道路對面有腳手架的建築，是明治七年（1874）竣工的郵便局，一派近代化街道的景象。

11.26 幕末時期，橫濱的里町在開港前只是一個寂靜不為外界所知的貧困小漁村，漁民們每日擠在破舊的木板房內生活。變成租界後，這裏發生了巨大的變化。

11.27　1873 年美國馬卡斯商會在租界橫濱山下町 93 番設立了一家美國綜合商社。隨着業務的擴大，商社僱傭了大量日本人在租界工廠內做工。同時也僱傭了清國人幫助他們開拓清國市場，將日本貨輪往清國。寫真是 1919 年商會的職工在工廠大門口的合影。

11.28　十九世紀，西方紡織工業飛速發展，生絲需求量日益增大，日本和清國成為歐美發達國生絲原料收購的主要國家之一。1910 年日本生絲出口量 10462 噸，佔世界生絲出口總額的 3/4，是清國 6 倍。生絲的出口，為日本換取了大量外匯。寫真是在外國商館內囤積的大量準備出港的生絲原料。

11.29　1859 年橫濱港開港之時，橫濱市建成了外國人居留地，一些服務於歐美商社及銀行的中國人與歐美人一起往來於中日之間。橫濱與上海、香港之間開設了定期的船路航班之後，一些中國貿易商也開始往來中日之間，並在居留地的山下町周圍建造了關帝廟、中華會館、中華學校等。寫真是 1910 年舊曆五月十三日關羽祭日（一說關羽祭日在六月二十四日），在中華街舉行的獅子舞。

11.30　明治時代，政府壟斷
製作衣服的產業，建造了絹
製作工廠，絹的產量開始增
加。日本的開港讓西洋人接
觸到絹織物產品，並展開了
大規模絹製品的出口。日本
的絹線和絹製品的出口額，
佔據了世界出口額的最大比
例。以至於世界上的人們認
為日本是絹的原產國。寫真
是英國租界內絹製品出口前
做最終檢驗的情景。

11.31　1891 年日本的綠茶出
口量達到 2.4 萬噸，茶葉出
口在日本的出口產品中僅次
於生絲。由於西洋人對日本
綠茶有特殊的喜好，出口量
日益擴大。日本與列強間的
不平等條約，加速了茶葉貿
易的發展，工廠乾脆開到了
租界內。寫真是 1906 年，租
界內外國商行茶葉再製車間
內女工作業的場景。

11.32　明治維新急需大量的
英語人材，1872 年租界內
設立了高島英語學校，培養
可以與西洋人交往的外語人
才。著名的美國長老教會教
育者 JH.巴拉兄弟在此受聘
任教。寫真是學校的校舍，
構造呈四面圍合而成的兩層
建築。寫真中間是橫濱火車
站的乘車站台。

11.33 日本的遣唐僧從中國帶回了茶葉的種子，日本由此開始了茶葉的種植。日本的蒸青綠茶工藝受到中國茶文化的啟發。明治維新後，日本發明了"宇治製法"，其蒸茶技術在全國推廣，並受到西洋人的喜好。明治時代，日本茶的出口量超過了中國茶和印度紅茶，1891年達到2.4萬噸。寫真是明治二十年前後在神戶租界92番館，斐利亞商會的茶葉工廠裏，日本女工作業的情形。

11.34 明治時代，日本茶主要輸往美國。而輸入神戶茶葉的美國大戶是租界內的美西商會。寫真是明治二十年前後，日本的茶商向美國商戶提供各種茶葉產品，美國商人在進行品質檢查的場面。雙方根據茶葉質量在用算盤進行價格交涉。

11.35 神戶租界121番是德國的商行。從海外進口織物、毛毯、藥品、洋紙、機械、雜貨。出口花、白蠟、竹材、竹籠、地毯。商行內除了三位負責人外，其餘60人全部是日本人。寫真是明治中期，德國特拉甘普商會大型倉庫內堆積的部分貨物。

11.36 明治時期英國駐日本公使館。

11.37 明治時期美國駐日本公使館。

11.38 明治時期法國駐日本公使館。

11.39 明治時期俄國駐日本公使館。

11.40 明治時期荷蘭國駐日本公使館。

11.41 明治時期德國駐日本公使館。

11.42 明治時期意大利國駐日本公使館。

11.43 明治時期奧匈帝國駐日本公使館。

11.44　明治時期大清國駐日本公使館。

11.45　明治時期韓國駐日本公使館。

11.46　明治四十三年（1910）之初，是日本最平安順利的時期，此時的日本與俄國間達成妥協；與英美國家維持友好關係；韓國被合併成殖民地，是日本的全勝期。在這幅1910年8月20日的倫敦新聞圖片中，記載了一些國家的皇帝和國家人口。國際關係圖的中央是代表西方世界的領袖大英帝國，國家人口41776827人。清國作為世界的大國，擁有407253030人；歐洲390000000人；韓國10000000人；俄國155433300人；日本49581928人。

12　民權反戰

日本的自由民權運動，是明治時代推動的社會性政治運動。史上通常所說的自由民權運動，始於明治七年（1874）政府提出的"民選議院設立建白書"。此後薩長藩閥要求政府在政治上實施全面的改革，制定憲法、開設議會、輕減地租、改正不平等條約、保障言論自由和集會自由。直至1890年帝國議會成立，自由民權運動在政府間、民間廣泛熱議，在法律的保護下展開。

明治六年（1873），日本庶民派思想政治家板垣退助，因朝鮮拒絕與日本修好之故，率先提出了"征韓論"的主張，引導輿論對朝鮮國激進和仇視。赴歐美考察回歸的岩倉使節團從國際關係大環境的視野考量，力主穩健慎重應對。為此，穩健派與激進派之間展開了論戰，導致政府內大規模人事動盪。板垣退助、西鄉隆盛等600餘名官僚被迫辭官，演繹了一場"明治六年政變"或稱"征韓論政變"的政治事件。

以此次政治事件為契機，推動了自由民權運動的展開。明治七年（1874），依照"五箇條御誓文"精神，"愛國公黨"、"立志社"等宣揚自由民權的民間黨派組織相繼成立，翌年又在全國範圍內成立了"愛國社"。一些宣揚自由民權的組織，打著"士族民權"的招牌，甚至用暴力行動為士族階級的失勢喊冤叫屈，遭到政府的嚴厲鎮壓。1875年政府公佈"讒謗律"、"新聞紙條例"。1878年"愛國社"再度興起，呼籲開設國會、改正地租，民權運動得到士族、農民的廣泛支持。1880年政府發佈"集會條例"法令，限制言論的絕對自由。

明治十四年（1881）自由民權運動潮流中，社會展開了憲法制定論的熱議。政府內部的政治大腕，對確定國家憲法中之國體採用何國模式發生爭執。伊藤博文支持德國式的普魯士憲政，維護天皇大權主義的體制。大隈重信主張英國式的議院內閣制憲政，建立資產階級議會民主精神的國家體制。兩種意見形成兩派勢力，在近代國家體制構想的爭執中，引發了明治十四年政變，政府多數派否決了大隈重信的憲政主張，以反政府的陰謀論罷免其官職。最終在憲法中確立了以君主大權續存的普魯士憲政的國家模式，作為日本近代國家的體制原則。

明治十四年的政變，政府內主張自由民權運動的聲音受到打擊，政府強化了對不同意見的壓制，鞏固了以伊藤博文為中心的政府派閥。1882年政變下野的大隈重信，組建了"立憲改進黨"，並成為黨首。在政府壓制反對派的背景下，日本全國各地頻繁發生反對壓制民主的激化事件，如1881年秋田事件；1882年福島、岐阜事件；1883年高田事件；1884年群馬、加波山、秩父、飯田、名古屋事件；1886年靜岡事件等，都是要求自由民權的群眾運動。

明治十九年（1886），自由民權運動的"大同團結運動"再掀熱潮。中江兆民、德富蘇峰等人的思想學説活躍，引導輿論對民權表現出更多關注。1887 年井上馨基於歐化主義的外交政策，提出了外交政策轉換、言論集會自由、地租輕減的要求。面對政府內外的自由民權主張，政府制定了保安條例，吸收改進黨大隈重信進入內閣，使激進的民權運動趨於沉靜化。在民權運動背景下，1890 年誕生了《大日本帝國憲法》，全國實施了第一次總選舉，成功召開了帝國議會。

明治時代，日本進行了三次對外戰爭，既給日本帶來了榮耀，也給日本帶來巨大損失。圍繞戰爭的主題，政府和民間有過各種各樣主張戰爭和反對戰爭的議論。明治時代著名的基督教思想家、文學家內村鑑三，曾經是讚賞正義戰爭論者。戰爭結束後，他反省了戰爭，發表了《戰爭廢止論》，抨擊"戰爭的利益是強盜的利益，盜來的利益將永遠不利益。盜竊者的道德，為了盜竊而墮落，會用數倍的利益去償還自己的罪惡，此乃世之大愚。日清戰爭，日本兩億的暴富和一萬生命陣亡的代價，朝鮮的獨立、支那的瓜分，日本國民負擔的增加，將東洋之國帶入了危險的境地。戰爭之國乃未開化之國、野蠻之國，犯有殺戮大罪之人的勝利，沒有永遠的利益。"

日清戰爭和日俄戰爭開戰前，政府給予新聞媒體、報刊雜誌充分的自由言論，"開戰否"、"非戰否"兩種對立的議論交戰得如火如荼。可是政府一旦決定戰爭，國家就堅決強制要求民眾回到現實中履行戰爭義務，國民便失去了指責政府和戰爭的權利。戰爭狀態下，日本採用了法國國家憲兵制模式，在戒嚴令下對一般國民行使言論管制權。民眾的自由言論受到限制，反政府的新聞報導被取締，日本因戰爭迎來了鉗制言論自由的時代。戰爭是國家行為，面對戰爭國民沒有民權可言，只能義無反顧地接受國家賦予的戰爭義務，為戰爭去死，去奉獻一切。

日俄戰爭後，全國各新聞社、通信社的記者首次團結起來，要求取消禁止新聞發佈的法規；廢除公判前預審記事的禁止條例；全面制止新聞報導中的體罰；修改新聞報導法令。新聞界的自由民權運動，促進了國家一系列的改革。然而戰時言論管制機制，事實上在歷次戰爭中都在嚴格實施，一直延續到 1945 年日本在第二次世界大戰敗戰為止。

日本是近代以來數次戰爭的發起國，但是戰爭的受害者永遠是民眾，任何勝利或失敗的國家，都為之付出了民眾的血淚。戰爭中反戰、厭戰、避戰、懼戰的情緒在民間蔓延，許多青年人為躲避兵役，採取了自殘的極端行為。日俄戰爭中，當大量軍人戰死沙場時，這種情緒達到了高潮。國民為戰爭承受犧牲和賦稅，戰爭將國民拖入死亡的深淵。日俄戰爭國家特別增稅 3.2 億円、國債 6.7 億円、外債 8 億円，總戰費 18 億円。為國家從軍的士兵 109 萬，戰死 8.8 萬人，戰傷、疾病 40 萬人。這對只有 5000 萬人口的國家而言，的確是難以承受的犧牲和悲哀。

戰爭中的民眾，女人們強顏歡笑，割髮送夫上戰場，犧牲的丈夫在懷中留下妻子一縷黑髮的眷戀。1895 年松井昇所畫《軍人的遺物》；1895 年彼克（筆名美好）畫《陸軍將校妻兒別》；1904 年滿谷國四郎所畫《軍人之妻》，每幅繪畫都深刻揭示了民眾對戰爭的憎恨和反戰情緒。戰爭導致男兒的大量陣亡，"未亡人"的再婚成為輿論的話題。然而社會的主流認識，卻賦予女人"若對為國捐軀的夫的思念，就不應該再婚"的苛酷選擇和壓抑。

日俄戰爭，日本付出巨大的犧牲贏得了戰爭勝利。然而當日本政府和俄國政府簽署了《樸茨茅斯條約》，日本沒有得到戰爭賠償時，激發了國內反政府運動，群眾發起廢除《樸茨茅斯條約》，繼續戰爭的過激舉動。日本國內軍國主義團體利用群眾對戰爭期間米價上漲，增加稅收的不滿，煽動戰爭狂熱反對媾和。9 月 5 日在黑龍會、靖和問題同志會的發動下，3 萬東京市民集會日比谷公園，要求廢止和約，繼續對俄作戰。與會群眾和試圖阻撓大會的警察發生衝突。會後，群眾襲擊《國民新聞》報社、內務大臣府邸、基督教會、警察署和市內電車，燒毀警察崗亭和派出所，暴動繼續到次日，甚至蔓延到橫濱、神戶一帶，在全國各地都出現了反對媾和運動的暴亂。政府發佈《戒嚴令》出動軍隊。事件中傷約 500 人、死 17 人、被捕者約 1700 人，其中 308 人被起訴，87 人被判刑。事實上參加暴亂的大多數人，是對物價飛漲和重稅盤剝不滿的工匠、職工、腳夫、車夫等城市各業勞動群眾。

明治維新的時代，日本國民邁進了追求自由民權的國度，民權推進了國家進步和文明的快速發展。維新國家賦予民眾的民權，重要的政治涵義是君主立憲國家的民眾，不再是"臣民"，而是"國民"的理念。明治國家的民眾為爭取做真正意義上的國民，作出了不懈的努力，那裏的國民在維新的國度裏，獲得了封建制度下從未有過的民權悅意。明治維新對"民"改造的最大貢獻，莫過於將"民"永遠脫胎出"草民"、"人民"、"臣民"的理念，讓國民成為國家為我，我為國家的近代國家主義獻身者。日本國民在民權的理解、爭取、獲得的維新過程中，同樣走過了漫長的路程和付出了極大的代價。

12.01　明治維新自由民權運動掀起高潮，為了向大眾宣傳民主和自由，明治十四年（1881）在築地木挽町建設落成了一座可以容納 1500 餘人的演說會場“明治會堂”。圖繪是明治會堂演說的場面，場內上下兩層座無虛席，演說者振臂激昂，聽眾聚精會神。國民迎接新時代的到來，關心作為國民應有的民主和自由權利。

12.02　明治維新國家的民眾要求民權、自由，在許多公共場所自發舉辦演講會宣傳思想。在政府治安管制條例的干涉下，巡警有時直接衝入會場終止講演。1888年《自由新聞畫報》刊載巡警終止講演的情形。滿場聽眾場面沸騰，抗議警察干涉自由發言權。早期的明治維新，日本民眾經歷了要求和爭取民權、自由的歷史階段。

12.03　女性從政是明治維新時期，文明進步的重要表現。然而女性從政在日本經歷了艱難的歷史階段。明治二十三年政府發佈《集會及政社法》，規定禁止女性參加政治集會。“婦人演說圖”表現了婦人演說的情形。講演題目《雖說是女子，努力的結果可以超過男子》。當時比較著名的政談演說女性有岸田俊子、福田英子等思想家。

12.04　諷刺畫《警察的口罩》。早期明治維新的新聞自由
並非一帆風順，報社發表新聞必須通過警方審查才可以。
繪畫的場面是各報社的編輯，帶着各自的新聞原稿在接受
審查官的訓斥。警官給他們帶上捂住嘴巴的口罩，禁止他
們發表意見。窗外探頭者，嘲笑明治憲法主張的民權是虛
偽的謊言。

12.05　諷刺畫《再多說一句就……》。1887年10月後藤象
二郎組織的"大同團結運動"在日本引起共鳴。為了政治
獨裁的需要，政府對宣傳媒體採取了嚴厲管制。畫中人的
喉嚨被套上"絞殺器"，警官在一點點收緊絞索套說："你
再胡說一句，小命就沒有了！"新聞自由實際上受到了官
方的嚴厲限制。

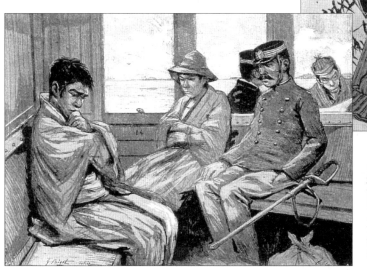

12.06 1882 年前後，民權家們經常為討論改進政黨在飲食店聚會，政府為監視民運人士的舉動，僱傭藝伎偷聽民權家的密談信息，進而採取鎮壓措施。《土陽新聞》揭露，端着酒壺的藝伎，正在偷聽室內人物的談話，作為政府密探監視反對黨和民運人士的活動。

12.07 1893 年《The Graphic》繪畫。描繪明治二十年至三十一年"保安條例"實施期間，許多主張平等、自由、民權的人士被警方抓捕和流放。畫中是民運人士正在被警察押送離開東京，前往遠方的荒涼之所。民運人士的不公、苦澀、無奈和警察同情的神情，被含蓄地表現出來。

12.08 諷刺畫《民權自由的犧牲者》。井上馨是第一次伊藤博文內閣的外務大臣，第二次伊藤內閣的內務大臣，駐朝鮮公使。他是"脫亞入歐"戰略的主導者，也是官商勾結、貪官污吏的典型代表。他主導的修改歐美不平等條約，主張歐化推進政策，歷時八年以失敗告終。繪畫描繪了因秘密出版批判井上馨條約改正案的小冊子，出版業者遭到警方抓捕入獄的情景。

12.09 明治維新使得民權、自由、獨立的理念開始在島國社會啟蒙，政府養成了通過報紙媒體表達思想和新聞的方式。民主化的推進，引導民眾開始公開對政府的執政進行批評。1875 年政府發佈新聞報紙條例規則，對批評政府的言論和行為施行限制和處罰的舉措。政府同時贊助替政府說話的報紙在媒體上與其他報刊論戰。漫畫《新聞戰士的筆伐》，展示各報社編輯們以筆為矛，用報紙當盾，在報刊上相互口誅筆伐的事情。反映民權自由在維新文明的吶喊中形成。

12.10 1895 年發表的繪畫《陸軍將校妻兒別》，描繪日清戰爭中，在廣島宇品港即將出征的軍人與家屬別離的場面。將校、妻子、兒子的各自表情，描繪得淋漓盡致、意寓深刻。正所謂：行役在戰場，相見未有期。撫額一長歎，淚為生別茲。今後汝乃吾家之樑柱，要好生照顧母親。此繪畫被譽為傳遞悲怨戰爭的反戰作品。

12.11　日本近代著名畫家石井柏亭的作品《未亡人的悲哀》，揭示了戰爭給民眾帶來的苦難和悲怨。戰爭導致男兒大量陣亡，"未亡人"的再婚成為輿論關注的話題。然而社會的主流認識，卻賦予女人"若對為國捐軀的夫的思念，就不應該再婚"的更殘酷的精神壓抑。

12.12　諷刺畫《旅順戰後的日本軍》，日俄戰爭雖然取得了勝利，但是勝利的代價是大量的兵員損失和大量的借金（公債、外國債）堆積而成的。戰爭中反戰、厭戰、避戰、懼戰的情緒在民間蔓延。日俄戰爭中大量軍人戰死沙場，這種情緒達到了高潮。國民為戰爭承受犧牲和賦稅，戰爭將國民拖入死亡的深淵。日俄戰爭國家特別增稅 3.2 億円、國債 6.7 億円，外債 8 億円，總戰費 18 億円。為國家從軍的士兵 109 萬，戰死 8.8 萬人，戰傷、疾病 40 萬人。這對只有 5000 萬人口的國家而言，是一場深重的災難和悲哀。

12.13　27 歲的庶民女子"畠山勇子"，在"大津事件"後，為挽救日俄兩國間危機，在京都府門前自刃身亡。她的愛國反戰情操令尼古拉感動，挽救了日俄雙方的緊張關係，受到本國和歐美列強的高度讚揚。

12.14 日俄戰爭造成大量的日本士兵陣亡，日本國內的反戰浪潮急速增高。日俄簽訂《樸茨茅斯條約》，日本除領土和外國權益外沒有得到戰爭賠償，加劇了國內反政府運動。圖為憤怒的民眾用門板抬着負傷者，在政府門前集會抗議的情形。

12.15 《樸茨茅斯和約》簽署的當天，失望的日本民眾聚集在東京日比谷公園召開國民大會，要求廢棄該條約。參會者與警察發生了衝突，民眾猛烈地襲擊了公園附近的內相官邸，發生了日比谷燒打事件。騷亂持續了 3 天，從東京迅速波及到日本各地，全國為之震盪。暴亂最終被政府軍鎮壓。寫真是暴亂中被民眾破壞的街頭電話亭。

12.16　1904年日俄戰爭開戰，日軍接連苦戰，大量陣亡，雖然在奉天會戰以及日本海海戰中取得了勝利，但是日本的作戰能力已經達到了極限，俄國國內革命運動興起，兩國均陷入難以持續作戰狀態。經美國介入斡旋，兩國於1905年9月締結《樸茨茅斯條約》。日本國內軍國主義團體利用群眾對戰爭期間米價上漲，增加稅收的不滿，煽動戰爭狂熱，反對媾和。9月5日在黑龍會、靖和問題同志會的發動下，3萬東京市民集會日比谷公園，要求廢止和約，繼續對俄作戰。狂熱的市民搗毀《國民新聞》報社，放火焚燒內務大臣官邸和多個派出所。政府宣佈東京戒嚴，出動近衛師團鎮壓。寫真是在市街巡邏的日本正規軍步兵隊列。

12.17　9月5日在國權派團體主持下，在東京日比谷公園召開了反對媾和國民大會。與會群眾和試圖阻撓大會的警察發生衝突。會後，群眾襲擊國民新聞社、內務大臣府邸、基督教會、警察署和市內電車，燒毀警察崗亭和派出所，暴動繼續到次日。政府發佈《戒嚴令》出動軍隊鎮壓。事件中傷約500人、死17人、被捕者約1700人，有308人被起訴，87人被判刑。暴動蔓延到橫濱、神戶一帶，在全國各地都出現了反對媾和運動的暴亂。圖繪是暴亂群眾在焚燒電車的情形。

13　國民教育

一、日本前古的教育

奈良時代（公元 8 世紀），日本派遣大量的留學僧作為遣唐使，東渡大唐學得了唐朝的明法道（律令）、文章道（漢詩文），將各個領域的中國文化帶回了本國。

平安時代（公元 8 世紀末），日本國內漢文學興起，日本人編纂的詩文集大量登場。日本人開始改造國語，發明的日本文字"平假名"、"片假名"，與漢字混合而成的"和歌"、"和文"迅速發展。

鎌倉時代（公元 12 世紀），日本在教育中引入了日本語。南北朝時代（公元 14 世紀），《朱子學》、《源氏物語》、《古今和歌集》等經典文學受到廣泛關注，日本文化的獨立性、日本語言的自主性形成主流。

室町時代（公元 15 世紀），國家的古典文化教育在戰亂中受到衝擊，但在庶民中"藝道"、"趣味道"、"人間道"等武家階級的文化產物興起，教育在民間出現繁盛局面。公元 16 世紀，基督教傳來，傳教士為了佈教的便利，帶來了西方特色的文明啟蒙教育。

二、江戶教育的特色

江戶時代（公元 17 世紀），是日本史上教育最發達的時期。幕府推進的教育形式，是受制於武士、百姓、町人的身份制度，自發性的自習自學教育方式。隨着社會安定經濟發展，誕生了面向大眾的以"文學"、"藝能"為特徵的庶民化國學。外來的儒學、自然科學、古典學研究，逐漸融入了日本的教育。對自由人性的追求，辭藻華麗的市井文學，俳諧、小說、腳本；繪畫的浮世繪、風俗畫；歌舞的歌舞伎、女形等大眾喜愛的藝術形式在庶民中廣泛流行。

儒學教育對日本政治的成長發揮了重要作用，社會重視忠孝禮儀，儒學融入"文治"、"政治"，在意識形態上穩固了封建社會幕藩政權的思想基礎。江戶時代末期（公元 19 世紀），幕府財政困難，嚴重危及到體制的穩定，武士階級的生活水平急劇下降。諸藩決議實施教育改革，武士階級為維持生計涉足經商，大量的教育機構如"寺子屋"、"手習所"、"鄉學"、"家塾"、"私塾"、"藩學"湧現，奠定了明治時代學校教育的基礎。

江戶中期以降，日本的古典研究發達，學者們致力於研究日本人自古以來的精神。對古來精神的追求和倡導，後來發展成日本人引以自豪的國粹主義精神。新理論的思想家不斷湧現，動搖了幕藩體制的意識形態。世經論中，熊澤蕃山所著《大學或問》，對武士歸農論和參勤交代（江戶幕府要求各藩藩主以人質形式定期前往江戶）展開批判；本多利明《經世秘策》提出了與外國交易有益於島國開發的富國策略；佐藤信淵《經濟要錄》主張絕對統一國家論，積極支持到海外發展的勢頭。農業論者，大藏永常《交易國產考》

論述農家的利益與國家的利益。尊王論者，蒲生君平在《山陵誌》中最先提出了尊崇天皇的思想。海防開國論者，工藤平助《赤蝦夷風説考》建議開發蝦夷蠻地（北海道一帶），擴展國家疆域。林子平《海國兵談》全面論及國家海防的重要性。學者廣泛的研究和治國的高見，一定程度上融入了教育之中。幕藩政府沒有坐視精英們理論與觀點的表達，一些大膽直言的理論家被處罪，史稱"蠻社之獄"。

江戶時代，幕府堅持鎖國政策，卻和荷蘭國保持着長久的交往。幕府唯一批准的具有洋夷色彩的教育，就是被稱作"蘭學"的荷蘭自然科學。到了江戶幕末，以傳播西洋各國科學為中心的日本自然科學領域的教育，得到了較為迅速的發展。這是因為幕府限制外來意識形態學問的流入，外來學問只停留在實用的自然科學領域。在這個時期，外來的語言學、醫學、物理學、天文學、測地學、化學、植物學等，開闊了島國日本人的視野。

江戶幕末"黑船來航"，西洋人驚異於日本人的教育水準，城市一般市民的入學率超過七成以上，尤其女子入學率極高。初等教育的普及，結束了上層階級對教育的壟斷，庶民也能閱讀各種出版物。幕末日本民眾的識字率達到 60 ～ 70%，而當時的歐洲民眾識字率僅 20 ～ 60%，法國甚至未滿 10%。日本教育普及程度之高，令發達的西洋諸國驚歎不已。江戶時代教育的興起，是基於大眾對文化繁榮的需求，以及幕府為鞏固封建制度宣傳其政治理念的策略。國家對庶民文化的期待，着眼於對幕府制度的理解，貫徹文書形式的法令，商業上的交易，土地買賣，金錢借貸時的基礎知識。因此早期日本人推行的教育，實際上被束縛在相對狹隘的實用範疇之內。儘管如此，江戶時代的教育培育了國民的讀寫和計數能力，是明治時代以後日本超過亞洲諸國，迅速完成國家近代化的重要因素。日本的教育學者評價說："江戶時代的教育為明治教育的再生和發展打下了良好基礎。"

三、明治的教育維新

幕末和明治維新初期，安政元年（1854），外交軍事要員專修的"洋學所"成立，1863 年擴充為"開成所"（後為東京大學）。安政五年（1858），福澤諭吉開設"蘭學塾"（後為慶應義塾）。福澤諭吉《勸學篇》、中村正直《西國立志論》、中江兆民《民約譯解》、森有禮《明六社》等體現近代思想的學術著作受到關注，確立了明治普及教育的思想基礎。近代思想的國民教育普及論，對近代國家的形成起到了重要作用，日本人開始懂得教育的涵義。明治維新的政治家們清醒地認識到，教育不僅僅是民間個體對文化的奢求，更是維新國家的民眾必須共享的戰略儲備行為。明治新政府將教育政策，從民間自由主義教育形式，整編成中央集權的國家主義的教育形式。政府公佈了學制、教育義務化、普及女子教育等措施，民間教育被國家教育統括，確立了國家長期戰略性教育責任制。

明治維新後，政府將從封建社會延續下來的，具有階級特色的教育制度，一律統一為國家的國民教育制度，傳統的藩校、鄉校、寺子屋轉變成明治小學校。可是，明治初期正是國家草創的艱難時期，政府自身尚處在權力基礎沒有穩固，經濟能力也非常薄弱的階段。政府只能在推進教育過程中徵收學費，學費的徵收，成為教育普及的巨大障礙。以農業為國家經濟基礎的日本，鄉村、漁村的大部分兒童，事實上已經成為維持家計，繼承祖上勞力的預備軍。在他們的意識中，上學並不是絕對需要的事情。明治初期，日本民眾對上學非渴望的短見，使全民自主就學率趨於低下。

明治五年（1872），政府制定了面向教育普及的《學校制度法》，確定了普及國民初等義務教育方針。政府強力推進小學校教育，敦促兒童家長接受國民教育啟蒙，減少孩童作為家庭勞力的負擔，縮短幫助父母勞作的時間，讓子女接受小學教育。明治初期，政府推進的義務教育，旨在提高國民的識字率，但全國的就學率僅達到 30%。由於當時國家財力有限，免費義務教育力不從心，一般教育仍然需要交付學費，因此政府推進的義務教育計劃效果並不顯著。

明治六年（1873）以前，日本採用法國的"學區制"模式，在全國分成八大學區。每個大學區有大學 1 所，並轄 32 個中學區；每中學區有中學 1 所，並轄 210 個小學區；每小學區有小學 1 所。亦即全國 8 所大學、256 所中學、53760 所小學。明治六年（1873）改成七大學區。"學制"為基礎的學校制度，確立了以全體國民為對象的初等義務教育。政府強力推進小學教育的舉措，減少了孩童作為家庭勞力幫助父母勞動的時間，遭到家長的抵制。小學教育的普及成為政府亟待解決的重要課題。

明治政府全力推進普及教育的同時，展開了對殘疾人的特殊教育。明治十一年（1878）京都設立了第一所"盲啞院"；1880 年東京開設了"訓盲院"；1894 年面向智障、肢體殘疾兒童設立了"精薄兒"教育設施。但是公立、私立、地方公共團體的盲聾啞教育設施與西洋國家比較，仍處於相對落後的階段。

日清戰爭以後，國民的愛國心形成，國民的國家意識受到空前鼓舞，普通小學的就學率急速上升。明治三十三年（1900）政府利用日清戰爭的賠款，對全國入校小學生實現學費全額免除制度。但此舉並未改變貧民家庭的適齡入學子女作為家庭重要勞力的現狀，義務教育的就學率仍然較低。為此，地方政府向適齡兒童頒發校徽和入學銘牌，監督不登校的學童。學校將入學學生分成 8 個等級進行表彰和批評，甚至採用威脅強制手段，迫使學齡兒童入學。到 1915 年全國小學入學率超過 90%，庶民學齡期子女的就學實現了普及。

明治維新國民教育的成功，源於國家教育方針的確立和教育法的制定。從日本明治時期國家頒佈的教育法規，不難看出政府對教育的重視，以及以法為本、循序漸進、腳踏實地的教育務實精神。

慶應三年（1867）《五箇條御誓文》發佈，誓言"國家求知識於世界"論；

明治四年（1871）文部省設立；

明治五年（1872）學制公佈；

明治十二年（1879）東京學士會院規則公佈、教育令發佈；

明治十三年（1880）教育令改正公佈；

明治十九年（1886）帝國大學令發佈、師範學校令發佈、學校令公佈；

明治二十年（1887）學位令發佈；

明治二十一年（1888）官立大學、官立高等學校制定；

明治二十三年（1890）教育敕語公佈；

明治二十七年（1894）高等學校令公佈；

明治三十一年（1898）高等女學校令公佈、私立學校令公佈、圖書館令公佈；

明治三十三年（1900）小學校令全面修訂；

明治三十六年（1903）國定教科書制度、專門學校令發佈；

明治四十年（1907）小學校令修訂。

　　明治維新教育政策的確立，使學術發展空前躍進。歐美近代科學和技術，被擁有基礎教育水平的日本人大量採用和吸收。政府廣泛僱傭各行各業的西洋優秀人才進入本國幫助建設，許多研究機構相繼成立，具有世界水準的研究成果不斷發表。在經濟學、醫學、藥學、工學、物理學、地震學、化學、植物學界，湧現出一批批優秀的科學家和技術人才。教育維新的成果，使日本有能力精細消化西方國家在兵器、船舶、醫術等領域的先進技術，成就了日本軍事的崛起。然而，隨着西洋文化的湧入與大和民族文化保護意識發生了衝突，頑固的封建殘餘和資本主義共存的社會矛盾日益凸現。日本國家主義、國粹主義、民族主義、國民主義的民族意識蠢蠢欲動，輿論中出現對歐美政策批判的傾向，偏激的大和精神和極端的唯我獨尊主義思想抬頭。

四、明治的教科書

　　日本教科書的歷史可以追溯到平安時代（794～1192），從中國傳來的"漢書"和日本的"和歌"，曾經是當時最具代表性的傳統教育內容。江戶時代，隨着庶民文化的興起和郵遞事業的發達，一種稱作"往來物"的實用教科書登場。"往來物"是民間往來郵寄的書信，優秀的書信彙編成冊就成了"手書範本"。《永樂庭訓往來》就是以漢文為主的教科書鼻祖，極受武士階級和庶民的歡迎。《商賣往來》、《農民往來》是商業信息的手書範本，因其實用性在生意場上很受商人的青睞。以女性為對象的"往來物"頗為有名，女大學教文庫中的教訓往來物《女大學》、《實語教》、《女今川》，在女子中廣泛流行。書中滿載對女子的説教，以及女子為人處世的道理和心得體會。

　　明治時代的政治和社會發生了變化，教育制度也隨之有了極大轉變。教科書的內容、體裁、教育方式都發生了變化。為了近代國家的建設，政府急需快速引入西洋知識，教育界隨之出現了各種各樣新式風格的教科書。為適應近代學校的教育，教材成為當務之急。文部省統籌規劃了近代教育制度，教科書逐漸由各小學自行編印，統歸到文部省統一編輯發行。明治五年（1872）政府公佈學制，遵照四民平等、國民皆學的原則，國家小學教育參考了德、美、英、法等 9 國的教育制度。在教學上引入近代歐美新教材內容的過渡期，日本小學還是採用早期本國學者所著的啟蒙書籍作為教材，如福澤諭吉的《西洋事情》等，即被用作小學文史教材。

明治"學制"公佈以後，開始了集團型小學統一教學。最初的小學教科書，教師選用《小學教方筌蹄》、《小學教授校本》等師範性教材，授課採用《五十音圖》、《單語音圖》、《連語圖》掛圖，採取由淺入深的快速入門教學法。配給學生的代表性教材有《小學算術》、《小學讀本》等各種科目的教材。明治初期，小學教材中存在大量西洋教科書的翻譯本，諸如理科《洛氏天文學》、《初學人身窮理》、《地理論略》；文科《勉強示蒙》、《童子諭》等。代表性的教科書有中村正直翻譯的《西國立志編》、《訓蒙話草》等教育刊行物，內容包括許多外國偉人的訓教和名言。《小學讀本》是當時最為普及的教科書，其中包括大量西方著名作家的作品，文中插入很多異國風情的繪畫，深入淺出趣意盎然。總體而言，明治初期日本本國風格的教科書編寫尚不成熟，較多採用了西洋教科書的內容和風格，在日本教育史上被稱作"翻譯教科書"的時代。

明治時代為實現國家近代化目標，政府在教育中大量吸收西方近代科學知識，小學教育出現重視理科的傾向。設置了許多新學科，如算術《筆算題叢》、化學《小學化學書》、理科《牙氏初學須知》、物理《小學人身窮理》、世界史《萬國史略》、世界地理《萬國地誌略》等。這些西方學科的許多內容對教師來說也是新事物，教師邊學邊教，努力與小學生共同理解和想象那些大千世界，西洋人國度裏的新奇事。

教科書在政府文部省和師範學校主持下編輯出版，各地方自治體也參與教材的編輯出版。明治七年至十年，幾乎所有府縣的小學，都使用了地方自治體出版的地方誌教科書。此舉有利於小學生在學習全國地理時，先行學好身邊的地理知識。小學普及教育的其他內容還有，家政學（家庭科）《經濟小學家政要旨》、體操《體操書》、畫學（美術）《西畫指南》、《小學普通畫學本》，習字《小學習字本》，唱歌《教育唱歌集》。最令歷史學家注目的是明治教材中，普及大量的小學修身教材。如《教學大旨》、《小學修身訓》、《小學生徒心得》、《修身女性》、《修身教場》等等。這些教材出現的背景，來自於社會對明治教育偏重西洋化智育的批評，主張重視德育的儒教主義。《小學修身書》開篇云："孝乃德之本"、"父母之恩如大山"、"父母之惠似大海"。教導學生尊敬教師如尊敬父母。在吸收西洋文明的同時，明治政府更有意識地重視"德"的教育。如此形式的教育科目和教材，培養出的小學生從小就修習了儒教的"德行"，兼備了西方的活躍思想和獨立性格。

從明治初期到中期，實施的都是文部省對各校教材的檢定制度。明治三十五年（1902），政府發現教科書採用委員會中的知事，議員，小學、中學師範學校校長存在嚴重的受賄問題，事關 40 餘道府縣 200 餘名公務人員。由此引發了震驚教育界的"教科書疑獄事件"，事件中，116 人受到受賄罪、貪污罪的處罰。翌年，政府頒佈了教科書國定化法案，正式引入國定教科書，由中央政府文部省統管全國小學教科書。

五、教育與國家

（1）明治教育的哲學

明治政府重視教育的思想基礎，把教育與國家理念緊密結合在一起。明治時期，日本人對教育有着各種各樣哲學的議論和主張，在那個時代教育維新的思想已經深刻影響到國家的上層建築。輿論如是說："教育是思想，教育的本質是國家，議論教育本身就是談論國家。""教育的思想基礎是憲法，教育實施的根據是憲法。憲法是建國的理念，亦即國家根本的哲學。國家的根本哲學就是建國的目的，因此國家的理念如果不基礎於教育，就會失去建國的目的。""日本國策中的國家理念，是個人主義、自由主義、民主主義和共和主義，民主主義的國家理念不能沒有思想。在國家形態中，思想是國家體制的重要部分。而每一個個體思想的形成，是教育建國的極端環節。""愛國心的教育，不單純是狹隘的國家主義、全體主義、軍國主義、獨裁主義，而是國家的民主主義。從歷史觀的視角，世界上各國的獨立和革命，無數的自由民主信仰者前仆後繼，為了實現一個信念犧牲了寶貴生命，最終才得到夢寐的民主國家。因此，發自內心世界的愛國心，比強要的國家主義、全體主義、軍國主義、獨裁主義，具有更強大的精神動力。""教育是民主國家弘揚正確愛國心的基礎手段，對愛國心的逆向歪曲，國家的教育就會走向歧途。""在民主主義社會，自尊心和自信心的奠定，是教育根本的目的之一。有了自信就能維護自尊。"明治教育把樹立自信和自尊，作為愛國心的基礎教育，使這個島國的全體國民增強了並肩於列強的信心，進而加速了近代國家的崛起。

（2）國家教育者的培養

明治維新的時代，如果說國家重視普及教育，那麼國家更重視教育者的培養。有了良師就會造就出優秀的後生，讓他們成為小到家庭，中到社會，大到國家的優秀分子。維新國家給予教育者應有的社會地位，明治四十年（1907），帝國教育會、東京府教育會、東京市教育會，共同主辦全國教育家大集會，表彰追頌日本的六大教育家，共勉教育界同仁。大木喬任（文部卿），為制定近代學制作出貢獻；森有禮（文部大臣），明六社發起人，在實施學制改革中貢獻傑出；近藤真琴創立"攻玉塾"，在數學、工學、航海術領域十分活躍；中村正直創立"同人社"，翻譯出版介紹西方文明思想的《西國立志編》等著作；新島襄創立"同人社"，在英語、基督教等領域有諸多建樹；福澤諭吉創立"慶應義塾”，在法學、經濟學等領域貢獻卓著，是明治維新時期最具遠見卓識的思想家。明治時的日本人崇尚先知，認知世上的聖人和哲學家，耶穌基督、佛陀、穆罕默德、孔子、蘇格拉底、柏拉圖、亞里士多德都是偉大的教師。教育論者指出，“人們在論及長者時，實際上就是在談論教育者。長者的言論和行為，每時每刻都在影響着周圍，因為他是‘人生’的楷模。失敗的教育者會誤人子弟，遲滯社會和國家的進步。”

明治政府的教育維新最先從教育者的培養入手，明治五年（1872）小學師範學校在昌平校內開校；翌年（1873）改稱東京師範學校，之後大阪、宮城也效仿設立了師範學校。模範師範學校進一步推動了全國各地設立本地的師範學校。明治八年（1875）東京女子師範學校創立，主要目的是培養女性教師。這些女教師將成為骨干，派往全國各地的師範學校，培養更多的教師人材，以適應《學制》普及教育的目標。當時錄取的學生大多數是有文化的士族子女，她們為培養明治維新急速近代化所需的人材作出了極大貢獻。明治十九年（1886），首任文部大臣森有禮發佈《師範學校令》，對師範教育實行了國家統一的改革，保障了明治教育的正確發展。各府縣的師範學校成為最受關注的官方聖地，師範學校教師的地位超過了其他行業。

明治維新的國家教育，推行的不是頂尖英才教育，而是國民的一般普及教育。國家執政者清楚地看到，全體國民才是近代國家建設的基礎，只有讓龐大的基礎土壤獲得知識的滋潤，才能成長出參天大樹。國家因此注重培養一代又一代，致力於普及國民一般教育的師資力量。政府為普及教育不但提供最優惠的政策，在力所能及的財力條件下為教師、校舍給予了最大限度的支持。明治國家的教育者作為“恩師”和國家的“公僕”受到全社會的尊敬，他們像傳說中聖人和哲學家那樣，在現實生活中為島國民眾擺脫知識貧困作出了平凡卻又偉大的貢獻，為國家培養出一代代的優秀國民。

六、教育和戰爭

明治政府的教育，在普及國民讀寫知識、計算能力、正確禮儀以及對世界文明的理解上起到了重要作用。但是近代教育在政府的政治主張和歷史認知的框架下，貫徹了思想統制的強制立場。其中日本強制推行的皇國洗腦教育，對國民戰爭觀的形成產生決定性影響。

明治政府推進富國強兵政策，意識到實現既定方針必須強化中央集權，而實現中央集權只能從教育下手。明治十四年（1881），政府在小學基礎教育的教則綱領中，規定了日本史的歷史教育。1886 年發佈小學校令、中學校令，制定了教科書檢定規則。教科書檢定的重要意義，在於監督各學校編製的教科書，是否貫徹了政府主張的思想和歷史認識。教科書檢定的嚴密實施一直持續到日清戰爭。1889 年大日本帝國憲法發佈，近代國家政治框架形成。1890 年教育敕語頒佈，天皇作為國民精神上的神，在所有學校設立了天皇御真影（肖像）供奉的奉安殿。每到四大節祝賀儀式時，教職員和學生全體集合面對御真影施最敬禮，奉讀教育敕語。放學途經奉安殿時必須服裝整潔行最敬禮。教育敕語灌輸的是歷代天皇的古訓，從精神上開導了在日清戰爭時期成長為青年的士兵。那個時代青少年最關心的話題，是成為戰至最後一滴血的勇敢戰士。教科書、軍歌、報紙、書籍、舞台，教育內容都是圍繞戰爭忠勇的美談。這個時期日本的一般民眾都堅信，日清戰爭是正義的戰爭。明治的教育普及，在某種意義上成為戰爭服務的工具和手段。

明治政府早期推行的教育，最大困難是教育經費短缺，國家沒有能力普及免費教育。日清戰爭勝利，日本獲得巨額戰爭賠償金。政府拿出 1000 萬円（佔賠款總額的 2.8%）設立教育基金，將戰爭賠償金直接用於教育事業。當時的 1000 萬円可以建造 17 座八幡制鐵所那樣巨大的鋼鐵企業，極大改善和促進了國家教育目標的實現。教育獲得人材，人材贏得戰爭，戰爭得到賠償。如此邏輯的教育謀略，在日本教育史中表現得淋漓盡致。

1903 年，小學校國定教科書制度公佈，教科書檢定制度改變為國定教材，由文部省主編。主要科目有修身、國語讀本、地理、日本歷史，使皇國史觀的教育進一步具體化，為日俄戰爭奠定了精神武裝的基礎。在殘酷的日俄戰爭中，在戰場上為天皇盡忠的將士，廣瀨中佐、橘中佐、乃木將軍，成為青少年堅實剛健、忠君愛國的楷模，燃起了為天皇而死的瘋狂信念。日本對台灣的佔領，對韓國的合併，僞"滿洲國"的建立，展開了對殖民地民族實施奴化教育的政策。教育的原點仍然是從教育敕語開始，宣揚忠於天皇的皇民教育。

縱觀日本五十年的戰爭歷史，考察日本走過的軍國之路，日本實現國民普及教育，同時也普及了天皇至上的軍國主義洗腦教育。日本將皇國教育統合到為戰爭服務的謀略取得了成功，這種教育雜質的強行"灌輸"，在日本所發起的歷次戰爭中暴露無遺，給近鄰國家帶來了無盡的災難。國民的教育普及，雖然標誌着國家教育政策的成功，但不能表明教育內容完全的先進性。日本人在讚美明治維新時代的成功教育和國家崛起的同時，不能不反省"成功教育"的背後隱藏的齟齬。日本的教育史證明了這樣一個事實，國家教育應該着眼於本民族的知識普及和改觀，建設國家和發展自身的文明，並且將教育產生的光和熱惠與世界，這樣的國家教育才是人類期待的成功教育。明治天皇的本意確曾如此，但封成神的天皇，只能是無能為力的精神領袖。用知識武裝起來的軍人國家，像一匹無約束的狂暴烈馬，將國家拖入了自焚自滅的泥沼。

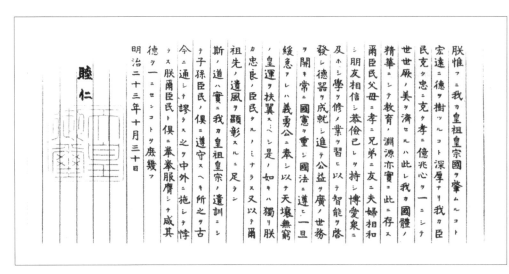

睦仁
明治二十三年十月三十日

13.01 明治天皇發佈《教育敕語》，奠定了日本國家教育發展的大綱。全文曰："朕惟我皇祖皇宗，肇國宏遠，樹德深厚。我臣民，克忠克孝，億兆一心，世濟厥美。此我國體之精華，而教育之淵源，亦實存乎此。爾臣民，孝於父母，友於兄弟，夫婦相和，朋友相信，恭儉持己，博愛及眾，修學習業，以啟發智能，成就德器。進廣公益，開世務，常重國憲，遵國法，一旦緩急，則義勇奉公，以扶翼天壤無窮之皇運。如是，不獨為朕之忠良臣民，亦足以顯彰爾祖先之遺風矣。斯道也，實我皇祖皇宗之遺訓，而子孫臣民，所宜俱遵守焉。通之古今不謬，施之中外不悖。朕與爾臣民，拳拳服膺，庶幾咸一其德。"原文發佈於明治二十三年（1890）10月30日。

13.02 江戶幕末時期面向庶民的教育機構之一"鄉學校"。鄉學校的規模介於藩學校和寺子屋之間，設立的主體是各地藩主和領主，經濟上得到藩主的支持。是明治政府將民間教育轉變為國家教育的前期教育機構之一。圖為岡山縣聖廟內的閑谷學校。

13.03 近世紀珠算傳來日本，《日本風土記》（1573～1580）中，有關於珠算的最早記載。珠算的普及是從明治五年（1872）政府頒佈《學制》後，小學校全面實施珠算教育開始的。算盤是日本百姓生計中應用最普遍的計算工具，把來自中國的珠算文化發揚得盡善至美。繪畫《算盤》描繪幕末期，珠算尚未普及時，學習珠算和擁有一副算盤，對貧窮者來說還是一件奢侈的夢想。在商家較多地區的寺子屋，珠算教育是主要學習的科目。繪畫中三個商家的女兒拿着算盤回家，左側女孩懷端一具唐傘，遠處有家長前來迎接孩子放學。

13.04 江戶時期的教育機構"藩學校"。幕府為了鞏固武士階級的地位,藩政再興,強制或半強制地要求藩士(武士)子弟入學接受教育。藩學校的教育內容以儒學為主,幕末時期轉向富國強兵教育,採用洋學和洋式訓練等教學方法。圖為松代文武藩學校的校舍。

13.05 江戶幕末和明治初期,日本各地分佈一種稱作"寺子屋"的教育機構,因多設在寺廟,故稱"寺子屋"。寺子屋是明治政府將民間教育轉變為國家小學校教育的,散在民間的主力教育機構。教育以習字為主,教科書各種各樣,學習風氣也各有風貌。漫畫《寺子屋》描繪了教室內,無奈的老師和頑皮無秩序的學生在一起的混亂場面。

13.06 "寺子屋"類似中國的"私塾",也有面向少數人的教育。寫真是女師匠經營的"寺子屋",在指導兩名學生習字。

13.07　明治五年（1872）入山村小學校。

13.08　明治二十年（1887）安田尋常小學校。

13.09　明治二十一年（1888）忠泊尋常小學校。

13.10　明治二十三年（1890）邊戶尋常小學校。

13.11　明治二十三年（1890）瀨底尋常小學校。

13.12　明治二十三年（1890）嘉藝尋常小學校。

13.13　明治二十六年（1893）國頭高等小學校。

13.14　明治二十八年（1890）久邊尋常小學校。

13.15　明治二十八年（1890）稻嶺尋常小學校。

13.16　明治二十八年（1890）天銘尋常小學校。

13.17　明治三十三年（1900）本部尋常小學校。

13.18　明治三十四年（1901）羽地尋常小學校。

13.19　明治三十五年（1902）大宜味尋常小學校。

13.20　明治三十五年（1902）恩納尋常小學校。

13.21　明治三十五年（1902）久志尋常小學校。

13.22　明治三十九年（1906）屋我地尋常小學校。

13.23　明治六年（1873）開校的模仿西洋建築風格建設的長野縣松本市開智學校校舍（現為紀念館），總建築費用的七成是當地居民集資而得。在明治政府頒佈《學制》確立在全國各地興辦西式教育後，創立了這所小學校。1880年明治天皇优儷在巡幸松本市時，曾到訪過開智學校。這座有140年歷史的學校，是明治維新文明開化的象徵和產物。

13.24　1875年，為了培養國際航路的船舶人材，在政府財政支持下，設立了三菱商船學校。1882年改稱東京商船學校。學生入學的當日，即會被任命為海軍預備生加入兵籍，成為徵兵的對象。畢業生通常在民間船舶公司就職，繼續專攻航海專業者，授予海軍預備少尉軍銜，有事時即有入伍義務。學校也培養師資人材，滿足日本航海業人材的需求。右寫真是東京商船學校的風景。

13.25　左寫真是東京豐島師範學校的校舍，1908年創設。1943年改稱東京第二師範學校。1945年美軍空襲時被焚毀。

13.26　左下寫真是鳥取師範學校的校舍，1882年設立，1898年改稱鳥取縣師範學校。

13.27　右下寫真是秋田師範學校的校舍，1878年創立。1909年男女校分離，1943年男女校合併為官立秋田師範學校。

13.28　1873年創立的櫪木師範學校的校舍，早期歸屬官立東京師範學校管轄，故校名"官立東京師範學校"，1874年改稱櫪木師範學校。校舍具有歐式風格的典型特徵。

13.29　1876年創設的青山師範學校的校舍，早期歸屬官立東京師範學校管轄，故校名"官立東京師範學校"，後改稱青山師範學校。

13.30　福島女子師範學校的校舍，1878年福島1、2、3號師範學校合併為福島師範學校。1923年成立福島縣女子師範學校，舉行男女分離儀式。福島師範學校為男校，福島縣女子師範學校為女校。

13.31　靜岡師範學校1875年創設，1887年改稱靜岡縣尋常師範學校，1914年改稱靜岡縣靜岡師範學校。尖塔頂建築具有歐式風格的典型特徵。

13.32 高等師範學校的前身，是明治五年（1872）成立的“師範學校”。1873 年全國七大學區設立官方師範學校時，改稱“東京師範學校”。1886 年政府發佈“師範學校令”後，改稱“高等師範學校”。1890 年女子部獨立出，成立“女子高等師範學校”。高等師範學校是明治政府的教師培養機構，主要是培養中學教員。按照《學制》規定，中學教員必須有大學文憑才能任教。教師需要通過國家資格檢定，發放教師任教許可證書才能從事教師職業。在這所學校裏，培育出跨越明治、大正、昭和三代的諸多的優秀人材和著名人物。左寫真是明治中期的高等師範學校。

13.33　京都女子師範學校，1908 分離獨立。

13.34　奈良師範學校，1898 年由前身師範學校改稱。

13.35　神戶師範學校，1877 年由前師範學校統合設立。

13.36　東京師範學校，1873 年創建。

13.37　熊本師範學校，1876 年由前校統合改稱。

13.38　岐阜師範學校，1876 年由前校統合改稱。

13.39　明治時期官立的教育機構"開成學校"，創辦於明治元年（1868），1877年與東京醫學校統合，組成東京大學。僱傭歐美人教師，採用英、德、法三種語言授課。明治維新早期的旗手中，有多人畢業於開成學校。寫真是1873年竣工的開成學校外觀。

13.40　東京理科大學前身為"東京物理講習所"，由21位東京帝國大學畢業的青年理學學士，在普及理學是國運發展的基礎信念下，於1881年創立。1883年，該機構更名為"東京物理學校"。1949年更名為"東京理科大學"，成為集教育與研究於一身的學府。寫真是1885年竣工的東京理科大學的校舍。

13.41　明治十八年（1885），專門為華族女子教育開辦的華族女學校。明治政府面向華族"大名、公家"子女為對象的教育，投入了較大的精力。學校教育注重"德育"，培養擁有質素、正直信條的女性。華族女學校的前身是1877年創立的學習院，1918年華族女學校更名為"女子學習院"。寫真是1889年落成的華族女學校景致。

13.42 明治四年（1871）工部省創辦的工學寮校舍，1877 年改稱工部大學。1885 年工部省撤銷後，移交文部省管 轄，1886 年改稱帝國大學工科大學（東京大學工學部）。廣 角寫真是寬闊豪華的工科大學校園內風景。

13.43 早稻田大學創立於明治十五年（1882），前身是大隈 重信創辦的東京專門學校。1902 年改稱早稻田大學，1920 年成為大學令框架下的大學。寫真是明治後期拍攝的早稻 田大學校園景象，左側白基銅像是大隈重信的立像。

13.44 在伊藤博文倡導 下，明治十九年(1886)， 由當時政界、財界、官 界有力者組成的女子教 育獎勵創立委員會，北 白川宮能久親王為會長 的諸名人，創辦了東京 女學館。學館主旨培養 能與外國對等交流的， 國際化的，知性豐富 的，有品行的女性。寫 真是東京女學館創辦時 期的校舍遠景。

13.45　慶應義塾大學是福澤諭吉奉藩命於安政五年（1858）創設的以蘭學塾為基礎的大學。慶應義塾的義，是為公共社會盡心盡力之意。歷史上慶應義塾大學湧現出了眾多的優秀人材，為國家的進步做出貢獻。寫真是明治四十五年竣工，有歐式風格的慶應義塾紀念圖書館。

13.46　學習院最早源於1847年由仁孝天皇在京都御所內以朝廷貴族為對象而下賜的教育機構。明治維新後，學校於1876年改名為華族學校，又於第二年的1877年改名為學習院。日俄戰爭後1907年，乃木希典任該院院長直至為天皇殉死。寫真是明治後期的學習院遠景，右下是乃木題寫的校訓：崇皇國之懿風，履聖人之至道，不通國典何以養正，不讀聖經何以修身，明辨之，務行之。

255

13.47 東京大學是日本的國立大學，明治十年（1877）原東京開成學校和東京醫學校合併成“東京大學”。1897年伴隨京都帝國大學的創設，東京大學改稱“東京帝國大學”。昭和二十二年（1947），日本國戰敗，東京帝國大學又改回原稱“東京大學”。東京大學是日本最高學府的象徵，從這裏畢業的學生曾有首相、大臣等重量級政治人物，還有諸多的官員、科學家、文學家、藝術家、名商巨賈等名人。寫真是明治三十七年（1904）東京帝國大學的本鄉路赤門，曾是大名藩主加賀藩前田家的大門。

13.48 明治維新頒佈的《學制》法，是日本近代女子教育正規化的開端。政府首次將女子教育以法條的形式編入法規，正式將女子教育納入國家總體大綱。此後日本近代女子教育系統開始形成，初等教育、中等教育、女子師範教育日益普及。在國家主義教育思想引導下，明治中後期開始推進職業教育和女子高等教育，使日本女性開始由“家庭人”向“社會人”轉化，諸多的女性活動家和女子教育家出現於社會和政治舞台。圖為明治小學高年級女生上習字課的情形。

13.49 明治維新時期，國家主張全民教育，政府在全日本推行初等教育，提高國民的識字率和計算能力。珠算教育是教育普及的重要科目之一，對學童的將來，無論是農民、工人、商人、軍人，還是各行各業需要自食其力的人，都有重要意義。寫真是明治初期日本小學校，男學生上珠算課的情形。

13.50　江戶末期，日本通過荷蘭貿易商引進了"幻燈"。明治時代，這種奇妙的視覺媒體，在學校教育中，作為一種教具和教材，展現出卓越的效能。在文化生活中的錦影繪、幻燈故事會，也給市井百姓的生活帶來樂趣。繪畫《幻燈》記錄了明治十三年（1880），各府縣的師範學校，都配裝了這種用石油燈驅動投影的教學用具，在學校教育現場中發揮了重要作用。

13.51　德、智、體教育是學校綜合教育的方針。音樂是其中的重要內容。明治五年（1872）學制中規定了音樂的科目。1907 年文部省發佈《尋常小學讀本唱歌》教科書，音樂成為教育大綱中的必修課。寫真是 1890 年音樂課的課堂風景，左側的老師穿着洋服，彈着古式鋼琴，教授小學生歌唱。

13.52 明治時代的戰爭，留下了眾多的戰爭孤兒。政府在各地設立了為孤兒服務的教育設施。寫真是明治三十年（1897）岡山普通小學校孤兒院。學校為 10～16 歲兒童提供普通小學、高等小學教育。學校同時為 16～20 歲的青年開設每夜 2 小時的夜校，成績優秀者可以升入中學校、高等女學校就讀。寫真是小學生正在老師的帶領下做體操的情形。

13.53 岡山孤兒院的師生配備比例，小學校教師4人、學生114人。夜校教師3人、學生28人。下寫真是大齡孤兒在夜校學習的場面。

13.54 明治二十四年（1891)8 月，根據國家勞動教育規則，學校內設置理髮部。部內配備專業理髮師 1 名，理髮助理兒童 2 名。服務對象是學校內的兒童和學校來客。左寫真所示，學校理髮館如同市井理髮館一樣專業。

13.55 孤兒學校的餐食標準，平均每人每日 5 合（760克）米麥混合食糧。菜肉副食標準為一日 1 錢。早餐時間 5 點半、午餐 12 點、晚餐 17 點。女子組的大齡女生需要照顧年幼的女生。衣褲一年一套，同時也接受社會捐獻或舊衣物。寫真是孤兒學校吃飯的場面。

13.56 明治二十二年（1889），京都市立的聾啞學校，是專門為聾啞兒童提供的教育場所。

13.57 明治十一年（1878）設立的"京都盲啞院"，對視覺障礙、聽力障礙的兒童進行理療訓練。圖為教師正在和學生練習發音的授課中。

13.58 明治二十一年（1888）文部省直轄的"訓盲啞院"，1909年改稱東京盲學校，翌年正式命名為"東京聾啞學校"。現代作為特別支援學校，變更為"築波大學附屬聽覺特別支援學校"。

13.59 京都盲啞院面向成人的教育，為視聽障礙者提供回歸社會的基礎。下寫真是盲啞院音樂教室授課的情形。學員在使用各種樂器演奏。

13.60 明治十三年（1880）京都設立的"樂善會訓盲院"，學校為盲人學生開設了按摩、導引、針灸等職業教育課程。

13.61　寫真是明治三十三年（1900），東京的一所小學校，舉行例年的春季運動會。出場的小運動員抬着比賽用道具，在老師的引導下進入比賽場地。學生和家長們在操場的外圍觀摩助威。每年例行的春季、秋季運動會是教育大綱中規定的教育科目。

13.62　明治維新以降，柔術練習者逐漸減少。東京開成學校出身的學習院講師嘉納治五郎，以護身技為中心，開發出一種以關節技和絞身技為特色的捕手術，進而發展成一種修身法、練體法、勝負法，再加入精神的修行，成為對人教育的一種手段，取名"柔道"。寫真是明治中等學校學生在練習柔道的場面。

13.63　明治歐化主義教育中，新時代女性形體的改善，受到學校教育的重視。1897年學校女子體育有網球、台球、籃球等科目。1901年又規定每週有身體矯正術、徒手體操、啞鈴體操等健身運動。圖為女大學生在做新式體操。

13.64　明治九年（1876）美國人氣頗高的運動"棒球"傳入日本，被日本人翻譯成"野球"。從此野球成為日本年青人熱愛的體育運動。寫真是 1909 年早稻田大學的大運動場舉辦的野球比賽場面，吸引了校內校外球迷的踴躍觀賞。

13.65　德智體全面發展是明治教育的基本宗旨。1872 年學制頒佈，學校有"體術"課；1879 年教育令頒佈有"體操"課；1883 年修訂徵兵令有"步兵操練"課；1886 年帝國大學令、師範學校令、小學校令、中學校令公佈，學校體育普通體操和兵式體操同時實施。寫真是中學校的學生在上體操課。

13.66　1911 年東京女子高等師範學校女生在做體操。當時發明的體操多種多樣，被廣泛推廣。

13.67　1877 年櫪木縣模範女學校女生在做體操。單槓式體操鍛煉臂力和腿力，是增強耐力和爆發力的運動。

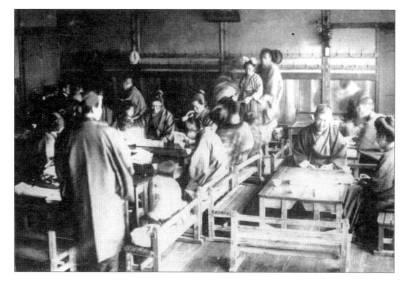

13.68　明治二十年前後，各地小學校開始實施4月入學、3月卒業制度，畢業生授與修了證書（畢業證書）。成績評價分5段"善、能、可、未、否"，以及"學業"、"行狀"、"認定"3等級的綜合評定。學年末，學校將成績通知表交付學生父母。寫真是長野縣開智小學校內，老師和學生家長懇談的情形。明治時代父兄懇談會，體現了國家教育的優勢，以及家庭教育和學校教育攜手的近代化特徵，奠定了現代學校PTA制度的基礎。

13.69　寫真是明治初期的小學校授課場面，當時小學生沒有椅子，跪在地面上課。圖上可見小學生的年齡參差不齊，混合在一起上課。這間地處日本橋（東京繁華地段）的公立小學校，已經算是條件很好的學校。畫面的中間老師在講解算術，右側老師在演示珠算，左側老師在示範算式。

13.70　明治四十二年（1909）神戶市湊川小學的相冊，保存的當時學校教育的場面。寫真是尋常五學年的學生在老師的帶領下，在野外實地教學的情形。明治時代的野外教育方式一直延續到現代，野外授課和遠足體會大自然的授課，成為學校教育的重要部分。

13.71 明治時期的女子專門學校，不但教授女學生智育、德育，而且重視未來家庭生活的基本技能。女學生必須掌握縫紉、烹飪、洗滌、家庭內禮儀，培養明治倡導的賢妻良母。寫真是女學生在上料理烹飪課，在老師的指導下實習烹飪的情形。

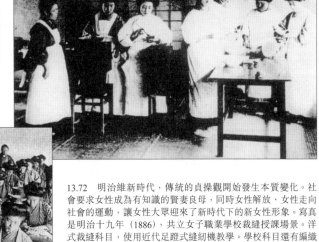

13.72 明治維新時代，傳統的貞操觀開始發生本質變化。社會要求女性成為有知識的賢妻良母，同時女性解放、女性走向社會的運動，讓女大眾迎來了新時代下的新女性形象。寫真是明治十九年（1886），共立女子職業學校裁縫授課場景。洋式裁縫科目，使用近代足蹬式縫紉機教學。學校科目還有編織科、刺繡科、造花科、圖畫科等。實用科目的學習，為女子走向職業社會提供了重要的技能。

13.73 明治十九年（1896），日本誕生了最初的女子高等教育學校“日本女子大學校”。1906年大學新設教育學部。寫真是教育學部的女學生在做動物實驗的情景。授課更趨於重視實物、實地、實作的教學方法。

13.74 明治三十年（1897），當時學校的女學生已經開始流行西洋式女子的時髦裝束。女子學校授課場景的寫真中可見，女學生的和服下擺明顯增寬，更便於新女性的行走活動。髮型改變成長柳結髮式，頭髮紮蝴蝶結、佩戴三角披肩。明治三十年前後，學校的校則開明地規定了女學生登校服裝、髮型、攜帶物，使學校風氣更趨於歐化。作為新女性，女學生率先結束了早期“桃瓣型”、“銀杏迴捲型”、“前髮劉海式”，穿着和式服裝，繫結高胸寬帶的古老式樣。

13.75 智障兒童的教育是明治政府教育基準的重要部分。每年對新入學的智障兒童進行測試，經過認定的智障兒童，學校施以特殊的教育科目和方法。作為全民教育的原則，政府相繼頒佈了面向智障兒童的教育法令。寫真是課堂上，教師採用一種"練心器"的裝置，鍛煉智障學生的注意力。

13.76 日本人傳承了漢唐文化的毛筆字，並受到教育的重視。寫真是尋常六學年的學生在上毛筆習字課。

13.77 繪畫在日本史上有重要的地位，圖畫因此在近代教育中受到重視。寫真是高等科一學年生在上圖畫課。

13.78 女子高等科一學年生在上裁縫課，女性習得裁縫手藝被視為優良家庭主婦的重要資質。

13.79 神戶商業學校的授課情景，學生在學習用英文打字機書寫國際商務文件，教學完全採用英文授課。

264

13.80　明治二十年（1887）東京府設立的唯一官立音樂專門學校，是培養音樂教員、音樂家、音樂鑒賞家的學校，直屬文部省大臣官房管轄。以西洋音樂教育為中心，曾設預科、本科、研究科、師範科、專科，修學年限 3 年。

13.81　明治二十年（1887）東京府設立的唯一官立美術專門學校，最初是以保護日本美術為目的，逐漸轉向西洋畫、圖案、雕塑、雕刻、金工、鑄造、漆工的西洋美術教育。修學年限 5 年。寫真是 2 年級生在上裸體繪畫課。

13.82　東京大學醫學部的前身是德川幕府的種痘所，1877 年創辦成東京大學，並且開設了病理學專業。1883 年，曾留下了 27 歲男性確定為心臟瓣膜病症的病理解剖學記錄。病理學教室的專業範疇，主要是研究、教育、診療的三大支柱。病理解剖學人材的培育在癌症治療領域發揮了重要作用。寫真是明治三十三年（1900），東京大學醫學部病理學教室的授課場景。學生每人一台顯微鏡，在觀察細胞，分析病理。

13.83　明治維新初期，在政府西洋化和富國強兵政策影響下，急速引進了以物理學為中心的自然科學技術教育。因此在小學、中學，設立了物理、化學、生理的科目（個別科目）。明治十九年（1886）根據小學令，小學校廢除個別科目，改為"理科"科目。中學以上仍然維持個別科目教育。寫真是 1902 年東京女子高等師範學校的女生在上物理實驗課的情形。

13.84　明治維新的富國強兵政策，使得日本產業發展需求大量的金屬材料。在引進外國技術和金屬商品的同時，大學也展開了金屬材料方面的研究。為戰爭所需特殊材料的生產製造，作出了傑出貢獻。寫真是 1900 年帝國大學工學實驗所，學生在教授的指導下，正在進行金屬材料實驗的場景。

13.85　日本陸軍造兵廠是陸軍中央機關直屬單位，專門為作戰部隊提供武器彈藥的企業。新式裝備離不開新材料、新設計和各種性能試驗。這就需要企業和大學聯手開發新產品。寫真是 1900 年工科大學造兵學教室的實驗室，主要擔負為軍方研究開發槍炮技術的課題。所在大學的學生成為研究工作的骨幹力量。

13.86　明治四十一年（1908）東京帝國大學法學科的授課場景。大課堂講座有多達300名聽講的學生。從學校畢業的學生，大多成為政府的司法官、行政官、辯護士或在民間大企業就職。

13.87　明治時代的看護婦（護士）是比較體面和受到尊重的職業。取得看護婦資格必須經過看護婦養成所學習畢業。考看護婦養成所，必須是高等女子學校畢業才有資格，而且競爭很激烈，對身高容貌都有要求。左寫真是1910年醫科大學婦產科手術中的醫師和看護婦。

13.88　右寫真是1908年東京慈惠會醫學校臨床教學的情景。講台上有患者模特、教授、教授助手、看護婦，通過實際操作讓學生能夠直觀理解。1921年在昭憲皇太后關心下，醫學校擴建成東京慈惠會醫科大學，成為著名醫科大學。

13.89　寫真是明治末期東京水產學校的學生下海捕撈實習的場面。當時的教育要求學生不僅要學習水產學理論，更需要掌握水產方面的實際經驗。出海回歸的學生正在扛着漁網上岸，完成了一日的現場學習。

13.90　東京日比谷圖書館創設於明治四十一年（1908），是為了提高市民文化水平所建。1945 年美軍空襲，藏書燒失達 20 萬冊。

13.91　明治三十九年（1906）竣工的“帝國圖書館”，具有歐洲文藝復興時期的建築風格，全高 30 米。二樓是目錄室、特別閱覽室、婦人閱覽室；三樓是可以容納 300 人的普通閱覽室；書庫藏書 50 萬冊。現為國際兒童圖書館。

13.92　國民教育的一環是圖書館的應用。明治五年（1872）政府開設“書籍館”，以後“東京書籍館”、“東京府書籍館”、“東京圖書館”、“東京教育博物館”、“帝國圖書館”、“國立國會圖書館”相繼建成。寫真是“書籍館”的湯島聖堂大成殿，正殿中央為閱覽室，兩側是書籍陳列處。

13.93　明治時期“帝國圖書館”內的普通閱覽室內景。讀者首先在入口處購買閱覽券，前台交換閱覽證。參考書為開架式，一般圖書為閉架式。讀者從目錄選出圖書名後，交與館內管理員，由管理員搜調該圖書借給讀者。室內為了換氣採光，設計成可開啟式大窗。為防火災，汽燈高懸電燈低垂。明治年間閱讀風氣盛行，國民成為知識的擁有者。

13.94　滋賀縣師範學校附屬小學算術教材。

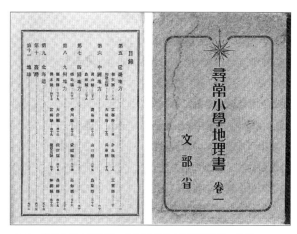

13.95　明治中期文部省統一編寫的尋常小學地理書統一教材。

13.96　明治七年文部省編寫的小學化學書，其中介紹了人周圍的物質和狀態，物質受熱後狀態的變化，水溶液的性質等內容。

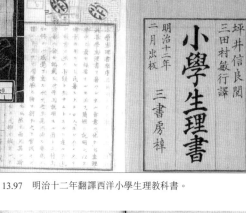

13.97　明治十二年翻譯西洋小學生理教科書。

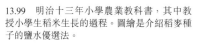

13.98　明治十三年小學商業教科書《商業初步》。

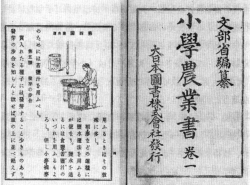

13.99　明治十三年小學農業教科書，其中教授小學生稻米生長的過程。圖繪是介紹稻麥種子的鹽水優選法。

269

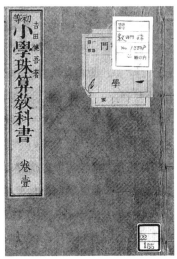

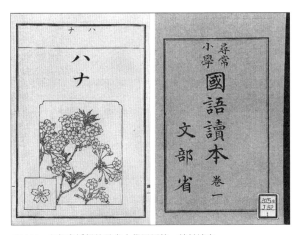

13.101　文部省編輯的尋常小學國語統一教材讀本。

13.100　明治初期初等小學珠算教科書，珠算是小學生的必修課。

13.102　明治八年文部省刊行師範學校編輯的日本略史。

13.103　明治二十五年女性道德教材《修身女訓》，強調賢妻良母式教育。

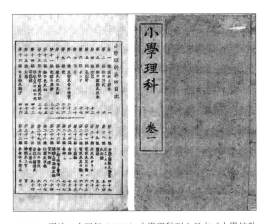

13.104　明治二十四年（1891）小學理科列入日本《小學校教則大綱》，當時教學側重於自然可見物的實驗和觀察。

13.105　文部省刊行的尋常小學修身書。修身相當現代的道德教育。教科書大多是翻譯歐美的倫理書，是以福澤諭吉將 Moral Science 譯成《修身論》源起的。當時的小學低年級教授"修身口授"，小學授"修身"，中學授"修身學"。

13.106　明治時代是音樂歌唱發達的時代，教育大綱中的音樂科目從小學開始就有教授。各種音樂課教材和唱歌讀本應運而出。寫真是明治前期的小學音樂教材。

13.107　明治前期，日本教育採用了西洋方法，通過直觀的圖繪使學生快速記住單詞。這種方法在當時普遍貫徹到了小學地理、社會、文化的教育中。

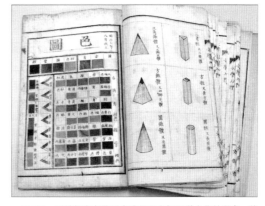

13.108　明治初期各學校各自獨立翻譯西洋小學教科書，其中有講述"立體"、"顏色"的內容。教科書中的色譜圖是由淺至深的顏色印刷圖。

13.109　明治九年翻譯美國的教科書《幾何新論》。介紹了美國人的數學概念，引導日本人的算數概念向幾何空間躍進。

13.110　明治初期，各府縣為了提高就學率，以及結合本地域的實情展開教育，編寫了許多本地區版的小學教科書。圖為 1874 年以櫻木雕刻木版印刷的小學教材。

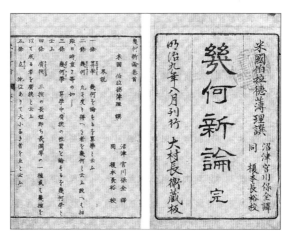

13.111　明治五年(1872)小學"往來物"教科書中的彩繪《地球上五人種》。奇想畫家趣味描繪世界上五大人種：白種人、黃種人、棕色人、赤色人、黑色人，面對日本女性。解說文曰："五人種相互雜交，其種混合，形成新的品種。結果已經不知本來純粹之面目。教育世界乃大同之原理。"

13.112　明治期國定教科書，講述禮節。尊下禮上是小學兒童教育的基本。學生路上遇到老師要鞠躬敬禮，老師面對敬禮的兒童要脫帽還禮。孩童對父母長輩要日日示禮聽從教誨。兒童從小學會禮節，乃未來做人的基本。

13.113　明治小學引進動物知識的教育。日本古代的動物文化來自中國大陸，諸如十二支圖中的動物傳說，又如千年鶴、萬年龜、鳳凰麒麟等珍奇。明治維新文明開化，政府投重金從海外引進珍奇動物，並在小學教科書中插繪，激發起學童對動物的興趣。明治二十年（1887），正在日本巡演的意大利馬戲團，將團內老虎產下的兩隻幼虎，轉讓給了日本動物園。小老虎被命名為"神田之虎"，在東京市民中引起巨大反響。圖為明治二十七年上野動物園。

13.114　明治時期，主張培養賢妻良母。文部大臣森有禮從國家的立場，強調母親負有教育子女的責任。家庭作為國家構成的最小單位，母親應該嚴守貞操節義做賢妻良母的女性。圖繪是為母親編輯的修身教材掛圖。

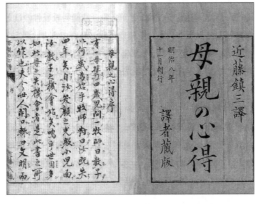

13.115　明治年間翻譯的德國醫學博士的著作，對妊娠、分娩、小兒養育、疾病看護、精神教育加以詳細說明的實用教材。是專門為母親提供的讀物。

13.116　圖為明治六年面向普通民眾發行的《公用文章》習字教材，介紹撰寫公文的規則、寫法、嚴謹性等技巧。尤其對漢字在法律公文用法上，給予指導和詳細解說。

13.117　明治二十五年（1887）文部省公佈教科書檢定改正條例，對教科書泛濫的檢定基準進一步強化。同年9月文部省又規定小學教科書分學生用和教師用兩種類型。文部省的做法遭到不滿和唏噓，右的諷刺畫《小妾也候補》影射教科書會社，為了得到檢定氏（文部省）的採用，要打扮的"頗有色相"迎合文部省的胃口來獲得通過。

273

体操	諸科復習（既習教材の総復習）	復読	問答	作文	書取	習字	算術	読物	教科\級
同	既習教材の総復習	万国史略	博物	容易ヶ手紙ノ文	草書（手紙ノ文）	草書（手紙ノ文）	容易ナ分数（小学算術書）	万国地誌略巻三／万国史略巻一・二	第一級
同	同	万国地誌略暗射地図	日本史略	容易ヶ手紙ノ文	草書（手紙ノ文）	草書（手紙ノ文）	四則合法（小学算術書）	万国地誌略巻二／日本史略巻二	第二級
同	同	日本地誌略日本史略	日本史略	前級ニ同ジ	前級ニ同ジ	草書	除法（小学算術書）	万国史略巻一／日本史略巻一	第三級
同	同	前級ニ同ジ	地理初度図地球儀	前級ニ同ジ	前級ニ同ジ	行書	乗法（小学算術書）	小学読本巻五／日本地誌略巻二	第四級
同	同	地球儀地理初度図	日本地誌略地球儀	二字中ノ一、句ツ又ハ一句ヲトス	単語中ノ…	（楷書）習字本	減法（小学算術書）	小学読本巻四／日本地誌略巻一	第五級
同	同	形体練度図地理初度図地球儀	地球儀地理初度図	中ノ読本ノ句	形体練度図	（楷書）習字本	加法（小学算術書）	小学読本巻三／地理初歩	第六級
同	同	人体ノ部分通常物色ノ	人体ノ部分	単語図	単語	（楷書）習字本	羅馬算用数字九々数字	小学読本巻一・二	第七級
体操	同	単語図諸用物ノ性方	通常物色ノ諸用物性方	単語図	単五十語音／単語	仮名習字本	数字図算用数字九々数字	加算数字／五十音図／単語図／数字図／小学読本巻一	第八級

13.118　明治中期小學校學生成績採點科目表。小學科目顯示，明治維新時期，日本的教育方向非常鮮明。從小學教育開始就引導學生要放眼世界，了解世界各國的地理、歷史、文化，知道本國的進化史。教育重視課外讀物和體育鍛煉。維護漢字的尊嚴、美感、日本式漢文。算術技法作為日本人日常生活必會技能，受到重視和教育。

13.119　1891年尋常小學校一年級畢業證書

13.120　1883年小學初等科畢業證書

13.121　1889年高等師範學校畢業證書

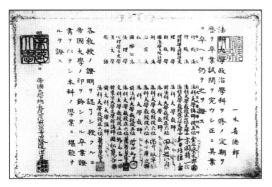

13.122　1892年法科大學政治學科畢業證書

13.123　1887年法律學校畢業證書

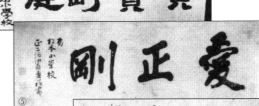

13.124 明治教育貫徹了嚴格的理念教育。各學校制定了本校特有的"校訓"，將其作為"座右銘"影響學生精神、意識的形成。"校訓"大多數是在學校創立時，反映學校教育目標的新理念、新精神的做法，採用偉人、哲學家、首任校長訓示的語言，成為日後學校發展特色的原動力。明治時代的校訓中，就有引用中國南宋文學家、哲學家文天祥的"忠孝"作為校訓，校訓曰："上事於君，下交於友，內外一誠，終能長久。敬父如天，敬母如地，汝之子孫，亦復如是"，成為在校學生的座右銘。

①校訓：信仰 犧牲 奉仕　　　⑤校訓：愛 正 剛
②校訓：璧不磨不為輝　　　　⑥校訓：忠義
③校訓：少年要胸有大志　　　⑦校訓：正確 強力 親切
④校訓：質實 剛健　　　　　　⑧校訓：忠孝

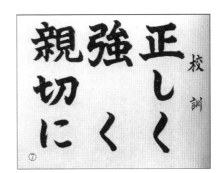

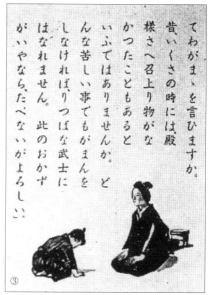

てわがまゝを言ひますか。昔いくさの時には殿様さへ召上り物がなかつたこともあるといふてはありませんか。どんな苦しい事でもがまんをしなければりつぱな武士にはなれません。此のおかずがいやならたべないがよろしい

13.125　在日清戰爭、日俄戰爭高昂的國家主義背景下，日本的儒教教育復活。教科書中強調精神和修練主義，強調勤勉力行的精神和毅力，提倡磨練堅韌的意志。明治坊間口誦的格言，"萬事乃精神"，"精神有之萬事則成"，"忍耐艱難修汝成玉"。全體教育貫徹了對明治精神的強力灌輸。明治時代的師範學校湧現出大批具有高度修身卓見，意志堅定的教師人材。
①修身教材：寒冬中，父以冰水教兒體驗寒冷。
②修身教材：勤勞、慈惠、賢母的家教。
③修身教材：武士的家教，人前不可任性。
④教養作法：高等二年級女生訓練修身禮法。
⑤教養作法：至誠教養，聆聽"教育敕語"奏讀。
⑥教養作法：女子師範學校訓練未來的"教師"。

13.126　明治二十三年(1890)教育敕語下賜，天皇作為國民精神上的神，御真影（肖像）在所有學校設立的奉安殿鄭重供奉。右圖是日本國內保留的奉安殿遺跡；左圖是台灣保留的日治時期的奉安殿遺跡。

13.127　明治時期，模仿歐美的幼兒教育，每日確保4小時以上的保育時間。保育內容也照搬模仿歐洲。當時的幼稚園，主要面向富裕階層、上流社會的子女。幼兒的教育中採用比較保守性的敬語。明治中期以後，幼稚園才得到廣泛普及。寫真是幼兒在做戶外遊戲的課目。

13.128　1840年德國人福羅伯創立了史上第一所“幼稚園”，旨在對6歲以下的幼兒展開教育。保育宗旨強調，母親不但是孩子的養育者，也是負有重大使命的教育者。在明治維新歐化政策推進下，日本引入了歐美國先進的幼稚園典範。明治九年(1876)東京女子師範學校創設了第一所官立幼稚園。寫真是1908年明治幼兒教育的現場。保育者正在為兒童作日課。

13.129 江戶幕末，日本一代有志之士前往歐美各國學習先進的文明。右圖為文久三年（1863），第二批赴歐洲使節團，途經埃及金字塔時的留影。第一批赴歐洲使節團，明治維新的旗手福澤諭吉也曾在這裏停留。

13.130 明治四年（1871），從士族階級中選出的五位優秀女子，作為第一批女子留洋學生前往美國。她們後來成為日本女子教育的開拓者。寫真是五女子在美國的留影。右起依次為：山川舍松、津田梅子、吉益亮子、上田悌子、永井繁子。

13.131 江戶幕末，作為討幕運動中心的長州藩政治家輩出，成為掌控日本政治的“長洲閥”勢力。寫真中的年輕人，是文久三年（1863），攘夷派長洲藩士五傑在英國倫敦的合影。右起為：伊藤博文、山尾庸三、野村彌吉、遠藤勤助、井上聞多。

13.132 明治六年（1873），政府從歐美招聘醫學教師，培養日本急需的人材。當時有知識的日本學生大多數是藩士和藩士子弟。政府對新政後脫離幕藩體制的武士，給與進一步的培養。在醫學、工業技術領域，培養出一代傳播西洋文明的優秀人材。寫真是教師和武士學生們的合影。

13.133　森有禮是日本明治初期的政治家、外交家、教育家，明治維新的重臣。1885 年任文部大臣，致力日本的教育改革。在任期間廢止了原《教育令》，頒佈《學校令》、《帝國大學令》、《師範學校令》、《小學校令》，確立了日本教育體制的基礎。1875 年森有禮作為日本駐華公使派往清國，曾與清朝大臣李鴻章有過多次交談。漫畫是在批評森有禮將教育和學問服從於國家的教育理念。

13.134　明治維新《學制》發佈，確立了普及小學教育是國家人材養成的基礎概念。過去那種“學問是士人以上之事，農工商婦女乃學問之外”的觀念，遭到徹底批判。如《學制》所云，從今以後無論民、華、士族、農、工、商、婦、女子，邑內不學者無戶，家內不學者無孝。遵循這個原則，普及初級小學教育是人民必行義務。小學教育全體國民就學一律平等，即“國民皆學”的學校制度。福澤諭吉主張，學問是獨立之財本，一身獨立則一國獨立。論述了近代國家，學問、個人、國家的相互關係。明治政府將近代教育思想，融入到國家教育制度中去，真正觸及到了近代文明的先端。右圖是明治時期日本學校教育體制的構成圖。

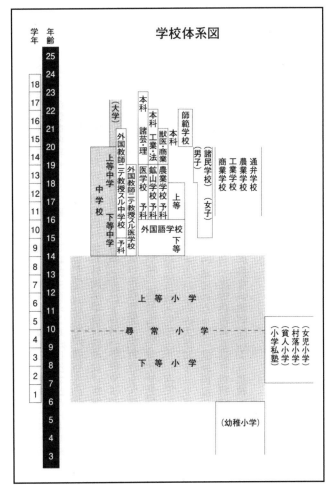

明治時代的男女就學率比較

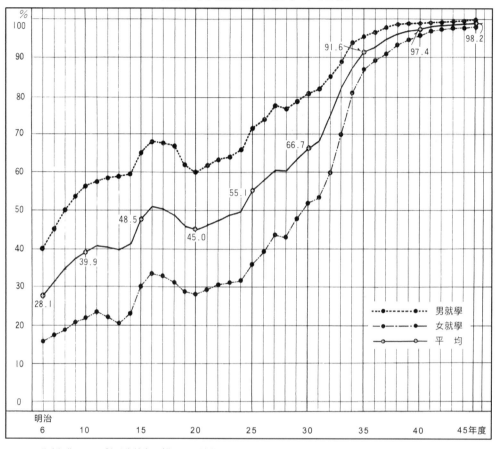

- 100%
- 90
- 91.6
- 80
- 70
- 66.7
- 60
- 55.1
- 50
- 48.5
- 45.0
- 40
- 39.9
- 30
- 28.1
- 20
- 10
- 0

- 97.4
- 98.2

- ●‥‥‥● 男就學
- ●‥‥‥● 女就學
- ○────○ 平 均

明治 6　10　15　20　25　30　35　40　45年度

13.135　明治初期，國民對近代教育理解不足，就學率很低。經濟不佳的背景下，就學率低迷。日清戰爭後，就學率連年上升，日俄戰爭時期，日本的平均就學率達到了95%以上。明治末年日本完成了全民教育的普及。

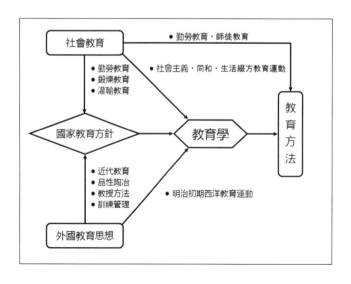

13.136　明治二十年（1887），東京大學聘請德國教育家豪斯庫雷特傳授教育學理論。從倫理學的角度教授教育目的；從心理學的角度教授教育方法。德國高等教育學的傳入，加強了重視德育的傾向，受到日本教育界的歡迎。教育法到明治三十年左右在全國普及。受其影響，日本人編著的《實用教育學及教授法》、《科學的教育學精義》中，品性陶冶、五道念、五段教授法在教育界流行。由於儒教解釋與個人主義間觀念的衝突，教授法最終衰退。外國教育思想對日本國家教育政策改革產生積極的影響，特別是當時風格保守的德國教育學。

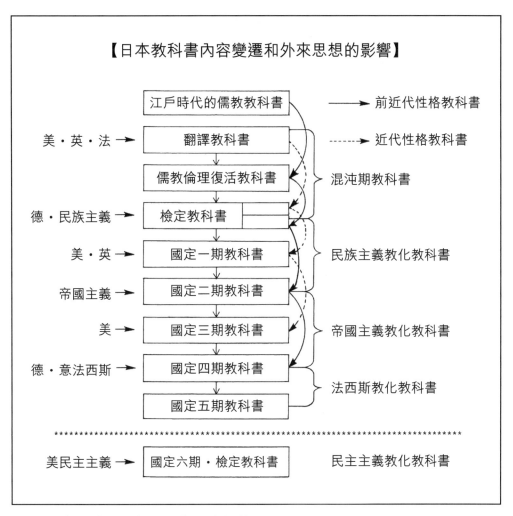

【日本教科書內容變遷和外來思想的影響】

江戶時代的儒教教科書 ——→ 前近代性格教科書

美‧英‧法 →　翻譯教科書　- - - → 近代性格教科書

儒教倫理復活教科書　　　　　混沌期教科書

德‧民族主義 →　檢定教科書

美‧英 →　國定一期教科書　　　民族主義教化教科書

帝國主義 →　國定二期教科書

美 →　國定三期教科書　　　帝國主義教化教科書

德‧意法西斯 →　國定四期教科書

國定五期教科書　　　法西斯教化教科書

美民主主義 →　國定六期‧檢定教科書　　民主主義教化教科書

13.137　明治維新以來，受西洋文化的影響，日本人開始意識到自身文化的後進性。為快速達到先進國家的文化水準，政府在教科書中強力引入了外來思想教育的內容。日本近代教育在接受外來文化時，根據本國國情和西方各國思想意識的變化，在各個歷史時期不斷修正引進教育內容。考察近現代日本教科書史的變遷可見，在外來思想文化的影響下，日本經歷了民族主義教化、帝國主義教化、法西斯教化、民主主義教化的演變過程。

14 富國強兵

一、富國強兵理念的形成

"富國強兵"的概念源於中國春秋戰國時代,古代諸侯在戰亂中曾經採用過"強兵富國"的國家戰略。《商君書》提到:"兵不強,不可以催敵;國不富,不可以養兵。"古往今來,幾乎所有希望獨立和建立霸權的國家,都懂得戰爭的勝利依賴經濟實力的道理。而實現稱霸的野心,強兵則是富國的根本保障。

日本早期富國強兵的提起,始於江戶時代中期太宰春台所著《經濟錄》中的"霸者之說"。主張若要維持國家的發展,富國強兵絕不可欠。江戶末期,頑固的鎖國政策引發了日本與西方列強間的衝突。日本敢於與列強多次交手,但武力對抗的失敗,暴露出自身經濟和軍事力量的顯著差距,最終導致幕府被迫與列強簽署諸多不平等條約。幕末的日本,面對列強的入侵,國內各界提出了各種通過強兵維持國權的思想。攘夷派主張富國強兵對抗列強;開國派主張振興海外貿易富國強兵;公家主張宣揚皇威富國強兵;學者大談富國論、強兵論、士道論富國強兵。島國的輿論,無論開國派還是攘夷派,無論學者還是庶民,思維中強兵可以富國的理念開始啓蒙。

明治政府成立後,國家維新的主題沿革了幕末富國強兵的主張。在思想意識上,積極引進西洋文明推進文明開化;經濟上,實施地租改正和殖產興業以期富強國力;軍事上,推行徵兵制、改革軍制、增強軍備以圖強兵。明治時代全面推行富國強兵政策的結果,大大增強了綜合國力,積纍了與列強談判和廢除不平等條約的籌碼。日清戰爭、日俄戰爭的勝利,讓日本國民嚐到了甜頭,看到了"富國強兵"理論和實踐的正確性。日本急速引進西洋文明與歐美列強為伍,廢棄未開化的過去,從強化本國的經濟能力和軍事實力着手,實現了"強國"的夢想。日本這種"富國強兵"、"弱肉強食"的歷史觀,在日本國民意識中定格。

二、富國強兵的歷史借鑒

中國春秋戰國時期,是奴隸制崩潰,封建制確立的大變革時代。封建經濟的發展,加強了新興地主階級在經濟和政治舞台上的實力,紛紛要求政治改革,發展經濟建立地主階級統治。在這個背景下,秦王嬴政(秦始皇)吸收了商鞅變法的智慧,強力推行"強兵富國"的理念,使秦國從七分天下的諸國中脫穎而出,最終實現了平定六國統一中原的霸權夢想。商鞅變法實現強國的根本法則,一是政治制度改革;二是經濟制度改革。

1、富國強兵改革政治制度的主要施策:

(1)獎勵軍功。"有功者受上爵,私鬥者處刑罰"國家根據軍功的大小授予爵位,官吏從有軍功爵位的人中選用。戰功重賞之下,秦國軍隊的戰鬥力大大增強,在對外戰爭中扭轉了長期以來庸弱的局面。

（2）廢除"世卿世祿制"，鼓勵宗室貴族建立軍功。秦國規定"宗室非有軍功論，不得為屬籍。有功者顯榮，無功者雖富無所芬華。"依軍功大小論貴族身分高低之策，冷淡了舊貴族階層，故有"商鞅相秦十餘年，宗室貴戚多怨聲"之說。

（3）改革戶籍制度，實行連坐制。為加強封建專制的統治，秦國實行都、鄉、邑、聚居民的統一管理。居民以五家為"伍"、十家為"什"，將什、伍作為基層行政單位。按照戶籍造冊登記，責令基層單位實行連坐相互監督。

（4）推行縣制。政治方面的重大改革是"集小都、鄉、邑、聚為縣"，以縣為地方行政單位，廢除分封制。縣設縣令以主縣政，設縣丞以輔佐縣令，設縣尉以掌管軍事，縣下轄若干都、鄉、邑、聚，縣的設置把領主在領邑內的政治特權收歸中央。豪門貴族在地方的權力被削弱，鞏固了中央集權的統治。

（5）制定秦國法律，確立國家章法。始皇帝從"事皆決於法"的思想出發，編寫，修改，增補了一套較為縝密的《秦律》頒行於全國。故史上云："明法度，定律令，皆以始皇起。"

（6）推行"燔詩書"政策，排除不同政見者，製造焚書坑儒事件。暴政雖客觀上維持了秦朝的統治，但也加速了大秦王朝政權的滅亡。

2、富國強兵改革經濟制度的主要施策：

（1）廢井田、開阡陌。古記載，商鞅變法"為田，開阡陌封疆，而賦稅平。""決裂阡陌，教民耕戰。"廢除奴隸制和土地國有制，實行土地私有制。法律上廢除井田制度，允許百姓開荒，自由買賣土地，使國家資源得到有效開發。

（2）重農抑商、獎勵耕織。商鞅推行重農抑商的政策，以農業為"本業"，以商業為"末業"。多生產糧食和布帛者可免除本人勞役和賦稅，同時推行小家庭政策鼓勵人口增殖。

（3）統一度量衡。秦國實行統一標準的度量衡器，嚴格執行不得違犯，保證國家的賦稅收入。新標準度量準則，給百姓從事經濟文化活動提供了方便；統一了賦稅和俸祿標準；消除了地方割據勢力的影響，度量衡的統一為秦始皇統一中國打下了良好基礎。

中國春秋戰國時代的富國強兵歷史經典，對明治維新推行的富國強兵政策有過極大啟示。明治政府實際採取的富國強兵政策，與商鞅變法的做法有諸多相似之處和獨特之處。例如全面推行國家維新政策，廢藩置縣，推行中央政權一元化，實施土地改革，改正地租，統一稅制，統一貨幣制度，發佈徵兵令，大力普及全民教育，創設國家新法（民法、商法、刑法），完善殖產興業的政策和市場環境，引進西洋近代化產業等等。明治維新的改革特色中，更多的吸收了近代西方文明國家的民主主義思想，讓草民、臣民的"民"成為國家一分子的"國民"，將個人的富裕與國家的富裕聯繫在一起。這些富國的措施，奠定了強兵的基礎，實現了強大國家目的。

三、富國強兵的施策

明治政府比其他亞洲國家都更迫切地希望擺脫西方列強對本國的干涉，急於成為一個完全獨立的國家。日本急速推進富國強兵政策，整備國家政治基礎，就是希望改變國家面貌，讓列強認同日本是文明國陣營的一員，進而擠入歐洲強國的圈子。為了達到富國強兵的目的，明治政府頒佈了憲法，建立了新型國家的政治框架，在日本國民心中樹立了天皇至上的精神支柱。明治政府對江戶幕府鎖國政策造成的落後產業體系進行了徹底改造，給國民提供了更多的商業機會，引導國民擺脫窮困走上富裕之路。政府內以工部省、內務省為中心的機構，運用國家資本金引進外國技術，主導了官營礦山、官營製絲廠、官營紡織所、官營軍事等領域的工業發展，帶動了民間對西方技術的廣泛興趣。明治政府發出崛起的口號，"若育強兵，國家必富"，被既定為國家發展的總體方針。

明治政府誕生於列強擴張的時代，這個時代是弱肉強食戰爭的時代。倘若閉關鎖國甘居守舊，不與列強為伍，就有被列強殖民和吞併的危險。為此，明治政府選擇了富國強兵的戰略，在強兵方面，政府全力組建一支可以與歐美比肩的國家軍隊。1873 年政府發佈了《徵兵令》，規定無論士族平民，年滿 20 歲以上的男子都有履行兵役的義務，改變了戰爭的天職只屬於武士的慣例。徵兵令之下的平民被賦予了參加戰鬥的國家義務，義不容辭地接受為國家而戰的軍事訓練。政府引進西洋軍隊制度，裝備近代化兵器，聘請外國軍人訓練軍隊，將諸藩的軍事基礎，統籌成一支模仿列強的軍事力量。

明治政府在強兵方略上做了大量的基礎工作。(1) 兵役制度；(2) 武器裝備；(3) 交通運輸；(4) 兵站體系；(5) 通信系統；(6) 醫療體制；(7) 軍情系統；(8) 軍事媒體；(9) 軍事科技；(10) 軍夫支援體制等。凡是與強兵有關的領域，都進行了一絲不苟的認真研究和財政投入。

明治二十七年（1984），日清戰爭的前夜，日本的國家兵源動員力量已經達到陸軍 7 個師團 240616 人，軍夫 154000 人。陸軍移動炮械 294 門，單兵槍械裝備達到 100%。海軍的軍艦擁有能與清國艦隊匹敵的數量。炮艦 28 艘，57631 噸；水雷艇 24 艘，1475 噸，合計艦艇 52 艘，總噸位 59106 噸。全國鐵路交通運輸線全長 3200 公里。後勤支援構建了一整套完整的海陸物流兵站體系。軍隊編制中配置了歐洲式的醫療體系，戰場救援機制在許多方面甚至超過歐洲軍隊。國家情報部門重視情報戰的價值，在收集敵國的政治、經濟、軍事情報方面，擁有卓越的靈敏度和效率。國家給予媒體極大自由度，媒體的靈活運用成為戰爭機器的重要部分。日本特色的 15 萬準軍事力量的軍夫大軍，在戰爭中表現卓著，令西方列強為之震撼。

明治三十七年（1904）日俄戰爭，日本的國家戰爭動員力量達到 1088996 人，陸軍

12 個師團，戰爭中再增 4 個師團。海軍建成了以戰列艦 6 艘、裝甲巡洋艦 6 艘為基幹的"六六艦隊"，成為遠東海域最強的海上力量。日清戰爭遭遇三國干涉後，日本臥薪嘗膽僅十年，在武器軍械、兵站體系、軍事情報、戰場醫療、野戰通信、媒體運作、戰爭國際法等方面都有了巨大的飛躍，日本已經完全有信心和能力與老牌列強一論高低。心有餘悸的西洋人面對日本人謙遜的笑顏，捉摸不透他們背後的野心，後生可畏之心讓列強敬而遠之，耿耿於懷，"黃禍論"從此在歐美圈蔓延。

四、富國強兵與戰爭

明治政府富國強兵的結果，給日本在國際上帶來榮耀，給國家經濟帶來繁榮。日本軍國主義的膨脹，加速了向周邊國家擴張侵略的野心，給鄰國帶來了苦難。明治時代的日清戰爭、北清戰爭（義和團事件）、日俄戰爭，三場戰爭都發生在清國的土地上。在那個弱肉強食，沒有國際準則的野蠻時代，戰爭被製造戰爭的野心家視為天經地義的事情。當富國強兵的大廈建起時，它的影子下映出了條條草菅人命的血色運河。

日清戰爭是近代日本史上第一次品嚐到富國強兵甜頭的對外戰爭。戰爭勝利的結果全面動員起國民對戰爭的熱情，軍國主義的形成一發不可收拾。當時市井間記錄這樣的情形，"日清戰爭、連戰連勝、軍隊萬歲、軍人守護神，軍人的地位如日中天。"天皇體制的社會基礎一舉擴大，天皇為地位低下的軍卒贏得了從無有過的榮光，天皇成為受全軍愛戴的陸海軍大元帥。日本軍事體制和天皇制根幹的形成，在日本人心目中確立了富國強兵至上的理念。

日本思想家福澤諭吉，在《日清戰爭是文明和野蠻的戰爭》社論中標榜，"日本是以世界文明進步為目的展開的戰爭，戰爭不是人與人、國與國之戰，而是一場信仰的較量。"日本在亞洲國家率先理解文明世界的理念，力圖徹底擺脫獨裁國家制度和野蠻文化，日清戰爭因此成為日本邁入文明國行列的起點。1886 年日本加入國際紅十字條約組織，1887 年加入巴黎宣言，在日清戰爭中的表現讓歐美國家相信，日本已經成為代表亞洲崛起的文明國。

富國強兵的戰爭實踐，標誌日本近代軍事技術進入變革和飛躍的階段。明治維新下的軍隊，從英國學到了先進的海軍，從德國學到了先進的陸軍。明治政府創建的陸軍戰勝了大清國陸軍，後來成為世界上最驍勇善戰的戰鬥體。黃海海戰的勝利被公認是世界海戰史上近代艦隊作戰的典範。日本艦隊的作戰思想和軍人素質，在十年後的日俄大海戰中得到再次驗證，日本艦隊在對馬海峽一舉摧毀了龐大的俄國波羅的海艦隊。

富國強兵的歷史規律是恐怖的，它的終極體現就是戰爭。在戰爭與和平的課題中，日本國民默認了弱肉強食的戰爭邏輯。當日本以國際優等生的形象，擠入歐美列強的行列敢於與強者比高低時，醉心於強兵快感中的國民，企望戰爭贏得利益的狂熱已經一發不可收拾。從日清戰爭開始，日本軍隊全面確立了在國家體制中的地位，軍部政治稱霸的構造形成。軍人的榮譽超越了一切至上的權利，引導日本陷入半個世紀的戰爭泥沼。1894 年日清戰爭；1900 年北清戰爭（義和團事變，八國聯軍出兵）；1904 年日俄戰爭；1914 年日德戰爭（第一次世界大戰日英同盟）；1918 年西伯利亞出兵（五國聯軍干涉俄國革命的七年戰爭）；1937 年日中戰爭；1941 年太平洋戰爭；50 年戰爭歷史給捲入戰爭的各國人民帶來深重災難。

富國強兵的概念在客觀上是行得通的思維方式，但是富國強兵的目的極易變質，導致喪失理智，走上戰爭的極端。明治維新孕育的一群驕橫跋扈的軍人，用殘酷的戰爭玷污了明治維新的初衷。日本人用自己的血肉之軀，鑄成的這座富國強兵的大廈，終於在第二次世界大戰中崩潰。1945 年 8 月 15 日日本成為戰敗國，逆人類文明意願而行的日本，終於在自身的實踐中證明了富國強兵的戰爭暴力，必將會葬身自己的邏輯。

14.01　明治六年（1873）黑田清隆向太政官提出了"屯田制"建議。1874年政府確定了"屯田兵例則"。1875年軍隊進入北海道開始屯田。為對抗來自俄國的壓力，屯田體制經歷了各種各樣的改革。在富國強兵政策推動下，1889～1893年政府數次修訂法令，確定了增設20個中隊屯田兵的計劃。期間實現了"兵村"，從兵員中選舉設置了"兵村會"，兵員中引入兵役制度。北海道人口不斷增加，農業得到極大發展，屯田兵又整合創設了第七師團。1904年隨着國家軍隊整合的需要，屯田兵制度廢止。寫真記錄了屯田兵時代北海道大地兵營的風貌，在一片片遼闊正在開墾的處女地上，並列着相同式樣的建築群落，映照出奇特的集體生活景象。

14.02　明治六年（1873），屯田兵制度實施。屯田兵是國家戰爭儲備的重要一環，即能守衛開拓邊疆，又能訓練部隊，可以做到完全的自給自足，達到自力更生的效果。三十年的開拓計劃獲得了成功，移民人口大增，促進了邊疆的繁榮。明治三十七年（1904），屯田兵制度廢止。寫真是屯田兵的營地。

14.03　寫真是東京炮兵工廠分廠的門前。東京炮兵工廠主要生產槍械和彈藥，直屬陸軍大臣管轄，內設相關教育機構。

14.04　日清戰爭後，日本運用清國的戰爭賠款，從德國引進全套煉鋼設備和技術，由國家投資興建了大型製鐵所"八幡製鐵"。"八幡製鐵"不僅為後來的日俄戰爭提供了大量軍用物資，也為整個日本軍工和重工業發展奠定了穩固的基礎。寫真是明治四十三年前後的工廠全景。

14.05　大阪炮兵工廠擁有數千名工人，廠方制定"職工規則、職工懲戒規則、職工過怠金概則"強化企業管理，向戰鬥部隊提供大量國產近代化優質炮械。明治十六年（1883），大阪炮廠聘請意大利技術顧問指導完成了第一門國產青銅鑄造炮。1886年國產火炮陸續裝備陸軍野戰部隊。日清戰爭時期主要生產性能優異的7.5厘米口徑的山野炮，俗稱"七厘山炮"寫真是炮廠內車床車間的場面。

14.06 1889年陸軍發佈野戰教範條例，提出炮兵是戰場"主兵"的概念。炮兵作為未來戰爭的"戰鬥骨幹"開始在軍事思想中定位，推動了炮兵兵種空前發展。日本陸軍的"七厘野炮"，是陸軍火力最強的火炮。日清戰爭由於朝鮮道路崎嶇，野炮沒有發揮預想的作戰優勢，而可以拆裝的馬馱式山炮，表現出優秀的機動性。圖為大阪炮廠量產的野炮炮車。

14.07 1884年大阪炮兵工廠仿造的意大利28厘米榴彈炮，1887年正式量產化。該炮部署在日本本土海防炮台，日清戰爭沒有參戰。日俄戰爭期間，日軍攻擊旅順要塞受阻，專門從國內調來18門此種海防型榴彈炮，作為攻擊203高地的決戰武器，共發射炮彈16940發，為奪取俄軍陣地，摧毀旅順港內俄國太平洋艦隊建立功勳。

14.08 1896年後的日本炮兵和步兵部隊的訓練場面。當時軍服實施了改制，區分"冬夏正略"4種式樣。士官和士卒的通常軍服，夏裝是白色。寫真是訓練場上身穿新式服裝的士兵在操練的情形。

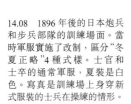

14.09 明治二十二年（1889）在英國技師的幫助下建造了橫濱船渠，船渠內有兩個船塢，可以同時修理和建造 2 艘艦船。在這裏建有明治維新船舶工業技術象徵的，運行在北美航線的大型客船"冰川丸"、"秩父丸"，海軍輕巡洋艦"那珂"、"白雪"，航空母艦"龍驤"等戰艦。寫真是 1906 年的船塢。打開閘門，海水會湧進船塢內，船就可以開進船塢。然後關閉閘門抽出海水，整個船體就會暴露出來，可以清理船體表面的吸附物和進行日常維修。現在船塢遺跡被列為國家的重要文化遺產加以保護。

14.10 明治十年（1877）5 月，日本成功研究出軍用氣球，組成了氣球部隊。西南戰爭中，被薩軍包圍的熊本城，曾經計劃了利用氣球救援的作戰方案。1904 年日俄戰爭的旅順攻堅戰中，氣球部隊在 203 高地實施彈着點校準，為全殲太平洋艦隊作出貢獻。寫真是日本首次成功放飛的吊筐式氣球。

14.11　明治四十四年（1911）軍用氣球研究會進口西洋發動機製造了首架飛船（飛艇）。飛船下裝有吊舟。10 月 25 日首次飛行，高度 60 米，距離 4.5 公里，滯空時間 10 分鐘。27 日飛行高度 100 米，距離 32 公里，滯空時間 41 分鐘。軍方開發飛船，目的是在未來的戰爭中應用。寫真是飛船首飛的壯觀場景。

14.13　1904 年日俄戰爭中，日本氣球部隊在偵查俄軍佈防，為炮擊俄艦隊作出貢獻。寫真是吊籃式氣球放飛訓練的場景。

14.12　氣球的野戰意義在陸軍得到重視。陸軍第一師團特設氣球隊，歸屬電信教導大隊。隊員 145 名、馬 9 匹，每年各工兵大隊分派 5 名士官，前往氣球隊接受氣球兵教育。寫真是 1907 年自由號氣球放飛的訓練場面。

14.14　1913 年氣球隊改編成氣球中隊，臨時兵舍設在所澤飛行試驗場一隅。氣球部隊經常在野外實施放飛訓練。寫真是雙翼飛機和飛船同時滯空的珍稀鏡頭。營房大門掛牌"氣球隊"。

14.15　明治維新時期的醫療，在西洋醫療技術的影響下有了迅速進步，各種歐美式教學給日本提供了大量優秀的醫師、看護婦。大量醫護人才的出現，滿足了戰爭醫療的需求。日清戰爭日本實施了女性從軍看護婦制度。日本赤十字社看護婦首次被陸海軍醫院召集，媒體宣傳報道是"日本婦女從軍的壯舉"，激勵日本國民開始認知和接受看護婦這個新生事物。寫真是在西洋醫師指導下，實施現場手術教學的場景。

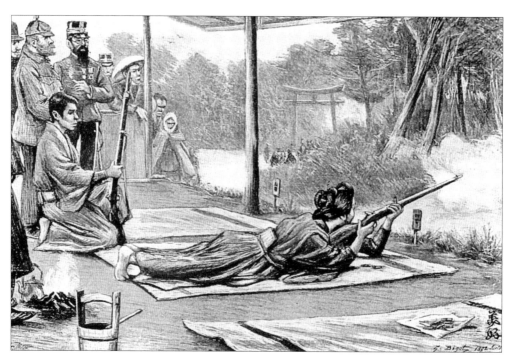

14.16　明治十八年（1885），首任文部大臣森有禮為推進明治維新富國強兵政策，在教育上引入了"兵式操練"令，中學師範學校男生的兵式操練被義務化。一年後，東京師範學校的女生也編入兵式操練科目，日本女性作為保衛本土的作戰力量，也被要求參加軍事訓練。圖為英國武官在觀摩女性射擊訓練的情形。

14.17　明治元年（1868），日本效仿當時世界上最強大的近代英國海軍，於 1870 年在廣島縣的江田島市創設了一所旨在培養優秀海軍軍官的江田島海軍兵學校。教育方針要求學員進行系統的軍事理論學習和艱苦的軍事技術訓練，精神上灌輸效忠天皇和 "武士道精神"。學校在日本海軍史上培養出諸多高級將領和優秀士官。昭和二十年（1945）日本敗戰，11 月 30 日廢校。寫真是明治二十年前後的江田島海軍兵學校鳥瞰全景。學校主建築前是寬廣的運動場，側方是寬闊的海面，適合學員進行各種軍事科目的教學和訓練。

14.18　明治二十四年（1891），在強兵的輿論浪潮中，政府通過預算案，向英國訂購了當時世界最先進的防護巡洋艦，命名 "吉野號"。吉野艦航速達到 23 節，完全裝備速射炮，在與清國北洋海軍的海戰中表現十分活躍。

14.19　明治七年（1874）10月，日本陸軍士官學校開校，早期教育制度為法國制式。師資主要聘請的是法國陸軍的軍事教官。不同兵科有不同的修學年限，步兵、騎兵兩年，1876年增至三年。炮兵、工兵最初三年，1876年增至四年，1881年增至五年。士官學員畢業生1285名，共計11期。寫真是1874年日本陸軍士官學校開校時的學校本館。

14.20　為實現富國強兵的目標，軍方最關注軍事人材的培養。日本陸軍大學校是培養陸軍高級參謀將校的最高學府。明治十五年（1882）創設，師資主要是法國教官。1884年參謀本部長山縣友朋和陸軍卿大山巖決定改用德意志帝國陸軍大學的模式，招聘了一批像梅克魯那樣的德國優秀教官。陸軍大學校首任校長是兒玉源太郎步兵大佐。寫真是早期陸軍大學校的大門口。

14.21　明治二十一年(1888)根據第55號敕令，制定海軍大學校官制，同年在東京築地開校，是培養日本海軍高級將校的教育機構，簡稱"海大"。首任校長是海軍省軍務局長井上良馨少將；第二任是伊東祐亨少將（日清戰爭海軍司令長官）；第九任是東鄉平八郎少將（日俄戰爭時任海軍司令長官）。寫真是學校前的小碼頭。

14.22 明治十九年（1886）參謀本部內分設海軍部和陸軍部，分別掌管海軍和陸軍的軍令。1888 年分別改為海軍參謀本部和陸軍參謀本部。1889 年陸軍參謀本部長改稱參謀總長，設置海軍參謀部（1893 年改稱海軍軍令部）負責海軍軍令。1893 年海軍軍令部條例規定，陸軍參謀本部和海軍軍令部，在和平時期是對等的，戰時海軍軍令權屬於陸軍參謀總長。寫真是 1899 年竣工的日軍參謀本部。

14.23 陸軍省是第二次世界大戰前，日本行政機構中的一個部門。1903 年以降主管軍事兵器、軍馬、軍務、人事、整備、兵務、經理、醫務、法務、技術、研究、航空等業務。寫真是明治十一年（1878）竣工的陸軍省。

14.24 海軍省是大日本帝國海軍的軍事行政機構，是日本內閣中的一個省，海軍大臣由天皇任命。1872 年海軍省從兵部省獨立出來，大日本帝國憲法實行後，軍令由天皇的直屬機構主管。1893 年設置了海軍軍令部作為海軍的最高軍令機關。海軍省成為主管海軍政策、軍備、人事、教育等事務的機關。寫真是明治二十七年（1894）竣工的海軍省。

14.25　明治十三年（1880）日本海軍開設水雷練習所，1893年改編成海軍水雷學校，是培養水雷（魚雷、機雷、爆雷）指揮官、技術官的學校。對從初級士官到海軍將校，實施海軍綜合技能技術的教育。山本五十六就是該校第32期畢業生。1903年開始無線電技術生的培養。寫真是1907年，學員操練的情景。

14.26　橫須賀是日本的重要軍港。明治時期，居住在橫須賀的市民40%是和海軍有關係的人。山林原野以外的30%土地，都是軍方的財產。明治四十年（1907），橫須賀市甚至選出了海軍出身的市長。寫真是橫須賀的逸見波止場，當軍艦離港歸港時，海軍軍人、海軍家屬就會站在逸見波止場迎送。

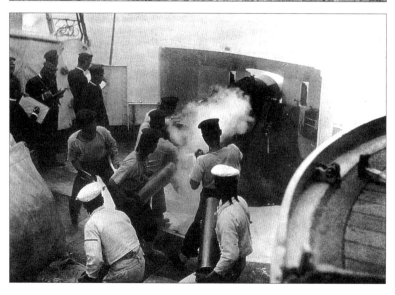

14.27　日清戰爭後，為了對抗俄國在遠東的擴張，日本加速增強海軍力量，實現了六六艦隊計劃（戰列艦6艘、裝甲洋艦6艘），其中旗艦三笠號，從英國進口，排水量15140噸、全長131.7米、15000馬力、巡航速度18節、4門雙聯裝30.5厘米主炮，14門15.2厘米速射炮。寫真是“三笠”號水兵在進行速射炮實彈演習訓練。作戰參謀在觀察記錄炮擊效果。

14.28 明治時代的軍艦通常會在一般艦上搭載多種類型艦炮。戰鬥時每門炮都處於獨立瞄準炮擊的狀態。命中率除了依賴大炮的性能外，還要靠指揮者和瞄準手的技能。由於大炮的性能都不是很高，一般依靠艦炮數量和發射彈數，提高彈着的幾率。而瞄準手修正彈着點經常是 100 米單位誤差的矯正量。寫真是指揮官在指揮艦炮水兵操練的情形。

14.29 明治二十七年（1888）陸軍設立了乘馬學校，1898 年改稱陸軍騎兵實施學校，1917 年改稱陸軍騎兵學校，是日本陸軍培養騎兵的唯一學校。學校採用歐式訓練方法，使日本騎兵成為一支驍勇善戰的勁旅，在日俄戰爭中打敗了號稱強大的哥薩克騎兵。寫真是 1874 年日本陸軍騎兵士官學校的訓馬教場的內景。

14.30 明治四十四年開工，大正二年（1913）竣工的氣球庫，是日本首個鋼鐵骨架構造的，專為"雄飛號"飛船建造的機庫。1913 年 10 架飛機和雄飛號飛船一同參加了大正天皇即位典禮。左上寫真是"雄飛號"飛船進入機庫的情形。現場通過人工拉拽纜繩調整飛船姿態進入庫內。

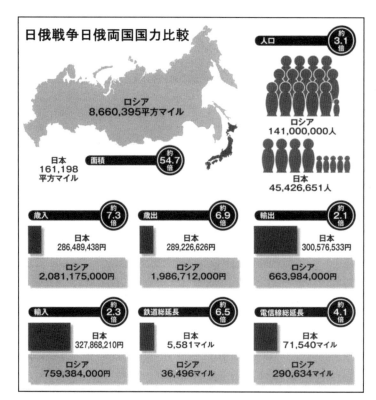

14.31 日本和俄國的綜合國力比較圖。國力之比令國際政治家、經濟家、軍事家、歷史學家為之茫然。日本這樣一個小國，一個尚處在貧困線上的國家，竟然把令歐洲懼怕的俄國人打敗。是甚麼讓他們取得這樣的戰績？歷史留下了一個大大的問號。當人們還在解讀這些疑問或讚美日本明治政府的空前業績時，一個從魔法瓶鑽出的惡魔出現在世人面前，它就是從明治軍隊蛻化變質的昭和軍隊。

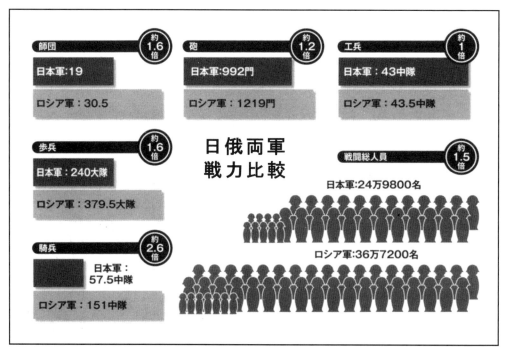

14.32 日俄戰爭，日本付出了巨大的傷亡，但從日俄兩軍戰力比較可見，日本的勝利讓全世界口服心服。正如德國皇帝威廉二世預見的"黃禍"時代已經真正到來那樣，面對如此好戰能戰的國家，西方列強從此再無美夢可做。

14.33　觀兵式（閱兵式）是向國家元首展示軍隊的力量，向國內外展示國家威嚴，由士兵實施的軍隊儀式。十九世紀後期，幾乎所有國家都熱衷於進行閱兵式。大日本帝國陸軍的"觀兵式"分閱兵式和分列式，軍隊接受天皇、皇族、元帥、陸軍大臣、參謀總長、教育總監、軍司令官、陸軍大將、特命檢閱使等將官的檢閱。日本海軍的觀兵式，相當於"觀艦式"。寫真是明治四十四年（1911）日本陸軍觀兵式的場面。

14.34　日俄戰爭的勝利，再一次證明日本富國強兵的國策無比正確。日軍凱旋回國，在東京青山練兵場舉行了壯觀的閱兵式。明治天皇觀看了閱兵，各兵種方隊通過了天皇的視線。觀兵式結束，軍隊和兵權歸還天皇。在皇居（皇宮）的廣場上排滿了繳獲的各式各樣俄軍戰利品。寫真是氣球部隊的氣球在高空500米處拍攝的閱兵現場照片。

14.35　明治四十一年（1908），作為海軍歷史教育的一環，海軍建設了一座"海軍參考館"。館內匯集了日本有史以來的海軍戰史資料、人物傳記、武器裝備，對下一代海軍軍人的教育起到積極作用。寫真是海軍參考館遠望。

14.36　海軍參考館是陳列日清戰爭、日俄戰爭時，繳獲敵國戰利品的展覽館。這裏既是海軍軍人的教育場所，也面向市民開放，進行富國強兵的教育。寫真是日俄戰爭館展室內的展品。海軍參考館在關東大地震時起火被焚毀。

明治國度的彩色記憶

Fig.01　1853 年美國東印度艦隊培理將軍，率四艘軍艦進入江戶灣，要求幕府開國通商。倭國人謂之"黑船來航事件"。1854 年培理再率七艘軍艦直入橫濱灣海面，以武力姿態迫日通商。江戶幕府妥協，日美締結了《日米和親條約》，事件促使日本開國。名畫《培理提督神奈川上陸》描繪了美國海軍陸戰隊登陸神奈川久里浜的壯觀場面。

Fig.02　明治元年，不滿"王政復古"措施的德川慶喜，率領舊幕府軍 1.5 萬人與政府軍 5 千人開戰，史稱"戊辰戰爭"。幕府軍不敵政府軍的近代武器裝備潰敗。名畫《伏見鳥羽》是政府軍與舊幕府軍於伏見、鳥羽激戰的場面。

Fig.03 明治四年（1871）廢藩置縣令發佈後，琉球被劃歸鹿兒島管轄。1872 年 7 月
琉球王尚泰遣尚健作為特使，率 30 名使節前往日本，拜見天皇獻上貢物。天皇親賜
敕語，封尚泰為琉球藩主，給予華族待遇，並在東京賜予相當三萬円的豪宅。尚健
一行於同年 10 月從東京出發歸藩。此後，琉球藩被撤廢改稱沖繩縣，琉球列島行政
歸屬鹿兒島管轄。名畫《琉球藩設置》圖，表現的是 1873 年 3 月 3 日，尚健特使一
行抵達沖繩島那霸港的情景，受到琉球王的隆重迎接，遠處聚滿了觀望的百姓。

Fig.04 明治二十二年(1889)2月11日,在新落成的宮殿,舉行了《大日本帝國憲法》的頒佈大典。大典之日,內大臣三條實美、內閣總理大臣黑田清隆、樞密院議長伊藤博文以下百官威儀肅正,參集於正殿大廳。天皇率領皇族、大臣、文武百官,參拜宮中三殿,鄭重宣佈憲法。內大臣三條實美恭恭敬敬將憲法呈上,天皇賜敕語後,親手將憲法授予黑田清隆總理大臣。同日,差遣敕使前往伊勢神宮,神武、孝明御陵,向先祖奉告發佈大日本帝國憲法。

《大日本帝國憲法》亦稱"欽定憲法"。日本成為東亞第一個擁有近代憲法的立憲君主制國家。與憲法一同頒佈的法典還有皇室家族法(皇室典範)、議院法、貴族院令、眾議院議員選舉法、會計法等重要法令。日本憲法於1890年11月29日第一屆帝國議會召開的當日正式實施。名畫《憲法發佈式》記錄了憲法發佈日,隆重莊嚴的歷史場面。明治天皇正在將憲法授予內閣總理大臣黑田清隆。當日皇后殿下亦參列於側。

Fig.05 明治二十七年（1894）日清戰爭爆發，日本聯合艦隊和清國北洋海軍在黃海爆發大海戰。名畫《日清役黃海海戰》記錄了當時海戰的情景。懸掛黃色龍旗的是清國定遠艦。懸掛日章旗的是日艦比叡號，比叡艦脫離艦隊序列闖入北洋海軍陣營中，遭到清國艦隊的攻擊。混戰中比叡艦奮力逃出包圍。黃海海戰北洋海軍損失戰艦 5 艘，艦隊退縮威海衛劉公島港大本營，日本取得制海權。

Fig.06　名畫《旅順戰後的搜索》圖，揭露了日清戰爭中，日軍在旅順市街展開無差別虐殺的情形。日本《中央新聞》社從軍記者記載：市街中心向南延伸三條街道，東新街、中新街、西新街，遍地是被殺死的屍體。圖中的幾名日本兵正在進入一家店舖搜查藏匿的清兵，店老闆驚恐萬分、戰戰兢兢，門外躺倒着已經被殺死的清國人。

Fig.07 名畫《下關媾和談判》表現的是日清戰爭中大清國李鴻章特使在下關 "春帆樓" 與大日本國特使伊藤博文媾和談判的情形。前排右側紅椅靠背者李鴻章、左一李經芳、左二馬建忠，右一羅豐錄、右二伍廷芳。後排右端為總理伊藤博文、外務大臣陸奧宗光。1895 年 4 月 17 日日清雙方簽署了《馬關條約》。內容主要包括：1. 銀貨賠償：戰費兩億五千萬兩庫平銀；遼東半島贖回金三千萬兩庫平銀。2. 國土割讓：台灣、澎湖列島。3. 通商貿易：開放與其他列強相同的口岸。4. 宗主國權利：清國放棄對朝鮮的宗主國地位，承認朝鮮國獨立。

Fig.08　1895 年皇室獻畫中的名畫《念想》，生動描繪出日
清戰爭中陣亡將校的妻子和孩子們的悲痛心境，表現出一
股反戰情緒。繪畫解說：在華麗的勝利背後，還有這樣悲
憐的犧牲者。可輿論宣傳卻為美化對外戰爭，賦予繪畫新
的解說：陣亡軍人妻子的嚴峻面容呈現痛苦的神情，但那
是一種化悲痛為力量的覺醒。母親讀給孩子們父親留下的
遺書，是在向軍國之子諄諄訓誡和鼓勵他們勇往直前的教
誨，表現出軍人未亡人軒昂自若的氣節。

Fig.09　明治三十年（1897）的名畫《林大
尉戰死》，描繪了日清戰爭平壤會戰的激
戰場面。戰鬥中清軍蜂擁向日軍陣地喊殺
過來，林大尉陣亡前將家書撕得粉碎，身
旁數名士兵倒在血泊之中。此幅作品因得
到明治天皇讚賞而名聲大作。

Fig.10　名畫《軍人之妻》，描繪了明治三十七
年（1904）日俄戰爭中，夫君戰死疆場後妻子的
悲痛心境。畫中的未亡人，眼中飽含着淚水，
雙手捧着夫君的軍刀和軍服。在無言的凝視之
中，把對戰爭的悲怨、仇恨、無奈，靜靜地傳
遞給了人們。日俄戰爭大量的軍人陣亡，戰爭
未亡人的大量出現，成為嚴峻的社會問題。日
俄戰爭期間，日本國內不斷出現類似表現反戰
情緒的作品和繪畫，傾訴對戰爭的不滿和對戰
爭罪惡的抨擊。

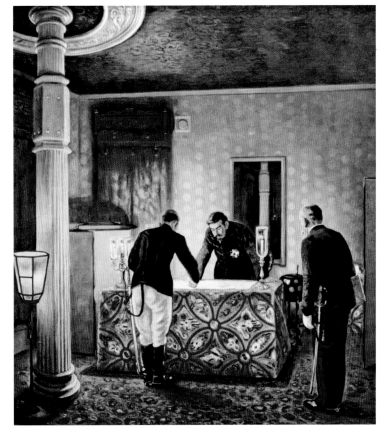

Fig.11　名畫《廣島大本營軍務親裁》，描繪了明治二十七年（1894），日清戰爭開戰後，明治天皇親臨廣島大本營親裁軍務，統帥軍機的場面。在遠離皇宮近8個月期間，天皇寢食均在司令部簡易木造二層小樓中的一室內。生活簡樸，日夜辛勞，時時關心遠征清國的將士，廣島大本營成為全體國民的敬仰之地。繪畫表現的是：在深夜的燭光下，天皇在展開的地圖前，仔細聽取參謀次長川上操六報告戰況的情形。右者是岡澤侍從武官。

Fig.12　明治十四年（1881）9月，明治天皇巡幸北海道各地。途徑秋田縣，視察了“院內銀礦”。銀礦是政府投資開發興建，從採礦到煉製，全部採用西洋技術的企業。當日天皇觀看了坑夫、坑女的作業情形。並參觀了選礦所、製礦所、熔銀所等處的作業場面，鼓勵大力發展礦業。名畫《山形秋田巡幸礦山御覽》中，天皇親臨5號坑口，坑道由圓木支撐，黑暗中的照明是油燈燭光。隨行的屬下，為天皇安全極度惶恐。

Fig.13 靖國神社的"靖國"原意乃"和平定國"之意，神社內是祭祀明治維新時期，
在戰爭中的軍人亡歿者。隨着近代日本軍國主義的崛起，和平定國的初衷演變成激
勵戰爭的精神支柱和象徵。名畫《靖國神社行幸》描繪了明治二十八年（1895）12月
16日至18日，日本國內連續三日在靖國神社舉行的臨時大祭，將日清戰爭中陣亡將
士的靈柱（記名小木牌）13619柱，送入神社合祀，慰勉在天亡靈。以後的歷屆戰爭，
都有陣亡將士的靈柱送進神社合祀。北清戰爭1256柱、日俄戰爭88429柱、日中戰
爭191250柱、太平洋戰爭2133915柱。總合計2466532柱。

Fig.14　1909 年 10 月 26 日朝鮮愛國志士安重根刺殺了伊
藤博文。刺殺事件為日本加速合併韓國提供了口實。寫真
是 1909 年在東京日比谷公園，為日本一代政治家伊藤博文
舉行國葬之禮的情形，伊藤博文享年 68 歲。

Fig.15　名畫《凱旋觀艦式》描繪了 1905 年 10 月 23 日，
天皇親往橫濱灣舉行凱旋觀艦式，祝賀日本海軍取得日俄
海戰的全面勝利。天皇陛下（中）、東鄉平八郎（右），左一
山本海軍大臣、皇太子殿下、伊東海軍軍令部部長。

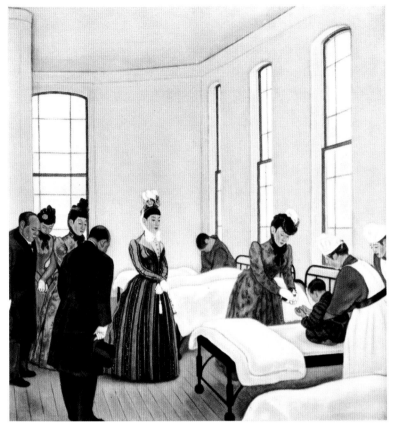

Fig.16　明治皇后仁慈而
富有愛心，令國民敬仰。
明治二十年（1887），皇
后提議將有志共立病院
改稱東京慈惠醫院。5 月
9 日親臨醫院為開院式剪
彩，並巡覽了各病室，向
患者的痛苦表達憐憫和慰
問。此後，皇后每年都賜
下皇室私有財產，冬季為
患者賜予被服，為年少患
者賜予玩具和糕點。醫院
職員和患者深為皇后的仁
慈感激涕零。皇后親臨
病院慰問患者達 25 次之
多。名畫《東京慈惠醫院
行啟》描繪了明治皇后親
臨醫院，巡覽各病室慰問
患者的情形。金黃衣者是
皇后，紫色衣者是有棲川
熾仁親王殿下妃董子。

Fig.17　天皇和皇后非常
關心國家的農業，經常出
訪視察農業生產，勉勵農
耕事業。名畫《皇后宮田
植御覽》描繪了明治八年
(1875)6 月 18 日降雨的
午後，正值農戶田植勞作
的時間，宮中女官們隨同
皇后殿下，來到水田前，
仔細觀察農夫插秧的勞作
場面。當日皇后殿下賜予
農夫宮中的糕點，慰勉日
日勞作的辛苦。白色傘下
站立者是皇后殿下。

Fig.18　明治四十五年 (1912)7 月 18 日，明治天皇因糖尿病併發尿毒症陷入昏睡狀態，連日來自全國各地的男女老少，集聚在皇宮前的二重橋外，仰天祈禱神明，伏地悲淚保佑天皇康復。各地國民紛紛前往神社佛寺，為天皇祈願平安。7 月 30 日零時 43 分天皇崩御，日本一代明君與世長辭，終年 60 歲。名畫《不豫》，描繪了明治天皇病危時，男女老幼在皇居廣場前祈願的情景。

Fig.19　富岡製絲所是明治初期，政府引進法國技術建設的大型國營企業。名畫《富岡製絲場行啓》，描繪了 1873 年 6 月 24 日皇后殿下（白衣）陪同皇太后殿下（綠衣）視察製絲工廠的情形。皇后和皇太后仔細觀看了燒蘭女工的操作，鼓勵大力發展蠶絲業，還親自在宮中設立了養蠶所身體力行親自養蠶。

Fig.20　明治時代日本的海運，是最早參與和世界強國競爭的產業。日清、日俄戰爭的特需，促進了本國造船業的飛躍和擁有國外航線。寫真是明治時期橫濱大棧橋乘客登船的情形，大棧橋最多可同時停泊 4 艘大型客船。

Fig.21　寫真是明治十三年（1880），日本農村的孩童在遊戲"石子格"的民間風俗鏡頭。場面有各式各樣的男孩和女孩，還有背小孩的女孩，大人們在一旁圍觀。這一極自然反映鄉間氣息的畫面，被評論家們譽為攝影珍品。

Fig.22　寫真是明治時代，橫濱開設的面向外國人的高級遊廓"神風樓"，光顧的客人大多是西洋或清國商人。常駐妓院的遊女超過百名以上，據記載，按規矩外國人只能挑選"羅紗緬"蒙面的遊女。寫真中的妙齡遊女窗窗滿盈。

Fig.23　1895年黑田清輝留學時代的裸婦作品《朝妝》
在第四屆國內勸業博覽會上出展，引起社會輿論軒然
大波，媒體贊否兩論爭論不休，指責有違風紀。當時
明治官方處於取締裸體畫的時代。身為美術家的黑田
沒有退屈，作為對日本洋畫界和社會的啟蒙，黑田深
感自己的歷史責任。1900年黑田再創新作《Etude de
Femme》（裸婦習作）在巴黎萬國博覽會出展獲得銀
質獎。繪畫以日本女性為模特，創作了"智感情"三
幅裸畫。"智"裸婦（右）；"感"裸婦（中）；"情"
裸婦（左）。作品深層探索了裸婦的理想形式，喻示
畫家三派象徵的，理想主義（智）、印象主義（感）、
寫實主義（情）的深意。作品最終獲得官方特別展室
的展示認可，但下半身用布遮掩。黑田清輝的裸婦作
品，對日本近代裸體美術教育產生深遠影響。

Fig.24　寫真是明治二十三年（1890）西洋
人拍攝的富士山。色彩是着色後形成的。
從寂靜的湖水和山頂白冠的倒影中，可以
感覺到百年前富士山的美麗和她的皎潔，
以及它在日本人心中的地位。故有日本詩
人留下："萬古天風吹不斷，青空一朵玉
芙蓉"；"玉扇倒懸東海天，富士白雪映朝
陽"等讚美富士山的美妙詩句。

316

15　殖產興業

一、明治維新的產業革命

　　產業革命是十八世紀後半期，英國技術革新引導的產業結構變化，以及由此帶來的經濟振興。產業革命的概念，早期出自於馬克思、恩格斯文獻中的共產主義理論。產業革命支持的產業資本、產業資本家，通過工廠經營的財富積纍，形成了金融資本。產業革命的基礎是技術革命，是在資本主義經濟體制下，財富積纍的"資本"和農業革命產生的剩餘勞動力，在城市產業環境下吸收，爆發出的生產力飛躍的變革過程。十九世紀後半期的日本，學得了歐洲的經濟革命理論，通過"技術革新"、"資本積蓄"、"都市勞動力增大"的經濟槓杆，推動了國家的產業革命。

　　日本產業革命的代名詞是殖產興業，是明治政府"富國強兵"國家戰略的重要組成部分。明治開國之初，歐美各國已經追隨老牌資本主義國家英國產業革命的模式，確立了本國資本主義經濟格局。日本在外來文明的衝擊下，深刻醒悟到自身的弊端。從幕末至明治初期就開始着手，引入和吸收西方文明，改革本國的產業結構。

　　日本的產業革命經歷了兩個時期。第一次產業革命，發生在日清戰爭前後，中心產業是製絲、棉紡織業等輕工業。第二次產業革命，發生在日俄戰爭前後，中心產業是鋼鐵、機械製造、造船、動力等重工業。日本產業革命的特色，是在殖產興業政策下，以取得能夠對抗西方國家的經濟實力為目標的產業革命。政府優先解決的課題是，通過引進歐美先進技術，提高生產力，增加海外輸出，減少西方舶來品對本國市場的衝擊。在殖產興業政策的強力支持下，明治政府主導了趕超歐美諸國的國家動員，實施了四大產業維新的舉措。

　　（1）明治三年（1870），政府內成立了兩個行政指導機構。一個是工部省指導重工業（首任工部卿是伊藤博文）；一個是內務省指導輕工業（首任內務卿是大久保利通）。1870 年代中期，日本掀起了全面引進歐美產業技術的熱潮。但早期引入的產業以輕工業為主，重工業發展比較緩慢。日清戰爭後，政府用戰爭賠償金作為財源，才開始大力投入重工業的發展。

　　（2）設立官營模範工廠，以官營推動民營。明治五年（1872），政府第一座官營"富岡製絲廠"誕生，工廠設備採用法國機器。在國家尚不富有的情況下，用重金聘請西洋專門人才，體現了政府引入歐美先進技術推動產業革命的堅定決心。僱傭的法國技師指導 100 餘名士族家庭出身的女工學習紡織技術並開工生產。當時工廠的女工中年薪最高者只有 25 円，而法國技師年薪達到 2700 円，是女工薪水 100 倍以上。這些學成出徒的優秀女工，後來在其他企業成了技術骨幹。1877 年新町紡績廠建立，帶動了諸多民間紡織企業誕生。經過十數年圖強，日本的紡織產量超過了西洋製品的進口量，優良廉價的產品大量出口海外。1890 年代，纖維產業的出口額，佔日本產業比例的 50%，製造工業的生產額，佔國家產業比例的 40%。

（3）軍事工業的產業振興。明治維新政府接管了舊幕府直營的佐渡、生野礦山、橫須賀軍事工廠等企業，注入官方資本實現了官方經營。明治三十四年（1901），日本首座西洋式製鐵所“官營八幡製鐵所”誕生，宣告了重工業勃興時代的到來。在官營的帶動下，日本製鐵所、釜石製鐵所等民間重工企業也相繼建成。官民對重工業的投入，奠定了國家鋼鐵產量的基礎。1905 年池貝鐵工所成功仿製美國車床，金屬加工技術大幅躍進。同時期日本造船技術向世界水平突進。明治末年，工廠電力的動力源也急速普及。軍事部門對兵器工業產品的大量需求，帶動了日本重工業的快速發展。1894 年日清戰爭，日本國內鐵產量 1.9 萬噸，進口 13.4 萬噸。1908 年達到產鐵 14.5 萬噸，產鋼 9.9 萬噸。相較於對外戰爭的需求，國內鐵鋼的自給率仍然很低，大量不足必須依靠從英、德、美等國進口。

（4）政府開發北海道，派遣開拓使，軍隊實施屯田兵制度。明治六年（1873），日本軍隊開進北海道等偏遠地區。屯田兵作為國家戰爭儲備的重要一環，即能開墾偏遠地區，又能守衛國土邊疆，偏遠地還是部隊軍事訓練的廣闊練兵場，豐富的資源滿足了軍隊的自給自足。明治政府三十年的邊疆開拓計劃獲得了成功，內地向北海道等偏遠地區移民人口大幅增加。政府開發北海道的戰略舉措，不但振興了當地的產業經濟，重要的是達到了抑制了俄國人在遠東擴張的戰略目的。

二、產業革命下的民生實態

殖產興業政策背景下的產業革命，加速了日本資本主義的發展。三井、三菱、住友、安田四大財閥形成，鼎力支持了國家的經濟。產業資本家獲得了大量的政治特權和地位，強化了財閥左右國家政策的能力。產業結構下的資本主義發展，加大了階級間的差距。資方付給勞動者微薄的薪水贏得產業的發達，使二者間的階級矛盾日益深化。勞動者的勞動條件惡劣、勞動時間過長、薪水標準低廉、工業引起公害，給產業革命帶來了嚴重的社會問題。煤礦慘案、礦中毒事件、紡織工廠罷工、勞資間爭議等事件和運動，使同情勞工的社會主義思想在日本迅速蔓延。

日本第一次產業革命的日清戰爭前後，國內處於經濟蕭條的恐慌之中。民眾生活困苦，勞動力過剩，動搖着新興國家的根基。報刊文章中經常使用“最黑暗的東京”，“貧天、地飢、寒窟”一類的詞彙描述勞動階級的生活實態，指責明治維新新型資本主義國家，正處在深刻的階級矛盾之中。國家支持日本廉價商品海外出口的戰略，是以酷刻壓低勞動者工資取得低成本為代價的。廉價商品衝擊和掠奪了鄰國市場，政府實行的政策加速了國內外經濟和國際政治矛盾。明治二十三年（1890），國內發生自燃災害，導致米價暴騰，引發北陸米糧暴動事件。政府堅持低工資水準，採取從朝鮮進口廉價米糧安定國內需求，鼓勵過剩人口向朝鮮移民的政策。政府放縱日本妓女向海外輸出，過剩的娼妓大軍湧向南洋、歐美、清國等地，在那裏到處可以看到日本人眾多的娼街。

　　民生統計資料顯示，支撐日本經濟的織物、生絲、棉紡、陶瓷、洋火產業，底層工人的生活艱難。愛知縣是與東京、大阪齊肩的工業基地，集聚了國內數萬名勞動者。紡織工業勞動者待遇在所有行業中最具代表性，業界內女子就業者佔勞動者的 60% 以上，勞動條件和勞動強度極端苛刻。織物工廠員工每日勞動時間 12 ～ 16 小時；製絲工廠 11 ～ 17 小時。97% 以上的員工在工廠住宿，每日淩晨四點開工，工人除了勞動就是睡眠，長時間勞動所得薪水卻非常微薄。按照技男、技女、工男、工女的技術能力，製絲工廠日薪平均 5 ～ 25 錢；織物工廠 5 ～ 15 錢；住宿費日額 5 ～ 7 錢；按此收入支出，見習工幾乎呈無收入狀態。大多數工廠員工契約規定，工作未滿一年者不給工資，甚至有五年無工資的惡質企業，這類殘酷剝削的現象在當時日本全國僅僅是冰山一角。

三、產業革命和社會主義啟蒙

　　回顧歷史，任何國家的產業革命都伴隨不同程度的社會動盪，日本也不例外。明治維新這樣的大規模社會變革，影響到各個領域的產業，觸及到上到貴族下到百姓的利益。產業革命活躍了資本的流通，給資本家盤剝勞動者提供了機會和權利。維新改革帶來的陣痛，加劇了社會的不平等和貧富差別，加大了社會問題的產生率。日本國內誕生了維護民生民權，反對地主、資本家的社會主義啟蒙思想。明治十四年（1881）發生了秩父農民暴動事件；1882 年都市部自由民權運動中，誕生了 "東洋社會黨"、"車會黨"。日清戰爭後，國內工廠從 2800 家增加到 7700 家，勞動者從 29 萬人增加到 44 萬人。"勞動問題" 引發的 "社會問題" 急速顯現。都市工人不滿資本家對廉價勞力的榨取，勞動者成立了勞工組織，展開了社會主義傾向的運動，公開批評地主資本家的掠奪。然而明治政府不能容忍社會主義思想在民眾中蔓延，警告社會主義革命會把國家帶入極端的、暴力的、無政府主義的動亂之中，危害國家的根本。

　　明治三十三年（1900）政府公佈了《治安警察法》，取締勞動者的請願運動，社會主義運動被打壓。政府製造了 "大逆事件"，誣陷主張民主自由的社會主義者企圖刺殺天皇，陰謀暴亂，以此藉口大肆逮捕民主人士。結果幸德秋水等 24 人被宣判死刑，日本的社會主義運動在政府嚴厲鎮壓下走向低潮。日本產業革命啟蒙了社會主義，資本主義最終把社會主義扼殺在搖籃之中。

15.01　明治初期，日本仍然是一個地地道道的農業國。在政府殖產興業的既定方針下，制定了有利於農家的政策，但也增加了農民的稅收負擔。各地農民抗議政府的稅收政策，遭到政府的鎮壓。寫真是農民藉助牛力在田間犁地的勞作情形。

15.02　水稻種植技術傳入日本是在繩紋時代後期。最初是在九州開始種植，所以一直以來九州被認為是日本水稻的誕生地，此後水稻普及到日本各地。水稻種植的重要一環是灌漑，日本人改造了中國人的龍骨水車為足踏式水車，十八世紀中葉開始在日本迅速普及。朝鮮通信使曾在回國報告書中，對日本農民利用足踏式水車灌漑的方法讚賞有加。寫真是1890年，農民在往田地內汲水的情形，左面的木杆是固定身體用的扶手。

15.03　寫真是1880年農家收穫後分離稻穀殼的情形。農家使用這種“千石簸箕”是通過比重法來分離米和穀殼。稻米和穀殼從上端入口倒入，經過一個斜面，由於米和穀殼的重量不同，二者從不同的出口處漏出，米和穀殼就被分離了。千石簸箕作為一種效率較高的農具，江戶中期以降，在日本農村已經得到了普及。

15.04　養蠶業是國家的重要產業，蠶繭是絲織業的原料。政府制定了絲織品出口獎勵的政策，各地養蠶業得到迅速發展。寫真是養蠶人家正在勞作的情形。

15.05　寫真是蠶繭抽絲工廠女工作業的情形。將蠶繭浸在熱水中，用手抽絲，然後捲繞於絲筐上。作業女工必須眼明手快，才能保住這份辛苦的工作。

15.06　日本茶不僅是日本人喜歡之物，也是明治時期日本與歐美貿易的主要貨品之一。日本的多山地帶分佈了大量的茶場。右寫真是茶農在採茶作業的情形。

15.07　漁業是國家的重要產業，早期的漁業因為漁船小，捕魚主要局限在近海。從事漁業的人稱漁夫，只能在規定的漁場內捕魚。寫真是漁夫在合力拉上沉重的一網魚。

15.08　明治維新為振興落後的紡織工業，政府引進法國蒸汽絲織機，僱傭法國技師，在盛產蠶繭的富岡縣建造了官辦大型紡織工廠。企業招募了數百名女工，進行技術培訓和勞動。這些技術熟練的女工，日後在全國各地的紡織工廠成為業務骨幹。寫真是當時的洋式廠房和最先進的法國紡織機器。

15.09　早期的日本國產織機精度低，實際應用存在很多問題。經過與工業大學共同研究和考察歐美紡織工廠，高效型自動織機才研製成功。寫真是1905年豐田鐘紡自動織機試驗工廠車間的一角。

15.10　寫真是1880年日本家庭使用的進化式混和紡織機。手搖紡車操作時，需一手搖動紡車，一手從事紡紗工作。畫面是一家夫婦正在合力從事手工紡織的情形。在蒸汽紡織機出現以前，手搖紡車的紡織是日本最普及的小手工業紡織方式。

15.11　寫真是代表明治時代日本紡織工業的龍頭企業“大阪紡績”株式會社的大樓外觀。大阪紡績是日本最初的大型紡織會社，是現代東洋紡織株式會社的前身。蒸汽動力機驅動紡錘 1 萬 500 錠，企業勞動者 300 人。廠房裝備了電燈設備，晝夜兩班輪班交替作業。大阪紡績無論從經營規模、技術水準、資金來源，還是從對日本近代棉紡織業發展的促進作用上，都有其獨特的重要位置。在大阪紡績的帶動下，日本掀起了紡織工業的高潮。

15.12　明治新政府為了阻止俄國的南下政策，1869 年在北海道設置了開拓使。1876 年日本政府的開拓使在北海道札幌市創建了開拓使麥酒釀造所，從外國招募了釀酒技師，興建了可以生產 30 多種酒類的官營工廠。其中用本土栽培的原料製作的啤酒，成為最受日本人歡迎的酒飲料。10 年後，日本國產啤酒已超過進口啤酒的數量。寫真是 1903 年 11 月新建開工的札幌啤酒工廠，會社名稱來自於工廠生產的“冷製札幌啤酒”。

15.13 寫真是明治十年(1877)2 月，京都和大阪間開通的鐵道橋，全長 344.4 米。設計者是英國人 J.England、架設者是 T.Shann。橋體是從英國進口，日本現地組裝建造的。圖中可見英國工程師的身影和日本工人的工作情形。這座被譽為日本最早的鐵道鐵橋"長柄橋"，溝通了兩座城市間經濟文化的往來。

15.14 明治初期，隨着北海道偏遠地區的開發和建設，鐵路建設也受到政府的重視。明治八年（1875），由美國工程師在豐平河上設計建造了一座標誌着近代工藝特色的木構洋式弓形橋樑"豐平橋"。1877 年冰雪解凍引發的洪水沖毀了豐平橋，此後豐平橋經歷了數次重建。寫真是 1875 年 2 月 24 日拍攝的豐平橋架設場景。

15.15 橫濱港大規模擴港工程始於 1888 年。為了擴充海外航路，政府計劃將橫濱港打造成可以連接鐵路、公路、大棧橋的日本第一大海港。英國和荷蘭都有意得到這項工程，雖然政府傾向荷蘭案，但考慮到與英國的外交關係，最終採用了英國案。寫真是橫濱海關正在興建新碼頭。

15.16　明治時期，在英國等先進國的幫助下，日本鐵道產業的經營和蒸汽機車技術逐漸國產化，加速了日本鐵道網的發展。明治二十六年（1893）日本的齒軌鐵道（即在兩條鐵軌中間加增 2 組或 3 組有齒鐵軌）成功鋪設。列車在爬坡時，機車齒和鐵軌齒吻合，可以提高機車的安全性和爬坡性能。寫真是橫川至輕井澤之間大坡度路線上，火車在齒軌鐵道上行駛的情形。

15.17　鐵道馬車是在軌道上奔走的運輸工具，1836 年首次出現在美國紐約市內的公共交通路面上。此後，陸續在巴黎（1854）、倫敦（1861）、柏林（1865）等都市中普及。明治十五年（1882）6 月，日本成立東京馬車鐵道會社，陸續開通了新橋至日本橋、上野、淺草、淺草橋間的往復公交。寫真是在新橋站前等候乘客的鐵道馬車。

15.18　明治二十三年（1890），東京和橫濱間架設了商務用電話線，史上稱之為“電話元年”。當時的電話價格非常昂貴，但在殖產興業經濟活躍的背景下，僅三年就從最初只有 197 家用戶增加到 3000 家用戶，電話事業出現急速發展的勢頭。電信局在遞信省小學校高等科招收女子電話接線員，條件是未婚、無家事、有筆算能力的女性，經過嚴格訓練後投入電話交換業務中。寫真是 1893 年接線員工作時的情形，當時工作人員的髮型、着裝皆很隨意，不做規範要求。

15.19　明治五年（1872）日本創辦的瓦斯局，是在法國技師幫助下完成的日本首座煤氣工廠，主要為橫濱地區的煤氣燈提供煤氣。明治十八年（1885）東京府以民辦為主力，創辦了東京煤氣公司。由於日清戰爭、日俄戰爭，煤氣需求量大增，東京煤氣公司的規模得以不斷擴張，全面支援了戰爭。煤氣事業的大力發展，也促進了民間的照明福利。寫真是東京瓦斯局煤氣工廠的大型圓筒儲氣罐。

15.20　明治初期，洋紙傳來日本。日本最初的紙來自中國大陸，後改良成"和紙"。但是日本紙比進口西洋紙成本高，品質差，機械印刷強度低。明治維新迎來新式紙張的黎明，1872年起，僅東京就創立了7家造紙會社。圖為明治七年（1874）三田製紙所的造紙工廠。

15.21　在殖產興業政策刺激下，東海道交通量大增。1874年當地村民自發結成開山隊開始挖掘"宇津谷"隧道。1876年全長207米、高3.5米、寬3.3米的隧道建成，日本史上第一條收費隧道誕生。11月3日天長節，天皇徒步通過了隧道。寫真為明治二十年前後的"宇津谷"隧道入口，為了解決隧道內的照明問題，在隧道的東西入口處安裝了日光反射鏡。

15.22　日清戰爭勝利的日本於1896年開始建造官營製鐵所，1901年八幡製鐵所第一高爐點火。從官營時代至日鐵時代，八幡製鐵所為日本對外戰爭提供了大量鋼板類、條鋼類、兵器特殊鋼等多品種鋼材。寫真是八幡製鐵所全景。

15.23　明治二十年前後，為迎合北海道殖產興業的需求，政府大量役使囚犯參加建設。繁重苛酷的勞動和悲慘的生活待遇，給勞動者帶來巨大的痛苦。寫真是囚犯們採石勞動的場面。

15.24　1550年櫪木縣發現"足尾銅山"，銅作為當時錢幣材料受到重視和大規模開採。明治十四年（1881）開始，足尾銅山被指定為軍需軍用礦山。寫真是1891年足尾銅山的礦山坑道口向外運送銅礦的場面。

15.25　明治中期，日本開發了數處鐵礦石礦山，在礦山地出現了礦夫街、礦夫村，聚集了大量貧困的礦山採掘勞動者。礦山地也建設了熔礦爐、礦石分離工廠。寫真是 1909 年，神岡礦山的採用 SW 式浮游選礦的礦石分離設備。

15.26　官營八幡製鐵所的 4000 噸水壓機在鍛造鋼材，經過水壓機的鍛造工序，鋼鐵的物理特性可以得到改善，得以在更廣泛的領域內應用。寫真是鍛壓機正在鍛造艦載火炮筒用的特殊鋼材。

15.27　寫真是 4000 噸水壓鍛造機鍛造出的用於大炮、戰車、機車等各種用途的大型鋼塊，正在被裝載到鐵軌板車上，運往加工廠車削加工。

15.28 百噸碼頭起重機可以將重型貨物通過碼頭鐵道運往指定的位置。圖為碼頭固定式百噸起重機正在將加工完畢的 30 厘米重型炮炮身吊向運輸船，運往造船廠加工。

15.29 1875 年，日本第一家官營水泥會社成立。1881 年，小野田民營水泥工廠誕生，月產量 230 噸。寫真是小野田水泥工廠的磚窰爐生產線。

15.30 官營"八幡製鐵所"的主要設備從德國進口，1901 年投入運營。但日本從清國和朝鮮購入的煤炭和鐵礦石，不適用於這種進口高爐。製鐵所面臨設備技術改良和經營赤字的問題。日俄戰爭後，八幡製鐵所的僱工達一萬人以上，直到 1910 年經營才開始進入盈利期。寫真是明治三十四年（1901），伊藤博文（中央）出席八幡製鐵所的熔礦爐落成儀式的留影。

15.31　在大艦重炮的時代，大炮的口徑是制勝的關鍵因素之一，各國爭相發展大炮等重型武器。但百年前加工重型大炮的炮管，面臨諸多的技術難題。日本人從德國、英國那裏學來了高精度鏜孔加工技術，使日本的軍工科技達到了較高的水平。寫真是機械加工車間在做炮身橫孔加工，此工序需要使用精密鑽孔設備和銑孔設備來完成。

15.32　寫真是海軍大型軍艦訂制的大炮炮身的加工作業。炮筒內的來復線加工，可以使彈頭離膛後旋轉前進，不易翻滾，保持良好的飛行姿態和精度，比滑膛槍炮精度高，射程遠，多用於遠程火器中。日本可以完成這種重型炮管的精密加工，標誌着機械加工水平的高度進步。

Asano Ship Building Co., Ltd.
鶴見淺野製鐵部 平爐の出鋼
Pouring steel into Ladle, Tsurumi.

15.33　淺野造船所是橫濱市的一家民間造船廠，創辦於明治二十九年（1896），最初是靠橫濱瓦斯事業、深川水泥事業發跡的大企業。後進軍造船事業，乘着戰爭的機遇日益壯大。隨着戰爭的結束，漸趨低迷。寫真是淺野造船所的製鐵部平爐出鋼的場面。

15.34 明治三十四年（1901），八幡製鐵所的製鋼工廠，投產了兩座 10 噸轉爐。轉爐主要用於生產碳鋼、合金鋼及銅和鎳的冶煉。1891 年法國特羅佩納發明了側面吹風的酸性側吹轉爐煉鋼法，在鑄鋼廠得到廣泛應用。

15.35 日清戰爭後，日本為推進富國強兵殖產興業政策，在 1896 年興建官營製鐵所，1901 年八幡製鐵所第一座高爐點火。從官營時代至日鐵時代，八幡製鐵所為日本對外戰爭提供了大量用於武器裝備的多品種鋼材。寫真是 1912 年八幡製鐵所的中央汽罐場，為發電機和高爐送風提供動力源的煙囪群，夜間遠望景象猶如火山熔岩一般壯觀。

15.36 寫真是日本從英國進口的蒸汽發動機與直流發電機連接的設備。輸出的直流電主要用於電車直流電動機、電解、電鍍、電冶煉等工業領域。明治時代日本工業和民用的直流電需求量急速增加。

15.37 明治四十一年（1908）日本向西方國家貸款 50 萬英鎊，利用山中湖水源實現水利發電。生產 15000 千瓦 55000V 高壓電流向東京送電成功，受到各界關注。寫真是駒橋發電所設施。

15.38 寫真是明治三十八年（1905）竣工的千住火力發電所（北豐島郡南千住町南川堤內），發電輸出 7460 千瓦。這座劃時代的大發電所，開始向市街鐵道電車提供動力源。

15.39　明治十八年（1885）三菱
造船所租借飽之浦機械工廠土地
設施 25 年，長崎造船所開始起
步。寫真是當時灣內的情形。

15.40　明治維新結束了江戶時
代禁止建造大船的歷史，開始引
進和吸收西洋造船技術。明治末
期，日本已能獨立進行船體設計
和製造。寫真是明治三十五年
（1902）第一船渠立神船台打樁
前的鳥瞰圖。

15.41　幕末美國“黑船來航”的
危機使日本認識到加強海防的重
要性。明治政府開始大力發展造
船工業。至二次世界大戰日本已
經成為造船大國。寫真是明治
三十年（1897）川崎造船所即將
下水的客貨兩用船“伊予丸”。

15.42　東京車站是明治時期規劃的最大火車車站，作為中央車站可以聯通全國的四面八方。1903 年政府在各國優秀設計師中，選定了日本建築權威辰野金吾，辰野葛西建築事務所苦戰八年，1910 年完成了最終設計。從明治四十一年（1908）開始施工，到 1914 年 12 月 20 日正式投入使用，歷經 6 年的時光。總工費 407.1210 萬円。東京站佔地 18 萬平方米，建築呈近代歐式風格。建成後的東京車站，成為日本鐵道的重要樞紐。東京站是明治維新鐵道事業輝煌成就的象徵，標誌着殖產興業的一個里程碑。車站位置正對着天皇的居所，故最初命名中央停車場，後在輿論建議下改名為“東京站”。左寫真是東京車站初期建設的場面。上寫真是大正三年(1914) 11 月完工的東京站。

15.43　明治二十八年送電技術的進步，使火力發電進入快速成長期。寫真是輸送最高電壓 2000V 的送電用電線杆。1907 年水利發電技術開發，實現了長距離高壓送電，通過鐵塔送電，達到 55000V，電氣事業進入成熟期。

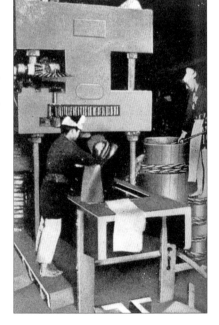

15.44　寫真是明治三十年（1897）野田醬油釀造場工人，操作櫻式壓榨機的情形。

15.45　札幌啤酒釀造發酵釜是直徑 4 米的巨大圓形德國製造純銅釜，具有良好的熱傳遞效率。採用 100% 麥芽，傳統的德國釀造法，粉碎、糊化、糖化，獲得較高濃度的啤酒。寫真是札幌啤酒工廠的釀造車間。

15.46　台灣有種植甘蔗的悠久歷史。日本統治時期的 1902 年，總督府頒佈《糖業獎勵規則》，積極發展糖業。日俄戰爭後，日本財團紛紛來台投資設立新式製糖廠。新興大型糖廠，幾乎都由日本財團掌控，台灣原始的製糖業，無法與新式的機械製糖競爭，紛紛被迫歇業或被新式糖廠兼併。寫真是 1901 年日本在台灣創立的製糖所，使用英國製造的榨糖設備，壓榨能力達到 10000 公斤 / 小時。

15.47　日清製粉創建於明治三十三年 (1900)，最初的社名是“館林製粉”，當時僅僅是麵粉加工的工廠，1908 年改稱“日清製粉”。日清製粉後來發展成製粉、食品、飼料、醫藥等多領域開拓的大型企業。寫真是 1900 年代的館林製粉工廠的廠房。

15.48　1891年的濃尾大地震，證明了水泥建築物的堅固，此後又逢戰爭的展開，水泥供不應求，水泥工業得到了第一次飛躍性發展。1903年淺野水泥東京工廠引進了近代技術水泥回轉窯，迎來了水泥工業的第二次高速發展。但水泥業的發展，在公害上引发諸多的問題和糾紛。寫真是淺野水泥工廠的生產景象。

15.49　大日本麥酒株式會社於1906年由大阪麥酒、日本麥酒及札幌麥酒三家公司共同組建。1903年德國資本在青島設立啤酒廠，1916年被大日本麥酒株式會社收購，更名"大日本麥酒株式會社青島工場"，戰後定名為"青島啤酒廠"。寫真是1907年神戶町的大日本麥酒工廠鳥瞰。

15.50　淺野水泥會社的創建者淺野總一郎，在殖產興業大發展的形勢下，於明治三十八年（1905）又在橫濱設立了精製外國原油的南北石油橫濱製油所。寫真是南北石油會社的工廠外景。

15.51　日本的火柴創業時代是
1875～1887 期間。1888～1920
年是日本火柴業飛躍的時
代，大量的火柴出口到海
外。日本出口到中國的火
柴，1886～1895 年 10.4 億
盒；1896～1905 年 29.2 億
盒；1906～1915 年 40.9 億
盒，達到最高峰。之後日本
在清國的火柴佔有量開始大
幅減少。寫真是 1911 年神
戶的火柴工廠女工勞作的場
景。當時歐美已經實現了火
柴機械化生產，日本還是手
工作業。

15.52　明治四十四年(1911)
神戶市為了擴大居民的用水
量，在英國技師的幫助下，
開始勘察建設蓄水池，在兩
山之間建造大壩。當時的儲
水量達到了 11612338 立方
米，水庫回水長 15 公里。用
水量的增加，緩解了傳染病
傳播的風險。寫真是日本最
早的重力式水泥大壩的建設
場面。

15.53　明治中期，從海上觀
望六甲山是一座座光禿禿的
山頭。明治三十五年(1902)，
基於水源培育和防災的需
要，政府開始推行大規模植
樹事業。寫真梯田狀的山梁
是 1903 年修建的植林田，
翌年，這裏已經長出排排小
樹。植林後 10 年，光禿禿的
山頭已經被 73 萬株茂密的大
樹覆蓋。現代日本的植被覆
蓋面積，達到了國土面積的
70%，但是每伐一棵樹都將
受到政府的嚴格監督。

15.54　古河礦業開創於明治八年（1875），1877年着手足　古河財閥的基礎，繼而推動了企業向多領域進軍。寫真是
尾銅礦的開發。1884年成為日本最大的產銅礦山，奠定了　1906年古河礦業會社溶銅所內的作業場景。

15.55　明治時代，日本橋一帶的市井街道發生了巨大變　年日本橋整潔的街道上行駛了電車，兩側排列密密麻麻的
化，成為日本近代化標誌性的街道景觀之一。寫真是1911　電線杆，西洋風格的建築給這條街道增添了近代化風情。

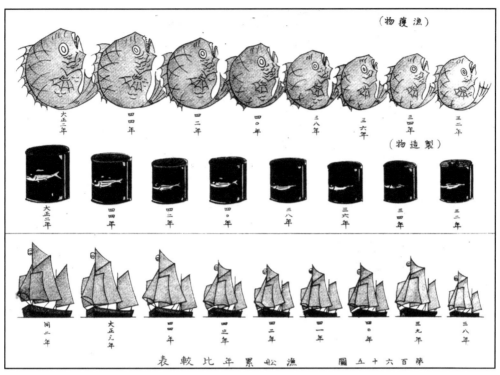

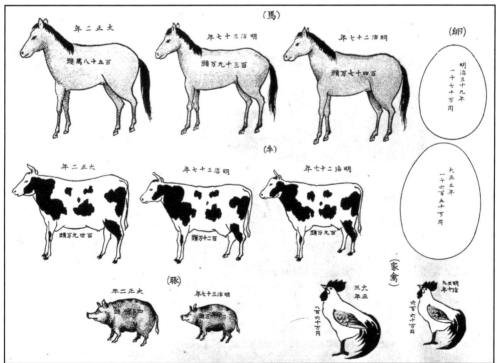

15.56　明治時代至大正時代，水產食品和肉類食品生產供給量變化圖。隨着船舶量的增加，漁獲量和水產食品量隨之增加。豬、牛、馬、雞、蛋的消費量也年年增加。但是消費幾乎都集中在都市中，農村國民的生活水平仍然低下。

16　交通運輸

　　為適應產業革命的需要，明治政府模仿歐美資本主義國家的發展模式，對舊式交通運輸體系，實施了全面改造。明治元年（1868），當時歐美諸國的產業革命已經完成，工業化的基點從馬車時代和運河時代，躍進到了新型鐵道的時代。鐵道和蒸汽機技術的應用，不但在歐洲、北美，而且席捲了列強殖民屬地的亞洲、非洲、拉丁美洲的廣闊地域。僅英國殖民地印度，鐵路里程就達到了 5000 公里。此時在江戶幕府封建制度統治下的日本，大河橋樑、車輛的使用卻受到嚴格限制，內陸的交通運輸只能依靠牛馬和人力。明治政府深感與世界的巨大差距，決意扭轉國家交通運輸的落後局面。

一、明治振興期的交通運輸

（1）明治初期的交通運輸

　　明治初期的新政府，為確保政權的獨立和穩定，對德川幕府勢力展開了征討，為此發動了"戊辰戰爭"。大規模軍事行動的隨行兵器、彈藥、糧食、兵員的輸送，只能沿用幕末落後的交通運輸資源。混亂的交通現狀，迫使政府採取"宿泊助鄉"、"人馬繼立"的措施，結果仍然不能解決交通運輸中暴露出的各種各樣問題和弊端。政府終於認識到，由政府統一規劃改造全國性的交通運輸體系勢在必行。

　　明治五年（1872）七月東京設立了陸運元會社，以東海道三都（東京、大阪、京都）為中心，在各地街道河岸聯網，建立"飛腳問屋"，經營公私書信、貨幣、貨物等輸送業務。政府給與陸運元會社各種特權，馬車作為長距離運輸手段廣泛運用。1873 年太政官宣佈，允許加盟陸運元會社的私人公司參與運輸業務。一時間 3480 家各類運輸業務公司，雨後春筍般在全國範圍內出現。1875 年在全國運輸業務聯網獲得成功的陸運元會社，更名"國通運會社"，將鐵道貨運也統括進來。

（2）殖產興業政策和交通運輸

　　明治六年（1873），規劃殖產興業政策的大久保利通，作為岩倉使節團副使赴歐美考察。回國後在政府內部政治鬥爭中，擊敗西鄉隆盛等人，掌握了政府權力中樞。大久保集結政府內務、大藏、工部三省官吏機構，全力推行歐美資本主義模式的近代化，同時着手解決影響經濟發展的交通運輸課題。

　　全國運輸機構的改革，首先從擴建道路、疏通河運、築修港口、敷設鐵路的土木事業着手，充實交通運輸基礎設施。使得內陸鐵路、陸路交通和運河、海口，連接成交通運輸的網絡。明治十一年（1878），政府發行"起業公債"，支持了交通運輸改革的計劃。

　　交通運輸改革面臨的最大問題，是明治政府如何排除列強染指和控制交通運輸事業的企圖，避免國家無法真正的政治獨立。明治初年，圍繞東京至橫濱之間的鐵道建設問題，日本在與美國的交涉中取得了自築自營權益；明治八年（1875）後，政府扶植民營三菱汽船會社擴展內航及海航事業，與外國汽船公司展開競爭，成功地將外國海運勢力排擠了出去。阻止了列強用雄厚的外國資本，在產業上對日本殖民化的企圖。政府推進的殖產興業政策建立了全國運輸體系，陸運有"國通運"，海運有"三菱會社"，確保了明治初期交通運輸的本土化。

（3）企業勃興期的交通運輸

明治十一年至十八年（1878～1885），殖產興業政策迎來了一個大的轉換期。西南戰爭後，通貨膨脹對策失敗，國內自由民權運動高漲。1878 年殖產興業政策強力推進者大久保利通被暗殺。1881 年政府內人事整肅，大隈重信被罷免，強力推行通貨緊縮政策。政治動盪中的政府調整了財政政策，採取了縮小規模和企業兼併，將各項官營事業賣給民間的策略。明治政府背負產業革命"企業失敗者"的罪名，開始將重點投向民營企業。政府整頓財政的策略獲得了成功，開創了經濟安定、企業振興的局面。1880 年代後半期，民間交通運輸投資意願高漲，國內交通運輸產業的發展出現新高潮。

二、明治時期海運的振興

（1）海運的國家意識

殖產興業政策的觀念轉變，直接關係到海上交通運輸領域，貨運、客運、郵運備受關注。政府為了維護國家海上運輸的主權，對本國海運採取了一系列強力的保護政策。政府統合了幕府和諸藩的船舶，參與經濟振興事業。當時幕府擁有各類船舶 40 餘艘，其中西式軍艦 9 艘、西式汽船 19 艘、西式帆船 6 艘、本國造 12 艘。諸藩擁有西式汽船 57 艘、西式帆船 37 艘，共 94 艘。其中運輸船 80 餘艘，普遍噸位小、速度低下，美國太平洋郵船會社趁機壟斷了日本大部分海上運輸業。外國運輸業在日本橫行，極大刺激了明治新政府。海上航路依賴外國，對國家經濟和國防極為不利，海運事業成為政府亟待解決的問題。明治二年（1869）新政府宣佈，為振興日本的海運，鼓勵和獎勵團體、個人購買外國船舶，刺激了民間參與海運事業的積極性。日本最初的汽船會社"通商會社"成立，開通了東京、橫濱、神戶、大阪的航路，參與海運市場競爭。此後海上貨運、客運、郵運事業的競爭，在各地風風火火地展開。實力雄厚的通商會社之後改稱三菱商會、三菱會社，1874 年遠征台灣之際，擔負了運輸兵員、軍需的重要作用。最終，三菱會社在政府的支持下，迫使最大的競爭對手——美國太平洋郵船會社——退出日本沿岸的航運業。

（2）海運的公平競爭

明治十年（1877），三菱會社參與西南戰爭，為政府軍提供海上運輸支援，功績顯著。逐漸形成了三菱會社在海運領域獨霸的局面，在業界受到廣泛批評和指責。1882

年，力挺三菱會社的大隈重信下台，政府調整了殖產興業政策，三菱會社的業務受到政府的強制干涉和監督。政府禁止三菱會社從事海上以外的事業，抑制其在船舶增備、改良、航線、航期、運費的發號施令權。新政策給民間海運事業的再生帶來機遇，東京風帆會社、北海道運輸會社、越中風帆船會社合併，設立半官半民色彩的共同運輸會社與三菱會社展開競爭，打破壟斷企業獨霸天下的局面。1884 年，以大阪為中心的中小船主企業，合併為大阪商船會社參與行業競爭。三菱會社、共同運輸會社在競爭中落敗，於明治十八年（1885）合併為日本郵船會社。在公平競爭的政策環境下，海運界諸多的民間新企業誕生，推動了國家海運事業的大發展。

三、明治時期鐵道的振興

（1）鐵道事業的振興

民間資本帶動鐵道事業的振興，最值得矚目的是鐵道企業振興的成功。明治十四年（1881）政府同意民間集資創立日本鐵道會社，打破了鐵道官營的慣例，開創了民間資本對鐵道事業振興的發端。從明治十六年（1883）上野至熊谷間通車開始，直到 1891年上野至青森通車為止，8 年的時間，鐵道線路貫通了大半個日本。期間的明治十八年（1885）東京山手線開通，使得全國各地的生絲、絹織物、土產品，都能通過鐵道線輸送到橫濱港發往世界各地。日本鐵道會社的成功，不但使收益大幅飛躍，也帶動了民間投資鐵道建設的熱潮。1887 年政府頒佈私立鐵道建設條例，從法律上確定私鐵敷設的合法性。1892 年政府頒佈鐵道敷設法，鐵道交通運輸業經過重新整頓，迎來了真正的輝煌時代。

（2）戰爭對鐵道事業的貢獻

日本鐵道最初的戰爭應用，是從 1878 年的內戰 "西南戰爭" 中開始的。當時國內開通的鐵道，只限京浜之間、京阪神之間。政府軍有效利用了這些鐵道資源，在軍隊集結、調動、港口輸送等作戰任務中發揮了積極作用。

明治政府對近代戰爭中鐵道重要性的認識源於德國人的啓發。明治二十九年（1896），東京陸軍士官學校內創設了鐵道大隊，1897 年鐵道大隊開始營運。明治三十三年（1900）北清事變（義和團運動），日軍作為八國聯軍成員出兵清國，鐵道大隊表現十分活躍，證明了近代戰爭中鐵道運用的重要性。

1894 年日清戰爭爆發時，日本國有、民營鐵道的總運營里程已經達到 3200 公里，擁有火車頭 417 輛，客車 1550 輛、貨車 5583 輛。鐵道對日軍兵員及軍需物資的輸送發揮了重要作用，支援了明治時代日本的第一次對外戰爭。

明治三十七年（1904）日俄戰爭爆發，戰爭的規模遠遠超過日清戰爭。日本國內鐵道累計運送軍隊 130 萬人、馬 20 萬匹、貨物 320 萬噸，軍列行駛里程達 260 萬公里。鐵道和各出海港口連接，有效保障了貨船的海外投送能力。在海外，鐵道大隊在朝鮮京義線、清國滿洲安豐線的活動，為輸送 28 厘米大炮，殲滅旅順港俄國太平洋艦隊，發揮了重要作用。

(3) 鐵道國有化的實施

鐵道在戰爭中的作用，顯示出鐵道國有化對大規模戰爭的軍事輸送有着舉足輕重的戰略意義。日俄戰爭戰後，為了促進經濟復蘇，保障近代輸送手段的補給線，政府主導了鐵道國有化的進程。明治三十八年（1905）政府鐵道局提出了鐵道國有化法案，遭到民間資本的反對。但是，政府在眾議院、貴族院強行通過了鐵道國有化法案。明治三十九年（1906）鐵道國有化法正式頒行。

鐵道國有化兼併了十七家民營鐵道會社，東京、青森、神戶、下關、門司、熊本、長崎的鐵道，一舉統合在國有化框架下，由官設鐵道改名為國有鐵道。全國鐵道總長 4500 公里，火車頭 1118 輛，客車 3067 輛、貨車 20884 輛。鐵道工作人員 48409 人，公債總數 456195000 円。政府鐵道國有化的結果，是在道路疏通、降低運費、統一設備、提升效率、設施標準化等方面得到明顯改善，實現了鐵道國有化的目標。

明治時代日本鐵路的公里數，1872 年國有鐵道 29.0 公里；1882 年國有鐵道 274.9 公里；1883 年民營鐵道 101.4 公里；1892 年國有鐵道 983.5 公里、民營鐵道 2124.4 公里；1902 年國有鐵道 2071.5 公里、民營鐵道 4843.1 公里；1907 年國有鐵道 7153.2 公里、民營鐵道 717.3 公里；1912 年國有鐵道 8395.9 公里、民營鐵道 3029.2 公里。

四、明治汽車工業的振興

(1) 明治汽車的登場

汽車首次出現在日本，是明治三十一年（1898），法國人 M·特布雷來日時帶來的一輛法國藩哈德牌汽車。目的是尋找日本企業家合資建立鋼鐵、汽車、軍需製品的工廠，最終無功而返。1900 年，皇太子殿下大婚，旅居舊金山的日本人團體募金購得美國製汽車一輛，贈送皇太子殿下。1901 年橫濱的法國系貿易公司布露魯兄弟商會，為擴展日本市場，從歐美購得汽油汽車、蒸汽汽車、電動汽車各一輛登陸日本，之後又引入美國製造的多種牌子的汽車展銷。最初有興趣的是三井吳服店，以配送商品業務為目的，委託馬達商會向布露魯兄弟商會訂購了法國製造的庫勒門特商用卡車，1903 年第一輛商用卡車在日本島國登場。

法國卡車表現得非常優秀，9 個月的實用後，馬達商會和三井吳服店共同在《時事新報》上刊登廣告。馬達商會證言："當商會銷售的汽車，實用上確實保證，特此證明。"三井吳服店："從馬達商會購入的吳服配送汽車，經過九個月使用證明，在實用上成績良好，實乃文明之利器是也。"

（2）明治汽車的應用

明治三十九年（1906）10 月 2 日，內閣印刷局的技師在卡車上安裝了臂吊，將其成功改造為一輛自動搬運車，並於 1907 年取得了實用新案的發明專利，得到了世界的讚譽。多摩川砂石採集會社購得專利，成立了專利汽車製造運輸會社。繼三井吳服店之後，1907 年《報知新聞》社購買了用於配送報紙的卡車，並在報紙首頁陳述了汽車的意義：“新聞報道敏捷，發送配達迅速，是我公司日思夜想最期待之夢。現在終於有了幾輛汽車和幾百輛的搬運車，可以用最快的速度搬運我們想做的事情。我們第一輛的實踐，是世界第一的美國底特律市凱迪拉克公司生產的汽車，那是最令人信賴，推進人類文明進步的機構。我們堅信隨着今後的大發展，定能讓世界刮目相看。”《報知新聞》當時的發行量達 38 萬份，對汽車的宣傳陣勢，喚起了人們對汽車的關注。

明治四十五年（1912）明治屋會社為打開麒麟啤酒的銷售局面，使用了帝國運輸自動車會社的卡車。會社將卡車蒙皮裝飾了明治屋的宣傳廣告，開往全國各地，起到了極大的宣傳效果。啤酒的銷售額也大大的增長。此後，巨大啤酒瓶車體式樣的宣傳車也出現在公眾的面前。

（3）國產汽車創作的雄心

外國汽車的出現，引起日本人的極大好奇心。日本人在較短的時間內完成了從進口汽車到仿造汽車，再到製造國產汽車的過程。明治三十一年（1898）汽車登上島國；1900 年皇太子殿下大婚，日本獲贈第一輛汽車；1901 年外國人帶來汽油汽車、蒸汽汽車、電動汽車，汽車再度登陸日本；1903 年日本企業進口西洋商用卡車。1904 年日本開始仿造汽車，電氣技師山羽虎夫完成日本第一輛“山羽式蒸汽汽車”。1907 年吉田真太郎研製成了日本第一輛“國產吉田式汽油汽車”，並試造了 10 輛。1909 年大阪的島津楢藏成功製造第一輛摩托車。1911 年東京府麻布區創設快進汽車工廠，研發出了純國產的汽車發動機。汽車的效用日益受到政府的重視，大正元年（1912），大正天皇首度在即位典禮上乘坐汽車檢閱部隊，當時全國已經保有汽車 521 輛。進入大正時期和昭和時期，日本的汽車事業突飛猛進。1960 年代以降，日本汽車出口世界各地，1980 年代日本汽車產量達到世界第一，實現了汽車大國的夢想。

16.01 江戶時代，"東海道"是連接江戶（東京）和京都、大阪間的主要道路。從江戶幕府執政開始，為了維持政權的統一，大將軍德川家康就規劃制定了五條街道、三座大橋、五十三間宿站的路線。其中一條就是"東海道"線。每一宿站都常備人夫 100 人、馬 100 匹（百人百匹制），專為往來的幕府要人、大名提供交通運輸服務。普通百姓出行和貨物運輸方式都非常落後。寫真是外國人拍攝的，當時"東海道"路上百姓交通的情形。

16.02 明治維新初期，外國人的馬車運輸方式傳入了日本，無論貴族官僚還是百姓都可以使用這一先進的交通工具。圖繪是在橫濱的街道上，人們乘坐馬力公交車的情形。這種馬車即便是鐵道時代，在交通不便的地域也長期使用。繪中大小輪子的馬車有着西洋車的風格，乘員 10 人，馬車所到之處都可以聽到車童發出的攬客號角聲。

16.03　明治末期，日本的鐵路交通雖然有了長足的發展，但是汽車運輸尚沒有普及，貨物從產地到火車站的運輸方式仍然相當原始。寫真是明治末期拍攝的天童宿站運輸糧米的車輛。1 俵米（1 草袋）60 公斤，車載荷重約 1.5 噸，車輪前小後大，輪體非充氣橡膠輪，而是木制的包裹鐵皮的硬實輪子，馬匹負重可想而知。

16.04　人力車是日本近代重要的城市交通工具之一。最早有美國人發明之說，而日本人認定是本國在明治元年的發明。人力車出現後的 1872 年，東京市內原有 1 萬台駕籠轎子幾乎在一夜間消失，被急增的 4 萬輛人力車取代。1876 年僅東京的人力車就有 25038 輛。十九世紀末日本的人力車突破 20 萬輛，並在亞洲各國普及。圖為日本典型的兩人乘人力車。

16.05　日本的馬車鐵道始於明治十五年（1882），最初誕生的是"東京馬車鐵道"。此後馬車鐵道南至沖繩，北至北海道在全國普及。隨着電車的登場，馬車鐵道迅速衰退。"東京馬車鐵道"變成"東京電車鐵道"。日本最後運行的馬車鐵道，一直持續到昭和三十年（1955）。寫真是東京銀座大道上運營的鐵道馬車和人力車。

16.06　鐵道馬車曾經受到廣泛好評，可是路面損壞，沿線糞尿問題和馬匹草料問題日益突出。此後歐洲各國用有軌電車取代了馬車鐵道，日本也作出了用有軌電車取代馬車鐵道的決定。寫真是東京馬車鐵道最後的情景。

16.07　明治三十六年（1903），鐵道馬車被電車取代。寫真是 1910 年東京銀座大道上行駛的多輛有軌電車。左面尖頂的歐洲風格建築，是 1899 年建造的新橋 "帝國博品館勸工廠"。其有鐘錶的建築外觀備受好評。

16.08　行人、汽車、人力車、自行車交織在丸之內三菱煉瓦街的大街上。這條地處馬場先門，代表近代商務先驅的大街，預示着明治末期城市交通的新時代即將到來。寫真右側深紅色磚瓦大樓是三菱 1 號館。

16.09　寫真是明治後期，位於大阪中之島的政府大樓的雄偉景象。建築物前行駛着大阪市電氣局開設的從花園橋至築港棧橋間的有軌有線電車。

16.10　寫真是橫濱電氣鐵道開設的從神奈川至大江橋間的有軌有線電車。電車正在通過路面涵洞，涵洞上面是另外一條軌道電車路線。明治時期，日本的城市交通進入了極其發達的階段。

16.11　明治四十五年（1912），東京中央線首次開設了婦人專用車廂。在早晨通勤、通學時間帶，婦人專用電車為女性提供了方便。反映了當時國民觀念中對男女同乘同擠的排斥性。寫真是1920年神戶市的婦人專用車廂，配置了花朵裝飾，車體醒目標註"御婦人專用電車"。婦人專用車廂的文化一直延至現代。

16.12 明治時代鐵路事業發展迅速，出現了私鐵和官鐵的競爭局面。私鐵為了擊敗官鐵，無論客運還是貨運，都打出了比官鐵更優惠的價格。還向旅客提供扇子、熱毛巾，甚至茶水和飯盒，對抗官鐵。明治四十年（1907）政府採取鐵道國有化政策，收回了私鐵。寫真是明治末期愛知縣火車站的站台。

16.13 明治七年（1874）5月關西鐵道會社成立，大阪和神戶之間的鐵路運營開始。1877年京都大阪之間鐵路運營開通，將大阪和京都連接了起來。寫真是大阪和神戶之間的鐵路隧道，火車軌道是往復式雙軌，其中右側軌道正在建設中。

16.14 寫真是明治二十八年（1895）建設完成的關西鐵道長良川鐵橋。沿途的山川河谷之中，共架設了12座鐵橋，貫穿了12個涵洞。

16.15　明治十三年（1880），北海道首家官營鐵道——幌內鐵道開始運營，從美國引進的"義經"、"辨慶"號機車投入使用。翌年 8 月 30 日明治天皇乘坐"義經"號牽引的"開拓使號"客車，視察了北海道。寫真是 1880 年 10 月 24 日，在幌內鐵道試運行的"辨慶"號機車，正在通過新建的木構交叉支撐鐵道橋。

Bridge of Kamogawa Kyoto. 京都鴨川鐵橋

16.16　明治末期發行的明信片，記錄了京都附近的鴨川鐵橋上行進中的旅客列車。列車行駛的前方是逢阪山方向，為了增加列車爬山的力量，在列車的尾部增加了一個火車頭，輔助推動列車前進，形成兩頭推拉的壯觀景象。

16.17 日俄戰爭後，日本制定了日本、中國滿洲、朝鮮、俄國，進而通往歐洲的宏偉的鐵道擴張計劃。明治四十五年（1912）6月，日本在新橋至下關之間，開通了最初的特急列車，兩車站之間的運行時間縮短到25小時。圖為設置在列車後部的展望車，可以一覽遠方的景色。

16.18 明治三十四年（1901）的客運火車的餐車。餐車整潔乾淨，配備舒適的照明、風扇、暖氣等設備。寫真是乘客在餐車內用餐的情景。

16.19 明治時期，在一些缺乏鐵路投資的地方，有過"人車鐵道"的歷史。由於建設費、人工費、運行費等成本較低，易於操作，人車鐵道在客貨兩方運輸中都長期活躍。寫真是明治二十八年（1895）伊豆至相模人車鐵道的運行情形。每車配備兩人，一人牽拉，一人後推。

16.20 "春洋丸"大型遠洋客輪,明治四十四年(1911)由日本三菱長崎建造竣工,運營於北美航路。排水 13377 噸、20053 馬力、航速 20 節。是日本本國建造的優秀客輪,在太平洋航路與歐美海上客運展開了角逐。

16.21 日本郵船的歐洲定期航路開設。明治二十九年,土佐丸從橫濱港首航出帆,標誌着日本海運事業的快速發展。寫真的左船是正準備出航的土佐丸號,船上懸掛萬國旗,此船由英國製造,排水量 5402 噸,船長由英國人擔任。前來參觀的身着和服頭戴高帽的紳士,反映出時人的服裝風俗。

16.22 本州經津輕海峽通北海道的海上航班"松前丸"號,排水 3400 噸,可載客 900～1000 人,擺渡25 節車廂的火車,船內配備了無線電電報、食堂、吸煙室、臥室等設施。寫真是明治末期"松前丸"號待命出航的情形。

353

16.23　往來本州和北海道的航線配備有四艘大型客船，"松前丸"、"翔鳳丸"、"津輕丸"、"飛鸞丸"，排水量均是3400噸。當時的津輕海峽歸津輕要塞司令部管轄。寫真是客輪前往函館港起航的情景，碼頭上站滿了送行的人。

16.24　航行於本州和北海道之間的輪渡是客貨機能兼備的船舶，而且可以運載火車。本州的火車開進船艙內，到達北海道後，火車再開出入軌。航船返回本州時，再把裝滿貨物的火車運回。寫真是在航行中的"輕津丸"號，露在船尾的火車頭，聳立着十餘米高的煙囪，頗為壯觀。

16.25　往來於本州青森和北海道函館的四艘客船內，都有裝備豪華的餐廳。提供各種等級的飲食服務。明治末期的餐廳菜單中有洋定食（西式套餐）、和定食（日式套餐）、鄉土料理、酒類等。普通百姓可以自帶乾糧，船上提供飲用水。客船單程航行時間4小時餘。寫真是船內餐廳一角。

16.26　明治三十九年(1906)，日本三菱長崎建造竣工的大型遠洋客輪"常陸丸"，船主是日本郵船會社，航運於歐洲航路。當時的歐洲航路十分景氣。寫真是船內的大餐廳，長條餐桌的兩側是可轉動的高級固定座椅。

16.27　日本橋川流域的水運，從江戶時代到近代，是繁榮內陸經濟、運輸、文化的重要水路。川的兩岸分佈着多個碼頭，通過支流河道，從各地匯集了大量的商品，活躍了當地的經濟。寫真是從豐國橋向吉田橋瞭望的景象，裝滿貨物的小船正在順着河道航行。

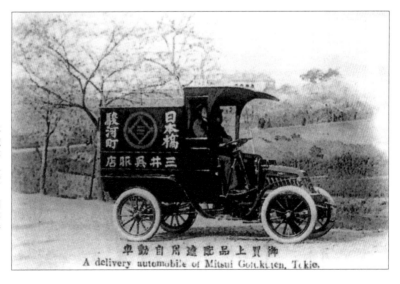

御買上陳列品遠用自動車
A delivery automobile of Mitsui Gofukuten, Tokio.

16.28　明治三十六年(1903)三井吳服店為配送商品訂購了日本史上第一輛商用卡車。三井吳服店和馬達商會在廣告上讚譽汽車是"文明的利器"，喚起了日本人對汽車的關注。寫真是三井吳服店第一輛商用卡車在行駛的情形。

16.29　1872年陸運元會社成立，1875年改稱國內通運株式會社，現代稱日本通運株式會社。寫真是1903年國內通運株式會社進口的西洋運輸車隊，汽車式樣有箱體卡車、小貨車、擋板卡車，車體上塗裝會社的社標。

16.30　明治四十五年（1912）日本自動車合資會社成立，承包郵政貨物的運送。寫真是新橋站郵政車隊的車庫內，已經卸下大量郵件等待周轉的情形。使用汽車運輸郵件，大大提高了郵遞的速度。

16.31　寫真是大阪中央郵政局卡車隊運送郵件出發的情形。車頭上都懸掛郵車的標誌。當時日本較多進口法國的汽車，方向盤在左側。為防止拋錨，都配有備胎。

16.32 寫真是帝國運輸自動車會社的卡車車隊正在裝載東洋商會的自行車。帝國運輸自動車會社創立於1908年，資本金50萬円，進口法國1.5噸卡車11輛。可是在當時用汽車運輸貨物高價奢侈，幾乎沒有客源。直到遞信省在年初年末的繁忙時節，與會社簽下郵件運輸協議，才打開了汽車運輸的局面。

16.33 明治屋會社在明治四十五年（1912），為打開麒麟啤酒的銷售局面，使用了帝國運輸自動車會社的卡車。卡車蒙皮裝飾了明治屋的宣傳廣告，走遍全國，起到了極大的宣傳效果。啤酒的銷售額也大大的增長。此後，巨大啤酒瓶車體式樣的宣傳車也出現在公眾的面前。寫真是運送麒麟啤酒的汽車行駛在山間路上。

16.34 明治時代汽車的出現，給世間帶來新感想。它的用途不僅僅在交通、載客、載貨、遊樂，還在抗災救援中發揮了巨大作用，讓人們真正認識到汽車存在的意義。寫真是明治四十三年（1910）颱風襲擊東京造成特大洪水，卡車開往受災地向受災群眾運送舟船的情形。

17　通信事業

一、日本通信的沿革

　　日本的古代通信記錄，最早可以追溯到聖德皇太子給中國隋煬帝的書信。日本通信制度的形成，始於飛鳥時代的孝德天皇二年（646）大化改新的政治改革。詔書中有在近畿內設置"驛馬"、"傳馬"，專門用於傳遞官家文書的內容。大寶律令（701）確立了"驛制"制度，驛馬信使佩帶"驛鈴"作為標誌，沿驛站快馬交替接力傳遞文書。平安時代普通使者稱"驛使"，傳遞緊急文書之使者稱"飛驛"、"腳力"。

　　鎌倉時代的文治元年（1185），幕府制定了"驛路法"，連接了鎌倉（位於今神奈川縣）和京都間的通信。隨着商業上的需求，民間出現了早馬（騎馬送信）、飛腳（徒步飛腳送信）的通信商務，遠地郵資的支付可以用通信匯兌方式結算。

　　室町戰國時代，早馬通信制度被廢止。諸大名在自己的領地內制定"傳馬"制度，用於公用物資的搬運和通信。織田信長政權在自己勢力範圍內修繕道路，重新啓用飛腳通信。豐臣秀吉統一日本後，在全國範圍內制定了新的交通政策，修整陸路和海路，推出了"傳馬"、"郵船"的通信方式，大面積活躍了各地的信息流通。

　　江戶時代是經濟昌盛教育進步的時代，民間較高的識字率使得城市居民習字和書信文化趨於發達，促進了書信郵寄輸送業的成長。飛腳業內衍生出"繼飛腳"、"大名飛腳"、"町飛腳"、"七里飛腳"、"三度飛腳"、"定飛腳"等信件寄送的商業機構，推出了各種各樣的便民服務。江戶末期的安政元年（1854），美國東印度艦隊司令長官培理來日，與德川幕府締結了《日米和親條約》，培理將軍贈送給德川幕府一台莫爾斯電報機。從此電報機通信開啓了日本人近代的電信事業。

　　明治時代的通信事業，是明治維新的重要象徵。日本的通信事業由"郵政通信"、"電報通信"、"電話通信"三大服務業鼎力構成，在近代各個歷史時期都發揮出不遜於西洋通信事業的水平和作用。明治通信事業的快速發展活躍了市場經濟，加快了媒體新聞報道的鮮活性，推動了殖產興業、富國強兵的國家方針大計。

二、郵政（郵便）通信

　　江戶幕府體制下，驛站制度的基礎設施，如通信、交通、運輸等，並非用於民眾而是為特權階層設立的。為了維持特權階級的利益，公共通信的發展受到了限制。幕末的內亂、物價暴漲，導致驛站經營出現危機。明治元年（1868）政府頒佈站遞規則；明治四年（1871）發佈創立陸運會社許可，東海道各站陸運會社相繼創立，廢止了為特權階級服務的驛站制度。象徵日本近代化的郵便制度始於明治四年，作為驛站制度改革的一環，新式郵便制度在東京、京都、大阪之間展開業務。新式郵便制度的特徵是在江戶時代的飛腳、驛站制度基礎上進行的過渡性改革。1872年郵便規則修訂，郵便在全國範圍實施，各省、府、縣設立"郵便腳夫"傳遞公文。1873年民營飛腳業務被廢止，全國郵費統一制度實施，擺脫了複雜的郵費體系，使郵便更加簡易、便利、迅速。1874年政府公佈《日美郵便交換條約》，以前的郵便站點全部改稱"郵便局"，向近代郵便邁進了一大步。

明治四年，政府統合了諸藩的船舶，由中央政府支配。翌年撥出十餘艘官有船舶，成立了"日本國郵便蒸汽船會社"。日本國郵便蒸汽船會社的出現，標誌着政府和美國太平洋郵便蒸汽船會社對抗的雄心。會社的業務包括了郵便貨物遞送，一般客貨運輸，以及向國家運送貢米，航路遍及全國。但在競爭中，隨着三菱會社崛起、自身船舶的老朽化、美國太平洋郵便蒸汽船會社的經營發展，1875年日本國郵便蒸汽船會社被迫退出競爭激烈的主要航路，轉向沖繩方面的航路。

明治初期是江戶時代幕藩體制向近代國家中央集權體制過渡的時期，各地方行政區劃在較短的期間內發生了很大變化，各府縣行政維持的公用通信制度，也隨之發生了變遷。1880～1885年是日本郵便重要的轉換期，郵費大幅下降，官民來往郵件送達基本普及。明治十三年（1880），"地方郵便制度"施行，使日本全國郵便實現了點線結合的網絡機制。郵便局達到5651個，一般郵件突破1億件。1885年全國集配區域調整，郵便局被削減至4100個，1889年再削減至3600個。郵便局數量減少，郵件數量反而有較高的增長，1905年全國普通郵件突破12億件。日本在近代郵便制度框架下制定的郵便政策，①政府掌管低額的全國統一郵費；②全國範圍內設立集配郵便網；③郵費的預付制度；④郵便使用的平等性。大幅推進了明治政府郵便通信體制的維新改革和社會政治經濟的活躍，促進了近代郵便制度的形成。

日本郵便制度近代化，最值得關注的成果是郵便體系在對外戰爭中的成功應用。軍事郵便制度是近代戰爭理念的一大進步，日本不但吸收了歐洲軍事郵便的經驗，而且成功的把軍事郵便與軍事儲金結合了起來，充實了戰爭財源，起到了全民支援戰爭的實質效果。

明治二十七年（1894)6月14日，明治天皇發佈戰時郵便敕令，啓動戰時郵便機制。此後陸軍大臣發佈軍事郵便規則，遞信大臣發佈郵便實施規則及野戰郵便實施規則，為戰場郵便設立相關法則。依照萬國郵便條約規定，海外派遣的軍隊、軍艦、軍衙、軍屬的郵件，軍隊官兵和國內家屬間的私件，均按照軍事郵件處理，一律免稅投遞。軍中個人發出的私信不設上限，傳送配達方式採用由軍夫擔任，士兵輔助的方式，同時僱傭朝鮮和清國民夫運送。日清戰爭，日軍從實施新諭令日起至1896年3月台灣戰爭結束為止，集信件數5226481件，配達件數6823144件，合計12049625件(包括反覆配達次數)。其中私用信件總計4647897件，佔全軍郵件的88.9%。各戰地平均每日發出的信件數，朝鮮國6738件、清國大陸14851件、清國台灣12332件。1894年12月7日，日本《野戰郵便為替》敕令頒佈，戰時海外參戰人員的薪水支給可以依法得到妥善管理。"野戰郵便為替"也稱作"野戰郵便儲金"，利用者在戰地流動郵便局開設野戰儲金賬本，通過兌換"野戰郵便為替印"，個人儲金能方便送給國內留守的家人。郵便和儲金制度成為國家五十年戰爭的重要支柱，形成了國家經營的最大官方銀行。郵便儲金制度產生於日清戰爭，成功於日清戰爭，體制一直延續至百年後的現代，發展成郵便、儲蓄、保險三位一體的，關係到國民民生金融利益的國家機構。

三、有線電報通信

近代日本的有線電報通信事業起步較早，江戶幕末"黑船來航"時，美國東印度艦隊司令長官培理贈送給德川幕府一台莫爾斯電報機。日本人從此知道電報機在通信領域中的神奇功效。明治二年（1869），日本從法國進口了指壓式電報機，開通了東京至橫濱間的電報業務。電報通信的引進改善了設在東京築地的稅關和橫濱裁判所間的聯絡，進出口商品的外貿業務效率得到了極大提高。1871 年丹麥大北電信公司（Great Northern Telecom）完成了俄國海參崴、日本長崎、清國上海間的海底電纜敷設。日本和歐洲之間經由印度洋和西伯利亞，聯通了兩條國際通信線路。1872 年日本在關門海峽自主鋪設了第一條海底電纜，並與國內電信網對接成功。1873 年日本國產電報機試驗成功，東京至長崎間的電報業務運營，溝通了明治維新日本與歐洲文明的交流。明治政府電報事業發展的另一個目標，是用於軍事目的。1882 年 12 月日本在九州長崎肥前國呼子橫穿對馬海峽，敷設了一條通往朝鮮釜山的海底電纜，線路從朝鮮京城經義州進入滿洲境內與清國電信網連通，這條電報線在日清戰爭中發揮了重要作用。

電報通信技術的進步，推進了新聞媒體產業的迅速發展。信息通過海底電纜與各國通信系統接駁，讓世界更多的知道了日本明治維新的巨大變化。電報通信的技術儲備，幫助日本在遠隔千里的戰爭中取得作戰主動權。日清戰爭，日軍新架設和修復的有線電報線路距離，朝鮮 807.3 公里，清國大陸 1379.7 公里，清國台灣 360.9 公里，合計全長 2547.9 公里。其中新架設線路，朝鮮 614.8 公里，清國大陸 1087.9 公里，清國台灣 286.4 公里。改修線路，朝鮮 192.5 公里，清國大陸 291.8 公里，清國台灣 74.4 公里，為明治政府贏得第一次對外戰爭的勝利奠定了基礎。

四、電話通信

明治十年（1877）11 月，日本從美國進口了電話機和電話交換機。1878 年日本成功仿製出兩台貝爾電話機，由於性能不佳沒有在實際中應用。1883 年電信局長石井在清國參觀了上海市內電話局震動極大，向政府建議拓展電話事業。因為日本的政、軍、財界的巨頭經常在熱海溫泉療養地度過週末，1889 年東京至熱海間架設了第一條電話線，開始了日本最初的商用電話實驗。明治二十三年（1890），東京和橫濱間架設了商務用電話線，史上稱之為"電話元年"。由於電話價格非常昂貴，只有 197 戶使用者。然而反對電話的人在坊間傳播流傳謠言惑眾，稱當時正在東京流行的霍亂病會通過電線傳輸傳染。三年後申請電話業務的的用戶達到 3000 戶，電話事業出現急速發展勢頭。電信局在遞信省小學校高等科招收女子電話接線員，條件是未婚、無家事、有筆算能力的女性，經過嚴格訓練後投入電話交換業務中。當時市場物價 1 升米（1.4 公斤）7～8 錢、1 杯咖啡 1.5 錢、1 個月寄宿金 4 円、東京至橫濱 58 分鐘單程火車票 45 錢。而電話年租金，東京 40 円、橫濱 35 円，5 分鐘電話 15 錢，顯然電話費價格高昂。1895 年日清戰爭後，戰場電話通信的重要性開始得到重視。1896 年在工業振興政策驅動下，電話通信在商業交易中呈現極大需求，電話熱潮再燃，預約等待的用戶多達 4000 戶，引發電話民營的強烈呼聲。

　　明治三十年前後，電話事業急速發展，在東京的街道上到處可以看到覆蓋在頭頂之上的電話線，4 毫米直徑的裸體銅線縱橫交錯、密如蛛網。為了讓庶民也用上電話，明治三十三年（1900），日本史上首部公共電話誕生。最初的公共電話設在東京新橋和上野的火車站內，電信局和電話交換局也開設了公共電話窗口。儘管如此，大多數人還是使用郵便和電報通信，大都市每日都可以看到繁忙的郵遞配送景象。雖然電報沒有電話來的快捷，需要將文字變成電信號傳輸，再由電信號變換成文字配達。但是電報比書信快，且可以留下文字記錄或商業證據。因此從明治二年（1869）至昭和中期，電報通信一直被廣泛應用。明治三十二年（1899），東京至大阪間的長途電話開通，兩大都市 600 公里間可以直通對話，讓市民興奮不已。可是通話金額十分昂貴，每 5 分鐘 1.6 円，可以買 15 升（20 公斤）大米。

　　明治三十六年（1903）日本實施第一次電話擴張計劃，有線電話入網用戶達到 32,150 戶。由於日俄戰爭軍事優先的需要，明治三十七年（1904）開工，1905 年竣工的長途電話線完成。這條從東京至佐世保間長達 1536 公里的電話線，是當時世界上第二長距離的電話線。據記載，通話質量猶如蚊子哭泣的聲音，有的人需要兩個聽筒才能聽清對方的聲音。日俄戰爭後的 1906 年，全國電話申請入網者達 77760 戶，開通 43266 戶。明治末期，有線電話在全國爆炸性普及。政府的第二次電話擴張計劃實施，新入網者達 138600 戶，電話交換局增設 923 所，電話線總長 79000 公里。電話用戶的快速增加，人工手動交換機接線已經無法滿足需求，日本開始引進自動電話交換機技術。交換系統從步進式、機械開關式到電磁繼電器式。明治四十五年，在富國強兵文明開化之路上奔馳的電話事業取得輝煌的成就，全國申請開通電話用戶 301218 戶、已入網開通 181881 戶、遲滯安裝 119337 戶。東京的電話申請戶 70480 戶、開通 36632 戶，開通率 52%。而明治四十五年的次年大正二年（1913），東京府的人口統計是 2809600 人。

五、無線電通信

明治二十年前後，日本國內有線電通信蓬勃發展，無線通信也較早投入了實驗性研究。明治二十一年（1888）電波頻率的實驗在世界上受到關注，可是無線通信實用化一直到 1890 年出現感度良好的電磁波檢波器後，才有了實質性的進展。日清戰爭，日本取得了勝利，卻遭到三國列強的干涉，被迫將遼東半島返還給了清國。從此日本海軍以俄國海軍為假想敵，加速了實戰無線電通信的研究。當時俄國在旅順、仁川、海參崴間的海底電纜通信聯絡經常發生故障。日俄戰前，俄國軍艦上裝備的無線電發報機也沒有處於實戰應用狀態，俄國海軍無線電技術明顯落後於日本。1897 年日本海軍在東京月島報告了數年無線電信通信實驗的成果，無線電的有效性和實用性從此被廣泛認知。

日本史上有名的無線電機是明治三十六年（1903），日本海軍裝備的國產三六式、三四式無線電發報機。日俄戰爭前，聯合艦隊的戰列艦、巡洋艦、驅逐艦，均裝備了這種無線電設備。三四式無線電發報機的通信距離只能達到 70 海里，可是當時艦隊的行動範圍，通信距離需要達到 80 海里以上。由於日本的無線電發報機關鍵零件"誘導線圈"尚不過關不能量產，英國進口零件的價格又十分高昂，結果日本採用了德國西門子公司的繼電器改良方案，誘導線圈的國產化取得成功，通信距離達到 200 海里。1905 年 5 月 27 日凌晨 2 時 45 分，改裝巡洋艦"信濃丸"發現了俄國波羅的海艦隊，立即發送無線電信號報告敵情。"嚴島"艦收到電報，再中轉給聯合艦隊旗艦"三笠"艦。司令長官東鄉平八郎將敵情報告給大本營後，發出艦隊出擊殲滅敵艦的命令。日俄戰爭中，日本軍艦搭載的無線電發報機在艦隊間的聯絡及海上巡邏聯絡上效果顯著。仁川灣海戰、夜襲旅順俄艦隊、旅順口閉塞作戰、黃海海戰、蔚山灣海戰、日本海海戰中，無線電聯絡和海底電纜的有線電聯絡並用，為日本取得海戰的勝利作出了貢獻。

明治三十九年（1906）第一次國際無線電信會議召開，無線電通信受到世界範圍的矚目，會議確定了人道救援的共享信息 SOS 信號。1908 年銚子無線電信局開局，開啟了船舶和沿岸間的公共無線電電信業務。1912 年，日本人鳥瀉、橫山、北村，發明了用三個人名字命名的 TYK 無線電話，向世界提供了首部實用型無線電話。

六、手旗通信

日本近代史上，存在過一種稱作"旗振通信"的特殊通信方法，並有過實用的歷史。江戶時代的寬保三年（1743），全國各地食糧都是根據統一米價基準進行商業買賣的，米價行情必須以最快的速度傳播到各個地域。為了傳遞米價行情，時人參考了旗語通信方法，用有顏色的小旗在兩個相距較遠的站點，通過擺動旗語傳遞米價信息。慶應元年（1865），英國、法國、荷蘭國的軍艦進入日本的兵庫灣，多國海軍之間使用旗語通信，引起幕府的重視。此後旗語通信開始盛行，作為一種職業在明治初期得到新政府的承認。旗語通信隨着電報電話的開通，完成了它的歷史使命。大正七年（1918）旗語完全廢止。

　　日本陸軍、海軍的旗語通信兵，在戰爭中留下了實戰的記錄。1893 年日本海軍用日語假名編輯旗語，命名"海軍手旗信號法"，在日清戰爭中發揮了作用。信號兵直立，手持兩小旗，按照旗語規定的動作振擺小旗，可以傳遞簡單和長文信息。明治三十八年（1905）日俄戰爭的日本海海戰記錄中，就有大量的手旗記載。當電報通信故障時，原始的旗語通信、光點滅通信仍然是擺脫困境的必要的通信手段，被國際認定和採用。

17.01 飛腳制度始於鎌倉時代，原意是使者、信使之意。江戶時代，飛腳成為一種職業，指從事郵遞信件、轉運貨物的業者。京都與鎌倉之間，快馬七日快遞通信，謂之鎌倉飛腳、六波羅飛腳、關東飛腳。江戶時代民間較高的識字率使得居民習字和書信文化發達，促進了書信郵寄業的成長。飛腳行業內甚至出現了"繼飛腳"、"大名飛腳"、"町飛腳"、"七里飛腳"、"三度飛腳"、"定飛腳"等商業機構。圖中的飛腳夫，無論烈日寒暑都會往來於遞信路上，飛腳夫大多肌肉強健，腳力迅速，杆頭捆綁的是客戶委託速達的郵件。

17.02 明治六年（1873），郵便馬車投入郵便運輸業務。當時的郵便馬車都佩掛郵便標識的小旗"郵便御用"，由於郵件數量還比較有限，馬車的空席可以用於適當載客。繪畫是大阪天神橋南詰郵便馬車會社的廣告。

17.03 江戶時代，車站和車站之間交接郵件的宿場稱為"站遞"，相當於中國歷史上的驛站。其建設和營運費用是幕府財政的重要支出，專供傳遞文書者或來往官吏中途住宿、補給、換馬。早期的公文和軍情，主要依靠人力步遞，明治維新後，新政府活用了江戶時代的資源，並開始配用馬車傳遞郵件。圖為郵便馬車進入宿場的情形。

17.04 在日本遞信省設立前，東京郵便局是郵便行政的中心。右圖是明治十年前後東京郵便局營業窗口的情形。其中有老人、青年人，有男人、女人；有日本人、洋人、清國人。右側小櫃門是租用的存放私人信件的"私信箱"，左面是賣郵票和發送掛號信件的窗口。牆上懸掛郵便局規則和郵便業務的價格表。左下圖是明治初期運送郵件的人車便（人力車），馬車便。

17.05 明治五年（1872），日本在全國推廣郵便業務，大量郵筒的需求提到日程上來。一種稱作"郵便箱"的角柱形郵筒隨之誕生，郵筒亦稱"黑塗柱箱"，高 123 厘米、長寬各 24.2 厘米。郵便箱經歷了黑色、綠色、紅色的演變過程。日本語的"郵便箱"字形接近"垂便箱"，故曾引起此乃"公共便所"的笑話，在市井雜誌上成為幽默笑談。圖為明治五年（1872），日本最早的"郵便箱"柱形郵筒。

日本的郵便制度始於明治三年（1870），同年十一月二十八日採用銅版雕刻技術印刷了最初的郵票。最初的郵票使用較薄的和紙印刷，且沒有齒孔，也存在和發行過印反的郵票。1973 年在美國發現一枚使用過的錯印"竜文切手"郵票，評價額達 3500 萬日圓。圖為日本最早的 48 文錢的"竜文切手"郵票。發行額面 48 文、100 文、200 文、500 文四種類。

17.06 明治鐵道郵便車內的工作情形，車廂內職員進行郵件分類分裝，並將郵件分發到沿途各火車站。

17.07　明治二十七年（1894）日清戰爭爆發，明治政府為戰場郵便設立相關法則。依照萬國郵便條約規定，海外派遣的軍隊、軍艦、軍衙、軍屬的郵件，軍隊官兵和國內家屬間的私件，均按照軍事郵件處理，一律免稅投遞。軍中個人發出的私信不設上限，傳送配達方式採用由軍夫擔任，士兵輔助的方式，同時僱備朝鮮和清國民夫運送。戰爭期間的軍用集信和配達件數合計12049625件。圖為遼南戰場，日本郵便軍夫和清國民夫在郵便袋前的合影。

17.08　軍事郵便制度是近代戰爭理念的一大進步，日清戰爭中，日軍模仿近代歐洲軍隊的“軍事郵便”取得了成功。士兵的郵件成為新聞報道最具人氣的素材。軍事郵件使戰場事態明朗化，激發了國民聲援戰爭的熱情。圖為日清戰爭中，士兵與國內家屬往來的信件，信封上蓋有信件在各地中轉時記錄的圓形章印。

17.09　明治四十一年（1908），東京的郵便汽車投入運營。當時的運輸車還沒有車棚，比較簡陋。郵件裝入專用的郵件袋內，送往火車站，匯集到郵便列車車輛內，由火車送往四面八方。

366

17.10　明治二十五年（1892）"東京郵便電信局"設立，位於日本橋四日市。東京郵便電信局的建築，保留了希臘風格的圓柱浮雕和彩色玻璃窗。從一樓到三樓的結構展現了歐洲文藝復興時期的風格，被譽為近代西洋式建築的代表作。建築物內部，有描繪郵便事業的詳細畫卷。郵便電信局的主要業務是郵件和電信，並分管遞信管理局的部分業務。寫真是 1892 年 4 月新落成的東京郵便電信局大樓。

17.11　圖為明治四年至昭和四年，各種類別的郵便物品，明信片、信件、報紙、雜誌、商品樣本等等。明治二十七年日清戰爭、明治三十七年日俄戰爭，急速推進了郵品的數量增長。值得關注的是明信片的數量，遠遠超過其他郵件的數量。在日本郵件文化中，明信片因其具有簡易、低額、快捷的特性，深受民眾的歡迎。明治時代後的大正時代、昭和時代，日本郵便事業更是一日千里高速發展。

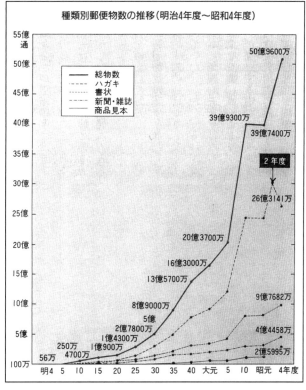

種類別郵便物数の推移（明治4年度～昭和4年度）

凡例：
—— 總物數
---- ハガキ
···· 書状
-·-· 新聞・雑誌
—— 商品見本

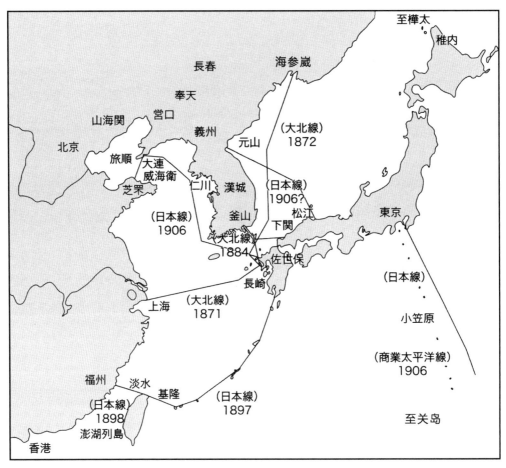

至樺太
稚内
至関島

長春
奉天
山海関
営口
北京
旅順
大連
威海衛
芝罘
仁川
漢城
釜山
海参崴
元山
（大北線）
1872
（日本線）
1906?
松江
下関
（日本線）
1906
大北線
1884
佐世保
長崎
上海
（大北線）
1871
東京
（日本線）
小笠原
（商業太平洋線）
1906
福州
淡水
基隆
（日本線）
1897
（日本線）
1898
澎湖列島
香港

17.12　明治末期，日本已經開通了通往海參崴、元山、釜山、大連、芝罘（煙台）、上海、台灣的海底電纜。電信通過海底電纜與各國通信系統接駁，讓世界知道了日本明治維新的變貌。

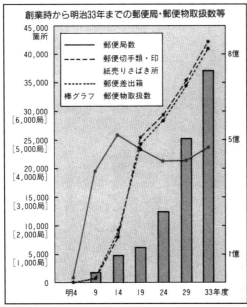

創業時から明治33年までの郵便局・郵便物取扱数等

凡例	
——	郵便局数
－ － －	郵便切手類・印紙売りさばき所
‥‥‥	郵便差出箱
棒グラフ	郵便物取扱数

17.13　日本近代郵便政策採取了，①政府掌管低額的全國統一郵費；②全國範圍內設立集配郵便網；③郵費的預付制度；④郵便利用的平等性等方針，大幅推進了明治政府郵便通信體制的維新改革和社會、政治、經濟的活躍。1885年和1889年，政府兩度大幅削減郵便局的數量，郵局數量的減少，不但未給郵便業務帶來負面影響，反而促進郵遞量明顯增長。

368

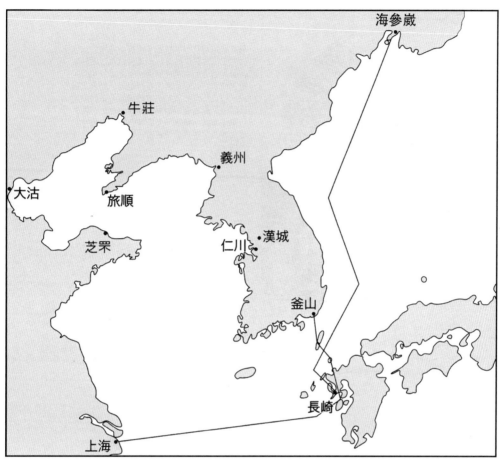

17.14 明治十五年（1882）至明治十九年（1886），日本建成了通往海參崴、上海、釜山三條海底電纜。海底電纜通信擴展了日本的視野，加速了明治維新對外開放的步伐。圖為日本三條海底電纜的配置圖。

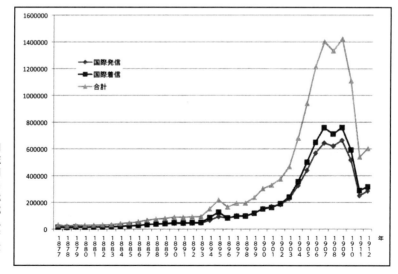

17.15 明治時期日本國國際電報收發狀況的統計。日清戰爭時日本國際通訊的電報收發量出現了一個小峰值。日俄戰爭前後的數年間，戰爭的規模擴大化，通訊技術急速發展，信息需求量大增，國際收發量呈高峰值。

17.16　明治二十五年（1892）東京郵便電信局首次採用自行車投遞，使投送電報的效率大大提高。當時的自行車是引進西洋前輪大後輪小的原始車型。明治三十九年（1906），對郵便用自行車作出了專門規定，要求電報投送用自行車必須是堅牢耐用型，車體噴塗紅顏色，配置郵便徽章和編號。此後郵便自行車在東京、橫濱、大阪等大都市的地方郵便局普及，並且由電報投送擴展到普通信件投送。

17.17　明治早期的郵遞員，除了斗笠和木屐是和式風格外，制服、信背包、墨鏡都是洋式風格。制服的左臂和袖口繡有郵差職員的標記。在自行車配送郵件之前，郵遞員都是徒步送信。明治四十年郵遞員的月薪是 12 円。

17.18　寫真是日本最早的公共電話，正面是一面鏡子，右側是電話搖柄，左側是聽筒，下方是話筒。搖動搖柄接通交換局後，由交換職員轉接到指定的客戶。現代 NTT（日本電信電話）指定每年 9 月 11 日為"公眾電話日"。

17.19　圖繪是明治年間日本人打公眾電話的情景，台上放有電話號碼簿，亭壁上貼有電話通話費用表，懸掛的本子是電話入會的申請簿。電話接通後，手握的聽筒放在耳部，嘴部對準話筒就可以通話了。

17.20　1887 年東京至熱海間的長距離電話通話實驗成功，採用了從英國進口的早期立式電話機。

17.21　1878 年日本仿製電話機成功，作為高檔奢侈品在民間流行。圖為 1890 年 12 月電話局內交換機前的女性接線生工作的場景。電話交換室設在東京有樂町，採用比利時製造的單線式交換機。

17.22　1890 年電話開通時東京只有 155 條線路，橫濱有 42 條線路。20 年後，僅東京的電話線路就達到了 32557 條。寫真是明治四十四年 (1911) 橫濱電話局內部，女子電話接線員接線作業的情形。

17.23　明治三十年前後，電話事業急速發展，在東京的街道上到處可以看到架設在頭頂之上的電話線，4毫米直徑的裸露銅線縱橫交錯密如蛛網。甚至發生過小鳥在電線上構築鳥巢的趣聞。

17.24　明治二年（1869），東京至橫濱之間開始架設電線。從東京築地的稅關到橫濱的裁判所約32公里，豎立電線杆593根，實現了日本最早的實用化電信。當時民間對"電信"並不完全理解，謠傳為是塗了處女血的天主教魔法，武士們相信在電線上掛上信件就會傳到遠方等等怪奇的傳説。寫真是1872年沿東京至橫濱之間的鐵道線大森附近，在外國專家的幫助下架設新電線杆的情形，此時的電線杆間距已經明顯拉大。

17.25　電信實用的成功，推進了明治三年（1870）大阪至神戶、1873年東京至長崎、1875年青森至函館的電信事業的發展。明治維新不到十年，日本就完成了橫貫列島的電信網絡。明治三十年前後，城市中開始了電話線地下化事業，大大減少了主要街道路面電話線和電話柱的數量，整合了都市街道的環境。

17.26　明治二十三年（1890）12月東京至橫濱之間設立了電話局，日本的電話業務正式開始。最初的公共電話設置在電話局內，市民需要到電話局內接打電話。1900年在新橋火車站設置了公共電話。當時的公共電話稱作"自動電話"，硬幣投入後可以接通總機的接線員，請求接通對方電話。圖為日本最早的公共電話機，設置在六角錐形的電話亭內。

17.27　1905年日俄戰爭結束，戰場電話通信的重要性開始受到重視。1906年在工業振興政策推動下，電話通信在商業交易中呈現極大需求。電話熱潮再燃，辦理電話業務的預約達4000份之多，引發電話民營的強烈呼聲。

17.28　1900年在新橋和上野火車站候車室、站長室前設置了公共電話。同年六角錐形箱式普通電話亭也在車站增設，方便了普通百姓。寫真是1900年在東京"京橋"一側設置的六角錐形自動式公共電話亭。

17.29 電信局在遞信省小學校高等科招收女子電話接線員,條件是未婚、無家事、有筆算能力,經過嚴格訓練後投入電話交換業務中。日俄戰爭中,電話成為軍事上優先發展的事業。戰後的1906年,全國電話申請加入者達77760戶,開通43266戶。明治末期,有線電話在全國爆炸性普及。圖為電話交換局內部的作業場面。

17.30 明治時代日本各都市的市中心,到處是電線杆林立,被戲稱為"電線杆立國"。當時日本的電氣和通信的輸送,只能採用佔用道路的方法。可是電線杆林立,縮小了道路空間,成為市街雜亂的要因。這在當時的歐美各國是沒有的現象。寫真是明治三十三年(1900)冬季,橫濱雪地中遠望的電線杆。左側是通信用電線杆,右側是火力發電的輸電杆,電線杆都是用樹幹製成,可見當時的樹木採伐量非常巨大。

17.31 明治四十三年(1910)位於東京銀座的"遞信省"大樓建成。雄偉的建築,刻意引入了歐洲文藝復興時期的建築風格,被輿論誇譽為東洋第一的建築。建築總面積11075平方米,內部設有遞信局、儲金局、遞信博物館。關東大地震時,建築倒塌被焚毀。寫真是建成當時的外觀,建築外圍有河流和小船往來通行。

17.32 江戶時代，日本沒有郵便制度，所謂郵便也只是飛腳。明治時代後，前島密等人創建了日本國內的郵便制度，國內郵便開始走上營運正軌。但是海外郵件的收發尚不能實現。美英法三國，在各自的領事館內設立了郵局，使用本國的郵票開展郵便業務。可是海外寄給日本人的外國郵件，無法到達收件人手中，郵件被退回給寄信人。明治六年（1873）日美郵便條約締結，1875 年開始經營收發海外郵件的業務，自此美國關閉了領事館內的本國郵局。1877 年日本加入萬國郵便聯盟，可以更廣泛地與世界各國進行開展郵便業務。1879 ～ 1880 年英國、法國也先後取消了領事館內的本國郵局。從此外國郵件完全由日本郵局負責收發服務。寫真是橫濱港的郵政局，建在橫濱火車站附近，由知名美國建築家布理簡斯設計，首任郵便課長由西方人擔任。

17.33 日本在明治二十年前後，已投入無線通信研究。日清戰爭後，日本海軍以俄國海軍為假想敵，加速了無線電通信的研究。1904 年日俄戰爭爆發，日本軍艦搭載的無線電發報在艦隊間的聯絡及海上巡邏通信方面效果顯著。在與俄國海軍海戰中，無線電聯絡和海底電纜的有線電聯絡並用，為日本取得海戰的決定性勝利作出了貢獻。右上寫真是日俄戰爭時日本海軍使用的國產無線電收發報機。右下是日本 1897 年製作的第一台無線電實驗機，有效通訊距離 1 海里。上寫真是日本仿造的莫爾斯電報機。

18　科技振興

一、技術維新的政策

十九世紀後半期，明治政府的脫亞入歐政策，推動了國家產業近代化，使整個社會踏入一個技術進步的時代。在"殖產興業"、"富國強兵"興起的政經背景下，日本人對接受西洋新技術有着巨大的期待和市場。

政府在技術引進和技術自立政策上，尤其注重技術層面的五個要素：①原料和材料；②器具和機械；③技能者（普通技工）和技術者（高級技師）；④技術經營；⑤製品對技術需求的組合。

政府在技術引進和技術政策的實施上，採取五個階段的發展計劃：①學習操作技術；②引進機械設備的使用和維護；③修理和改良；④設計和企畫；⑤技術國產化。

政府重視技術領域內，國民意識的加強和技術管理，提出了五個技術維新的主題：①明確國家的職責；②政府決策要取得國民的同意並保障基本人權；③建立國民的技術體系；④國民型技術者（服務於國家的技術者）的培養；⑤技術的公共管理（實現對各類技術的統合管理）。

政府在技術思想的把握和政策的推進上，採取堅定、靈活、規範的科學態度，使科技振興在各行各業獲得成功。國家發展的起步依賴科學技術的提高，然而完全脫離本國傳統技術構成的社會經濟圈，接受不同文化技術構成的社會經濟模式，遭到了日本狹隘的國粹主義和固有保守文化的抵抗。

明治政府在引入西洋技術的實踐中，實行了兩條腿走路的方針。一、擺脫古來貧弱的傳統技術，直接引進優秀的西洋技術進行組合。如紡織、冶金、鐵炮、陶瓷、軍器，進而快速達到或接近國際認定的技術水平。二、有選擇地接受西洋技術的影響，合理融入到傳統的日本文化中去。如農業、漁業、建築等產業技術領域，形成自身文化和異國文化雜交的，帶有日本風格特色的技術。

二、產業技術振興

明治維新伊始，新政府追崇西洋諸國產業革命的潮流，迎來了鐵道躍進的時代。當時日本國內落後的物流狀況嚴重阻礙了經濟的發展，引進西方國家的道路、橋樑、鐵路、車輛技術勢在必行。明治二年（1869）日本興建新橋至橫濱間的第一條鐵道，採用了英國的技術。在決定鐵軌制式時，由於日本國力貧乏，無力承擔國際標準軌幅（1.435米）的預算建設費，只能選用造價較便宜的英國在殖民地通用的窄軌幅（1.067米）制式。全部蒸汽機車從英國進口，並高薪聘請英國人駕駛。1874 至 1877 年，大阪至神戶、大阪至京都間鐵路開通，橫貫河川的橋樑、鑽山的隧道，全部是英國的技術並由英國工程師督建。1880 年北海道鐵道建成,採用的是美國鐵道車輛技術並由工程師督建。1889 年九州鐵道通車,採用了德國的鐵道技術。西洋鐵道技術的引進和吸收,激發了日本人自建車輛和鋪設鐵道的信心。1893 年在英國工程師幫助下,日本仿造出首台國產機車。1902 年,日本達到了有能力仿造和量產英國最新型機車的水平。

江戶時代的鎖國政策下,幕府發佈了"大船建造禁止令",限制了日本造船技術和海運業的發展長達 220 餘年。美國"黑船來航"事件三個月後的 1853 年 9 月,大船建造禁止令解除。1855 年安政東海大地震的海嘯,顛覆了一艘來航的俄國軍艦"迪阿娜"號。獲救滯留日本的 400 餘名俄國官兵為了返回祖國,由俄國造船技師指導日本工匠,建造了一艘洋式雙桅大帆船,日本人第一次在洋式大船建造中吸取到了經驗。同年,幕府為習得荷蘭人大船建造和鑄炮製造技術,在長崎開設了"海軍傳習所"。1865 年橫須賀海軍工廠在法國技師指導下開始建造金屬材料的大船。1890 年日本首艘國產全鐵鋼材質的軍艦,1609 噸排水量的"八重山"號建成下水。1896 年政府頒佈"造船獎勵法""航海獎勵法",一舉開闢了國內外多條新航路。1898 年三菱長崎造船所自主建造完成了全長 135.6 米,6172 噸級的大型客船"常陸丸"。

明治時代早期,日本經濟發展最卓有成就的領域是纖維產業。近代工業基礎的機械、原料、技術的引進,仰賴紡織品出口換取的外匯。明治初期,西洋棉布大量湧入日本,摧毀了日本手工紡織業。政府決定引進西洋棉花原料和紡織機械,官方營建工廠,移植西洋紡織工業技術設備,以期抗衡西洋進口紡織品。官營工廠的成功帶動了許多民間資本參入紡織業,1897 年日本的棉線出口額超過了進口額。日本的絹業也改良了原始的養蠶技術增加了產量,製絲業引進西洋技術並且在全國範圍內普及,生絲產品也開始出口海外。明治四十三年(1910),豐田佐吉發明了完全自主知識產權的豐田自動織機,為 1924 年性能領先世界的豐田自動織機的誕生奠定了基礎。紡織業界的技術改造和人材培養,使紡織機械的國產化突飛猛進,西洋織機進口量銳減,國產織機出現大幅出口的局面。

十七世紀,日本曾是金、銀、銅等貴金屬的開採和出口國,以後隨着資源的匱乏,產出量急劇減少。而煤炭的開採和產量一直未能形成規模。明治維新後,礦產的開發成為明治政府急切掌控的產業,因為貨幣製造要用金銀,蒸汽機運行需要煤炭。1873 年政府發佈《日本坑法》明確規定礦物為國家所有,禁止外國人經營礦山。政府把礦山完全收為國有,從外國招募技術專家,對礦山進行技術改造和開發。政府還設立工部大學作為工學技術高等教育機構,培養專門技術人材,逐步取代了外國技術人員。政府吸收西洋技術變相驅逐西洋人的策略獲得了成效。

三、軍事技術振興

戰爭推動了技術的發展，技術的發展支持了戰爭，發生在明治時代的數次對外戰爭是近代技術較量的戰爭。日本在與清國、俄國的交手中，無論在軍事理念或作戰戰術，硬件技術或軟件技術上均有獨特風格。硬件技術層面評估，日本的武器裝備水平緊隨西洋列強之後，仿製或自製武器均揚長避短，具有優良的實用性和很高的國產率。軟件技術層面評估，日本汲取西洋兵器的精華，參透近代西洋人的用兵技法，結合東方大陸傳承的孫子兵法，在日清戰爭和日俄戰爭中創造了震驚世界的軍事奇跡。

（1）槍炮

明治十三年（1880）東京兵工廠參考法國庫拉 M1874 和荷蘭堡蒙 M1871 步槍的綜合性能，製造出日本國產十三年式"村田式"步槍。1894 年在村田單發步槍的基礎上又完成了二十二年式連發步槍的研製。日清戰爭中，村田式步槍是日軍的主戰槍械，其優良性能在實戰中得到士兵的良好評價。明治三十年（1897）近代國產連發步槍開發成功，命名"三十年式"步槍。三十年式步槍的啟示，源於日清戰爭中清軍部分裝備的德國造毛瑟步槍（1895 年清國仿製成功，命名漢陽造八八式步槍），具備高初速和優良的命中率。日本三十年式步槍在德國毛瑟步槍的基礎上研製成功，1903 年裝備全軍野戰部隊，作為日軍主力兵器參加了日俄戰爭。

明治近代產業中的重工業革命，促進鋼鐵製造技術快速發展。鑄鐵大炮、炮身來復線穿孔、後裝式填彈的炮械技術全部實現了實用化。1883 年日本七厘米國產青銅鑄造山炮和野炮研製成功，1886 年山野炮作為重火力，裝備了全國野戰炮兵部隊。1894 年陸軍裝備的山野炮在日清戰爭中戰果顯赫。同期日本火炮技術發展迅速，先後研製出九厘米臼炮、九厘米加農炮、十二厘米加農炮、十五厘米臼炮、十九厘米加農炮、二十四厘米加農炮、二十八厘米榴彈炮等。其中二十八厘米榴彈炮在日俄戰爭中為摧毀旅順港內的俄國太平洋艦隊立下卓越功績。

（2）艦船

幕末黑船來航事件的歷史教訓，讓日本改革家反省了二百年來鎖國的弊端，痛感日本作為被海洋包圍的島國，卻沒有稱霸海洋的力量。明治維新，日本開始全面整備國家的海軍力量，向列強國家學習海軍。不僅僅學習強國的造船、動力、火力、通訊等技術，更重要的是學習近代海洋國家的建國思想、海洋戰略、海戰戰術。

日清戰爭，日本聯合艦隊在火力上採用了速射炮配置技術，以密集的火力優勢對清國艦隊實施飽和攻擊，取得了黃海海戰的勝利。日俄戰爭，日本使用了秘密研發的下瀨炮彈。下瀨炮彈內裝填一種特殊敏感的炸藥，7800m/s 猛烈爆炸引起的化學反應，能產生 3000 度以上高溫衝擊波和瞬間分解為 3000 片以上彈片的威力，對敵艦表面構造破壞性極大。爆炸的炮彈像酒精一樣引起難以撲滅的大火，同時產生對人體有害的化學物質。日俄戰爭時下瀨炮彈投入實戰，給予俄國波羅的海艦隊以致命打擊。

1895年意大利人瑪可尼發明了無線電，這一情報傳到日本立即受到高度重視，在第二年便開始了無線電試驗。明治三十年（1897）無線電通信試驗獲得成功，1898年無線電通訊在陸海軍投入軍事應用研究，尤其海軍的關心度極高。當時海軍向英國訂購了戰列艦"敷島"號，意欲購買無線電收發報機，最終在高昂的價格面前退卻，軍方決定國內自主研發。1900年無線電實驗研究在海軍大臣關注下展開，1901年具有150公里通訊能力的無線電機研製成功。1903年海軍開發的無線電機，通訊距離達到了370公里。日俄戰爭中，日本聯合艦隊的戰列艦、巡洋艦、哨戒艦的無線電裝備率達到100%；海防艦、炮艦裝備率達到88%；驅逐艦達到85%，艦隊全體的無線電裝備率達到世界最高水平，超過英國海軍80%的裝備率，而俄國海軍只達到30%的裝備水平。日本海大海戰，日本全殲俄國波羅的海艦隊的功臣之一當屬無線電通訊。聯合艦隊密切監視俄艦隊動向，通過無線電機頻頻傳來波羅的海艦隊的航線情報，為日本艦隊取得海戰史上最大勝利奠定了基礎。

（3）醫療

十九世紀，隨着生物化學研究和技術設備的發展，醫學領域發生了重大變革。傳統的傳染病學觀念被微生物學、病毒學取代，日本主流的漢方醫學受到西洋醫學的挑戰。在明治政府推動歐化政策的背景下，日本在醫療技術領域選擇了德國醫學作為樣板。明治四年（1871）東京大學招聘兩名德國醫師，實施德國式的醫學教育，畢業生被派往全國各醫學校從事教育工作獲得成效。明治時代日本在醫學技術上的進步，主要表現在對外戰爭的實踐。

明治二十七年（1894），日清戰爭爆發，大軍集結廣島，僅廣島陸軍醫院的戰時醫護人員已包括：軍醫80人，僱傭醫師92人，看護者1340人，日赤社救護員315人。戰爭中入院治療的患者達54020人，病患分類為：外傷4261人（7.9%）；腳氣病16885人（31.3%）；傳染病12361人（22.9%）。日清戰爭的時代，日軍戰場醫療技術就已經可以實施外科手術、靜脈輸液等西洋醫療方法。還開設了世界上最大的臨時離島式陸軍檢疫所和附屬隔離醫院，把外來傳染病阻止於國門之外。

明治三十三年（1900）北清戰爭（義和團運動），日軍8000人加入八國聯軍，出兵清國鎮壓義和團。廣島陸軍醫院開院，有職員531人，日赤救護班員271人。海外入院患者7919人，其中外傷1096人（13.6%）；腳氣病1693人（21.4%）；傳染病1568人（19.0%）。還幫助救護治療法軍患者122人。當時廣島陸軍醫院已經引進X線透視診斷設備，為外科手術提供了依據，確保了手術的準確性。

明治三十七年（1904）日俄戰爭，僅廣島預備醫院病患的收容量就達到1萬人。醫護人員3578人。戰爭歸國入院傷兵總數224213人，其中槍炮熱武器創傷的患者73953人（33.0%）；腳氣病69921人（31.2%）；傳染病7469人（3.3%）。日軍開設了兩個巨大的臨時離島式陸軍檢疫所,所有歸國人員必須通過檢疫所檢測消毒,使傳染病的擴散得到最大限度的抑制。日俄戰爭中,吳海軍醫院和橫須賀海軍醫院,收容了大量海軍傷病患者。吳海軍醫院戰時收容定額為 520 名;橫須賀海軍醫院實際收容海軍傷病患者 2902人。戰爭中醫院開設了病理分析所,X 線透視實現了普及運用。在醫療看護技術方法和膳食營養改善等方面,也吸收了外來技術,並對現行方法進行了改革。

(4) 食品

戰爭食糧問題是日軍保持戰力最重視的課題之一。日本數個相關部門圍繞戰場食品展開了深入的研究和技術開發。明治中期日本接受西洋文明的風潮中,食品結構也開始發生了變化,由傳統米食向麵食方面轉化。明治六年(1873)日本從美國進口石臼製粉機,機械製粉用於出口、軍用儲備糧、麵包點心的製作。日清戰爭中,官營建設 9 所麵粉工廠,生產的麵粉確保了戰場兵糧的需求。

江戶時代植物油多用於點燈照明,明治時代植物油被用於食用。明治二十三年(1890)日本引進了西洋水壓式榨油機技術,結束了人力榨油的歷史,大量生產植物油成為可能。日清戰爭後,日本從清國滿洲大量進口各種榨油原料,榨取的大豆油、菜籽油、荏油(紫蘇籽油)變成了出口產品,促進了油料出口產業的發達。

戰爭使人們認識到食物營養和保鮮的重要性。1804 年法國人發明了瓶裝罐頭加工技術,被海軍採用為特別食品。1810 年英國人發明了便於儲藏、運輸、食用方便的金屬容器罐頭,被軍方大力推廣採用,成為戰場上必用食品。明治十年(1877)日本首次在北海道成功投產軍用罐頭。以後在日清戰爭、日俄戰爭中,罐頭作為軍用食品在戰場上廣泛使用。日本人在罐頭品種研究上,針對本國人的味覺習慣,開發出適合日本人口味的罐頭食品。品種多樣,速食飯類有湯飯罐頭;肉類罐頭有"煮牛肉"、"燒牛肉"、"乾牛肉";魚類罐頭有"煮鮭魚"、"煮鱒魚";蔬菜罐頭有"菠菜"、"胡蘿蔔"、"蘑菇"、"雲豆"、"蘿蔔葉"、"牛蒡"、"筍"、"鮮生薑"等。食品技術研究的投入,對作戰兵員的體質增強、營養保障、提高作戰能力起到了重要作用。

(5) 軍馬

軍馬是日本實現富國強兵最重要的技術課題之一。日清戰爭後,日本軍馬部比較日本和西洋軍馬,發現"去勢"能明顯改善馬匹的性情,而且去勢軍馬比普通軍馬體魄強健,較少嘶鳴,尤其適合偵查部隊使用,軍馬去勢計劃開始在軍內展開。明治三十三年(1900),清國義和團運動爆發,日本加入八國聯軍入侵北京。在對清作戰中,日本軍馬的體高、體重、性情、速度、作戰性能,遭到聯軍的譏諷嘲笑。此後,日本開始厲行"軍馬去勢法律",除種馬留用外,所有牡馬都必須去勢,凡抗拒牡馬去勢者一律嚴懲不貸。

在戰爭中,日本終於徹底認識到優秀軍馬的作用,提出了"富國強馬"的口號。決心培養不遜於歐美國家的軍馬部隊。明治三十七年(1904),經過十年改良,日軍 6% 的育成馬得到外來種馬的血統，育成馬平均體高達到 147.6 厘米。但是日本馬總體水平仍然不佳，無論體質和數量與俄國馬比較都呈明顯劣勢。日軍用繳獲的俄國軍馬和日本馬做了對比試驗，同樣噸位的大炮，俄國馬只需六匹就可以輕鬆牽引，而日本馬八匹都十分吃力。日俄戰爭中，日本軍部再次覺悟到，改良日本馬是軍隊近代化最亟待解決的問題之一。

明治三十九年（1906），日本實施第一期"馬政 18 年計劃"，用西洋優良牡馬對本國 70% 的馬匹進行品種改良，改良計劃獲得了空前的成功。1924 年實施第二期"馬政 12 年計劃"，計劃的主旨並非單純採用西洋馬種，而是挑選能適應日本氣候環境，有耐久力體格的馬種進行混血改良。1932 年全國實施育成馬調查結果顯示，全國的日本馬中阿拉伯馬血統佔 8.7%；英國純種馬血統佔 7.2%；法國盎格魯—諾曼馬血統佔 24.2%（適用於炮車牽引）；法國佩爾什血統佔 21.6%（適用於駕轅）。育成馬體態健壯高大，即便是民用馬也達到了 145.4 ～ 157.6 厘米的體高。明治維新六十年以來，日本發奮圖強，科學改良落後的日本馬，終於使日本軍馬體格達到了與歐美馬同樣的水平，被譽為"東洋大馬"。昭和十四年（1939），日本強化"種馬統制法"，進一步確保了日本馬的質量源。日本侵華戰爭期間，軍部發佈徵集軍馬的選定條件，規定入選軍馬的體高必須達到 160 厘米，在中國戰場投入的軍馬總數達 24 萬匹。

（6）航空

明治十年（1877）日本陸海軍着眼於未來戰爭，與技術團體開始共同試製實驗氣球。同年，明治天皇親臨海軍兵學寮觀閱氣球放飛。1887 年陸軍士官學校開始氣球升空實驗。1904 年日俄戰爭爆發，日本陸軍派遣兩支山田式氣球部隊，參加旅順攻擊俄軍太平洋艦隊任務。1910 年日本陸軍收購所澤飛行場用地建設飛機場，同年軍用氣球研究會從法國購入亨利·法爾曼飛機，並實現了日本歷史上首次成功試飛。此後再購入普勒里奧雙座飛機部件組裝，雙人飛機試飛成功。同年從德國購買的萊特雙翼飛機部件到達，組裝後試飛，創造了滯空時間 53 分，高度 230 米，飛行距離 26 公里的記錄。1911 年德川大尉設計的首架國產軍用飛機誕生，取得了飛行滯空時間 1 小時 9 分 30 秒，高度 250 米，距離 80 公里的好成績。1914 年第一次世界大戰爆發，日本 4 架飛機參加了青島的對德作戰。1915 年國產飛船"雄飛號"誕生。明治時代對航空技術的引進和本國開發，使日本航空軍事力量在大正時代得到迅速發展。1919 年聘請法國航空教育團教授航空技術，陸軍設立航空部、航空學校、補給支隊。1920 年開設陸軍航空學校。1940 年日本三菱公司完成了性能優良的零式艦載戰鬥機的研發工作，在第二次世界大戰中發揮了重要作用。

四、職業技術教育的投入

明治維新初期，政府認識到日本和西洋文明間的巨大差距，貧弱之國只有通過大量吸收西洋科技，才能成為西洋國家那樣的文明國家。為了解決國內技術人材不足的現狀，政府採取了多條腿走路的方針。一是大量僱傭西洋科技人員，在日本各產業內一邊工作一邊傳授技術；二是引進西洋機器設備，探究原理並模仿製造；三是本國開設技術教育院校，向歐美各國派遣公費留學生學習西洋科技。

政府最初急於求成，在工業領域進口近代技術，僱傭西洋人參與工作和管理指導，結果遭遇了很多挫折。許多進口設備在僱傭的洋人手裏操作自如，即便設備有點缺陷也能正常運轉，可是移交到日本人手裏就不行了。日本人早期對技術的思考方法比較膚淺，覺得拿來就可以為我所用，亦或照樣模仿也能造出相同的東西。暴露出日本人優先考慮經濟效率，輕視基礎理論研究的實用主義。當遇到高度技術理論的屏障時，"模仿專家"就變得無能為力了。

政府注意到，不掌握工業基礎知識，就不能真正吸收西洋設備帶來的科技文明。盲目引進西洋科技不但不能幫助日本，反而會給日本有限的資金帶來損失。政府創設了工部學校，在技術工人中普及工業技術的基礎教育。學校內上午是德國人主持的技術講座，下午是英國人主持的技術實習教學。理論和實踐有機結合的教學法，培養了大批既有理論知識，又有實踐經驗的技術人材。

明治維新，為了使日本迅速過渡到近代文明國家，各行各業建設需要大量有能力的技術人材。僱傭外國科技人員畢竟是短期的方針政策，而日本人長遠的方針策略，是真正掌握西洋技術和創造屬於日本的優秀技術。政府派遣日本科技人員前往西方國家學習專業技術，接受從專業基礎理論到實際經驗的系統培訓。這些學成歸國的日本科技工作者，其職業技能在本國產業領域發揮了巨大作用，為後來的日本科技的國際地位奠定了基礎。

明治維新富國強兵理念下，日本成立了許多優秀的培養近代軍事人材的軍事院校。明治七年（1874）法國制式的陸軍士官學校開校，聘請外國軍事教官執鞭，教授近代戰爭的軍事理念。學員學習幾何學、代數學、力學、理學、化學、地學、軍政學、兵學、鐵道通信學等科目。明治二十年（1887）陸軍士官學校改制為德國式教學。著名的日本陸軍大學校，以培養參謀將校和軍事研究人材為宗旨，從1883年創校至1945年閉校的62年間，經歷了由法式向德式轉換的過程，畢業生3485人。大學聘請的梅克魯等德籍教官，在軍事教育和戰爭實踐中獲得了極高的評價。從1876至1945年，日本海軍兵學校（江田島海軍兵學校），歷經了69年的歷史。海軍兵學校、海軍機關學校、海軍經理學校三校一體，堪稱與英國皇家海軍兵學校、美國合眾國海軍兵學校並駕齊驅的世界最大海軍兵學校之一。日本海軍兵學校培養出大量海軍將校人材，畢業生達12433人。日本海軍大學校(1888～1945)，旨在培養海軍兵科的高級幹部，從這所大學走出了大批的海軍將官。

18.01 明治維新的成功與日本大力發展鐵道事業息息相關。火車機車技術的學習掌握成為國產鐵道事業發展的關鍵。早期日本大力引進歐美各國的成品車。西洋鐵道技術的引進和吸收，促進了日本人自建車輛和鋪設鐵道的信心。1893 年在英國工程師幫助下，日本仿造出首台國產機車。1902 年日本具備了量產英國最新型機車的水平。寫真是日本第一輛國產機車。

18.02 鐵道和航運技術的發展，促進了本州和北海道、四國、九州間的往來，加速了地方經濟的發展。寫真是連接本州和北海道的客貨航運。從本州青森開出的火車進入船艙內，到達北海道後，火車再開出駛入北海道函館的軌道。航船如此往復，實現了全國各地的經濟往來。寫真中的火車頭，正在駛出船艙，經過與陸地接駁的棧橋。

18.03 日本從島國地理特殊性的視角出發，陸軍對海外登陸作戰用拖拽船充滿熱情。日清戰爭、日俄戰爭，日本陸軍的渡海登陸，都嘗試了用拖拽船運兵的方法。作為陸軍一種成功的特殊船船，在以後的戰爭中發展為登陸艦、舟形母船、大發動艇等運兵船種。圖為明治三十四年（1901）3 月在川崎造船所下水的陸軍用拖拽船"新高丸"號。

18.04　明治初期為振興日本的海運，政府鼓勵民間購買外國船舶和發展本國大型船舶的製造工業，激發了民間參與海運事業的積極性。1908 年三菱長崎造船所客船 "天洋丸" 竣工。渦輪發動機達到 2 萬馬力，航速 20.6 節。日本相機投入 3 艘東洋汽船在舊金山航路上與外國汽船會社競爭。日本造船技術的進步和敢於與大國競爭的勇氣，引起世界的關注。

18.05　三菱長崎造船所建造的豪華客船 "天洋丸" 的姊妹客船 "地洋丸"、"春洋丸" 相繼竣工。三艘遠洋客輪全部採用了當時世界尚未出現的，燃燒重油，2 萬馬力的渦輪機，航速達到 20.6 節。採用渦輪機技術，重油燃燒效率高，儲存容易，煤煙排放少，航速快，使日本的造船業一舉領先西方海運強國。

18.06　日清戰爭結束後，日本為了拓展歐洲航路，制定了本國製造大型客輪的計劃。三菱長崎造船所在英國技師幫助下，設計建造了客貨兩用船 "常陸丸"，1898 年下水，實現了日本製造大船的夢想。寫真是 "常陸丸" 汽船的三連杆蒸汽機，雙舷兩台 3874 馬力，航速 14.2 節，船長 135.6 米，排水 6172 噸。

18.07 明治四十一年（1908）三菱長崎造船所 120 米長的船形試驗水槽建成，投入應用。這條世界第 15 座試驗水槽，可以研究、試驗、改善船體形狀和船的推進性能等重要指標。船形試驗水槽的建成，加速了日本造船工業的發展。寫真是船形試驗水槽內部結構。

18.08 明治三十年（1897），日本自主開發成功船用氣缸。明治三十二年（1899)8 月試驗裝備到海軍佈雷艦。明治三十五（1902）用於軍艦"橋立"，其優異的機械性能得到認定，被廣泛用於建造商用、軍用船舶。圖為宮原二郎發明的船用氣缸。

18.09 日本最初的汽車是明治三十一年（1898）法國人 M·特布雷，來日時帶來的一輛法國製造的汽車。日本人驚異這個機械怪物的巨大能力，浮現出如法炮製的強烈慾望。寫真是第一次看到汽車的日本人，那種新奇的感覺。1918 年日本制定"軍用車補助法"，1936 年制定"汽車製造事業法"。1970 年代，優秀的日本車遠銷歐美，受到世人的青睞。

18.10　日本的汽車製造工業雖然較歐美國家起步晚，但是汽車的應用比較早。在運輸、交通、電信報刊配達、競技、消防、救災等方面，都留下了應用的記錄。寫真是明治四十四年（1911）從英國進口的雲梯式電線維修車。通過手搖杆控制雲梯升降，即可把維修者送到指定的高度。雲梯式電線維修車，為電力輸送、電話事業、路燈等設施的快捷維修提供了方便。

18.11　明治三十五年（1902）日本人吉田真太郎從歐洲進口了汽車零件，嘗試組裝了可乘 12 人的第一輛巴士。由於汽車妨礙馬車正常運行，而且容易出現故障，因此巴士營業沒有實現。

18.12　明治四十一年（1908）1月美國人卡塔斯從法國運來一輛雙層公交車。一層內可以乘坐 25 名乘客。二層車箱有四排座位，可以靈活拆卸。一般速度 32 公里／小時，全速 128 公里／小時。缺點是奔跑時塵土飛揚，停車時汽油味濃鬱。寫真是在比利時公使館前，日本技術人員登上二層車廂的情形。汽車文明的出現對日本人的啓蒙和衝擊是巨大的，明治時人開始了自己的新思考。

18.13 明治四十一年(1908)
8月1日，吉田真太郎試製成
功3輛汽油動力的"吉田"
車，和有棲川宮殿下的法國
車大比拼。同行的還有英國
車、意大利車、德國車、美
國車，一起從甲州街道向立
川遠行。國產車"吉田式"
並不落後，與當時的歐美車
比較毫不遜色。1908年警視
廳訂購的46輛車中，國產吉
田車佔有8輛。寫真是國產
吉田車，坐在車左的是有棲
川宮殿下。

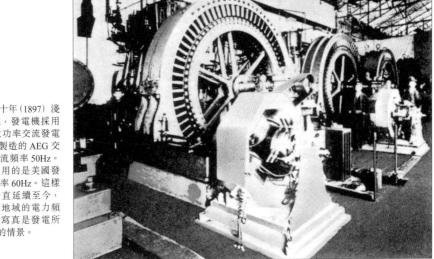

18.14 明治三十年(1897) 淺
草發電所建成，發電機採用
國產200Kw大功率交流發電
機，以及德國製造的AEG交
流發電機，交流頻率50Hz。
而關西大阪採用的是美國發
電機，交流頻率60Hz。這樣
的歷史問題一直延續至今，
日本國東西兩地域的電力頻
率各自不同。寫真是發電所
內發電機工作的情景。

18.15 日本多山川河流，鐵路事業的發展
與橋樑建造技術的進步息息相關。明治十
年（1877），京都和大阪間鐵路開通，下神
崎川橋和武川橋成為日本最早架設的鐵道
鐵橋，橋體是從英國進口的。由於明治初
期日本鋼鐵技術落後，抑制了本國鐵橋的
發展速度。

18.16 建築工學是明治政府發展的重要領域。作為國家建築象徵的國會議事堂在建造過程中,有過坎坷的經歷。首座帝國議會臨時議事堂,1890 年 11 月竣工,翌年燒毀。寫真是第二座臨時議事堂外觀,1891 年 10 月竣工,1925 年燒毀。1936 年建成了現在的國會議事堂,是日本和西洋建築技術的成熟結晶(角圖是建造中的國會議事堂)。

18.17 工業技術的進步依賴自身工業技術人才的培養。僱傭外國科技人員畢竟是短期的方針政策。日本人認識到長遠的方針策略,是真正掌握西洋技術和培養日本自己的優秀技術人材。寫真是明治初期日本工部省創辦的工部大學校校舍。從這裏走出的各領域的優秀人材輩出,為明治維新事業的開拓作出貢獻。

18.18 明治四十二年(1909)用於製造槍支的特殊鋼材開始生產,翌年建成了坩堝鋼工廠。完成了鋼材的鑄造、鍛造、壓延、定型等一系列技術的突破,實現了槍支部件的完全國產化。寫真是坩堝鋼的生產現場。

18.19 明治二十一年（1888）東京消防隊配置的"潛火器"，潛火器是皮革製成的全身服裝，眼睛部分用玻璃做成。口部通有一根橡膠空氣供氣管。在煙霧彌漫的災情時，穿着這種特殊服裝滅火，可以保障消防員的安全。

18.20 1890年代，警視廳下各警察署、巡查派出所、消防分所等313處，都架設配置了一種"非常報知器番號表"。在發生火情時，值班者將電鍵插入番號表上，此設備就會自動通知各方及時掌握火災地點。

18.21 明治十年（1877），在陸軍省要求下，在東京築地海軍省練兵場成功放飛了一個軍用的氣球。西南戰爭中，氣球曾經編入了作戰計劃。1904年日俄戰爭的旅順作戰中，氣球聯隊為炮兵校準彈着點，摧毀俄國太平洋艦隊立下汗馬功勞。在遼陽作戰中，日軍也使用偵查氣球，收集俄軍陣地佈防情報。日本氣球和俄軍氣球對陣，顯示出日本在武器研究領域不甘落後的氣質。寫真是明治三十七年（1904）築地海軍大學校放飛的偵查氣球，氣球吊筐內乘載的海軍省技師，對東京市內實施了觀測攝影。在新橋、銀座上空拍攝地面寫真四幅，被譽為明治期獨一無二的鳥瞰照片。(本書20.03圖、20.05圖選載)

18.22　明治初期，政府為縮小日本和西洋文明間的技術差距，採取了大量僱傭外國科技人員，引進仿造西洋機器設備，學習技術的做法。在實用主義的思維方法下，日本走過一些只學表不求本的彎路。政府很快注意到，只有掌握工業基礎知識，才能真正吸收西洋設備帶來的技術文明，開始更注重人材的培養。寫真是企業培養的設計者，在繪製工業設計圖紙。

18.23　明治維新時期，日本在引進外國蒸汽紡織機和僱傭外國技師幫助紡織工業發展時，也大力開發國產紡織機器。明治二十九年（1896），日本三井工業芝浦製作所為紡織會社 48 錘紡織機械，研製成功國產蒸汽機。圖為鐘淵紡織會社的動力車間內，正在安裝 1300 馬力的蒸汽機的情形。

18.24　明治時代的鐵路、橋樑、艦船、車輛的建造離不開大型金屬材料。金屬材料的鍛造加工，是用鍛壓機械對金屬坯料施加壓力，使其產生塑性變形以獲得具有一定機械性能、形狀、尺寸的部件。當時日本尚不具備製造大型鍛造設備的技術能力。寫真是明治末期，日本從英國進口的十二噸鍛造汽錘，正在鍛造大炮炮身用的鋼錠。

18.25　明治時代是世界火炮技術飛躍的時代，大炮製造最艱難的部分是炮筒，切削、研磨、研削需要高精的技術。為此，日本向外國招聘工程師，購入機械設備。大膽的技術革新，使日本的機械加工技術取得快速進步。寫真是機械加工廠在精密車削艦炮的巨型炮筒。

18.26　明治二十三年（1890），《官報印刷局》、《東京朝日新聞》社，從法國引進了當時世界最先進的高速印刷機。這種高速旋轉的印刷機帶動了日本國內的印刷革命，不久各新聞報社相繼引進了西洋高速旋轉印刷機。寫真是法國"馬利諾"高速印刷機。

18.27　明治十二年（1879），日本國產第一號抄紙機誕生，大大提高了製造紙張的效率，加速了印刷工業的發展。寫真是正在運行的抄紙機，第一號機器的框架上，鑄有一枚象徵日本皇家的"菊御紋章"。

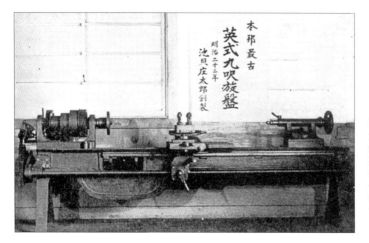

18.28 明治二十二年（1889），日本第一台 9 英尺車床誕生。當時日本產業革命的快速發展急需大量機床，由於本國不能自己製造，只能依賴進口荷蘭、法國、英國、美國、德國的設備。21 歲的池貝莊太郎經過苦心研究，模仿外國機器的工作原理，成功製造出國產車床。寫真是國立科學博物館藏的日本最早的車床。

18.29 明治三十八年（1905），日本第一台 11000 伏特的發電機開始發電。從發電機直接產生 11000 伏特高壓，向足尾銅山輸送電力。使用高壓輸電，可以減少變電所的數量，向給電、集電系統提供大電力流量。寫真是運行中的發電機設備。

18.30 明治維新後，日本照明、動力等電氣應用等急速普及，電力需求量大增，各地相繼建設了小規模火力、水利發電所。明治時代後期，日本引進發達國家發電技術，於 1908 年由三菱造船所成功製造了第一台國產渦輪發電機。寫真是三菱造船所製造的國產第一台渦輪發電機。

18.31 明治三十六年（1903）第五屆國內勸業博覽會在大阪府堺市大浜公園建設了當時日本最大也是東洋最大的水族館。建築面積 720 平方米。館內的海水槽和淡水槽對玻璃窗、水溫、過濾、防漏、管道等技術要求極高。大型水族館的建成，標誌明治時代綜合技術的進步。博覽會期間，水族館參觀人數達 80 餘萬，繪畫是遊客在欣賞各種魚類。

18.32 明治二十一年（1888），帝國大學的學生用觀象台、海軍省觀象台、內務省地理局合併，組成帝國大學理學部東京天文台。東京天文台的一些設施後來用於海軍氣象觀測。寫真是早期的天文台外部形態。打開球形天幕，大型天體望遠鏡就可以觀測天體。

18.33 明治維新脫亞入歐，日本人親身感受到西方文明的優越。此時的日本在近代科研領域，也取得了驚人的進步，誕生了數多的令世界稱讚的基礎研究科學家。1888 年田中正平發明了純正調風琴；1889 年長岡半太郎的磁氣歪（磁偏角）研究；1890 年北里柴三郎發現破傷風血清療法；1893 年田中館愛橘展開日本全國地磁氣測定；1896 年遠藤利貞發表《日本數學史》；1896 年池野誠一郎發現精子；1897 年志賀潔發現赤痢菌；1900 年高峰讓吉成功合成腎上腺素等。這些自然科學界的成就雖然不能與歐洲的光電子、X 線、無線電通信、放射能、鐳、量子理論相媲美，但是明治維新以來，僅僅 20 餘年的時間，日本就取得了令世界瞻目的基礎研究成果。寫真是 1888 年天文研究者在進行天體物理學研究。

393

18.34 1888年美國柯達公司發明了新型感光材料"乾版"。同年柯達公司製造出可攜式照相機。此後照相機傳入日本成為時髦物廣泛流行。明治二十六年（1893）東京大日本寫真品評會成立，乾版寫真照相機開始進入家庭，寫真愛好者隨之激增。寫真是日本人家庭，在用最新型照相機拍攝照片的情形，主人公手裏拿着的是氣動快門。

18.35 明治二十九年（1896）小川一真寫真製版所從美國引進寫真銅版印刷技術，刊印發行了數部反映日清戰爭題材的影集及畫冊，登載了大量記錄日清戰爭珍貴場面的寫真。照相技術在日清戰爭、日俄戰爭中得到了極大的應用。寫真是日清戰爭中，第二軍佔領大連金州，陸地測量部寫真班在金州城頭攝影的情形。

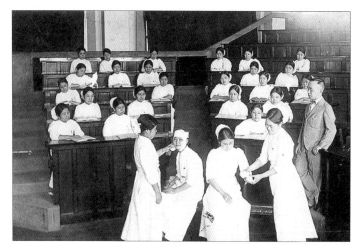

18.36 明治初期，日本的看護職人（護士）大多沒有受到過正規教育。高木兼寬博士專門前往英國學習了護理學。明治十八年（1885）在東京慈惠醫院內，設立了看護教育所，開啓了日本看護教育的歷史。寫真是看護婦課堂教學的情形。

18.37　明治時代傳統的傳染病學觀念被微生物學、病毒學取代。其中最具代表性的研究者野口英世，是日本醫學士、細菌學家。1904 年赴美國從事研究工作，1911 年成功培養出純粹梅毒螺旋菌轟動世界醫學界，他還在小兒麻痹特定病原體及狂犬病特定病原體等研究領域成果輝煌。野口英世成為蜚聲國際的醫學科學家，為日本贏得了聲譽。但是他在日本醫學界卻受到學閥們的冷遇。1928 年野口在非洲從事黃熱病研究中感染病逝去。現代日本 1000 円紙幣印有他的肖像。

18.38　1894 年日清戰爭的時代，日軍醫療技術已經可以實施戰場外科手術，從傷口取出彈頭或彈片的手術已變得十分尋常。1899 年日本成功完成了第一例闌尾炎手術。醫療技術的成長依賴先進的設備、器械、手術室等條件。為此，日本從德國進口了各種先進的硬件。寫真是明治四十年前後，具備近代化水準的清潔手術室。

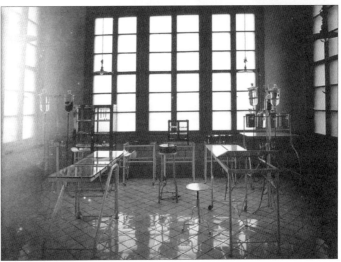

18.39　1831 年霍亂病肆虐歐洲，英國醫師托馬斯嘗試了給呈脫水狀態的患者靜脈注射氯化鈉和碳酸氫鈉溶液，取得了人類臨床意義上輸液的成功。明治維新醫療輸液技術傳入日本，在一般醫療和戰傷醫療中得到廣泛應用。寫真是日清戰爭中，日軍在平壤會戰後對被俘的清國傷兵進行醫療救護，衛生兵正在為兩名清兵實施吊瓶輸液的情形。

年	一般	陸軍		海軍	
	脚気死亡者	脚気罹患者	脚気死亡者	脚気罹患者	脚気死亡者
明治10年	—	※2687	※44	※※135	※※6
明治11年	—	13,570	410	1,485	32
明治12年	1,051	10,568	247	1,978	57
明治13年	455	6,638	129	1,725	27
明治14年	505	6,322	158	1,163	30
明治15年	764	7,884	204	1,929	51
明治16年	713	9,935	235	1,236	49
明治17年	—	10,225	209	718	8
明治18年	—	6,609	63	41	0
明治19年	—	1,741	44	3	0
明治20年	—	2,484	77	0	0
明治21年	—	1,887	65	0	0
明治22年	—	851	39	3	1
明治23年	—	522	29	4	0
明治24年	—	277	6	1	0
明治25年	—	66	0	3	0
明治26年	—	122	2	1	0
明治27年	—	※86	※0	29	2
明治28年	—	※590	※19	17	1
明治29年	—	969	19	11	0
明治30年	—	1,547	10	22	2
明治31年	—	1,179	22	16	1
明治32年	9,034	1,475	15	6	0
明治33年	6,500	1,468	21	10	0
明治34年	7,180	1,311	8	14	0
明治35年	11,099	1,611	18	32	0
明治36年	10,783	1,882	22	18	1
明治37年	9,408	—	—	41	3
明治38年	11,703	—	—	70	0
明治39年	7,766	4,421	97	39	0
明治40年	8,767	1,919	11	37	2
明治41年	10,786	1,144	7	29	0
明治42年	15,085	915	5	27	0
明治43年	9,598	649	3	24	0
明治44年	8,237	458	1	41	0
明治45年	4,750	409	3	35	0

18.40 腳氣病（腳氣病即維生素 B1 或硫胺素缺乏症，與腳氣不同）是日本歷史上最具戲劇性的疾病，日本研究和治療腳氣病，經歷了半個世紀的努力。1882 年日本海軍遠洋訓練船，"龍驤"號艦（上）乘員 376 人，航海 272 日，主食米糧。腳氣病發病 169 人，死亡 25 人。腳氣病引起了軍方的重視，展開了科學研究、醫治、預防。1884 年"築波"號艦（下）乘員 333 人，航海 287 日，主食麵包牛奶。腳氣病發病 14 人，死亡 0 人。《日本帝國統計年鑒》右表顯示，1885 年以降海軍腳氣病得到了有效的控制。

18.41 法國佩爾什血統的重種馬，體格渾厚強壯，骨格碩大，皮厚毛長，牽引力大，適用於農業、炮車的駕轅馬。隨着近代炮械重量規格日益增大，炮車駕轅的重種馬需求量增加。寫真是改良的日本重種馬。

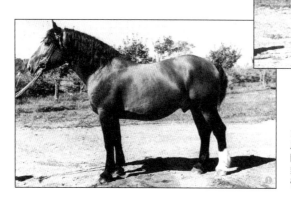

18.42 介於重種馬和輕種馬之間的中間種馬，屬於阿拉伯、英國、法國的高抬膝馬。中間種馬的體格健壯有力，耐久力強。適用於農業用馬、拉車馬，在軍事上最常用於炮車的牽引。寫真是改良的日本中間種馬。

18.43　日本引進的阿拉伯輕種馬步伐輕盈，奔跑速度快，適合騎兵廝殺、偵查等作戰任務。圖為改良成功的體型優美的雜交輕種馬。

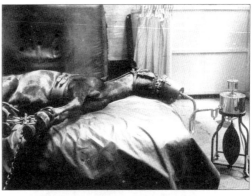

18.44　為預防馬匹疾病，給軍馬注射各種預防傳染病的血清，病患馬會送往馬醫院治療。寫真是正在接受手術的病馬，套在馬嘴上的是麻醉呼吸器。

18.45　明治維新以來六十年，軍馬改良成為日本軍方最重要的研究課題之一，經歷了失敗和成功的長期過程。明治三十九年（1906）日本實施第一期"馬政18年計劃"，用西方優良牡馬對全國70%的馬匹進行馬種改良，改良計劃獲得了空前的成功，軍馬體格達到了與歐美馬同樣的水準，被譽為"東洋大馬"。寫真是明治末期，軍馬醫院的獸醫技師正在用X光給病馬透視檢診的場面。

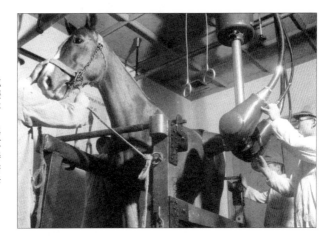

18.46　明治四十四年（1911），日本震災預防調查會在長野縣淺間山開設了第一座火山觀測所，應用大森式微動計，研究和觀測火山活動規律。右寫真是火山觀測所原貌。

18.47　左寫真是理科大學教授改良的高倍率大森式微動觀測計。

18.48　明治四十三年(1910) 日本的航空技術拉開了序幕。令日本人激動的是 12 月 15 ～ 19 日的 5 日間，在代代木練兵場，由從歐洲歸國的步兵大尉日野熊藏、工兵大尉德川好敏進行了飛行表演。飛機是從法國購入的法爾曼式、格雷迪式飛機。數次飛行起飛試驗並不順利，最終於 19 日飛行成功，德川大尉駕機的飛行高度 40 米，飛行距離 3280 米。日野大尉駕機的飛行高度 20 米，飛行距離 1200 米。5 日間的觀眾人數達 50 萬人之眾。主持飛行表演活動是陸軍大臣監督下設立的軍用氣球研究會，飛機則是研究會派人自歐洲購入部件組裝的。寫真是 1911 年日野大尉駕駛的萊特雙翼飛機，在所澤陸軍飛行試驗場飛行的場景，滯空時間 53 分，高度 230 米，飛行距離 26 公里。

18.49　明治四十三年(1910) 陸軍收購所澤陸軍飛行試驗場用地 768873 平方米。寫真是 1911 年德川大尉駕駛的推進式單翼飛機，在所澤陸軍飛行試驗場飛行的場景，飛行滯空時間 1 小時 9 分 30 秒，高度 250 米，距離 80 公里。1912 年海軍從軍用氣球研究會分離，成立了航空技術研究委員會，開始了海軍航空的新紀元。

19 報刊媒體

日本的報紙稱作"新聞"。"新聞"一詞，源自中國唐宋時期，相當於日本語的"風聞"，英語的"News"。清朝末期，歐美人在中國發行刊物《NewsPaper》，清國人翻譯為"新聞紙"，但又將新聞紙稱呼為"報紙"，有用紙來作載體報道新聞之意。日本人採用了清國人的稱謂，稱"News"為新聞，謂"NewsPaper"為"新聞紙"，略稱"新聞"至今。

幕末，有過用手書寫文章在人群中傳閱的"報紙"，是日本報紙的雛形。1861 年居住在日本的西洋人發行了兩種英語版的報紙，《長崎商品目錄與廣告商》、《日本先驅報》。1862 年日本史上首次出現了用日語編輯的報紙《官版海外新聞》。

明治初期，倒幕大業完成，可是社會尚不安定，天下騷然。新政府唯恐政局動盪，發佈了各種維持治安的政令，同時痛感缺少為政府代言，宣傳政治信息的新聞媒體。明治元年（1868）新政府創刊了最初的報紙，是小冊子形式的官報。京都地區代表官報是《太政官日誌》；東京地區代表官報是《中外新聞》。1869 年政府發佈《新聞紙印行條例》正式表達了支持民間辦報的立場，此後日本國內各種各樣的報刊如雨後春筍般出現。

明治三年（1870），日本首創日刊報紙《橫濱每日新聞》。1872 年《東京日日新聞》、《郵便報知新聞》創刊。明治政府意識到普及報刊是影響國民思想的重要形式，採取了言論自由和保護報紙的政策。明治政府在日本各地設置了免費"報紙閱覽所"和自願朗讀報紙的"新聞解話會"，讓周圍的人或不懂文字的人聽到新聞內容。郵局還對公費購買報紙的客戶給予預約購讀優惠，盤活了報社計劃性發行報紙的業務。

明治政府在早期推行維新政策的過程中，給予報紙發行較寬容的言論自由度，但是隨着報紙的大量出現，言論紛雜呈現出擾亂社會輿論的現象，政府開始逐步採取嚴格管制媒體的做法。對贊同政府政策的報刊，提供各種方便和經濟援助，對批駁政府的報刊施以壓制。報刊界各類對立的門派形成，其中有代表民權主義的急進派報刊《朝野新聞》、《郵便報知》；代表官方口舌的漸進派報刊《東京日日新聞》；代表中間立場的報刊《日新真事誌》。明治七年（1874），民選議院向政府提議設立"建白書"，推動了自由民權運動的興起。《御用新聞》代表的民權派勢力日益活躍，論調對準政府展開批評。各類報刊的自由化言論引起政府的警覺，1875 年政府出台了《新聞紙條例》，發佈《讒謗律》，對報紙言論實施管制。

明治十年（1877）福澤諭吉公開批判自由民權運動，強調國權論。1882 年福澤創辦了《時事新報》，在諸多評論文章中主張國家獨立、富國強兵、官民調和的基本理論。1884 年朝鮮發生的"甲申事變"失敗，翌年福澤在《時事新報》中發表了《脫亞論》的社論，強烈痛斥那些不能保護人民生命、財產、獨立的野蠻國家，鼓吹推翻和滅亡獨裁國家也是為了拯救那裏的民眾的論調。福澤諭吉代表了日本的早期開明思想，強調政府積極調動實業人材的能動性，是國家的緊急課題。實業家有能力擎起"殖產興業"、"富國強兵"的大旗，推進原始積纍的"資本形成"、"勞動者培養"、"資本主義僱傭體制"三大要素的實現，確立後進資本主義國家的經濟特徵。福澤的改革思想，是明治政府自上而下官民一體經濟發展的思想啓蒙。在當時的世界政治格局下，推進國家利益的民族主義，演變為依靠對外侵略戰爭生存和發展的軍國主義戰略。福澤諭吉的思想，事實上主導了日本國民半個世紀的思想和行為。

明治二十三年（1890）政府宣佈開設國會，各政黨紛紛登場，利用報刊媒體相互論戰，報紙變成了展示政見、主張政策的戰場。各類報刊粉墨登場，各個政黨的喉舌積極投入到政治筆伐的選戰之中。然而各自由民權運動黨派的目標，不只滿足獲得國會的席位，而是希望來一場政治革命的社會運動。政府警戒自由民權運動的政治傾向，用鎮壓和懷柔手腕撲滅了社會革命運動的企圖。那些為社會主義吶喊的報紙刊物唯恐遭到打壓，立即放棄政見，將報紙宣傳轉向了經濟改革的方面。

明治二十七年（1894），朝鮮政治家金玉均在清國上海遭到暗殺，日清兩國的政治關係雪上加霜，終於走向戰爭的邊緣。福澤諭吉在財閥和富豪中為募集公債奔走遊說，向遠征軍捐款為開戰搖旗吶喊。1894 年 7 月日清戰爭爆發，想要了解戰況的國民讀者激增，媒體宣傳推波助瀾，日本民眾的戰爭情緒高昂。福澤諭吉在《日清戰爭是文明和野蠻的戰爭》社論中指出："日本是以世界文明進步為目的展開的戰爭，戰爭不是人與人、國與國之戰，而是一場信仰的較量。"政府啓動了國家所有的宣傳機器，通過媒體的運作，宣傳本國的開戰立場，主張戰爭的正當性，向國際社會作出開放戰爭的姿態，贏得了歐美列強的理解和支持。伊藤博文相信利用媒體攻勢取得國際輿論的支持，就等於拿下了戰爭一半的勝利。日本在戰爭媒體的思考上積極主動，讓全世界看到日本是為了解放處在水深火熱中的朝鮮人民，日本的輿論戰達到了預期目的。

日清戰爭中，日本採取了比較開放的媒體公關策略，（1）允許外國武官隨軍觀戰；（2）允許外國新聞記者隨軍採訪；（3）允許國內的報刊記者、從軍畫師、照相師、僧侶、神官等民間人士隨軍採訪和工作。1894 年至 1895 年的戰爭期間，內地 66 家新聞報社，共派遣記者 114 名。政府和軍方還批准了從軍畫師 11 名、照相師 4 名、僧侶 55 名、神官 6 名。政府和軍方批准外國新聞媒體的隨軍新聞記者 17 人，其中有著名的《紐約世界》、《倫敦時報》、《黑白畫報》等大報的新聞記者。批准各國隨軍觀摩的陸海軍武官 7 名，並且允許英、俄、德、法、美等國的海軍軍艦，在事前通告日本海軍的情況下，可以接近日清兩國交戰的海域觀察海上作戰實況。日本採取新聞明朗化的作法，受到西方國家的好評，開創了近代日本對外戰爭的新聞先例。

日本真正將報業當作一門產業來經營，始於日俄戰爭時期。明治三十七年（1904）日俄戰爭爆發，當時還沒有無線電廣播，電話也沒有普及，新聞信息只能通過報紙獲取。日本經過日清戰爭到日俄戰爭十年間的發展，報紙的訂閱部數翻了 5 倍，達到 163 萬部。可是報紙的價格仍然昂貴，1 個月的訂閱費相當於購買 30 公斤大米的價錢。然而日本與強國俄國人作戰，幾乎是在拿國家命運作賭注來冒險，全體國民高度關注戰爭的進程。民眾迫切希望知道每日戰爭的情況，為奔赴前線出生入死的親人擔心，報紙需求量激增。為滿足民眾第一時間獲得最新信息，報紙界出現了 6 種商戰形式。(1) 報紙部數增加，讀者配送網形成;(2) 報紙種類增加，報社展開爭奪閱讀者商戰;(3) 輪轉機取代手動平板印刷機;(4) 報紙引進多色印刷的彩色版面;(5) 報紙廣告服務佔報業收入的 40%;(6) 報道戰爭新聞、美人競選大會、遠泳大會、四國八十八所巡禮競爭，全國網球大會等內容。日本各地報業競爭如火如荼，報紙發行數量激增。

明治三十八年（1905）9 月 1 日，《大阪朝日新聞》報道了日俄兩國簽署《樸茨茅斯條約》和請求天皇拒絕與俄國人議和的社論，消息煽動了國民情緒，引發了民眾暴動事件。政府出動警察平息暴動，引起各報刊的強烈譴責，各媒體間展開了“廢除警視廳”的文字混戰。以暴動事件為契機，在日本媒體界出現了“採訪報道”的新聞形式，實事新聞報道快速傳播化。1909 年政府應對報刊媒體自由化的社會輿論，頒佈了《新聞紙法》，加強了對報紙言論的管制。

明治維新早期的報刊媒體界，報刊分類有“大新聞”和“小新聞”兩種類型。“大新聞”是大開版報紙，內容以政治議論為主，主要讀者對象是知識人。題材涉及國家的政治、經濟、教育、民生等方方面面的話題。“小新聞”是小開版報紙，內容以娛樂為主，主要讀者對象是一般市井庶民。題材涉及現實社會生活中的人物逸事、花柳界新聞、鬼怪異談、小道消息等關乎社會的、生活的、精神的、娛樂性的話題。日清戰爭爆發後，大新聞和小新聞的區別消失，報刊營業方針開始轉向，強調報道本位的新聞主義立場。

明治初期日本報紙還流行過一種世界印刷史上獨特的錦繪報紙（浮世繪插圖印刷的報紙）。報紙的主要讀者是庶民大眾，提供茶餘飯後的娛樂性新聞。記事內容多選擇殺人、情癡、美談、怪異等庶民喜歡的題材，記事內還插入與故事情節相同的錦繪，類似現代雜誌中精美的彩色插畫。代表性的錦繪報紙有《東京日日新聞》、《郵便報知新聞》等八種，許多著名的繪畫大師及其門徒活躍在錦繪報紙界。歷史畫、諷刺畫、殺人畫、鬼怪畫、奇談畫，刺激了庶民對故事文化的嗜好和報紙的發行量。插有錦畫的故事連載報紙獲得了成功，寫實的技法、活生生的題材、奇趣的情節、美妙的人物、虛構的內容，將身邊的世相和殺人事件緊密聯繫起來，情節描繪得栩栩如生，令人膽戰心驚。錦繪報紙只流行到明治十三年（1880）便退出了報業，雖然錦繪報紙激發起民眾對報紙的熱情，但是新時代報業作為一種產業，更強調信息傳遞中的新聞價值，街巷猥雜題材已經不能適應維新時代人們對報紙內容的需求。儘管如此，錦繪報紙作為日本特有的文化，在日本國媒體史、美術史上佔有過特殊的位置。時至今日，那些被湮沒在角落達百年的猥雜風俗史作品，正在受到歷史和社會研究者的高度評價和深度研究。

　　十九世紀，隨着印刷機的發達，捲筒紙的採用和廣告的登載，報紙在大眾的關心下成長了起來，勞動階級也有能力用低價錢購讀報紙。明治時期報紙業的這些商業特徵，一直延續至百年後的現代，即使是出現了無線電收音機和電視媒體，報紙仍然是近現代重要的信息傳播媒體。日本從明治時代起始至現代社會，新聞業界生命力最強的兩大報紙是 1874 年創刊的《讀賣新聞》和 1879 年創刊的《朝日新聞》。兩社大報紙經歷了 130 年的風風雨雨延續到現代，一直發揮着影響一代又一代日本人思想的信息傳播作用。

19.01　明治人的閱讀文化，滲透到各行各業各個階層，教育的普及成就了日本人對報紙新聞的依賴。圖繪是閱讀眾生相。

19.02 明治時期的報紙，是平民百姓獲取信息最重要的途徑。當時的車夫、勞動者、妓女、乞丐都能閱讀報紙。勞動者愛看《平民報》；紳士愛看《股票報》；文人愛看《讀賣新聞》；乞丐愛看《慈善新報》；乘電車的人愛看《滑稽報》；娼妓愛看《都新聞報》；村長愛看《官報》；求職者愛看《時事新報》；官僚愛看《國民新聞》。各種各樣的報紙，給平民文化帶來了樂趣，促進了報業的迅速發展。寫真是搭乘三等車廂遠行的平民，專心閱讀報紙的場面。

19.03 位於東京銀座的《朝野新聞》社，社址於明治六年（1873）10月竣工。《朝野新聞》是民權派的政論新聞，由於言論犀利，1875年遭到政府《讒謗律》和《新聞紙條例》的非難和處罰，言論自由被鎮壓。1884年經營衰退，1892年廢刊。

19.04 1872年《東京日日新聞》創刊，兩年後在東京銀座設立日日新聞報社，現代稱「每日新聞」。社風表現親民，多用平易近人的口語體裁，屬於大眾喜好的報紙。1880年傾向批評政府，1888年社長更迭，此後報社論調走向中立路線，發行量增加。明治時代的每日新聞，是政治色彩濃厚的報紙之一。

19.05 日俄戰爭的黃海戰，日本艦隊突襲俄國太平洋艦隊，將俄國艦隊圍困在旅順港內，日本艦隊發動數次封閉旅順港航道的作戰均告失敗。各社媒體第一時間報道海戰勝利的消息，但是百姓們仍然忐忑不安，關心今後戰爭的局勢。寫真是大量市民走上街頭，圍在《中央新聞》社前等待戰況的最新消息。

19.06 明治八年（1875），《東陽堂》在東京日本橋創刊。採用石版印刷新技術，以插畫為特徵表現明治年間民間風俗。這種刊物被定義為"畫報"受到市井民眾的廣泛好評。圖繪是東陽堂支店販賣《風俗畫報》的情景。

19.07 博文館是明治期東京著名的出版社，明治二十年（1887）創刊，社名來自伊藤博文的名字。《博文館》是一本宣揚日本人的國粹主義理念，表現各種政治傾向的雜誌。出版社同時經營經紀會社、印刷會社、廣告會社、洋紙會社等關聯企業，成為日本最值得誇耀的出版社之一。寫真是1906年博文館的建築外觀。

19.08 《橫濱每日新聞》社1870年創刊,是國內最早發行
的日語日報。報道內容以貿易新聞和民權派新聞為主。寫

真是1876年位於銀座街的《橫濱每日新聞》社東京出張所
(辦事處),樓下是該報社所屬活版所文明社。

19.09 明治中期主要新聞刊物的社長和主編的畫像。《實事新報》主編福澤諭吉的觀點引導了明治維新思想的潮流。

19.10 新聞媒體的宣傳是推動日本人明治維新思想形成的重要手段。福澤諭吉的“脱亞入歐”學說，在新聞媒體的推波助瀾下，對日本近代化政治改革、君主立憲政體、殖產興業、文明開化、軍國主義形成，發揮了重要作用。圖為 1903 年《東京日日新聞》編輯室的情景，總編輯的思想主導了報社對外宣傳角度並維繫了報社經營的命運。

19.11 明治初期日本人對西洋人的最初認識。畫中日，英國是歐洲西方的海中一大島國，開國達 1707 年，國家的君主乃女性等等。所繪人物是英國海軍提督阿登特倫。

19.12 1888 年《大阪每日新聞》誕生。屬於支持政界有力人物，傾向政府的媒體。日清戰爭後《大阪每日新聞》和《大阪朝日新聞》成為大阪報界的兩巨頭。上寫真是 1897 年《大阪每日新聞》編輯室的工作情景，旁有側立的侍童隨時聽從調遣。右圖是明治時期的新聞媒體大量採用西洋印刷設備，彌補了本國印刷技術上的不足。

19.13　明治二十七年（1894）日清戰爭爆發。8月25日博文館創刊連載《日清戰爭實記》，雜誌對戰爭過程的場面補以寫真和繪畫進行詳細解說，並首次採用銅版印刷技術。雜誌每冊達 100 頁之多，每月發行 3 期，至 12 月末共發行 13 期，每期定價 8 錢。第 1 期增印 5 萬冊，獲得空前反響和好評。左圖為《日清戰爭實記》第 2 期的封面。

博文館 1895 年出版了不遜於歐美諸國的綜合性雜誌《太陽》，內容涉及政治、經濟、社會、軍事、歷史、工業、宗教、藝術、文學、家庭等廣泛的領域。歷 32 年，共發行 531 期。下圖是《太陽》雜誌第一號封面局部。

19.14　《中央公論》、《國民之友》雜誌，是明治時代談論政治經濟、社會宗教文學，受言論界歡迎的讀物，湧現出大量謳歌明治維新的作品。《團團珍聞》是諷刺性雜誌，對政府批評，伸張自由民權，得到國民的極大擁護。

19.15　1894年日清戰爭，日本媒體全面報道了戰場新聞，激勵國民支持戰爭，改變了國民的清國觀。日本成功運用了近代宣傳媒體作為輔助戰爭的武器，在歐美國家之間成功進行了政治公關。右圖是《日清戰爭繪報》宣傳平壤大戰、威海衛迫降的場景。繪報採用彩色套印技術，圖文並茂報道了戰爭。日本浮世繪藝術以新的姿態，將戰爭記事版面視覺化，得到讀者的廣泛歡迎。上圖是日軍攻克旅順後，報童散發《北海道每日新聞》號外的情形。

19.16　明治時代面向青少年啓蒙的雜誌《少年世界》、《少季園》，主筆論説、小説、史傳、科學、時事、遊戲等。姊妹雜誌還有《幼年世界》、《少女世界》等。《風俗畫報》圖文並茂報道世間百態，共出版518期，深受庶民歡迎。

19.17　明治時代，各種大小新聞報紙，都不只局限於政治宣傳、經濟評論、社會時事的報道。而是巧妙調節讀者的心緒，版面配置連載故事、小説，提高讀者的購讀率。在虛幻的世界中，讀者游弋着脱離時代的空想，給人們帶來心理上的快感和豐富的想象力。奇妙的鬼怪故事；人間正義的歸宿；男女的愛和情；醉生夢死的紅顏知己；善行惡報的糾結等等，那些接近民間的話題和暗示的哲學道理，豐富了百姓的業餘生活。百年前明治時代的出版文風延續到現代，報刊雜誌的連載小説仍然不絕於目。左圖是《日日新聞》連載的小説"勸善懲惡"第 29 回。行惡之女遭遇山中大蛇之驚嚇，歸宅後三日而亡。

19.18　左圖繪深夜十二時亡夫再現於側共眠，夫人驚愕惶恐，此乃不忠警示乎？中圖乃《花園幸庵》連載第 900 回中片段，男主人在拷問妻妾的忠誠。右圖故事中的警官和盜賊對打的片段，盜賊頭部負傷已經處於劣勢。

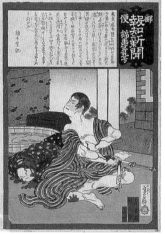

19.19　左圖是狐狸精化成美女，施法迷惑人間，受害者頻頻，青年警官用計智鬥武戰狐狸精的故事。中圖表現有情人沒有美滿歸宿，雙雙自刃而亡求陰間再聚。右圖表現捉奸現場，丈夫將與他人私通的妻子割喉殺死的場面。

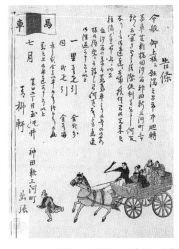

19.20　左圖報紙上馬車公交的廣告，宣傳説到：雖然有軌道蒸汽車，可是馬車卻更靈活、更便宜，行走 1 里只需 2 分錢。中圖是製藥廠的各種漢方丸藥的廣告，特別強調"官方許可"。右圖是日本著名的仁丹廣告，曾經風靡清國。

19.21　明治時代是廣告業興起的時代，圖繪銷售幻燈的商家在向人們介紹商業中廣告的必要性。説歐美國家的商人重視用幻燈向顧客宣傳自己的商品，頗具效果，是日本商人值得借鑒的利器。

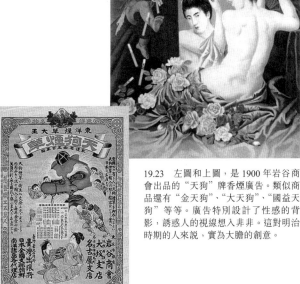

19.23　左圖和上圖，是 1900 年岩谷商會出品的"天狗"牌香煙廣告。類似商品還有"金天狗"、"大天狗"、"國益天狗"等等。廣告特別設計了性感的背影，誘惑人的視線想入非非。這對明治時期的人來説，實為大膽的創意。

19.22　專門販賣俄國製造的"富國"牌紙捲香煙的廣告。説本品的特色是質量好不會掉火星。明治時期，婦女吸煙者亦多。

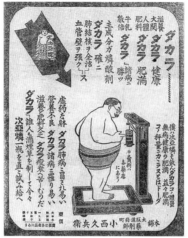

19.24　左圖是明治時期的札幌啤酒美女廣告，札幌啤酒是政府對抗俄國南下政策在北海道興建的酒廠的人氣產品。

中圖是次亞磷酸滋養藥廣告，主治虛弱、營養不良、過瘦等。右圖是西洋人馬戲團演出廣告。

19.25　雄獅牙膏誕生於 1896 年，是家喻戶曉的品牌。現代雄獅品牌在化妝、洗滌、藥品中的商品多種多樣。下圖是當時的牙膏廣告。

19.26　明治四十一年（1908）日本人在海帶中發現了穀氨酸鈉成分，研發成用於食品的調味料。1909 年上市並不暢銷，直到高級飯店採用後才受到消費者重視，並出口海外。上圖是當時報紙刊載的味之素（味精）廣告。

19.27　明治三十六年（1903）日本花柳病預防會設立。當時是為了抑制影響青壯年者性健康的花柳病採取的組織性措施。1907 年開始實施娼妓的健康診斷。1909 年國產安全套誕生，命名“心之美人”。然而“心之美人”主要不是用來避孕，而是用於預防性病。由於安全套的厚度對當時的技術而言難以有所突破，所以性的感受非常差。繼“心之美人”之後還誕生了“敷島帽”、“鐵兜”等商品。明治時代最為公開流行的是女用子宮帽，謂之“子宮サック”。廣告上說，是婦人預防外毒的橡膠製衛生器具，是婦人衛生上必攜的良器。子宮帽可以預防毒瘡感染又不傷及子宮，但是希望懷孕的婦人不宜使用。婦人月經期子宮帽還可以防止經水泄漏。明治時代日本的預防性病和避孕實態可見一斑。圖繪是明治時期報紙上刊載的子宮帽廣告，宣傳各種奇特功用和使用方法。

20 城市建設

現代日本人如此讚美明治維新東京的變貌,"江戶消亡,武士隱去,在這片土地上興建出被西洋文明啓蒙了的近代國家首都。這裏的人們用勤勞智慧的雙手實現了心中之夢,一座新興都市'東京'誕生。從江戶到明治,這座都市的近代化變貌跨越了時空,創造了城市建設史上的奇跡。"當這座城市的後來人,翻開明治時期東京街頭華麗建築的影卷時,無不為 140 年前在這東方島國,有如此之多的西洋式建築群落而感到震撼。日本人在接受西洋人建築技術的同時把東洋(日本)文化融入其中,形成了具有獨特風格的東西方文化結合的新型城市。

一、日本建築的特色

日本古代的建築特色,是在漢唐建築文化的影響下發展起來的。建築主體多為樑柱結構。在木材使用的風格上,中國的建築木材喜歡露出木質本色的花紋;日本建築用木則多使用少花紋的白木,保持白木的基本格調。用材和色澤的搭配上,兩國有着不同的美學思考。西洋諸國的建築較多採用磚石構造,組成了以面為主體的牆壁,而日本建築以線形板材構成的壁面為多數。西洋建築的門窗用磚石堆砌成拱形;日本建築的木結構門窗,則多組合為矩形、菱形。從整體構造上説,日本古代建築是組裝式,西洋的建築是堆砌式。日本的建築受惠於天然的木材,西洋的建築受惠於靈活的石材堆砌技術和藝術靈感的融入。

日本建築史早期,由於木材加工器械的落後,因而木製樑柱之間多採用插銷楔子連接組合(榫卯結構)的方式。室町時代中期,大鋸一類的木材加工工具被廣泛應用,提高了木材建築建設的效率。江戶時代,住宅建築格局受到階級身份制度的限制,阻礙了建築工藝的進步。1854 年《日米和親條約》締結後,西洋建築技術的滲透極大影響了日式建築的風格。西洋式建築工具的引進,提高了建築工藝的整體水平。明治維新以後,封建等級制度被廢棄,住宅建設再也不受身份的影響,民眾可以根據原材料的情況,自由設計建造自己喜歡的住宅。這個時期日本貴族、實業家、政治家的住宅,開始流行洋式小樓的建築式樣。在公共建築領域,日本在西洋建築理念影響下,融合本國風土文化開創了獨具特色的"擬洋風建築"(和式與洋式混合型建築)。西洋風格和日式風格的近代建築大量登場,改變了東京等大都市的整體風貌。

二、擬洋風建築盛行

"擬"是"模擬"之意,"洋風"是"像西洋那樣"之意,"擬洋風建築"被視為那些沒有西洋建築知識的人,建造出的奇妙建築。幕末和明治初期,外國人將本國的建築樣式原原本本帶進了外國人居留地（租界）。參與建設的日本建築師，開始嘗試在日本建築中融入西洋建築外形的要素，保持日本人傳統室內文化風格加上西洋建築的外形，創造出象徵日本近代文明開化的和洋混合式建築。早期代表性擬洋風建築是明治六年（1873），東京建設的第一國立銀行，在史上留下了眾多的讚譽。在洋式建築風潮下，縣級地方的役所、學校、醫院也廣泛採用了洋式設計風格，給地方民眾帶來了文明開化的陶醉感。

明治政府在近代化思考上，堅持行政、教育、產業等所有領域攝取吸收西洋文化，讓國家全面西洋化。因此在行政機關、學校、教會等公共設施，率先湧現了大量西洋風格的建築。政府引入洋風建築在全國起到了帶頭作用，許多政府機構選擇了西洋式建築風格。政府僱傭英國、美國建築工程師，設計、督造、指導、建造了一系列重要的政府機關建築。此後，日本民間的建築師開始模仿洋風建築，在外國人教育和指導下，興起了日本人的洋式建築。

三、官廳（政府機關）集中建設計劃

明治十六年（1883），擔任外務大臣的井上馨，為了改變西洋列強對日本非文明國的固有印象，推進不平等條約撤廢的交涉，實施了大規模的"官廳集中計劃"。規劃將國會議事堂等國家機構集中到東京霞關附近，建設一個不遜色於巴黎、柏林的華麗首都。當時日本最重要的外交課題，是交涉不平等條約的修訂和撤廢，尤其是廢除外國人的"治外法權"，使日本成為真正的政治獨立國家。為此，井上馨規劃建設一座豪華的"鹿鳴館"，作為政府接待外賓以及外交官和上流階級的社交場所。鹿鳴館是日本歐化政策的極端象徵，國家的外交政策也一度因此被稱作"鹿鳴館外交"。1883年7月落成後的鹿鳴館，具有伊斯蘭、西洋、日本混合型的建築風格。1883～1887年期間，鹿鳴館不但接待外國賓客，天皇生日的祝賀酒會，皇族和貴族夫人的慈善活動也在這裏舉行，成為明治政府重要的社交場所。

明治十九年（1886）內閣設立臨時建築局，井上馨擔任總裁，聘請著名德國建築師，對東京都市街道和主要建築進行了規劃。同年政府再從德國僱傭多位建築工程師，並向德國派遣日本建築留學生，學習西洋建築學。德國人規劃了從築地至霞關為中心軸的、中央車站、劇場、博覽會場、官廳街、新宮殿、國會議事堂等宏大的都市建設計劃。1887年不平等條約撤廢交涉失敗，加之建設計劃面臨財政困難，井上馨被迫辭去外務大臣職務。官廳集中建設計劃最終只完成了議事堂、大審院、司法省等三棟建築。

四、近代建築人材培育

擬洋風建築雖然外表呈西洋建築風格，但是只學習了西洋建築學的皮毛。明治十六

年（1883）以官廳集中建設計劃為契機，政府注意到建築專家培養的重要性，並優先選擇了德國的建築技術，邀請和僱傭德國建築專家來日指導工作。他們向日本政府進言，為了建設近代化國家，日本人應該到德國留學，學習建築學專業知識。政府接受了德國專家的提議，派遣了建築技師、石工、大工、人造石左官、煉瓦職、噴漆職、天棚職、石膏職等 20 人赴德留學。三年後，這些留學生習得了德國的建築學知識和技術，許多人成為著名的建築學家和美術家，活躍在日本的建築業界。

日本在建築學領域，從西洋那裏學得了近代建築技術，可是對西洋建築學中的藝術和美學的融入意識相對薄弱，代表藝術美學的建築比較少見。由於日本是多地震、多災害的國家，煉瓦（磚瓦）構造的建築抗災能力較差。因此日本更悉心鑽研開發抗震能力強的建築，將建築學和工學有機地結合起來。日本建築工學的自主意識，一直延續到現代建築領域。

五、近代地下水道建築

明治三年（1870）橫濱租界內全面敷設了陶質的下水管道。明治十年以降，日本各地霍亂傳染病肆虐，引發大瘟疫。1882 年東京神田地區，霍亂疫情導致超過 5000 人死亡。神田地區地勢平坦人口密集，下水溝塵芥污泥堆積堵塞水流，惡劣的環境造成了霍亂疫情的擴散。政府從公眾衛生的視點研究考察，痛感完善下水道設施的重要性。明治十七年，規模龐大的神田下水道建成完工，使神田周邊一般市民的公眾衛生和都市環境得到了明顯改善。神田下水道是在荷蘭技師指導下完成的逆狀卵形下水管道，總長 4 公里，造價 92000 円。水管橫幅 610~910mm、高 910~1360mm，管內有空斷面、鑲嵌煉瓦。神田下水道的興建，是明治政府積極引進西洋國家地下建築技術取得的重要成果。神田下水道經過關東大地震和太平洋戰爭的滄桑，在 120 年的風風雨雨中一直發揮着作用。現代尚存仍在使用的 614 米神田下水道，作為東京都文化史遺跡受到保護。

明治二十七年（1894）開工興建的“中央部下水道改良事業”工程總長達 120 公里。下水道的溝床用水構築成 U 字形，表面用灰漿塗敷便於水流，渠上敷蓋石蓋形成地下暗渠。特別要提到的是，明治二十二年（1889）大阪市政府整理從江戶時代遺留下的下水道系統，擴張建成了新的下水渠。下水渠幅寬 1.8 米～ 3.6 米，底面用石塊堆砌，水泥抹縫，上面用石板封頂，纍計總長達 350 公里，命名“太閤下水”。太閤下水堅固耐用，有 20 公里延用到現代，其中 7 公里作為歷史遺跡永久保存。太閤下水道工程是以近代工學技術為基礎取得的地下建築成果，也是明治政府推進國民公共衛生事業的里程碑。

六、日本近代的橋樑

日本《古記事》的神話傳說記載，日本的第一座橋叫做“天浮橋”，可以通天。天上的神仙通過這座橋自由往來於天地，為生靈造就了日本列島。日本“橋”的歷史，最早源於中國隋唐時代，日本的遣隋僧和遣唐僧在中國學得了造橋技術。橋樑成為普度眾生、造福於民的建築，所以僧侶在各地興建了許多便民的橋樑。古代的橋以木橋為主，難以重負載荷，橋的壽命極其有限。從中國傳來的石造拱橋技術在江戶時代得以發展，九州一帶誕生了許多拱形石橋。

日本最初的鐵橋於明治二年（1869）誕生在九州長崎，橋長 27 米、寬 6 米，總造價16000 兩。日本史上最著名的鐵橋是位於東京市中心，連通台東區和墨田區的重要橋樑“吾妻橋”。江戶時代在東京隅田川上架設過木橋，名曰：“大川橋”，頗為壯觀。當時除武士免費過橋外，所有過橋人必須支付 2 文錢過橋費。但是木橋曾經多次被洪水沖毀，東京人決心在這裏架設一條鐵橋。明治二十年（1887），東京隅田川建了大型鐵橋“吾妻橋”，橋體全部鐵質，全長 145 米。後來，吾妻橋又架設了普拉特鋼桁梁橋，並排開通了人道橋、車道橋、鐵道橋（市電輕軌）三座鐵橋。明治八年（1875），工部省的深川製作所成功燒製出實用性水泥，開始嘗試應用在堤壩、橋樑等建築中。1903 ～ 1909 年日本相繼成功架設鐵骨水泥橋、鐵筋水泥橋。明治四十四年（1911），在橫濱建成了代表着日本近代造橋技術的水泥、鋼鐵材料混合型大橋“吉田橋”，全長約 180 米。

明治五年（1872），日本鐵路交通運營，最初的鐵道橋樑是木橋，數年後即被鐵橋代替。隨着技術的發展，鐵橋又逐漸被鋼鐵混合橋、鋼橋取代，但是這些鋼鐵橋都是從英國、美國、德國進口，在外國工程師監製下建造的。明治時代後半期，日本的鋼鐵焊接技術有了長足的提高，鋼鐵橋逐漸進入國產化時代。為了蒸汽機車輛的通行、變向，以及橋樑下船舶通行，鐵道橋樑出現了鋼鐵可動橋、跳開橋、升開橋、轉車台。明治年間，在蒸汽機車全盛的時代，全國僅橋式轉車台就達到 460 座。

20.01　1869 年日本定都東京，天皇入住江戶城，城外挖有護城河。明治時代，政府在皇城周邊興建了大量建築，標誌着維新國家的近代化崛起。寫真是明治後期，在皇居周邊的三宅阪，隔河眺望政府官廳街的景象。

20.02　明治時代的日本民宅，大多是獨棟的木製小樓。遙望百年前東京市街，已經是規模宏大擁擠不堪，初具近代化特徵。寫真是 1901 年拍攝的東京市街景色，似有清國江南水鄉的特色。

20.03　1904 年海軍大學的高空氣球拍攝的，從東京浜離宮向芝浦、田町方面的遠望。下為浜離宮綠地，中央是芝離宮。

20.04　銀座煉瓦（磚瓦）街是銀座大火事故後，為了推進都市不燃化目標，由美國建築師設計的以磚瓦建築為主的一條街。銀座煉瓦街後由民間自營建造，作為新聞業和商業集中地，成為西洋文明傳播的窗口。

20.05 1904 年海軍大學的高空氣球拍攝的，從東京新橋車站及芝口向愛宕方面的遠望。下方的新橋車站聚滿了乘客。

20.06 1889 ～ 1894 年，大阪市政府擴張修整從江戶時期遺留下的下水道。新下水渠稱作“太閣下水”，幅寬 1.8 米～ 3.6 米，底面用石塊堆砌水泥貼縫，上面用石板封頂，纍計總長達 350 公里。“太閣下水”中的 20 公里延用到現代，其中 7 公里將作為歷史遺跡永久保存。寫真是現在拍攝的“太閣下水”地下渠道。

20.07 1877 年以降，霍亂反覆肆虐日本各地，東京神田地帶居民密集，衛生環境惡劣，霍亂死者超過 5000 人。1884 年東京建造了最初的“神田下水道”，以防患高發病率的霍亂。主管外側是水泥補強，內側是卵形磚構造，高 136 厘米、寬 90 厘米，全長 4 公里。神田下水道工程在近代工學領域具有劃時代意義。寫真是現代仍在使用的倒立卵形神田下水渠的圖片。

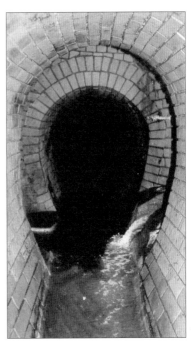

20.08　明治初期日本城市內主要以木架橋為主，桁樑木架　真是東京日本橋區的"新大橋"木橋時代的情形。全長 209
橋的承重、耐激流能力弱，明治末期逐漸被鐵橋代替。寫　米，橋下可以往來輕型機動船。

20.09　高麗橋是明治三年（1870）大阪
架設的第一座鐵橋，材料從英國進口。
當時日本與外國簽約缺少經驗，大橋建
成後，被追加了 2 倍的建設費，以至於
發展成外交問題。明治維新後，高麗橋
被政府確定為里程元標（道路起點），
西日本的道路距離計算是從這裏開始
的。寫真是 1882 年高麗橋的英姿。

20.10　寫真是橫濱久保山的電車站。
磚瓦結構的陸橋，架設在兩側高台之
上。陸橋上可以通行路面車輛，供行
人過往。橋下面可以通行電車。到車
站乘車的人們，需要從兩側的台階下
到最下面。橫濱是明治時期關東地區
建設發展最快的城市之一。

20.11 1887 年日本城市建設中的一座大型鐵橋 "吾妻橋" 誕生。全長 145 米,幅寬 14 米,鐵骨構造。"吾妻橋" 是連通台東區和墨田區民生的重要橋樑。寫真是 1900 年拍攝的 "吾妻橋" 風采,橋面主道是車道,兩側為步道。

20.12 大型鐵橋 "吾妻橋" 在關東大地震時,橋面被大火燒垮坍塌,造成很多人傷亡。吾妻橋是最繁忙的市內橋樑,並排人道橋、車道橋、鐵道橋(市電輕軌)三座鐵橋。橋下可以往來輕型機動船。寫真是 1927 年拍攝的吾妻橋景象。

20.13 寫真是明治四十一年(1908),橫濱大江橋旁邊架設的一座電車專用橋樑。當時的電車是單體車,電車長 7.6 米,定員 40 人,25 馬力電動機 2 台,軌道間距離 1372 毫米。明治時代電車軌道間距沒有統一,軌道間距各種各樣,有 1067 毫米、1435 毫米、1372 毫米等區別,為適應各種軌道行駛,甚至還存在軌間可變電車。

20.14　廄橋是隅田川上僅次於吾妻橋的第二大鐵橋，橋長 154 米、寬 22 米，建於明治二十六年（1893），廄橋中間是市電輕軌鐵道，兩側是人行步道。橋下可以往來輕型機動船。寫真是明治四十年代廄橋的景象。

20.15　明治三十九年（1906）甲武鐵道水道橋站開通，1912 年甲武鐵道高架線路電車開通，形成雙層電車縱橫交叉運行的景象。寫真是 1911 年拍攝的兩電車交叉通過橋樑的瞬間。

20.16　在東京城市建設事業中，電車站之間的相互接駁存在諸多弊端的問題受到重視。在市內建設高架線路和環狀線方案被提了出來。寫真是 1914 年建成通車的東海道本線高架橋線路段。當時鋼筋混凝土尚不發達，大多採用磚瓦結構。

20.17　歌舞伎座是明治演劇改良運動中出現的近代劇場。最初的歌舞伎座於 1889 年開設在東京市京橋區，劇場設備採用了當時最新的電燈照明技術。歌舞伎從誕生至明治後期經歷了代表日本文化藝術的黃金時代，此後歌舞伎座在與帝國劇場的近代歌舞劇分庭抗禮中逐漸衰落。寫真是 1889 年 11 月歌舞伎座落成時的景象。

20.18　1878 年陸軍大臣山縣有朋建議，用西南戰爭獻納金，在靖國神社內建設了日本首座軍事博物館"游就館"。1882 年"游就館"開館，此後幾經擴建，陸續收藏了從幕末維新期至太平洋戰爭時期，與軍事相關的大量展品，以祭奠慰唁供奉在靖國神社內的戰歿者。寫真是 1881 年 5 月完成的，位於東京九段下的游就館。

20.19　1896年，名古屋劇場株式會社成立，在名古屋市建
設了一座"御園座"大型劇場，於1897年4月竣工。"御園
座"不但出演戲劇，還於1899年開始上映動畫電影。寫真
是"御園座"門前搶購入場券的人群。

20.20　1890年5月7
日，日本首座全景寬
銀幕映畫館（以播放
幻燈為主）在東京上
野公園開幕。此後在
國內掀起觀賞熱潮，
各地紛紛建造全景寬
銀幕映畫館。寫真是
淺草公園建造的六角
形寬銀幕電影院，多
上映戰爭題材的繪
畫，曾經出展過日本
西南戰爭、日清戰
爭、北清戰爭等的寬
銀幕繪映畫。

20.21　明治十年（1877），日本國內第一屆"勸業博覽會"於 8 月 21 日～11 月 30 日在東京上野公園召開。當時正值西南戰爭，但在明治維新殖產興業大旗感召下，仍然如期舉辦了博覽會。博覽會展出了日本有史以來的名寶珍品，一些有礙殖產興業精神的物品受到嚴格限制，表現近代文明的歐美先進技術得到全面推廣。展覽分礦業、冶金、製造物、美術、機械、農業、園藝等 6 門類，會場面積 10 萬平方米，入場人數 454168 人。寫真是 1907 年東京上野舉辦的勸業博覽會，不忍池畔的燈光夜景。

20.22　1887 年 11 月 6 日在東京上野恩賜公園開放的人造富士山。富士山用木材構造並塗刷石灰而成，高 50 米，共 12 層。開業短短幾日觀客爆滿，很快即收回了數千円投資成本。寫真細節可見，富士山頂有遊客的身影。

20.23　1908 年東京淺草公園開放的大型空中觀覽車。寫真中左側看板上寫："此展望觀覽車，世界僅有兩台，一台在美國聖路易斯，一台便是此觀覽車也。"上圖是第五屆國內勸業博覽會開放的遊樂設施，20 米高的滑山舟。

20.24　1872 年日本政府開設第一國立銀行。根據國立銀行條例，國立銀行允許民間經營的原則，於 1873 年開設了日本首家官民合營的商業銀行。寫真是在東京兜町，由日本人設計建設的第一國立銀行的洋式建築外觀。

20.25　日本銀行是日本國的中央銀行。明治十五年 (1882) 10 月開始營業。銀行資本金 1 億円，由政府和民間共同出資，但出資者沒有參與經營的權利。寫真是 1896 年竣工的日本銀行總部建築。現為國家重要文物保護單位。

20.26　1871年政府新貨幣條例公佈，但新舊貨幣交替，造幣局所需金屬材料嚴重不足。三井配合大藏省發行了可以交換金屬貨幣的臨時紙幣，積極支持政府的改革。1872年建設了"海運橋三井組大廈"。大廈為西洋風格，共五層，耗資47000兩，規模之宏大成為輿論熱議的話題。寫真是1902年10月在東京建成的，具有西洋風格的"三井銀行"大廈。

20.27　1896年以解決工農業所需長期貸款為目的，政府制定了"日本勸業銀行法"。以政府為中心，在東京、大阪、北海道等地設立了勸業銀行。寫真是1899年建造竣工的具有傳統風格的"日本勸業銀行"。

20.28　日本銀行大阪支行是日本央行在關西地區的重要分
支機構。銀行建成於1903年，原址是站遞司大阪郵便役所。
建築外觀參考比利時中央銀行風格，青綠色的圓屋頂和花
崗岩材料，透出高雅華貴、堅實厚重的西洋建築雄姿。

20.29　神戶地方裁判所是神戶西洋式建築群中知名者之
一，是由留學德國的建築家河合浩藏模仿德國古典式建築
特色，採用紅色磚石材料建造的地下一層、地上二層的大
型建築。寫真是1904年竣工時的神戶地方裁判所外觀。

20.30　1871 年政府制定新貨幣條例，鑄造出純度 90% 的 1 円銀幣，作為標準貨幣在海外流通。為實現振興貿易和正常交易，政府還支持組建了"橫濱正金銀行"。1 円銀幣制的實施，使日本海外貿易和與外國的貨幣兌換取得良好效果。寫真是 1904 年 7 月建設竣工的，具有歐洲風格的"橫濱正金銀行"建築外觀。

20.31　1909 年為皇太子嘉仁親王（大正天皇）建造的東宮御所。因過於奢華，皇太子幾乎沒有使用過。嘉仁親王繼位後，將其改稱"離宮"。現代作為日本的迎賓館，用於舉辦歡迎晚宴等外交活動。

20.32　明治維新廢藩置縣時，大阪府由攝津國東部、河國內、和泉國等地區組成，有"攝河泉"之稱。大阪府是近畿地方乃至西日本的政治、經濟、文化、交通的中心。大阪府廳（市政府）建造於 1874 年，最初委託西洋建築師設計，後因報酬昂貴解除了合同。日本人利用留下的圖紙建造了這座具有西洋風格的華麗建築。

20.33　1886 年日本加入國際紅十字會組織，翌年將博愛社改稱日本赤十字社。日本赤十字社辦公樓竣工於大正元年，是明治建築界三大巨匠之一妻木賴黃設計的作品。大正十二年（1923）被大火燒毀。

20.34　日本“帝國酒店”建於明治二十年（1887），總佔地面積 4290 平方米，採用德國式磚木結構，建築高三層。1890 年酒店開業，當時的房費標準，最低 50 錢，包含兩餐 2 円 50 錢。大正十二年（1923）由二十世紀的建築巨匠美國人法蘭克設計建造的“帝國酒店新館”落成，總面積 34765 平方米，地上五層、地下一層，客房 270 間。寫真是明治二十三年（1890）位於東京日比谷的“帝國酒店”建築外景。

20.35　明治維新後，政府着手整理日本古代文化，收集神社寺廟傳承的繪畫、雕刻等古藝術品達 21 萬件以上。為了珍藏展示這些古藝術品，政府在京都興建帝國博物館。1892 年帝國博物館開工，1895 年竣工。聘請了各地著名工匠，石工、磚瓦匠、鑄工，完成了這棟歐式風格與和式風格結合的建築，在世界建築史上留下美名。

20.36 在封建社會，庶民建造超過統治階級規定高度的建築，會受到嚴格處罰。明治時代，封建的舊習被打破，民眾登高遠眺的願望得以實現。明治二十三年（1890）11 月英國建築師在東京淺草公園建造了一座高塔——"凌雲閣"。塔高 52 米，建築面積 122 平方米，共 12 層，1 至 10 層是磚瓦結構，11 至 12 層是木結構眺望室，配有多台望遠鏡。塔內 1 至 8 層還安裝了日本首座電梯，但因故障頻發被終止使用。全塔共計 176 扇窗戶，採光良好，但每層皆安裝了 3 盞電燈。入塔票價大人 8 錢，小孩 4 錢。凌雲閣一度成為當時最高的人造登高遊覽場。經過時代的變遷盛衰，凌雲閣在關東大地震中倒塌。寫真是凌雲閣落成後的雄姿，曾被譽為東京的著名景點之一。

20.37 明治時代私人豪宅的代表作"岩崎邸"是三菱財閥的創始人岩崎彌太郎的宅邸，建設於明治二十二年（1889），由英國建築師設計督造。宅邸佔地 49500 平方米，有各類建築 20 餘座，具有典型的十七世紀英國貴族建築格調，代表了明治時期上層社會追求和青睞的建築風格。寫真是"岩崎邸"主建築之一，據稱在世界住宅史上也十分罕見。

20.38 寫真是位於神田駿河台的尼古拉教堂,是俄國在日本興建的東正教教堂,東京稱之為"復活大教堂",由俄國工科大學教授,建築家米奇海爾設計,日本會社施工建造。1884年開工,1891年竣工。建築面積約805.3平方米,以磚石結構為主,高35米,是東京御茶之水一帶重要的遠眺景觀。寫真是正在建設中的尼古拉教堂,腳手架密如蛛網。

20.39 寫真是建設竣工的尼古拉教堂,是日本東正教教會的總部、東京大主教區總堂。教堂名字來源於尼古拉神父,文久元年(1861),尼古拉神父作為駐函館的俄國領事館隨行神甫來到日本,1872年在東京建立日本東正教教會。尼古拉教堂所處的駿河台是一個高台,可以俯瞰東京市,大教堂能夠眺望東京的大部分地方,成為當時東京的地標建築。大教堂1891年啓用,1923年關東大地震中損毀,1929年修復。1962年6月21日被列為國家文物保護單位。

20.40　1868年，德川幕府的"江戶城"改稱"皇居"，成為
天皇的居所；1888年以後改稱"宮城"；1948年再稱"皇居"。
皇居中建有用途各異的宮殿，其中規格最高的是"正殿"。
每年在正殿舉行朝見之儀、新年祝賀之儀、講書始之儀、
歌會始之儀、信任狀捧呈式、親任式、勳章親授式等重要
活動。寫真是1888年10月竣工的"宮城正殿"。

20.41　靖國神社建於明治二年（1869），最初命名"東京招
魂社"，為紀念在明治維新時期犧牲的戰士而建。1879年東
京招魂社改名為靖國神社，"靖國"由明治天皇命名，意為
使國家安定。此後神社追加供奉自明治維新時代以來為帝
國戰死的軍人及軍屬，是日本天皇唯一鞠躬的地方。靖國
神社在第二次世界大戰結束前一直由日本軍方管理，二戰
後，遵循戰後憲法政教分離原則，改為宗教法人。1978年
靖國神社宮司將二戰甲級戰犯的名字列入靖國神社合祭。
從此靖國神社的祭拜問題成為二戰受害國關注的政治問
題。寫真是明治五年（1872）竣工時的招魂社正殿。

20.42　1909 年日本第一座室內大相撲館在東京兩國建成，命名為"國技館"。"國技館"的建成，結束了大相撲必須在室外表演，受天氣左右的歷史。寫真是大相撲館外觀，具有歐式風格。

20.43　城市建设的迅速发展，對消防滅火提出了更高要求。寫真是明治中期，日本人研製的摺疊式雲梯。10 米高的雲梯可以承載 3 人的重量。但當時雲梯的性能距離實用尚存距离。日本國產實用性雲梯車的研發，直到 1935 年才完成。

20.44　明治十年（1877）第一屆國內勸業博覽會展出的樓房救助袋説明圖。1894 年東京每個消防署均配置 2 套，火災時避難者可以順着帆布筒斜面滑下。救助袋成為現代高樓"救生袋"的鼻祖。

20.45 早期的日本民巷街道比較狹窄，遇到火災很多民家容易受到株連。所以火災預警成為民巷街道極其重視的大事。住民考案了一種可以直立的梯子。遇到火情，值警人能爬到高所鳴鐘，指示火情方向引導民眾避難。寫真是明治初期日本民巷的風貌之一。街中開有一條污水溝，上有木板通路，遠處可以看到直立的預警梯子。

20.46 史料記載，日本大型百貨商店白木屋發生大規模火災時，當時女店員都穿着和服筒形長裙，不穿內褲，當她們沿着繩索向下逃生時，因為羞恥心而將雙手鬆開救命繩，以致落下喪命。此後白木屋女性店員，穿着內褲成為店內首要義務。火災同時也提出了城市建設中樓房滅火的課題。右圖是明治三十六年（1903）警視廳從德國進口的馬拉雲梯車。兩匹快馬配上警笛，可以迅速到達現場。

20.47 明治二十三年（1890），政府制定《水道條列》，各市町村必須義務設置消防用消火栓。消火栓平均每 136 米設置一處。消火栓在地面下，用鐵蓋蓋上。火災時，打開鐵蓋，接上消火栓，旋轉閥門就可以出水滅火。明治末，東京市內共設消火栓 4828 處。寫真是消防隊員在做放水滅火訓練。

21　貧困世相

一、不可思議的國度

嘉永六年（1853），日本在西方炮艦政策的威懾下被迫敞開了緊閉的大門。西洋人驚歎這個封閉了二百五十年的神秘島國，有着美麗的自然風光和奇特的民間風俗。洋人們這樣記述初登島國的印象："這裏的貧民過着比西洋貧民還幸福的生活。在陽光明媚的日子，大人和孩子們，在海邊採集海藻鋪在沙灘上晾曬。漁夫的女兒挽起過膝的褲腳，在藍天下的沙灘上來回踱步。身着藍色木棉布衣的姐姐，正在往肩上的竹簍內裝入拾起的貝殼。孩子們追逐着海灘的浪花嬉戲。婦人們在揀選收穫的海草，渾身濕透的男主人品嚐着熱騰騰的茶飯和美味的魚丁。此刻的情景充滿了朝氣的美感，雖是粗茶淡飯，可是他們卻那樣自由自在，猶如人間的天堂。"歐美人比較了恩格斯描述十九世紀中葉的英國貧民街："貧民住在潮濕的房間，水從地板溢出，雨從房頂漏下。居民穿着霉爛的衣服，吃着劣質的食物。貧民像野獸一樣沒有休息，沒有安樂享受的人生。"島國的印象讓歐美人感覺到，日本人生活在貧瘠卻幸福的世界。

首任美國駐日公使謁見江戶將軍時留下了深刻印象，他寫道："大君（指將軍）絹布的衣服上，僅點綴少許的刺繡，距離想像中王者的豪華似乎是那樣遙遠。沒有寶石和精巧的黃金裝飾，刀柄上沒有鑲嵌鑽石，甚至我的服裝要比他的還昂貴。殿中看不到鍍金的裝飾物，殿中的木柱全部是白木，除了專門為我準備的火鉢、椅子、桌子外，其他房間都看不到家具。掌握日本最高權力的將軍，比美國公使穿着樸素。反過來理解這裏的民眾，從將軍到町民，平等的意識滲透了這個國家，因此就不會有像歐美社會那樣的貧富差別。"

明治十年（1877）在東京大學任教的外國教授記載："日本的貧困層沒有美國貧困層那樣野蠻卑劣的習俗，日本人雖然住在櫛比鱗次只能遮蔽雨露的木屋內，但是在這些小屋內居住的自幼貧窮的人們，精神上卻是快樂幸福的。而歐美窮人被深埋在貧民窟，在悲慘和絕望中生存。日本人在貧窮中享受幸福，實乃令人不可思議，為甚麼會有這樣的事？"明治六年（1873）帝國大學西洋教師記載："這是一個社會比較平等的國度。有錢人不驕奢，貧窮人不卑賤。人與人之間即便貧窮也有着相同平等的精神，這種自信心滲透到社會的每一個角落。"

二、貧者的禮儀

明治時代的禮儀延續了江戶時代的風俗習慣，民間禮儀無論在學校教育還是家庭教育中，都佔有重要的位置。江戶幕末初登島國的西洋人留下了這樣的記載："外國人異口同聲地讚歎，這些穿着破爛，食不果腹的島國人，都是清潔禮貌和藹可親的人。"

江戶時代的禮儀，本質是一種非文字的精神教育，教師首先要向學生灌輸禮儀的價值觀。從非文字教育現場，可見私塾先生教授禮儀的嚴肅性和嚴謹性。先生把學生分成年輕組、女兒組，區別性別和年齡，按順序進行禮儀訓練，合格者通過，不合格者懲罰。經過禮儀教育訓練的孩童，個人的品性得到提升。江戶庶民的禮儀文化，奠定了禮儀為本的社會風尚，為明治維新國民的精神面貌打下了良好基礎。

明治七年（1874）東京外國語學校的俄語教師日記："在這個國家，無論多麼貧窮或疲憊之人，不符合禮儀規定的事絕對不去做。我在東京人口最密集的平民區住過兩年，沒有看見過日本人爭吵的情形。日語中的髒話十分貧乏，像'傻瓜'、'畜生'這樣的髒話，就已經到達了侮辱對方的極限。爭吵和打架會產生利益衝突，相互體諒以禮待人能緩解衝突危機，這或許是日本人避免相互爭吵的準則吧。"

明治二十三年（1890）英國公使夫人記事："在鎌倉的海岸，一個普通人力車夫就能做出親切正確的禮儀舉止，實在令人驚訝。在町巷內經常可以看到相互關愛，保護弱者的場面。島國人雖然物質上貧乏，卻見不到歐美國家貧民窟裏，那種孤獨和絕望的人們。在日本各地旅行，即便遇到那種震怒激憤相對的男人，也看不到他們大吵大鬧互相謾罵的場面。也沒有在大清國經常看到的女人間爭吵，相互投擲極端對罵的情景。"

明治初期日本還是貧困的國度，然而在西洋人的眼中，"島國民眾傳承了良好的禮儀，彰顯近代日本的教育、文化、道德水準，值得外來文明讚美。日本人致力於對兒童的禮儀、正直、責任、友情、公益、勇氣的教育與培養，養成了跨越時代的民族美德。"

三、庶民的世相和要因

明治維新推翻了幕藩制度，地方藩閥勢力的藩民統治體制崩潰。新政府全力梳理新時代的政治和經濟，國家財政尚無力改善農村、都市百姓的民生。在自然災害和飢荒混亂的國度裏，貧困問題日漸突出。明治維新的土地改革，將幕藩時代的穀物式年貢改成了地租式稅收，農民對現金的需求增大。自給自足的農村社會結構急速崩潰，農村向城市流動的人口急速增加。政府廢除了諸藩設置的關卡，民眾能自由往來，不受限制，都市人口出現激增傾向。各地都市中集聚了大量討生活的流民，都市中遍佈"貧乏長屋"、"寄場"、"差別部落"、"細民"等各類的貧民窟。在政府殖產興業的背景下，這些過剩勞動力成為城市輕工產業急需的廉價勞動大軍。

明治七年（1874），政府推出最初的扶貧對策，發佈了"恤救規則"。規則的主旨是將舊藩制度統合到國家制度的範疇，實行"慈惠"性質的共同救濟方法。但是扶助對象非常有限，僅限定極貧的老人和乳兒，無家庭的一般貧窮者不在扶助之列。明治時代的民眾在國家政策保護下，政治地位得到了提高，精神和人身獲得了自由。但是國民經濟在短期內並沒有得到明顯改善，大多數民眾仍然生活在貧困線上。國家經濟發展走向全盤西化之路，為資本家剝削勞動者暴富自己提供了溫牀。私營企業從農村招收大量廉價男工、女工、童工，榨取他們的血汗。最典型的例子就是來自農村的女工，為獲取現金收入進入工廠勞作的社會現象。也是在這個歷史時期，日本出現了大量到海外討生活的娼妓。有學者尖銳地指出：「明治維新的成功在某種意義上，是以庶民利益的犧牲為代價實現的。」

日本經濟的支柱，如織物、生絲、棉紡、陶瓷、洋火產業，可以反映日本底層平民的生活狀況。愛知縣是與東京、大阪齊肩的工業基地，聚集了數萬名勞動者。紡織工業勞動者待遇在所有行業中最具代表性，業界內女子就業者佔勞動者的 60% 以上，勞動條件和勞動強度極端苛刻。織物工廠員工每日勞動時間 12-16 小時；製絲工廠 11-17 小時。97% 以上的員工在工廠住宿，每日工廠開工時間從早晨四時開始，工人除了勞動就是睡眠，長時間勞動所得賃金（報酬）卻非常微薄。按照技男、技女、工男、工女的技術能力，製絲工廠日賃金平均 5-25 錢；織物工廠 5-15 錢；住宿費日額 5-7 錢；按此收入支出，見習工幾乎呈無收入狀態。大多數工廠員工契約規定，工作未滿一年者不給賃金，甚至有五年無賃金的惡質企業。

愛知縣內紡織勞動者的教育水準低下，小學畢業程度的男工 21.3%、女工 3.2%；文盲男工 20.7%、女工 70.9%。淺井、本多、山源洋火生產廠 470 名工人中，未接受義務教育不滿 10 歲的童工有 87 人，83.1% 的男工不滿 15 歲，42.3% 的女工不滿 13 歲，平均每日賃金 1 錢 5 厘至 3 錢，熟練工 5 錢。日賃金尚不及日軍兵卒的日伙食標準。戰爭時期，日軍兵卒日伙食費 5 錢至 6 錢，合計月伙食費 3 圓 50 錢至 4 圓。類似這種殘酷剝削的現象在當時日本全國僅僅是冰山一角，社會下層勞動者和市井平民的生態，成為日本難以克服的社會問題。

明治二十年前後，日本國內處在經濟蕭條的恐慌之中，民眾生活疾苦，動搖着新興國家的根基。報刊文章中經常報道勞動階級的生活實態，指責明治維新建設的新型資本主義國家，正處在深刻的階級矛盾之中。國家支持的商品海外出口戰略，酷刻壓低勞動者賃金取得低成本產品，廉價商品再衝擊鄰國市場，加劇了國內外經濟和國際政治矛盾。明治中期，新聞媒體報道了大量貧困飢民的紀實，使用「最黑暗的東京」，「貧天、地飢、寒窟」的詞彙，描述日本貧困層的民生實態。社會對惡劣勞動條件下，深受剝削的勞動者的生存現狀開始認識和同情。

日清戰爭和日俄戰爭的勝利，在產業化、都市化進程中，貧困層的社會問題引發輿論對政府的批評。這個時期的社會運動中，底層勞動者階級的團結勢頭擴大，社會主義思潮蔓延。明治四十四年（1911）政府頒佈應對貧困問題的《工廠法》，指導工廠主改善勞動者工作條件，保證勞動者最低生活標準。政府推出面向貧困子弟的教育政策，設立「特殊尋常小學校」，對居住在城市貧民區即使沒有戶籍的兒童也承認其就學資格。各府縣地方政府為貧困兒童接受教育、通學方便，開設了早中晚“三部制”學校。實施特別養護、診療、理髮、入浴的衛生教育，免除學生學費，兒童屬行儲金義務，採用販賣手工作品補貼貧困學生的生活。政府還創立孤兒學校、聾啞學校、盲啞學校，緩解了官民間的矛盾。

國內的貧富差別、社會矛盾、經濟問題，加速了日本富國強兵的步伐。天皇國家的確立、軍國主義的形成，使日本具備了通過海外擴張轉嫁社會矛盾的政治環境。日清戰爭清國大敗，日清《馬關條約》簽訂，清國國土割讓、巨額戰費賠償，日本迎來戰後的繁榮，走出了明治政府誕生以來的政治、經濟困境。日俄戰爭的勝利，日本作為東亞強國擠入世界列強的行列。日本對清國大陸和周邊國家的掠奪，使國民世相不再是庶貧的窘境。此時的日本考慮到作為勝利者的臉面，召回了為生計前往海外從事娼妓工作的日本婦女。日本富國強兵的擴張政策，將國家經濟和民眾生計帶入了小康水平，也促使其積極籌備下一場戰爭。

21.01　明治三十年（1897）的調查顯示，東京存在許多貧民窟。最著名的是下谷萬年町875戶；芝新綱町532戶；四谷鮫河橋谷町1370戶。貧民窟內大量的貧困者生活在不潔的環境中，以最低的薪水的勞作維持着困苦的生活。1909年信奉基督教的賀川豐彥毅然決然住進貧民窟傳教，開辦了耶穌團友愛救濟所，向貧民免費診療，設立夜校，辦救靈團報紙。賀川是日本耶穌團的創始者，被譽為傳播博愛精神與實踐的"貧民街的聖者"，受到世界輿論的讚譽。寫真是賀川豐彥先生（左二）和貧民窟的孩子們在一起的照片。

21.02　1872年明治政府頒佈了象徵近代學制的學校制度，然而就學率卻沒有達到預期的效果。主要原因是很多貧困家庭的孩子，尤其是女孩，為照看自家年幼的弟弟妹妹或幫工照看別家乳幼兒，無法實現上學的願望。針對這種情況，1880年政府在全國設立了320所"子守學校"。許多學校甚至開設可以帶着幼兒上課的班級。為了進一步解放那些工作纏身無法上學的孩子，各地還大量建立了夜校和臨時保育所。"子守學校"是尚處貧困階段的國家，在獨特的社會經濟背景下誕生的特殊事物，為日本的教育普及作出了重要貢獻。寫真是"子守"女孩照看幼兒的場景。

21.03　左上圖，明治十九年（1886）12 月
1 日《朝野新聞》刊載了外國人彼克的繪
畫《拾垃圾》，揭示了日本底層的貧窮人群
像。此畫一出，立即招來日本媒體的群起
攻勢，批判外國人對日本人的輕蔑。

21.04　右上圖，1894 年 10 月 20 日《畫報》
刊插繪。日清戰爭開戰背景下，東京"池上
本門寺"門口的一幕。富裕的母女正在從
乞討男女面前走過，跪地作揖的貧者乞求
施捨，母女倆從他們面前迴避繞過。畫面
表現了貧富差距的世相，以及日清戰爭當
時日本國內民眾的生活仍處在較低水平。

21.05　明治時代，日本農村普通家庭一般
都有 6、7 個孩子，女兒一般在 5、6 歲就
開始幫助父母做家務，最重要的職責就是
擔任"子守"，照看幼年的弟弟妹妹。封建
時代遺留下來的重男輕女舊習，生男做武
士，生女當嫁女，在明治時期有着頑固的
表現和繼承。左寫真是聚集在村落一隅的
天真孩童，"子守"們肩負着照看幼童的重
任。

21.06 寫真是明治時代的小手工業勞動者，老婆紡織老公編織竹器的一個場面。明治時代發生過數次對外戰爭，年青人被徵兵上前線，留守家中的老幼病殘者卻無人照料，生活每況愈下。圖片雖然看出主人公家境貧困，但是從百年前貧者手裏使用的手搖紡車和手搖加工竹器的器械，可見日本市井間小手工業，已經有較多的進步。

21.07 日清戰爭的前夜，日本國內政治經濟矛盾重重，國民經濟處於蕭條的恐慌之中，民眾疾苦的生活正在動搖新興國家的根基。國家需要一場戰爭轉化日益嚴重的國內矛盾，而日本最底層的民眾並不關心也不清楚政府必須開戰的理由，他們最關心的仍舊是自己的生計。大量的男性勞力被徵兵從軍，民眾的生活更是雪上加霜。寫真是明治時代，遠征士兵的留守家庭生活艱難，只能靠女人打柴維持一家生計。

21.08 寒冬對貧困者之家來說，是非常難熬的日子。繪畫是日清戰爭背景下農村的一家三代女人。男人們應召入伍，遠征異國他鄉。留下的婦孺們生活如寒冷的冬天一樣嚴酷。外面冰天雪地，室內冷如冰窖。一家人只能圍坐在一起，減小熱量散失。畫面表現的是，一家人小桌子上面蒙上一床被子，桌子下放進一個炭火盆，全家人的腿腳伸入桌子下取暖的情形。

21.09 一個小漁村婦女們的寫照。村裏的男人以捕魚為業，船隻網具落後，村民大多處於貧困的生活狀態。居住的房子都是簡陋低矮的茅草房，環境惡劣，陰暗潮濕。颱風的襲擊會讓出海打魚的男人們葬身魚腹，漁民的女人每日都冒着成為寡婦的风险。圖繪是漁村的婦女們，在盼望丈夫平安歸來的焦慮中生活。

21.10 《最黑暗之東京》書中插繪，記錄了明治中葉，市井"殘飯屋"生意火爆的景象。"殘飯"顧名思義就是"剩飯"，"殘飯屋"是經營剩飯的小商販。明治時期日本經歷了多次食糧危機，米價暴漲，百姓度日艱難。當時剩飯剩菜的來源主要是用很低的價格從軍隊食堂、工廠、飯店、監獄買來，再用水洗淨晾乾，然後在"殘飯屋"出售。剩飯購買者大都是市井貧民，對他們而言，購買剩飯也是不得已而為之，剩飯熱賣經常供不應求。日清戰爭的時代，東京的剩飯價格，上等剩飯1錢4碗、焦飯1錢5碗；剩菜1人1厘，剩湯2厘。圖繪是商家稱量剩飯販賣的場景。

21.11 明治二十三年（1890）的一幅寫實漫畫《欠債者和催債者》，描繪了正月初一的前夜，債權者和打手在負債者的家中逼債的情形。失業中的丈夫和妻兒被逼無奈，向催債者乞求延期，渡過這個年關。繪畫揭示了明治時期的貧困階層，在新的一年即將到來之際，迎來了又一個悲哀的年關。揭露了當時深刻的社會矛盾。

21.12　明治時代，地方自然災害造成的飢餓和生活困苦，迫使農村人口大量進入都市尋找職業。本圖敍述的是一位進城謀職的婦女，乘人力車來到職業介紹所。

21.13　介紹人為進城謀職的婦女擔保，職業介紹所的老闆娘嚴格面試求職者，提出了就職的各種注意事項、工資待遇，雙方簽訂契約，僱傭關係成立。

21.14　鄉下女來到大戶人家做幫工，工作是幫助廚房打雜、刷洗用具、清潔洗浴房、打掃所有房間。工作必須積極肯幹，眼明手快，不失主僕禮儀，才能得到長期僱傭。

21.15　鄉下女的另一項重要工作是接送大戶人家孩子的上學和放學，確保孩子們的安全。圖繪中女工手裏拿着常備的雨傘和為孩子們準備的飯盒。

21.16 "門付"起源於室町時代（14～16世紀），是指讀經人、曲舞人、琴樂人等民間藝人，走街串巷召集觀眾表演藝能，以換取錢財的流浪型職業。明治時代初中期，以大阪為中心，破落貧困的藝人流浪於市井街巷之間，在民宅前乞討賣唱。左上繪畫是西洋人在街巷常見的"門付"形象。畫中藝人的服裝破舊，卻非常賣力地彈唱，期待換取一點小錢和食物。

21.17 日清戰爭時期，國家沒有制定扶助士兵家屬的相關政策，貧困軍屬的生計問題，成為影響遠征士兵心理的不安定因素。右上圖描繪了日清戰爭背景下的一幕，年輕少婦背着襁褓中的嬰幼兒在向海那邊遙望，不知夫君在戰場上是死是活，忐忑不安的心情是那樣的沉重。

21.18 江戶和明治時代，經濟陷入困境的家庭將女兒賣入遊廓成為娼妓者不足為奇。面對這種情況，有的女性為保持名節而選擇自殺。當時女性的自殺，較多是"跳水溺死""上吊縊死"兩種方式。武士階級的妻子有"懷劍死"的自殺法，用守貞操的懷刀（短劍）對準心臟，劍柄着地，身體撲向劍鋒。繪畫描繪的是投河自盡場面，就連雲後的月亮老人也為之惋惜悲傷。

21.19　明治二十三年（1890）刊畫集，漫畫《正月元日》。正月的休日，走在街上富裕的一家，碰到沿街乞討的一家。畫面表現了境況迴異的兩家碰面的瞬間。右側乞討一家的母親伸手期待得到點甚麼，孩兒在背中哭鬧；左側是富裕家庭中掩鼻欲迴避之女及無表情的男主人，孩子和孩子的對面天真無邪。唯獨貴婦人的神情透出了做母親的憐憫之情。漫畫記錄了明治社會貧窮世相的一面。

21.20　圖繪明治時代煤礦井下，坑夫勞作的情形。當時礦主為了剝削礦工，使用"炭券"代替現金。炭券只在礦區內使用，炭券兌換現金時，比例只有三五成。礦工的自由完全處在礦警的嚴厲監督之下。明治和大正時代，礦井事故頻發。1914 年 12 月 15 日瓦斯爆炸事故，死亡者達到 687 人，成為日本工傷史上最大的人身傷亡事故。

21.21　明治時期殖產興業的主力產業紡織業，集中了大量年輕女性勞工，她們多來自農村和漁村。這些日本最底層的民眾，用最低廉的薪水，在最惡劣勞動條件和生存環境中奉獻青春。其中最引人關注的是肺結核發病率極高，瘟疫像惡魔一樣纏繞着這些青春年華的生命。她們承受日本史上最底層的勞動，接受各式低薪、虐待、拷打、猥褻、疾病、死亡，成為殖產興業政策下的犧牲品。寫真是明治初期紡織作業中的女工。

21.22 明治時代，結核病肆虐日本，是所有疾病中患病率最高的一種，被稱為"國民病"，對日本近代史產生重要影響。明治時代的許多著名人物都死於結核病，而患結核病的一個重要群體是女工，由於勞動條件惡劣，奪去了大批青春少女的生命。1910年結核病在工廠大規模流行，女工患者達到493625人。寫真是明治二十二年（1889）最早在神戶創設的結核病高級療養所，但一般民眾沒有能力享受這種高級療養的醫療待遇。

21.23 明治時代都市紡織企業，募集了大量農村地區的年輕女工。年齡在14歲以下者佔15.3%、15歲佔10.7%、16-20歲佔46.4%、21-25歲佔20.1%。每日勞動時間根據各企業規定9-16小時不等，超負荷用工的情況非常普遍。長時間勞動對少女身體發育產生不良影響。正規企業薪水分50等級，日薪25-120錢。而非官方企業，女工的現實狀況非常悲慘。勞動時間超過10小時以上非常普遍，薪水只有5-15錢。寫真是在作業現場接受拍照的女工。

21.24 右寫真是1872年官辦富岡製絲廠從法國進口的300台抽絲機樣本。機器系統由煮繭鍋、抽絲鍋、集緒器、撚掛抱合裝置、綾振裝置構成。鍋爐提供熱水，輸送到加熱鍋具內煮繭和抽絲，機械動力由蒸汽機提供。在進口設備以前，是用木炭或木材加熱鍋釜，用人力或水車提供動力。

21.25 日本的製帽業發達於明治二十九年（1896），但是日本帽業的發展史，是建立在日本一代女工血淚史之上的。大量農村的女性青年，被巧言誘入工廠，每日從事二十小時以上的辛苦勞動。在密閉的勞動環境中，肺結核、呼吸器病、眼病等等，給女工帶來巨大的災難。寫真是帝國製帽株式會社的女工。

21.26　江戶時代中期日本出現"勤勉革命"（意指因勤勞導致勞動力過剩，並由此導致勞動力廉價），以家庭為單位的農家經營方式，造就了農家獨身女性這一寶貴的勞動力。明治和江戶的世代交替初期，女性成為國家變革急需的勞動力目標。這個時期，大量農村女性被招募進城，成為近代化流水作業線上的一顆螺絲釘。女工在殖產興業、富國強兵的大旗下，付出了寶貴的青春。寫真是明治初期紡織作業中的女工。

21.27　明治十八年（1885）雜誌《ASA》刊載的繪畫《貧者の葬式》。明治六年（1873）7 月 18 日政府發佈了火葬禁止令，接受了神道派土葬的主張，反對佛教火葬的葬法。兩年後，在佛教強烈反對下，從衛生角度和城市土地不足的現實考慮，政府解除了火葬禁令。但是土葬的習俗延至昭和時代，火葬仍然沒有成為葬法的主流。土葬需用"棺材"，日本稱為"棺桶"，有"平棺"和"桶棺"的區別。貧困者多採用"桶棺"，既可以節省木料還可以節省墓地面積。遺體通常頭部向下，身體彎曲收緊於棺桶內掩埋，呪術認為如此姿態死者將不會再返回陽間。亦有數年後再將墓穴打開，把碎骨裝入骨壺內再葬的習俗。圖為兩抬棺職業者，正在將棺桶抬往墓地。

21.28 "漁夫晚歸"圖，表現的是漁夫的妻兒們在岸邊忐忑等待了一日，終於在日暮時分盼到打魚歸來的丈夫。明治時代日本雖然努力改造國家，但在長期的維新陣痛中，底層的民眾依然過不上溫飽的生活。漁民們經常要冒着生命危險出海打魚，繪畫中這樣望夫歸的情形在貧困漁村中，幾乎是家家可見的場景。

21.29 明治時代，政府雖然推行教育普及，但是窮苦人家的孩子沒有能力上學，無法支付學費。許多兒童加入了賣藝為生的行列，以求可以有飯吃。寫真是明治街巷常見的雜耍賣藝景象，表演的孩子在鼓點節拍下，讓身體作出複雜的動作。當孩子們難以支撐時，主人會請求觀看者施捨扔出同情的小錢。孩子們每天在嚴酷的排練和表演中生活，反映出當時社會貧困的一面。

450

21.30 "足尾銅山"是明治時期重要礦山之一,銅產量佔全國的四分之一。礦山分佈多個出礦洞口,其中"通洞"地區的礦洞,品質惡劣的礦主廉價僱傭女性礦工,用最原始的方式開採礦石。坑道內條件惡劣,充滿安全隱患。寫真是明治後期,足尾銅山通洞地區的女性礦工,從井下拖拉礦石出洞的情形。

21.31 明治時代的"遊廓"是江戶時代遺留下的娼街文化,是男人"性"的遊樂場所。明治五年(1872)政府發佈娼妓解放令,但狀況沒有發生根本改善。1900年政府發佈《娼妓取締規則》,各類娼妓被規範在指定的遊廓內行業。從事娼妓的大多數婦女是以娼賣收入為父母抵債,或因生活貧困所迫進入遊廓的貧家女兒。寫真是外國遊客拍攝的,橫濱港一帶遊廓娼街的妓樓景象。

22 脫亞入歐

一、脫亞思想的形成

脫亞思想在現代辭書中解釋為"廢棄儒教,脫離中華思想;脫離亞洲,加入歐洲的政治主張。"脫亞思想誕生於明治維新改革的茫然期,其思想倡導日本快速接近歐美文明,推進國家對固有文化的變革。脫亞思想最早起源於福澤諭吉的早期作品,《勸學篇》、《文明之概略》、《脫亞論》、《福翁百話》等。

明治十三年(1880)福澤諭吉發表新著《勸學篇》,在日本國當時 3000 萬人口中發行了 300 萬冊。在物資流通閉塞的時代,如此之大的發行量,反映了新時代的日本人對新學問的關注。書中論及人之命運時云:"天不生人上之人,也不生人下之人;天生之人乃一律平等,非生來就有貴賤之別。人作為萬物之靈,應憑身心的活動,取得天地間之物質,滿足衣食住行的需要。環顧今日之大千世界,有賢人又有愚人,有窮人又有富人,有貴人又有賤人,似有天壤之別,何故乎?理由很顯然,'人不學無智,無智者愚人',賢愚之別實乃學與不學所致。"

論及國家時云:"日本乃遠離大陸的遠東島國,古來物產自給自足,不與他國交往。自黑船事件至今日,開國後亦有紛紜,叫囂復古鎖國攘夷。此乃異常狹隘之所見,實則井底之蛙之輩。世上再也沒有無知文盲那樣可憐可惡,因無知之極,就會不知恥辱,又陷貧窮與飢寒交迫之境。這樣的愚民無法採用講道理來喚醒他們,只能用威力使其畏服。西洋俗語云,'愚民之上有苛政',此非政府嚴厲,而是愚民自招之殃禍,故愚民之上會有嚴厲政府,良民之上會有良好的政府,此乃自然之理也。"

論及西洋時云:"日本和西洋各國都存在於同一天地之間,受同一太陽所照耀,觀賞同一月亮,有着共同的海洋與空氣。如果彼此人民情意相投,相互交換彼此多餘之物,進行文化交流,就不會發生恥辱和驕矜,互惠互利共謀幸福。尊真理所在,即便對非洲的黑奴也要畏服,而對英美的軍艦也不應畏懼。如果國家遭到欺辱,全體國民就應當用生命來保護她的國威,這樣才可以說是國家的獨立自由。然支那人(中國人)除了本國從不把別國放在眼裏,見到外國人就呼其夷狄,視之為四隻腳的牲畜,蔑視其,厭惡其,妄想驅逐其,結果反為夷狄所窘。此乃其實是不懂國家的本分之故,猶如個人而言,未能理解天賦的自由,便陷入忘乎所以的放蕩之態了。"

論及獨立時云:"環顧世界各國,有因文明開化,文事武備昌盛,成為富強國家有之;有因愚昧未開化,文事武備落後,成為貧弱國家亦有之。看日本今日之狀況,雖然有不及西洋各國富強之處,但就國家權利而言,卻沒有絲毫輕重之別。倘若無故受到欺凌,即便與世界為敵亦不足懼。貧富強弱並非天定,乃取決於人的努力與否。今日的愚人可以在明天變成智者,從前的強國可以在現在淪於貧國。日本人如果從此立志求學,充實其力，先求個人獨立，再讓一國富強，則西洋人勢力又何足懼乎？此乃個人獨立和一國獨立之道理。」

《文明之概略》中論學習西洋文明時云：「應該適當地汲取外國文明，研究本國的人情風俗，根據本國的國體和政治制度，選擇其合乎國情者，當取則取，當捨則捨，這樣才能調和適宜。我對這個問題的回答是這樣，半開化的國家在汲取外國文明時，當然要取捨適宜，但是文明有兩個方面，即外在的事物和內在的精神。外在的文明易取，內在的文明難求。謀求一國的文明，應該先攻其難而後取其易，隨着攻取難之過程，仔細估量其深淺，然後適當地採取易者以適應其深淺的程度。假如把次序顛倒過來，在未得到難者之前先取其易，不但不起作用，往往反而有害。」

「所謂外在的文明，是指從衣服、飲食、器械、居室以至於政令法律等，耳所能聞目所能見的事物而言。如果僅以這種外在的事物當作文明，當然是應該按照本國的人情風俗來加以取捨。西洋各國即使國境毗連，其情況也互有差異，何況遠在東方的亞洲國家，怎麼可以全盤效法西洋呢？即使仿效了，也不能算是文明。例如，近來我國在衣、食、住方面所流行的西洋方式，這能說是文明的象徵嗎？遇到剪髮男子，就應該稱他為文明人嗎？看到吃肉者，就應該稱他為開化的人嗎？這是絕對不可以的。又如在日本的城市仿建了洋房和鐵橋；支國也驟然要改革兵制，效法西洋建造巨艦，購買大炮，這些不顧國內情況而濫用財力的做法，是我一向反對的。這些東西用人力可以製造，用金錢可以購買，是有形事物中的最顯著者，也是容易中的最容易者，汲取這種文明，怎麼可以不考慮其先後緩急呢？必須適應本國的人情風俗，斟酌本國的強弱貧富。」

「所謂文明的精神是甚麼呢？其實就是人民的‘風氣’。這個風氣，既不能出售也不能購買，更不是人力所能一下子製造出來的。它雖然普遍滲透於全國人民之間，廣泛表現於各種事物之上，但是如不能以目窺其形狀，也就很難察知其所在。學者們博覽群書考察世界歷史，把歐亞兩洲加以比較，姑且不談其地理物產，不論其政令法律，也不問其學術高低和宗教異同，專門尋找兩洲之間的不同之處，就必然會發現一種無形的東西。這種無形的東西是很難形容的，如果把它概括起來，就能包羅天地萬物；如果加以歸納，就會萎縮以至於看不見其影形；產生有進退有盛衰之變動不居感。雖然如此玄妙，但是如果考察一下歐亞兩洲的實際情況，就可以明確知道這並不是空虛的。現在暫且把它稱作國民的‘風氣’，若就時間來說，可稱作‘時勢’；就人來說可稱作‘人心’；就國家來說可稱作‘國情’或‘國論’，這就是所謂文明的精神。」

明治十八年（1885），福澤諭吉在《時事新報》發表了他的著名社論《脫亞論》。短文強調了日本明治維新應該放棄中國文明的儒教傳承，轉而接受學習西方文明的理念。脫亞入歐的新思想，在日本近代國家變革中產生了深遠影響。

社論片段云：「國內無論朝野，一切都採用西洋近代文明，不僅要脫去日本的陳規舊習，而且還要在整個亞洲中開創出一個新的格局。其關鍵所在，唯'脫亞'二字。雖然日本之國位於亞洲東部，但國民的精神已經開始脫離亞洲的頑固自守，向西洋文明轉移。然而不幸的是近鄰兩個國家，一個支那，一個朝鮮。這兩國的人民，自古以來受亞洲式的政教風俗所熏陶，這與我日本國並無不同。也許是因為人種的由來有所不同，也許是儘管大家都處於同樣的政教風俗之中，但在傳承教育方面卻有不盡相同之處。日、支、韓三國相對而言，與日本相比，支國與韓國的相似之處更為接近。這兩個國家不管是個人還是國家，都不思改進之道。"

"在當今交通至便的世界中，對文明的事物不見不聞是不可能的。但僅僅耳目的見聞還不足以打動人心，因為留戀陳規舊習之情是千古不變之理。如果在文明日新月異的交鋒場上論及教育之事，就要談到儒教主義。學校的教旨堪稱'仁義禮智'，只不過是徹頭徹尾的虛飾外表的東西。實際上豈止是沒有真理原則的知識和見識，宛如連道德都到了毫無廉恥的地步，卻還在傲然不知自省。以我來看，這兩個國家在今日文明東漸的風潮之中，連它們自己的獨立都維持不了。當然如果出現下述情況的話則另當別論，這就是這兩個國家出現有識志士，帶頭推進國事的進步，就像我國的維新一樣，對其政府實行重大改革，籌劃舉國大計，率先進行政治變革使人心煥然一新。如果不是這樣改革，那麼毫無疑問，從現在開始不出數年他們將會亡國，其國土將被世界文明諸國所分割。"

"在遭遇如同麻疹那樣流行的文明開化時，支、韓兩國違背傳染的天然規律，為了躲避傳染，硬是把自己關閉在一個房間裏，閉塞空氣的流通。雖說經常用'唇齒相依'來比喻鄰國間的相互幫助，但現在的支那、朝鮮對於我日本卻沒有絲毫的幫助。不僅如此，以西洋文明人的眼光來看，由於三國地理相接，常常把這三國等同看待。因此對支、韓的批評，也就等價於對我日本的批評。假如支那、朝鮮政府的陳舊專制體制無法律可依，西洋人就懷疑日本也是無法律的國家；假如支那、朝鮮的知識人自我沉溺不知科學為何物，西洋人就認為日本也是陰陽五行的國家；假如支那人卑屈不知廉恥，日本人的俠義就會因此被掩蓋；假如朝鮮國對人使用酷刑，日本人就會被推測也是同樣的沒有人性，如此事例不勝枚舉。"

"既然如此，作為當今之策，我國不應猶豫，與其坐等鄰國的開明共同振興亞洲，不如脫離其行列與西洋文明國共進退。對待支那、朝鮮的方法，不必因其為鄰國而特別予以同情，只要模仿西洋人對他們的態度方式對應即可。與壞朋友親近的人也難免近墨者黑，我們要從內心謝絕亞洲東方的壞朋友。"

福澤諭吉的思想深刻影響了維新國家的知識分子，使思緒茫然中的人們明白了時代文明取之有道的道理，國家的維新只有去偽存真才能吸取新的事物，脫亞入歐是日本國家近代化的必由之路。福澤諭吉公開挑戰質疑日本傳承的儒教主義，呼籲社會的進步需要脫去那些虛偽的外表，仁義禮智並非永遠的進步，必然束縛國家走向新時代的文明。

近墨者黑只會讓文明世界看到同流合污，日本應該走出亞洲，擺脫井底之蛙的視野，勇敢接受西洋文明的擁抱。

二、脫亞入歐的怪胎

日本明治維新的近代化，沿着福澤諭吉脫亞論之路狂奔，政府在政治、經濟、軍事、文化上進行的改革取得了巨大成就。但是脫亞入歐的主旨富國強兵政策，膨脹了日本軍國主義的野心。日本依靠軍事力量的成長，加速了對東亞的稱霸。首先日本新政府內部，出現了對鄰國朝鮮“征韓論”的熱議。明治維新後，日本新政府向朝鮮朝廷提出建交。當時朝鮮大院君政權採取嚴厲的攘夷鎖國政策，只承認宗主國大清朝為皇帝，拒絕接受日本請求建交的國書中有“大日本皇帝”之稱謂。朝鮮的攘夷行為在日本國內掀起了“征韓論”熱潮。明治六年（1873），政府留守派決定派出以西鄉隆盛為特使的使團與朝鮮交涉開國，遭到派往歐洲考察剛剛歸國的岩倉使節團中留洋派的反對，取消了遣韓使的決定。意見的糾葛引發明治六年政變，西鄉隆盛等征韓派下野。翌年佐賀之亂及 1877 年的西南戰爭，點燃了失勢士族的不滿及自由民權運動的火種。征韓論的政爭，暴露出日本國內軍人政治的新動向 —— 嘗試用武力手段解決鄰國對外政策的企圖。

明治二十七年（1894）脫亞入歐發展期的日本，和大清國圍繞在朝鮮的利益發生了日清戰爭。戰爭驗證了，經過歐洲軍事思想改造過的明治軍隊，擁有了可以稱霸東亞的實力。大清國被迫簽下《馬關條約》，承認朝鮮完全“自主”以及和日本對朝鮮的控制；賠償戰爭經費白銀 2 億兩；割讓遼東半島、台灣省、澎湖列島等地（後三國干涉，清國以 3000 萬兩白銀贖回遼東半島）；允許日本資本家在中國通商口岸設立各種工廠；開放沙市、重慶、蘇州、杭州為通商口岸。

明治三十三年（1900）脫亞入歐旺盛期的日本，加入了歐美列強行列，組成八國聯軍與大清國作戰，消滅義和團。日本出兵 8000 人，成為聯軍的主戰力量。日本出兵的目的包含了各種深謀遠慮，保護駐清國公使館；擴大日本在清國的利益；敲打提示清國，不要忘記日本在朝鮮半島的優勢。北清戰爭八國聯軍佔領了北京，清國簽訂《辛丑條約》，被迫支付巨額賠償金。日本站在歐美列強一側派出大軍牽制了俄國勢力，作為新興的“遠東憲兵”深感自豪，給將來撤廢與列強間的不平等條約打下了基礎。

明治三十七年（1904）脫亞入歐全盛期的日本，圍繞在朝鮮的利益和沙俄帝國爆發了戰爭，戰爭在朝鮮半島和清國滿洲的空間展開。俄日戰爭歷時 1 年 7 個月，日本取得了戰爭的勝利，不但阻止了俄國人南下擴張的野心，而且獲得了在朝鮮、南滿洲的控制權，佔領了俄國樺太島（庫頁島）南部領土。關東州租借地權（旅順、大連）以及東清鐵路長春以南段（南滿鐵路）均被日本控制。日本在東北亞的軍事優勢讓周邊國家臣服，“關東軍”盛氣凌人地駐紮在滿洲。日俄戰爭後的韓國，民眾的獨立運動被徹底鎮壓。民族意識不屈的朝鮮人，作出了刺殺伊藤博文的魯莽舉動，翌年（1910）日本乘勢吞併了韓國。一直以來，日本讚美日俄戰爭的勝利，被全體國民視作國家的榮光。從那時起，日本可以和歐美列強並駕齊驅，在國際問題上有了發言權，最終走上了軍國主義的滅國之路。

脫亞入歐創造了一個東方文明的國度，也誕生了軍國主義的怪胎。日本軍事力量的強大，給周邊國家帶來了無盡的苦難。明治怪胎的陰魂一直延伸到大正和昭和時代。大正三年（1914）第一次世界大戰爆發，日本向德國宣戰，出兵佔領了德國在中國山東省膠州灣的權益，以及德國在南洋諸島的權益。大正四年（1915）日本意欲獨佔在中國東北、內蒙古、山東的經濟特權，向時任中華民國大總統袁世凱提出了足以滅亡中國的"二十一條"要求，赤裸裸暴露了日本對外擴張的野心。昭和六年（1931）九一八事變，偽滿洲國建立。昭和十二年（1937）中日戰爭爆發，昭和二十年（1945）日本敗戰投降。半個世紀的日本戰爭史，脫亞入歐理念下變異產生的軍國主義怪胎，最終得到了歷史的審判。

三、脫亞入歐的色眼鏡

明治維新脫亞入歐風潮中，在西洋人有色眼鏡裏的日本人，就像哈哈鏡中映照出的不對稱"滑稽物"，西洋人稱之"日本猴子"。日本人模仿西洋虔誠之極，從單純照搬模仿，到用心研究模仿，不論西洋人怎樣嘲諷譏笑，沒有動搖日本人堅定模仿的決心。明治維新的時代，日本人開始穿洋服、穿鞋子、戴帽子、斷和髮、束洋髻、跳交際舞、戴墨鏡、吃西餐……，在各個方面模仿出有日本特色的"雜交東方文明"。

（1）洋服

洋服流入日本以前，日本人穿的衣服稱作"和服"。洋服流入日本以後，為了區別日本自古以來的和服，把西洋人式樣的衣服稱作"洋服"。幕末和明治初期，在國內的事變和內亂中，軍人穿着引進的西洋軍服作戰，證明其便利性遠遠超過和服。但是洋服在民間現實生活中普及並非容易之事，因為德川幕府曾經制定過"不能穿着異國服裝"的禁令。明治初期，德川幕府的禁令沒有立即解除，趕時髦穿洋服的人會遭到國粹者的威脅。

明治四年（1871），政府召開數次會議研究今後的服裝政策，討論場面喧嘩激烈，建議者十分踴躍，最終，支持傳統日本服裝的意見佔多數。外務卿副島種臣講述了中國戰國時代，趙武靈王採用北狄東胡的服裝"胡服"，大勝胡國的故事。這種短衣齊膝的胡服，最初用於軍中，後來傳入民間普及，趙武靈王成為中國服裝史上著名的改革者。如今日本要與列強諸國為伍，就有必要採用國際通用的服裝。副島的發言得到了西鄉隆盛等人的贊同，大家一致採納了開放西洋服的政見。同年政府發佈"脫刀斷髮"令，明治天皇敕諭"改革服制、風俗一新、尚武立國"。明治五年（1872）太政官佈告天下："今後禮服由洋服取代"。在此後很短時間，國內男性服裝式樣率先興起了洋式新潮。

明治九年（1876），日本派駐清國特命全權公使森有禮與清國時任直隸總督兼北洋通商大臣李鴻章會見時，有過一段關於服制的談話。李鴻章不苟同日本盲目模仿歐洲各國風習改變本國傳統的服制。森有禮則堅持己見："古來舊服寬大爽快，非常適合那些無所事事悠閒的人，可對勤耕勞作之人完全不適。""一千年以來，日本人的祖先敬仰貴國服式的優雅，傳承了隋唐這一文化。但從我等的角度審視，貴國的衣服和洋服比較，其精緻性與便利性不及半分。""對於洋服不了解之人看似經濟上費工費時，實際上卻並非如此。世間之事如閣下所知，勤勞是富貴之本，怠慢乃貧窮之源的道理。舊來的衣服寬大爽快卻不輕快，不輕快之服必導致對勤勞的怠慢，怠慢就一定招致貧困。""現在採用新服或許有些費事，但人類的進步必須推陳出新，將來才一定會得到無限的回報。""我國人民自願改變服制的志趣顯然利大於弊，對國家而言更是益處良多。"

明治十八年（1885），明治天皇、皇后發佈"洋裝獎勵思召書"，推動女性穿着"政洋服"。此後婦人的服裝改稱"洋裝"。明治中期以降，日本人服裝完全改變了對傳統文化的傳承，走上自願與西方文化雜交的時代。

（2）漢字

慶應二年（1866），前島密等人上書給德川慶喜，提出了《漢字御廢止之議》的建白書，主張廢止漢字，把日本語全部改成平假名。明治維新後為融合西洋文明，脫離中華思想，圍繞日本語中的漢字，也展開了漢字廢除存留的論爭。明治七年（1874），《明六雜誌》刊載評論《洋字書國語論》，認為"日本國語中最具特徵的就是漢字，漢字屬表意文字已經落後於時代，而表音文字的羅馬文字（拉丁文字）具有易讀的先進性，應該用字母形文字表達日本語文體。如果脫離了中國文字文明的影響，日本人就不需要學習漢字，就可以快速接近西洋文明。採用象徵文明進步的文字，在人們的眼中也會被認為是文明開化進步的象徵。我國現在使用的是被歐洲列強踩躪的大清國，從漢唐文化傳承的漢字，那是朽劣的、落後的，在西洋人眼中自然會被看作是非文明落後的象徵。"

反對廢棄漢字派則主張，在十七世紀的英國，很多英國人指責英語字母的使用，認為最理想的文字應該是漢字，漢字的字形表現出對美好未來的憧憬。人們在用英語字母寫單詞時，那些單詞外形簡直無法表現事物和它們的概念。例如英語裏的"松"Pine、"樅"Fir、"杉"Cider，所有的單詞都無法表現"木"的分類特徵。而在漢字裏特指的樹種都帶有木字偏旁，其隸屬木種的共性一目了然。當我們進入鮨（壽司）店，在茶杯上都密密麻麻寫滿了帶有魚字偏旁的漢字，鯛、鰯、鮪之類誰都可以認讀，可鱧、鱸、鰺就不一定誰都認識。但令人驚異的是，即便不懂這些字的發音或字意，卻可以通過漢字立即知道那是一種魚類，是一種和魚有關聯的東西。基於這種概念分類的文字，十七世紀人們也嘗試過在英文單詞中加入偏旁字母，結果沒有取得成功。而日本從大唐習來的漢字，其偏旁部首構造組成的文字真正體現了科學的創意。如果廢止漢字，就會造成懂漢字能理解古典的優秀階層和不能理解古典的庶民之間，出現文化割裂和斷層，對國家文化來說有害無益。

明治時代的日本，漢字的割捨成了人們關注和可以自由議論的話題。儘管日本語最終選擇了漢字和假名模式，但是日本語中的漢字卻保留和發展成為具有獨立特徵的文字，在某種意義上說，是把漢字的應用改造得更加複雜化，字形、發音、文法走向了表達日本人獨特語言文化風格的發展道路。

(3) 諸風俗

交際舞　明治時代模仿西洋上層社會的以男女為伴的舞蹈，日本語稱"舞踏"。明治時代最著名的上流交際場所是"鹿鳴館"，流行的交際舞會是"舞踏會"。政府為招待西洋高級官員，經常在鹿鳴館舉行有首相、大臣和他們的夫人、小姐們參加的晚會、舞會。"鹿鳴館"也是民間高級社交和達官顯貴出入的交際場所。1883～1887年日本政府利用鹿鳴館，展開"鹿鳴館外交"頗有成效。舞會上映入眼簾的都是帽插羽毛，拖着長裙和頭戴禮帽，身着燕尾服的貴婦貴男。當時的鹿鳴館夜夜笙歌奢侈舞踏，彰顯日本上層社會與底層社會之間巨大的落差，被國粹主義者批判為歐化政策下驕奢淫逸頹廢國家的象徵。

照相攝影　1860年在大清國經營照相館的美國攝影家奧林福林曼來到日本，在橫濱開設了日本第一家照相館，把西洋照相技術帶到了閉塞的島國。到了1880年代，西洋照相技術在日本興起，各地出現了照相館，寫真照片給上至天皇下至庶民百姓留下了永久的紀念。照相技術的流行是日本人模仿西洋時代潮流，取得維新進步的重要方面，它豐富了民眾的文化生活，活躍了新聞媒體，記錄了時代的真實畫面。明治九年（1876）日本史上首次制定並公佈了寫真版權保護法。1894年的日清戰爭，大量從軍寫真記錄了這場戰爭的真實畫面，在政府和民間引起巨大反響。日清戰爭後，照相技術開始在日本廣泛流行。

洋麵包　日本戰國時代就有了外國基督教傳教士帶來的麵包食品，但沒有引起日本人的注意。幕末黑船來航後，日本的飲食生活開始洋風化，麵包食品在全國範圍復活。明治維新以後，乘着文明開化的風潮，日本人吸收了西洋人的麵包文化，重視麵包營養對國民健康的重要性，繼而成為世界上的麵包大國之一。日本近代歷次對外戰爭中，麵包食品都發揮了重要作用。

牛奶　日本江戶時代從印度進口了奶牛，用奶酪治療馬病。此後日本人認為西洋人軀體高大是與喝牛奶有關，牛奶便成為貴族大名的滋養補品。明治二年（1869），受美國乳品文化的影響，日本開始模仿製造冰淇淋，成為日本人最喜歡的食品之一。1871年日本媒體報導了皇家每日喝兩次牛奶的新聞，隨即在日本全國掀起喝牛奶的風潮。大名、旗本、武士、公爵、子爵階級迅速投入到牛乳業的經營之中。奶牛飼育、牛乳榨取、牛乳販賣，形成了一個專門的行業，乳製品的營養素對近代日本人體格發育產生了重要影響。

通婚　明治三年（1870）政府制定《緣組規則》，翌年發佈《戶籍法》。規定結婚年齡男 17 歲，女 15 歲以上。一般實際結婚年齡男 22 歲，女 20 歲，妻姓延續江戶的慣例，婚後改稱夫姓。《戶籍法》允許華族與平民通婚，允許與少數民族阿伊努族、在日朝鮮人、清國人、西洋人通婚。脫亞入歐的明治時代，日本人和西洋人之間的通婚成為時髦的事情。在知識界，跨國婚姻更不足為奇，甚至有主張通過與西洋人通婚，來改變日本人的"人種改良論"。著名政治家森有禮、井上馨、黑田清隆等曾經極力主張，日本語是貧弱的語言，日本人母語應該英語化；日本民族是劣等的種族，人種應該改良，主張日本人種改造論。但是語言和人種改良的議論，遭到舉國上下的猛烈反對被輿論否決。

Monsieur et Madame vont dans le Monde.

22.01 1883 年至 1887 年，被稱作 "鹿鳴館時代"。鹿鳴館是高級社交場所，夜夜歌舞奢靡。被國粹主義者批判為歐化政策下驕奢淫逸的國家頹廢行為。政府為招待西洋高級官員，經常在鹿鳴館舉行有首相、大臣和他們的夫人小姐們參加的晚會、舞會。甚至還增加了橫濱到東京的專列，方便居住在橫濱的外國官員參加。日本政府利用鹿鳴館的社交活動，意圖加深與西方國家的交流，推進廢除日本和各國簽署的不平等條約，收回國家主權。寫真是當時鹿鳴館的建築外觀。

22.02 明治十八年（1885），法國海軍將軍露琪訪問日本，在鹿鳴館的舞會上，留下了這樣奇妙的印象。他寫道："這些紳士、大臣、提督、官長、公吏，裝束着西方已經過時的洋服得意洋洋。燕尾服在我等來看已屬醜陋的服飾，而他們卻感覺良好地穿在身上。然而在這些人種的身上，看不到西洋人具有的東西。為甚麼他們一定要模仿西洋，在我等看來他們就像一群猿猴在那裏翩翩起舞。"法國畫家彼克用辛辣的筆，諷刺日本這塊未開化之地，呈現的不協調的近代化面貌。1887 年《時局諷刺雜誌》刊載了諷刺畫《西洋鏡中的猿》，譏笑盲目模仿西洋人的日本人，在西洋鏡中映出的卻是醜陋的猿猴模樣。

460

22.03　為滿足舞場伴舞的需要，鹿鳴館招募高等女學校女生或藝伎，由特聘的德國教師進行伴舞訓練。女生們被訓練參加伴舞的事情披露後，受到西方外交官的嘲笑。諷刺畫1887年4月1日"鹿鳴館的星期一"，描繪了鹿鳴館在每個星期一，特訓女子和藝者模仿上流階層女性，與外交官伴舞的場面。

22.04　明治維新主張脫亞入歐，日本開始大量模仿西洋文明，許多被盲目模仿之物，甚至不知其意。1897年刊載畫集《日本六十周年紀念祭》中的繪畫"盲目模仿男"，譏諷連人力車夫也加入了西洋人的大合唱，卻不懂洋文也不懂歌詞更不懂旋律。車夫拿着顛倒的歌詞，隨洋人一起高歌，自認時髦，豈知那些英國人是在歌唱自己的國歌。辛辣諷刺了日本人盲目模仿西洋的行為。

22.05　明治維新時期，連日本精英擇偶，對女子是否有西洋氣質也列入標準中。因此西洋氣質的培養成為上流社會家庭對女兒教育的準則。1887年7月15日第11號漫畫"父親與女兒和未來的夫婿"描繪一位父親嚴厲教授女兒學習鋼琴演奏技藝，以此提高女兒的"身價"。女子在嚴父面前努力彈唱，身後坐着的未婚夫在鑒賞女子的西洋氣質。

22.06 1880 年代後期，日本國粹主義思潮蔓延，反對文明開化運動的思想開始萌芽。報紙媒體大力宣傳國粹主義理念。1899 年刊載 "歐化反對男" 的漫畫。畫中男子講演曰："諸君，西洋文化實際上是愚笨之物，我等倭人的文化乃世界一流優秀的文化，日本文化萬歲！" 可是這位振振有詞口喊日本文化萬歲的人，卻身着象徵西方文明的洋服，頭戴西洋墨鏡，露出了極端矛盾的、不協調的、偽國粹的尾巴。

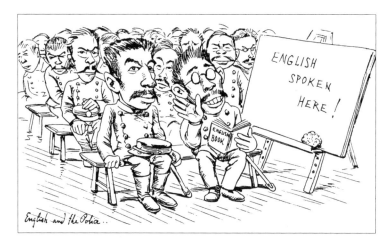

22.07 明治維新時期的日本，為適應日益增多的外國人居住觀光，學習外國語的必要性迫在眉睫。尤其是執行公務的警官，必須面對每日問路的外國遊客。1898 年《雜誌風畫集》中漫畫 "在遠東"，描繪了這個時期英語學習的盛況。許多老警官也必須開始學習英語。繪畫的黑板上寫着 "到課堂只能說英語" 的規則，令警官諸君心中苦澀，神情各異。

22.08 1898 年《雜誌風畫集》刊載的漫畫 "在遠東"，記錄了日本人最初見到汽車的場面。記事寫道："面對西洋文明的威力，日本人表現出怪奇驚異的表情。日清戰爭勝利，日本受到國際社會的關注，軍備和工業向着近代化方向前進，但是國民生活尚沒有和近代化同步。這些穿和服的人群，看着熟悉的街道突然出現陌生的機械文明，定會產生猶如人類登上月亮的那種衝擊感。"

22.09　1890 年代，西洋照相技術在日本興起，各地出現了照相館，給人們留下了永久的紀念。照相技術的出現是明治維新日本進步的象徵，它豐富了民眾的文化生活，活躍了新聞媒體，記錄了時代的真實。繪畫記錄了 1890 年正月的元日，照相館生意興隆的場面。攝影師正在為三口之家按下快門的瞬間，男主人和幼兒的舉止頗為有趣。幾位軍人在排隊等待攝影，好奇地觀看這個舶來的洋玩意。

22.10　脱亞入歐以西洋為榮的風氣彌漫日本島國。西洋人漫畫下的"日本時髦男"，身着時髦的西裝，頭戴洋禮帽，抽着西洋舶來的雪茄，坐着人力車，一派西洋人孤傲的模樣。可是在這身皮下，日本人保留着東洋人瘦弱的貧相，從不協調的表面便知是純粹的冒牌貨。繪畫諷刺日本人追求西洋皮毛的虛偽風氣。

22.11　寫真是 1890 年代東京最具人氣的照相館。從攝影師的着裝可見十足的西洋氣質。攝影器材是當時最新銳的照相機，及可升降的三角支架。但曝光的快門還是靠攝影師手裏的鏡頭蓋控制。作為寫真背景道具的白樺林小道，透出了大自然的寧靜和風景的秀麗，給個人肖像和家庭合影增添了意境。

22.12　寫真是明治初期，日本東北地方秋田的一座照相館"工藤寫真館"。照相館佔地寬闊建築豪華。像這樣規模的照相館在日本偏僻的地方並不罕見。明治維新讓偏僻地方的民眾也知道了西洋文明的神奇。

22.13　明治末期，來自西洋最新型的汽車受到日本各界人士的關注。明治四十四年 (1911)9 月《日曜畫報》刊載了一幅寫真，駕駛這輛福特牌 A 型汽車的是三位知名的藝妓。汽車不僅給日本人帶來了西方文明的福利，而且讓日本人感受到了西方文明的進步和自己文明的落後，激發起日本人徹底入歐學習西方文明的願望。

22.14　明治維新，日本人開始斷和髮、束洋髻，戴帽子、穿洋服、穿鞋子，在各個方面接受了西洋式文明，各式各樣的洋眼鏡也在這個島國流行。由於印刷業的進步，報刊雜誌、書籍冊子大量登場，學校教育普及，國民視力出現下降傾向，眼鏡成為生活的必需品。明治二十八年（1895）

外國雜誌刊載了一幅諷刺畫"日本人的色眼鏡"，諷刺日本人男女老少無論是否近視，都佩戴洋眼鏡模仿西洋人，通過改變外貌冒充知識人的虛偽做法。眼鏡雖然裝裱了日本人的虛榮，卻不能改變他們的根性。繪畫透視出明治維新脫亞入歐的日本人崇洋媚外的心理。

22.15　明治二十年，帽子在日本十分流行，頭戴西洋式樣的帽子，以此洋標誌讓人認為已經脫亞入歐，成了時代的文明人。西洋人筆下的諷刺畫，右側一家三口，上身穿洋服戴洋帽，下身穿和褲，足蹬拖鞋前往外文書店。迎面而來的年輕人，頭戴英國帽，口叼洋煙捲，卻穿着和式的衣褲和鞋。在西洋人眼裏如此不協調的景象，在這個維新國家裏，人們又是那樣的自我感覺良好。

New Attraction . . . . .

bicycles à louer pour Messieurs les amateurs à raison de deux sen l'heure

22.16　明治時期自行車進入日本，因為價格高昂無法在民間普及。1893 年外國進口的自行車價格達 200 円，相當警官月薪的 25 倍。為此自行車商家創意出"借乘"的方法，借乘兩輪自行車 1 小時僅需 4～5 錢，三輪車 10 錢。人們紛紛試乘，自行車的便利性、實用性得到了空前的宣傳。借乘的繁盛推動了日本國產自行車登場的步伐。漫畫描繪了當時年輕人試乘自行車盡興的場面，那頭上連接洋禮帽的細繩，是為了防止騎行中帽子飛落。

22.17　1900 年《詩畫集》中刊載的繪畫。橫濱港的一家日本庶民娛樂場所掛出了"外國人入場需要購買外國人門票"的告示。畫中的洋紳士歎曰："門票 4 錢，外國人需 10 錢，而且還沒有外國人席位，只能站立觀看盡興，地地道道的貿易保護主義。"傾吐了不平等條約修訂後，西洋人對日本人露骨排斥做法的不滿。

22.18　明治政府修訂了與列強的不平等條約後，修正和撤廢了曾經給予外國人居住的優惠待遇。許多外國人被迫離開了這個國家。1900 年《詩畫集》中刊載了外國人的不滿，諷刺日本人對外國人徵收"異人稅"。繪畫中人力車夫誘惑外國人乘車，但要求外國人額外支付"乘坐稅"。"異人稅歌"中唱到"因為你的頭髮帶捲、皮膚白色，如今文明開化就要付稅嘍……"

22.19　明治維新脫亞入歐，日本人將西洋文明捧為至上，相反把日本的傳統文化貶得一錢不值。據不完全統計，當時日本保存有中國和日本繪畫 3634 件，印刷物 2 萬冊，素描 2 萬 5 千件，日本陶器 5 千件，大量的美術品、藝術品流向海外。文物流向海外的主要原因，是所有者的經濟緊迫而無奈脫手。1893 年的雜誌漫畫"古道具屋"，描繪了日本文物通過黑市交易流向海外的場面。儘管賣家叫價多多，可因為日本人的無知，不知國際市場的行情，結局吃虧的還是日本人。

22.20　脫亞入歐的明治時代，日本人和西洋人之間通婚成為時髦。甚至有學者主張與西洋人通婚，實行日本人種改良論。明治四年（1871）日本政府僱傭美國畜牧業技師愛德溫，以開拓使身份前往北海道任職，在洋種馬和日本馬交配改良，以及傳播馬匹去勢理念的實踐過程中歷盡艱辛，為日本馬匹改良事業做出貢獻。1884 年，由於愛德溫在日本的功績顯著，被美國政府任命為外交官。1893 年晉升美國駐日本公使，曾經為斡旋日清戰爭的和平交涉奔走。寫真是 1905 年愛德溫一家合影，他的妻子是舊會津藩士的女兒。

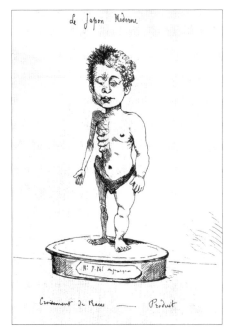

22.21　明治新政府，為廢除和修改江戶幕府與各國簽下的不平等條約作出了不懈的努力，然而新政府的努力遭到列強的拒絕。明治二十年（1887）西洋諷刺畫“異種交配”，嘲諷日本急於修改條約的政策。日本文化和西方文化雜交的結果，必將產生強壯的西洋與貧弱的日本。左圖怪胎男孩的左半身是代表西洋強健的軀體，右半身是營養失調骨瘦如柴的日本。右圖是諷刺日本人盲目吃下難以消化的美元餅乾。日本的維新改革屢屢遭到西方人的嘲諷和譏笑。

22.22　日本的百貨商店起源於明治三十七年（1904）的三越吳服店（早期的和服專賣店）。1914年三越百貨店在東京都正式開業，是一座近代化實體形態的百貨商店。三越百貨商店是一座頗具文藝復興風格的建築，店內配備了當時最先進的扶手電梯、玻璃展示櫥窗、飲食店、照相館、音樂堂等文化和娛樂設施，代表了近代商場的典型模式。三越百貨商店發達的直接背景，是明治維新後，隨着工業化、城市化建設急速發展，城市人口迅速增加，城市富裕階層對高檔物資的需求慾望不斷上升，傳統的"座賣型"銷售方式已經過時，而從歐洲傳入的可挑選商品的"陳列式"銷售方式更符合消費者心理的需求。三越百貨採取了歐洲百貨商店的經營理念，重視店舖豪華風格；重視誠信和服務；重視文化事業；重視廣告宣傳。結合日本傳統文化和民眾的消費習慣，成功打造了具有日本文化特色的經營方法。寫真是三越百貨商店的西洋風格的賣場之一，店員正在向顧客介紹和服布料等商品。

22.23　明治末期，日本百貨商店大量引進西洋化妝品在國內販賣。香水、白粉、胭脂等美容用品，成為知識層和富裕層女性青睞的商品。西洋化妝文化的消化和吸收，奠定了日本女性終身化妝美容的文化。寫真是明治末期，日本大型商場"松屋百貨店"化妝品櫃台的售貨情形。

22.24 1900 年代後半期，歐美國家的美容法進入日本，其中“美顏術”成為新聞報刊的熱門話題。美顏術給日本女性帶來了福音，以健康美容和理容並舉的方法，達到科學綜合美的境界。此後“美顏術”迅速在全國上流社會的女性中流行。寫真是 1907 年進行衛生美顏術的情形。

22.25 明治時代，奶牛飼育、牛乳榨取、牛乳販賣，形成了牛乳業的產業鏈。最初生牛乳裝入大鐵桶內，由牛奶配達員送到各個家庭散賣。以後逐漸發展用瓶裝、罐裝配達的便利方式。明治二年（1869），受美國的影響，日本開始製造販賣冰淇淋。從此，西洋舶來的牛乳，日益成為日本人生活不可缺少的飲食。圖繪是 1887 年牛乳配達販賣的情形，配達員制服上印有所屬商家的店號及牛乳字樣。早期使用量斗計量散賣，以後發展為瓶裝。配達的玻璃瓶蓋使用各種顏色，以區分配達時間保鮮飲用。

22.26 明治四年（1871）新聞報紙報道了皇室每日喝兩次牛奶的消息，隨即在日本全國掀起飲用牛奶的熱潮。大名、旗本、武士、公爵、子爵階級參入牛乳業的經營之中，推動了外來乳文化在日本島國的形成。1900 年政府發佈《牛乳營業取締規則》將不衛生的牧場從東京中心部移至了郊外。寫真是遷移至郊外後的奶牛牧場。

22.27 1859 年橫濱開港後，租界內的外國人把食肉文化帶了進來。一種新型西洋風味的食文化“牛鍋”登場。牛鍋是日本風味的牛肉料理，將牛肉切成薄片與蔬菜、豆腐、蔥、魔芋粉絲等組合在一起食用，取名“すきき”（鋤燒），此後牛鍋鋤燒風靡日本列島。圖是明治早期開業的專營牛鍋的平野屋，受到市民的廣泛歡迎。

22.28 明治時代的日本人接受了西洋的牛乳文化，牛乳的需求量急速增高。養牛產乳賺取現金，對農家主婦來，是一份有誘惑力的工作。因為當時，農家的現金來源非常貧乏。從事牛乳業比農業不但可以獲得更多的收入，而且可以得到現金。寫真是農家婦女在擠牛奶的情形。

22.29 明治時代是日本菓子（點心、糕點），從"南蠻菓子"演變為"西洋菓子"變革的時代。明治三年（1870）村上光保學得法國高級洋菓子技法，以後在皇室擔任大膳職，製作和創作了許多種類的洋菓子，得到皇族、華族、富豪的極大好評。作為洋菓子在日本傳播的先驅，他受政府委託，創辦了"村上開新堂"，為日本普及洋菓子作出貢獻。寫真是1877年東京著名的洋菓子店"米津風月堂"的店外風景。

22.30 明治元年（1868）"米津風月堂"首創西洋麵包。翌年，木村氏在東京創辦"木村屋"，大力推廣洋麵包食品。1874年木村發明了有餡麵包食品受到消費者的歡迎。翌年，明治天皇試食木村麵包，對這種洋食品給予好評。繪畫是明治初期東京銀座木村屋的西洋菓子、洋麵包製作所的廣告。製作工藝完全採用洋式技術，此乃正宗洋麵包。

471

22.31　日比谷公園的前身是江戶時代諸大名在東京的豪宅地。明治維新後改為陸軍操練所。明治六年（1873）太政官發佈日本的公園制度。1893 年軍方退出該地，市政正式命名"日比谷公園"。二十世紀初，實施大規模造園計劃。日俄戰爭勝利後，民間獻木盛行，園內樹木綠化充實。成為遊園、集會、舉行國葬儀式的場所。寫真是遊客在公園圓形音樂堂前聽樂隊演奏的情形。

22.32　1914 年 4 月 12 日，橫濱市鶴見區遊樂園"花月園"開業。花月園係模仿法國的遊樂園建造，佔地 8.25 萬平方米。花月園還專門建造了車站，為來客提供了方便。大正後期，年均入場人數達到一百多萬人。花月園遊樂園還成立了"花月園少女歌劇團"為來場的觀客表演舞蹈，公演以來受到極佳好評。寫真是在花月園的露天舞台，少女歌劇團正在為觀客表演舞蹈的場景。

22.33　自古以來，日本有海水浴是"湯治"的傳說，認為可以治療和預防疾病。明治時代每逢夏季休閒之時，就會有大量的日本人和外國人到海水浴場海水浴。浴場內男女性的泳區被區別開來。1899 年由於外國人投訴，反對日本人裸泳，泳區內裸泳被禁止。夏季泳季還有煙花表演，更添情趣。寫真是 1912 年橫濱磯子海水浴場人頭湧動的場面。

22.34 寫真是 1890 年代，時尚的日本女性穿着西洋流行的斑馬泳衣，帶着草帽在海水浴場戲水的情形。明治維新脫亞入歐，年輕人在勇敢追求表現性感的價值觀。對泳裝的喜愛，反映了日本新女性的性別觀念和挑戰社會常規的勇氣。

22.35 帝國劇場竣工於明治四十四年（1911），是一座具有歐洲文藝復興時期風格的建築，地上 6 層地下 1 層，旋轉舞台 4 個，直徑 16.4 米、高 22 米，是追求西式時髦的上流階層喜歡光顧的場所。寫真是帝國劇場內部的舞台佈局。當時許多大型戲劇在這裏上演，1911 年公演的著名戲劇有“式三番”、“賴朝”、“最愛之妻”等。

22.36 "橫濱根岸競馬場"是慶應二年（1866）由幕府建造的跑馬場。明治時代，這裏是居住在橫濱的外國人喜歡光顧的地方，外國人還成立了跑馬俱樂部。寫真是外國人舉辦的第一屆競馬比賽的場景。

22.37 花月園遊樂園的開創，起源於新橋料亭花月的經營者平岡廣高夫婦前往歐洲旅行，在巴黎郊外看到為兒童建造的遊樂園受到啓發，認為日本兒童也應該有這樣的遊園地。夫婦二人回國後在鶴見東福寺境內借地 10 萬平方米，建成了兒童遊園地"花月園"。園內有動物園、噴泉、花壇、鞦韆、豆火車、滑大山、大瀑布、登山車、洞窟、飛行塔、觀覽車、旱冰場、野外音樂堂等景觀和遊玩項目。每年舉辦花展、菊人形（將菊花花葉綴飾在人偶上的藝術）、鬼怪大會、攝影大會等活動，作為東洋第一大遊樂園，吸引了眾多的外國人前來。寫真是花月園內最具人氣的遊樂項目"滑大山"，滑梯長達 60 米，不光兒童狂喜，大人們也喜歡。早期的滑梯比較簡陋，改良的滑梯兩側有擋板，遊玩更加安全舒適。

23　職業群像

在江戶時代的身份制度中，士、農、工、商的社會等級受到嚴格區別，庶民在身份制度限制下，不能自由選擇職業。傳統的天命觀，注定了武士之家出生就是終身武士，農民之家出生就是終身農民的階級劃分，等級的"天命"定格了未來"天職"的宿命。明治維新打破了各階級之間的身份束縛，庶民進入了可以自由選擇職業的時代。可是在現實中，擺脫了身份制度束縛的民眾，個體意識和社會群體之間，仍然殘存嚴重的屏障和隔閡。在傳統觀念的壓抑下，"自由選擇職業"的觀念並沒有得到真正的貫徹。職業問題繼續困擾着期待身份真正解放的人群。隨着明治維新對社會的深入改造和變革，新時代社會關係下的職業意識，在國家殖產興業的發展和產業構造的變化中，逐漸擺脫了傳統觀念的束縛。

日本的社會職業多種多樣，在各行各業的各個角落，人們履行着他們對社會的義務和相互間的契約關係。本節例舉江戶幕末和明治初期，日本人最具代表性的職業特徵。

一、公職者

明治時代的國家公務員，是參考德國公務員制度建立起來的，服務於國家機關的公職人員。從明治二十一年（1888）開始，政府採用國家公務員考試制度錄取公務人員。早期的明治政府是以官僚為主導的機構，官尊民卑。當時的公職人員，包括議員（國會、都道府縣議會、都市議會議員及議會首長）；公務員（國家公務員、地方公務員）。公職人員的職務分類：高等文官、普通文官、陸海軍士兵、外交官、判事、辯護士等。從明治二十五年（1892）社會各階層的職業收入，可以反映出國家公務人員擁有較高的社會地位。全日制下等女工 0.82 円 / 月、下等男工 1.55 円 / 月；機織女 1.7 円 / 月；農家日僱男 3.1 円 / 月；建築工人 10 円 / 月；學校教員 8 円 / 月；巡警初任 8 円 / 月；新聞記者 12 ～ 25 円 / 月；銀行職員初任 35 円 / 月；高級公務員初任 50 円 / 月；國會議員 67 円 / 月；東京府知事 333 円 / 月。

二、軍人

明治時代，國家的權利集中歸屬中央，由國民組成的軍隊形成，構成了近代意義上的國家軍人集合體。兵是明治國家特殊性質的公務人員，區分有兵卒、士官、將校等階級。

軍人的職責是履行具有戰爭意義的國家緊急事態的義務，被要求實施有"死"的危險性的業務職能，即履行"無限責任制"。軍人因此成為收入較高的職業。明治四十年

（1907）8 月 22 日的佐賀新聞記事《陸軍將校的俸給》，記載了日俄戰爭後日本軍人的年薪狀況。

階級：大將	基本年俸 3000 円	職務俸 3000 円	合計年俸 6000 円
階級：中將	基本年俸 2000 円	職務俸 2000 円	合計年俸 4000 円
階級：少將	基本年俸 1565 円	職務俸 1575 円	合計年俸 3140 円
階級：大佐	基本年俸 1116 円	職務俸 1236 円	合計年俸 2352 円
階級：中佐	基本年俸 816 円	職務俸 936 円	合計年俸 1752 円
階級：少佐	基本年俸 516 円	職務俸 708 円	合計年俸 1224 円
階級：大尉（1 等）	基本年俸 300 円	職務俸 540 円	合計年俸 840 円
階級：大尉（2 等）	基本年俸 300 円	職務俸 420 円	合計年俸 720 円
階級：中尉（1 等）	基本年俸 228 円	職務俸 312 円	合計年俸 540 円
階級：中尉（2 等）	基本年俸 228 円	職務俸 204 円	合計年俸 432 円
階級：少尉	基本年俸 180 円	職務俸 180 円	合計年俸 360 円

各階級長官，支給相應的宅料（住宅津貼）。1 等 2 等兵卒 1 日 4 錢，每月 1 円 20 錢。上等兵卒 1 日 5 錢，每月 1 円 50 錢。一般兵卒在隊內生活，每日 3 餐。

參考：明治四十年（1907）的米價，1 俵 4.72 円（0.079 円 / 公斤）

三、職人

　　職人是在製造領域依靠自身的熟練技術，通過手工作業創造產品的職業。江戶時代，傳承了大量從中國傳入的職業技藝。各種職人在藩主的庇護和控制下，享有免除諸役的特權。伴隨經濟社會和都市的發展，職人的技藝被細分化，職人的類型和人數不斷增多。在製造業中，機械化大生產的興起，導致大量手工作坊解體，失去了藩主保護的職人，只能在機械化生產無法涉及的狹小領域求得生存。職人技藝的傳承是依靠傳統的師徒模式，經過數年十數年學徒，暗中積纍的經驗學成的手藝。近代代表性的職人有，陶瓷器藝術、傳統工藝、庭院師、壽司師、鍛冶屋、傳統建築大工、美術藝術、榻榻米屋、煉瓦、染師、塗師、石工、文房、造酒等等。

四、醫者

　　東洋"醫"的象徵，如傳說中的"藥師如來"，在日本稱作"藥師"。歷史上的東洋漢醫經由朝鮮半島傳來日本，針灸和漢藥在島國民間非常發達。當時的藥學以本草學為基礎，使用生藥實施治療。日本的漢方醫學從十六世紀開始，發展為獨具本國特色的漢方醫學，逐漸和中國的漢方醫學若即若離。明治維新以前，從事醫師職業的醫者主要是漢方醫，江戶時代的"醫"者以治病救人為職業，受到社會的尊重，雖然身份相當於士農工商的"工"，實際按照"士"的待遇標準。明治時代，日本引進西洋醫學，招聘西洋醫者。明治政府將西洋醫師的地位歸類於"士"，改醫者為醫師。此後，從事西洋醫學的醫師，地位一日千里。明治七年（1874），日本引入醫師免許制度（行醫資格）。1876年新的免許考試制度增添了洋方六科考試內容，並且要求漢方醫必須學習西洋醫學，通過規定的考試科目才能成為醫師。明治中期以後漢方醫數量急劇減少，逐漸退出了正規醫途。

五、藝人

島國日本在歐美諸國眼裏和其他亞洲國家有很大的不同。十三世紀意大利探險家馬可波羅在《東方見聞錄》中稱日本是"黃金之國"。十六世紀西洋人登上了日本島，看到的日本是一個貧困之國，這裏的人們過着貧窮卻很滿足的日子。十九世紀中葉，江戶時代流行的彩色浮世繪作品，被用來當作包裝紙包裹陶器出口，無意中把比陶器價值更貴重的精美浮世繪傳到了歐洲。明治三十年（1900）巴黎萬國博覽會上，藝人川上音二郎公演歌舞伎，再一次讓西洋人近距離看到了日本文化才藝的醍醐味（深奧的妙趣）。日本這個大洋島國，獨特而絢麗的大眾文化震驚了歐洲。

藝人是社會地位低於士、農、工、商階層的"賤民"。藝人中也區分從高級藝人到低級藝人的檔次。高級藝人有固定的舞台和施展技藝的專門場所，收入方式主要是門票。低級藝人則走街串巷即時表演，收入以圍觀者"投錢"為主要形式。日本最具代表性的大眾藝人，是街頭賣藝為生的下等人。明治初期，江戶的街頭藝術文化遺存了下來，在尚不富裕的國度裏，貧困的庶民要憑藉自己的一技之長取悅觀眾，在街頭巷尾表演技藝換取小錢維持生活。當時，社會上較為普遍的藝人有：歌舞伎（日本舞蹈）、漫才（相聲）、樂師（三味線）、雜耍、魔術、白刃、棋手、藝妓（枕藝者、舞妓）、大相撲、耍猴等等。日本藝人的技藝具有獨特的民族文化特色，例如歌舞伎、大相撲被尊為國技，列為日本文化的國寶被傳承至現代。

六、小商販

江戶和明治時代的小商販，是指沿街的小店舖或走街串巷叫賣的商販。其交易流程一般是小商販將廉價批發購入的商品再轉售給消費者。小商販的存在，極大方便了不發達地區消費者對商品的需求，成為早期城鄉買賣和商品溝通的重要方式。

明治時代面向庶民的小商販，分佈在街頭巷尾，販賣的物品多種多樣。八百屋（蔬果店）、果物屋、豆腐屋、青果屋、米屋、酒屋、魚屋、野菜屋、肉屋、文房屋、洋服屋、果子屋、花屋、壽司屋、古董屋、大糞屋等等。小商販還有依靠出力為生的，駕籠（日本轎子）、人力車、挑夫、背負子、保姆等，活躍在社會的各個角落。

七、宗教職

在江戶時代對神社佛閣進行保護的政治背景下，神職和佛職受到全社會的尊敬。明治時代，國家推崇神道，神職人員被認定為神官，成為國家的公務員，分成五個等級（淨階、明階、正階、權正階、直階），在神社擔任奉祀神主，執行祭儀的社務。神職在神道中是神與人之間的媒介，他們也替信徒祓除和主持婚禮。江戶時代存在女性神職，而在明治時代受儒教思想影響的政府宗教政策下，女性神職消失。昭和時代，男女同權思想被社會接受，加之神社的神職者出征戰死等後繼者問題，女性神職再度出現。

僧是佛教中三寶（佛、法、僧）之一，男性出家稱"比丘"，女性出家稱"比丘尼"，信守佛家戒律。僧侶的重要工作之一是行葬儀法要，為死者誦經、授與戒名，超度亡靈魂歸極樂世界。明治時代，在廢佛毀釋政策之下，佛教一度在日本受到極大的壓制。佛教再次進入國家的視野，是在日清戰爭中，日本僧侶隨軍出征，他們在戰場上的非凡表現，確立和加強了佛教在民間的信仰和地位。戰爭中，日本僧人前往戰地佈教，通過對戰場士兵的精神感化，有效提高了士兵勇敢戰鬥的意志。日清戰爭從軍僧侶共計 55 名，戰場職能包括：1）戰地巡迴佈教、慰問官兵、宣講教義、授與名號、惠贈佛書；2）訪問戰地醫院，對傷病兵施以佛道精神安慰，特殊場合下直接參與護理傷病者；3）宣講安心立命的佛教精神，嚴肅軍人風紀，維護個人衛生，向佛教徒開設教筵；4）奔走各地説教化緣，協助募集戰爭公債，參與恤兵獻金活動；5）撫恤敵軍俘虜，巡迴各地俘虜營宣講佛教，主張平和的佛家道義；6）為戰死者亡靈追弔供養，火葬遺骸，土葬奠事（包括為清兵陣亡者作奠事），護送戰死者遺骨及遺物返鄉；7）慰問戰後歸國軍人、軍屬、傷病者，與遺族共緬哀思。

八、占易

江戶時代迷信占術相當流行，幕府擔心占術的影響力危及政權的穩固，曾對其嚴格限制，政府甚至發出過占術禁止令。江戶時代還流行易學，易者出沒街角茶屋，替人看相算命，在各地流動。明治時代，占術在日本風靡一時，學者、貴族、庶民……，幾乎所有階層都對其產生了興趣。從中國傳來的占卜術廣為人知，尤其盛行手相、面相的占術，各種占術解説本也紛紛粉墨登場。許多超自然的預言，千奇百怪的聞在百姓中流行，占術的魔法渲染能看透人間前世的罪孽或未來的命勢，還能讓人產生不可思議的幻覺和催人睡眠的神效。明治時期，中國文化中的"風水"之説也在島國民間盛行。

明治年間流行的占易之術分三種，第一種是占命術（西洋占星術、印度占星術、四柱推命、紫微斗數、卡巴拉命理、算命術、九星氣學、陰陽道等）；占卜術（花瓣占卜、易占卜、塔羅占卜、撲克占卜、求籤問卦、靈擺測試、天氣占卜等）。第二種是占相術（手相、人相、印相、家相、風水、夢占等）。第三種是藉助靈感靈視的特殊能力占卜運勢，有水晶玉占、靈視、透視、預言等多種占術。所及三種占術多藉助占易師的能力，需要花費較高的費用。因此，庶民間也流行許多簡單易行的占術（星座占、干支占、花占、撲克占、硬幣占、鉛筆占、木屐占、抽籤等）。

九、農民

明治初期延續了江戶時代的農村經濟結構模式，堅持以農業為國家經濟的主業，農民事實上支撐着國家的經濟基礎。在明治維新數十年的激盪變革中，農民勞作的經濟結構基本沒有發生變化。從明治初期到明治末期，國家全就業人口的農業比例佔72%～65%，GDP 比例44%～37%。農業人口的比例和產值雖然呈下降趨勢，但在純農業國向工業國進化的產業結構轉變期間，變化比例的幅度並不顯著。

全國 550 萬農戶數量相對穩定的主要理由，其一是狹隘的農民意識，安居農村的生活，日本人傳統"家"的保護意識和制度導致了"農家結構"的穩定性。按照近代均等繼承制度，土地細分化和流動化是不可避免的，小農經濟的持續性容易崩潰。而日本明治時期的農業特徵是，以家庭為單位的農耕形態，面積和規模較小，長子繼承家業的傳統制度中，土地、祖上積蓄、勞作技術、經營知識，都將原封不動地傳承。二男、三男接受相應的教育，作為產業勞動者向城市流動。這種家庭構造穩定了日本的農業人口，保證了土地的世代交接，家族經營技巧的傳承，確保了國家穀米的稅收。其二是地主和佃農結構的"村落"共同體作用，農民之間具有很強的互助信賴關係，形成了牢固的生產和生活基礎，這種關係很好地維繫和發展了地主和佃農間的關係。雖然地主榨取佃農的收穫，令佃農始終處於貧困狀態，但是這種階級的劃分事實上安定了日本農業的傳統結構。

明治中後期，尤其是日俄戰爭後，農村的社會形態發生了重大變化，產業革命的快速發展，導致都市和農村的差距拉大。政府為籌措巨額軍費增大了對農民的稅收，農家不堪重負，日益貧困。加之氣候異常，穀米減產，米價暴漲，各地農村暴動頻發。明治四十五年（1912），夏目漱石在為長塚節的長篇小説《土》所作序文中寫到："可憐的老百姓就像共同生長在土地上的蛆蟲一樣生活。"明治維新時期，農民生活困苦的主要原因是政府堅持推行"地租改正"政策。本來農民期待輕減江戶時期的地稅，擁護了維新政府的成立，可是新政府一旦奪取政權，便實行遠超過江戶時代的地稅。更為嚴重的是，將歷來農民以穀米實物納稅的形式改成了現金納稅的方式，這讓對穀米毫無販賣能力的農民背負了極大的包袱。為了取得現金，放棄農業前往都市打工的農民增加，土地被鄉紳名士收購，一代大地主群體誕生。政府的現金政策，導致農民生存艱難，賣兒賣女、集會暴動的事情頻發。正是這個時期，大批農村婦女被迫到海外從妓行娼，賺取現金支援本家賦稅。明治時代農民的極度貧困，在歷史上留下了痛苦的烙印。

法國畫家彼克的自畫像

23.01 明治維新令日本人發生了巨大的變化，在外國人眼裏日本人是怎樣一個群體組成？這個生活在多火山、多颱風、多地震、四面環海神秘島國的人群，有着怎樣的民族性格？諸多的疑問給相隔遙遠的大洋彼岸那些西洋人帶來求知的好奇心。法國畫家彼克，長年在日本生活，用辛辣客觀的畫筆，精細地描繪了日本人的生活場景。他的許多反映日本社會現實的極具價值的作品，在日本與列強修訂不平等條約後，於1900年被警視廳判定有詆毀日本人形象之嫌，被明令禁止發行。左圖《日本人生活的幽默》就是其名著之一。

23.02 1890年《國會議員之本》刊。眾議院議員選舉是明治時期國家最重要的政治活動。為了保障國會選舉安全順利進行，政府出動警察憲兵維持社會治安。插繪"與國會選舉有關人士圖"。國會保護派：1. 警官；2. 衛士；3. 憲兵。國會攻擊派：4. 新聞記者；5. 政治演說家；6. 壯士。

23.03 1890年《國會議員之本》刊。第一屆眾議院議員總選舉實施，擁有被選舉權者為士族、平民。插繪"議員的類型圖"描繪了部分當選議員的風采。西洋派：1. 歐洲歸國者；2. 德國歸國者；3. 美國歸國者。個性派：4. 對議員有興趣者；5. 來自地方的無關心主義者；6. 商人。

23.04 明治十八年（1885）政府廢除太政官，設立內閣，此後內閣獨立不受皇室制約，但是內閣中設置代表皇室的宮內大臣席位。1889 年大日本帝國憲法頒佈，制定皇室典範，宮內省作為獨立官廳擴充。1908 年實施宮內省官制。圖繪是 1904 年 1 月 2 日，宮內官出席正月元日例行的參賀儀式，家僕迎送出門的情形。

23.05 下馱是日本傳統的鞋子，俗稱下踏，其名來自"屐屜"，常稱作"木屐"，用於室外。既然下馱是鞋子，那麼就容易損壞，就應運出現了"下馱屋"，即漢語俗稱的修鞋舖。中國古代也有過使用木屐的歷史。明治維新時期，雖然流行了西洋鞋，但是日本人日常生活仍然習慣穿用木屐。寫真是下馱屋職人修鞋的情形。

23.06 江戶時代，日本人就重視宣傳媒體的作用，明治時代宣傳意識進一步加強，其中代表之一是"看板廣告"。日本各地市井的大街小巷到處可以看到提燈（紙燈籠）。提燈上不但繪上圖案，還寫上宣傳文字。提燈可以摺疊拉伸，便於保存，且移動性強，裏面又有燈光照射，文字十分醒目，能有效的起到宣傳作用。提燈由專門的提燈屋製作，但是手工繪畫寫字，一般由職業繪師和書家來完成。寫真是明治時期的看板屋職人作畫的情形。

23.07 "大工"是日本人對給人蓋房子的高級木匠的稱呼。木匠在古代被稱為木工、匠人、梓匠、梓人，是一門技術職業。高級大工也或可以成為建築藝術家。日本的大工分類很雜，有宮大工、家屋大工、町大工、數寄屋大工、船大工、建具大工、傢具大工、型框大工、造作大工、棟樑等。棟樑是大工的職長，木造建築的統領。寫真是日本"大工"正在為建造房屋所用的木方開孔鑿眼。木方做成後，再進行榫卯組合。

23.08 明治時代初期，洋服開始在國內流行。最初的洋服是從西洋國家進口的商品，但是洋服的尺寸往往不能適合瘦小的日本人身材。因此洋服需要由"洋服仕立屋"進行必要的剪裁加工。圖繪裁縫工匠正在專心致志地修改縫製洋服。

23.09 自古以來，日本用來盛裝酒、醬油、大醬的容器是木桶。隨着經濟的發展，木桶的需求量越來越大。這就促進了"木桶屋"生意的增長。寫真是明治四十四年（1911），一間木桶屋工作的情景。

23.10　日本人將鉄匠舖稱作"鍛冶屋"，產品包括炊具、農具、漁具、馬掌等。製作產品的工藝有熔煉、鑄造、鍛造等。寫真是 1911 年街巷中的一間鐵匠舖，鐵匠們正在製作農具的情形。

23.11　江戶時代千葉縣探索出一種使用木製多角形車輪開井的技術"上總掘"挖井法。地面開孔 5 ～ 15 厘米，打井深度 150 ～ 500 米。1879 年應用此法成功挖掘過溫泉井，明治中期使用此種技術掘進過油田井。寫真是 1890 年挖井的現場。

23.12　日本竹細工（竹編）產業的興起，是在明治維新之後。沒落的舊幕臣、士族為了維持生計，開發了竹編產業。竹編產品擴展到筐、簍、盆、盂、盒、笠等多個品種。竹編製品不但供給國內所需，還向外國出口。其中的貼絹繪畫的竹製藝術品在萬國博覽會上獲得國際好評。寫真是 1890 年代細工店家的職人，正在進行竹編操作的情景。

23.13 "坊主"是日本人對和尚的俗稱。明治維新後,日本的僧人被允許結婚,也不戒肉食和飲酒。雖然寺門也有"葷酒不許入內"的銘碑,但坊主在寺裏擁妻把盞照吃不誤。在日本,和尚兒孫滿堂並非怪事。長子承繼父親衣鉢,成為該寺和尚天經地義。如果和尚沒有兒子,只有女兒,大多招婿入贅,先決條件是必須繼續秉承和尚衣鉢。日本佛教崇尚鑒真和尚,因為鑒真和尚在日本首次建立起了嚴格的戒律制度,使得日本佛教走上正軌,便利了政府對佛教的控制,杜絕了由於疏於管理而造成的種種弊端,使佛教成為日本的國家宗教之一。寫真是日本和尚列隊出寺化緣的情形。和尚化緣絕非寺院缺少食物,事實上寺院多有田產和產業,化緣的行為主要是基於佛教理念。僧侶化緣修行,教化大眾,結交因緣,有助於積累功德長壽福慶。

23.14 公元 588 年,"瓦"從中國傳入日本。到了江戶時代,瓦和釉瓦的使用已經相當廣泛。但是對瓦的使用,有身份等級的嚴格限制。明治時代,廢除了建築的等級限制,富裕階層也開始大量使用高級建材,瓦的使用量激增,燒瓦匠也隨之增加。寫真是 1890 年燒瓦職人在瓦窯邊工作的情形。

23.15 明治時代,街巷常見走街串巷的彈棉花工匠,木槌撞擊弓弦會發出"嘭嘭"的聲音,可以把棉花彈鬆成棉絮。因常年使用已變得僵硬棉被,重新彈後就會變得蓬鬆柔軟。可彈棉花並非易事,一般要學 30 多道工序,撕、扯、捻等手法,通常需三年才能學成。圖繪是彈棉花匠在彈棉花的情形。

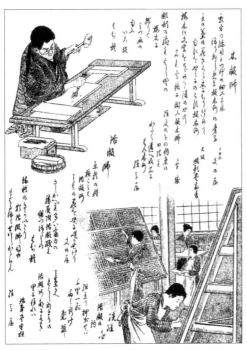

23.16 圖繪是木版師和活版師職業，他們承擔圖繪雕刻和
文字排版，是報紙和書籍出版業最重要的技術者。

23.17 江戶的"飛腳"和明治的"郵便"圖。1873 年
民營飛腳業務廢止，全國郵費統一制度開始實施。

23.18 和紙是日本民間愛用的紙張，比洋紙纖維長，
紙張致密平滑強韌壽命長，但製作繁瑣價格高。繪畫是
明治手工造紙作坊，造紙職人在生產傳統的"和紙"。

23.19 1890 年政府下令，各市町村必須義務設置消防用
消火栓，以便發生火災時能及時滅火。繪畫是消防職人在
做消火栓滅火訓練的情形。

23.20 明治時代，農村與城市之間的差距沒有發生很大變化，農村人的生活仍處於低水平的階段。當時農民的生產資料也比較簡單，沒有城市中那種西洋化勢頭的變貌。但農業仍然是中央政府最關心的領域。寫真是明治時期農民下地勞作的情形。務農工具只是日本式犂杖、鋤頭、馬匹。農民頭上包裹白色頭巾，褲腳收攏綁緊，腳穿草鞋走在田埂的小路上。

23.21 近世日本人男子，經歷了數百年"結髮"的歷史。明治四年（1871）政府《散髮脫刀令》發佈後，日本人男性的髮髻必須全部剪除。全國各地湧現出了大量的"斷髮屋"，且到處出現滿員的盛況。寫真是明治初期散髮令頒佈前，日本男子結髮梳理的照片。當時的理容店稱作"床屋"，店家的工作主要是為男子修理頭髮和鬍鬚。

23.22 漁業是島國日本的重要產業，食鯨肉也是日本人情有獨鍾的食文化之一，因此捕鯨成為日本傳統產業之一。但是鯨魚體格巨大，在生產工具落後的時代，需要眾人合力圍捕作戰才可能成功。圖繪記錄了江戶和明治時期，日本捕鯨漁民圍捕鯨魚的壯觀場面。數十條漁船拋出巨鈎打入鯨魚軀體之上，大型攔網阻塞鯨魚逃離路徑，勇壯的漁民搖鼓擊鑼搖旗吶喊，拖拽着鯨魚，迫其向岸邊移動擱淺。

23.23 針灸醫療法是從漢唐傳來的醫療方法之一,作為一種醫療手段傳承到明治初期。明治初期,東洋漢方醫被西洋醫學否定,但在針灸領域西洋醫學還無法取代。加上從事針灸職業的盲人數量很多,作為一種安慰,盲人針灸職業得到保護。由於明治天皇對針灸非常信賴,因此熱衷去效仿天皇的國民成為相信針灸醫療的重要群體。圖繪是明治初期,市井灸醫者在為患者灸療。

23.24 江戶時代醫者有朝廷醫、官醫、藩醫、町醫之分。町醫是為庶民服務的醫者,地位相當四民(士農工商)的士,在百姓中受到尊敬。他們的職業特徵通常是身著黑衣走街串巷,以漢醫醫法為生。明治時代日本引進西洋醫學,1874 年開始實施醫師資格制度,醫師必須通過洋方六科的國家考試。但是漢方醫屬民間傳承醫術,町醫在民眾中仍然受到信賴。寫真是明治初期剃頭和尚(帶刀)的町醫在給患者把脈診療。

23.25 公元六世紀,中國的揉治療法(按摩)傳入日本。江戶時代至明治初期,揉治療法在治療外傷,骨折,促進血液循環,調整內臟機能、神經機能領域內,被認定為有效的療法。明治維新隨著西洋醫學的傳入,揉治療法退居為輔助療法,甚至在骨折、脫臼治療方面被禁止。圖為明治中期的盲人按摩職人,正在為患者施揉治療法,他們經常走街串巷,吹笛招攬患客。

23.26　圖繪是明治初期町醫應患者請求往診的場面。醫者持扇子正在巡訪客戶，兩個助手抬着藥箱跟隨其後。當時日本的醫院還比較少，求醫治病仍然不是簡單的事情。因此民間的醫療，大多是請醫者前往患者家診療。醫者徒步往診；人力車往診；馬車往診在街巷村落相當普遍。

23.27　"灸"療法從大陸傳來，用艾絨等做艾柱，燒灼或薰烤身體穴位，或在體表放置薄片生薑燒烤，疏通經絡調和氣血，達到治病的效用。明治時代，日本從歐洲引進了電氣治療設備，開始逐漸擺脫灸療的原始治療法。圖繪是醫生用兩個電極接觸患者身體，在電流作用下，誘導局部肌肉受到刺激發生循環痙攣，達到治療的目的。

23.28　右上角圖"居合拔"是江戶時代俠士特有的一種拔刀術，其難度之高極其罕見。明治初年京都名居合拔名手加藤谷五郎公開表演居合拔秘技，吸引了大量觀客。他藉此機會推廣齒藥和牙膏獲得成功。齒科病困擾着日本人，1874年日本西洋齒科小幡英之助診所誕生，他發明了適合日本人體格的治療椅，為日本西洋齒科科學做出了貢獻。

23.29 明治時代的絕技"綱渡",現代稱作的走鋼絲。百年前那個時代還沒有韌性很好的鋼絲,只是在兩個大樹之間綁上結實的繩子。大膽藝人從繩子一端走向另一端。圖中藝人足蹬下駄木屐,手舉雨傘掌握身體平衡,難度非常之高。

23.30 江戶時代武士刀劍技法中存在白刃飛刀的秘技,亦即兩手可以接住對方射來的刀劍的防衛功夫。明治時代武士不再是特權階級,只能改行從事其他職業謀生。其中就有在街頭表演白刃飛刀雜技賺錢為生的武士。圖中雜技者腳穿高蹺,向上拋起戰刀,當利刃落下之時接住刀柄。

23.31 明治初期,賣藝雜耍作為一種職業在民間流行,街頭巷尾常常集聚雜耍賣藝的兒童,這些孩童大多是孤兒,在師傅的嚴格調教下成材,以表演賺錢為生。其中頗受歡迎的是"角兵衛獅子"(獅子舞)。如寫真所示,師傅敲打鼓樂,孩童弓形彎腰或疊加於上作出高難動作,博得觀眾喝彩解囊投幣。

23.32 "三味線"是日本弦鳴樂器的一種,屬長頸撥弦樂器。十六世紀後半期,中國的三弦樂器經由琉球傳入日本泉州一帶,受到町人喜愛急速普及。三弦經過日本人改良,發展成日本近世最具代表性的樂器。演奏者一般"正座",技巧高超者可站立邊彈邊唱,通常是左手按弦,撥弦,柔弦;右手有撥,鈎,反撥等彈奏手法。寫真是明治時期在街頭表演"三味線"的女藝人。

23.33 日本的"書家"藝人類似中國的"書法家",近代也稱"書道家"。書家以寫字為職業,具有高度的習字技法和教養。日本書家運筆用墨有其獨到風格,其中草書如行雲流水難以辨認。亦有書家既是習字大師又是可以著書的文學者。圖繪是明治初期西洋人筆下的職業書家,習字者佩戴西洋眼鏡,握筆姿勢與中國書法有所不同,習字方向從右向左。

23.34 明治初期,新政府為了維護市場經濟的安定,對商人採取了比較優惠的政策,發展和推動了國內的商業經濟。但是國家政治的改朝換代,使歷史延續的債權無法回收,很多商家走向沒落。寫真是明治初期的商家,算盤是商人交易最重要的工具。

490

23.35 幕末、明治初期街町消防職人，使用的木製滅火設備，俗稱"竜吐水"。操作時由兩人左右壓水，一人放水滅火，放水能力可達 14-15 米。這種木製滅火器發明於 1754 年的長崎，1764 年改良品開始普及實用。但是遇到嚴重的火災，滅火器便無能為力了。寫真是示範滅火器抽取大木桶內的水源放水滅火的情形。

23.36 "收舊貨"屋在日本稱"荒物屋"，他們走街串巷，以搖鼓吹笛收換破盆爛鍋為生。史上日本許多富豪的祖上，亦不乏"荒物屋"的影子。寫真是明治初期"荒物屋"的從業者，扁擔兩側堆滿了鍋盆之類的新舊貨物。

23.37 在冰箱出現以前，作為日本民間海產品保鮮的一種手段，是將海物做成乾物，可以長期保存。如乾魚，鹹魚，乾貝、乾蝦仁、乾蝦皮、乾海帶等。寫真是 1900 年東京街巷的海產品小賣店"乾物屋"。明治時期，市井的乾物屋還有各種山菜的乾物，如蘑菇、蘿蔔、地瓜等；果物的乾物，如柿餅、蘋果、核桃等；調料乾物，如茶葉、陳皮、花椒、大料等。

23.38 江戶時代和明治初期，日本人的副食品以蔬菜為主。料理中加入肉類和油脂是西洋食文化進入日本後，才開始被日本庶民接受和採用。日本的蔬菜稱作"野菜"，野菜店也稱"青屋"店，店內不僅賣蔬菜也賣水果。寫真是明治初期"青屋"店家門前的情景，各類蔬菜果類都是庶民餐桌上不可缺少的營養食品。

23.39 "甘酒"是日本江戶和明治時期，民間流行的一種水酒，味甜，頗為街巷的庶民歡迎。"甘酒"是將貴重食品砂糖溶解到水酒內，再由酒郎將酒水在貨擔的爐具上加熱販賣，客人就可以喝到甜絲絲熱乎乎的溫酒。寫真是明治初期"甘酒"屋的酒郎在叫賣的情形。

23.40 "天秤棒"是江戶、明治時代常見的，代人搬運重物的"人力"。職人依靠一根扁擔將僱主的貨物送到指定的地方賺取腳費。擔任挑腳的"天秤棒"大都是年輕力壯的青年人，在市場上聚堆招攬生意。寫真是明治年間的"天秤棒"，頭戴掩面格子頭巾，站在屋簷下等待僱主召喚。

23.41 "駕籠"是江戶時代最常用的載人工具,類似中國史上使用的轎子,由轎夫擔運。日式的駕籠比較簡單,是用竹子做成的籠狀物。明治五年(1872)人力車成為交通運輸的主要手段後,駕籠逐漸消聲匿跡。寫真是明治初期駕籠運送客人的情形,乘客盤腿而坐,兩個搬運工用肩部扛擡,駕籠上面裝有遮雨防曬的平板,板上可放簡單的物品和行李。

23.42 人力車的"車夫"是驅動人力車的動力,因此"車夫"成為近代重要的職業。明治時代的人力車多以"人力"或"俥"一字表示。日本的人力車絕大多數是一人乘,車夫僅為一人,少數兩人乘的人力車,需要兩人交替牽引。寫真是明治初期人力車的使用情形,車輛是兩人乘型,車夫一人主力牽引,一人外套協助拉拽。當時還有裝備計程表的人力車出現,是現代計程車的先驅。

23.43 "羅宇屋"是日本江戶和明治時期,專門修理和清理煙管煙具的職人,當時日本人大都有吸食煙草的風習。在西洋捲煙進入日本之前,日本人主要使用從中國傳入的煙管吸煙。煙管由煙嘴、煙桿、煙鍋組成,長期不維護煙具,煙草或尼古丁油會積滿煙管影響正常使用。寫真是明治年間走街串巷修理和清潔煙具的"羅宇屋"職人。據記載,老撾出產的竹管,是製作日本煙管的最佳材料。

23.44 圖繪是明治三十三年（1900）刊在《詩畫集》中"夜中大糞車"的插繪。明治時代，糞肥是農家耕作不可缺少的生產資料，因而城市糞尿處理業應運而生。在橫濱海岸每夜可以看到一隊隊臭氣熏天的大糞車隊通過。洋畫家彼克的筆下，記錄了洋人們譏笑日本人無嗅覺的詩句。詩歌唱到：
海風向岸邊吹拂，橫濱之畔令人無法頓足。
海風向岸邊吹拂，懸掛提燈的大糞車，無序之列迎面而來。
海風向岸邊吹拂，惡臭撲鼻令人難耐。那種奇妙的味道啊，刁鑽的讓你苦不堪言......。
圖繪夜晚運送城市糞便的車隊，正在通過海邊的沙灘地。

23.45 "背負子"是對以背負方式搬運重物的"人力"的稱呼。在車輛無法通行的道路上，貨物主要由人力搬運來完成。"背負子"因此在交通貨運不發達的時代成為一項重要的職業。日清戰爭中，日軍僱傭了大量"背負子"為軍方提供後勤支援取得顯著成效。寫真是明治初期的"背負子"，後背木架可以馱運大量物品。

23.46 "狩人"是日本東北地區，以
小團體形式組成的武裝狩獵者，這些
獵人具備捕獵東北黑熊的特殊經驗和
能力。戊辰戰爭時，東北獵人被動員
參加作戰，作為狙擊兵活躍在戰場。
寫真是明治初期，日本東北地區的
"狩人"，當時的狩獵武器尚停留在火
繩式槍炮的水平。

23.47 左側是明治市井間走街串巷
的算命者，以替人祈福禳災、占卜為
職業。擺攤的陰陽師，觀人手相、
算人八卦，靠三寸不爛之舌蠱惑虔誠
信徒。寫真中一婦女祈求一卦，畫外
音：某山人云，算命者不知自己的命
運幾何，何謂他人天命乎。

23.48 "八卦"是易經的重要組成部
分，用八卦算命在日本近代民間風俗史
裏佔有重要地位。日本人相信命運，尤
以虔誠信仰八卦的女性居多。歷史上，
日本數次對外戰爭，許多不願意參軍出
征的人，頻繁抽籤算命企望好運。寫真
是明治時期走街串巷的占易師在給女人
算命的情形，八卦師用抽籤和拿所謂"天
眼鏡"映照女人面相的方式，說占卜卦。

23.49 "祈禱師"是江戶和明治初期,在民間流行的一種迷信作法行業。由於醫療技術的落後和人們的愚昧,祈禱能治病救人的信仰在市井間得到流傳。明治維新後,政府主導的神祇制度成為主流,"祈禱師"急速衰退,淡出了歷史舞台。圖繪是明治初期"祈禱師"招神驅災作法的情形,病人臥在榻榻米上,祈禱師搖晃着繫滿錢幣的招神棒,口中喃喃經語降神慰魂。周圍觀望竊竊私語的家屬,神情不安地等待神靈力量的到來。

23.50 "易者"是學得從中國傳來的《易經》,在日本從事占卜業的人。《易經》對日本的歷史文化影響深遠,在古墳(營造於公元300～600年的巨大墳墓)內部的構造裝潢上都可以找到《易經》的痕跡。近現代日本的街巷也容易看到易者的蹤影,他們通過占卜預測來賺取報酬。圖繪是明治初期街町深巷內說易的職人,地面上擺放一些說易的小道具,周圍的人在聚精會神聽着占卜者的說詞。

23.51 圖繪是明治時代著名的實業家岩崎彌太郎家廚房裏的忙碌景象。岩崎彌太郎是日本明治時代的紅頂商人，三菱財閥的奠基者。岩崎成功的第一桶金是其利用政商勾結的幕後手段獲得的。在維新政府決定建立全國統一新貨幣制度時，計劃全面收購各藩所發行的藩札。岩崎彌太郎通過在維新政府任要職的後藤象二郎事前得知內密，隨即大舉收購藩札，然後再賣給維新政府，賺取了巨大利益。岩崎利用這種政助商、商資政的政商勾結的人脈關係，使三菱財團壯大，並在政府支持下獨霸日本的海運事業，成為日本造船業的巨頭。

23.52 明治四十三年（1910）東京三越百貨商場開始為顧客提供快速送貨上門服務。送貨生選用機靈的少年男孩，穿着商場制服，佩戴商場肩章，騎自行車送貨上門，格外引人關注。三越百貨商場還組成了一支少年鼓笛音樂隊定時演出，吸引了大量顧客前來觀賞購物。下寫真是當時三越百貨商場負責送貨的服務生。

23.53 上圖是大隈重信家廚房內設宴的忙碌景象。大隈重信是日本武士、政治家、教育家。一生擔任過參議、大藏卿、外務大臣、農商務大臣、內閣總理大臣、內務大臣、貴族院議員等職務。他還是早稻田大學的創建者，並擔任首任校長。大隈早期與教育家福澤諭吉間的關係不佳。福澤說大隈是“任性的政治家”，大隈則說福澤是“高高在上的學者”，兩人相互避免會面。某日雜誌社編輯設酒宴，特意在兩人不知情的狀況下，邀請雙方出席酒宴。宴中幾杯酒下肚之後，兩人竟然彼此意氣相投。大隈對福澤說：“我真羨慕福澤先生，將來會有眾多的學子們圍繞着您。”福澤說：“您也可以辦學校啊！”這句話成為 1907 年早稻田大學創立的契機。福澤在 1901 年去世時，福澤家拒絕所有的外界獻花，僅收下了大隈的獻花。大隈有數處豪宅，著名的有“築地梁山泊”，這裏曾雲集了貢獻於明治維新的一代著名人物，如伊藤博文、井上馨、木戶孝允、大久保利通等。1922 年大隈病逝，在日比谷公園舉行了前所未有的“國民葬”，約 30 萬普通市民沿路參列為大隈送葬。三個星期後，同樣在日比谷公園舉辦山縣有朋的國葬儀式，由於山縣生前在民間的口碑不佳，只有政府與軍警相關人員參列，被新聞媒體評為“寂寞無民的國葬”，兩者相差巨大。

24　民俗民風

　　明治初期的民間風俗，傳承了江戶時代一般市民日常生活的特色和世相。由於明治維新的社會，堅持追求模仿西洋模式的文明，故上到國家制度，下至民間風俗習慣，也都發生了迅速變化。明治時代的日本人認為："近代化就等於西洋化"，西洋化因此成為明治政府維新國家的一貫課題。明治維新"文明開化"的提起，就是為了改造封建社會遺留的風俗世相，把長期封閉的島國社會那些"民"的習俗，改造成有西洋特色的文明世相。

　　明治時代對世相風俗的維新，觸及了日本自古以來的生活、風習、言語、信仰等方面習俗的改造。生活涉及衣食住行；風習涉及家族制度、社會制度、過往禮儀、社會集團、生業和產業、四季行事、節日、遊技、競技、娛樂等；言語涉及說話、歌曲、諺語、傳說、俗曲、俗謠、謎語、謎語、諺詩、俚語；信仰涉及神道、佛教、靈魂、來世、妖怪、預兆、占卜、魔術、病患和民間療法。窺視明治初期的這些民生畫面，就可以感觸到那個時代島國的世相。

一、市街

　　明治前期日本人居住的市街保留了江戶時代市街的面貌，國家及地方一時沒有財力改造和興建新一代的市街。這些城鎮街道以和式風格為主，仍然保持着以往的破舊和雜亂。繁華市街的道路兩側，大多是兩層和式小樓。二層商家居住，一層是店舖，樓樓相連，形成一條商業街道。商家經營各種各樣的店舖，有八百屋、果物屋、豆腐屋、青果屋、米屋、酒屋、魚屋、野菜屋、肉屋、文房屋、洋服屋、果子屋、花屋、壽司屋等等。明治十年（1877）著名的銀座煉瓦一條街誕生，成為上流社會奢華消費的場所。明治中期，銀座街步道和車道分離，新式洋建築、汽燈、街道柳木、馬車鐵道得到擴建，成為一條帶有歐洲氣息的文明街道。日清戰爭勝利後，國內產業的發展促進了民生的改善，各地市街的面貌隨之發生了顯著的變化。橫濱、神戶、長崎的港口街區，陸續湧入了大量外來移民、勞動者、留學生、商人，外來文化給日本人街區帶來了亞洲異國文化的情趣。明治二十九年（1896），大清國派遣的首批 13 名留學生就住在東京神田區，後來這裏形成了神田神保町中華街。明治以降，來自清國的各類留學生達到 5 萬人之多，以留學生聚居為特徵的中華街，把大中華文化移植到了異國他鄉。旅居日本的清國人在入鄉隨俗融入日本社會的同時，也建設了混雜家鄉特色的街道。

二、禮儀

　　明治二十二年（1889），英國詩人埃德溫・阿諾德來日，對日本人的禮儀有過如下描述："在日本，禮節是快樂生活的標準，是社會存在的一種默認的契約。那片土地上看不到令人討厭的粗魯和吵鬧，也看不見激昂易怒敲門摔盆出口謾罵之人。無論是高貴之人或是下等的車夫，或是母親後背呀呀學語的孩兒，都習得了傳統的正確禮儀。"

日本推廣現代禮儀的作法誕生於明治時代，那時尋找工作前必須先學習禮儀規範。因為正確的禮儀無論在家庭還是在職場，都被社會認定為起碼的做人準則。當時，地主和商家的女兒，從高等學校畢業後，大多願意前往"華族"豪宅奉公做事，主要工作職責就是服侍貴婦人和大小姐。為了得到華族的僱傭並勝任這一工作，女孩就必須習得端正的舉止及禮敬的語言，具備優秀的品質和內涵修養。這樣的女性氣質，也是當時有良家身份的男士擇偶的品位標準。是否受到過這樣的教育和培訓，在履歷書中一般都必須寫清楚，以期對方判斷德行的概貌。明治後期進入女子學校的女生，不但要學習知識還要學習禮法、作法、道德、家事，接受嚴格的訓練。日俄戰爭後，女校每周 32 學時的教學，甚至有 16 個學時是禮法、作法、道德、家事的教學。反映出當時上流社會男性對女性追求的標準並非學力和能力，而是女孩子的舉止和禮法，具備賢妻良母的氣質品行。

近代禮儀的社會需求，是與明治維新富國強兵的國家政策相呼應的。為了提高國力，社會需要"男兵女家"的家庭結構，這種結構本身雖然增加了性別間的不平等，可家庭的分工分業，卓有成效地維繫了國家戰略性方針政策的實施。明治時代無論男性還是女性，禮儀都是作為社會人必須的修養和美德。雖然美德並非一朝一夕可以養成，也並非每個人都可以修成正果。然而明治國家樹立的深遠目標，是要打造一個全民皆有美德的國家。美德修養作為一個最普通的課題，在全體國民和全社會中展開。

三、娛樂

明治時代庶民的娛樂方式非常豐富，主要原因是江戶時代燦爛的庶民文化，給明治時代打下了良好基礎。近代日本所推行的不是面向上流社會的娛樂方式，而是面向庶民的大眾文化。使民眾在傳承固有文化的同時，感受到文明開化的時代氣息。

（1）讀書

江戶時代以來，日本人即保有較高的識字率，閱讀因此成為庶民最重要的娛樂方式之一。在民間，書籍有各種各樣的閱讀方式，即可以購買閱讀，還可以利用芝居觀覽，借書屋借閱。庶民的閱讀愛好很廣泛，有滑稽本（幽默小說）、灑落本（紅燈街題材）、人情本（男女戀愛）、讀本（傳奇驚險）、好色本、浮世繪等各類娛樂性讀物。庶民的閱讀需求，催生了許多著名的作家，他們創作的作品，進一步豐富了人們的閱讀生活。

（2）大相撲觀賞

明治四年（1871），在維新開化的風潮中，東京府發出《裸體禁止令》，對相撲大力士處以罰金、鞭刑。作為國技的大相撲，一度面臨被禁止的危機。明治天皇喜愛觀賞相撲運動，經過與伊藤博文協商，1884 年大相撲終於再次為官方所接受。相撲運動緣起於日本神道儀軌，全國各地都有舉辦"奉納相撲"儀式的風習。在神前表現男性的健康和力量，向神表達敬意和感謝，是一種非常隆重的禮儀。江戶和明治時代，日本民眾非常喜歡觀賞大相撲表演。大相撲從誕生至今經久不衰，並作為一項國技受到保護，是和皇室的支持密不可分的。

（3）棋類

江戶和明治時代，民間廣泛流行"將棋"和"圍棋"。"將棋"的原型最初從古代印度經由中國大陸傳至日本，江戶時代被改良成容易在庶民中普及的棋類遊戲。明治三十二年（1899），《萬朝報》率先開設將棋棋譜專欄，緊接着其他報紙也效仿開設將棋欄目。1909 年日本成立將棋同盟社，推進了將棋的普及和高水平競技的展開。

圍棋誕生於中國，唐代時由日本遣唐使將圍棋帶入日本。江戶時代是圍棋的黃金期，在市井民間普及盛行，甚至發展成一種賭具，一度遭到官方禁止。明治以降，社會的娛樂活動開始向西洋文明傾斜，圍棋的地位呈逐漸下降趨勢，但是圍棋在庶民中仍然是閒暇娛樂頗受歡迎的遊戲。明治十一年（1878）《郵便報知新聞》率先在報紙上登載圍棋棋譜。日清戰爭前後民間設立"圍棋獎勵會"出現圍棋熱，《時事新報》、《國民新報》、《神戶新聞》紛紛刊載棋譜。日俄戰爭後《萬朝報》、《日本新聞》、《讀賣新聞》等報紙也登載棋譜和圍棋大戰的新聞。圍棋作為一種智力遊戲，更作為一種棋類文化，得以傳承至今。

（4）音曲

日本音樂歌曲分類有民話、詩歌、邦樂、樂器。明治時代流行的民話有傳説、童話、世間話，話中傳述歷史、世情、教訓和對世間非正義抗爭的故事。詩歌中有和歌、俳句、漢詩，是明治時代文人喜好的文學。日本代表的音樂稱作邦樂，明治時代流行的傳統音樂表演形式有琴、三味線、尺八、太鼓、笛子、胡弓、長唄、端唄、小唄。明治維新時期，西洋樂曲對日本音曲影響很大。鋼琴、弦樂、管笛風靡島國，樂器與舞蹈演劇結合形成高雅的文藝形式，受到民眾的歡迎。明治時代的小學校重視音樂課程，明治天皇就是著名的音樂愛好者和歌人，一生留下御製詩歌達 10 萬首之多。

（5）體育

明治維新文明開化，受西洋文化的影響，日本重視身體素質的鍛煉。明治九年（1876），文部省在教育大綱中提出了體育的理念 —— "身體的教育"，此後發展為"身體教育"、"身教"、"體育"。只是日本的"體育"用語，是在 1947 年教育大綱中才開始出現的。明治時代日本流行的體育運動主要有，1）無器械運動：跑、跳、摔跤、體操；2）藉助器械運動：跳馬、墊上翻滾、跳繩、竹馬、游泳、劍術。日本最早的運動會是 1874 年海軍兵學校的"競鬥遊戲會"，以後在文部大臣森有禮的倡導下，運動會擴展到大學、小學的教育中。明治四年（1871）在東京開城學校（東京大學）教書的美籍教師，傳來了美國流行的"棒球"，日本人翻譯成"野球"。1878 年日本首創職業"新橋野球俱樂部"。1896 年日本隊與橫濱外國人野球俱樂部比賽，取得 29 比 4 的成績。同年再戰美國東洋艦隊野球聯隊，取得 32 比 9 的連勝。明治後期，野球成為日本最有名的一種體育運動，觀眾群體激增，成為庶民熱衷的文化娛樂之一。

（6）見世物小屋

明治時代日本民間盛行的見世物小屋起源於戰國時代末期。見世物小屋是指，向觀眾展示珍奇異獸、妖怪屍人、血腥場面的一種室內展覽。見世物小屋的功能相當於現在的動物園、美術館、博物館、妖怪館，小屋可以被牽引移動，在全國各地擺場招攬市民前來觀賞。早期小屋展示的內容都是都市人只是耳聞，卻從未目睹的珍奇異獸的標本，如老虎、獅子、豹、熊、駱駝、猿猴、豬、狼、仙鶴、孔雀、蟒蛇、蟲等各類生物。珍奇生物的展出不但讓市民開闊了眼界，增長了生物知識，還給孩童帶來歡樂。後來，商人為了給人們帶來刺激感，還設計了妖怪型見世物小屋，展示小說故事中描寫的幽靈鬼怪、血腥人物、十八層地獄。恐怖的鬼怪冤魂由活人裝扮，在地獄裏申訴怨情詐屍復活。這種見世物小屋有強烈的刺激效果，令觀眾驚恐、騷然、窒息、興奮。見世物小屋的娛樂傳承至現代，是頗具吸引力的娛樂活動。一些遊園地經常可以看見各種幽靈鬼怪的小屋，傳來觀客聲嘶力竭的驚恐泣鳴。

（7）歌舞伎

歌舞伎是日本獨有的一種傳統藝能表演，被認定為"世界非物質文化遺產"。早期的"歌舞伎"寫法為"歌舞妓"，意指"能歌善舞的藝妓"。寬永六年（1629）女性歌舞妓被官方禁止，此後演藝均是男性，更名為"野郎歌舞伎"。明治時代，觀賞歌舞伎演藝是市民最津津樂道的娛樂活動，但多是復仇討敵、自殺情死、盜賊俠客的內容，受到了輿論的批判。面對媒體的指責，明治政府發起了歌舞伎的改良維新運動，形成了現代風格的歌舞伎座這一新派歌舞伎演藝形式。當時從西洋歸國的知識分子和執政者們，看到西方國家把藝術視為國家文化的象徵。於是就把歌舞伎當作了日本文化的代表，視歌舞伎為日本的國粹藝術。明治維新之後，由於西洋戲劇的大量引入，歌舞伎的人氣開始衰退。第二次世界大戰後，聯軍司令長官麥克阿瑟曾因歌舞伎中有剖腹自殺等封建忠君內容，一度禁止了歌舞伎的上演。

四、出行

江戶時代，諸藩大名在各自領地的邊界上設置關口，通過這些關口會受到嚴格限制，必須攜帶通行證，還要賄賂把守關口的官員。明治二年（1869），新政府撤廢了關口，各地庶民從此可以在國內各地自由通行。此舉對被禁錮在一地的庶民百姓來說，確實是驚天動地的大革命。因為這不僅僅是旅行自由化，也是民眾權利的解放。旅行自由化發佈兩周後，親王、公卿、諸侯等貴族便開始了各地大旅行，所到之處不準百姓下跪。同年明治天皇從京都出行前往東京，一路視察沿途各地，實現了二十餘日的大旅行。

明治五年（1872）新橋至橫濱間的鐵道開通，完成了國內第一條主要鐵道幹線。鐵路的開通使旅行方式發生了變革，過去長途旅行靠駕籠和沿路住宿，而現在鐵路大大縮短了時間，乘車費也相對便宜。明治二十年後，庶民百姓利用鐵道旅行，已經成了家常便飯。近代化旅行方式的實現，提升了寺院信徒的參拜積極性以及人們前往溫泉療養地修養的熱情。法國畫家彼克的筆下記錄了明治時代，日本社會各階層民眾乘火車出行的情景。在票房，在一等座、二等座、三等座的車廂，在停留車站，都留下了明治時代的社會風俗縮影。

五、婚葬

明治時代，神道教被定為日本國教，民眾被要求在神前結婚。日本頒佈婚姻法，規定一夫一妻制，禁止納妾。因為按照歐美文明的價值觀，一夫多妻制屬於野蠻人的性風俗文化。明治時代的前期，日本人有早婚的風俗，女子大多 14～17 歲，男子 20 歲前後結婚。在農村的庶民百姓中，通常無需婚約，不要媒人，沒有儀式，不用向官府申告，同居就算結婚。兩人分居離開就算離婚，不會發生麻煩，再婚不受影響和約束。當時，離婚再婚的自由度非常高。土佐藩的地方法規允許離婚次數不超過七次。農村、漁村中的離婚率超過都市，媳婦離家出走式的離婚非常多見。男性不在意女性是否是處女，只要健康，有勞動能力就可以再婚。富裕階層的婚禮比較講究，在神前實行"三三九度"之禮。基於日本的"共食信仰"，行"固盃"之儀，將夫婦及雙方家族的魂共有、共通化。男女對飲交杯酒，取大中小杯，女飲三杯，男飲三杯，連飲三次，每次三杯共九杯，據傳此乃為了遵循古代中國陰陽之說。神前式以外還有"水合之儀"、"貝合之儀"等象徵結緣的儀式。

明治的前夜，德國考古學家記錄了日本貴族官僚的葬儀景象，"官府 300 人身着白喪服，合掌作揖跪於靈柩周圍，40 名着喪服的僧侶誦經祈禱，儀式結束後放飛一羽白鴿，棺槨擡往寺院墓地安葬。"明治六年（1873）太政官頒佈"火葬禁止令"，理由是慶應三年，光明天皇駕崩火葬時，公卿們認為火燒軀體會令尊駕疼痛，故下令中止火葬。1875年火葬解禁，上等火葬費 1 円 75 錢。1876 年引進西洋式火葬爐。明治政府的"廢佛毀釋"政策實施後，寺院葬儀制度被廢止，葬儀屋取而代之。葬儀屋負責訂製棺桶、製作花圈、安排葬儀、裝具借出等業務。1894 年政府對貧困者實施免費火葬，1 年限定 200 具，但需事前向東京府廳申請。明治時代中期，火葬率只佔全體的 30%，庶民認定的葬式仍然以土葬為主。日本真正實現和普及火葬，是從昭和時代開始的。

六、洗浴

據中國漢代所譯《佛説溫室洗浴眾僧經》云："入浴可以除去七病，得到七福。"隋唐時期，日本遣唐僧從大唐帶回了佛教的沐浴文化，在各地寺院建立了"湯堂"、"浴堂"。公元 8 世紀中葉，聖武天皇的光明皇后曾在法華寺修建了大浴堂，湯內放入大量藥草，讓草藥蒸汽充滿浴堂，為病人治療疾患。隨着浴器的發達，洗浴逐漸在民間普及。富裕層在自家安裝了洗浴槽，市井町民則在大眾浴池享受洗浴的樂趣。

江戶時代的公共浴池稱作"錢湯"，曾經長期流行過"混浴"的習俗，形成了日本獨特的洗浴文化。錢湯的男女大浴房之間，懸掛有遮掩男女兩界的隔板，隔板與地面之間留下一個稱作"石榴口"的大開口，蒸浴的蒸汽從大開口通過，讓蒸汽均勻彌漫在男女兩邊。可是在霧氣騰騰視野模糊環境中，不良裸人能穿越石榴口闖入彼界，渾水摸魚擾亂風紀。天保改革（1841～1843 年），幕府對錢湯中的男女混浴風俗實施了嚴厲的取締措施，由於取締歷史的傳承習俗並非易事，取締令沒有獲得實際效果。幕末黑船來航，美國艦隊司令官培理將軍在《日本遠征記》中記載了他的感想："看到這裏的男男女女，可以互視彼此赤裸裸亂入混浴，不得不懷疑這裏町民的道德心。當然和其他東洋國相比，雖然他們道德心優秀，可卻是淫蕩的民類。"

明治初期，來日的西洋人寫下了親歷的感想："從歐洲人每日換內褲的視點來看，日本人出了澡堂繼續穿着不潔的內褲，給人留下了不潔的印象。可是庶民們經常洗浴，讓身體保持乾淨，雖然外衣骯髒，但是身體卻是清潔的，日本大眾是世界上最乾淨的人類之一。"明治維新時期，國家門戶開放，大批外國人來到日本。外國人在驚異日本人的洗浴風俗之餘，也加入到混浴的行列。外國人混浴問題在媒體上受到批評，政府接受了輿論的譴責，決意徹底廢除男女混浴。明治二十三年（1890）政府發佈混浴禁止法，規定孩童超過 7 歲以上者禁止混浴。寬大明亮的新型"錢湯"相繼登場，男女兩界被徹底隔離，混浴錢湯在町巷裏沒有了蹤影。在政府參與的洗浴風俗整頓中，混浴在明治末期的都市中徹底銷聲匿跡，但是地方溫泉的混浴風俗一直持續到昭和年間。現代溫泉旅游地仍然可以找到混浴風俗的蹤跡，但有着嚴格的管理制度。

七、行刑

明治維新，國家回到了王政復古的時代，天皇勢力重新登上歷史舞台。為了維護傳統天皇制下的刑法制度，恢復了《大寶律令》中，笞、杖、徒、流、死的刑罰基本原則。《大寶律令》是 651 年，日本參照唐朝《永徽律令》制定的日本史上最初的古代律令。明治新政權從防止國家內亂的角度慎重考慮，注重以緩和方式解決江戶時代遺留下來的刑法條例。對江戶刑法遺留的諸如磔、獄門、死罪、切腹刑等部分刑罰，採取了維持現狀的做法。明治三年（1870）政府公佈了笞、徒、流、死的刑法《新律綱領》。1872 年廢除笞刑,改為懲役刑。《大寶律令》中的絞、斬刑,確定為絞首刑,懸於台柱之上。1873 年廢除徒、流刑,改為懲役刑。1880 年太政官發佈第 36 號佈告《刑法》(史稱舊刑法),該刑法一直延續到明治四十年(1907),此後行刑內容逐漸趨於理性緩和。

對民間的性犯罪,江戶和明治時代的刑律上有較大區別。江戶時代,對涉及性犯罪的刑法有公刑和私刑的區別,有詳細嚴格的條文。幕府為維護社會公德,對強姦、密通、亂倫等性犯罪實施嚴厲的打擊和公刑。涉及性犯罪的刑罰有、剃髮、曬刑、追放、非人手下、遠島、遊街、死刑、磔刑、相對死等,概括為正刑、屬刑、閏刑三種刑類。私刑有:拾豆羞辱刑、漂刑、木馬刑等類。明治時代,對私通罪處罰有了很大的緩和。明治五年(1872),發佈了"雞姦律條列";1873 年"改定律列"中增添了男性間肛門性交違法條例。刑法中規定男性和女性間,性行為的最低年齡為 13 歲。

八、外國人襲來

明治天皇的一首"和歌"中有過這樣一段,詠曰:"朕之庭中,草木苗禾繁茂,然望去,外國苗木皆優於純粹日本之物種也。"歌中說,在我的庭院裏,生長着各種各樣的花草植物,可是放眼望去,還是那些外國來的花草品種,要比純粹的日本種更優秀。詠歎調一針見血唱出了明治天皇的維新思想,表現出日本金字塔上的最高人物,將率領日本人堅定不移地接受西洋文明的決心。

為了日本近代化的目標,政府僱傭了大量西洋優秀人才,運用他們的先進技術和知識參與國家建設。產業、官政、教育等各個領域內都留下了外國人創造的業績,其貢獻的成就影響至今。明治元年,國家機構和私立機構僱傭的外籍人士資料《御僱外國人》、《近代日本產業技術的西歐化》顯示,當時僱傭的外國人總計 2690 名。其中英國人 1127 名、美國人 414 名、法國人 333 名、清國人 250 名、德國人 215 名、荷蘭人 99 名、其他 252 名。延至明治三十三年(1900),已發展為:英國人 4353 名、法國人 1578 名、德國人 1223 名、美國人 1213 名。

受僱者以英國人居多,政府僱傭佔 54.8%,其中 43.4% 是政府工部省招聘的技師。美國人中 54.6% 由民間僱傭,主要擔任教師。政府僱傭佔 39.0%。外國人中的 15.5% 在文部省工作。擔任邊境開拓使的外國人中美國人佔 61.6%。法國人的 48.8% 受僱於軍隊,其中陸軍僱傭的軍事顧問佔 87.2%。受僱的德國人,政府僱傭佔 62.0%,其中文部省31.0%、工部省 9.5%、內務省 9.2%。受僱的荷蘭人,民間僱傭佔 48.5%,主要在海運業供職。近代歷史上,日本海軍最初一直接受荷蘭海軍技術的指導,以後逐漸轉向英國海軍。所僱意大利人數量較少,多服務於工部美術學校。

外國人受僱的基本條件是高額報酬。明治四年(1871),當時政府太政大臣月薪 800円,右大臣 600 円。而僱傭的造幣局外籍負責人月薪達 1045 円,其他外籍僱員中高收入者可達 600 円。至明治二十三年（1890）為止，外國人平均月薪 180 円。根據外國人身份差別的不同，僱傭薪水也存在較大的差別。儘管如此，按照國內薪金水準比較，外國人的收入現狀是極端高額的。尤其是當時從歐美招募專家，前往遠東邊境地帶開拓，伴隨一定的危險性，能僱傭到一流技術和知識的專家難度很大。此外，明治時代日本円與外國貨幣的匯率比值相差極大，也是造成外籍僱員薪水過高的原因之一。

24.01　明治時代，農民主要靠租種地主的土地為生，生活較市民而言，更為貧苦。寫真是明治十四年 (1881) 神奈川縣箱根的鄉村街道。道路兩旁的民居以稻草屋頂為特色。街道上立有電線杆，據說當時村裏已經通了電報。

24.02　寫真是明治三十三年 (1900) 神奈川縣江之島的街道。這裏比較接近城市，磚瓦結構的民居已比鄉村住宅有了明顯進步。赤裸的孩童在街上跑來跑去，彰顯百年前民巷風貌。寫真中的 "開" 形框架是當地神社的鳥居（類似於中國的牌樓），上面牌匾記 "江之島神社"。

24.03　寫真是明治初期拍攝的東京淺草公園淺草寺的二尊菩薩。日本佛教文化的繁榮發展期，是在 8 世紀到 13 世紀間的奈良時代、平安時代和鎌倉時代。日本創作的佛像多被賦予超脫的藝術形象，甚至結合了印度教和神道教的風格。遺憾的是歷史遺留的佛教寺院，在明治崇神廢佛號令下遭到大量的破壞。

24.04　日本人對墓地十分尊重，很多墓地保存在寺院，由寺院終身看守，百年以上的墓即使已經無主也會被完好地保存。日本有很多墓地就坐落在鬧市住宅區內，日本人認為，人死即去了他界，從此陰陽兩隔，無需特別的忌諱。寫真是1877年拍攝的黑谷金戒光明寺的寺院墓地。在通向高處的階梯兩側，排列着各式豪華墓碑，階梯頂端是寺院的塔樓。

24.05　明治時代的商店街，通常在街道兩側緊密排列着一個個商店，構成了一個商店市場。設立在居民區的商店街，主要是提供庶民生活所需的商品。如日用品、食料品、雜貨、飯館、酒館、服裝等，各商家都會懸掛自己家的招牌。在商店街統一舉辦祭日活動時，各商家會在自家店面前插上宣傳壯勢的大旗。寫真是商店街祭日宣傳促銷的場面。

24.06　日本的禮儀繁雜嚴謹，下尊上是自古以來的規矩。繪畫描繪了明治時代鄉村中的禮儀。農民見到了地主，惶恐之至跑上前去向地主施禮。由於荷物沉重，農民只能雙手扶膝，用力彎腰弓背，豈知後背籮筐裏的甘薯掉落了下來。圖註寫到，農民雖致禮心情可嘉，但施禮卻不夠標準。

24.07　日常寒暄是日本人基本的禮節，寒暄的表情、用語、姿勢、態度都是達到寒暄效果的重要環節。明治時代傳承了江戶時人的做法，孩童從小就要學習禮儀，養成正確做人的方法。繪畫中的一對母女，在街中遇見熟悉的人，兩手放在膝蓋上，彎腰鞠躬，寒暄問安。但女孩鞠躬時斜視對方就有違了正確的禮儀做法，應該向母親那樣才為正確。

24.08 "警官的妻子"圖，妻子在門口送夫出勤，把做好的飯盒遞給丈夫，表現的是夫妻之禮。

24.09 一日勞作的丈夫歸宅，妻子以禮恭敬丈夫是明治時代女性的基本做法。繪中妻子為丈夫準備了酒菜，慰勉一日的辛苦，為典型的小兩口家庭風貌。可是這對夫婦居住在一個頗具時代特色的"長屋"內，家家相連，壁壁相隔，鄰里之間幾乎沒有秘密可言。最長的長屋，屋屋相連達 80 米，一旦發生火災情況就會非常嚴重。長屋住家的孩子哭泣、夫婦喧嘩、男女做愛，鄰居都可以聽得清清楚楚，各種噪音交織，只能相互忍耐。

24.10 圖左是債權者手拿借據催債，圖右是債務人，他深蹲雙手扶地在做請求之禮，若雙膝跪地則是哀求之禮。

24.11 世間有重禮儀之人，也有人不懂禮儀。圖繪中一家男女在公眾場合袒胸露肉實乃不雅無禮之舉。

24.12　明治時代的禮儀規範訓練對想要成為賢妻良母的女性來說非常重要。中國傳來"禮儀三百，威儀三千"的文化，被日本人深刻理解和應用。禮儀不單單是美的一種，而且是關係到人類社會行為的習俗、制度、文化的規範。寫真是日本女子學校的學生，在上禮儀訓練課。學員要在互相監督下完成合乎規範的禮節動作。

24.13　日本茶道是以封建時代武士階層為中心的一種修養和禮儀。在喝茶時靜默心靈和行動，藉助儀式去完成心理之修行。茶道在日本是傳統文化，但在日常生活中並不常見。其過程很繁瑣，茶事過程很安靜，動作虔誠優雅，在茶道儀式之中，只有在客人都喝完茶，對主人表示謝意後，才會開始交談。明治時期女性婚嫁前修得茶道功夫，是一項重要的事。因為茶道被認為是一種禮儀修養，不懂茶道，就會被認為沒有修養。寫真是明治年間，女子學校在傳授茶道技藝。

24.14　日本插花最初是指佛教寺廟內佛前供花。六世紀時，天皇特使小野妹子考察隋朝佛教，對佛教禮儀中的祭壇供花留下深刻印象。回朝後，向天皇報告供花之事並研究插花，成為日本插花的始源。後來，插花流入民間，形成了不同的風格流派。明治時代，插花被認為是有修養的主婦必備之技能。寫真是女學生在進行插花創作。

24.15　圖為 1903 年第五屆國內勸業博覽會開放的遠東最大的水族館。這是由建築學博士設計的半永久地下構造的，天井水槽與石板組合的立體水族館。展出水生物達數百種之多。令觀賞者眼界大開，流連忘返。

24.16　明治四十二年 (1909) 東京"兩國國技館"建成，成為國技大相撲的殿堂。寫真是兩國國技館 6 月 2 日開幕式的場景。當時的建築費 27 萬円，可容納 1.3 萬名觀眾。國技館幾經火災多次重建，在太平洋戰爭中被日本陸軍徵用，用來製造飄過太平洋的氣球炸彈。1945 年 3 月美軍空襲東京，國技館再被焚毀。1984 年新館建成，土俵 (相撲場地) 上方裝飾性的日式屋頂被懸吊於空中，支撐屋頂的四根柱子被取消，更便於觀賞比賽。總建築費 150 億円。

24.17　東京淺草公園開園於 1853 年，佔地面積 8 萬平方米。明治時代公園面積縮小，在不同時期面向上流階級出展了"西洋人形"、"萬國鳥獸集"、"活動大寫真"等。明治中後期，公園逐漸向庶民層擴展，出展老虎、黑熊等大型動物，還設置兒童遊樂設施。並將動物園和植物園合併共展，受到大眾的歡迎。寫真是東京淺草公園入口處和購票處的景象。門口看板上畫有黑熊、老虎、蛇等畫像。

511

24.18　日本"曲馬"技藝源自中國的"散樂雜戲",藝人在運動中的馬背上做各種複雜驚險的表演動作博得觀眾喝彩。明治時代,外國的曲馬、曲象、曲熊也曾來日表演。

24.19　東京上野動物園開園於 1882 年,是日本最有名的動物園。門票平日 1 錢,休日 2 錢。圖繪是 1907 年進口的長頸鹿,讓日本人大開眼界。

24.20　1903 年《風俗畫報》插畫,表現俄國馬戲團來日演出,場場滿員的盛況。但演出中途解約,馬戲團歸國。翌年日俄戰爭爆發。左上是清國的京劇戲曲表演。左下是東京上野國內勸業博覽會開放的 20 米高滑山舟。

24.21 日本兒童的遊戲給西洋人留下了深刻印象。江戶時代，日本兒童的遊戲活動已很多。《吾妻餘波》記載，男孩遊戲法36種，例：竹馬、相撲、太鼓、釜鬼、駕籠等。女孩15種，例：手鞠、手玉、羽子、竹返、結緣等。男女孩合作遊戲60種，例：骨牌、捉迷藏、道中、千手觀音、水車等。洋人繪畫中描繪的玩法，還有戰爭遊戲、風箏、捉魚、拍皮球、繪畫、三味線、羽毛球、鯉魚矢車。從江戶、明治時代起，兒童每年"宮參"、"七五三"的節日一直延續到現代。當時這個島國雖然貧窮，可是兒童們卻生活得非常快樂。

Le jeu de volant

La petite guerre

Les poissons volants

La pêche aux crabes

Fête des garçons
(Nobori Koyé)

Le shamissen

Les premiers pas de la poupée

Le ballon

Le cerf-volant

Shidari-Kiki

24.22 日本兒童中最具人氣的傳統遊戲"比比女"，中國稱作"老鷹捉小雞"。玩法雖簡單，但要全體配合。寫真是明治初期，日本兒童在玩"比比女"遊戲的情形。

24.23　明治年間，人們乘火車遠行的畫面。這個人們聚堆的售票窗口，是專門賣三等車票的窗口。三等車廂是面向下層民眾象的車廂，票價相對便宜，但舒適程度較差。從服裝上看，乘坐三等車的人物各種各樣，有農民、商人、紳士、婦女、軍人、大工、打工仔等。從男乘客後背男孩的帽子可知，圖畫表現的是日清戰爭剛剛結束的年代。

24.24　二等車的一個場面。日清戰爭結束，軍官攜家眷歸鄉，一雙兒女像第一次乘坐火車那樣興致勃勃，瞭望着一閃即逝的曠野。軍官似乎仍然停留在戰爭的疲倦之中。妻子殷勤地給丈夫斟酒，期待他忘掉戰爭留下的陰影。

24.25　二等車內，窗外一片漆黑，列車已經進入夜行。一對日本人富裕階層夫婦乘客的畫面。女人在伺候丈夫飲完酒、喝完茶後，照顧丈夫入睡，並一直在一旁守護着。日本女人的體貼入微，令洋畫家彼克感慨萬千。

24.26　一等車內，窗外一片漆黑，列車已經進入夜行。一對西洋富裕階層夫婦乘客的畫面。此間情景與日本夫婦的完全不同。外國人紳士在百般照顧妻子，長途旅行的妻子似乎很煩躁，難以入睡，丈夫拿來威士忌勸妻子喝上一點。

24.27 新橋至神戶的夜行列車全程 20 小時，沒有空調的列車像悶罐一樣煎熬着遠行的乘客。早晨列車停在了彥根車站，乘客們紛紛下車方便、洗漱。在人群中，竟然有一位戴墨鏡的清國官員（左側拖長辮戴官帽者），此人何許人也……？

24.28 1872 年日本鐵道開業時，客車車廂分上中下三等。1897 年改稱一二三等，理由是輿論批評使用下等的名稱會傷害乘客的感情。為了防止乘客上錯車廂，各等級的車廂實施了噴塗一等白、二等青、三等紅的色帶區別試驗。1896 年關西鐵道、1897 年公營官鐵，全面實施了顏色和記號區分法。同時車票也與車廂同色，方便了旅客乘車。當時，二等票大約是三等票票價的 1.5 倍，一等票大約是三等票票價的 2.5 倍。圖繪是三等車內的情景。

24.29 寫真是明治三十三年(1900)的銀座，人來人往，熱鬧非常。道路中間立着燃燒嘎斯（瓦斯）照明道路的汽燈。遠處可以看到電車的影子和電話線杆。照片真實記錄了百年前庶民逛街的景象。

24.30 江戶時代，日本人娶媳婦，無論武家還是民家，需要"仲人"（媒人）才可生效，即明媒正娶。明治時代開始允許平民和華族之間通婚，大正時代流行自由戀愛結婚，都需要有媒人參與。明治時代民間的婚禮，大多沿用傳統的方式，做"三三九度"之儀。即在婚禮高潮時，新郎和新娘喝交杯酒，要交換三次酒杯，每杯酒分三次飲完。"三三九度"之儀象徵兩人嚴肅的結合，兩個沒有血緣關係的人，經過此儀之後就成了真正的親人。

24.31 日本葬儀的民俗比較講究。人死之後要為死者穿上喪服，臉蒙上白布。遺體頭部朝北，稱"北二枕"。佛式葬儀在遺體胸前放把小刀劍，以示能除妖避邪。第二日親屬在靈前守夜。第三日向遺體告別，請僧侶唸經，燒香進香。儀式結束後出殯，送火葬場火化或送墓地埋葬。墓地有祖宗之碑，家中為故人設佛壇。中圖是守夜之儀，下圖是出殯之儀。

24.32 明治十七年（1884）太政官宣佈：人死24小時後舉行葬儀。出棺通常是下午一、兩點鐘，暑季則多在早晨。葬儀之列，開路者高舉提燈打頭，接着順位是生花、造花、放鳥、迎僧、香爐、牌位、棺。棺多為木製寢棺，白布包裹。奉公人、家族、親戚、參加會葬者隨其後。到達葬禮場地，僧侶誦經、會葬者燒香，喪主和前來諸位寒暄，葬儀結束。寫真是葬儀的隊列。

24.33 最早的火葬稱作"荼毘"，是梵語火葬的日本語譯音文字。古代印度存在水葬、火葬、土葬、風葬的四種風俗。其中火葬視為正葬。相傳釋尊的骸骨就是荼毘的葬法。明治六年（1873），日本舉國神道、神佛分離，公佈了火葬禁止令，但遭到佛教徒的反對。從衛生面的理由上考慮，1875年政府廢除了火葬禁止令。日本近代自明治天皇以來，天皇和皇族都採用的是土葬。2012年4月宮內廳宣佈，平成天皇表示，死後希望火葬。圖繪是明治初期貧民的火葬儀式。

24.34 "忌中之家"圖。舉辦葬儀的家人，在門口掛出"忌中札"，對外示意哀悼期間。看見忌中札的乞食者們，紛紛前來討食。他們知道喪家的供品自己家人不會吃掉，但是飢腸轆轆的乞食者們不在乎，請求喪家施捨。畫中描繪了喪家面對乞食者們的尷尬，反映了明治初期社會貧困的現實。

24.35 日本人的刺青歷史悠久，江戶時代尤其發達。刺青文化據稱來自中國長江流域吳越地區的民俗，有"斷髮紋身以避蛟龍之害"防止其他生物傷害的效果。《魏誌·倭人傳》中有彌生時代日本"男子皆黥面文身"的記載。日本近世以來刺青的理由，有身體裝飾、個體認知、社會地位、身份表示、宗教標識、刑罰標誌等的意義。明治五年（1872）太政官下令廢除刺青刑罰，同年司法省發令禁止身體裝飾性的刺青。儘管如此，刺青作為一種藝術被默認存在，成為陰暗角落的大眾文化。繪畫是明治初期的刺青者。

24.36 明治初期大戶人家的廚房作業圖。廚房內開設有一口水井，主婦正在打水，將水桶吊在滑輪上，能省力地將水汲取上來。灶台上的炊飯釜冒着開鍋的蒸汽。家中僱傭了兩位幫工婦，在繁忙地準備當日的飯菜。廚房內的櫥櫃、吊櫃、餐具、各種水桶、飯台等一應俱全。

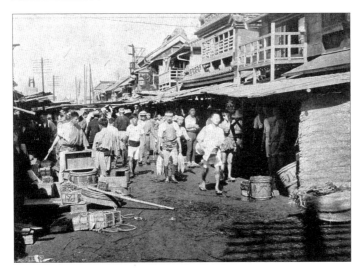

24.37 位於東京日本橋的魚市場始於江戶慶長年間（1596～1615），在幕府的許可下，漁夫商賈匯集在這裏向幕府納魚，或在市場上販賣。市井間常把魚市場稱作"魚河岸"。魚河岸一帶是物流的集散地，商賈雲集，形成了一個熱鬧非凡的商業中心。魚河岸作為海產品零售的商業街，每日清晨就會有最新鮮的海產品上市，大小料理店都會前往這裏進貨。寫真是明治末期，日本橋魚市場的一角。

518

24.38 明治四年（1871）明治政府發出太政官佈告，公佈"散髮脫刀令"，俗稱"斷髮令"。將髮髻散開剪短，解除佩刀，象徵着日本人從此接受西方文明的決心。圖繪是明治初期，"斷髮令"發出後，市井間理髮館內的情景。門口懸掛"千客萬來"的招牌，理髮座椅前高懸一幅"形直其影正"的橫匾。理髮鏡前觀己之影，暗誦橫匾文意，可以理解明治國家倡導的明治精神和做人的道理。兩位年輕人剪掉了髮髻，一種新氣象新感覺油然而生，有如跨入了一個新世界的心境。下圍棋的兩位中年人，心情忐忑，或許他們還在留戀這個象徵武士階級身份和地位的髮髻。

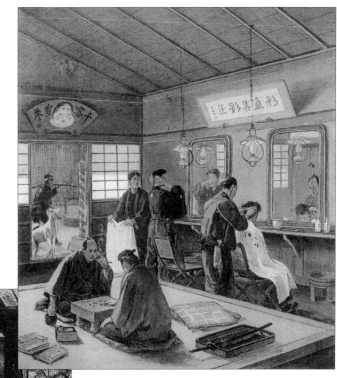

24.39 學者三人，關於國家政治的討論，各持己見互不相讓。明治維新時期，湧現出很多關心國家大事的學者，他們為國家獻計獻策，推動了國家維新的步伐。

24.40 西洋人學者獨自遊歷各地，考察日本這個神秘的島國，來到山間一家小宿店，店女主人立即給客人端上茶水，脫掉鞋襪幫助足浴。真是不可思議的服務，洋學者百思不解。可舉眼望去，井邊的車夫竟然在人們面前赤身裸體用水沖洗身體，又一個不可思議的問題襲上學者心頭，日本真是一個奇妙的國度。

24.41　明治維新，日本開放國門，吸引西洋人紛紛前來參觀這個神秘的島國。1894年西洋漫畫記錄了一個叫詹姆斯的英國水兵，獨遊東京遇到的故事。

①詹姆斯是英國軍艦的士官，這一天休假獨自上岸觀光。剛登岸就有人力車夫前來誘說，勸其乘坐人力車比走路更快樂。

②詹姆斯似乎對橫濱並不感興趣，他要去東京，人力車載他去了櫻木町火車站。

③詹姆斯乘上蒸汽火車，開往東京方向。

④詹姆斯在街上閒逛，竟成了人們好奇圍觀的對象，他無意間看到了一家旅館。

⑤還真想嚐嚐日本料理，今夜乾脆就住在這裏。進入店家主人卻不讓入內，比比劃劃才知道日本風俗必須脫鞋才能進屋。

⑥在店主人指導下，詹姆斯脫鞋入店了，但女店員在笑話洋人不懂規矩。

⑦詹姆斯坐定後向店主人比劃，告訴他肚子餓了要吃東西，店主人也比劃説懂了。

⑧榻榻米沒有椅子，詹姆斯不會盤腿而坐，只能斜靠着，吸着煙等着上菜。

⑨菜餚來了，女店員端着酒菜擺在眼前。可是沒有桌椅，詹姆斯只能趴着吃飯。女店員們看到詹姆斯使用竹筷子樣子，大笑起來。

⑩女店員終於明白這個洋人的為難之處啦，即刻用兩個箱子做成椅子讓洋人坐了上去。給他斟酒吃魚串，詹姆斯滿意了，躲在門後的店主人也高興了。

24.42　明治二十四年（1891）的風俗漫畫 "警察的煩惱"。明治維新時期，外國人紛紛來到這個東方神秘的島國旅行和居住。外來文化的進入，給執行公務的警察帶來語言上的煩惱。畫中説，警官不會外國語，也不能失了體面。面對彬彬有禮洋人的尋問，這位警官只能用手勢比比劃劃為洋人指路，引來旁觀者的嘲笑。

24.43　圖為幕末明治初期日本的"藥商"走街串巷賣藥的情景。各家藥商組成一個賣藥小隊，吆喝販賣自家藥品。畫師看到日本人這樣的賣藥方法深感驚訝，也對漢文化中同行是冤家的說法不以為然，島國的同行竟然是另外一副景象。

24.44　"漢藥研具"是從中國傳來的將中草藥磨成碎末的道具。在明治維新全面西化之前，漢醫藥方仍然是治病的主要醫療法。許多家庭會自備研具，自行煎藥熬湯。圖中老婦在研藥，抱孩婦女在用藥鍋煎藥。

24.45　歷史上日本的漢方醫是在中醫基礎上發展起來的醫療法，在江戶時代尤其盛行，明治以後衰退。江戶幕末至明治初期的醫者，診療病者與中國醫師的治療法基本相同，多是通過號脈了解病情。醫者根據病情開出治療的藥方，患者去藥店抓藥回來煎熬。繪中醫者在聚精會神為病者號脈，採用的是三指號脈技法。

24.46　明治時代的日本人傳承了江戶時代的洗浴文化。對日本人來說，最能解脫一日勞作疲勞的是熱水浴，每日入浴成為日本人重要的習慣。寫真記錄了明治初期庶民家的洗浴風俗。入浴者泡在木桶內，特製的木桶下有燒火處，可以加熱木桶內水溫。一般的洗浴順序是，先將身體洗淨後再進入木桶內浸泡。一家之主沐浴結束後，其他家庭成員再順序入浴，傭人幫工最後入浴。

24.47　幕末及明治初期，日本人洗浴風俗令外國人驚異。左右兩圖，全家男女在一個浴槽內入浴被視為正常之事，並無羞恥可言。右圖一家夫婦在桶內入浴，傭人在幫助吹火加熱桶中水溫。左圖，公公婆婆、兒子兒媳、孫子孫女在一池混浴也視為正常。美國艦隊培理將軍在日記中記載，日本人是猥褻文化的民族。日本人放蕩的、非道德的、不貞的、無羞恥心的人格特性，在墮落自己的民族。東西方文化的衝突，給彼此帶來多樣化的認識和理解。

24.48　圖繪是幕末明治初期，地方官審訊嫌疑犯的情形。當時的訴訟手續，採用“吟味”和“出入”兩種方法。“吟味”適用於刑事訴，讓嫌疑犯坦白交代的審訊者右一是“吟味役”，右二是記錄的書記官。背後的幔帳是“吟味掛”。被捆綁的人是嫌疑犯，左是看管手。圖中場面森嚴，在官方掌握一定證據，而嫌疑犯狡辯否認的情況下，嫌疑犯將面臨用刑拷問的皮肉之苦。

24.49　拷問之一。嫌疑犯拒不招供的情況下，會遭受用刑之苦。畫面上的刑罰是讓嫌疑犯跪在有棱的圓木上，在大腿面壓上石板重物，逐漸增多，令其痛苦不堪，逼其交代。拷問現場會有審訊官、書記官、陪審官、執刑人等。

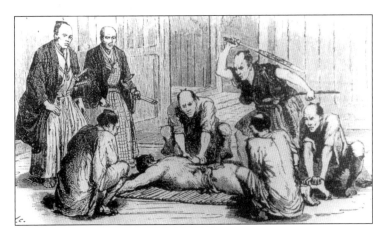

24.50　拷問之二。嫌疑犯拒不招供的情況下，會遭受用荊條或大竹板拷打之苦。行刑時，除去褲子露出臀部，行刑助手按住受刑人四肢，掌鞭手杖其臀部。雖然會打得皮破血流，但內骨不傷，卻疼痛甚重，使其交代。拷問現場會有審訊官、書記官、陪審官、執刑人等。

24.51　死罪犯人在行刑前，會被強迫遊街羞辱，讓眾所周知。體質衰弱的罪人捆在馬背上遊街，體格健壯的罪人則帶枷徒步。鳴鑼開道的告示牌上記載犯人罪狀，犯人被前後簇擁，從牢獄至刑場之間沿街巡迴受辱。

24.52　拷問之三。逆吊嫌疑犯於井中，蓋上木蓋，令其受大頭朝下及受黑暗恐懼之苦。

24.53　男女通姦、殉情未遂、僧侶犯色罪，適用於曬刑。曬刑是羞辱刑的一種，在眾人面前讓其精神上蒙受羞辱之苦。

24.54 "斬首刑"是使用日本刀將犯人頭顱砍下的刑罰，與火刑比較，屬於苦痛較小的刑罰。在死刑中算是比較輕的刑罰。事實上日本刀斬首刑的執行者需要具備高度的斬首技術，失敗者並不少見，令受刑者苦痛萬分。日本斬首刑的廢止是明治時期江藤新平等人運動的結果。當時日本為了撤廢與列強間不平等條約而積極幹旋，而日本又被西方視作野蠻國，在這一背景下，明治十五年（1882）日本廢除了斬首刑。

24.55 "火刑"適應於放火的罪犯。在市街中遊街示眾之後，綁在預備好柴火的柱上。為防止繩子燃燒脫落，繩子用泥土包裹塗佈。檢視役確認正身後，下令點火。火刑結束的終點，必須是在（男性的鼻子和陰囊、女性的鼻子和乳房）完全燒毀後，處刑才算結束。行刑後屍體曬三日三夜，最後將屍體扔於荒野，讓野鳥野犬食盡無歸。

24.56 "獄門"等同"梟首"刑，被公開處刑後，將頭顱斬斷置於獄門台上曬首三日。獄門刑適用於強盜殺人，殺害主人，殺害地主家主人，假秤、假升偽造罪等罪行。獄門台高 1.2 米，用鐵釘將頭顱固定，黏土填充隙間。夜間用木桶罩住，由其他犯人站崗看管。台前樹立犯人罪狀牌。明治十二年（1879）太政官頒佈第一號佈告，廢除了獄門刑。1882 年廢除了斬首刑。寫真是明治五年（1872），殺害母親的犯人的獄門首。

24.57　江戶時代，武家社會對妻女的貞操規定非常嚴厲。幕府編纂的《御定書百條》中的密通罪規定，密通之妻死罪；密通之男致傷密通妻的夫，死刑獄門；密通之男殺害密通妻的夫，死刑磔門；與主人之妻密通死罪；本夫抓到妻子和姦夫的密通現場時，有權即刻斬殺姦妻姦夫而不問罪。密通罪的女子處刑方法之一是"木馬刑"，受刑女子被迫騎在形如木馬的三角背上，性器直接壓迫在三角棱的峰口。隨着時間的延長，玉門股間猶如撕裂般苦痛。重刑時兩腳腕上添掛重物，使陰部痛苦倍增。臭名昭著的密通罪到了明治十三年（1880），改成"姦通罪"處以6個月以上，2年以下的重禁錮刑。該罪名直到第二次世界大戰結束的1947年才在新憲法中廢除。

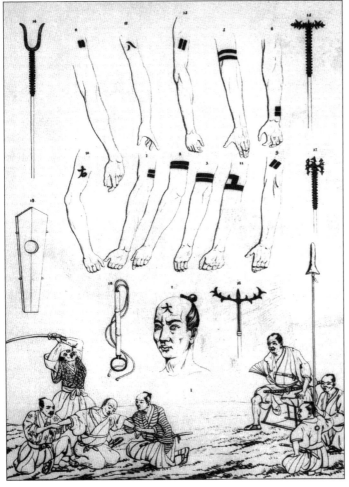

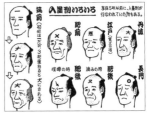

24.58　墨刑起源於古代中國五大刑罰之一，日本遣唐僧帶回了唐朝的刺青文化。江戶時代以降，為了抑制犯罪，刺青作為刑罰的一種，在胳膊左上部刺墨兩圈，或刺上文字、符號、條狀記號。但是各藩的刺青刑規則有所不同，也有輕罪在腦門上刺青入墨的情況。初犯刺青入墨"一"；二犯加刺"ナ"；三犯加刺"大"；四犯加刺"犬"；犯罪五次則死罪。也有刺X形、O形、惡字等符號的情況。明治維新以降，向近代國家體制邁進的新政府，明治五年（1872）下令廢除刺青刑罰，同年司法省發令禁止身體裝飾性的刺青，已經刺青者必須在警察署登記。可是1881年英國喬治王子（即後來的喬治五世）訪日，特意在日本做了刺青；1891年沙俄尼古拉皇太子和希臘皇子訪日時也特意做了刺青。由此，刺青作為一種大眾藝術被默認存在至今。現代日本雖然沒有限制刺青的法律，但是整個社會對刺青表現出強烈排斥的意識，並限制刺青者的社會活動範疇。

25　少數民族

　　日本大和民族的語源，出自於"日本民族"、"和人"的稱呼。大和民族的母語是日本語，居住在日本列島。彌生時代（約公元前 3 世紀～公元 3 世紀），在大和（奈良盆地東南部"和州"）地區生活的部落，組建了大和王權（大和朝廷），別稱"大和國"。隨着大和王權勢力的擴大，大和部族的人在日本各地擴散，"大和"也變成了民族的名稱。

　　古代中國各王朝把生活在日本列島中心地域的人稱作"倭"，日本列島的政治勢力也自稱"倭人"、"倭國"、"大倭國"、"大和國"。歷史上"倭"的字解曰：倭由"人"字加"委"字組成，"委"字由"禾"字和"女"字構成。禾是"粟的穗"，與"稻"和"麥"的穗比較，其形矮小突顯彎弓之狀。這樣的形體再加上女字，委的整體就形成了彎腰弓背、體型矮小的柔而不剛的女人形，英語表達成"supple"。"委"字加"人"字，男女結合成了"倭"字，增加了柔順、躬身、恭敬、柔弱、不剛的字感。奈良時代（公元 710～794 年）中期，倭人開始逐漸用"倭"的同音字"和"來替代"倭"字，在兩字並用的長期演化中，"和"字後來成為歷史稱呼的主流。"和"者諧也，遠古以來漢文字就賦予了"和"字以諸多美好的釋義。倭人終於把彎體弓背的字形"倭"字去之忌用，改用"和"字表現日本民族。公元前後至七世紀末，倭國人改國號為"日本"。

　　近代日本國，除大和民族以外還存在少數民族團體，屬於遠東地區的先住民有：居住在北海道一帶的阿伊努族、鄂羅克族、尼夫赫族。屬於合併的集團有：居住在本州、四國、九州的蝦夷、熊野、熊襲、隼人的先住民，這些先住民在中世紀以前就被大和民族完全同化。屬於外夷被日本吞併的異族，主要是居住沖繩縣、奄美群島的琉球民族。在近代歸化成日本國籍的韓國、朝鮮、中國大陸、中國台灣、歐美系人，被分類為日本國籍的外夷少數民族，但在國際法上通常解釋為他國的國民，被排斥出純粹大和民族的範疇。因此，日本國一般被視為大和民族的單一民族國家。

一、阿伊努族

　　阿伊努人是居住在日本和俄國之間的北海道、樺太島（庫頁島，又名薩哈林島）、千島列島的原住民。中世紀以降，日本人稱阿伊努人為"蝦夷"，把北海道叫做"蝦夷地"。明治時代後的研究發現，阿伊努人相比蒙古人種（黃色人種）骨骼發達、體毛濃厚，從人種論的角度更接近高加索人種（白色人種）。明治以降，阿伊努人與和人不斷通婚融合，現在血統純正的阿伊努人已經很少了。

　　阿伊努人的農業不發達，農耕工具落後，沒有大規模的土地開墾和農業種植。主要從事漁獵、山林採伐及貿易等生產活動。鮭魚及鮭魚乾，是他們的主要食物，也是他們用來與和人貿易的主要產品。阿伊努人信奉"泛神論"，相信動植物、生活道具、自然現象、海嘯地震、疾患疫病的靈性。舉行神事時，會對各種神膜拜祈禱，而且有在神前裁決審判的風習。

阿伊努人的房屋構造簡單，先在地面挖若干個坑，坑內立一短木柱，夯實立柱周圍的土，房屋基礎就算完成了。然後就在這種"掘立柱"上面搭造房屋，各種樑柱組合成房屋骨架，房頂鋪蓋草茸，房屋即告竣工。阿伊努人的寶貝一般是從異文化圈得到的珍貴之物，如刀劍、銀器、中國絹織物（蝦夷錦）、漆器類、猛禽羽毛等。阿伊努人會攜帶物產經過樺太到達清國沿海，交換清朝官服、絹織物、鐵製品、玻璃玉等物。

阿伊努人有自己的民族語言阿伊努語，但沒有自己的文字。江戶時代，北海道正式成為日本領土，日本採取了同化阿伊努人的政策，強制學習使用日本語。正因如此，近代以來，阿伊努人留下的文字記載，主要是用日語假名和羅馬字母書寫的。江戶和明治時代，和人對阿伊努人的文化不能理解，因此對阿伊努人採取比較輕蔑的態度。

阿伊努人有嚴厲的族刑法，村落內部有犯罪行為發生時，村長的權威至高無上，可以裁決被告者的罪行。一般通姦罪會切耳削鼻。盜竊罪會施以棍棒杖刑或處以斷筋刑。阿伊努社會沒有明文法典，村長的性格和情緒會左右量刑的輕重。性情溫和的村長或會寬大處理，性情冷酷的村長則斷罪嚴厲。阿伊努人沒有統一的政權，執法在各個部族各有不同。北海道阿伊努部落沒有死刑，樺太的阿伊努部落存在活埋刑。

二、鄂羅克族

現在鄂羅克人在日本的數量不明（約數十人），俄國境內的鄂羅克族共計 346 人。主要語言是俄語、鄂羅克語、日本語，居住在俄國的樺太島。十九世紀中葉俄國人佔領樺太島，與島上的原住民不斷發生矛盾衝突。不滿俄國人騷擾的鄂羅克族人、阿伊努人，被迫舉家遷往北海道。明治時代，日本與俄國簽訂了《樺太千島交換條約》，日本放棄了樺太島。明治三十七年（1904）日俄戰爭中，日本奪回了樺太島。後來，日俄雙方根據簽訂的《樸茨茅斯和約》，將樺太島劃分南北兩部分，南部歸日本國所有。此後，遷往北海道的鄂羅克族人、阿伊努人又返回了樺太島。太平洋戰爭日本人戰敗，蘇聯紅軍重新佔領樺太島，親日本的鄂羅克族人、阿伊努人再度舉家遷往北海道，加入日本國籍成為日本國民。在日俄間的長期爭鬥中，鄂羅克族人、阿伊努人實際上成為受害者。

鄂羅克族主要從事畜牧和漁獵業。傳統建築是用比較細的木杆，組合成尖頂帳篷樣式的圓錐形小屋，外側蒙上毛皮等禦寒之物。其服裝特點是貼身內衣多用魚皮製作而成。鄂羅克族傳承了先祖的傳統工藝技術，擅長刺繡、白樺樹皮細工、皮革工藝等，產品均有與外界進行貿易交換的記錄。

三、尼夫赫族

尼夫赫族是生活在樺太島中部的民族,與阿伊努族和鄂羅克族為鄰,是相對較大的部落。現在居住在俄國的尼夫赫族約 5300 人,散落在日本的約 30 人。尼夫赫族有本民族的語言,在日本和俄國交錯演變的歷史過程中,尼夫赫族的語言也發生了變化。明治時代,居住在樺太島和北海道的尼夫赫族人,使用俄語、尼夫赫語、日本語。第二次世界大戰結束後,日本失去了樺太島,島上的日籍尼夫赫族人被蘇聯政府強制驅逐出境,遷移至北海道定居。

尼夫赫族人有着蒙古族人的骨骼特徵,最初,以吉里迷為首的部落生活在黑龍江下游至樺太島一帶。據傳,吉里迷是蒙古建國功臣木華黎的子孫,服從蒙古王命令居住在黑龍江下游,後受俄國勢力排擠,被迫向樺太島遷移。

日本關於尼夫赫族和鄂羅克族的歷史記載,主要集中於 1905 ～ 1945 這段時期,即從日俄戰後日本獲得樺太島南部,到二戰結束蘇聯完全佔領樺太島為止。由於戰後這兩個民族移居日本的人口數量很少,無法形成獨立的文化體系,構成真正的少數民族。但是作為日本明治維新以來近代歷史的一部分,留下了曾經屬於過日本的外支民族的痕跡。

四、外夷族

日本國最大的外夷族是來自中國的漢人,漢人移民日本,在歷史上曾留下很多傳說。司馬遷《史記》中有徐福為秦始皇尋長生不老仙藥,率數千童男童女,攜五穀糧種東渡日本的記載。還有唐代著名的鑒真和尚為傳播佛教執意東渡日本的壯舉。無論歷史背景如何,他們都是從中國移民日本的先驅。歷史上,日本崇尚中華文明,數千年華夏文化博大精深讓日本人充滿憧憬。漢唐的文字、詩歌、法典、佛教、風俗、儒教等等,都是傾倒倭人的大陸文化。在島國人的朦朧臆想中,海那邊就是富饒的土地和豐衣足食的“東方天堂”,大和人內心深處隱藏着複雜的民族劣等感。近代影響東亞格局的日清戰爭,讓日本人來到夢寐的“天堂”,當遠征兵目睹清國人貧困的世相和無秩髒亂的國度時,強烈的反差改變了日本人心中對東方大陸的憧憬。對大中華文化固有的“讚賞”、“崇敬”心理開始崩潰,隱藏在內心的劣等感,迅速逆轉,大和民族自身的優越感開始成為時代思潮的主流。

明治四年(1871)《日清修好條約》締結,從清國來日本經商和定居的商人增多。明治九年(1876)在日清國人總數到達 2449 人;1893 年日清戰爭前達到 5343 人;1937 年日中戰爭前為 2 萬 7 千人;截至 2010 年,旅日華人為:687156 人(大陸)、44072 人(台灣)。現代日本的法律將居住在日本的中國人定義為“在日中國人”。

日本第二大外夷族是來自朝鮮半島的朝鮮人。明治九年(1876),《日朝修好條約》締結,1880 年朝鮮在日本開設了公使館。此後朝鮮留學生、政治避難的流亡者開始在日本居住。明治四十四年（1911），旅居日本的朝鮮人已經達到 2527 人。日韓合併的時代，韓國人大量東渡日本，把日本作為自己的國家而定居。朝鮮戰爭的時代，戰火中的韓國人大量湧入日本，其中許多的韓國人被徵發勞工。1930 年的調查顯示，"在日朝鮮人" 人數為 419009 人。截至 2011 年達 545401 人。現代日本的法律將居住在日本的朝鮮人、韓國人定義為 "在日朝鮮人、在日韓國人"。

　　近代歷史上，白人至上主義和人種差別的思想在全球蔓延。在白種人眼裏，黑色、黃色等有色人種的膚色是對上帝的冒瀆。只有白人才是先天優良的，可以支配有色人種的種族。掠奪他們的財產，奴役他們的民族是天經地義的事情。西洋白人至上主義的傲慢思想、大中華的華夷思想、朝鮮小中華思想、日本唯我獨尊的思想，在十九世紀的文明大碰撞中動盪了世界。中日朝三個國家採取了各自的立場和方式應對，爭強好勝、好奇心極強的日本人，認識到本國文明的落後，從此開始了 "脫亞入歐" 意識形態的大轉換。在脫亞入歐的背景下，日本政府招聘了大量西洋人，前來幫助建設國家，其中不乏有與日本女性通婚的西洋人。日俄戰爭後，隨着日本國家實力的崛起，以及不平等條約的撤廢，曾定居日本的洋人在日生存的優惠政治環境喪失，被迫紛紛返回祖國。明治維新日本脫亞入歐，學得了西方文明，戰勝過大清國、俄國、德國，二戰以一國之力與多國聯軍膠着，最後敗於原子彈的威力。可是日本人從心底裏，沒有真正屈服過白人至上主義的人種差別。

　　日本法律中雖然沒有 "外夷族" 之說，但是日本近代以來在大和國粹主義意識形態裏，曾經對世界大多數民族有過輕蔑的歷史。這是明治維新以來國民意識的轉變；國家經濟的騰飛；軍國主義的膨脹；對外族侵略的擴大，形成的狹隘民族優越意識的結果。戰敗後的日本一度反省，但是隨着經濟大國的崛起，唯我獨優、輕視外國人的潛意識仍然在心底湧動。

25.01　美國教育家古拉庫博士是園藝學、植物學、礦物學學家。明治九年（1876）受日本政府招聘來日，擔任札幌農學校（現北海道大學）的第一任首席講師。他的教學風格是經常帶領學生前往原野、森林、山川，現場教授動物學、植物學，了解當地居民的生活文化。寫真是明治十年（1877）古拉庫博士與樺太島居民阿伊努族女性在一起的合影。女性們身着皮袍，足蹬毛靴，有着未開化的土著風貌。

25.02　中世紀以降，日本人把北海道叫做“蝦夷地”，稱那裏的原始居民為阿伊努族人。阿伊努人的人種特徵是皮膚較黑，毛髮濃密而長，臉上和身上的汗毛蓬茸，成年男子身高約1.6米。面孔有白種人骨骼特徵。明治以降，北海道得到開發，阿伊努人與日本人通婚比例增加，現在純正的阿伊努人已經很少。寫真是鬍鬚茂密的阿伊努壯漢。足蹬草鞋，身披動物皮袍，格鬥武器是圓粗的棍棒，凸顯出好鬥的勇猛氣質。

25.03　阿伊努人有自己的語言"阿伊努語",分口語、雅語但無文字,屬於馬來波利尼西亞語系。他們流傳有許多傳說故事和敍事詩歌,與大洋洲各地土著居民的民間創作有類似的地方。圖為阿伊努一家人和他們居住的茅草屋。

25.04　阿伊努人自古以漁獵為生。隨着日本人進入北海道,阿伊努人逐漸放棄了原始的生活方式,開始了種植和漁獵兼顧的生活方式。寫真是阿伊努男子和他們的草屋、小舟。

25.05　阿伊努人曾是一個漁獵民族，駕着獨木舟在水上游　　　北海道森林、原野、大海是他們賴以生存的故鄉。這種生
弋，持槍在林中逐鹿奔跑，過着自由自在的生活。廣闊的　　　存方式與大和民族完全不同。

25.06　阿伊努人風俗信仰中最有名的是"熊祭"。在森林中　　　子載歌載舞，直到將熊仔飼養長大實行"熊祭"禮儀，將
捕捉熊仔，當作熊神來飼養供奉，經常會圍繞着關熊的籠　　　熊殺死送往天國，寫真是將熊解體前的儀式。

25.07　阿伊努人視熊為神聖，但熊又是他們狩獵的對象。在捕殺時用“矢毒”箭射殺，稱作“毒神之禮”。寫真是獵人用箭射殺熊之後，向熊神跪拜施禮的情形。毒箭毒性極強，熊只中一箭便倒地斃命。

25.08　現代人在阿伊努岩畫中發現了阿伊努社會存在的古老文化。有手持帶柄石斧的人，有漁民、獵犬、柵欄、獨木舟、太陽、水獸、魚叉、跳舞的人和巫師等圖案。反映了阿伊努先人的漁獵生活和祈禱神靈乞求豐衣足食的歷史風俗。寫真是巫師在為虔誠的村人作法呼喚神靈的情形。

25.09　阿伊努人神聖的酒宴，祈禱神靈保佑漁獵豐收。在祭日的酒宴上，賓客們酒足飯飽、情緒高漲，座席中年長者站起來跳舞，口中不斷發出吆喝聲，並即興唸讚美詩，向人們祝福。寫真是阿伊努人神聖酒宴上祭神的場景。

534

25.10　寫真是阿伊努人面對大海
舞刀，向死神示威作法的情形。

25.11　阿伊努人有本民族的生死
觀，人死後將歸屬神的世界，到
神的世界去生活。因此死者將帶
着生前使用的狩獵工具、裁縫用
具作為陪葬品埋葬。而且生前的
傢具、生活用品、生活的草屋全
部燒掉，送死者去往那個世界。
一般葬儀，第 1 日準備死者裝
束、墓碑、陪葬品等；2 日遺體
入殮、守夜；3 日出棺、埋葬；4
日焚燒生前小屋。寫真是家屬把
死者生前的小屋燒掉的情形。

25.12　阿伊努人草屋內的陳設。
居室的中心是煮飯和取暖的爐
灶，稱作“圍爐”。棚頂上掛着
風乾了的鮭魚。鮭魚是阿伊努人
生活，特別是越冬不可缺少的食
物，烹調時將鮭魚掛在圍爐上方
用炭火熏製。室內的其他陳設非
常簡單，僅見地鋪等簡陋家具。

25.13　明治初期，日本政府的北海道開拓使鼓勵本島日本人移民北海道，並對移民給予米、錢、農具等方面的支持。最初的移民以東北一帶的士族移民為主力，後來，平民逐漸成為移民的主流。移民大多是東北和北陸地區的居民。明治六年（1873），在開拓使次官黑田清隆的建議下，政府開始實施屯田兵制度。屯田兵擔任北方的警備和開拓任務。前期屯田兵的募集，原則上以士族為對象，稱作"士族屯田"。後期屯田兵以平民為對象，稱作"平民屯田"。他們平時以經營農業為主，同時執行軍務。其人數在明治三十七年（1904）撤銷之前，已經達到 4 萬人，經營 37 個兵村，開發田地面積達 2 萬 382 町步。日清戰爭期間，屯田兵經過整合編制，派出一個師團前往清國滿洲作戰。寫真是 1895 年北海道太田屯田兵的一戶人家。他們已經達到了小康生活水平，家裏有地有馬有房豐衣足食。

25.14　寫真是明治二十八年（1895）尼夫赫族人的一個大家庭。尼夫赫人俄語稱"吉利亞克人"，是西伯利亞東南地區原住民族，有典型的蒙古族人骨骼特徵。分布於黑龍江下游至入海口以及庫頁島北部，現俄羅斯聯邦的哈巴羅夫斯克邊疆區和薩哈林州。近代也有居住在北海道，以捕魚、狩獵、養犬為生的尼夫赫人。

25.15　居住在北海道、樺太島、千島列島的阿伊努人。中世紀以降，日本人稱阿伊努人為"蝦夷"，把北海道叫做"蝦夷地"。

25.16　有蒙古族人骨骼特徵的尼夫赫族，與阿伊努族和鄂羅克族為鄰，在當時是相對較大的部落。

25.17　居住在北海道的俄羅斯人，1917年蘇聯十月革命後，逃亡至北海道避難的俄羅斯人達7251人。日本現存少量的俄羅斯歸化者。

25.18　有蒙古族人骨骼特徵的，説俄語的鄂羅克族人，史上幾經輾轉舉族遷往北海道，現僅存數十人。

25.19　十八世紀，俄國遠東的艦船沿着千島列島頻繁出沒。十九世紀俄國人佔領樺太島，與島上原住民不斷發生衝突。不滿俄國人騷擾的鄂羅克族人、阿伊努人被迫舉家遷往北海道。這些説俄語的土著人在北海道和阿伊努人雜居在一起。寫真是日本人、阿伊努人、白俄人收穫後的合影。

25.20　江戶幕末開港以來，函館成為外國船舶進出的重要
港口，函館市作為北洋漁業基地隨之迅速發展起來。從函
館山周邊開發，逐漸擴大到整個龜田半島。日本政府開拓
北海道時，先後在函館設置了開拓使派出所和支廳。在北
海道廳成立前，函館是縣廳的所在地。寫真是明治二十二
年（1889）在函館弁天炮台鳥瞰市內近代化街道的景象。

25.21　明治九年（1876）札幌本廳物產局建設了製絲所、
葡萄酒製造所、麥酒釀造所。最初釀造的葡萄酒是山葡萄
酒，味道酸澀。寫真是札幌葡萄酒製造所開業典禮的景
象。大門口擺放了十多個釀造葡萄酒的高大木樽。

25.22 明治十三年（1880）北海道開拓廳在美國技師指導下，開始採掘煤炭。從人力採炭到機械化採炭，北海道幌內炭礦作為日本近代煤炭工業的先驅輝煌了半個世紀。最大礦洞"北炭"的生產量達到了100萬噸。寫真是明治三十年（1897）幌內炭礦的礦車鐵道。

25.23 明治時代，北海道發現了煤礦，吸引了來自日本各地的勞動者。坑夫（礦工）三班輪番上工，日夜不停地開採煤炭。礦洞內的生產條件落後，頻繁發生爆發傷亡事故。寫真是明治三十五年（1902），夕張炭礦坑夫的工棚。

25.24 坑夫的勞動存在各種各樣心酸的歷史記錄。明治十六年（1883），開始有受刑者在礦井內勞動服刑。1916年在"萬字坑"、"美流渡坑"等礦井，先後有包括朝鮮人、中國人在內的數萬名勞工被強制送入礦井內勞動。在宿舍住地，保留有"鮮人共同墓碑""清住墓地"的外國人勞動者之墓。寫真是坑夫把採掘出來的煤炭，從礦井下用礦車運出地面的情形。

26　明治女性

一、母權的時代

　　母權制度是指國家權力由女性，尤其是家庭權力由母親掌握為特徵的社會型態。世界上的許多國家都出現過母權時代，在她們經歷的時代裏都留下了有別於男性特徵的歷史記錄。日本從古至今 126 代天皇中，就有過 10 代女性天皇，其中 8 代女天皇集中在公元 7-8 世紀的飛鳥、奈良時代。日本女帝的產生與皇位交替關係密切，古代天皇在皇權交替時，為避免流血衝突，保證政權的和平過渡，就先由皇后或皇太后即位。待皇太子長大成人，她們再隱退幕後讓皇太子即位，故日本史上的女帝被稱作"過渡天皇"。歷史證明女性天皇的角色，具有緩和權力之爭，避免流血衝突，保證皇位和平交替的作用。

　　日本民間社會的歷史，長期存在"婿入婚"的婚姻形態。婿入婚的家庭結構中實行母權制，男女結合的主要特徵是男子"出嫁"到女家，孩子由女方家撫養，親子關係均依母系確定，家庭財產主要傳給女性後代。母親在家庭中擁有絕對性發言權，母親和母親家族對後代的成長擁有絕對的影響力和支配權。

　　日本江戶時代，"婿入婚"的婚姻方式，傳承了自古以來的民俗。但是崛起的武家社會（武士佔統治地位的社會）開始影響"嫁入婚"的婚姻形式，"家父長制"的家庭構造受到重視，母權影響被削弱。江戶時代武家的家庭習俗中男子優位，長男擁有繼承權，而在民間的商家和庶民家庭習俗中，女性擁有較高的權利和繼承權。江戶民間有"三行半"的風俗，指夫妻關係中女性有權寫下三行半文書表明離婚的意願，一紙婚姻解約書就可以脫離夫妻關係，休掉丈夫。婚姻生活中，夫妻之間有明確的借貸記錄。武家丈夫若要離婚，必須還清妻子從娘家帶來的"嫁妝錢"，否則無權提出離婚。江戶的婚姻家庭，女性承擔家庭全體幸福的責任。妻子作為家中主婦，根據自己的判斷，有權調度一家食物、衣物、子女用品、教育費、夫的用度、社交等的支出。夫是收入的創造者，妻是家庭的銀行家。江戶時代，無論武士、百姓、町人階級的家庭，女性的地位都處於較高的水準。

二、近代女權的倒退

　　近代日本女性的地位和權利，從明治時代至第二次世界大戰日本戰敗為止，呈現退化的趨勢。明治二十三年（1890）《教育敕語》發佈，恢復了儒教的道德觀，朱子學的男尊女卑傾向抬頭。"家父長制"制度被強制推行，民法規定長男擁有繼承權，男性被賦予絕對優勢的地位。明治時代男女在一起行走，要求女性的位置須在男性身後三步以內為正確禮儀。女性雖然有提出離婚的權利，但法律規定女性單方面有維護貞操的義務。婚後丈夫使用了妻子的嫁妝錢，離婚時也可以不全額返還。在武家的社會圈內，妻子不倫會受到嚴厲的懲處，女性的地位和權利被嚴重侵害。明治二十二年（1889），在皇室制度改革中，限定了只能由男性繼承皇位，否定了女性皇族可以繼位的"舊皇室典範"。明治新政府只承認男性有參政權，將女性排斥出決定國家政策的政治權利範疇。

明治十七年（1884），《告姐妹同胞書》發表，引起世論對新時代女性意識的關注。女性向全社會吶喊主張男女平等，"這個世界是由男女組成的世界，僅靠男子不能創造世界。社會一日沒有女人，人類就會滅絕，國家亦將消亡。"在女性聲張自由民主，尋求自身社會地位的同時，政府則從法律上強化了男性的社會權限。明治十七年（1884）發佈《町村會法》，規定選舉權只限男性。1890年發佈《集會及政治結社法》，禁止女性從事政治活動。1893年發佈《新聞紙條例》，禁止女性出版發行報刊雜誌。這些法規的頒佈，無異於政府從立法層面限制女性爭取權益的社會活動。1898年發佈的《明治民法》更是在史上留下惡名，通姦罪法律條文規定，"妻子暗中在外有情人，被丈夫抓着通姦現場時，當場殺死姦夫姦婦無罪。"

明治維新為了充實國力，政府全力推進富國強兵政策，在殖產興業、強化軍備的進程中，對女性勞動力的需求日益增大。女性開始成為日本社會最廉價、最吃苦耐勞、最逆來順受的群體。明治時代的思想家們秉承儒教思想，堅持"男尊女卑"的倫理立場。對女性的認知僅停留在可以生育和哺養子孫，遞增和擴大勞動人口的層面上。明治時代男尊女卑的思想傾向日甚，嚴重破坏了明治維新主張的文明開化中男女平等的原則。

三、女性權利的追求

明治維新是文明開化的時代，各種各樣的價值觀和江戶時代的社會相比有了很大變化。士農工商四民平等，消除了身份差別；在男女社會關係上，男女平等的意識開始萌芽。明治政府為實現男女平等，首先着手解決男女平等接受教育的問題。明治五年（1872），政府發佈《學制》明確提出了要實現男女平等接受初等教育的政策。同年，《藝娼妓解放令》發佈，明確了強迫女性出賣身體是侵犯人權的行為，為從娼婦女的解放建立了法律保護依據。

明治四年，政府派遣龐大的岩倉使節團（遣歐使），前往歐美諸國學習西洋文明。政府的舉動類似公元七世紀初至九世紀，日本向中國唐朝派出遣唐僧學習大唐文明一樣。岩倉使節團選拔了數名女子留學生，她們的學習成就為後來日本女子教育事業的發展作出了極大貢獻。1874年女子師範學校設立，提出了女子無論老幼都應該有知識的教育觀。明治時代，女子教育雖然相對男子進展遲緩，但是女子教育的必要性逐漸被社會認知，女子義務教育、高等教育得以迅速發展。

女子教育的社會呼聲日益高漲，許多啓蒙類女性雜誌出版。代表性的有，明治十八年（1885）創刊的雜誌《女學》。其出版發行的宗旨云："吾等乃人間之母，是守護養育吾等之姐，是教導吾等之妻。撫慰幫助吾等，其情如花、其愛如蜜，在武暴的世間，只有吾等婦人女流才是瑩滑耿節之輩。"《女學》主張，應該將歐美社會女性的權利意識與本國傳承的女德相結合，培養適合日本社會的道德女性。雜誌內容充滿新意，宣揚新時代女性的世界觀，表達新時代女性的志趣、理想、地位、貞操、愛情、生活。為爭取婦女的權益，向全社會發出吶喊："觀我婦人今日之地位仍處未開化階段，而西洋諸國觀我文明標準之一，乃觀我女性地位是否文明開化，日本社會必須重視我女性存在的重要性。"

四、女性自立的訴求

明治時代和江戶時代，所追求的女權角度不同。江戶時代女性追求的女權在家庭內，明治時代女性追求的女權面向社會。明治時代的新女性對家庭和社會充滿了更多的衝動，因此也遭到男權主義的更多阻撓，賦予的儒教道德枷鎖越加沉重。

明治時代婦女自身改良的重要標誌是"女性自立的追求"。明治十九年（1886），新女性提出了"女性獨立和生存能力"的大討論。女性們在思考，為甚麼女性被社會輕視呢？"原因是自身沒有維持生存的必要技能。社會確定了女性靠丈夫的勞動獲得生存來源的慣習，可是一旦丈夫去世，女人就會失去生計甚至流落街頭。當今日本成年人口 3700 萬，意味着 1800 萬男人背負着 1800 萬沒有生存技能的女人包袱，如此巨大而生存脆弱的女人群體，給社會和家庭都會帶來負擔。女性若要自立於社會和家庭，必須經濟自立，經濟自立必須掌握技能，掌握技能就必須學習文化。"新時代的女性勇敢地探索自身的地位和生活方式，公開議論和挑戰男性獨佔的權利。

明治二十年（1887），受西方女權思想的影響，女性社會活動家呼籲女性經濟自立。主張女性（妻）若打破經濟依賴的局面，必須做到（1）積纍自身的財產，需要有自己的職業；（2）擁有自己財產的法律保障；（3）有為自己訴訟的書寫能力和訴訟場所。1888 年圍繞《民法》中關於婦女的地位，在社會上展開了廣泛議論。東京婦人矯風會機關報編輯豐壽氏，發表了主婦家庭勞動可否享受對應報酬的言論。丈夫在外工作賺取月薪，妻子在家統攬家事、育兒、雜務，組成了各負其責的家庭結構。因此丈夫月薪財產的一半，理所應當屬於妻子的財產。女性權益的訴求贏得了輿論的熱議和廣泛贊同，結果遭到社會反面意見的批判和追究。1898 年民法誕生，親族篇、相續篇中規定，妻子婚姻特徵是嫁入夫家，法律視為"無能力者"。法律默認"妻子以外女性"的存在，財產繼承時，庶子（非原配妻子所生兒子）的權利超過原配妻子養育的女兒。明治政府推行的政策，固定強化了男尊女卑的立場，女性自立的吶喊遭到挫敗，女性地位低於男性的社會環境形成。

五、明治時代女工的苦難

明治時代是日本由封建制度轉型為資本主義制度，走向西洋文明社會的歷史過程。

近代化建設和明治政府對外戰爭的需要，呈現出對廉價女性勞動力需求的巨大市場。招募女性勞動力的單位，視女性為“生產力頭數”，即像牲口一樣的生產工具。她們被殘酷剝削於社會的各行各業，女性成為日本資本主義崛起的被奴役和盤剝的廉價群體。生活貧困的農村和漁村的大量女性，或進入都市的工廠超負荷工作，或被迫前往海外，墮入花街柳巷的娼業深淵。

明治時代女性在家庭中的勞動，僅僅被視為家庭生活的輔助勞動者，非創造財富價值的勞動者。用勞動“薪水”標準衡量，女性在家庭內就變成了過剩勞動力。廣大農村的主婦和大量閒散的未成年女性，因為年紀輕、幼者多、文化水平低、工作細緻、易駕馭、薪水要求低，而成為資本家樂於僱傭的對象。農村女性主要被招募進入織物、生絲、棉紡、陶瓷、洋火等產業，工業集中地的愛知縣當時就集聚了數萬名女性勞動者，佔勞動者的 60% 以上。女工勞動條件極其惡劣，勞動強度極大，織物工廠女工每日勞動時間超過 12 小時以上，97% 以上女工吃住在工廠，長時間勞動所得薪水非常微薄。女工逆來順受，可以在條件更惡劣的環境下勞動，卻任勞任怨，不敢述說苦情。在惡劣的勞動條件和衛生環境中，很多女工未及成年，就已經病倒、纍倒、死亡、歸鄉。當時最恐怖的結核病在工廠蔓延，被迫歸鄉的女工又將結核病帶到農村蔓延，引發全國結核病大流行。明治三十年（1897），媒體紀實報道了女工勞動現場的悲慘狀況，在社會引發保護勞動者的運動。1911 年日本頒佈《工廠法》（1916 年實施），規定最低就業年齡為 12 歲以上；最長勞動時間 12 小時；禁止深夜勞動。事實上，工廠勞動條件並沒有得到實質性改善，全面禁止女性深夜勞動的規則直到 1929 年才得以實現。

六、明治時代的娼妓

明治時代的女性國民史，曾經有過黑暗恥辱的悲劇。明治早期，國家百業待興，可是改朝換代帶來的貧困困擾着國家的經濟，各地民生苦不堪言。大量貧苦婦女為了謀生被迫進入遊廓娼街、貸座敷，從事酌婦、藝妓、私娼、奉公女的賣身業。許多貧家因無法償還債務，只得把女兒送進娼街，用女兒賣身金還債。國內的女性還大舉湧向南洋、歐美、清國等地，那裏到處可以看到日本人繁盛的娼街。

明治時期，國家為了獲得外匯來源，曾經使用卑劣手法誘騙數十萬日本女性，作為性奴被賣往海外淘金。當時日本的外匯收入第一位是生絲產業，而輸出海外賣春的日本婦女給國家賺取的外匯額達到第二位，為國家購買武器彈藥和戰後復興運作出了準備金。明治維新時期，日本需要向歐美國家購入大量武器彈藥，可是國家沒有外匯支付貨款。大文豪福澤諭吉向天皇進言，建議允許日本女性以賣春婦的形式輸出海外，用人口買賣的方式獲得資金購買武器。

明治十八年（1885）天皇家族與三菱財閥創立了“日本郵船會社”。會社的郵船大批向海外運輸誘騙拐來的日本女性，途中大部分年輕處女被強制接受賣春教育，遭到英國船員的姦污。她們到達歐美等國後，即被趕進妓院，在監禁中強制接客賣春。1900 年，日本媒體大肆宣傳“去海外能有好工作，還能謀到好生活”的言論。報刊到處刊登“去夢寐的美國工作，去海外習得教養”的招募廣告。年輕純真的女性們相信了輿論的謊言，大批來自九州等地貧困農村的年輕良家處女被誘惑受騙。她們付出高額中介費用，背井離鄉登上日本郵船前往世界各地淘金，可是等待她們的卻是人身買賣的心酸和用青春交換的血淚。當時歐美妓院買賣 1 名健康的日本女性，賣身金額達數千日圓，相當日本普通公司職員 10 年的薪水。如此賣往歐美國家的日本女性人數達數十萬人之眾，龐大的肉金成就了日本政府富國強兵的野心。

政府有組織的欺騙行為，激起了不明真相的日本婦女偷渡海外的熱潮。在南洋、歐美、清、俄各國的繁華地區，日本人的娼館門庭若市。明治時期的報刊有過許多真實的報道，在前往澳大利亞的船艙內，發現窒息死亡的賣春婦屍體。加拿大溫哥華港的木製貨箱中，發現藏有數名日本賣春婦，企圖密入登岸時被發現抓獲。橫濱港開往華盛頓的英國商船，在搬運大木箱時不慎將其翻倒，藏在其內受傷呻吟的女性被發現，箱內開有通氣孔洞並備有麵包和水等生活必需品。各國紛紛譴責日本買賣國民的惡劣行徑，把抓獲的偷渡婦女和無執照的賣春女遣送回國。數十萬遠渡海外的日本賣春婦，創造了世界史上最大規模的女奴越境販賣記錄。眾多的年輕女性感染梅毒等惡性疾病死亡，也有不堪病痛用利刃刺喉自殺者。在荒涼之處和叢林之中，隱藏着她們望鄉的簡陋墓碑。日本女性為國家的崛起做出了巨大的犧牲，這是明治時代日本一段不光彩的歷史。靠輸出販賣性奴振興國家的行為，永遠成為日本隱藏的不願提及的國家恥辱。

26.01　日本是多地震、多暴風雨、多災害的島國。日清戰爭前國家自產米糧不足，糧商趁機開擡米價，各地糧米暴動事件頻發。圖為日本貧困人家的餐桌上，只有少量的米飯和鹹菜。

26.02　明治四十一年（1908），日本第二屆文化展展出了畫家滿谷國四郎的油畫《車夫的家庭》。繪畫描繪了明治時期，窮困階層的生活景象。明治末年，內務省一項"細民調查統計"顯示，僅下谷淺草地區的 3000 戶人家中，就有 435 人從事車夫的職業。他們主要為富裕階層服務，為了攬到客人經常露宿街頭，或在不潔的道路上奔波。可是他們每日的收入，平均只有 22 ~ 23 錢。畫中車夫的妻子目光呆滯，為病在家中的丈夫和一日無收的境況發愁。

26.03　左下圖江戶和明治時代，女孩擁有良好的教育對大戶人家來說是非常重要的事情。寫真中的大家閨秀，已經具備可以書寫長文的水平。右下圖，雖然貧窮還要學習認字，明治年間日本女性的識字率因此遠遠超過西方國家。

26.04　明治時代，庶民家庭的出生率保持較高的水平。可是貧困和家庭人口的增加，使家境愈發艱難。寫真中的年輕母親，有了長女、長男，後面還背着一個男孩。旁邊另一家的女兒，背負着照顧弟弟妹妹的職責。這種情況在當時的農村非常普遍。

26.05　江戶時代，很多為人父母者希望自己的女兒將來做藝妓，很多女兒自己的遠大理想也是做藝妓。古代，藝妓是以賣藝為職業並非賣身。可是貧困使一些藝妓被買賣，墮入遊女的世界。明治時代，潔身自好的藝妓受到尊敬，她們把自己與遊女嚴格區別，嚴守不出賣身體的氣節，一生沒有婚嫁的有名藝妓大有人在。藝妓的培養成才，需要耗費莫大的金錢和時間，在年幼時開始培養，禮儀、琴棋書畫都是學習和訓練的要素。左圖是立志成為藝妓的女孩在學習三味線琴的彈唱。

26.06　明治時代，日本女性開始尋求歐美女性的權利，經濟自立，即使家有小孩，在家裏也可以從事內職勞動貼補家用。1890年代，日本紡織業快速成長，工廠急需勞動力。在一個男人薪水可以僱傭三個女人勞力的背景下，大量廉價女性勞動力走出了農村。圖繪是明治時代火車到達了偏遠的農村，人們的思想初步開化，家庭主婦也有機會出來工作。圖中帶小孩的主婦，擔任鐵路安全觀察員，正在放行火車通過，準備穿行鐵道的人們被阻擋在止步繩索之後。

26.07 明治時代早期，人們對女子接受高等教育的必要性還不甚理解，男女不平等意識普遍存在。在這個背景下，作為女子高等教育機構的日本女子大學誕生。學校將對人格的教育作為基本宗旨。上方寫真是明治三十四年（1901）創設的日本女子大學校園內的景象。左三人是女子大學生，右二人是大學附屬高等女學校的學生。

26.08 上圖表現的是明治時代女孩子間的遊戲"追羽根"。兩三人，三四人都可以在一起遊玩。每人手裏都拿一個木拍，打擊羽鍵時，會發出好聽的聲響。可是誰若沒有接住羽鍵，掉在自己面前時，就會在她的臉上塗上黑墨，是當時極具人氣的遊戲。

26.09 明治三十九年（1906）的明信片，記載了當時女子騎手參加關八州（日本關東地區）聯合競馬大會的情形。不滿二十歲的女騎手英姿颯爽，正在準備出發。女子參加競馬，實為時代新女性的大膽舉動，被新聞輿論廣泛報道。

26.10 明治三十一年
（1898）《日本人的生
活》中描繪新橋的著
名藝妓，採用自行車
作為交通工具，快速
前往各個演出場地表
演的情形。當時的自
行車，還是相當昂貴
的設備。繪畫中的藝
妓，身背三味線，腳
上竟然不穿鞋襪，但
是自行車技藝相當高
超。

26.11 明治八年（1875）東京女子師範學校創
立，目的是培養女性教師。這些女教師將作為
骨幹，被派往全國各地的師範學校，培養更多
的教師人材，以完成政府普及教育的目標。當
時錄取的學生大多數是有文化的士族子女，在
原有文化水平的基礎上進行師資訓練。這些師
範畢業生，為實現明治維新急速近代化所需的
人材作出了貢獻。寫真是即將畢業的未來的教
師合影。

26.12 寫真是明治三十九年（1906）日
本女子大學運動會中自行車比賽的情
形。每組兩輛自行車，兩人同時一手握
把，一手高舉彩帶向前行進比賽速度。
場面上落後的一組掉下車來宣佈失敗。
自行車在當時是女學生最時髦的物品。

26.13　明治時代，為了建設近代文明國家，日本參考了德國的公務員採用制度，但是日本對女性公務員的採用非常有限，最高級的女性公務員是在天皇宮廷內服務的女官。直到明治末期，在國家的政府部門才開始採用部分女性公務員。寫真是明治四十三年（1910），遞信省採用的女子判任官工作的場面。

26.14　明治時代女性的禮儀舉止非常重要，特別是良家男女間的結婚，男性對女性的禮儀舉止非常重視。因此女性無論是應聘職場還是準備結婚，都會進行禮儀訓練實習。日俄戰爭後，學校開設了對女性禮儀教育的課程，在每週32小時課程中，有16小時是學習禮儀、作法、家事、道德的科目。寫真是女性間的禮儀，二者告別時相互深鞠躬致禮。

26.15　東京大森、洲崎、芝浦、台場的遠淺灣，在退潮時會吸引許多人前來拾海貝。寫真是百年前拾海貝的日本婦女，一品海蠣料理會給家庭帶來快樂的氣氛。

26.16　日本的比丘尼是經過出家剃度，穿着染衣（僧服）在尼寺修行佛教的女性。佛教各宗皆有比丘尼，國粹主義抬頭後，尼受到排擠。寫真是明治時代的比丘尼形象。

Les Progrès de la civilisation   Comment ces Messieurs passent la soirée.

26.17 明治二十年（1887）法國雜誌介紹日本人文明進步的漫畫。紳士們的夜生活豐富了起來，晚上他們從家裏走出來進行各種交際和娛樂。繪畫中打台球的女孩穿着和服，卻是短裙，足蹬木屐，擊球樣子頗為老練。

26.18 進城打工的農村婦女，很多為城裏人照顧孩子。

26.19 日清戰爭中出現的日本女性看護婦，受到社會的尊重。

26.20　明治時代的新女性對社會充滿了更多的好奇心，她們開始走向社會。明治二十年 (1887) 繪畫，在一家英國西餐館，女店員穿着最流行的洋式服裝。一個富裕的四口之家光顧飯店。兩個孩子戴洋帽，穿洋服；妻子肩上蓋着洋式披肩；唯獨男主人毫無西洋氣息，而且吃相令人發笑，一隻拖鞋踢到了桌外，兩手的刀叉不知如何使用，場面難堪，妻子望着老公的吃相實在好笑。畫面遠景的客人也許遇到相同的尷尬局面，為難之中乾脆端起盤子直接往嘴裏搜更痛快。這種情況在女店員看來已經司空見慣。

26.21　明治時代《日本炭坑誌》統計資料顯示，豆田炭坑男坑夫 649 人，女坑夫 372 人，女性佔 36.4%；男坑夫日薪 85 錢，女坑夫 55 錢；金田炭坑男坑夫 1373 人，女坑夫 545 人，女性佔 28.4%，男坑夫日薪 85 錢，女坑夫 55 錢。平均月工作 27 日，每日工作 10 小時。寫真是明治時代，女坑夫在坑下作業的情形，她們將採到的煤塊選入籃筐內，用肩挑運到礦車轉運場。

26.22　寫真是明治時期，日本煤礦的煤炭坑道採掘的場面。當時坑道內作業條件惡劣，且經常伴隨險情。由於貧困，在坑下還有女性和兒童勞作。由於坑內通風不良，異常悶熱，男女礦工經常除去上衣，處於半裸狀態勞作。寫真是女性和男性共同採煤作業的場面。當時的礦工稱作“坑夫”，其中女坑夫和男坑夫結成姻緣者大有人在。他們共同下坑、升坑，甚至背着哺乳的孩子下井作業。

26.23　明治時代在煤礦有過常年採煤經歷的山本作兵衛，後來成為畫家，發表了大量反映井下礦工的勞作生活的繪畫作品。其中一部分記錄了女坑夫群體的悲慘生活。由於女工薪水低於男工，因此女性勞動力成為資本家廉價僱傭盤剝的對象。女坑夫中很多是母親帶有孩子，很多人因無錢僱人照看孩子，只能背着孩子下井採煤。繪畫是女礦夫在井下惡劣環境中，裸身奮力拉煤的情形。1936 年政府作出了禁止女性井下勞動的法令，從此女坑夫才逐漸消失。

TOKYO SHINYOSHIHARA NO ŌMON.　新吉原大門

26.24　寫真是著名的吉原遊廓街大門口。吉原遊廓是江戶幕府允許的遊廓。新建的吉原遊廓位於日本堤，稱為新吉原。明治時期以後吉原遊廓規模縮小，從江戶時代起，直到 1957 年賣春防止法施行為止，吉原遊廓街存在了340 年。明治時代歐美國家批評日本施行對女性人身買賣的奴隸制度，是野蠻國家，拒絕修正不平等條約。為此，明治政府發佈了娼妓解放令，但事實上遊廓的實體沒有因此發生變化。

26.25　遊廓女每日的化妝是職業的重要課目。入浴淨身、髮型修整、白粉塗顏、墨眉赤唇、着衣佩飾，直到自認能勾得來客點名為止。如果遊女沒有客人點名，不但會遭到店家的呵斥，受到姐妹間的譏笑，更無法還清進入遊廓時欠下的債務。因此娼館間競爭如火如荼，姐妹間爭風吃醋，實乃為妓之人難處多多。寫真是遊廓女在化妝的情形。

26.26 《望鄉的日本女人》前往南洋、歐美、清國等地淘金的日本女性,在那裏付出了青春,只剩下對家鄉的思念。

①新加坡日本人娼街 1
②新加坡日本人娼街 2
③日本妓女日日思念家鄉
④馬來西亞的山打根娼街
⑤越南西貢日本人娼館妓女
⑥新加坡日本人娼館的妓女
⑦菲律賓報道日本娼妓新聞
⑧永遠留下思念家鄉的憾怨

27　性的文化

一、處女價值觀

　　在世界各國，因文化和價值觀的不同，人們對"處女"的重視程度也不同。在有"處女信仰"的國度裏，男性對處女重視、期待、喜歡、追求、尊重。近世以來日本的處女文化，與許多國家有所不同，處女價值觀並非像儒教、基督教、伊斯蘭教國家那樣苛刻。古代羅馬的巫女和修女必須是處女，他們認為處女的體內蘊藏着神聖的力量，而非處女的力量則已經失去和玷污，不再神聖。古代文明甚至選擇處女，用做祈禱眾神、惡魔、詛咒、消災滅禍的祭品，虔誠的相信她們具有神聖的力量，古代的西方人因此把處女視為神聖。基督教不但強調處女的純潔，甚至男女性交的體位也被規範到"神許可的體位"，否則會視為大逆不道。

　　日本江戶時代的情形則完全不同，在很多村落普遍流行婚前"夜這"（破處）的風習。12～16歲前後的女子，若要成為一個真正成熟的女人，必須經過"破處"的洗禮。據福岡縣藩的史料記載，如果適齡女子在婚前沒有被男子破處，會被村民認為是不體面的事情。女兒的父親為女兒周旋，請求鄰村的小伙來自己家裏過夜。接受誠懇邀請的青年來到本村，和本村男青年集聚在女孩家門前，敲開家門大聲宣言"破處"行事。在女孩父親的承諾下，一位男青年進入女孩的閨房過夜，施破處之禮。此後，女孩會與村裏諸多男子保持性關係，數年後女孩作為成熟女人可以順利出嫁了。江戶時代的都市，貴族女性和庶民女性以及同階層的男性，甚至不存在處女至上，問題重大的價值觀。在人們眼裏"處女"只是"新鉢"的概念，男人只是對新品充滿好奇心而珍重，男女並不刻意嚴守。近代的"破處"、"失貞"之事，在武家和公家高等身份階層的人群中，曾經視為重大的行為，他們將女性的純潔看得很重要。但是"失貞"遠比"破處"問題更嚴重，因為妻子的純潔是武士的體面。

　　明治時代文明開化，西洋國家的女性價值觀進入了日本社會，深刻影響了日本人對女性貞操價值觀的思考。明治維新時期的女思想家與謝野晶子在《我的貞操觀》、《貞操的尊貴高於道德之上》、《女子和貞操觀念》的論述中，宣揚尊重女性"貞操"和"處女性"的思想。主張世界上的男性不論國籍、人種，都有希望結婚的女性是處女的文化，這是男性本能的自然表現。男性對結婚對象是處女的要求，是男性原始存在的本能。婚前已不是處女的女性，不利於結婚和婚後生活，是婚姻失敗的要因。明治時期，日本都市中的女性開始接受西洋文明，將嚴守婚前處女身份，看作是良家女的重要象徵。處女身份不再是男性對"新鉢"好奇心的珍重，而是深化為"神聖"、"純潔"的價值觀立場。在維護女性純潔的社會風潮中，男尊女卑的思想開始形成，影響了整個明治的時代。然而農村偏遠地區的"處女觀"沒有受到西洋文化的深刻影響，各地傳承的習俗仍然在不同程度上延續。

二、日本人的貞操觀

明治時代人們對男女貞操價值觀的認識存在很大差異。男性貞操價值觀認為"失去貞操應該選擇死，是女性的美德"；而女性貞操價值觀的心理，則認為"生命比貞操更為重要"。圍繞東西方文明對"性"的認識，日本人與西洋人有過毫不隱諱的對白。西洋人說："日本人是猥褻文化的民族。""日本人享樂生活的現實中，充滿了率直的按捺不住的肉慾，是人間道德的墮落。""日本人沉溺在官能享樂的溫巢，他們放蕩的、非道德的、不貞的、無羞恥心的人格特性，在墮落自己的民族。"對此，日本人反駁道："羞恥心是日本人存在的道德價值，日本民族的文化有其自身的道德準則。如果批評官能的享樂和惡德的肉慾，那麼基督教徒從誕生的搖籃到死亡的墓穴，一生伴隨着古朽的宗教，性本能的慾求被禁錮在形而上學枯燥的教條中煎熬。而日本人崇尚神道，一生歡愉在神賦與的自由天堂。男子可以自由買妓嫖娼，女子能運用自己的魅力從娼營妓，她們的職業得到社會的尊重。日本人的性觀念是獨立道德規範下的開明文化。"

日本人傳統的猥褻文化和貞操價值觀，受到西洋文化的批評。當鎖國之門被打開，日本人接觸到世界文明，親眼看到西洋女性的社會地位和男人們對女人貞操的尊重。西洋的貞操文化，開始影響島國人固有的傳統觀念。基督教向島國人傳佈西方人的倫理觀，告誡人們對"貞操"的態度，主張"相愛結婚後才性交，禁止婚後和配偶以外的人不倫。"在西洋貞操倫理觀襲來的同時，明治政府開始全面推行儒教道德觀。政府制定的民法採取了支持西洋社會貞操價值觀的政策。在同一時代、同一國度、同時引入東西方新文化的倫理觀，引導明治時代的日本人接受和認同了兩種觀念交織混合形成的新時代貞操理念。

三、性文化風俗

日本人的性風俗曾經讓初登島國的西洋人驚歎，傳教士曾經留下輕蔑鄙視的感想，"大街上婦人們不掩蓋自己的前胸，步行中會露出腿臀。男人們的前部僅掩蓋半面，堂而皇之地行走在街上。""日本是我所見異教國中最淫靡之國。""由於日本人的和服輕快寬大，裏面沒有內衣，平常就赤裸地套在身體上很容易露出身體。"從西洋人文明的視角來看，日本是野蠻的未開化土族，需要接受文明世界的文化洗禮，才能成為文明的國家。

日本傳統的"性"自由化從明治維新以後，開始受到政府的全面干涉。為了給西洋人留下文明社會的良好印象，明治四年（1871）政府發佈《裸禁令》，嚴厲取締裸體風俗。明治五年（1872）東京府實施《違式註違條例》，禁止室外裸體暴露和販賣淫穢物。條例公佈後給警察帶來了繁重的任務，到處強制撤去店舖和民家懸掛的，象徵男性器的“金精神”偶像。政府的反對意見認為：“如果説不能裸脱暴露肌體，那麼尊貴的釋迦牟尼的裸肌，又該如何解釋呢？”“日本人的裸體和性，沒有直接的聯繫，暴露身體並非企圖喚起性的興奮。”公開為本國裸露文化辯護。日本人無顧忌的裸露文化成為外國人好奇和輕蔑的對象，使日本人萌發出對裸體的羞恥心，裸體觀開始發生變化。從 1869 年至 1875 年，政府連續發佈《混浴禁止令》，禁止年齡 12 歲以上的男女混浴。

日本傳統性的裸露文化，是愛知縣尾張小牧市田縣神社有 1500 年歷史的“豐年祭”。明治以降，“豐年祭”作為日本的傳統文化受到重視，每年三月十五日舉行祭奠。祭日最令人歡呼矚目的活動，是眾人抬着一尊裝載巨型木雕男根的神櫃巡遊，櫃內巨型男根長2.5 米，直徑 50 ～ 60 厘米，以 200 ～ 250 年樹齡的高價木曾絲柏，精密雕刻製作而成。對巨型男莖形的祭奠，象徵五穀豐登、萬物育成、子孫繁榮的祈願。十餘名虔誠的男子將巨根神櫃擔在肩上，伴着洪亮的號子，在男女老少狂熱人群的簇擁下，堂皇巡遊在大街鬧市之間。明治初期，田縣神社“豐年祭”的巨型男根上配有雌性神偶，明治十八年（1885）因風俗管制的原因，雌性神偶人形和巨型男根分離，只留下巨型男根木雕。田縣神社附近的大縣神社還供奉母性象徵的守護神“玉姬命”，是戀愛、育子、安產的神。年輕情侶、中年夫婦、盼子盼孫的男女，在這裏祈禱許願。

日本是保留性崇拜風俗的國家，三大性守護神，“雙體道祖神”、“金精大明神”、“金魔羅神”，主導了日本性器崇拜的信仰。日本古代對男根崇拜超過對女陰的崇拜，多種多樣的男根性神偶像，是男女信徒們瘋狂的信仰物。

“雙體道祖神”是陰陽雙體外形相交的石神，多設置在路旁或十字路口鎮邪扶正，具有威震驅邪的魔力，能抵禦外來邪惡和疾病，保護旅人的安全。雙體道祖神對凡人寬宏慈祥，人們祈禱他為民招福、除災、五穀豐登、結緣、夫婦和睦、安產、多產、子孫繁榮、疾病快愈。江戶末期，當歐美人登上這個封閉了 250 年的島國時，被許多奇異的現象迷惑。在道路、十字路口、田地間、橋欄杆上，經常能看到豎立塗佈紅色的木刻柱或石雕的男根造形物。當時，這些“雙體道祖神”的石像，是為了告誡諸藩參勤交代路過的武士，阻止梅毒性病在江戶傳播而設立的守護神。

“金精大明神”起源於十六世紀初，神體是用金屬、石材、木材做成的男根，屬於男根信仰的神。金精男根神外表金色耀目，能保佑五穀豐登、結緣、安產、防治性病。江戶時代娼家的神棚上都供奉金精大明神，以求好運生意興隆。“金精大明神”傳說是鐵挺陰莖、腎強陽壯的性神，信奉此神陽根無病者精力補足，陽根萎靡者充精壯勢。

“金魔羅神”是金山神社的神，分佈在日本全國各地，是保佑結緣、安產、除厄運、醫治性病的神。每年一月二十八日山梨縣北巨摩郡雙葉町金剛地，舉行例年一度的祭典。金魔羅神擁有一付巨大的男根，祭日中，信奉者用麵粉作成男根女陰形狀的大餅，在儀式中進行陰陽交合祈禱神靈保佑。

日本人性器崇拜的起源和古代農耕稻作的背景有關。七世紀後半葉，大和朝廷每年陰曆二月四日都舉辦"祈稔祭"，祈禱五穀豐登。當時一些農家男女在稻田間特意安排交合性事，他們相信在稻田間的性事會感應稻穀孕穗，促進大地的生產能力，祈禱豐收多產的祭典因此和性關係發生了關聯。農家到了插秧的季節，會請來漂亮的處女，面向田神舉行插秧開奠儀式。姑娘唱着田神情愛的民歌，農家哼着男女交歡的小調，祈禱五穀豐登。逐漸，祈禱五穀豐登的祭典，成為一種娛樂形式在民間信仰中展開。

愛知縣西尾市熱池的八幡社，每年一月三日舉行御田植祭。祭日裏，信奉者三人身穿紅色和服，臀股後部懸掛一具用大蘿蔔雕刻的男根，隨着鼓點跳躍旋轉，緩緩向神社方向移動。到達神社後，神職寺人宣讀祝詞三唱萬歲，全體合唱田植歌。信奉者身上佩帶的蘿蔔男根，據說是祭典儀式中最神聖的崇拜物。男根埋在田地裏，可防禦蝗蟲毀壞稻穀；男根祭放在家中，可防雷擊損害房屋；男根作成菜餚食下，可治瘧疾不患夏病。

日本人在女陰崇拜的"神視觀"中，也流傳很多象徵女性器誇示的文化，在各地都有女陰崇拜的民俗遺跡。如青森"石戶緣結石"、山形湯殿山"母陰神體岩"、福島"女形石"、松川"女泣石"、櫪木"撫石"、那須"御前岩"、館林"山王大權現"、奧多摩"姬石觀音"、鎌倉"政子石"、修善寺"玉門石"、三重穴川"自然女陰石"、奈良水谷神社"女陰石"、九州小倉"邊岩樣陰石"、宮崎"天岩戶洞窟"等等。神戶附近的一間神社，在巨大的石壇上聳立一尊 1.3 米高的男根，旁邊豎立一具大型處女的陰門。日光湯元湖的金精岬男根祭壇；宇治山田的伊勢神宮男根女陰祭壇；橫須賀波止場的男根神社；鎌倉寺院的男根基礎石等地的性神形物，都留下許多撲朔迷離的神秘傳說。各地神社祭典的金精大明神祭壇下，擺放着很多信者的供牌，上面寫着"腰下萬病靈驗"、"長生不老"、"孕婦有效"、"母子健康平安"的祈願。在神社的祭壇箱內，還堆放很多木刻的男根，信者帶回家中擺在祭壇上。據說其神力可以治愈性病，解除陽痿陰冷的痛苦。

在日本人性崇拜的世界觀裏，性器作為一種信仰，能給人的精神境界增添強大的內續力；性器作為一種性愛介質，能給性行為帶來無限至上的歡愉。性器在神秘之物、魅惑之物、神聖之物的精神感覺中，激發出人類潛在意識和空想，成為男女信徒神聖的偶像。明治時代，民間神道傳承的"性"信仰文化，被解釋成偏狹、愚昧、蠱惑人心的說教，視為低俗文化和迷信思想遭到否定，民間流傳的很多民俗祭事也被禁止和破壞。政府強行轉換國民的精神信仰，把天皇樹立為日本人精神世界的新"神"。日本人為造就國家"神"的意識形態，中斷了太古以來日本人《古記事》、《日本書紀》、《古語拾遺》、《宣命》信仰的神典。明治維新推行民間信仰政策的結果，使民眾失去了對本民族自古以來文化和神明信仰的傳承，一代新概念的天皇之神誕生。

四、裸體畫的挑戰

明治二十八年（1895），第四屆國內勸業博覽會在京都召開，留學法國的畫家黑田清輝，展出了他在法國獲獎的油畫《朝妝》。作品是一幅西洋女性的鏡像裸體圖，在會場和媒體引起極大反響。作品遭到公然批判，被斥為擾亂風紀不得不取締下架，但繪畫受到美術界的高度讚賞。展覽裸體畫引發了激烈的討論，許多觀眾認為裸體畫傷風敗俗，諸報紙記事也同調非難。評論中不問其藝術價值，抨擊畫作擾亂風俗，危害風紀。《都新聞》以《裸美人畫之秘》為題發表社評云："京都展覽會展出的裸美人，將一大問題推上了前台，真是想為美術家絕妙精緻的裸美人辯護。嗚呼！裸體畫是醜陋的嗎？裸美人僅僅是在展示美術家的藝術水平。裸體畫並非絕對不可，然表現在公眾面前，就會感覺挑撥性的醜陋。藝術家心醉的美術表現，不能忘記對社會風俗的影響。"

裸美人爆發了西洋文化和島國文化的衝突，黑田清輝作為博覽會審查員上書審查總長，主張裸體畫對日本洋畫界和社會意識具有很強的啓蒙意識，與日本"春畫"不能等同視之，是時代"智、感、情"意識形態中最先端的文明文化。如果官方一定要撤展《朝妝》，他將辭去博覽會審查員和撤出全部同展的作品。黑田的強硬立場使繪畫得以保留展出，每日在各家報紙上都可以看到贊否兩論的大辯論。具有諷刺意味的是，《朝妝》在展出期間，成為博覽會最具人氣的展品。法國畫家彼克在他的素描中，記錄了觀看《朝妝》時各類觀眾的場面。題名《哪方是猥褻？》的繪畫，揭示了欣賞裸美人繪畫的圍觀者們的興致，對抨擊裸美人繪畫者的虛偽紳士給予了諷刺和嘲笑。裸美人繪畫的紛擾，反映了明治時期，日本人虛偽的禁慾主義。西洋性文化的直觀表現，撩起了日本人心底裏傳統的性價值觀。珍貴的《朝妝》原畫在二戰時燒毀，給現代人回顧明治時代這段歷史情結留下了遺憾。

五、性風俗產業

慶長八年(1603)，德川家康作為征夷大將軍，率部進入江戶城，在江戶設立了德川幕府。德川家康把江戶作為幕府權力機構的大本營，全面規劃城市建設，區劃市民住宅區，開闢新型市街道路，填補窪地海邊，使關東平原這座人煙稀少的小城，迅速出現繁榮景象。隨着江戶政治、經濟、人口的飛躍，市民賴以生存的衣、食、住、行等基本生活條件得到充分滿足。市民對文化娛樂的需求日益增高，遊女群體不斷增多，色情業順勢興旺起來。迅速增加的遊女屋，相互間不斷出現競爭惡鬥，引起業界秩序的混亂。遊女屋主們聯名向幕府請願，希望建立統一規劃的傾城遊廓。幕府也意識到，江戶經濟日益繁榮，設立集中管理的傾城遊廓，對江戶的繁榮發展，確保江戶都市風紀有非常積極的作用。加上隨同地方大名參勤江戶的大量武士，日常性慾處理亦不可欠。

德川家康雖然已經平定天下，卻對全國四百多大名勢力耿耿於懷。為防患反幕勢力，削弱大名財政，弱化諸藩實力，家康向全國各地大名發出幕府行政施策，制定大名參勤交代、人質提供、一國一城、政治結緣、鎮壓異教、扶植儒教、禁止百姓奢侈浪費等政令。家康決定繼承和完善豐臣秀吉推行的遊廓政策，在江戶建立幕府直接保護下的公娼遊廓。規定地方大名參勤的隨從武士，不得偕妻帶妾進入江戶。遊廓為他們準備特定的歡樂場所，讓藩人放蕩揮霍達到意志萎靡、錢財蕩盡的目的。

新遊廓土地面積略呈長方形，長幅建房一百三十五間，寬幅建房一百八十間，中央大道兩側效仿中國唐代花街種植青柳花竹。新吉原遊廓的外圍開掘寬約九米的護城溝，把遊廓和外界隔離開來，猶如封閉的世外桃源。街巷各處分佈茶屋、雜貨屋、麵屋、米屋、煙草屋、榻榻米屋、青果屋、魚屋等各種類型的店舖，傾城花街五臟俱全，形成了完整的商業生活體系。遊廓內妓樓鱗次櫛比，街巷縱橫交錯氣勢宏大，遠遠超過京都島原遊廓和大阪新町遊廓的規模，成為日本歷史上最著名的性娛樂場所和華貴的社交場所。

在遊廓的腐蝕誘惑下，諸多的大名墮落衰亡。從德川建府至第三代將軍德川家光的晚年，就有七十餘家大名富豪，斷送了相當一千二百萬石的家財。其中有荒廢良田五萬石，捨棄家眷、財物、名利，終日廝混在遊廓的大名。有不惜名祿前程，與遊女殉情自盡的富商、武士。甚至有為贖遊女為妻，不聽家老勸告殺害妻兒的富豪。大名、武士、富豪的放縱豪遊，達到了德川幕府誘導反逆勢力，沉溺酒色蕩盡家財，喪失政治野心的戰略目的。寶曆年間（1751～1764），隨着吉原遊廓富裕階層的遊客日漸稀少，遊廓經營開始轉向普通平民階層，向單純肉慾形態發展，吉原遊廓再度出現繁榮局面。當時，江戶人三大娛樂文化風俗中，日有戲劇千兩、魚岸千兩、吉原千兩的消費比例，人間肉慾買賣的消費達到三成以上。弘化二年(1845)，吉原遊廓臻於極盛，遊女數量達到近七千人規模。

明治時代，江戶的性風俗產業遺留了下來。政界、財界的社交場所，逐漸脫離較為偏僻的吉原遊廓，轉向以東京為中心的藝者町（花街），吉原遊廓的客流量日益減少，當年的繁榮盛況一去不返。遊廓娼街的遊女，多是日本東北地區貧苦農家的女子，以年季奉公的契約形式進入妓樓從業。年季奉公是遊女在約定的年度或季度內僱用勞動之意，對妓樓來說就是在契約期間內僱用女子賣身的意思。當貧民家無法清償債務時，幕府允許債務人把女兒送進遊廓，通過遊女年季奉公的方式，用娼賣勞動的收入抵債。女兒入廓時向樓主預支賣身金，家老（父母）把女兒賣身金拿去清償債務，以後女兒在妓樓內年季奉公償還預支的賣身金。江戶時期遊女年季奉公制度，實際上是人身買賣的變相做法。而明治初期繼承了江戶時期年季奉公的賣身契約形式，繼續維持遊廓娼街的存在。

1872 年 7 月一艘從澳門開往秘魯的秘魯籍船"瑪利亞盧斯號"在寄港橫濱時，一名跳海逃跑的清國人被英國軍艦救助。警方由此在船內發現 231 名偷渡的清國人奴隸，"奴隸運輸船"事件隨之被曝光，英國政府立即要求日本政府救助船上的清國人。當時日本與秘魯間沒有外交關係，但出於人道主義和主權獨立的立場，日本下達了禁止瑪利亞盧斯號出航的命令，營救了全部清國奴隸。瑪利亞盧斯號事件曝光後，日本起訴秘魯船長秘密運輸奴隸罪，船長不服起訴，辯稱運輸行為是在履行“移民合同”，並無違反人道行為。裁判官指出所謂“移民合同”的內容是屬於違反人道的奴隸合同，駁回了船長的說辭。船長則反擊指責日本人沒有資格冠冕堂皇的高談奴隸論，日本國自己就存在嚴重的奴隸買賣事情。日本公然在海內外從事娼妓人身買賣，事實上就是承認娼妓奴隸的有效性。事實上在同一時期，歐美各國已經在批判日本的“人身買賣”、“奴隸制度”，指責日本是野蠻國家，沒有資格和西方各國談論取消不平等條約。事件讓日本政府陷入被動。迫於國際壓力，同年 10 月日本政府頒佈了《藝娼妓解放令》。可是，政府並沒有採取有效的幫扶措施，解放的妓女在生活上無法自立，重操舊業者不在少數。藝娼妓解放令發佈以後，娼業改成了“貸座敷”的經營形式，由警察監督管理。人身買賣的娼業搖身一變，在事實上成為一種公娼制度。

1876 年內務省警視廳制定賣春罰則，取締私娼；1877 年東京遊女屋達到 370 家，引手茶屋 232 家，娼妓總數 2756 人。1879 年鹿兒島縣士族向縣令請願，請求向海外輸出娼妓。1884 年內務省統計報告，全國公娼合計 37083 人。1900 年內務省頒佈“娼妓取締規則 44 號法令”，正式承認國有公娼制度，由政府統一管轄。1907 年，日本娼女大規模遠赴南洋，在當地出現密集型日本人娼街，娼妓總數約達二至三萬人。

明治時代以降，受基督教思想的影響，廢娼運動在日本各地展開，1880 年世界廢娼聯合會向日本政府發出廢止公娼勸告。1890 年日本全國廢娼同盟會成立。政府推進的公娼制度開始動搖。

江戶時代幕府堅持推行遊惰政策的性風俗產業，使封建武士制度下的公娼制度，在日本歷史上延續了近三百年，對日本民族的性意識形成產生了深刻影響。作為一種傳承文化，明治時代的日本性風俗產業維持了現狀。但在西洋文明的監督、政府的規制、國內人權運動的背景下，娼業逐漸走向衰退。然而，在遊廓娼街人群集中的特殊風俗場裏，龐大娼女人口和社會各階層的人雲集一方，身份和文化水準相差懸殊，千差萬別的人際關係相互維繫並存，在各自交換所需的背景下安定了社會，被人類學者、社會學者視為人類社會關係學上的奇跡。

27.01　1895 年第四屆國內勸業博覽會上，留學法國的畫家黑田清輝，展出了他在法國獲獎的油畫《朝妝》。作品在會場和媒體引起極大反響。

27.02　漫畫《朝妝》表露出人性對"裸"的渴望和追求。觀眾中青年女子屈腰掩面似害羞狀；前方男子探頭湊近畫布仔細欣賞裸女子細部；左側老者則呈現驚訝之呆狀；旁邊貴婦人拿出西洋單目鏡仔細品賞；右側的母親帶領兒子，在臨摹繪畫；軍人的眼神平直，想入非非墮入這一感性刺激的外來文化。

27.03　1895 年京都第四屆國內勸業博覽會展出的油畫《朝妝》，露骨的性表現堂堂走進日本人的眼簾，震撼了觀賞者，但也招來擾亂日本人女性觀念的批評。引發了西洋文化和島國文化的衝突，黑田清輝上書博覽會審查委員會總長，如果官方一定要撤展《朝妝》，他將辭去博覽審查員和撤出全部同展的作品。黑田的強勢使繪畫得以保留展出，但每日在各家報紙上都可以看到贊否兩論的大辯論。諷刺畫絕妙地描繪出審查委員對裸體美人虛偽的心理實態。

561

27.04 明治時代的教育，性的價值觀念有了較大的變化。女性的價值以賢妻良母生兒育女為基本。性的議論是有傷大雅的事情，可是在人們的內心世界，卻完全是另外一種狀況。諷刺畫《一葉障目》中的男子，詼諧的一隻眼，客觀暴露出人類作為動物的慾望本能。

27.06 風傳伊藤首相在神奈川縣的夏島建有別墅，在那裏伊藤孜孜不倦地完成了日本近代國家的第一部憲法草案。然而伊藤也是一個頗為好色的政客，下繪中用想象的手法，諷刺伊藤的私生活。掛卷曰："臥枕窈窕美人膝，醒握堂堂天下權。"史傳伊藤博文好色，有過與許多美女不倫的記錄，甚至明治天皇對他有過忠告。但是伊藤在金錢財物的問題上表現出特有的清廉，故評"英雄愛美人，只是好色漢。"稱讚他是不為金錢美女動搖其政治信念之人。

27.05 日本國內裸體畫是非大論戰中，西洋人畫家沒有因此停止他們的創作。法國畫家彼克在遊廓花街找到願意裸的模特進行創作。彼克的日本女人裸體畫在橫濱的外籍船員和觀光客中極具人氣。裸體作為人類的藝術，在西洋人眼中並非邪念的激情，而是藝術的享受。而日本人對裸體有傷風化的解釋，明顯帶有虛偽的假面。上圖諷刺畫在嘲笑日本人的裸體畫觀。

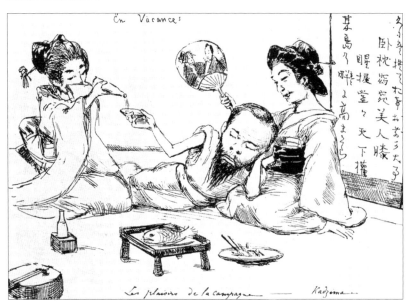

27.07　1854 年美國培理將軍的艦隊在神奈川下田停泊期間，看到了當地人各種奇怪的風俗。在給美國國會提交的《培理艦隊日本遠征記》中記錄了"下田公眾浴場"男女混浴的石版畫，指出日本民族是不知羞恥放蕩的民族。混浴風俗引起艦隊士官們的嫌惡感，此後日本人混浴風俗在西方傳開。圖繪是大浴場男女裸體混浴的場面。錢湯（浴池）的男女大浴房之間，懸掛有遮掩男女兩界的隔板，隔板距地面留有一個稱作"石榴口"的大開口，蒸汽從大開口通過彌漫男女兩界。可是在霧氣騰騰渾濁的蒸汽環境中，不良裸人會穿越石榴口闖入彼界，渾水摸魚擾亂風紀。

27.08　佛教傳入島國，各地建立的寺院配置了湯堂、浴堂等沐浴設施。佛教説沐浴可退病招福，史上光明皇后曾指示浴堂向貧困民眾開放。受神道、佛教的影響，日本人認為入浴不但可除污垢還能除去心中的煩惱，使人身心愉悦。明治時代，家庭洗浴已經在庶民階層普及。從下圖日本人風俗寫真《家庭洗浴》可以窺視當時家庭洗浴的風俗文化。大木桶下燃燒材木，桶內水溫上升，入浴者在外部清潔身體後，再輪流進入浴桶內浸泡。

27.09　江戶末期西洋人定義"日本人＝混浴＝淫蕩"，在西洋社會引起"非道德"的批評，貼上了"非文明國"的標籤，圖繪是公眾浴場內給女藝人搓澡的服務生。

27.10 表現人倫的一個繪畫場面，吾妻橋上一對看似親密的夫婦，年輕女子是老者的側室小妾。可是小妾早已暗中有了外遇，正在向這邊張望的情人遞送密會的紙條。

27.11 繪畫"裸的開放感"描繪了明治時期稻毛海岸，上流階層人們夜中海水浴的風流景象。這樣的情景在伊豆、房總、隅田川、修善寺川、京都鴨川都司空見慣。

27.12 妓樓是二層樓木造結構，一樓的是張見世大廳，大廳面向街道一側是用細方木圍成的籬笆，俗稱「蔥」。

"大見世"是最高級別的妓樓，女郎遊興金在二分（4萬円）以上。寫真是明治時代遊廓的大見世迎客的場景，花魁坐在前排。

27.13　妓樓的構造多是二層木造結構，一樓設張見世大廳，二樓是遊女接客的房間。營業開始時，遊女列坐在妓樓張見世木格籬笆內指定的座席上，供往來遊客挑選。

27.14　茶屋是比妓樓規模小的遊興場所，在明治時代也很發達。這是一間設在外國人遊步新道的茶屋。遊女根據客人喜好，穿着和服接客或穿着西洋式連衣裙接客。寫真是明治五年（1872）的茶屋外景，外國人喜歡經常光顧這裏。

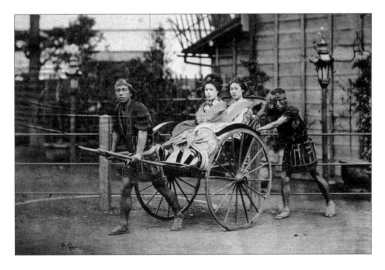

27.15　長崎遊廓的遊女應邀上門服務，在外國客人中流行。當時有荷蘭人街、唐人街，都是貿易行集中的地方。可是荷蘭人比較難以伺候，派遣去荷蘭館的遊女要比前往唐人館的遊女高一個檔次。而唐人館並不介意，因此遊女們都願意前往唐人館服務。圖繪是兩位遊女外出接客的情形。遊女乘坐雙人座人力車，由前後兩名車夫助行。

27.16　花魁"道中"的華貴場面，象徵高級遊女的身價和奢侈，被譽為"江戶遊廓文化之花"。妓樓主接到揚屋的聯絡傳票，差遣指定的遊女前去揚屋會客。遊女從妓樓前往揚屋的行進過程稱作"道中"。高級遊女花魁道中時，身着華麗服裝，最前面有見世番手提家紋行燈開路；前排振袖新造前簇引行；中間花魁着道中方步緩緩行進；左右禿童相伴；後面的見世番打傘跟隨；最後排是番頭新造女郎殿駕。寫真是遊女道中的景象。

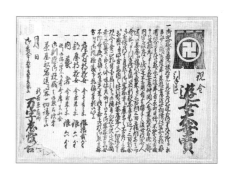

27.17　遊廓內集中了眾多的妓樓，妓樓間競爭激烈，甚至強行拉客大打出手。上圖是妓樓在報紙上刊登的遊女大賤賣的廣告。當時的太夫（高級遊女）1兩1分（約10萬円）；中級遊女3分（6萬円）；下級遊女2分（4萬円）；夜鶯24文（500円）。

27.18 吉原遊廓就像一座獨立的城池，周圍有護城溝，進出遊廓只能從大門通行。大門兩側常備四彪悍警衛日夜鎮守，各家妓樓也配置嚴密的警備。那些逃跑被抓回的遊女都會受到嚴厲私刑。儘管如此，遊女仍然不放棄逃出的努力。左上圖穿黑衣的是遊廓內監視遊女的警官。

27.19 右上圖，所繪畫面是明治初期的一間妓樓，每日早晨女主人都面對神台祈禱，請求神靈讓遊女健健康康，客人多多光顧。男主人則是精明狠毒，善於盤剝遊女的樓主，算計着今日的人肉買賣。

27.20 妓樓最擔心的是遊女患上疾病，會嚴重影響生意。在下人的陪同下，樓主戴上遮口布來到遊女的房間，查看兩個病倒的遊女，因遊女不能接客，樓主臉上現出不悅的神情。

27.21 取締敗壞風俗行為，是警方重要的工作。明治以降，陸續頒佈了禁止男女混浴；禁止不滿 16 歲女子從娼；禁止出版淫穢書籍；禁止販賣催淫藥；禁止妓樓拉客等法規。但是現實中違紀行為非常普遍，治安當局不斷加強監督取締。圖繪是便衣警察秘密探訪賣春違紀的案件。

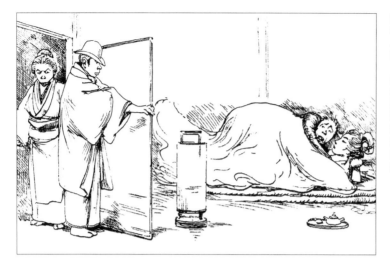

27.22　便衣警察闖入違法現場，捉拿嫌犯的畫面，四人的神態被畫家刻畫得活靈活現。警察以職業而犀利的目光盯住一對男女；後背的老鴇忐忑不安，知道大事不好；女孩驚恐之中神色慌張；嫖客表現出驚恐萬分之狀。三個當事者中，按照當時的法規，嫖客自然不會受到任何處罰，但會受到訊問。老鴇和女孩會面臨治安處罰。

27.23　女孩被帶到派出所，警官對女孩說，兩週內就捉住你兩回，是不是有點太多啦。女孩泣曰，以後再也不敢了，求求警官叔叔饒了我這一回吧，嗚……。嫖客擔心陷入泥沼，速速寫下事情經過，神情不安地交給警官。看樣子女孩因有前科，會受到較為嚴厲的處罰。此時牆上鐘錶的指針已經指向凌晨4點。繪畫描繪了明治時代，街道警察維護治安的工作情形。

27.24　遊廓是官許的賣春紅燈街，可是在街巷之間還存在私娼街和暗娼窟。畫面是深川岡場所私娼街的一幕。體面美貌的藝者在門前招客，卻並非主動殷勤。四目相對的一方是頗有品位的紳士，洋帽子、眼鏡、皮鞋、西裝、手杖和洋煙捲。紳士駐步在細細品味着女藝者的價值，似乎在作出最後的選擇。從這一畫面可以判知，女藝者是一個剛入道的新人，還缺少勾引客人的經驗。

27.25　法國畫家彼克運用法國流行的影繪技法描繪的青樓"愛"的場面。畫面是鄰室的兩個房間，兩對男女各自在施展彼此的熱愛。左邊的房間，男女在熱吻中，男子：啊，你真可愛，黑暗中摸索着寬衣解帶。右邊的房間，男女已經完成愛的工作，男子：啊，真爽快，我不會忘記你。影繪技法的表現，對日本繪畫技法的應用有過很大的啓發。

27.26　洋人嫖客來到青樓遊興的場面。老鴇喚來妙齡女孩數名，請老外隨意挑選。面對娥娜多姿的女孩，老外已經挑花了眼。老鴇向老外推薦眼前的女孩，女孩顯出了自信的神態。明治時代，紳士風格的西洋老外是最受遊廓青樓歡迎的遊客群體。

27.27　明治時代繁華熱鬧的遊廓花街不僅僅是性遊樂場所，也是著名的觀光名所，留下了外國人的身影。圖中，日本翻譯問西洋人，不去吉原遊廓看看？老外說，老婆知道了該生氣啦，哈哈哈哈……接着腳步不自覺地走向吉原遊廓的方向。

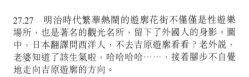

27.28 身穿洋裝，腳穿和襪，懂點英語的女孩，經中介來到租界內紳士的家中。賣春價格交涉中，女孩開出高價，紳士在判斷女孩的價值，女孩吸着洋煙等待 yes 的回答。

27.29 遊女最可怕的疾病是梅毒。幕末，在英國醫師建議下，日本實施了梅毒檢疫。明治六年（1873）開始在全國設立梅毒院、驅毒院。圖繪醫師建議遊女做精密檢查。

27.30 明治後，外國人學會逛日本妓院，在中介斡旋之下，流行將遊廓出張女送到洋人私宅逗留數日的做法，謂之"洋妾"。繪中老洋者懷擁洋妾，在接受英語和日本語的"課程"。

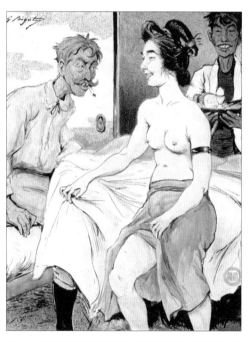

27.31 外籍官員使用秘密公款交際費逛妓院，早已經被相好的遊女完全掌握，遊女使出渾身解數，令相好客神魂顛倒，繼續長期保持與之來往。

28　明治災害

一、日本地理和自然

日本是一個四面環海的島國，由"本土島"和"離島"約 6852 個島嶼（包括主權爭議島：俄羅斯南千島群島、韓國獨島、中國釣魚島）組成。日本國從南至北整體呈弧狀列島形，國土面積約 37.8 萬平方公里（包括主權爭議島的面積），列世界第 61 位。國土約 70% 為山嶽地帶，約 67% 被森林覆蓋。

日本地理學脫離歐美大陸模式的"地學説"，主張淺海隆起的"扇狀台地説"，將日本地質歸類為"洪積台地"。日本地理的板塊構造理論認為，日本位於歐亞板塊、北美板塊、太平洋板塊、菲律賓海板塊的四大板塊交匯處，是造山凸起凹陷活躍的環太平洋造山帶區域。日本國土幾乎每日都頻繁發生大大小小的地震，在不停地改變地形構造。日本里氏 7～8 級的大地震在歷史上有過多次記載，里氏 4 級的地震更是不足為奇。影響國土變化的除了地震還有火山，史上各地火山的猛烈噴發引起大陸移動和堆積，形成許多火山灰式的險要山地。颱風豪雨季節，經過沖刷的山體變得鬆軟極易滑坡，泥石流會順着短淺的河川狂瀉而下，形成毀滅性泥石流災害。

日本列島中央是呈縱向的山嶽地帶，東南側鄰太平洋，西北側鄰日本海。日本氣候受中央縱向山嶽屏障的影響，北海道和本州高原地帶的氣候呈亞寒帶氣候特徵，南方諸島部分為熱帶，其餘大部分地域屬於溫帶，南北氣溫相差很大。冬季西北季風帶來的冷空氣較強，日本海一側降雪量很大，太平洋一側晴天日惠、氣候乾燥、日照較長。每年"梅雨"季節後，就會進入高溫濕熱的炎炎夏日。8 月後半暑末秋初，迎來秋雨和颱風的季節。

日本的地質構造和自然環境，決定了日本是一個多自然災害的國家。火山噴發、地震海嘯、熱帶低氣壓、颱風、豪雨、梅雨、秋雨、水害、冷害、山崩地裂、泥石流等自然災害，困擾着生活在這個島國的每一代居民。近代的明治時期，工業化急速發展推進了國家經濟高度成長，同時也產生了大規模公害。林木過度砍伐造成林業衰退，亂狩密漁造成漁業資源減少，外來物種的引入使日本原始生態系受到破壞。地方病、傳染病像幽靈一樣長期困擾着這個國家，僅明治時期死於傳染病的日本人就超過數十萬之眾。

明治時代的日本社會，人口呈增長趨勢。明治五年（1872）日本總人口 3480 萬人；明治三十七年（1904）4613 萬人；明治四十五年（1912）超過 5000 萬人，年均人口增長率 1% 以上。人口增長的情況表明，明治維新以後農業生產力增強，伴隨工業化的經濟發展，國民收入水平上升、生活安定，保健醫療、公共衛生條件提高，政府採取的各種各樣國家政策和福利促進了人口的增長。人口的增長同樣給社會帶來了巨大的壓力和需要解決的課題。現代日本人口的一半集中在只佔國土面積 14% 的平原地帶，以東京都、大阪府、名古屋市為中心的地區，人口達到 126925843 人，其中男 62110764 人、女 64815079 人（2000 年統計）。

二、自然災害的肆虐

明治時代的四十五年，是日本翻天覆地變革維新的時代。在這個令人激動的時代裏，發生過很多的自然災害。地震、海嘯、火山噴發、颱風水害、豪雨泥石流、雪害、傳染病等諸多的天災人禍，給這個經濟貧乏之國的民眾帶來了深重的災難。

（1）地震災害

明治二十四年（1891）10 月 28 日，濃尾地方發生日本史上最大的直下型地震，死者和失蹤者 7273 人。破壞民居 222501 戶、道路損毀 20067 處、橋樑損壞 10392 處、堤防崩壞 7177 處、山崩地裂 10224 處。北北西至南南東方向出現 80 公里的斷層帶。

明治二十七年（1894）10 月 22 日，山形縣酒田市發生震度里氏 7 級直下型地震，地震帶位於莊內平野東緣斷層帶。地震引起大火，死者 739 人，傷者 8403 人，毀壞民居 16266 戶，總戶數的 80% 被燒毀，全域發生地表龜裂、陷沒、噴水、噴砂。地震發生時，正值日清戰爭，日軍山縣第一集團軍進攻鴨綠江防線，大山第二集團軍登陸花園口進攻金州的前夜。

明治二十九年（1896）6 月 25 日，發生了“三陸大地震”，受災地區位於岩手縣上閉伊郡釜石町，震度里氏 8.2 ～ 8.5 級，地震的特徵為大地緩慢搖動，時間長達 5 分鐘。地震造成的損害並不嚴重，可隨之而來的巨大海嘯給當地造成毀滅性重創。海嘯浪高 38.2 米，超過觀測史上的最高記錄，死亡 22000 人。北美板塊和太平洋板塊間，發生了寬 50 公里、長 210 公里、12 ～ 13 米的錯位。

大正十二年（1923）9 月 1 日，發生了日本史上災情最嚴重的“關東大地震”。災害中心位於神奈川縣一帶，震度里氏 7.9 級，死者失蹤者合計 105000 人，房屋被焚 381090 戶、全損 83819 戶、半損 91232 戶。地震後引發騷亂，政府發佈戒嚴令並對在日朝鮮人和清國人展開了虐殺，事件中被日本陸軍、警察、自警團（在鄉軍人、警察、青年等發起的組織）殺害的朝鮮人達 6000 人，清國人 170 人。

（2）大水災害

明治二十二年（1889）8 月 18 日，和歌縣至奈良縣南部範圍發生強風豪雨，最大日降雨量 1000 毫米，最大小時雨量 130 毫米。奈良縣災情是，大規模山體塌方 1147 處，山谷砂土填埋 37 處，死亡 249 人，房屋被沖毀 565 戶。和歌縣災情是，死亡 565 人，房屋被沖毀 1403 戶。其他受影響的縣市，死亡 1247 人，橋樑損毀 931 處，堤防潰壞 1072 處，房屋被沖毀 7543 戶，耕宅地流失 69.3 平方公里。這場水害被稱作“十津川水害”。

明治四十三年（1910）8 月 11 日，日本列島受颱風影響，各地集中爆發大暴雨。利根川、荒川水系河川泛濫，各地堤防潰壞，關東平原全部被水浸沒。死者、失蹤者共計1379 人、房屋毀塌 5000 戶，室內浸水 518000 戶，堤防潰壞 7266 處。東京灣有數百年歷史的鹽田防堤全毀，導致日本最大的製鹽企業倒閉。

(3) 火山噴發災害

明治二十一年（1888）7 月 15 日，位於福島縣的盤梯山發生水蒸汽爆發噴火，噴發期間同時發生地震，山體崩潰產生的暴風將火山灰吹向北麓山村，導致 5 村 11 集落的居民被活埋，造成 477 人死亡。火山噴發後引發泥石流和火山泥流，給下游村落造成災害。火山噴發休眠後，在火山周圍形成大大小小的湖沼，成為盤梯山的美麗景觀。

明治三十五年（1902）8 月 10 日，伊豆鳥島火山噴發，距島 2 公里處同時發生海底火山噴發，火山口被從下面湧起的岩漿氣流衝擊塌陷。在鳥島居住採集信天翁羽毛的島民125 人全部死亡，住地被全部埋沒。

三、傳染病災害的襲擾

(1) 天花病

近世紀以來，天花病的感染力、患病率、致命率之高，令全世界束手無策。1663 年天花在美國人口僅有 4 萬的印第安部落大流行，只剩下數百名幸存者。1770 年印度流行天花，留下了 300 萬人的死亡記錄。1796 年英國人琴納牛痘疫苗實驗成功的當年，英國死於天花的患者達 45000 人。18 世紀整個歐洲死於天花的患者達到 1.5 億人。1885 ～1887 年，日本天花第一次大流行，患病死亡者 32000 人；1892 ～ 1894 年天花第二次大流行，患病死亡者 24000 人；1896 ～ 1897 年天花第三次大流行，患病死亡者 16000 人；1908 年大阪天花大流行，患病死亡者 4265 人。日本史上較早展開了牛痘預防接種，1849年首次從歐洲帶回痘苗在日本種痘。1876 年政府制定天然痘預防規則，1885 年普及種痘施術心得書發表，1897 年頒佈傳染病預防法，1909 年日本種痘法律實施。日清戰爭期間，日軍曾經在遼東半島統治區，為清國居民實施過種牛痘計劃。隨着日清《馬關條約》簽署，日軍退出清國，種牛痘計劃中途放棄。

(2) 霍亂病

1822 年世界霍亂大流行波及到了日本，感染路徑係經由朝鮮半島和琉球王國在九州登陸。霍亂傳染病如颱風之勢，經東海道越過箱根到達江戶（東京）。1858 年日本霍亂再度大流行，死亡達 10 萬人。1862 年霍亂大流行，全國死亡數十萬人，僅東京的死者就達 73000 人。明治元年（1868），明治政府廢除了幕府設置的"關所"，諸藩人口可以自由往來，霍亂迅速擴散。1879 年霍亂傳染病死亡人數 105786 人；1882 年死亡人數 33784人；1879 年死亡人數 128435 人；1890 年死亡人數 35227 人；1895 年死亡人數 49154 人；1903 年死亡人數 8012 人。1894 ～ 1895 年的日清戰爭期間，霍亂在軍隊內大流行，軍方在各地設立"避病院"，嚴格檢疫派往海外的軍人，連山縣有朋、大山巖司令長官亦不例外。明治十年（1877）全國流行霍亂期間發生不測事件，當時，鴨川地方報告發生 400 餘人的霍亂疫情，政府下令派遣防疫和治療醫生趕赴疫病現場，噴灑消毒藥液控制傳染病蔓延。結果引起居民恐慌，將消毒液誤認為毒藥，發生了暴力殺害醫生的慘劇。

（3）結核病

結核病是十九世紀，最初在被譽為"世界工廠"的英國開始流行的傳染病。最嚴重時期發生在 1830 年前後，倫敦每 5 人中就有 1 人患結核病，大量人口在痛苦中死亡。當時產業革命興起，都市內集中了大量的勞動人口。資本家極力壓低勞動者薪水，勞動者每日勞作時間普遍達 15 小時。工人過勞和營養不足，導致疾病抵抗力減弱。與此同時，生活污水排放沒有規劃，污染的河水被飲用，生活環境惡劣加速了結核菌的增殖，導致暴發大規模結核病感染。隨着產業革命在各國展開，英國的結核病也隨之向他國蔓延。明治初年，日本在英國的留學生感染結核病，被迫中斷學業歸國甚至死亡的事情頻發。日本明治維新的許多旗手、支持者倒在結核病下。尤其是殖產興業的產業革命中，大量集體生活的女工，在惡劣的勞動環境下，過勞和營養不足，導致死亡人數猛增。明治三十二年（1899）日本人結核病死亡，男性 33816 人、女性 33783 人；大正七年（1918）結核病死亡，男性 64239 人、女性 76508 人；昭和十八年（1943）結核病死亡，男性 94623 人、女性 76850 人。在半個世紀中，日本人恐懼結核病，給這種痛苦的疾病冠以"國民病"、"亡國病"的惡名。

四、日本的大陸野心

自然災害多發的島國，給生活在這塊土地上的居民帶來生存危機。史上多災多難的日本人，很早就開始尋覓世界上可以安全生存的地方，以求擺脫自然災害的威脅。在日本歷朝歷代的史籍中，都流露出濃厚的大陸情結。從公元七世紀初至九世紀末約兩個半世紀裏，日本先後向隋唐天朝派出十幾次遣隋使、遣唐使學習大陸文化。遣唐使帶回大量唐朝的經、史、子、集等各類典籍，大唐文化風靡日本。島國的倭人從此知道在海洋的那面，是沒有自然災害襲擾的大陸天堂，憧憬着也能在那裏無憂無慮地生活。

中世紀以來，日本人和中國北方的少數民族一樣，心底湧動着脫離惡劣生存環境的強烈慾望，嚮往中原大陸溫潤的氣候和肥沃的土地。由於北方遊牧民族和中原領土接壤，草原鐵騎通過陸路可以方便侵入漢人的領地。自秦始皇以來，北方少數民族就沒有停止過對中原的侵擾。而日本島國與中國大陸被海洋隔絕，實現對中原的侵犯必須解決逾越海洋的難題。十六世紀豐臣秀吉統一日本後，開始真正挑戰中國的權威，嘗試實現日本人久遠的夢想。1592 ～ 1596 年，豐臣秀吉率兵數十萬征伐朝鮮，企圖先攻下朝鮮然後攻佔中國（明朝），遷都北京，將北京周圍十"國"之地獻與天皇御用，賜公卿以俸祿，賜其部下十倍於原有的領地。但倭軍在與明軍交戰中敗北，豐臣秀吉的夢想破滅。近世和近代日本人，在島國殘酷的自然災害中煎熬，從來沒有忘記先祖渴望的大陸夢想。

日本人擺脫島國生存的渴望，終於引導日本國家發起對鄰國的武力佔有。日清戰爭拉開了進軍大陸的序幕，日本奪取了清國台灣和遼東半島的領土。北清戰爭（義和團事件）、日俄戰爭、日中戰爭、偽"滿洲國"建立，日本人通過殘酷的戰爭找到了安逸生存的土地，實施了開拓團大量殖民滿洲的計劃。1945 年日本國戰敗投降，日本人的大陸情結破滅，永遠回到了自己的島國。

然而，令人驚異的是，在多災多難的自然環境下生存的日本民族，自古以來有着驚人的忍耐力，在與自然界的交往中善待大自然，無論大自然多麼無情，島國人沒有抱怨。意志堅韌地在毀滅和修復的循環中，默默地重建着自己的家園。當現代人從谷歌的衛星照片再次審視這個地理構造支離破碎的島國，看到這葉島國被 70% 的森林植被覆蓋時，不能不讚歎日本人世世代代對國土的熱愛和保護，那裏的人們對家園的一草一木傾注了發自肺腑的情感。他們想留給後代的家園並非自家園庭內的草木，而是國民在國家理念下，對國土像對神一樣的尊重，並讓她代代相傳，或許那才是大和人心底真正的本音。

28.01 1854年11月4日東海道發生大地震，次日南海道大地震發生，太平洋的大海嘯呼嘯而來。下田地區受到海嘯襲擊，900棟房屋被沖毀。下田灣停泊的俄國使節，遠東艦隊司令長官的乘艦迪阿那號，也遭到海嘯的襲擊嚴重破損。該艦在前往靜岡縣進行維修的途中，再次遭到海嘯襲擊，最終翻沉。圖繪是海嘯中呼喊救護的受難者。

28.02 明治二十四年(1891)10月28日，岐阜縣發生大地震，史稱"濃尾大地震"，震度8級。地震造成142177棟房屋全毀，80324棟房屋部分受損，死亡7273人、負傷17175人。道路、橋樑、堤壩、山體等損毀總計5萬餘處。寫真是村落被地震破壞的慘景。

28.03 "濃尾大地震"的破壞力極強，斷裂帶上的建築物全部毀滅。寫真是地震造成莊內川枇杷島橋中部坍塌。莊內川枇杷島橋是 1622 年建設的古橋，連接枇杷島和西春日井郡下小田井村。

28.04 "濃尾大地震"發生後，政府派遣名古屋衛戍區陸軍第三師團官兵前往受災地搶險，救助受災居民，寫真是身着黑色軍服的士兵在廢墟中尋找受難者的場景。

28.05 名古屋是日本紡織工業集中的地區，"濃尾大地震"使各紡織企業的工廠遭到嚴重破壞。寫真是"名古屋紡績"建築物損壞的慘烈情形。廠房屋頂脫落、玻璃破碎、煙囪折斷，工廠被迫全面停產。

28.06 "濃尾大地震"不但使傳統結構的建築物受到嚴重破壞，對歐美近代技術建造的鐵橋、磚瓦建築物也造成嚴重破壞。這場地震的結果，促進了日本人對耐震構造建築的關心和研究。震災後，日本成立了震災預防調查會。寫真是由荷蘭人設計建造的"長良川鐵橋"被地震破壞的慘狀。

28.07 明治四十三年（1910）8月上旬，颱風席捲列島，持續降下暴雨。關東東京發生了有史以來罕見的大洪水，史稱"東京大水害"。災害使河川增水、堤壩決口、地表滑坡，整個關東平原被洪水浸泡。寫真是墨田川吾妻橋附近浸水，人們慌亂避難的情形。

28.08 "東京大水害"的洪水浸入淺草本願寺內，寫真是台東區西淺草東本願寺的大門口外，尋找避難處的人們。此時，寺內的經藏閣、御本堂、書院等堂舍均被洪水浸泡。

28.09 "東京大水害"的洪水造成一片汪洋。東京市損毀房屋 58 棟、浸水戶數 142271 戶,死亡 18 人、負傷 9 人、失蹤 3 人。

28.10 1910 年洪水襲擊箱根湯本,大水沖倒了電線杆,電線杆直擊鐵路,路基懸空,鐵路運行被迫中斷。寫真是鐵道被毀,火車被迫中途停駛,人們下車觀望束手無策的情形。

28.11 明治時期的軍隊在地震、大水、火山爆發、颱風等災害面前,都會迅速出現在保護民眾的第一線。寫真是"東京大水害"中,日本軍隊救災的場面。救災部隊投入作戰用舟筏,在墨田區附近,救助被洪水圍困的市街百姓。

28.12　明治四十三年
(1910)8 月的大洪水再
次考驗了日軍應急作戰
的能力。軍隊出動陸
軍、海軍聯合行動,救
助受災的民眾。寫真是
陸海軍救災基地,士兵
在舟艇上休息和進食的
景象,空中飄着陸海軍
聯合救災的旗幟。

28.13　東京遭遇 60 年
未遇之大洪水,給民眾
的生命財產和國家帶來
重大損失。日本內閣成
員紛紛慰問受災百姓。
寫真是天皇的侍從西野
西資博及龜井警視總監
一行前往災區慰問的場
面。

28.14　日本自然災害多,
史上的大火也多。由於人
口稠密,房屋建造密集,
建設材料以木材為主。
一旦地震 或人為火災發
生,就極容易發展成大
型火災。明治四十二年
(1909)7 月 31 日,大阪
市民家的石油燈引起火
災,持續的乾燥氣候和
強勁的東北風,迅速引
起大型火災。寫真是中
之島公園的控訴院前避
難的百姓。

28.15 大阪市火災造成了嚴重的破壞。警察、消防隊全部出動，陸軍第四師團 3394 名官兵參加救火，大火還是燒了一晝夜。燒毀民居 11365 戶，許多官署、學校、企業、劇場、橋樑被燒毀。受災面積達 1.22 平方公里。寫真是滅火後市街的慘狀。

28.16 明治二十一年 (1888) 福島縣會津盆地吾妻火山群的盤梯山火山噴發。形成的火山灰將北麓 5 村 11 集落掩埋，造成 477 人死亡。火山噴發後引發泥石流和火山泥流，給下游村落造成災害。寫真是噴發後的盤梯山火口。

28.17 明治三十五年 (1902)8 月 9 日，伊豆鳥島火山噴發。距島 2 公里處同時發生海底火山噴發，火山口被從下面湧起的岩漿氣流衝擊塌陷。在鳥島玉置村臨時居住，以採集信天翁羽毛製作羽絨被褥為生的島民 125 人全部罹難，住地被全部埋沒。寫真是同年 2 月 24 日美國人拍攝的火山口照片的景象。

28.18 1914 年櫻島火山噴發前，當地人已經
預感火山噴發跡象，島民主動乘舟離開危險
地帶。儘管有些防備和撤離，但是巨大的爆
發，還是造成 58 人死，112 人負傷的慘劇。
寫真是火山噴發後，火山灰在不斷降下，地
面沉積了厚厚的火山灰。軍隊沿街巡邏警
戒，防止不測事件發生。

28.19 大正三年（1914)11 月 12 日，與鹿兒島
市僅一灣之隔，約 3 公里遠的櫻島火山噴發並
伴隨 7 級的強烈地震。左寫真是噴發 20 分鐘後
的火山噴煙柱，25 分鐘後噴煙柱高度達到 8000
米。上寫真是火山噴發後海面的海水變成了“溫
泉”，許多人在水中嬉戲的情形。

28.20　濃尾地震村莊和鐵路橋被破壞。

28.21　東京大地震後新橋站附近慘狀。

28.22　東京大地震後淺草橋公園附近慘狀。

28.23　東京市內大洪水，淺草市民避難。

28.24　大洪水使山河島火車站一片汪洋。

28.25　被洪水圍困在房屋頂上的居民。

28.26　大地震引發火災燒毀的路面電車。

28.27　東京大地震死難者屍體的慘狀。

28.28　警察為收留的流離失所的兒童配餐。

28.29　上野公園內災民互助分配食品。

28.30　受災百姓被安排在國技館內避難。

28.31　賑災中領取救災物資的百姓隊列。

28.32　海軍出動軍艦運送避難百姓。

28.33　軍隊搶修被毀壞的大橋鐵道。

28.34　災害後，西鄉銅像上貼滿尋人啟事。

28.35　大阪火災燒毀1.22平方公里的市街。

28.36　攝政宮殿下視察地震火災現場。

28.37　大水害後皇后宮慰問受災兒童。

明治時期日本主要灾害及死亡人數

災害發生時期	災害名稱 / 震度 M	死者 (失蹤者)
明治五年 （1872） 3 月 14 日	浜田地震 / 7.1M	555
明治二十二年 （1889） 7 月 28 日	熊本地震 / 6.3M	20
明治二十四年 （1891） 10 月 28 日	濃尾地震 / 8.0M	7273
明治二十七年 （1894） 6 月 20 日	東京地震 / 7.0M	31
明治二十七年 （1894） 10 月 22 日	莊內地震 / 7.0M	726
明治二十九年 （1896） 6 月 15 日	明治三陸地震 / 8.5M （海嘯 38.2 米）	21959
明治二十九年 （1896） 8 月 31 日	陸羽地震 / 7.2M	209
明治三十三年 （1900） 11 月 5 日	宮城縣北部地震 / 7.0M	11
明治三十四年 （1901） 8 月 9 日	青森縣東方灣地震 / 7.2M	18
明治三十八年 （1905） 6 月 2 日	芸予地震 / 7.2M	11
明治四十二年 （1909） 8 月 14 日	江濃 （姊川） 地震 / 6.8M	41
明治四十四年 （1911） 6 月 15 日	喜界島地震 / 8.0M	12
明治二十一年 （1888） 7 月 15 日	盤梯山噴發	461
明治三十三年 （1900） 7 月 17 日	安達太良山噴發	72
明治三十五年 （1902） 8 月 7 日	伊豆鳥島噴發	125
明治四十四年 （1911） 1 ～ 10 月	淺間山噴發 （多次）	數名
明治二十二年 （1889） 8 月 18 日	十津川水災	1664 （各地合計）
明治四十三年 （1910） 8 月 11 日	關東大水災	1379

28.38 日本是一個多自然災害的國家。發生在明治時代的火山噴發、地震海嘯、颱風豪雨、水害冷害、山崩地裂等自然災害，給生活在這個島國的居民帶來巨大災難。明治時期日本主要災害及死亡人數表，記錄了災害的苦痛。

明治期傳染病患者死亡人數

年	結核	霍乱	痢疾	傷寒	天花
明治21年	39,687	460	6,576	9,211	853
明治22年	42,452	431	5,970	8,623	328
明治23年	46,025	35,227	8,706	8,464	25
明治24年	54,505	7,760	11,208	9,614	721
明治25年	57,292	497	16,844	8,529	8,409
明治26年	57,798	364	41,284	8,183	11,852
明治27年	52,888	314	38,094	8,054	3,342
明治28年	58,992	40,154	12,959	8,401	268
明治29年	62,790	907	22,356	9,174	3,388
明治30年	—	488	23,189	5,854	12,276
明治31年	—	374	22,392	5,697	362
明治32年	67,599	487	23,763	6,452	245
明治33年	71,771	231	10,164	5,364	4
明治34年	76,614	67	10,889	5,411	4
明治35年	82,559	9,226	8,442	4,808	7
明治36年	85,132	91	7,209	4,292	6
明治37年	87,260	1	5,166	4,627	237
明治38年	96,030	—	8,606	5,276	62
明治39年	96,069	—	5,144	5,897	109
明治40年	96,584	2,526	5,939	5,691	437
明治41年	98,871	401	7,846	5,331	5,838
明治42年	113,622	221	6,836	5,470	26
明治43年	113,203	1,957	7,053	7,571	13
明治44年	110,722	4	6,009	6,830	34
明治45年	114,197	1,683	5,721	6,289	1

《日本帝国統計年鉴》（卫生局年报）

28.39 明治時代，死於傳染病的日本人達數十萬之眾。傳染病像幽靈一樣長期困擾着這個國家。左圖《日本帝國統計年鑒》數據顯示，明治中期至明治末期，日本每年死於傳染病的患者，最低一年也超過 5 萬人以上，死亡數年年呈上升趨勢。肺結核是最普遍的傳染病，當時這種"勞咳"病來勢兇猛，被日本人稱之為"國民病"、"亡國病"、"死病"，貧困、勞動環境惡劣、營養不良是此病爆發的重要原因。明治時期的結核病，對近代以降的文化史發生過極大的影響。1889 年日本創辦首座結核療養所，但並非一般民眾可以享受的高級醫療待遇。上圖繪畫是明治時期煤礦女礦工背煤出井的情形，礦工是集體生活，一旦受到傳染病感染，就會造成群體性死亡。

29 島國清人

日本明治維新對中華革命影響的大討論，持續了百餘年。圍繞明治維新的起源有着多種解釋，日本近代史將它歸功於美國艦隊 "黑船來航" 這塊敲門磚。但也有學者論説，日本的明治維新受益於中國近代傳播新思想的一部著作《海國圖誌》。《海國圖誌》是清代人魏源在林則徐授意下編寫的，介紹西方歷史地理最詳實的專著。書中提出了 "師夷長技以制夷" 的思想，在大清國曾一度被圈定為禁書。禁書流傳至日本，被江戶幕末鋭意改革的知識分子奉為至寶。書中的內容開啓了閉關自守兩百多年島國人的心扉，當他們看到了西洋的堅船利炮，讀到了歐洲國家的工商業、鐵路交通、學校教育的進步，激發起澎湃的按捺不住的求知慾和好奇心，進而勇敢地跨出國門去了解西洋的進步文明。1868年經過維新志士的努力，推翻了幕府統治，實現了明治改朝換代的歷史跨越。《海國圖誌》被清國朝廷打入冷宮，然而真正能賞識它價值的卻是日本人，這是近代史上日本人先知於中國人的賢明之處。

考察近代亞洲歷史，實感中國有四位深受明治維新影響的歷史人物，李鴻章、康有為、孫文（孫中山）、梁啓超，他們引導大清國接近了世界文明。他們是清國人致力於學習模仿明治維新，啓蒙中國近代文明的先驅。他們雖然是封建朝廷的官僚，民間的思想家，中庸的改良主義者，推翻舊制的政治家；所處的社會環境不同，思想理論各異，行動方式執着，但是他們的共同目標是學習明治維新，力圖改造自己的國家。中華革命的成功正是在接受明治維新的思想和勇敢的奮起中取得的歷史回報，正如孫文先生所説："明治維新是中國革命的第一步，中國革命是明治維新的第二步。"

一、李鴻章與明治維新

明治元年，李鴻章45歲，時任欽差大臣，專辦剿捻事務。李鴻章所處的時代見證了日本的崛起，他在國家積弊日深，各種矛盾錯綜複雜的背景下，敢於以大清國洋務運動與明治維新爭高低，引領中華民族接近了世界的近代文明。

明治二十八年（1895）4月17日下午，一艘德國商輪 "公義" 號，拉起沉重的錨鏈匆匆離開了日本的馬關。船上乘坐的是代表大清帝國赴日本小國乞求和平的全權大臣李鴻章。他在當日上午於春帆樓懷着滿腔怒火和屈辱，與日本國簽下了中國史上最恥辱的《馬關條約》。大員一行帶着一疊萬般沉重的條約文書，踏上了命運未卜的歸國旅程。此時此刻，這位心中充滿苦澀的老人，不但帶回來一顆留在體內的槍彈，還帶回了一個千古的罵名。

中國近代史上，以日清戰爭的《馬關條約》為分水嶺，劃清了大清國和日本國之間，在近代文明競爭中勝敗的里程碑，從此大清王朝一路衰敗氣絕滅亡。李鴻章死去，大清國這根樑柱轟然倒下。慈禧太后為之垂淚，也許只有她才能最深切感受到李鴻章對大清國的價值。

李鴻章的敵人，日本首相伊藤博文說，李鴻章「知西來大勢，識外國文明，想效法自強，有卓越的眼光和敏捷的手腕。」日本人評價李鴻章，「如同日本幕末維新的英傑人物，在近代國家變革的陣痛中，一身痛感苦惱之人。他波折萬丈的人生，猶如近代中國的動盪起伏。李鴻章保持了25年最高實力的地位，是他支撐了大清帝國苟延殘喘。諸外國對李鴻章的信賴遠遠超過紫禁城的皇帝，如果沒有這樣的有能之士，大清國早已被列強蠶食殆盡。」

歐美人讚揚李鴻章，「不僅是東方大陸孕育的最偉大人物，而且綜合各方面的才能，亦見是前世紀中世界最為獨特的英傑人物。論其文，他學識廣博見聞豐富；研其軍，他在重要的戰役中為國家有所作為；究其政，他為這個最古老、人口最繁盛的國家民眾盡心竭力；作為外交家，他高瞻遠矚手段老辣，是國際外交中佼佼者。」「清國和日本的戰爭實際上是李鴻章和日本的戰爭。李鴻章的重大失敗非但沒有傷及他的仕途，反而展示了他個人的才能和魅力，李鴻章是近代清國代表文明智慧的偉人。」

孫中山曾上書李鴻章，其文曰：「我中堂佐治以來，無利不興，無弊不革，艱難險阻，尤所不辭。如籌海軍、鐵路之難，尚毅然而成立，況於農桑之大政，為民生命脈之所關，且無行之難，又有行之人，豈尚有不為者乎？」梁啟超評價李鴻章，「自李鴻章之名出現於世界以來，五洲萬國人士，幾於見有李鴻章，不見有中國。一言蔽之，則以李鴻章為中國獨一無二之代表人也。夫以甲國人而論乙國事，其必不能得其真相，固無待言，然要之李鴻章為中國近四十年第一流緊要人物。讀中國近世史者，勢不得不曰李鴻章，而讀李鴻章傳者，亦勢不得不手中國近世史，此有識者所同認也。」

在東亞近代史上，李鴻章和伊藤博文分別是清國的洋務運動和日本的明治維新的領衛代表。李鴻章領導的大清國洋務運動始於1861年，比明治維新早8年。結果日本後來居上，洋務運動敗給明治維新。李鴻章較早讚揚日本的明治維新云：「日本近年改變舊制，其變衣冠，易正朔，每為識者所譏。然如改習西洋兵法，仿造鐵路火車，添置電報，開煤礦，自鑄洋錢，於國計民生不無利益。並多派學生赴西國學習器藝，多借洋債，與英人暗結黨援。其勢日張，其志不小。故敢稱雄東土，藐視中國，有窺台灣之舉。」

日清戰爭和談，李鴻章面對日本全權代表伊藤博文發表了一段演講，「在歐洲人眼裏，清國和日本是亞洲兩個卓越的大國，我等係相同人種，有類似的文化，社會的相似之處也很多。作為敵人我等更應該是兄弟，從對立關係轉向相互重視的立場。」「日本正在發生着驚異的變化，閣下以往的指導，對我國的進步和發展有深刻的意義，然而余與閣下一樣未能引導我的國家，令老朽深感慚愧之至。」「余認為此次的戰爭得到兩個好的結果，第一是歐洲的陸海軍作戰方式，被黃色人種成功應用得到了驗證。第二是永眠的中華開始覺醒，日本給予清國的刺激，相信對我國將來的進步會發生最有益的影響。""我國人民對貴國抱怨之聲甚多，然與抱怨之感懷相比，余個人也許應該感謝貴國喚醒了中華國人。"李鴻章是中國近代史上第一位提出，願意在政治上向自己的敵人學習的智者，凸顯出偉人高瞻遠矚的胸懷。

在兩國文明進化的博弈中，國家制度決定了勝敗，封建制度無法戰勝資本主義。李鴻章和伊藤博文的政治處境不同，一個大清國封建官僚絕然不能戰勝日本的國家資本主義政治，社會意識形態和文明理念。洋務運動和明治維新無法在同一個層次上一較高下，正如時代世論所云："洋務運動僅摭拾泰西皮毛，汲流忘源，遂乃自足，而對政治社會改良實為彌縫補苴，偷一時之安，輪到今日被人取笑，其心酸自知。"在清國政治體制下運作歐美近代化，學其皮毛不求其本，必然會產生封建制度下的近代化怪胎。

李鴻章一生簽訂了 30 多個條約，其中與日本有關的主要條約有，明治四年（1871）8 月《清日修好條約》；明治七年（1874）《台事條約》；明治十八年（1885）4 月《天津條約》；明治二十八年（1895）4 月《馬關條約》；明治二十八年（1895）11 月《遼南條約》；明治三十四年（1901）9 月《辛丑條約》。他在和日本人的外交葛藤中敬恨有加，在國家體制束縛下無奈地從巔峰滑至低谷，他是從高傲的大臣落魄至卑躬屈膝捱槍飲彈，也要爭回國家利益的"乞丐"。然而，日本人沒有鄙視他，卻對他尊敬仰慕，感佩"李鴻章是大清帝國中唯一有能耐敢和世界列強一爭長短之人。"

海內外敵我之千秋公論，對李鴻章敬讚有加，然中華後輩何以責其百年而痛株之。觀李鴻章之生平即可知，李鴻章作為一個身處大清國統治下的漢人，在野蠻落後的時代，是他竭盡全力引導這個愚昧的國家接近了西方文明，為中華民族留下了有價值的巨大財富。李鴻章是中國近代史上應該受到敬仰的偉人。

二、康有為流亡日本

明治元年，康有為（1858～1927）10 歲。他一生致力於宣傳自家的思想哲學，廣集天下才子研討國家維新理論，是近代著名的政治家、思想家、社會改革家。康有為信奉孔子儒家學說，並致力於將儒家學說改造為可以適應近代社會的國教。

明治二十七年（1894）日清戰爭爆發，蕞爾島夷大敗天朝大國，大清國多年苦心經營的北洋水師全軍覆沒。1895 年清國被迫與日本簽署喪權辱國的《馬關條約》。奇恥大辱的消息傳到北京，當時參加科舉會試的學子們一片譁然。康有為指示大弟子梁啓超串聯各省舉人聯名上書，要求拒絕批准對日和約。康有為慷慨激昂的演講，激發起學子們的反日高潮，一致贊同康有為上書朝廷的建議，公推他為奏議起草人。康有為疾書萬言，學子們聯名向清政府提出了"拒和"、"遷都"、"變法"三項建議，直接陳情光緒皇帝。聲勢浩大的學生請願震動了朝野上下，這就是著名的"公車上書"運動。學子們在上書中抨擊《馬關條約》是清朝二百餘年歷史上的"奇恥大辱"，呼籲清王朝學習明治維新，施維新變法之策改造國家。"公車上書"運動，反映出十九世紀末一代青年知識分子，愛國、求變革、奮發向上的思想追求。

康有為呈給光緒帝自己撰寫的，詳細介紹明治維新的《日本變政考》。光緒帝後來實施的戊戌變法，頒佈了 200 件以上的變法詔書，多是採用了《日本變政考》的建議。維新變法遭到以慈禧太后為首的保守派的反撲。在維新前景黯淡的形勢下，日本明治維新的旗手伊藤博文正好路過清國，光緒帝召見伊藤博文希望聘請他做政府顧問幫助清國的維新。可是慈禧太后主導了宮廷政變，光緒帝變法失敗成了階下囚。事件後，伊藤博文在給妻子的信中，分析了清國維新失敗的原因。清國皇帝萬事全部效仿日本，連服裝也要改成洋服，導致了過激改革的失敗。只模仿明治維新的形式，不考慮清日兩國不同的國情，維新派的快餐式改革，自然就會破局失敗。

戊戌變法失敗，康有為在上海英國領事館保護下，經由香港前往日本避難。維新派領袖康有為，在朝廷的追捕下流亡海外 16 年，三度來日避難。在日本期間雖然不如維新變法運動時受日本政府重視那樣風光，但卻得到了犬養毅、大隈重信、佐佐友房、品川彌二郎、近衛篤麿、伊藤博文等明治維新名流在資金和思想宣傳活動上的援助。康有為在日本時與孫文有過接觸，日本人也想藉此機會促成革命派與改良派的合作。在日本人宮崎寅藏、平山周居間安排下，孫文與康有為多次商談合作事宜，希望康有為放棄保皇改良主義，實行武裝革命，攜手推翻清王朝拯救中國。但康有為堅持不忘聖上知遇之恩的立場，拒絕與革命派合作對抗清王朝。由於思想理念的差異，兩人終未走到一起。戊戌變法失敗後，保守派勢力全面掌控國家政權，流亡海外的康有為失去了光緒皇帝的庇護。維新思想的傳播僅停留在紙上談兵，康有為極力推崇的立憲君主制也在國內革命洪流中淹沒，他在此後的歲月裏，除了空洞的自家思想哲學大論外，對國家維新改革的實踐無大作為。

康有為遭清政府緝殺長期流亡海外，他的思想理論糾結於中學與西學之間，個人又常常言行矛盾，令追隨者所感困惑甚至離去。康有為讚賞和提倡西學的男女平等，一夫一妻制，然而他在顛沛流離的流亡生活中卻妻妾成群，故坊間送其"風流聖人"的雅號。康有為六房姨太中之第四房，是昵稱"鶴姬"，實名市岡鶴子的 16 歲日本神戶女傭。這個貧家少女對康有為的崇敬心超越了年齡的鴻溝，且與康有為三姨太相處感情深厚，便以身相許隨主人做了四夫人。市岡鶴子對丈夫忠貞不二，在康有為猝死後毅然決然自殺隨夫而去。

三、孫文的日本大本營

明治元年，孫文（1866～1925）2歲。從小在夏威夷長兄孫眉的身邊生活，期間在學校習得了西洋思想。歸國後學習醫學行醫開業，繼續研究革命思想理論。清法戰爭前後，受明治維新的影響，孫文開始關心國家政治問題。在孫文30年革命生涯中，曾旅居日本10年，日本曾經是孫文為推翻滿清政權建立的海外大本營。孫文在東京居住期間，取名"中山樵"，自號"孫中山"。

明治二十七年（1894）1月孫文在夏威夷成立"興中會"。翌年日清戰爭後，在廣州組織武裝起義失敗，流亡日本。1897年經宮崎寅藏和"玄洋社"頭山滿的介紹，結識了首任"玄洋社"社長，自由民權運動家平岡浩太郎。明治維新的活動家們，全面資助孫文在東京的生活費和活動費，幫助這位充滿熱情的，立志效仿明治維新精神改造自己國家的志士。在犬養毅（後為第29任內閣總理大臣，1932年被暗殺）協助下，孫文居住在早稻田鶴卷町面積達2000平方米的宅院內。明治維新的一代領袖和活動家與孫文建立了良好的私人關係，全力支持孫文推翻滿清帝制，恢復中華的政治主張。成功後的孫文在他的《建國方略》中，特別記名感謝支援和幫助過他的日本友人。犬養毅、平山周、大石正巳、尾崎行雄、副島種臣、頭山滿、平岡浩太郎、秋山定輔、中野德次郎、鈴木久三郎、安川敬一郎、大塚信太郎、久原房之助、山田良政、宮崎寅藏、菊池良一、萱野長知、副島義一、寺尾亨等。

孫文對明治維新的稱讚，表現在辛亥革命成功後孫對日本的期待上。1913年為了全國和平統一，孫文辭去臨時大總統職務重返日本，在"日本東亞同文會"為他舉行的歡迎宴會上演說："今日亞洲的獨立，不能沒有日本和中國，為了維護東亞的和平，對日本的期待非常巨大，中國和日本其實就是兄弟。辛亥革命時，列強嚴守中立，日本作為後援國，對中華革命的幫助是非常巨大的。"

孫文和日本的關係複雜而微妙，孫文奮起革命的時候，正值日本明治維新獲得空前成功，對大清國實施擴張政策的時期。日本給予孫文諸多的保護和支持。清日兩國文化同源、一衣帶水緊密相連，使孫文很容易把意欲實現大亞細亞主義的日本，視為志同道合的盟友來求助。孫文的目標是要推翻滿清政府，一個弱小的革命黨要實現如此巨大的抱負，尋求國際上志同道合的力量，也是別無選擇的無奈之舉。1895年甲午戰爭失敗，清廷簽訂了割讓遼東及台灣的《馬關條約》。當時除了康有為等知識分子採取"公車上書"的壯舉，以及少數士大夫試着斗膽建議拒和、遷都外，大清國內看不到任何有組織性的，官方或民眾對清廷割地賠款、喪權辱國的抗議行動。此時的孫文，關心的不是列強對本國的瓜分危機，而是主張首先利用國內滿漢矛盾，藉助外國的倒清勢力推動"排滿興漢"，實現推翻清廷統治的政治目標。

從1894年創立興中會，到1905年創立同盟會，孫文十餘年裏始終高舉"驅除韃虜，恢復中華"的旗幟，堅定不移地投身革命。1905 年日俄戰爭後，孫文從歐洲經蘇伊士運河歸國之際，當地人以為孫文是日本人，尊敬地向孫文祝賀勝利。黃種人取得日俄戰爭的勝利，使在殖民統治下的阿拉伯等有色人種的自信心空前高漲。明治維新的成功曾引導孫文的思想奮起，在日俄戰爭日本取得勝利的國際環境下，更堅定了他推翻滿清政權的信心。

當時圍繞滿蒙問題，在國人的頭腦裏尚沒有"滿蒙是中國不可分割的領土"的認識，也沒有明確的領土主權概念，人們普遍認為那裏是屬於清朝滿族不可侵犯的龍興之地。辛亥革命爆發前，孫文等多數革命黨人沒有將滿蒙納入"恢復中華"的版圖。1905 年孫文創立同盟會時，解釋他的"驅除韃虜，恢復中華"的主張："今之滿洲，本塞外東胡。昔在明朝，屢為邊患。後乘中國多事，長驅入關，滅我中國，……驅除韃虜之後，光復我民族的國家。"在當時孫文的國家意識中，滿蒙還不屬於"中華"，那是一片被秦始皇修建的長城，將胡人隔離在關外的土地。

日本人垂涎滿蒙，孫文意識到了日本的政治野心，面對清廷的腐敗政權，孫文只能採取犧牲部分清朝權益，優先推翻清朝政府作為先行政治的策略，以換取日本軍閥或財閥援助中華革命。孫文因此說："吾人之目的在於滅滿興漢，革命成功之時，即使以諸如滿、蒙、西伯利亞之地悉與日本，當亦無不可。"孫文的政治主張，在當時並非自己一個人的獨斷見解。孫文採取的策略爭取到了日本在資金和武器方面的援助，其中還包括極力主張策劃滿蒙獨立的右翼運動家、國家主義者內田良平的援助，對實現自己的革命理想起到了積極作用。

明治四十四年（1911）辛亥革命成功，孫文取道歐洲回國，電報日本友人在香港接船，然後同船抵達上海。1912 年 1 月 1 日，中華民國臨時政府成立，孫文就任中華民國臨時大總統。此後，孫文領導了反對袁世凱的二次革命等運動，此時孫文不僅在革命的資金、武器等方面求助於日本財閥，而且任命了許多日本人擔任自己的經濟、法律、海軍和政府等各方面的顧問。

然而，日本政府時刻警惕中國革命是否妨礙日本征服大陸的政策，對中國革命的發展抱有複雜心態旁觀，甚至借袁世凱的勢力，促使中國南北分裂。日本政府的做法背離了孫文對中日關係平等發展的期待，孫文對日本的信賴和幻想，開始轉變成對日本的懷疑和指責。與 1919 年以前孫文和日本親密交往的做法相反，在"五四"愛國運動爆發後，這種"親密交往"停止了。孫文在對日態度問題上的變化，來自國家民族主義的覺醒和強大的社會輿論壓力。孫文的國家主權和領土完整意識開始明朗起來。他順應潮流改弦更張，引領國家民族主義運動開始了新的政治謀略。"五四"運動以後，孫文雖然繼續接受日本的援助，但再也不拿涉及主權和領土的國家權益做交換。孫文公開聲討喪權辱國的"二十一條"以及 1895 年的《馬關條約》，斥責日本佔領膠東半島，要求日本租借的旅順、大連在 25 年期滿後歸還，並退出滿洲各地。

在孫文的眼裏，日本作為近代化的楷模和亞洲復興好夥伴的形象完全消失，日本和西洋列強一樣是欺負鄰國的侵略者。這種意識的轉變不僅僅在孫文個人眼裏定格，那些為尋求真理拯救祖國來到日本留學的進步青年，對日本寄託的幻想也徹底破滅。他們悔恨之中返回自己的祖國，毫不猶豫地投身到為爭取國家民族利益的戰鬥行列中去。

孫文的革命生涯中和許多日本人結下深厚情誼。1905 年孫文在宮崎寅藏等的支持下，聯合興中會、光復會、華興會結成"中國同盟會"。同盟會採決了孫文提出的"驅除韃虜、恢復中華、創立民國、平均地權"的綱領性主張。1922 年被陳炯明驅逐的孫文，邀請日本駐廣東武官佐佐木到一擔任軍事顧問。此後佐佐木和孫文的交往日漸深厚，還參與過孫文的"中山裝"的考案設計。此間孫文向佐佐木介紹了蔣介石。佐佐木對孫文和國民黨在未來國家中的作用給予厚望，發表過許多論文、講演、著作，招來諸多批評和嘲諷，沒有引起日本高層的重視。歷史的變遷使佐佐木改變了自己的中國觀，在中日戰爭中成為傷害中華民族的劊子手。

1913 ～ 1916 年，孫文在日本避難和從事革命活動期間，得到日本著名企業家梅屋莊吉的極大幫助。孫文在從醫時就和梅屋莊吉結下友情，梅屋莊吉知道孫文崇尚革命，許下"君若舉兵，我以財政相助"的慷慨諾言。在孫文革命生涯中，梅屋提供了相當於現今億萬日元的巨額援助，在物質和精神上支持孫文領導中華革命走向成功。梅屋和夫人德子不但一如既往幫助孫文在日本的避難活動，還為促成孫文和宋慶齡的婚姻提供了幫助。1915 年 10 月 25 日梅屋在東京主持舉辦了兩人的婚宴。此後德子也精心照料二人的生活，在兩對異國夫婦之間留下了永恆的友情。1925 年孫文病逝，梅屋莊吉痛惜備至，為向後世傳頌孫文之豐功偉績，拿出相當現今 1.5 億日元的巨資製作了 4 尊孫文銅像捐贈給了中國。孫文銅像至今仍完好保存在廣州、南京、澳門等地。

關於孫文在日本的私生活有過許多記載，其中《日本に遺された孫文の娘と孫》、《孫文の女》更有較詳細的介紹。孫文一生與 5 位女人有過妻、妾或情人關係，其中 3 位華人，2 位日本人。1885 年孫文 19 歲與 18 歲的盧慕貞結婚，1915 年離婚，育有一子孫科，二女孫娫、孫婉。1891 年孫文 24 歲納 18 歲的陳粹芬為側室。

1897 年孫文流亡日本，與 15 歲的日本少女淺田春，以妾的形式生活在一起，直至 1902 年淺田春離去。1901 年孫文向 14 歲的日本鄰居大月薰求婚。1904 年 38 歲與 16 歲的大月薰結婚。1915 年 49 歲的孫文與 22 歲的宋慶齡正式結婚。

淺田春（1882 ～ 1902），是明治三十年（1897）孫文居住在橫濱華僑溫炳臣（孫文的翻譯）家中時，由宮崎滔天、溫炳臣幫助安排的一位略懂中文和英文的 15 歲日本女孩，是專門照顧孫文日常生活的女傭。淺田春後來接受日本警方的委託，為警方提供孫文在日活動的情報。警方指示淺田春，孫文是受到清朝政府通緝的要犯，如今來自清國的刺客活躍，我邦有保護孫文生命安全的義務。要求淺田春每日將孫文的來客，會見內容記錄下來向警方報告。淺田春與孫文之間相好，開始了無名分的同居關係。1901 年孫文在準備長期離開日本一段時間前，單獨邀請淺田春前往神戶旅行。已經愛戀孫文的淺田春，內疚於監視孫文的行為，將自己的所為全部告訴了孫文。孫文離開日本後，淺田春神秘消失，理由是得了嚴重的肺結核回歸原籍，不久病亡，孫文為之痛感憐惜。據日本外務省檔案（《辛亥革命史資料新編》第六卷翻譯），孫文在日本流亡期間，受到政府部門的跟蹤保護。報告記載，"明治三十三年（1900）9 月 21 日，兵庫縣知事向外務大臣報告，孫逸仙（34 歲）與跟隨者溫炳臣（38 歲）及淺田春（18 歲，孫逸仙之妾）於昨日（20 日）下午 6 時 30 分自橫濱乘坐開往神戶方向的火車，途經西京來神奈川，是日宿市內相生町三丁目加藤的旅館。9 月 22 日兵庫縣知事報告稱，今日傍晚孫陪同其妾淺田春赴相生座觀戲，不久返回住地，用罷晚餐復又觀戲，除此之外再不曾外出，亦無他人造訪。明治三十四年（1901）7 月 2 日，兵庫縣知事報告稱，孫逸仙與其妾淺田春一起，於昨（1 日）上午 11 時 14 分乘列車自橫濱抵達神戶，宿於榮町三丁目西村旅館。孫文化名中山二郎。明治三十五年（1902）7 月 9 日，兵庫縣知事報告稱，據宮崎所言，孫逸仙因近日其妾去世頗為憂鬱……"

大月薰（1888 ～ 1970），是孫文有名分的日本籍妻子。1898 年因橫濱市街火災殃及家屋，11 歲的大月薰和全家搬住到孫文在橫濱山下町 121 號的寓所二樓。一日大月薰在家裏玩耍不慎打碎花瓶，水流浸透地面，滲至樓下孫文房間。當時孫文正在看地圖，水滴濺到了地圖上。溫炳臣上樓詢問，父親大月素堂出於歉意讓大月薰下樓道歉，孫文沒有責備大月薰，還說她很乖給了她一顆糖。大月薰與孫文初次相識留下了深刻印象。光陰荏苒，兩家有過密切交往，孫文給大月素堂生意上許多幫助。1902 年孫文通過溫炳臣向大月素堂提親，當時大月薰是橫濱高等女子學校三年生，大月素堂以女兒年幼婉言謝絕。1904 年 38 歲的孫文再向 16 歲的大月薰求婚，大月素堂答應了兩人的婚事，兩人在橫濱淺間神社結婚，渡過了一段恩愛美好的生活。1905 年中國同盟會在日本成立，為了發展在海外的同盟會分會，孫文離開日本前往南洋。臨別時大月薰已經有孕在身，但兩人均不知曉。1906 年 5 月 12 日 18 歲的大月薰生下一女，取名冨美子。孫文最初曾經有過書信和寄錢，以後便斷了音信，也沒有回來見過母女二人。大月薰多年聯繫不上孫文，生活拮据，最後將五歲的冨美子過繼與橫濱做酒業生意的宮川梅吉家做養女。大月薰後來兩度改嫁，最後遠嫁到栃木縣足利市的東光寺，與該寺院住持（僧侶）結婚。

孫文在和日本妻子大月薰的婚姻上，給人留下激情和薄情的印象。事實上這場國際婚姻從一開始就存在天然缺陷。首先孫文不太懂日語，兩人交流主要用英語，而大月薰又不甚通曉英語和中文，語言障礙是阻礙兩人關係深入發展的要因。其二，孫文是居無定所的革命者、政治家，大月薰是受過傳統教育舉止文靜的家庭型東洋女人，兩人的終極追求存在巨大差距。其三，政治信仰和年齡的差距，以及革命家對家庭割捨的殘酷性，很難讓尚不成熟的不足 20 歲的女人承受。其四，中日兩國間政治關係的變化，讓孫文不能不迴避這場跨國婚姻可能帶來的政治影響。其五，兩人的婚姻沒有合乎正規法律的，在役所登錄備案的婚姻屆。明治維新後的戶籍法規定，日本實施一夫一妻制，而孫文是有妻室之人，在役所履行婚姻屆登錄存在法律障礙。兩人的婚姻只是在神社佐證和婚宴親朋佐證方式下，實施的民間習俗方式的婚証。其六，當孫文成為臨時大總統，再度踏上日本的土地上時，大月薰已經成為人妻，他們的孩子已經不知去向。孫文後來雖然知道了這些情況，最終還是選擇了更為紳士的做法，沒有去打擾大月薰的生活。

在這場有結婚沒有離婚，讓人感覺薄情和憐香惜玉的婚姻期間，孫文在做些甚麼呢？1905 年孫文即將離開日本，告知大月薰一定會回來，但不知曉大月薰已經懷孕。1905～1906 年間，孫文赴東南亞各地向華僑宣傳革命和募集經費，發展創立同盟會的支部。1906～1911 年，同盟會在華南各地組織發動八次武裝起義，孫文親自制定起義方案，奔走海外籌募起義經費。1911 年 4 月 27 日的廣州黃花崗之役，在全國引起了巨大震動。1911 年 10 月 10 日，武昌起義辛亥革命成功，孫文被推舉為中華民國臨時大總統，匆匆返回國內，並於 1912 年 1 月 1 日宣誓就職，組成中華民國臨時政府。此後又發動二次革命、護法運動、組建廣州軍政府、改組國民黨……可以說，直到 1925 年病逝，孫文都處在超級繁忙之中。他作為中華民族的領袖，為本國大業公而忘私鞠躬盡瘁，失去了本應更多的家庭溫暖，從一個革命家的視角來看也在情理之中。孫文領導革命，經手的錢財無數，但他拿不出多少屬於個人的錢財支援妻子大月薰，足見孫文的清廉和對捐助革命者的忠誠律己。一個為實現理想隨時會付出生命的人，不願意讓遠方的女人牽掛，表現出孫文作為男子漢的悲壯情結，這樣的人是時代的英雄，而非薄情輕浮可語。

孫文逝世後，日中間經歷了戰爭，世間發生了翻天覆地的變化，為了避嫌，幾十年沒有人再提這段國際婚姻的往事。1951 年宮川冨美子從家族人那裏得知生母是大月薰。1956 年冨美子的兒子宮川東一，親自陪同母親冨美子到東光寺拜會外祖母大月薰。密談中，大月薰終於向冨美子透露了她的身世之謎。大月薰告訴宮川冨美子，"冨美的讀音就是漢字的'文'字，取名冨美子就是表明你是孫文的女兒。"大月薰要求冨美子，為了你生父的在天之靈，為了他家族的聲譽，必須保守這個秘密，兩人立下了絕不洩露這個秘密的約定。大月薰高潔淑雅的舉止，表現出了一個東洋女人對孫文發自內心的至誠和眷慕。直到 2008 年，孫文的外孫宮川東一發表了自傳《孫文遺忘日本的女兒和外孫》一書，才公開揭示了母親和自己的生活經歷。

孫文一生的私生活，不掩飾對"女人"的興趣，顯示了他至性的一面，但這不影響他偉人的形象。一個在內心擁有許多眷戀和情感的人，仍然將自己的生命置之度外，投身險惡的革命洪流，不是偉大之人很難做到如此的執着。中山是血肉之軀的凡人，他當之無愧成為這些女人的丈夫和知音。多少年來坊間流傳着孫文崇尚和讚美女人的詩句，“女人是平凡的，月朗星稀是女人用晨炊點燃了新的一天。牽牽連連，是女人將零零碎碎縫補成一個美麗。女人是不平凡的，風雨交加，是女人為我們打開家門。坎坎坷坷，是女人給我們關懷和溫馨。然而女人又是偉大的，人類常把母親比作美麗和博大的化身。人類在生育女人的同時，女人也生育了整個人類。世界少不了女人，如少了女人，這個世界將失去百分之五十的真，百分之七十的善，百分之百的美，沒有女人就沒有了這個世界。”

孫文百年歷史的一頁翻了過去，現代視角下的現代人，有時會尖銳質疑孫文的歷史言論或他輕浮的女人觀。然而歷史研究的視角，應該把歷史人物和歷史事件，回放到它們當時所在的那個特定的歷史參照系下審視，才能找到合理的解釋。孫文所處的特定歷史環境，正是中華民族剛剛開始接受西方民主國家理念的啟蒙期，重塑中華國家對主權和領土概念的過渡期，全世界處在無秩序的混亂和整合的背景中。現代人評價偉人，總是希望他們百分之百的完美。然而偉人並非聖人，孫文的光明磊落和天下為公的信念與實踐，為中華民族留下的寶貴政治遺產和精神財富，遠遠超越了聖人的價值。

四、梁啓超的日本情結

明治元年，梁啓超(1873～1929) 尚未誕生。梁啓超是清末民初的思想家、政治家、教育家、史學家、文學家。青年時代曾在老師康有為帶領下進行戊戌變法，事敗後出逃日本，在海外推動國家立憲君主制。辛亥革命後曾入閣袁世凱的政府，也加入過段祺瑞的政府。他倡導新文化運動，支持五四學生運動。

1895 年 3 月，梁啓超與康有為赴京趕考，月底得知北洋水師全軍覆沒，李鴻章赴日簽訂《馬關條約》，在京應試的學子群情激憤。梁啓超奉康有為之命，聯合各省舉人數百人發起上書運動阻止批准《馬關條約》。四月初十，康有為、梁啓超率領數百名舉人，攜聯名萬言書《上今上皇帝書》，前往都察院陳情，開啓了知識分子為先導的“公車上書”群眾性政治運動。

1895 年 6 月，梁啓超在康有為授意下創辦《萬國公報》、《中外紀聞》，製造輿論宣傳維新，主張用西方模式改革中國政治、經濟及教育。1896 年 8 月梁啓超任總主編的《時務報》在上海創刊，宣傳“變法圖存”，結識大批社會名流。朝廷曾派專員邀請梁啓超為政府參贊專任報事，梁婉辭不就，決心通過民間報紙喚醒民眾。梁啓超撰寫《變法通議》、《西政叢書》等數十篇文章在報上發表，成為當時前所未聞之維新新論，受到社會的關注。1897 年 10 月梁啓超發表《論君政民政相嬗之理》文章，用孔子的“三世說”、嚴復的進化論及歐美諸國歷史進程為例證，強調其共同規律是都經過了“君主專制”、“君主立憲”、“君民共立”的歷史過程，以此論述大清國君主立憲制的思想理論。梁啓超還發表了《知耻學會敍》，揭露官、商、士、兵、民等種種腐敗弊端，引起朝廷的震怒而遭到壓制。

1898 年正月，梁啓超前往北京協助康有為推動變法，成立以"保國"、"保種"、"保教"為宗旨的保國會，希望在變法、外交、經濟等方面協助朝廷治理國家。在廣大文人請求推行新政的陳情之下，四月末，光緒皇帝頒佈《明定國是詔》，表明改革決心，開始變法。在變法施政策略上，康有為主張採取日本明治維新經驗，循序漸進方式，譚嗣同和梁啓超等人反對溫良主義。結果變法急於求成，造成朝政混亂，招致保守派反撲。慈禧太后主導了宮廷政變，光緒帝成了階下囚，百日維新變法失敗。康有為、梁啓超等人紛紛出逃海外。梁啓超避入日本公館，向日本駐華公使請求庇護。消息轉至伊藤博文處，伊藤欣賞梁啓超的才華，作為大清國的高潔志士，必是未來國家維新的棟樑人才。他指示日本在清國的力量，幫助梁啓超逃出了戒備森嚴的北京城。

明治三十一年（1898）9 月，梁啓超在驚險中乘上停泊在塘沽灣的日本軍艦"大島號"，安全抵達日本。梁啓超最初居住在東京牛込區高橋琢也的房子，因敬仰日本學者吉田松陰及高杉晉作，取其字化名"吉田晉"。梁啓超與大隈重信內閣的官員犬養毅、平山周等人會面，請求日本政府設法營救光緒皇帝。同月，在宮崎寅藏的幫助下，梁啓超和老師康有為重逢，梁啓超從此開始了 13 年流亡日本的生活。

經宮崎寅藏的斡旋，梁啓超與孫中山、陳少白在早稻田大學會面。三人初次相識各抒己見，討論合作排滿事宜，此後梁啓超與孫中山交往甚密。11 月梁啓超在"興中會"橫濱分會會長馮鏡如的資助下創辦了《清議報》。報刊連載《戊戌政變記》、《論變法必自平滿漢之界始》、《戊戌六君子傳》等文章，旗幟鮮明地批判大清朝廷專制，宣傳反滿愛國救亡，號召民權自由。《清議報》海內外發行，梁啓超獲得了極大名望。

梁啓超在鎌倉江之島與 13 位志士盟誓組成"梁黨"，他們學習日文，閱讀大量日本書籍。主張中國青年若樹立獨立、自由、自強的精神必須從教育入手，呼籲"我國之人有志新學者，應努力學習日文"。明治三十二年 （1899）7 月，梁啓超在橫濱華僑商人支持下，創立了大同高等學校、橫濱同文學校，並擔任校長。學校開設講授《社會契約論》、自由平等、天賦人權及英、法革命和日文的課程，為中國的未來培養人才。

梁啓超多次向日本友人表示，"日本是我的第二故鄉！"誠意感謝十多年來日本給予的一切幫助和支持。然而，1915 年袁世凱準備接受日本對華提出的二十一條不平等要求時，梁啓超義憤填膺，通過《京報》、《國民報》、《亞細亞報》等報刊，連續發表《中日最近交涉評議》、《中日時局與鄙人之言論》、《中國地位之動搖與外交當局之責任》等文章，聲討袁世凱政府，痛斥日本的侵華野心。強調日本企圖尋求中日"合邦"，同化與滅亡中國是癡心妄想。中國人民寧為玉碎，不為瓦全，日本必須撤回那些"傷害我主權為我所不能堪"的條款。日本政府派說客拉攏梁啓超，在遭到拒絕之後，通過報刊輿論中傷梁啓超接受德國的賄賂，對日本"忘恩負義"等誣衊之詞。梁啓超則對此坦蕩反駁，"維護國家民族的權益乃吾等的權利和義務，不能因為曾受日本庇護十餘年的恩惠，就可以放棄對自己國家的責任。""凡以正義待我者，無論何國，吾皆友之；凡以無禮加我者，無論何國，吾皆敵之。"梁啓超的文章引起海內外巨大反響，"二十一條"最終未能付諸實施。

在中國維新變法的領袖中，梁啓超受日本明治維新的影響最大，他高度評價日本明治維新，將其作為學習和實踐的典範，探索將日本的維新經驗運用到中國。梁啓超相信，日本可以從彈丸小國變成今日之雄國，是實行了維新變法。如果中國也像日本那樣變法圖強，定會擺脫弱國局面。明治政府主導輿論的新聞媒體對梁啓超影響很大，他相信中國的維新運動需要依靠輿論宣傳，才能喚起國人沉睡的大夢。從明治二十八年（1895）梁啓超初登歷史舞台到1920年結束流亡歸國二十多年中，他深受日本明治維新的影響，並且積極辦報進行宣傳活動。他以國家民族興亡為己任的使命感和博大胸懷，啓迪影響了一代乃至幾代後輩，激勵了近代國家動亂中的民族脈搏。作為近代中國人自己的思想理論家，梁啓超超越了他的先師康有為。百年以來中國老一輩革命家，毫無疑問都會不同程度地受到梁啓超維新思想理論的影響。

五、清人的島國留學潮

近代清國朝廷和日本官方的交往，始於日清兩國締結《日清修好條約》的明治四年（1871）。明治十年（1877），清國第一任駐日公使何如璋，痛感日本語翻譯人材不足，使清國對日本的外交政策、國家改革、社會文化的認識產生諸多誤解。何公使與當時日本的掌權者大久保利通商議，設立日清外交人材培養學校，雙方各派出20名學員的培訓計劃，以期增進兩國的相互理解。遺憾的是該計劃受到琉球問題和大久保利通被暗殺的影響頓挫流產。可是清國公使館沒有停止計劃的實施，於1882年在東京芝增上寺的公使館月界院內，獨立設立了"東文學堂"。學堂的學生從本國國內招收，教育主旨是培養精通日本語的外交人材。教育內容是學習日本語，加上其他科目，學制設定為三年。但是整個留學教育過程，是在公使館內封閉狀態下進行的。從1882～1894年，該學堂僅僅培訓了12名身在日本，卻不出公使館大門的"留學生"。1894年日清戰爭爆發，公使館關閉，東文學堂也隨之閉校。

日清戰爭清國戰敗，明治維新引領日本崛起的現實轉變了清國人的思考方法。清國人終於低下頭來，拋棄固有的夜郎自大唯我獨尊的思想，誠意向日本取經研究日本島國的事情。1896年清國駐日公使裕庚向日本外務大臣陸奧提出了派遣公費留學生的請求，但因存在留學生不懂日語的顧慮，文部大臣西園寺公望只同意他們在民間私塾校留學。清國通過嚴格考試選拔了13名優秀生，作為公派留學生前往位於東京的由嘉納治五郎創辦的"嘉納塾"學習。留學期間，近半數的學生因清國人髮辮屈辱問題、戰敗國卑下感心理障礙、飲食文化不調等因由，中斷學業離開日本返回了本國。學校教學實施嚴格的考試制度，第一屆赴日官派留學生考試平均成績（百分制），日文 76.8、理科 81.4、算術 49.4、地理 68.3、歷史 62.2，最終畢業升學者只有 7 人，這 7 人一生為增進兩國文化交流作出了貢獻。1899 年 10 月 12 日嘉納先生獲得清國光緒皇帝授予的二等雙龍寶星勳章，高度評價和感謝嘉納對清國留學生教育的貢獻。

嘉納塾公費留學生教育的成功，推動了清國人前往日本留學的願望。在日俄戰爭勝利的背景下，日本國際地位急速提升，清國人前往日本的留學生勢頭猛增。僅戰後的 1906 年就有萬名清國人來日留學，日本國內面向留學生的學校大量湧現。報紙繪畫《清國留學生的茫然》，描繪了當時清國人可笑的留學潮。諷刺許多盲目來日留學的清國年輕人，在不知道留學學校也不知道學何為好的狀況下，貿然來到警察亭向警察打聽留學事情的情形。留學生的激增和無目的的留學，與早期留學生給人留下的胸懷抱負、刻苦勤學的良好印象形成強烈反差，引發日本社會的疑問。

日本國內推動清國人留學潮的教育機構，當屬嘉納創辦的"宏文學院"，學校向清國留學生提供了優良的正規教育。1906 年宏文學院為留學生開設了多種學科，普通科 6.6%、速成音樂科 0.1%、速成警務科 21.1%、速成師範科 62.5%、速成理化科 9.7%。其中普通科入學的 140 名學生中，118 名得以升入高等教育學校，升學率達到 84.2%。升入官公立學校 68 名，佔 57.6%；私立學校 50 名，佔 42.3%。十年留學期間，全體留日學生中，考入日本大學者佔 1%，考入高校水準的學校者佔 5%。

赴日本留學的清國各類留學生，成分多樣水平參差。其中部分學生接受了明治維新的影響，積極投身推翻清國朝廷的政治活動中。也有部分紈絝子弟不思學業，打架鬥毆、外宿嫖娼、吸食買賣鴉片等醜聞頻出，在日本媒體上披露，引起社會反感。留學潮活躍了清國與日本間的教育往來，也引起清國朝廷對留學生參與國家政治的警覺，要求日本政府對留學生加強管束。1905 年 11 月 2 日文部省頒佈了《清國人を入學せしむる公私立學校に關する規程》，被翻譯成《清國留學生取締規則》。規則主旨是整頓清國留學生中存在的風紀問題，並採取嚴格管理措施處置放縱卑劣的學生。在個別媒體對不良生渲染性的報道下，引起社會對整個留學生群體的冷眼蔑視，招致清國留學生的強烈逆反。1905 年 12 月 7 日《東京朝日新聞》報道，東京市內各學校在學的清國留學生 8600 餘名聯合罷課，抗議文部省發佈《清國留學生取締規則》，要求政府解釋澄明留學生的"放縱卑劣"。取消《取締規則》中的第九、十兩條（此兩條是對今後違反風紀的留學生採取嚴格處罰，以及文部省與清國公使館共同對不良學生採取退學處置的規定）。不明真相的清國留學生在學校內發起集體退學運動，非本意的退學回國者達 2000 人之多。事件在日本社會造成極壞影響，就連原來同情留學生的媒體也轉向批判留學生的宣傳，留學生處於極端孤立被動的境地。

《取締規則》事件，是清國政府計劃中的陰謀。朝廷表面上聯合日本文部省整肅行為不良的學生風紀，實質上是設下圈套清理參與反對清國政府有革命傾向的學生，致使留學生盲目退學，成為最終受害者。清國朝廷制約留學生的第二計謀，是提高留日學生"登用考試"的錄取標準分數，使統考進士的留日學生紛紛落榜無緣及第。並由此引來清國世論批評日本教育水平低劣，速成教育一知半解，譴責日本一些惡質學校買賣文憑的弊行。《取締規則》事件後，留學生急劇銳減，日本面向清國留學生所開設的數十所學校相繼閉校，名校中也出現經營困難的嚴峻局面。清國政府實現了削弱留學生反清勢力的目的，同時加大擴充本國普通教育力度，立足收回國家的教育權。清國人持續了十年的赴日留學熱潮落下帷幕，迎來了冷靜的主張高質量留學教育的新時期。

　　清國人留學日本，源於"同文"、"路近"、"省費"、"時短"的魅力，成就了清國人留學日本的教育夢想。歷史上雖然對清國留日學生存在各種評價，但也正是這支留學大軍親身感受到了明治維新的時代脈搏，體驗了甲午戰爭、日俄戰爭後日本崛起的國家面貌。歸國後的留日學生，毅然決然登上了推翻清廷改造國家的歷史舞台。這些留學生弘揚明治維新精神，輩出了諸多的政治家、教育家、軍事家和文人學者，為改朝換代，創建新國家作出了貢獻。

29.01 李鴻章，清國開明人士，在國家積弊日深，矛盾交織的背景下，敢以大清國洋務運動與明治維新爭高低。史評稱他引導東方大陸民族，接近了世界近代文明。

29.02 康有為，畢生宣傳自家的思想哲學，集天下才子研討明治維新理論改造國家，主張君主立憲制的政體改良。作為一代理論宗師，是近代著名的維新思想家。

29.03 孫文（孫中山），明治維新的信仰者和實踐者，為中國革命的成功鞠躬盡瘁，主張"明治維新是中國革命的第一步，中國革命是明治維新的第二步。"

29.04 梁啓超，中國近代思想家，明治維新的信仰者。曾主張君主立憲制理論，是改朝換代時期創辦新聞媒體中的風雲人物，激勵了近代國家奮起的民族脈搏。

29.05 日清戰爭、日俄戰爭的結果，使清國人信服了明治維新引領日本崛起的事實，徹底轉變了清國人的思考方法。清國人終於低下頭來，拋棄固有的夜郎自大唯我獨尊的思想，誠意向日本取經，研究日本島國的事情。寫真是中國歷史上，第一批官方派遣的留學生和東京"嘉納塾"的創辦人嘉納治五郎的合影（中）。嘉納塾公費留學生教育的成功，推動了清國人前往日本留學的留學潮。

29.06　清朝末期的學堂數

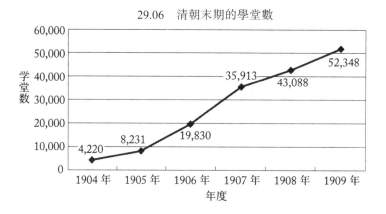

29.07　宣統元年清國學堂數

學 堂 種 類	學 堂 數	學 生 數
小　学	51,678	1,532,746
中　学	460	40,468
大学及び專門学校	111	20,672
実業学堂	254	16,649
師　範	415	28,671
合　計	52,918	1,639,206

1904 年日俄戰爭開戰，戰爭後清國學堂數逐年遞增，僅 5 年的時間就增加了 12.4 倍。1903 年 10 月清政府頒佈《獎勵遊學畢業生章程》，規定凡中國留日學生在日本普通中學 5 年畢業，得優等文憑者，給予拔貢出身；在日本文部省直轄之各高等院校及程度相當的各實業學校 3 年畢業，得優等文憑者，給予舉人出身；在大學專科某科或數科，畢業後有選科或普通畢業文憑者，給予進士出身；在國立大學及程度相當的官立學堂中 3 年畢業，得學士文憑者，給予

翰林出身；5 年畢業，得博士文憑者，除給予翰林出身外，還給予翰林升階。最初，洋務運動期間的留學生大都計劃留學英法美等國家，由於北清戰爭的庚子賠款，政府財政緊拙，結果清末改革中的留學生計劃大都改成留學日本。截至 1907 年，留日學生總數約達一萬五千人。上載兩幅圖表是大清帝國末期（明治時代後期），國內學堂數推移狀況曲線圖。參考文獻：陳啟天著《近代中國教育史》台灣中華書局 1969。

29.08 日俄戰爭前後，孫文頻繁往來於清國和日本之間，創立了革命政黨——中國革命同盟會。孫文在日本的革命活動，得到了大隈重信、犬養毅等政治家，宮崎滔天、梅屋莊吉等亞洲主義民間人士的大力支持。寫真是明治四十四年（1911）在香港拍攝的合影。前排左起第四人是孫文，右起第一人是廖仲愷。後排左起六人，大鬍子者是宮崎滔天先生。

29.09 孫文在日本避難和從事革命活動期間，得到日本有名的企業家梅屋莊吉的極大幫助。梅屋莊吉知道孫中山崇尚革命，許下"君若舉兵，我以財政相助"的感慨諾言。在孫文革命生涯中，梅屋提供了相當於現今億萬日元的巨額援助。梅屋不但一如既往幫助孫文在日本的避難活動，還為促成孫文和宋慶齡的婚姻提供了幫助。寫真是梅屋莊吉夫婦與孫中山先生合影。

29.10 1906年報紙繪畫《清國留學生的茫然》，諷刺了當時清國人可笑的留學潮。許多盲目來日留學的清國年輕人，在不知道留學學校也不知道學何為好的狀況下，貿然來到警察亭向警察打聽留學事情。

29.11 1912 年底至 1913 年年初，民國舉行了第一屆國會議員選舉，國民黨在大選中獲勝，在參眾兩院均成為第一大黨。因宋教仁遇刺，1913 年 7 月孫中山曾發起二次革命，但以失敗告終。1913 年 10 月 6 日，袁世凱經國會選舉，當選正式大總統。11 月 4 日，袁世凱以"叛亂"罪名下令解散國民黨，並驅逐國民黨籍的國會議員，導致國會由於人數不足無法運作而休會。袁世凱另行召集"政治會議"和"約法會議"取代國會。寫真是第一屆國會會址。

29.12 中華民國參眾兩院各設三種委員會：全院委員會、常任委員會、特種委員會。國會議事採用三讀制度。辛亥革命成功結束了中國兩千多年的君主政體。寫真是孫中山作為臨時大總統與閣僚開會的情形。

29.13　1911 年辛亥革命成功後，中國革命党人尚沒有一個確切的治國方案，遂按照美國憲法，美國政治體制，實行總統共和制。當時孫中山被多數革命者認為，他的聲望與能力足以成為中華民國臨時政府的領導人，故被推選為中華民國臨時大總統。孫中山的中華民國臨時大總統就職典禮於 1912 年 1 月 1 日，在南京總統府（清朝兩江總督署）舉行，孫中山就職臨時大總統的同時，也正式宣告了中華民國成立。

29.14　1913 年 3 月，孫文再訪宮崎滔天（宮崎寅藏）的老家。孫文在革命低潮流亡日本時，得到宮崎在革命活動和日常生活上的全面幫助。寫真是孫文和被稱作"大陸浪人"、"支那浪人"的宮崎（大鬍子者）與家鄉村民的合影。

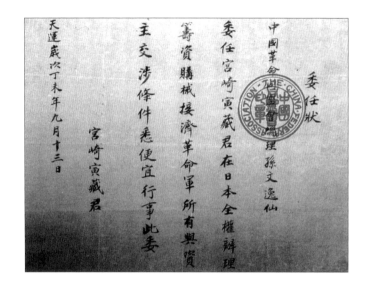

29.15　影1907年9月孫文親自全權委任多年支持中國革命的日本友人宮崎寅藏為中華革命在日本募集經費的使者。委任狀書：中國革命同盟會總理孫文逸仙，委任宮崎寅藏君在日本全權辦理籌資購械接濟革命軍，所有與資主交涉條件悉便宜行事，此委。宮崎寅藏君　天運歲次丁未年九月十三日。

29.16　1923年8月中國第一架轟炸機組裝試飛成功。宋慶齡親自試乘過這架飛機，飛機被以宋慶齡的英文名字命名為Rosamonde。寫真是孫文視察飛機的情形。

29.17　1916年4月9日，孫文和日本友人在東京共同慶祝袁世凱復辟帝制失敗的合影。幡旗上書："帝政取消一笑會"。孫中山（前排右四）、宋慶齡（前排左四）、廖仲愷（後排左二）、何香凝（前排右三）及其子女廖承志（孫中山前）、廖夢醒（前排左二）。

604

29.18　1924年6月16日國共兩黨人士500多人,隆重舉行了黃埔軍校開學典禮。孫中山以國民黨總理的身份親臨致詞,發表重要演說,指明軍校宗旨就是創造革命軍,來挽救中國的危亡。孫中山親自制訂了“親愛精誠”的校訓,批准了軍校校歌。寫真是孫中山在講演,右手邊是宋慶齡,左手邊是蔣介石、廖仲愷。

29.19　宋慶齡(1893.1.27～1981.5.29),近代中華革命家,中華民國“國父”孫文的第三任妻子。孫中山去世後,1940年中國國民黨中央常務委員會第143次會議決議:“孫中山先生尊稱為國父,以表尊崇。”中國共產黨尊宋慶齡為“慶齡先生”、“孫夫人”、“國之瑰寶”,非正式稱其為“國母”。宋慶齡是中國的著名美女,論其之美存在諸多的逸聞。有文說,二十世紀的中國,若論最出名的女性,非宋慶齡莫屬。宋慶齡跨越了晚清、民國、中華人民共和國三個重要時代,而且在每個時代她都是引人注目的人物。她以自己的人格、氣質、精神、美的形象,征服了包括敵人在內的所有人。宋慶齡經歷了日本明治時代的末期,親身感受到明治維新給日本帶來的巨變,全力支持孫中山欲用明治維新經驗改造中國的政治抱負。寫真是1920年宋慶齡在上海期間時的讀書麗照。

29.20　大月薰（1888～1970），孫中山的日籍夫人。1904 年與孫文結婚，時年 16 歲，孫文 38 歲。1906 年 5 月 12 日大月薰生一女，取名冨美子。孩子出生時，孫文已經離開日本前往南洋，為海外成立同盟會分會奔波。此後也沒有回來見過母女。18 歲的大月薰在後來的生活中舉步艱辛，最終只能將五歲的冨美子寄養給在橫濱保士谷區做酒業生意的宮川梅吉家當養女，改名宮川冨美子。大月薰後來改嫁，第一次嫁給靜岡銀行總裁三輪新五郎之弟三輪秀司。因夫方發現了大月薰私藏的孫文書信，遭到了休妻的結局。此後大月薰心灰意冷，徹底掩蓋了自己的過去。第二次遠嫁到栃木縣足利市的東光寺，與該寺院住持（僧侶）實方元心結婚，後育有子女。1951 年，宮川冨美子從家族那裏得知生母是大月薰。1956 年冨美子拜會大月薰，終於知道了自己的身世。1984 年日本公開報道了孫文日本妻子和女兒的事，引起了極大反響。當時台灣當局已把孫中山神格化，封殺了日本的報道，並查禁了台灣轉載日本共同社、讀賣新聞的題為《國父入土、國母出土──孫逸仙的櫻花戀》的報道。如今時過境遷，人們可以客觀地評論偉人，因為偉人的偉大之處，就在於尊重歷史的真實。寫真是大月薰 12 歲時的照片。

29.21　周樹人（1881～1936），筆名魯迅，明治三十五年(1902)2 月赴日本留學，先入東京弘文學院，在松本龜次郎教導下學習日語。1904 年 9 月赴仙台醫學專門學校就讀醫學。魯迅作為留學生就讀官立學校，得到了清國公使的推薦狀，得以免試入學並領取 400 円高額獎學金，而且學費全額免除（日本中學教員年薪不足 400 円），生活條件相對比較理想。日本醫學專門學校教學嚴格，完成學業畢業是一件致難的事情。班裏百餘名日本學生可以通過畢業考試者只佔 50%。第一年魯迅以 60 分的成績，通過了考試，此間魯迅熱衷的卻是夏目漱石的小說。第二年的學年考試，解剖學試題泄漏異論以及在一部日俄戰爭紀錄電影片裏，看到日軍處死給俄軍做間諜的清國人，而在刑場圍觀的清國人歡喜叫好的畫面時，他受到強烈刺激。故認為"救國救民需先救思想"，於是棄醫從文，希望用文學改造中國人的"國民劣根性"。1906 年 3 月，魯迅從仙台醫專退學。魯迅一生在中國文學界有極大建樹和影響，諸多的文學作品經年不衰，延至現代仍然發揮着影響，是中國近代文學界的偉人之一。左寫真是仙台醫學專門學校時的魯迅。下圖左是魯迅親筆的入學願書，中圖學生在籍簿，右圖退學屆。

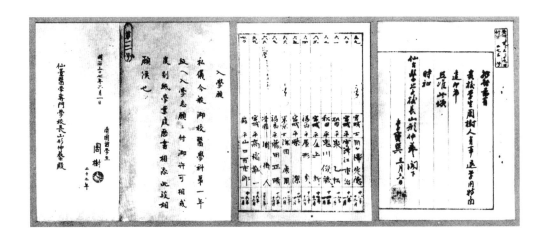

30　明治名人

　　日本明治維新的成功是在眾多維新志士的艱苦努力下實現的，志士們改造和建設了國家，讓一葉島國擺脫了數百年乃至上千年閉關自守的桎梏，帶領民眾走向近代西洋式的文明國家。在明治維新國家政體改朝換代的過程中，沒有發生長期割據的大規模戰爭對抗，是世界史上不多見的政治變革。日本維新志士改造國家的思想，給同時代的鄰國樹立了典範，深刻影響了那裏的知識分子和民眾，為自身的解放前仆後繼。

　　研究明治維新的歷史人物，窺視他們背後的故事，就能走近百年前明治維新的時代，去感受維新志士為甚麼要按照西洋模式改造國家。翻開明治維新人物肖像的扉頁，會引導讀者接近這個國家的天皇、政客、學者、外國人，他們曾經是維新國家的推動者和建設者，為創造一個嶄新的制度獻出了畢生的智慧。

　　明治名人的肖像是系統研究日本明治維新的檢索點，在每個人物身上都能找到他們的維新思想、行為和歷史貢獻，也可以讀到他們的隱私逸聞，甚或發現名人背後那些並不磊落的齷齪。儘管如此，他們願意獻身國家維新事業的精神和實踐，將他們永遠載入了歷史史冊，讓後世者追憶。

　　明治維新，創造一個嶄新的國家，是一代有志日本人的共同壯舉，人物眾多不勝枚舉。限於篇幅，本書選擇收錄的明治名人存在局限性，作為一般介紹僅此提供參考性導讀。

一、幕末明治人物

　　30.01　【睦仁祐宮】明治天皇（1852.11.3 ～ 1912.7.30）

　　明治天皇在位期間（1867.1.30 ～ 1912.7.30），是國家維新改革的支持者，實現王政復古推翻德川幕府政權，建立了君主立憲制國家。他全面支持脫亞入歐政策，推行西洋式資本主義。史上明治天皇亦被稱為明治大帝、明治聖帝、睦仁大帝 (Mutsuhito the Great)，作為近代日本國家的象徵受到國民敬仰。明治三年（1870），宣教使發佈《大教宣佈》詔，確立國家神道和天皇的絕對權威。明治天皇在位 44 年，歷經了激動復興的時代，國家從此崛起走向列強之路。

　　30.02　【德川慶喜】（1837.10.28 ～ 1913.11.22）

　　江戶幕府第 15 代征夷大將軍，是繼承德川宗家的江戶幕府最後的將軍。經歷了大政奉還、江戶開城、戊辰戰爭等歷史事件。1867 年薩摩藩及長州藩出兵討幕，慶喜為避免日本內戰，主動將大政奉還明治天皇。天皇頒佈《王政復古》令廢除幕府制度，結束了260 年的德川幕府統治。明治維新後被授予從一位勳一等公爵、貴族院議員的待遇。

　　30.03　【坂本龍馬】（1836.1.3 ～ 1867.12.10）

江戶時代末期的志士、土佐藩鄉士。脫藩後從事政治志士活動，曾為神戶海軍操練所的設立奔走。1867 年在倒幕政治活動中，草擬了著名的《船中八策》（新政府綱領八策），奠定了新國家體制的基本方針。坂本積極斡旋薩摩藩和長州藩間的同盟，成功實現了大政奉還。明治維新能夠實現，坂本功不可沒。不幸的是大政奉還的一個月後，坂本龍馬在京都近江屋遭到數人襲擊被暗殺，兇手至今不明。

30.04 【高杉晉作】（1839.9.27 ～ 1867.5.17）

日本武士（長州藩士），幕末長州藩的尊王攘夷志士，創設奇兵隊，力主倒幕。1862 年受藩命，隨幕府使節團前往上海、香港考察歐美各國在清國設立的殖民地實情，寫下日記《遊清五錄》，對日本人認識大清國產生極大影響。1864 年長州藩與英法美荷四國聯軍爆發下關戰爭，戰後高杉晉作受命擔任媾和談判代表（伊藤博文擔任翻譯）屈服了聯軍幾乎所有條件，只有"彥島租借"一項寧死不屈取得成功。高杉晉作不屈是聯想當年考察淪為英國殖民地的香港的所見所聞，防止了日本發生類似喪權辱國的事件，在日本歷史上評價極高。

30.05 【勝海舟】又名（勝安芳）（1823.3.12 ～ 1899.1.21）

武士、幕臣、政治家，與山岡鉄舟、高橋泥舟合稱"幕末三舟"。作為遣美使節橫渡太平洋（福澤諭吉為同船翻譯），歸國後創建軍艦操練所。明治元年（1868）任舊幕府陸軍總裁，面對新政府軍的全面戰爭，親往駿府與西鄉隆盛交涉成功，避免了戰爭，實現了停戰和江戶城無血開城，使江戶城內 150 萬居民免遭塗炭。勝海舟有"日本海軍之父"的美譽，他的大弟子伊東祐亨曾任聯合艦隊司令長官，在日清戰爭中多有建樹。勝海舟曾公開為清國北洋水師提督丁汝昌發表追悼文，主張日清聯合共抗西洋的戰略。

二、政治家

30.06 【岩倉具視】（1825.10.26 ～ 1883.7.20）

日本幕末和明治的公家（日本貴族階層代稱）、政治家，對幕末和明治政治有影響的人物。被讚譽為"維新十傑"之一。1867 年他策劃王政復古，支持明治天皇即位，革新日本政治。他令末代將軍德川慶喜放棄名位，把所有權力交回皇室。明治四年（1871），他作為日本新政府的右大臣，主導了著名的岩倉使節團，率領大久保利通、木戶孝允、伊藤博文等維新精英，總計 107 人的龐大使節團遍訪歐美，以求改革之道。經過 1 年又 10 個月的遊歷和虛心學習研究，奠定了國家邁向脫亞入歐之路的政治基礎。

30.07 【伊藤博文】（1841.10.16 ～ 1909.10.26）

日本武士（長州藩士），政治家，起草大日本帝國憲法的核心人物。擔任日本國首任、第 5 任、第 7 任、第 10 任內閣總理大臣，明治維新的旗手。歷任首任樞密院議長、首任貴族院議長、首任韓國統監、首任立憲政友會總裁，主導日清戰爭、日俄戰爭的外交對策。1909 年 10 月 26 日在清國哈爾濱火車站被朝鮮志士安重根刺殺身亡。

　　30.08 【西鄉隆盛】(1828.1.23 ～ 1877.9.24)

　　日本武士（薩摩藩士）、政治家、軍人，明治維新王政復古、戊辰戰爭、江戶無血開城的元勳，被譽為明治維新樞要三傑之一。1871 年強硬主張 "征韓論"，於 1873 年因政府內政變而下野。1877 年主導了反政府的 "西南戰爭"，被政府軍擊敗，於城山自刃。因倒幕有功於時代，其繼子嗣被賜予侯爵待遇。

　　30.09 【大久保利通】(1830.9.26 ～ 1878.5.14)

　　日本武士（薩摩藩士）、政治家，明治維新的元勳，被譽為明治維新樞要三傑之一。大久保利通是下級武士出身，家境貧窮，早年與西鄉隆盛為至誠好友。明治四年(1871)，大久保利通任赴歐洲考察團副使周遊歐美各地。1873 年因強烈反對征韓論與西鄉隆盛決裂，支持政府內政變，迫西鄉隆盛下野。大久保為政果斷、清廉、獨裁，1878年被反對派暗殺。

　　30.10 【木戶孝允】又名（桂小五郎）(1833.8.11 ～ 1877.5.26)

　　日本武士（長州藩士）、政治家，明治維新的元勳，被譽為明治維新樞要三傑之一。尊王攘夷派中心人物，劍俠、練兵館塾頭（館長）。推進版籍奉還、廢藩置縣，反對封建制度，主張國家憲法和三權分立，建言國民教育和天皇教育，深受長州藩主和明治天皇的信賴。西南戰爭中因重病逝於公職。

　　30.11 【松方正義】(1835.3.23 ～ 1924.7.2)

　　日本武士（薩摩藩士）、政治家、財政經濟重臣，擔任第 4 任、第 6 任兩屆內閣總理大臣。任大藏省大臣時，強硬推行 "地租改正"。力主廢除政府濫發的紙幣，增加煙草稅、酒造稅、醬油稅，壓縮政府預算，緩解了財政壓力。日清戰爭、日俄戰爭為國家勝戰調達戰費功績卓越，受天皇賞識。日俄戰爭結束後，為表彰功績，破例授與 "大勳位菊花授章"。

　　30.12 【大隈重信】(1838.3.11 ～ 1922.1.10)

　　日本武士（佐賀藩士）、政治家、教育家，擔任第 8 任、第 17 任兩屆內閣總理大臣。早稻田大學的創設者，首任總長。"地租改正"、"殖產興業" 政策的推進者，反對征韓論，為政府籌措軍費功績卓越。大隈同情民權運動，向明治新政府建議盡早開設國會，制定國家憲法。大隈是著名的外交家，在改正與歐美諸國不平等條約的外交交涉中嘔心瀝血。1889 年曾遭受炸彈襲擊失去右腳。

　　30.13 【桂太郎】(1848.1.4 ～ 1913.10.10)

　　日本武士（長州藩士）、陸軍軍人、政治家，擔任第 11 任、第 13 任、第 15 任三屆內閣總理大臣。日清戰爭時，曾任第三師團長。首度組閣後，主導締結《日英同盟條約》，全面督導了日俄戰爭。國民稱其為 "桂首相"，人氣極高。旋因隱瞞日軍在日俄戰爭中的巨大傷亡和未取得俄國戰爭賠償金，引發國民騷亂事件。第二次組閣後，主導了日韓合併、大逆事件（鎮壓社會主義運動）、恢復關稅自主權、廢除與西方諸國不平等條約等內政外交舉措，為日本進入世界強國之列貢獻卓著。

30.14 【犬養毅】（1855.6.4 ～ 1932.5.15）

日本政治家，第 29 任內閣總理大臣。曾擔任神戶中華同文學校、橫濱山手中華學校名譽校長。明治四十年（1907）漫遊大清國各地考察，1911 年為幫助孫文和辛亥革命前往清國。孫文流亡日本期間得到犬養毅的保護和支援。在擔任內閣總理大臣期間，圍繞中國滿洲地位問題與軍方意見分歧，遭到日軍青年激進將校暗殺。犬養毅的死成為昭和史的分水嶺，事實上加速了日本對中國的侵略。

30.15 【井上馨】（1836.1.16 ～ 1915.9.1）

日本武士（長州藩士），政治家、實業家，桂太郎的岳父。歷任外務卿、外務大臣、農商務大臣、內務大臣、大藏大臣。從一位大勳位侯爵、元老。明治維新推進殖產興業國策，在拓展紡織業、鐵道事業、城市建設中貢獻卓著。作為政府重臣與日本郵船、三井財閥、藤田組關係密切，在財界擁有強力的發言權。擔任三井財閥的最高顧問時，被譏為"三井的掌櫃"。輿論批評其是賄賂、利權、肥私、污吏的著名貪官，在政官財界影響力絕大之人。

三、外交家

30.16 【陸奧宗光】（1844.8.20 ～ 1897.8.24）

幕末明治時代的武士、政治家、外交家。曾因密謀顛覆政府罪入獄，特赦後赴英國留學，歸國後復出政壇，擔任過駐美國、墨西哥公使。明治二十五年（1892）就任第二次伊藤內閣外務大臣，期間主導修正了諸多與歐美的不平等條約。日清戰爭的主戰者，馬關和談全權大臣。外交手腕辛辣狠毒，有"剃刀大臣"之稱。陸奧先妻亡後，娶新橋柏屋名妓為妻，取名"陸奧亮子"，其美貌和聰穎被讚為"華盛頓社交界之華"、"鹿鳴館之華"，在外交界享有盛名。

30.17 【小村壽太郎】（1855.10.26 ～ 1911.11.26）

明治時代的著名外交家、政治家。文部省公派留學生，美國哈佛大學專攻法律學。日清戰爭時擔任駐清國代理公使。1900 年北清事變，代表日本參與《辛丑條約》會談，翌年出任外務大臣。1902 年主導日英同盟交涉，1905 年作為日本全權代表出席日俄戰爭停戰談判，簽署《樸茨茅斯和約》，為日本取得在朝鮮、清國滿洲大量權益。小村壽太郎身高 156 厘米，鼻下蓄八字胡，在北京外交官場有"老鼠公使"的綽號。一日在出席李鴻章宴會時留下一段著名逸聞。巨漢李鴻章面對小村說到："本宴席好像屬閣下最矮小，日本人都像閣下這樣小嗎？"小村坦然回復李鴻章："很遺憾，日本人的確都這樣小，當然也有像閣下這樣高大之人。然在我國巨漢男子大多缺乏智慧，一般都不委任大事。"

四、軍人

30.18 【山縣有朋】(1838.6 ～ 1922.2)

日本武士（長州藩士），元帥、陸軍大將、政治家，第 3 任、第 9 任內閣總理大臣；第 5 任、第 11 任樞密院議長，第 5 任陸軍總參謀長。近代日本新式軍隊的鼻祖，日本國軍之父，明治十年（1877）西南戰爭中的官軍總指揮。主張國家獨立自衛之路，提出日本須奉行兩條基本對外政策，一、主權線守護策；二、利益線保護策。主權線的外側即利益線，利益線範疇就是鄰邦的朝鮮。日清戰爭時 56 歲，親任第一軍司令官，因作戰獨斷冒進被解任。

30.19 【大山巖】(1842.11.12 ～ 1916.12.10)

日本武士（薩摩藩士），元帥、陸軍大將、近代世界著名軍事家。明治二年（1869）前往歐洲考察普法戰爭，1870 ～ 1873 年在日內瓦留學。日清戰爭任第二軍司令官，負責旅順口、威海衛方面作戰。日俄戰爭期間任滿洲軍總司令官，指揮對俄作戰，取得輝煌戰果。大山巖是毫無政治野心和權利慾之人，熱衷於軍事研究和實戰，與同藩出身的東鄉平八郎有"陸之大山"、"海之東鄉"的美譽。

30.20 【北白川宮能久】(1847.4 ～ 1895.11)

北白川宮能久親王，日本天皇宗室，曾赴普魯士留學，任中將近衛師團長。1895 年 6 月率近衛師團入台灣作戰，期間身染瘴疾抱病死亡。另一傳說是遭受抗日軍襲擊身亡，為怕影響士氣謂之病死。北白川宮能久受到國葬禮遇。日本統治台灣時，在北白川宮死亡之地牛埔山建立了御露營紀念碑，碑文中有："下馬而顧望，必見江山之蒼涼"的名句。明治三十四年（1901）台北建設"台灣神社"，主祀"北白川宮能久親王"。

30.21 【樺山資紀】(1837.12.9 ～ 1922.2.8)

日本武士（薩摩藩士），軍人、政治家、海軍大將。歷經薩英戰爭、戊辰戰爭、西南戰爭，台灣首任總督。第一次山縣內閣任海軍大臣，提出肅清海軍內部的腐敗，主張軍艦建造計劃擴張海軍。明治二十七年（1894）日清戰爭期間就任海軍軍令部長，親臨黃海海戰督戰，僥幸躲過清國魚雷艇攻擊，傳為著名逸聞。

30.22 【伊東祐亨】(1843.6.9 ～ 1914.1.16)

日本武士（薩摩藩士），海軍軍人、華族、元帥、海軍大將，首任聯合艦隊司令長官。伊東自幼對航海和海軍興趣濃厚，薩英戰爭時從軍，參加過戊辰戰爭。明治二十七年（1894）日清戰爭中任聯合艦隊司令長官，指揮了黃海海戰、威海衛海戰，全殲清國北洋水師，功勳卓著。戰中仁義釋放清國降軍，在國際上頌為佳話。日俄戰爭時，在大本營任海軍幕僚長、軍令部長，指揮前線聯合艦隊司令長官東鄉平八郎對俄國艦隊作戰，創造海軍戰爭史上奇跡。

30.23 【東鄉平八郎】（1848.1.27 ～ 1934.5.30）

日本武士（薩摩藩士），海軍軍人、元帥、海軍大將。明治二十七年（1894）日清戰爭時，任"浪速"艦艦長。豐島海戰執意擊沉英國籍清軍運兵船，首發日清戰爭開端和國際戰爭法論戰。明治二十八年（1895）出任海軍大學校長。明治三十七年（1904）日俄戰爭時，任聯合艦隊司令長官，創造了殲滅俄國太平洋艦隊、波羅的海艦隊，己方無沉艦的不敗紀錄，震驚世界。為日本的國際地位擠入 5 大國（英、法、俄、奧、普）的行列作出傑出貢獻。史上傳頌"沉默的提督"、"海之東鄉"、"東洋之納爾遜"的雅號，受國民尊敬。

30.24 【山本權兵衛】（1852.11.26 ～ 1933.12.8）

日本武士（薩摩藩士）、海軍軍人、海軍大將、政治家、海軍大臣，第 16 任、第 22 任內閣總理大臣。早年受到西鄉隆盛的推薦在勝海舟麾下接受培養。明治二十七年（1894）日清戰爭，任海軍大臣副官。1898 年就任海軍大臣直至日俄戰爭終結，統轄日本海軍 8 年，有日本近代海軍之柱的讚譽。1878 年山本作為海軍士官精英，大膽破除常規，與新瀉平民漁師的女兒結婚引起異論。面對世論，他寫下"絕不違背一夫一妻制的國法，若有違背願意接受任何處罰"等共七條誓言的誓約書。他信守誓言，與妻子登喜子相敬互愛一生。

30.25 【乃木希典】（1849.12.25 ～ 1912.9.13）

日本武士（長府藩士），軍人、教育者、陸軍大將。明治十年（1877）西南戰爭從軍，喪失連隊旗的恥辱使之沮喪生活放蕩，成為花柳界有名的"乃木豪遊"。1887 年前往德國留學，歸國後軍紀肅正、生活樸素、軍服筆挺，拒絕一切藝妓宴會。日清戰爭時任步兵第 1 旅團長，主攻金州旅順，戰後任台灣第 3 任總督。日俄戰爭爆發，任第 3 軍司令官，旅順戰役中為奪取 203 高地，策略失當，致使大量士兵陣亡，招致國民的批判。位於東京的住宅遭到投石、大聲非難等抗議行為，勸其辭職剖腹的信件達 2400 封。但其長男勝典、次男保典也在戰役中戰死，獲國民輿論同情。旅順攻陷，對降伏俄軍寬大處置，獲得德、法、英等國讚賞，被授與勳章。大正元年（1912）9 月 13 日，明治天皇大葬日的晚 8 時，乃木夫婦自刃殉葬。9 月 18 日乃木夫婦葬儀舉行，十數萬民眾自發參列，其中也有許多外國人，其葬儀被譽為乃木大將的"世界葬"。

30.26 【児玉源太郎】（1852.4.14 ～ 1906.7.23）

日本武士（長州藩士），軍人、政治家、陸軍大將。日俄戰爭中升任滿洲軍總參謀長，為戰爭的勝利貢獻卓著。在 203 高地爭奪戰中，他支援乃木希典大將奪取高地，全殲俄太平洋艦隊，獲得極高評價。同時他還能冷靜面對日俄戰場局勢，推進日俄談判者之一。在軍事教育領域，作為陸軍大學校長，為培養日軍高級參謀，特聘請德國軍人梅克魯擔任教官，日軍引入德式作戰軍事思想，獲得極高評價。晚年擔任南滿洲鐵道創立委員長。

五、教育家、思想家

30.27 【福澤諭吉】（1835.1.10 ～ 1901.2.3）

日本武士（中津藩士）、蘭學者、著作家、啓蒙思想家、教育家、慶應義塾創設者、明治六大教育家之一。福澤早年渡美、渡歐，受西洋文明影響深刻。1862 年出使歐洲，將歐洲的議會、選舉、徵兵令、郵政、銀行、醫院等書籍帶回日本。福澤痛感日本和西洋國的差距，歸國後發表諸多介紹西方文明的書籍。1882 年創刊《時事新報》在政治輿論界頗具影響。1884 年朝鮮甲申事變失敗，翌年，福澤在《時事新報》上發表"脫亞論"，吹響日本全面脫亞入歐的號角，推動了明治維新運動的方向。1901 年福澤諭吉逝去，為紀念他對日本近代文明的啓蒙，福澤諭吉的肖像被印在 1 萬日元最高面額鈔票之上。

30.28 【森有禮】（1847.8.23 ～ 1889.2.12）

日本武士（薩摩藩士）、外交官、政治家、明治六大教育家之一，一橋大學創始人，明治首任文部大臣。日本教育政策推行者和改革家，主張女子"賢妻良母教育"，制定女校"生徒教導方要項"。明治九年（1876）任日本駐清國特命全權公使，赴任途經天津與時任直隸總督兼北洋通商大臣李鴻章關於服飾的談話頗為有名，彰顯兩國文化的差異。1889 年 2 月 11 日大日本帝國憲法頒佈日，遭到山口縣士族暴徒暗殺。

六、明治軍事技術者

30.29 【下瀨雅允】（1860.1.8 ～ 1911.9.6）

發明家、工學博士、海軍技官。父親曾任廣島藩士鐵炮手。下瀨經讀廣島英語學校，工科大學應用化學科（東京大學工學部前身）畢業，內閣印刷局就職，改良了印刷版面清洗液，發明辨別紙幣真偽的黑色墨水。1887 年在海軍火藥製作所從事火藥研究，爆炸事故令手指傷殘，其意志不屈。明治二十六年（1893）完成下瀨火藥的研究，升任海軍技師，火藥製作所長。1899 年獲工學博士學位，帝國學士院獎賞。日俄戰爭中，下瀨火藥的巨大威力震驚世界，為日本最終戰爭勝利作出傑出貢獻。

30.30 【村田經芳】（1838.7.30 ～ 1921.2.9）

明治時代的日本陸軍軍人，最終階位是陸軍少將、從二位勳一等男爵，村田步槍的發明者。1875 年基於研究射擊技術和兵器的目的，被派往法國等歐洲國家調研。1877 年升任陸軍少佐，作為陸軍學校教官改良了射擊技術。明治十三年（1880）開發出國產十三年式村田步槍，以後又相繼研發出十八年式、二十二年式村田步槍。村田步槍的研製成功，為日本陸軍單兵作戰武器提供了最佳選擇，為戰爭勝利作出貢獻。

七、明治的文化人

30.31 【夏目漱石】(1867.2.9 ～ 1916.12.9)

夏目漱石的本名"夏目金之助"，日本著名作家、評論家、英文學者。夏目自幼喜歡漢學，14 歲開始學習中國古籍，23 歲考入東京帝國大學英文學部，1889 年受好友正岡子規等人影響而開始寫作，33 歲進入英國倫敦大學留學。他的作品浸透了東西方文化的韻味，所著小說擅長運用對句、迭句、幽默的語言和新穎的形式，對人物心理描繪細膩精確。夏目漱石在日本近代文學史上享有很高的地位，被譽為"國民大作家"，現代日元 1000 円紙幣上印有他的肖像。

30.32 【正岡子規】(1867.10.14 ～ 1902.9.19)

明治時代的文學家，日本近代文學領域頗具影響之人，在俳句、短歌、新體詩、小說、評論、隨筆等方面多有創作。青少年時代擅長漢詩、戲作、軍談、書畫，並曾試編雜誌，受自由民權運動的影響，關心政治熱衷政談。正岡的俳句對日本俳句界貢獻極大，周圍雲集了大批文人學者。正岡子規 34 歲，與肺結核苦鬥 7 年後死去。生前留下著作《病牀六尺》，毫無傷感之情，映照出一個將死之人，樂觀面對自己的肉體世界和精神世界。被譽為對現代人亦有教益的古典文學作品。

30.33 【森鷗外】(1862.2.17 ～ 1922.7.9)

明治和大正時代的小說家、評論家、翻譯家、劇作家、陸軍軍醫、官僚；醫學博士、文學博士；軍方最高階位，陸軍軍醫總監、中將軍銜。森鷗外東京醫科大學畢業，由陸軍省派遣留學德國四年，作為軍醫參加過日清戰爭、日俄戰爭，期間創作了大量文學作品。第一次世界大戰以降，是與夏目漱石齊名的文豪。1884 年森鷗外在德國留學期間，以主人公的角色，用高雅的文體和浪漫的內容，寫成了東洋人和西洋人戀愛的小說處女作《舞姬》，在文學界引起極大反響。

八、明治的外國人

30.34 【尼古拉二世】俄國皇帝 (1868.5.18 ～ 1918.7.16)

尼古拉二世‧亞歷山德羅維奇‧羅曼諾夫，是沙皇亞歷山大三世與皇后瑪利亞的長子，俄羅斯帝國末代皇帝。在尼古拉二世在位的 1894 ～ 1917 年期間，日俄兩國經歷了諸多的重大事件。1891 年尼古拉訪問日本時，在大津遭到暗殺未遂事件，史稱"大津事件"。1895 年與德國、法國聯合干涉日清戰爭，迫使日本歸還遼東半島。1900 年藉鎮壓義和團之名，參與八國聯軍入侵清國佔領滿洲，加深了與日本爭奪朝鮮和滿洲的積怨。1904 年日俄戰爭爆發，日本挑動俄國國內政治動亂，引發聖彼得堡"血腥星期日"事件。1905 年日俄戰爭中俄國不敵日本，俄國人失去了在遠東的大部分利益。尼古拉二世在位期間的諸多事件，加劇了日俄宿敵間的矛盾。

30.35 【羅斯福】美國總統（1858.10.27 ～ 1919.1.6）

西奧多·羅斯福，二十世紀初的美國軍事家、政治家，第 26 任總統。西奧多·羅斯福的總統任期內，在國際事務中的最大貢獻之一，是成功地調停了日俄戰爭。1905 年日俄戰爭開始，羅斯福對沙俄在遠東的野心深感不安。然而日本陸海軍以弱勝強，令全世界震驚，美國和其他列強一樣不願意讓日本在遠東獨大。羅斯福召集兩國代表在美國樸茨茅斯港進行和談。在他的巧妙調停下，兩國最終簽署了《樸茨茅斯和約》。羅斯福因此贏得極高的國際聲譽，獲得了 1906 年的諾貝爾和平獎，他是第一個獲得此獎項的美國人。

30.36 【李鴻章】（1823.2.15 ～ 1901.11.7）

李鴻章，字子黻、漸甫，號少荃、儀叟，晉封一等肅毅侯，諡文忠，安徽合肥人。清國末期朝廷重臣，任直隸總督兼北洋通商大臣、授文華殿大學士，與曾國藩、左宗棠、張之洞，並稱"晚清四大名臣"。李鴻章是洋務運動的倡導者，主張"以夷制夷"的外交政策，被西方人稱為"東方的俾斯麥"。李鴻章生涯最大敗筆是統帥清國對日作戰失敗，代表朝廷赴日和談簽下《馬關條約》。伊藤博文敬重李鴻章曰："知西來大勢，識外國文明，想效法自強，有卓越的眼光和敏捷的手腕。""如同日本幕末維新的英傑人物，在近代國家變革的陣痛中一身痛感苦惱之人。"李鴻章是明治時代首位踏入日本國的最高級別的清國大員。

30.01 【睦仁祐宮】明治天皇
（1852.11.3 ～ 1912.7.30）

30.02 【德川慶喜】江戶末代將軍
（1837.10.28 ～ 1913.11.22）

30.03 【坂本龍馬】
（1836.1.3 ～ 1867.12.10）

30.04 【高杉晉作】
（1839.9.27 ～ 1867.5.17）

30.05 【勝海舟】
（1823.3.12 ～ 1899.1.21）

30.06 【岩倉具視】
（1825.10.26 ～ 1883.7.20）

30.07 【伊藤博文】
（1841.10.16 ～ 1909.10.26）

30.08 【西鄉隆盛】
（1828.1.23 ～ 1877.9.24）

30.09 【大久保利通】
（1830.9.26 ～ 1878.5.14）

30.10 【木戸孝允】
（1833.8.11 ～ 1877.5.26）

30.11 【松方正義】
（1835.3.23 ～ 1924.7.2）

30.12 【大隈重信】
（1838.3.11 ～ 1922.1.10）

30.13 【井上馨】
（1836.1.16 ～ 1915.9.1）

30.14 【桂太郎】
（1848.1.4 ～ 1913.10.10）

30.15 【犬養毅】
（1855.6.4 ～ 1932.5.15）

30.16 【陸奥宗光】
（1844.8.20 ～ 1897.8.24）

30.17 【小村寿太郎】
（1855.10.26 ～ 1911.11.26）

30.18 【山縣有朋】
（1838.6 ～ 1922.2）

30.19 【大山巖】
（1842.11.12 〜 1916.12.10）

30.20 【北白川宮能久】
（1847.4 〜 1895.11）

30.21 【樺山資紀】
（1837.12.9 〜 1922.2.8）

30.22 【伊東祐亨】
（1843.6.9 〜 1914.1.16）

30.23 【東郷平八郎】
（1848.1.27 〜 1934.5.30）

30.24 【山本權兵衛】
（1852.11.26 〜 1933.12.8）

30.25 【乃木希典】
（1849.12.25 〜 1912.9.13）

30.26 【児玉源太郎】
（1852.4.14 〜 1906.7.23）

30.27 【福澤諭吉】
（1835.1.10 〜 1901.2.3）

30.28 【森有禮】
（1847.8.23 ～ 1889.2.12）

30.29 【下瀨雅允】
（1860.1.8 ～ 1911.9.6）

30.30 【村田經芳】
（1838.7.30 ～ 1921.2.9）

30.31 【夏目漱石】
（1867.2.9 ～ 1916.12.9）

30.32 【正岡子規】
（1867.10.14 ～ 1902.9.19）

30.33 【森鷗外】
（1862.2.17 ～ 1922.7.9）

30.34 【尼古拉二世】俄国皇帝
（1868.5.18 ～ 1918.7.16）

30.35 【羅斯福】美國總統
（1858.10.27 ～ 1919.1.6）

30.36 【李鴻章】大清國重臣
（1823.2.15 ～ 1901.11.7）

明治時代大事年表

大事年	日　本	清　國	國　際
嘉永六年 （1853）	5 美國培理艦隊出航那霸；7 美國培理艦隊浦賀來航，幕府代表在久里浜會見；8 俄國艦隊長崎來航請求修好	3 曾國藩編練湘軍；3 太平天國軍佔領南京改稱天京；9 上海小刀會起義；9 上海英美領事代理徵收關稅；冬太平天國頒佈《天朝田畝制度》	2 奧地利、普魯士間簽署通商條約；9 英法聯合艦隊支援奧斯曼國，無視海峽條約侵入達達尼爾海峽；10 克里米亞戰爭爆發，俄奧斯曼間宣戰
安政元年 （1854）	3 培理將軍簽署《日米和親條約》；7 培理那霸來航簽署《琉球和親條約》；10 英艦隊長崎入港，翌月簽訂《日英和親條約》；10 俄艦箱館來航、下田來航沉沒	2 太平軍北上，在天津敗退；2 上海開設美國租界；5 清抗議英法美設置關稅，上海成為自由港；6 廣東三合會起義；12 上海法軍攻擊小刀會	1 英法聯合艦隊應奧斯曼國請求進入黑海；2 俄與英法兩國斷交；4 奧地利普魯士建立對俄同盟；9 英法奧斯曼國軍達達尼爾登陸
安政二年 （1855）	4 箱館奉行派遣，箱館開港；9 長崎設立海軍傳習所	1 雲南銀山礦工衝突事件；2 清法兩軍鎮壓小刀會；5 太平天國北伐失敗；7 貴州苗族起義；9 雲南穆斯林起義；11 琉球簽署《琉球法和親條約》	3 阿富汗與英東印度公司簽署永久友好條約；5 巴黎萬國博覽會開幕；12 克里米亞戰爭各國聯軍佔領塞瓦斯托波爾
安政三年 （1856）	1 簽署《日荷蘭和親條約》；6 阿伊努人同化獎勵；8 設置對外國貿易的研究部門	9 太平天國內亂，東王楊秀清被殺。10 英法聯軍進攻廣州，第二次鴉片戰爭爆發	3 克里米亞戰爭終結，簽訂巴黎條約；7 法國對清殺害傳教士提出抗議；10 亞羅號事件和西林教案馬神甫事件，英法聯軍進攻清國；英國伊朗間宣戰
安政四年 （1857）	10 簽署《日荷蘭追加條約》；10 簽署《日俄追加條約》；12 幕府長老推舉德川慶喜為大將軍	1 上海英美國人傳教士創刊《六合業談》；6 太平天國內亂加劇，石達開率部脫離天京；11 首家中文日報《香港船頭貨價》創刊；12 英法聯軍佔領廣州	3 英國伊朗間戰爭終結，簽訂巴黎條約；12 英法對清提出亞羅號事件和西林教案馬神甫事件賠償要求
安政五年 （1858）	7 簽署《日美修好通商條約》；8 簽署《荷蘭、俄、英、法通商條約》；10 安政大獄	5 簽訂《清俄璦琿條約》；6 《清俄天津條約》；6 《清英法天津條約》；11《英美關稅稅率協定》	1 英法聯軍廣州實施軍政；4 英美法俄通牒清國 6 日內開始談判；12 法國承認意大利統一
安政六年 （1859）	6 英美法荷俄 5 國貿易條約締結，下田、橫濱、長崎、函館開港自由貿易；8 西伯利亞總督川來航，樺太島邊境談判破裂；10 北海道蝦夷地的 6 個藩的貿易權分給外國勢力管轄	1 李鴻章成為曾國藩幕僚；5 俄船無視清國停止在烏蘇里江航行命令；冬太平天國後期政治綱領《資政新篇》刊行	1 法國皇帝拿破侖三世通告奧地利兩國關係惡化；4 蘇伊士運河建設開工；5 法國奧地利兩國開戰；7 法國奧地利兩國休戰
萬延元年 （1860）	2 幕府遣美使節團咸臨丸出航；3 櫻田門外事變；8 英提議大阪、兵庫開港開市延期	6 美對抗太平軍組織洋槍隊；8 英法聯軍攻佔渤海灣北塘；10 英法兩軍佔領北京，圓明園遭難；10 簽訂《清英北京條約》，第二次鴉片戰爭終結	1 英法簽訂《通商條約》；西班牙摩洛哥兩國簽訂和平條約；11 蘇伊士運河公司成立；朝鮮崔濟愚創始東學教。
文久元年 （1861）	1 簽署《普魯士修好通商條約》；3 俄國軍艦佔領對馬島；5 請求各條約締結國延期開港開市；7 英國公使館襲擊事件；9 與俄國交涉樺太國境	1 清國總理衙門設立；8 咸豐帝駕崩；9 與普魯士簽署通商條約；11 慈禧太后發動宮廷政變；11 六歲同治帝即位；11 上海首家機械製絲廠開業	3 林肯就任美國總統；5 美國南北戰爭爆發，英國宣佈中立；10 英法西簽訂倫敦協定決定出兵墨西哥；12 西班牙艦隊進入墨西哥灣，英法西聯軍干涉墨西哥內亂
文久二年 （1862）	1 遣歐使節出發；8 幕府進行軍事改革，新設陸軍海軍總裁；9 與俄國簽署樺太島國境線備忘錄；9 生麥事件薩摩藩殺傷英國人	2 李鴻章編練淮軍；3 清俄簽訂陸路通商章程；4 英法軍上海打敗太平軍；4 陝西甘肅地方穆斯林起義；7 北京開設京師同文館	4 英美簽署禁止非洲奴隸貿易條約；3 法國單獨與墨西哥宣戰；9 美國總統林肯發表《解放黑人奴隸宣言》
文久三年 （1863）	4 京都攘夷運動盛起；6 長州藩砲擊美商船；7 幕府允許英法軍隊駐屯日本；8 薩英戰爭爆發；幕府決定日章旗為國旗	3 雲南穆斯林亂軍佔領省會；9 上海英美共同租界成立；6 太平天國將領石達開被捕，被凌遲處死	1 美國《解放黑人奴隸宣言》正式發佈；6 法軍佔領墨西哥；7 美國徵兵鎮壓叛亂
元治元年 （1864）	8 禁門事變，幕府下令征討長州藩；9 英美法荷聯合艦隊砲擊對馬海峽長州藩砲台；12 幕府請求法國建設橫須賀製鐵所；幕府設立海軍操練所	6 洪秀全死；7 清軍攻克南京，太平天國滅亡；7 新疆穆斯林起義；清俄簽署《中俄勘分西北界約記》	4 朝鮮處死東學教主崔濟愚；8 國際紅十字會成立，參加國簽署國際紅十字會條約；10 國際勞動者協會成立宣言

慶應元年 (1865)	2 橫濱製鐵所開工建設；7 英國公使帕庫斯赴任；11 英美法荷四國聯合艦隊進入兵庫灣要求開港，條約敕許，但兵庫開港不可	3 英國人貿易商在香港設立匯豐銀行（香港上海銀行）；6 李鴻章江南製造總局開設，是洋務運動代表之一	4 朝鮮景福宮再建開始；4 美國南北戰爭結束；4 林肯遇刺死亡；5 美國制定黑人法廢除奴隸制；5 巴黎會議國際電信條約締結
慶應二年 (1866)	3 薩長聯合同盟成立；8 簽署意大利、比利時修好通商條約；12 孝明天皇駕崩；12 幕府派遣留英學生出發	10 清國捻軍分裂東西 2 派；清國籌設天津機器局；10 簽署意大利通商條約；左宗棠成立福州船政局，開辦船政學堂	1 倫敦金融恐慌；9 美國船攻擊平壤；10 法艦隊攻擊江華島
慶應三年 (1867)	1 德川慶喜成為 15 代將軍；10 薩摩藩長州藩舉兵討幕密約；11 長州藩討幕密敕，翌日德川慶喜大政奉還；坂本龍馬被暗殺	5 天津機器局開業；9 強制取締哥老會；	3 美國購入俄國領土阿拉加；6 第一屆國際貨幣會議召開；7 加拿大建國；10 法軍出兵羅馬
明治元年 (1868)	1 明治維新王政復古宣言；1 舊幕府軍與薩長軍交戰（戊辰戰爭）；4 天皇五條御誓文誓約；新政府頒佈神佛分離令；9 明治改元天皇遷都江戶，江戶改稱東京；德川慶喜退向水戶	7 清美天津條約追加協定；8 西捻軍被剿滅；8 英國傳教士揚州遇害；9 美國傳教士在上海創刊《萬國公報》	10 萬國通信同盟結成；古巴 10 年戰爭爆發；12 國際軍事委員會會議，簽署戰時炮彈使用限制宣言
明治二年 (1869)	6 戊辰戰爭結束；7 諸藩主版籍奉還，公卿諸侯改稱華族；8 家臣改稱士族，四民平等實施；8 創建東京招魂社；廢除公議所設立眾議院	4 上海租界外國人領事權持有會審公廳成立；9 上海共同租界正式成立；11 安慶教案發生	11 蘇伊士運河竣工通航；12 朝鮮北部居民多數移住俄國沿海州
明治三年 (1870)	1 東京橫濱間電信開通；2 政府發佈《神道大教詔》強化神道的國教地位；10 政府許可平民使用名字；普法戰爭日本宣佈中立	6 天津教案發生；8 兩江總督馬新貽被暗殺；清國籌建南洋、北洋、福建海軍	7 普法戰爭爆發
明治四年 (1871)	6 新幣條例；8 廢藩置縣；9 日清修好條規簽訂；頒佈散髮脫刀令；11 岩倉歐美使節派遣；台灣殺害琉球漂流民事件	6 上海香港間海底電纜敷設，歐美各國電信開通；9 簽訂《清日通商章程》	1 普法戰爭休戰協定簽訂；3 法國巴黎公社成立；4 德意志帝國成立，進攻巴黎；6 美軍攻擊江華島（辛未洋擾事件）
明治五年 (1872)	3 首次全國戶籍調查；《東京日日新聞創刊》；7 瑪利亞盧斯號事件；9 政府頒佈學制；軍人敕諭下賜；國民皆兵敕諭；10 新橋橫濱間鐵道營業開始；11 人身買賣禁令公佈；12 太陽曆實施	4 上海《申報》創刊；5 貴州苗族民亂蜂起；8 政府派遣第 1 批赴美留學生；	8 澳大利亞印度間海底電纜開通；英國荷蘭圍繞印度尼西亞利益簽訂條約
明治六年 (1873)	1 徵兵令發佈；7 地租改正佈告；10 西鄉隆盛首提 "征韓論"；明治天皇率先斷髮；外國人通婚許可	2 同治帝親政開始；11 甘肅穆斯林民亂被鎮壓	5 維也納恐慌波及歐洲，經濟衰退開始；10 德俄奧地利三國同盟成立；12 朝鮮大院君與閔妃間惡鬥，閔氏控制政權
明治七年 (1874)	2 明六社創立；內閣出兵台灣決定，日軍台灣登陸；10 日清簽訂條約，日軍撤兵，清賠償 50 萬兩；12 救貧法制定；娼妓檢疫制度實施	10 台灣問題議和，清日簽署《台事北京專約》支付賠償金 50 萬兩，日軍撤退；5 上海法租界清人墓地問題發生衝突，造成人員死傷。	2 夏威夷王國選舉暴動，美軍登陸干涉；3 法國和安南間簽署和平條約；9 國際郵政會議召開，簽署萬國郵政聯合條約
明治八年 (1875)	4 立憲政體詔；設立元老院、大審院5 樺太千島交換條約簽署；6 讒謗罪、報紙管制條例制定；9 日艦雲揚號侵攻朝鮮江華島；新稅法制定；平民名字作成命令	1 同治帝駕崩，光緒帝即位，慈禧太后垂簾聽政；6 不承認法國與越南簽署的西貢條約；日本設立天津領事館；上海橫濱航路開通	5 萬國通信同盟條約簽署；9 英俄抗議奧斯曼帝國大量屠殺基督教徒；11埃及蘇伊士運河股權大量賣與英國，英國對阿拉伯政策強化
明治九年 (1876)	2 簽署《日朝修好條約》；3 廢刀令公佈；8 簽署日朝貿易章程；10 各地士族連續叛亂；11 反對地租改正運動波及全國；明治天皇命令起草憲法	6 上海吳淞間首條鐵路開通，因引起極大紛爭，清政府收購後將其拆毀。9 簽訂《清英芝罘條約》	5 美國獨立 100 周年，萬國博覽會召開；12 奧斯曼帝國發佈憲法，立憲制開始
明治十年 (1877)	2 西南戰爭；4 東京大學開校；9 西鄉隆盛自刃；西南戰爭終結；博愛社（赤十字會）創立	1 政府派遣 30 名留學生前往英法學習機械工業；4 清軍奪回吐魯番；12清軍奪回喀什噶爾	3 英德法美俄意奧關於奧斯曼帝國簽訂倫敦協定書；朝鮮京城設立公使館；愛迪生發明留聲機；4 俄國奧斯曼戰爭爆發；12 塞爾維亞向奧斯曼宣戰

明治十一年（1878）	5 大久保利通被暗殺；7 日本軍艦在朝鮮全羅道沿海測量；高島煤礦坑夫暴動；8 近衛炮兵260人叛亂被鎮壓；9 日本阻止琉球向清進貢，清對日抗議；12 陸軍士官學校開校；陸軍省參謀本部設立	7 近代煤礦開平礦務局出炭；8 清國第一套郵票大龍郵票發行；清國收回除伊犁以外新疆領土；上海擴大機械製絲工廠產量	1 俄奧斯曼間簽署休戰條約；美國女性參政權憲法修正；2 古巴西班牙講和，結束10年戰爭；3 俄奧戰爭終結；6 國際郵政兌換約定簽署
明治十二年（1879）	1《朝日新聞》創刊；4 琉球藩改稱沖繩縣；9 學制廢止，教育令制定；東京招魂社改稱靖國神社；徵兵令改正	4 清國對日廢藩置縣不承認；5 禁止西洋人進入西藏；10 俄國簽署歸還伊犁條約	1 俄奧間簽署和平條約；4 英德間簽署奴隸貿易禁止條約；5 英阿富汗簽署條約終止戰爭；8 法國人設立巴拿馬運河公司；9 悉尼萬國博覽會召開
明治十三年（1880）	3 愛國社國會期成同盟結成；4 集會條例發佈；7 刑法治罪法公佈；伊藤博文立憲政體解說；村田步槍發明；日本國歌完成	3 左宗棠強化對俄軍備；4 上海機器織布局成立；8 北洋水師學堂開設；10 清日商討琉球事件；天津電報總局成立，天津至上海電線架設	2 西班牙古巴宣佈廢除奴隸制；11 美清簽署條約，限制清國人移民
明治十四年（1881）	7 右大臣岩倉具視憲法起草方針提出；8 植木枝盛日本國憲案起草；10 天皇下詔1890年開設國會；日本第一個政黨自由黨創立	2 清俄簽訂《伊犁條約》；6 唐胥鐵路通車；12 天津電報總局開設；清國政府撤回留美學生	1 朝鮮統理機務衙門設立；2 德奧地利俄間新3帝國同盟條約簽訂；6 塞爾維亞奧地利秘密同盟條約簽訂
明治十五年（1882）	1 軍人敕諭發佈；4 立憲改進黨結成；5 大阪紡績會社成立；8 濟物浦條約簽訂；10 東京專門學校成立（早稻田前身）；東京馬車鐵道開通	7 上海領事團裁判所成立；上海租界電燈啟用；8 朝鮮派兵對抗日本；朝鮮大院君被帶回清國軟禁	5 朝美簽訂《朝美修好條約》；7 朝鮮京城壬午事變發生；12 清俄簽署東北邊境條約；德國殖民聯盟設立
明治十六年（1883）	7《官報》創刊；岩倉具視逝去；日朝貿易規則簽訂；9 三池炭坑囚人勞動者暴動；陸軍大學校開校；日本銀行開業；鹿鳴館落成	2 越南請求清國出兵，劉永福黑旗軍對法宣戰；5 上海自來水供應開始；9 廣州反英暴動	3 卡爾·馬克思逝世；7 越南發生王位繼承之亂；9 澳大利亞發現銀錫鉛大礦脈；10 朝鮮首部報紙《漢城旬報》創刊
明治十七年（1884）	3 皇室典範起草開始；7 華族令制定；8 自由黨解黨；10 秩父事件被鎮壓；12 朝鮮甲申政變，日清兩國出兵；各地農民對高利貸不滿，爆發騷亂	6 清法兩軍衝突；8 清法戰爭爆發；法國艦隊炮擊福州，佔領基隆，封鎖台灣；11 清國設立新疆行省；12 朝鮮甲申政變，駐朝袁世凱清兵鎮壓	6 清俄簽署第二次條約；7 多哥·喀麥隆被德國控制；10 法國宣言封鎖台灣
明治十八年（1885）	1 第一批官約移民927人赴夏威夷；3 福澤諭吉發表《脫亞論》；4 日清簽署《天津條約》；12 太政官制廢除，內閣制實施；首屆內閣成立，伊藤博文任首任總理大臣	6 簽訂清法《天津講和條約》，法國撤軍；7 李鴻章伊藤博文簽訂《天津條約》；10 台灣省制施行；11 袁世凱任駐朝鮮總理交涉通商代表	1 赤道幾內亞被西班牙控制；2 厄立特里亞被意大利控制；英法德意俄土等十四國簽署非洲權益分割協定書；4 英軍佔領朝鮮巨文島；10 大院君從清國回國
明治十九年（1886）	10 英國船諾魯曼頓號沉沒，領事裁判權爭議；3 公佈帝國大學、師範學校、小中學校令；12 東京婦人矯風會成立；銀本位制貨幣兌換開始	7 清法簽訂《越南邊界通商章程》；中英簽訂《緬甸條款》；8 清國北洋水師在長崎發生衝突事件；9 清英兩國鴉片秘密貿易協定	6 法朝簽署《修好通商條規》；2 土耳其保加利亞締結同盟條約；7 清英締結緬甸西藏協定；11 英德簽署非洲分割境界劃定協議；著作權保護條約締結
明治二十年（1887）	2 民友社《國民之友》創刊；12 保安條例公佈；所得稅法公佈；學位令公佈；博愛社改稱日本赤十字	2 在美清國人暴力致死賠償成立；3 澳門租借割讓議定書簽署；6 黃遵憲《日本國誌》完成；12 葡萄牙《修好通商條約》簽訂；"同文學會"上海成立	1 美國取得珍珠灣租借權；6 俄德再保障條約簽訂；11 英法赫布里底群島共有領土權支配權協約簽訂；
明治二十一年（1888）	4 市制町村制公佈；4 樞密院官制公佈；5 陸海軍參謀本部、師團司令部條例公佈；國內首批25名博士誕生	1 清美移民限制條約簽訂，加強排斥清人移民；12 政府批准《北洋海軍章程》，北洋水師在威海劉公島成立；張之洞創辦織布局	1 德意軍事條約簽訂，以法國為假想敵；5 英國控制婆羅洲；10 列國會議決定蘇伊士運河自由航行；《國際歌》誕生
明治二十二年（1889）	2 日本帝國憲法、眾議院議員選舉法公佈，皇室典範制定；森有禮遭暗殺；12 內閣官制公佈；地租改正條例公佈	1 政府撥款280萬兩修建頤和園；基督教團體《萬國公報》復刊；3 光緒帝親政開始	巴黎國際勞動者會議召開；法國巴黎埃菲爾鐵塔落成；朝鮮各地民亂蜂起；12 法國巴拿馬運河公司破產
明治二十三年（1890）	4 民法中財產篇公佈；5 府縣郡制公佈；7 集會及政社法公佈；7 第一屆眾議院議員總選舉；第一屆帝國議會開院式；10 教育敕語發佈	1 李鴻章創辦上海機器織布局開業；8 大足教案引發暴動；12 張之洞漢陽鐵廠開設；	3 英西藏印度間國境條約簽署，英國控制錫金；6 俄德再保障條約失效；7 歐美17國簽訂布魯塞爾協定，廢止奴隸貿易，禁止武器酒類販賣

明治二十四年（1891）	5 發生俄皇太子遇刺的大津事件；龜山勇子祈願自殺；3 尺貫度量衡法公佈；10 濃尾大地震；12 預算案表決通過，眾議院解散	6 湖北省武穴基督教會遭到襲擊；8 康有為《新學偽經考》刊行	5 俄國皇太子遇刺負傷；俄法同盟簽字；5 俄西伯利亞鐵路開工；8 加拿大人發現胰島素
明治二十五年（1892）	2 第二屆總選舉伊藤博文內閣成立；6 眾議院軍艦造費削減案表決通過；7 橫須賀海軍工廠罷工；11《萬朝報》創刊；首座水利電站竣工	4 鄭觀應《盛世危言》5 卷本完成；政府發佈排外文書禁止令；8 清國向朝鮮提供借款；清俄陸路電信協定簽訂；11 張之洞設立武漢織布局	8 俄法軍事協定成立；沙俄向清國提出帕米爾劃界問題；10 芝加哥萬國博覽會開幕；12 東學教徒發起為崔濟愚愬主伸冤運動
明治二十六年（1893）	2 天皇頒布詔書為購艦造艦，宮廷削減用度及官吏減薪；吉野艦英國下水；5 海軍軍令部條例公佈；戰時大本營條例公佈；下瀨火藥發明；10 文官考試規則公佈；出版法版權法公佈	2 上海《新聞報》創刊；9 在外華僑出入國及國內投資自由化；張之洞創辦的漢陽鐵廠建成；清英簽訂《中英會議藏印條款》	7 英德簽署東非洲赤道地帶勢力圈協定；英法簽署西非洲黃金海岸地帶勢力圈協定及印度支那勢力圈協定
明治二十七年（1894）	2 朝鮮東學黨農民暴動；3 金玉均遭暗殺；5 朝鮮國王請求清國出兵；6 日本出兵朝鮮；全州合約締結；7 日英通商航海條約簽訂；豐島海戰日清戰爭爆發；8 清兩國宣戰；9 黃海海戰；11 孫文在夏威夷成立興中會；明治天皇大婚 25 年祝	3 清國緬甸協定在英清間簽署；6 李鴻章請求列強斡旋，避免戰爭；清廷決定向朝鮮派兵；7 豐島海戰日清戰爭爆發；8 清日兩國同時宣戰；9 黃海海戰失利；11 旅順要塞失陷，旅順虐殺事件	1 俄法同盟成立；3 清美簽署移民禁止條約；6 國際奧林匹克委員會在巴黎成立；7 朝鮮金宏集政權成立，設立軍機處，甲午改革開始；夏威夷共和國成立；8 日朝盟約締結；11 美國斡旋勸告日清兩國休戰和平
明治二十八年（1895）	2 北洋水師威海衛毀減降伏；4 日清講和會談；下關條約清國割地賠款；三國干涉；台灣侵攻；北白川宮能久台灣病亡國葬；8 台灣總督府條例制定；10 乙未之變，日本殺害朝鮮國王閔妃	4 簽訂《馬關條約》；俄法德三國干涉還遼；5 台灣民主國成立；康有為等人公車上書主張維新變法；10 孫文廣州舉兵失敗；12 袁世凱新建陸軍	12 朝鮮斷髮令公佈；4 朝鮮農民起義指導者全琫准被處決；3 英俄簽署阿富汗地方勢力分割協定；意大利侵略埃塞俄比亞；4 德法俄 3 國干涉成功；6 清國割讓台灣與日本；11 X 線發現、無線電信發明
明治二十九年（1896）	3 八幡製鐵所投產；4 台灣總督府條例公佈；民法公佈；6 三陸地方海嘯死約 3 萬人；7《日清通商航海條約》簽署；川崎造船所創立	3 清國郵政誕生；4 政府派遣 13 名公費赴日留學生；6 李鴻章出使俄國簽訂《清俄密約》；8 梁啓超黃遵憲《時務報》創刊；11 上海電影會首次上映	1 朝鮮太陽曆採用；2 朝鮮國王前往俄公使館避難，親俄政權建立；4 朝鮮徐載弼《獨立新聞》創刊；第一屆奧林匹克運動會開幕；7 法國人發現放射能
明治三十年（1897）	3 金本位貨幣法公佈；7 勞動組合成立，足尾礦山公害民眾請願；12 志賀潔發現赤痢菌；台灣地方官制實施	1 上海首家外籍紗織廠設立；2 商務印書館創立 5 民營通商銀行開業；11 德軍佔領山東膠州灣；7 俄艦強行進入旅順港，強租旅順大連	4 希臘奧斯曼帝國戰爭爆發；12 希臘奧斯曼帝國和平條約簽訂
明治三十一年（1898）	2 日泰友好通商條約簽署；6 自由進步兩黨合併，憲政黨結成；大隈重信政黨內閣成立；9 社會主義研究會結成；萬國郵政條約締結；美國電話發明家貝爾來日	2 長江流域不割讓聲明；6 清英九龍租借條約簽訂；9 戊戌變法（103 天）失敗；7 梁啓超橫濱《清議報》創刊；俄租旅順大連，英租威海衛；德租膠州灣；法租廣州灣；沙市暴動	2 朝鮮興宣大院君逝去；4 美西戰爭爆發，西班牙大敗；戰爭終結；6 美國吞併夏威夷；9 朝鮮《皇城新聞》創刊；居里夫婦發現鐳元素
明治三十二年（1899）	4 八幡製鐵所優先購入清國大冶鐵礦石簽約；東京大阪神戶間長途電話開通；著作權法公佈；治外法權廢除；東京水道工程竣工給水開始	5 張謇大生紗廠開業；7 康有為成立保皇會；9《清韓修好條約》簽署；10 山東義和團運動興起	1 日本取得朝鮮京仁鐵路敷設權；5 首屆海牙和平會議召開；7 海牙公約《禁用入身爆彈聲明》；11 英德簽署薩摩亞條約；12 美德簽署薩摩亞條約
明治三十三年（1900）	3 治安警察法公佈；5 陸海軍官制改正；6 派兵入清國鎮壓義和團運動；10 娼妓自由廢業令發佈；伊藤博文第四次內閣成立；混浴禁止令發佈	5 義和團破壞京津間鐵路；6 義和團清兵進攻各國公使館；6 清國對列強宣戰；北清戰爭爆發激戰；8 俄清協定獨佔滿洲權益	6 英國請求日本出兵；8 八國聯軍侵華，北京陷落；10 英德長江協議簽訂
明治三十四年（1901）	2 福澤諭吉逝去；愛國夫人會結成；4 第一屆勞動者大會召開 3 萬人參加；皇太孫裕仁誕生；八幡製鐵所點火作業；裸足外出禁止令；牛馬虐待禁止令	9 北清戰爭結束，清國戰敗投降；清與列強簽訂《辛丑條約》賠償金白銀 4.5 億兩（本息合計 9.8 億兩）；李鴻章逝世	9 清國與聯合列強國就義和團事件簽署《辛丑條約》；10 第一屆國際勞動組合會議召開；12 無線電電信橫越大西洋成功；諾貝爾獎首次頒發

明治三十五年（1902）	1 日英同盟簽字；商工會議所法公佈；12 教科書採納賄賂檢舉；手錶、高帽、毛外套流行	2 梁啓超橫濱《新民業報》創刊；上海商業會議公所成立；6 天津《大公報》創刊；8 欽定學堂章程公佈；清國照會英國進犯西藏；光緒帝下旨准許漢滿通婚	4 俄清簽訂《交收東三省條約》，俄軍滿洲第一期撤軍；4 清國移民禁止法成立；7 美菲律賓統治法制定；
明治三十六年（1903）	4 教科書國定化；東京鐵道馬車電氣化；抗議俄國侵略滿洲，聯合艦隊編成	4 俄軍不履行滿洲第二期撤軍計劃，追加 7 條撤兵條件，清國反俄運動高漲；9 商部設立；俄軍佔領海城；英軍再次侵入西藏	1 美國哥倫比亞拿馬運河地帶條約締結；7 俄國東清鐵路全線開通；8 圍繞滿韓問題日俄間交涉；10 英法仲裁裁判條約締結
明治三十七年（1904）	2 仁川灣日艦攻擊俄艦隊；日俄斷絕外交，日對俄宣戰；英國公債募集開始；3 日本國債發行；艦隊出擊命令；陸軍進軍滿洲作戰	2 日俄戰爭清國宣佈中立；黃興宋教仁創立華興會；3 上海《東方雜誌》創刊；戶部銀行設立；蔡元培創立光復會；清國紅十字會成立	8 第一次日韓條約締結，日本顧問政治開始；英國西藏通商拉薩條約簽訂；8 國際足球聯盟 FIFA 設立
明治三十八年（1905）	1 佔領旅順要塞；日本海海戰勝利；8 第二次日英同盟簽署；5 樸茨茅斯條約締結；日比谷騷亂事件；第二次日韓條約締結；12 韓國統監府設置	5 美國限制清國移民，上海抵制美國商品；9 清國廢除科舉考試；8 孫文黃興中國同盟會成立；11 日本公佈清國留學生取締規則；袁世凱打造北洋新軍	1 俄國"流血星期日"；12 清簽署滿洲條約及附屬協定書；國際航空聯盟設立；愛因斯坦宣佈相對論和光量子假說
明治三十九年（1906）	3 鐵道國有法公佈；8 關東都督府官制公佈；吳海軍工廠職工 500 餘人反對廢除戰時津貼；日俄戰役凱旋大閱兵；11 南滿鐵道株式會社成立	9 清廷宣佈預備立憲；朝廷公佈新官制；12 革命派湖南起義失敗；張謇等在上海設立預備立憲公會；台灣大地震；京漢鐵路全線通車；南昌發生教案	3 張志淵等創立大韓自強會；4 英國西藏簽訂條約，英國誓約對西藏不合併不干涉；1 奧地利匈牙利封鎖塞爾維亞國境；9 俄法借款成立；美國武力介入古巴
明治四十年（1907）	2 足尾礦山礦工暴動，軍隊出動鎮壓；6 日法協約簽訂；8 韓國軍隊舉行解散儀式，發動叛亂；小學校令改正，推行 6 年義務教育；陸軍擴充至 19 個師團	5 廣東饒平革命派起義失敗；清末光復運動興起；10 梁啓超等東京結成政聞社；政府上諭設立諮議局；康有為主持國民憲政會；俄日軍隊撤離滿洲	6 第二次海牙國際會議召開；7 第一次日俄協約簽訂；韓國皇帝遜位；8 英俄協商西藏問題，承認清國宗主權
明治四十一年（1908）	2 美國限制日本移民，兩國簽訂君子協定；8 別子銅山精煉所空氣污染，引發居民抗議；10 日本警察禁刊反清革命派《民報》；台灣縱貫鐵道通車	11 光緒帝逝去；宣統帝即位；慈禧太后逝去；攝政王載灃監國。清廷宣佈預備立憲，頒佈《欽定憲法大綱》；滿鐵奉兩鐵道連接合約簽署	1 加拿大限制日本移民；2 葡萄牙國王和皇太子被暗殺；11 太平洋事務規則日美間協定簽署；12 法國比利時劃分在非洲剛果的勢力範圍
明治四十二年（1909）	8 安豐鐵路改築，清國反日運動擴大；9 日軍南韓討伐作戰開始；10 日清間島及滿洲五案件協約簽訂；種痘法公佈；報刊法公佈；旅順表忠塔揭幕式；伊藤博文遇刺，舉行國葬	1 軍機大臣袁世凱被罷免；3 魯迅《域外小說集》刊行；10 清國哈爾濱朝鮮人安重根刺殺伊藤博文；京張鐵路正式通車；美國滿洲鐵道中立化提案	2 德法摩洛哥協定簽訂；美國艦隊完成環球航行；12 韓日合邦聲明書發表；法國飛機成功飛越英吉利海峽
明治四十三年（1910）	3 立憲國民黨結成；8 日韓合併條約簽署；韓國國號改回朝鮮；發佈取締集會令；大逆事件；日本首次試飛飛機成功	1 國會早期開設同志會結成；2 廣州新軍起義失敗；6 首屆清國博覽會南洋勸業會；11 清宣佈 1913 年開設國會；英美德法成立對言借款團；汪精衛謀刺載灃未遂	7 日俄反對美國的滿洲鐵道中立化提案；日俄間簽署掠奪滿洲密約；9 海牙國際常設議會加北大西洋漁業紛爭；《金融資本論》出版發行
明治四十四年（1911）	2 日美簽署新通商航海條約，關稅自主權確立；3 工廠法公佈實施；8 警視廳特高科設立；幕末以來的不平等條約完全廢除；市制町村制改正公佈	4 同盟會廣州起義失敗；5 慶親王皇族內閣；鐵道國有令發佈；10 武昌起義辛亥革命爆發；清廷啓用袁世凱出任內閣總理大臣；11 鴨綠江鐵橋竣工	7 第三次日英同盟協約簽訂；9 意大利奧斯曼開宣戰；12 蒙古獨立宣佈脫離清國；國際網球聯盟設立；超導現象發現
明治四十五年（1912）	7 明治天皇駕崩大葬；皇太子即位改元大正（當年為大正元年）；乃木夫妻為明治天皇自刃殉死；12 第一屆憲政擁護大會召開；米價爆騰引發騷亂	1 中華民國臨時政府成立，孫中山就任臨時大總統；2 宣統帝退位；孫中山辭職，袁世凱任臨時大總統；中華民國臨時約法公佈；中國國民黨成立	3 越南維新會在廣州成立；4 泰坦尼克號沉沒；7 第三次日俄條約締結；8 朝鮮土地調查令公佈；
大正二年（1913）	8 兗州、漢口、南京事件日對華強硬；10 政府承認中華民國；民眾包圍議院；桂太郎內閣總辭職；軍部大臣現役武官制度廢除	3 宋教仁在上海遇刺；4 第一屆國會召開；9 反袁第二次革命失敗；國產第一部電影《難夫難妻》公演；政府准允男子納妾；孫中山下令勸禁纏足；袁世凱下令全國尊孔；袁世凱下令解散國民黨	1 蒙古西藏協定；4 袁世凱與日德英法俄簽署對華借款協議；5 美國承認中華民國；10 日中簽署滿蒙五鐵道協定；日英俄承認中華民國；11 俄中宣言外蒙古自治；美國福特汽車開始大量生產

624

大正三年 (1914)	1 營業、織物、通行 3 稅廢止大會；眾議院追記海軍賄略案；2 國民大會彈劾內閣，山本內閣總辭職；8 第一次世界大戰參戰，日英同盟對德宣戰；9 佔領青島	1 袁世凱解散國會；2 民國貨幣條例公佈，恢復祭孔活動；4 廢止中英西藏條約草案；5 頒佈《中華民國約法》；7 孫文組建中華革命黨；8 第一次世界大戰中立宣言；9 日軍膠州灣登陸	7 第一次世界大戰爆發；8 德對法宣戰，德侵入比利時與英開戰；美國第一次世界大戰中立宣言；奧地利匈牙利對俄宣戰；日本對德宣戰；10 日本佔領德領有的南洋諸島；12 英海軍馬島灣擊敗德國
大正四年 (1915)	1 對華 21 條要求；2 在日留學生抗議 21 條；5 對華 21 條要求最後通牒，中國受諾；10 日英俄勸告袁世凱勿稱帝；日華新條約簽署；中國反日運動	5 袁世凱接受"21 條"；6 中俄蒙簽訂《恰克圖協約》；8 楊度等創建復辟帝制的籌安會；9 陳獨秀《新青年》創刊；12 陳其美上海反袁武裝起義被鎮壓；雲南蔡鍔反對帝制組建護國軍	2 德軍攻擊中立國船舶，美國抗議；3 朝鮮柳東說等在上海公共租界結成新韓革命黨；4 德軍伊珀爾戰中使用毒氣；5 德潛艇擊沉英客船；
大正五年 (1916)	3 內閣會議決定對中排袁政策；7 第四次日俄協約簽署；9 工廠法實施；10 立憲同志會、中正會、公友俱樂部組成憲政會；12 作家夏目漱石逝去	1 護國軍討伐袁世凱；《民國日報》創刊；3 袁世凱宣佈取消帝制；6 袁世凱在北京逝去；黎元洪繼任大總統；恢復臨時約法；8 國會再開；10 黃興逝去；11 政學會成立	3 凡爾登戰役死傷 60 萬人；5 英德海軍日德蘭半島灣海戰；6 阿拉伯叛亂；7 索姆河戰役死傷 100 萬人；12 德提議講和；美國總統提議和平
大正六年 (1917)	1 日本興業、朝鮮、台灣 3 家銀行對華借款；3 日本工業俱樂部成立；6 臨時外交調查委員會成立；9 金輸出禁止（金本位制廢止）；10 第一屆全國小學女教員會議；日本承認俄國臨時政府	3 中德斷交；5 中華職業教育社成立；6 國會解散；7 張勳復辟；8 廣州國會非常會議召開；9 孫中山廣州就任軍政府大元帥；10 南北政府軍事衝突開始；11 中國反對日美《藍辛-石井協定》	2 德宣佈無限制潛水艇作戰；美德斷交宣戰；8 中國對德奧地利宣戰；羅馬教皇提議交戰國講和；9 俄十月革命爆發；俄國沙皇退位；10 朝鮮光復團事件遭到鎮壓；12 芬蘭宣佈獨立；德俄休戰協定成立

* 年表內前置數字為月份　　** 參考文獻：《世界史年表》第二卷　歷史學研究會編　2001.12

■日清年號對照表■

西曆	和曆	清曆	西曆	和曆	清曆	西曆	和曆	清曆
1868	明治元年	同治七	1883	十六	九	1898	三十一	二十四
1869	二	八	1884	十七	十	1899	三十二	二十五
1870	三	九	1885	十八	十一	1900	三十三	二十六
1871	四	十	1886	十九	十二	1901	三十四	二十七
1872	五	十一	1887	二十	十三	1902	三十五	二十八
1873	六	十二	1888	二十一	十四	1903	三十六	二十九
1874	七	十三	1889	二十二	十五	1904	三十七	三十
1875	八	光緒元年	1890	二十三	十六	1905	三十八	三十一
1876	九	二	1891	二十四	十七	1906	三十九	三十二
1877	十	三	1892	二十五	十八	1907	四十	三十三
1878	十一	四	1893	二十六	十九	1908	四十一	三十四
1879	十二	五	1894	二十七	二十	1909	四十二	宣統元年
1880	十三	六	1895	二十八	二十一	1910	四十三	二
1881	十四	七	1896	二十九	二十二	1911	四十四	三
1882	十五	八	1897	三十	二十三	1912	四十五	民國元年

結 束 語

　　《明治維新的國度》的編著畫上了最後一個句號，經過數年的良工苦心，終於完成了明治維新的自由研究課題。在出版之際，作者向閱讀本書的讀者表示真誠的謝意。

　　《明治維新的國度》的研究，是《清日戰爭》研究的繼續。作者在前著寫到大清國李鴻章簽下《馬關條約》的那一瞬間起，就留下一個耐人尋味的問號，為甚麼一個蕞爾小國可以戰勝堂堂大國，那是一次偶然的勝利嗎？作者曾為之彷徨迷惘。許多研究中國近代史的人，在其著說、論文、演講中經常使用這樣一句話，"日本戰勝大清國是綜合國力的勝利"，的確作者也和各位賢明持有相同的基本認識。可是日本的綜合國力是甚麼，百年前日本的國家又是一個甚麼樣子，作者也是一知半解似知非知。在這樣一個模糊的和欲知的原動力下，作者決心去挖掘百年前敵國的那些事情真相，尋找解明沉澱在心中多年的疑問和答案。

　　日本人讚美明治維新的國家，因為明治時代把日本人從封建制度的桎梏中解脫出來，帶領國民走向文明的國度。當日本人自我標榜明治歷史時，不免會給外國人留下自吹自擂，自我感覺良好的印象。對此作者選擇了兩種方法來求證明治歷史，使對歷史的認識有一個公道的解釋。第一種方法是"第三隻眼"。俗話說，"當事者迷旁觀者清"。一個事物的好壞，通常在旁觀者的視角下，容易看得比較客觀。《明治維新的國度》充分引用了當時列強的第三隻眼，對明治維新展開評論。其一針見血式的西方人性格的尖刻評論，還算比較公正客觀。第二種方法是採用了當時最新"照相"技術留下的珍貴寫真，其中包括笨重的攝影器材無法到達的現場，由那些天才畫家留下的反映歷史的繪畫，來佐證歷史的那一刻。這些直觀的歷史素材，再現了時代的背景和故事，讓讀者能容易理解時代的原貌，回避了連篇累牘枯燥無味的文字寫作方式。

　　《明治維新的國度》的編著，只是宏觀概論明治國家的印象。一個國家的政經、民生的方方面面，是無法用一本書說清楚的。作者僅僅希望通過宏觀概論，給讀者提供一個對其深入了解的視角。明治時期和大清國後期處在同一時代，曾經有過相同屈辱的歷史。明治新政府從江戶幕府接手過來諸多的不平等條約，在日本全國各地，到處可以看到飄揚列強旗幟的租界。那裏有讓日本人屈辱的屬於西洋人的自由天堂。但是明治人沒有躺在屈辱中怨聲載道，而是從自身文明進化做起，在屈辱中站了起來，最終將洋人趕出了自己的國家，甚至贏得了列強的尊重。在某種意義上說，日本在近代世界大動亂的博弈中，代表東亞為黃色人種爭得了國際地位，從此西方列強開始重新審視崛起的亞洲各國。但是在明治時代以後，日本人沒有了謙虛謹慎，沒有發揚光大明治維新的精神，被一群驕橫跋扈的軍人用殘酷的戰爭，玷污了明治維新的初衷，走上了逆人類文明意願的自焚之路。

《明治維新的國度》的創作，作者較多着墨於"國民教育"的章節。明治國家的巨大變化與國家教育的投入息息相關。明治國家的教育傳承了漢唐文化的精華，嫁接了西方文明的枝葉，保留了島國古來的個性，變化成了一個具有近代獨立性格的，令世人矚目的國家。這也許是日本人成功之所在，也許是日本人失敗的起點。因為縱觀日本的歷史教育，只願意放棄過去展望未來，卻不願意回首反省自己的齟齬。在虛偽歷史的教育下，即便實現了物質上的飛躍，在精神面上也是暗傷遍體。歷史教育，無論是日本還是任何其他的國家，都存在相同意義上的反思課題。在《明治維新的國度》的編著中，日本人思維方式的特殊性給作者留下了深刻印象。半個多世紀以來，研究日本人意識形態形成的學者，提出了日本人"建前和本音"的概念。在日本經久不衰的人氣著作《菊和刀》、《表和裏》、《人格之構造》裏，通過定義日本人"建前和本音"的特質，從深層剖析了日本人的個性。美國學者露絲·本尼迪克特，在她的《菊和刀》中探討了日本人的好鬥與溫和、忠貞與叛逆、約束與放蕩、自大與自卑、報恩與復仇的矛盾性格。從民族文化的雙重性，揭示了日本人虛偽的"恥"文化個性，找出了隱藏在日本人內心深處的行為脈絡。日本自明治維新以來，執意選擇了歐美近代化路線。這些西洋式的社會結構或政府組織只是表面上的近代化，而在精神上日本人強調日本文化獨自的價值觀，繼續保留了大和魂的根性。日本只靠明治維新這樣短暫的時間，就脫亞入歐完全吸收西方人經過數百年漫長時間形成的精神文明，是絕然不可能的事情。明治時代日本雖然採取了西方國家的制度模式，國家的政治、經濟、教育、法制實現了歐美化，然而日本人固有的價值觀，卻持續着時代的慣性沒有發生本質的變化。在建前的表像與本音的意識糾結中，明治國家的"建前"理念推進了近代化的表像，但是日本人兩千年來"本音"的內心世界，島國人矛盾的民族個性依然根深蒂固。

日本曾經流傳一個意味深長的故事。說在日本，人們建造房子前都要舉行"建前儀式"，儀式中會供奉一個不知名的女人。傳說古時候有一個叫"棟樑"的名人，在建房儀式的前夜，忽然發現大門的柱子短了一截。夜已很深就是用最快的修理速度，也趕不上次日的建前儀式了，棟樑在羞愧之中決意剖腹引咎，以挽救自己的名譽。妻子看出了丈夫的難心之處，提議採用臨時將柱子墊高的補救辦法。妻子的妙案救下了丈夫的性命，迎來了完美的建前儀式。可是徒有虛名的棟樑，唯恐這件欺世盜名的醜事暴露，於是殺死了自己的妻子。棟樑為自己的骯髒行為苦惱，在房屋棟樑之上裝飾妻子生前喜歡的七件物品，口紅、白粉、梳子、簪子、鏡子、髮飾、撬髮，悄然默諾了建前儀式中供奉女人的做法，寄託對妻子的哀思。但是棟樑從來沒有去真心實意反省自己，繼續虛偽地掩飾着齟齬，侃侃而談自己的經世哲學，冠冕堂皇地招搖過市。

《明治維新的國度》的創作中，作者在百年前的歷史資料面前，被維新島國的巨大變貌震撼，一條深深的爪痕留在了心底。酸澀之處是發現自己原有的歷史觀和真實敵國的國度，竟會有如此巨大的差別，百年前島國的人們就已經脫逸出非文明的野蠻時代。作者茫然無措，依照固有的教育立場，不知道是應該讚美她還是否定她。的確，在世界近代史中，日本仍然遺留着諸多的歷史反省課題。但是作為曾經美好的一面，作者還是想讚美一句明治維新的國度，她是一個有着近代文明的國度。當明治維新的國度和大清國的國度，進步的和落後的無情碰撞後，清國人也曾經從失敗中反省過自己，繼而放下老大帝國的架子，東渡彼邦虛心向他們求教，為自身的改造習得了有益的學問。時代的文明是在敵我摩擦產生的共鳴中，走向更高級的文明。歷史證明了一個共識，敵人並非不文明，並非沒有偉大之處，然偉大的光澤亦會蛻化。百年以來，日本人在讚美自身文化時欠缺反省自己，外國人在批評日本人時也缺少理解日本文化，文化葛藤的糾結仍將經過一個漫長的過程。

《明治維新的國度》是以日本國內收藏的歷史文獻為資料源編著的作品。書中對百年前明治國度的揭示，只反映歷史上日本人和歐美人對日本歷史的記錄，非作者對敘述國褒貶的立場。作者力求中間立場，嚴格遵循歷史寫真、繪畫、著說等原始文獻作為依據的研究方法，為現代欲知者展現一個可視的空間，提供一個歷史研究的視角。誠然，本書僅用日本文獻作為參照系來概論，存在視角的片面性。倘若論述之處與讀者的立場和見解相左，作者願意接受各種指教和研討。

本著完成之際，作者誠意向日本國立國會圖書館、國立公文書館、外務省外交史料館、防衛省防衛研究所、東京都立圖書館、武藏野市圖書館、西東京市圖書館等資料協力的圖書館致以謝意。對致力研究和整理明治維新史料的中日學者表示敬意。向給予本著協力的張黎明博士致謝。書中的參考資料及引用文獻列記《參考及引用文獻》，特此鳴謝。

作者　宗澤亞

參考及引用文獻

■本文參考及引用文獻■

《韓國王露公使館へ播遷関係一件》　アジア歴史資料センタ　B03050313400　1896.2.20

《日露交渉史》　上巻第八章《満州ニ関スル露清密約問題》　外務省外交史料館藏　B02130338900 1944

《金玉均伝》　上巻　古筠記念會編　慶応出版社　1944

《近世日本國民史》(台灣役始末篇)　德富豬一郎　近世日本國民史刊行會　1963

《新聞集成明治編年史》(第 11 巻北清事変期)　中山泰昌　財政経済學會　1971

《明治憲法體制の確立》(富國強兵と民力休養)　坂野潤治　東京大學出版會　1971

《日本鉄道史》上、中、下篇　日本鉄道省　清文堂出版　1972

《近代日本輸送史》　論考・年表・統計　運輸経済研究センター近代日本輸送史研究會編　成山堂書店 1979

《近世日朝通交貿易史の研究》　田代和生　創文社　1981.2

《書き替えられた國書》(德川・朝鮮外交の舞台裏)　田代和生　中央公論社　1983.6

《鉄道の語る日本の近代》増補改訂　原田勝正　そしえて文庫　1983.6

《日本教育の源流》　石川松太郎　第一法規出版　1984

《明治維新と近代化》　桑原武夫　小學館　1984.12

《表と裏》　土居健郎　弘文堂　1985.3

《海外視點・日本の歴史》14(富國強兵の光と影)　ぎょうせい　1986.10

《奈良大學紀要》　論文第 16 號(幕末における國民意識と民眾)　鎌田道隆　1987.12

《教育理念の展開》(日本教育史研究)　松浦伯夫　ぎょうせい　1988.4

《明治大帝》飛鳥井雅道　築摩書房　1989.1

《孫文選集》第三巻　社會思想社　1989.6

《北京燃ゆ - 義和団事変とモリソン》　ウッドハウス瑛子　東洋経済新報社　1989.12

《教科書でつづる近代日本教育制度史》　平田宗史　北大路書房　1991.3

《日本の歴史》18 　(日清・日露戦争)　海野福寿著　集英社版　1992.11

《君死にたまふこと勿れ》　中村文雄　和泉書院　1994.2

《日清戦争の社會史「文明戦争」と民眾》大谷正 原田敬一 大阪フォーラム A 1994.9

《ニュースで追う明治日本発掘》　第 5 巻　鈴木孝一　河出書房新社　1995.2

《高杉晋作の上海報告》　宮永孝　新人物往來社　1995.3

《ウサギたちが渡った斷魂橋》(からゆき・日本人慰安婦の軌跡)　山田盟子　新日本出版社　1995.5

《脱亜入洋のすすめ》山崎正和　ティービーエス ブリタニカ　1995.6

《旅順虐殺事件》　井上晴樹　築摩書房　1995.12

《安重根と伊藤博文》　中野泰雄　恆文社　1996.10

《宮古島民台灣遭難事件》　宮國文雄　那覇出版社　1998.3

《生麥事件》　吉村昭　新潮社　1998.9

《富國強馬ウマからみた近代日本》　武市銀治郎　講談社　1999

《日本海海戦の真実》　野村実　講談社　1999.7

《県立長崎シーボルト大學國際脂報學部紀要》　論文第 3 號(文久二年幕府派遣「千歳丸」隨員の中國観 - 長崎発中國行の第 1 號は上海で何をみたか)　横山宏章　2000

《幕末維新論集》(蝦夷地と琉球)　田中彰　吉川弘文館　2001.6

《世界史年表》第 2 版　歴史學研究會編　岩波書店　2001.12

《にっぽん無線通信史》　福島雄一　朱鳥社　2002.12

《明治後期産業発達史資料》第 681 巻　軍事世界地理　龍溪書舍　2003.3

《孫中山到底愛國不愛國》　楊奎松　(近代中國史研究通訊)第 40 期　2003.6

《あの頃日本は強かった》(日露戦爭 100 年)　柘植久慶　中央公論新社　2003.10

《天皇のロザリオ》　鬼國英昭 鬼國英昭出版　2004

《幕末外交と開國》　加藤祐三　築摩書房　2004.1

《日露戦爭と [菊と刀]》　森貞彦　東京図書出版會　2004.2

《岩倉使節団という冒険》　泉三郎　文芸春秋　2004.7
《日露戦争の世紀—連鎖視點から見る日本と世界》　山室信一　岩波新書　2005
《貧困概念基礎研究》　論文第 2 章 (近代日本の貧困観)　佐藤寛　アジア経済研究所 2005.2
《孫文の女》　西木正明　文藝春秋　2005.2
《高麗史日本伝》上、下　武田幸男　岩波書店　2005.7
《明治國家の政策と思想》　犬塚孝明　吉川弘文館　2005.10
《ビジュアル・ワイド明治時代館》　小學館　2005.12
《高崎経済大學論集》　論文第 49 巻第 1 號 (日露戦争と下瀬火薬システム)　小池重喜　2006
《日本産業革命期における地方の政治と経済》　加藤隆　東京堂出版　2006.3
《日本に遺された孫文の娘と孫》　宮川東一　商業界　2008.5
《明治天皇》(苦悩する理想的君主)　笠原英彦　中央公論新社　2006.6
《開國史話》　加藤祐三　神奈川新聞社　2008.4
《新聞記事に見る激動近代史》　武藤直大　株式會社グラフ社　2008.6
《菊と刀》　ヨミ ベネディクト、角田安正訳　光文社　2008.10
《マリア・ルス號事件関係資料集》　石橋正子　2008.11
《朝鮮王妃殺害と日本人》　金文子　高文研　2009
《自由民権運動の係譜 近代日本の言論の力》　稲田雅洋　吉川弘文館　2009.10
《ノルマントン號事件と日本のマスメディア》　慶應義塾大學法學部政治科學玉井清研究會　2009.11
《伊藤博文の韓國併合構想と朝鮮社會》　小川原宏幸　岩波書店　2010.1
《清國人日本留學生の言語文化接觸》　酒井順一郎　ひつじ書房　2010.3
《世界史のなかの満洲帝國と日本》　宮脇淳子　2010.10
《日露戦争を走る》(明治三十七年の鉄道旅行)　ネコ・パブリッシング　2010.10
《清日戰爭》　宗澤亞　香港商務印書館 2011.7
《郵政資料館研究紀要》　論文第 2 號 (日本における近代郵便の成立過程)　井上卓朗　2011.3
《幕末・明治初期の海運事情》　山崎善啓　創風社　2011.4
《儀禮と権力》(天皇の明治維新)　ジョン・ブリーン　平凡社　2011.8
《琉球之謎》　紀連海　北京大學出版社　2011.10
《日本軍事関連産業史》海軍と英國兵器會社　奈倉文二　日本経済評論社　2013.1
《日清媾和條約》　外務省外交史料館　明治 28 年 (1895)　B13090894300

■寫真繪畫引用文獻■

《日清戰爭寫真帖》　博文堂　博文堂　1896
《北清事変寫真帖》　山本誠陽　1901
《北清事変寫真帖》　第五師団司令部撮影　小川寫真製版所 (印刷)　1902
《明治神宮聖徳記念壁畫集》　明治神宮社務所　1961
《寫真図説明治天皇》　深谷博治編修　講談社　1968
《アイヌ》更科源蔵　社會思想社　1968
《目でみる東京百年》　東京都編　長谷川幸男寫真・資料提供　東京都　1968.9
《帝國連合艦隊日本海軍 100 年史》　千早正隆　講談社　1969
《アイヌ寫真集》　萱野茂　國書刊行會　1979.3
《絵で書いた日本人論—ジョルジュ・ビゴーの世界》　清水勲著　中央公論社　1981
《図説日本文化の歴史》11　小學館　1981.2
《やんばる 100 年寫真集》(ふるさとの明治・大正・昭和　沖縄・思い出のアルバム)　那覇出版社編集
部編　那覇出版社　1981.11
《幕末日本の風景と人びと》　横浜開港資料館編　東京明石書店　1981.12
《日本寫真史》　日本寫真家協會編　平凡社　1983
《北海道寫真史　幕末・明治》　渋谷四郎　平凡社　1983.11
《百年前の日本》　小西四郎構成　岡秀行構成　東京小學館　1983.11
《寫真図説日本消防史》　國書刊行會　1984
《近代漫畫》日清戰爭期の漫畫　G ビゴー　築摩書房　1985.6

《ビゴー日本素描集》2　ビゴー畫　清水勲　岩波書店　1986.5

《漫畫雜誌博物館 2》(団団珍聞 2)　清水勲　國書刊行會　1986.6

《日本の歴史》4　改訂新版　家永三郎編　ほるぷ出版　1988

《馬》　岩波書店編集部　岩波書店　1988.10

《寫真で知る韓國の獨立運動》　李圭憲　國書刊行會　1988.11

《神戸 100 年寫真集》　神戸市　1989

《図説〈横浜の歴史〉市政一〇〇周年　開港一三〇周年》(図説・横浜の歴史編集委員　横浜市市民局市民情報室広報センター　1989

《畫報近代百年史》2-3　日本近代史研究會　ヨミ ニホン キンダイシ ケンキュウカイ　1989.10

《電話 100 年小史》　日本電信電話株式會社広報部　1990

《郵便創業 120 年の歴史》　郵政省郵務局郵便事業史編纂室　ぎょうせい　1991.12

《よみがえる明治の東京》(東京十五區寫真集)　玉井哲雄編　角川書店　1992.3

《洋畫と日本畫》(日本美術全集)第 22 巻　高階秀爾　講談社　1992.4

《ビゴー日本素描集》1　ビゴー畫　清水勲　岩波書店　1992.11

《幕末・明治の生活風景》　須藤功　東京東方総合研究所　農山漁村文化協會　1995.3

《写真記録日中戦争》1　鈴木亮編　笠原十九司編　東京ほるぷ出版　1995.8

《秘蔵寫真で綴る銀座 120 年》(老舗のアルバムに眠っていた未公開寫真を満載)『銀座 15 番街』編集部　東京第一企畫出版　1995.11

《宋慶齢》上　イスラエル・エプシュタイン著 久保田 博子　訳 サイマル出版会　1995.12

《ビゴーがみた世紀末ニッポン》　清水勲　平凡社　1996

《絵畫の明治》(近代國家とイマジネーション−)　毎日新聞社編集　毎日新聞社　1996.7

《ビゴーが描いた明治の女たち》　ビゴー　清水勲著　マール社　1997.4

《日本美術館出版社》　小學館　1997.11

《図説横浜外國人居留地》　横浜開港資料館　有隣堂　1998.3

《100 年前の横浜・神奈川絵葉書でみる風景》　横浜開港資料館　有隣堂　1999.12

《箱根彩景　古寫真に見る近代箱根のあけぼの》　箱根町立郷土資料館　秦野夢工房　2000.3

《寫真明治の戦争》　小沢健志　築摩書房　2001.3

《古寫真で見る江戸から東京へ》　小沢 健志　世界文化社　2001.4

《孫文を守ったユダヤ人》上　ダニエル・S. レヴィ著 吉村弘　訳 芙蓉書房出版 2001.4

《古寫真で見る明治の鉄道》　原口 隆行　世界文化社　2001.7

《日本災害史 1》(寫真・絵畫集成　火山噴火)　下鶴大輔　日本図書センター　2001.9

《製糸工女と富國強兵の時代》(生糸がささえた日本資本主義)　玉川 寛治　新日本出版社　2002.3

《幕末・明治・大正古寫真帖》(よみがえる近代日本の原風景)　新人物往來社　2002.8

《明治の面影・フランス人畫家ビゴーの世界》　ビゴー　清水勲編著　山川出版社　2002.9

《幕末・維新事件帖ほか》下　ワーグマン〔畫〕　芳賀徹編岩波書店　2002.10

《江戸東京職業図典》　槌田 満文　東京堂出版　2003.8

《図説・明治の群像 296》　學習研究社　2003.11

《日本史を変えた大事件前夜》　新人物往來社　2004.5

《満州古寫真帖》　出版社東京　新人物往來社 2004.8

《秘蔵日露陸戦寫真帖》　原剛　柏書房　2004.11

《日露戦爭古寫真帖》　新人物往來社　2004.12

《船舶百年史》　上野喜一郎　成山堂書店　2005.1

《日本の博覧會》　橋爪紳也　平凡社　2005.2

《NHK スペシャル明治》2　NHK「明治」プロジェクト編　日本放送出版協會　2005.6

《絵はがきで見る日本近代》　富田昭次　青弓社　2005.6

《異國人の見た幕末・明治 JAPAN》　新人物往來社　2005.6

《ケンブリッジ大學秘蔵明治古寫真》　臼井秀三郎　小山騰　東京平凡社　2005.9

《フランス士官が見た近代日本のあけぼの》　コレージュ・ド・フランス日本學高等研究所監修　松崎碩子編集　アイアールディー企畫　2005.11

《ビジュアル・ワイド明治時代館》　小學館　2005.12

《明治・大正・昭和天皇の生涯》 新人物往來社 2005.12

《寫真集明治の記憶》(學習院大學所蔵寫真) 學習院大學史料館 吉川弘文館 2006.6

《近代日本の教科書のあゆみ》 滋賀大學附屬図書館編著 サンライズ出版 2006.10

《明治・大正・昭和お酒の広告グラフィティ》 ヨミサカツ コーポレーション 國書刊行會 2006.10

《ビゴーが見た明治ニッポン》 清水勲 講談社 2006.12

《未公開鉄道古寫真》(各地の消えた鉄道が現代に甦る) 三宅俊彦 新人物往來社 2007.2

《日本産業史寫真記録》 時事新報社 日本図書センター 2007.10

《日本生活史寫真記録》 藤島亥治郎 日本図書センター 2007.10

《朝鮮の歴史》 田中俊明編 昭和堂 2008.4

《日本食物史寫真記録》 永山久夫 食糧庁 2008.6

《日本の軍閥 人物・事件でみる藩閥・派閥抗争史》 新人物往來社 2009.4

《日本人の歴史教科書》「日本人の歴史教科書」編集委員會編集 自由社 2009.5

《東京の歴史－寫真記録》 明治百年記念出版會編 木村毅監修 2009.7

《秋山好古・真之兄弟と正岡子規らが生きた時代》 新人物往來社 2009.11

《図説ソウルの歴史》 砂本文彦 河出書房新社 2009.11

《日本學生の歴史》 小西四郎 日本図書センター P&S 2009.12

《日清戦争の時代》日本近代史研究会編 日本ブックエース 2010.2

《清國人日本留學生の言語文化接觸》 酒井順一郎 ひつじ書房 2010.3

《ビジュアル明治・大正・昭和近代日本の1000人》 世界文化社 2010.8

《幕末・明治の日本海軍 海戦・艦艇寫真集》 中川務、阿部安雄 ベストセラーズ 2010.10

《図説近代百年の教育》 唐澤富太郎 日本図書センター 2011.2

《幕末・明治初期の海運事情》 山崎善啓 創風社 2011.4

《明治の東京寫真 新橋・赤坂・淺草》 石黒敬章 角川學芸出版 2011.5

《おもしろ図像で楽しむ近代日本の小學教科書》 樹下龍児 中央公論新社 2011.7

《ヤマの記憶》 山本作兵衛 西日本新聞社 2011.10

《図説日本の近代100年史》 水島吉隆 近現代史編纂会編 河出書房新社 2011.10

《辛亥革命と日本》 王柯 櫻井良樹 藤原書店 2011.11

《日本の食堂車 RM LIBRARY》 鉄道友の會客車気動車研究會 ネコ・パブリッシング 2012.2

《明治大正昭和建築寫真聚覧》 藤井恵介、角田真弓 文生書院 2012.2

《日本史1200人》 入澤宣幸 西東社 2012.5

《日本自動車史寫真・史料集》 佐々木烈 三樹書房 2012.6

《図説戊辰戦争》 木村幸比古 河出書房新社 2012.10

《國際通信史でみる明治日本》 大野哲彌 成文社 2012.12

《宮崎滔天》 榎本泰子 ミネルヴァ書房 2013.6

Fig.16 《東慕慈恵醫院行啓》明治二十年 (1887) 満谷國四郎 絵
Fig.17 《皇后宮田植御覧》明治八年 (1875) 近藤樵仙 絵
Fig.18 《不豫》明治四十五年 (1912) 田辺至 絵
Fig.19 《富岡製糸場行啓》明治六年 (1873) 荒井寛方 絵
Fig.23 《Etude de Femme》(裸婦習作) 明治三十二年 (1899) 黒田清輝 絵